改訂版

教職用語辞典

［編集代表］
橋本美保
(東京学芸大学教授)

改定版の刊行にあたって

　『教職用語辞典』は、2008 年 4 月に初版が発行されました。それから 10 年あまりの間に教育を取り巻く社会は大きく変化しています。少子化やグローバル化、情報化が急速に進み、それに伴う産業構造や価値観の変化に教育界にも大きな影響を及ぼしています。教育制度の多様化、弾力化が進み、教育行政によるさまざまな改革が急ピッチで行われてきました。学校や保育現場においては、行政や福祉、経済界との連携なくしては解決できない深刻な問題が生じており、教育の専門職であってもこれまでの知識や経験だけに頼ってはいられない状況にあります。また、最近では、教育内容のあり方や被教育者の学びの質にまで踏み込んだ議論が活発となり、教育実践に対する評価への関心も高まっています。教育改革の波は、教職にある人の働き方や教育に対する意識にまで及び、あらゆる面で「変革」が求められるようになってきました。

　こうした状況に鑑み、2018 年 4 月、初版の編集代表原聡介先生（東京学芸大学名誉教授）の提案を受けて改定版を編集することになりました。初版の編集委員会では、「日常の教育実践を確かなものにするためには、教職についての理解を深めるとともに、状況の全体を的確に整理しておく必要」があるとの認識を共有して編集にあたりましたが、改訂版でもそれを踏襲し、読者が社会や教育界の変化を的確に把握して、自身の課題解決の糸口をつかめるような辞典にすることを目指しました。

改訂にあたって、前回の編集委員会のうち谷田貝公昭（目白大学名誉教授）、浜田博文（筑波大学教授）、橋本美保（東京学芸大学教授）が委員を継続し、新たに教師教育に精通した新進気鋭の研究者4名を加えて改訂版編集委員会を組織しました。今回の改訂では、初版の項目内容を検討・整理して、必要な内容改訂や新項目の追加を行っています。項目改訂や新項目の執筆を担当された方々も、教師教育に関わった経験を持ち、それぞれの領域で優れた専門的知見を備えている人たちです。執筆者のご協力を得て、現在の教育法規、および新学習指導要領の内容に完全対応できるように努めました。

　本書は、教育職に就いていらっしゃる方、教育行政関係者、これから教職を志す方（教員採用試験等の志願者、学生）を主たる対象に編集しましたが、教育に関心のある一般の人々にも読んで頂ける内容になっています。社会状況がめまぐるしく変化する時代だからこそ、教育を変えなければならない部分と、変えてはならない部分について、深く考えていただければ幸いです。それを見分ける力を持たなければ、10年後「教職」は人間が携わらなくても良い仕事になってしまうかもしれません。本書が、この社会の教育力の向上を担う、読者の皆様の一助となることを祈念しております。

　2019年7月

　　　　　　　　改訂編集委員会を代表して　　橋本　美保

読者の皆様へ

　今日、教育問題が錯綜しています。教育の内容の上でも、制度の上でも、さまざまな動きが同時に進行しており、何がどうなっているのか、整理して考えなければなりません。この状況はまた教職の在り方についても及ぶところがあって、多くのことが取り上げられ、議論されています。しかしながら、そこには混乱がみられ、誤解も少なくありません。一応の理解があってはじめて議論が成立するわけですが、それがなかなかうまくいかない現状があります。日常の教育実践を確かなものとするためには、教職についての理解を深めるとともに、状況の全体を的確に整理してとらえておく必要があります。本書がその一助になることを願っています。

　本書は教職の現職者（教育行政関係者を含む）、新しく教職を志す採用試験受験者、教職課程の学生のみなさんを主たる対象に編集しましたが、むろん今日の教育に関心をもつ一般の人々に使っていただくことがあれば幸いなことであります。

　編集委員はこれまで教員養成に深くかかわってきた経験をもっています。また、執筆を担当してくれた多くの人たちも同じ立場であり、それぞれの領域で優れた専門的知見を備えている人たちです。お使いになってみて、いろいろと疑問や質問、あるいは批判があるかもしれません。そのような時、どうか忌憚なく問い合わせていただきたいと思います。事情の許す限り応答することが編集・執筆した者の責務であることを承知しており、また、それらを参考にして次の改訂に備えたいと考えます。

　2008 年 3 月

編集代表　原　聡介

『改訂版 教職用語辞典』編集委員会

〔編集代表〕

橋 本 美 保（東京学芸大学 教授）

〔教育部門担当〕

浜 田 博 文（筑波大学 教授）

日暮トモ子（目白大学 准教授）

遠 座 知 恵（東京学芸大学 准教授）

〔保育部門担当〕

谷田貝公昭（目白大学 名誉教授）

髙 橋 弥 生（目白大学 教授）

大 沢 　 裕（松蔭大学 教授）

執筆者一覧

会沢信彦
浅沼茂
朝日素明
荒井聡史
新井秀明
飯塚希世
池上徹
糸井志津乃
伊藤秀樹
井下原百合子
犬塚文雄
岩垣攝
岩下均
岩田考
上野正道
上原秀一
臼井智美
宇田川香織
有働真太郎
遠座知恵
大川洋
大坂治
大崎広行
大﨑利紀子
大沢裕
大田邦郎
大谷奨
大谷尚子
大戸安弘
大淀昇一

尾崎博美
片岡洋子
加藤崇英
金田健司
川口有美子
川瀬邦臣
藏原清人
藏原三雪
鞍馬裕美
倉持伸江
腰越滋
今野裕之
小山英恵
榊原禎宏
佐藤郡衛
佐藤園
重松克也
下永田修二
首藤久義
陣内靖彦
末松裕基
杉本信
鈴木隆司
髙玉和子
高橋勝
高橋弥生
高嵜正人
瀧口綾
多田孝志
田中敬文

田中広美
田中喜美
丹明彦
堤大輔
照屋翔大
永井優美
中島朋紀
中野由美子
中山博夫
西方毅
西村拓生
布村育子
根津朋実
野末晃秀
橋本昭彦
橋本美保
花城毅
浜田博文
林邦雄
原聡介
原裕視
日暮トモ子
日高潤子
平宮正志
福島正行
福田真奈
藤井佳世
藤井佐知子
藤井穂高
藤田久美

冨士原紀絵
船寄俊雄
舩越知行
古屋恵太
穂坂明徳
本多佐保美
本間玖美子
舞田敏彦
松川秀樹
丸山剛史
水内宏
宮野尚
宮原武夫
村上凡子
村越晃
村松遼太
望月重信
森川輝紀
矢島卓郎
谷田貝公昭
谷田貝円
柳澤良明
山嵜旦苗
山田朋子
山名淳
山本直樹
吉谷武志

（五十音順）

凡　例

【特色】

・全項目数は 1370 項目である。歴史的な用語から最近の「教育改革」の動きに対応した、最新の用語までを収めた字義通りの最新「教職用語辞典」となっている。

・見出し項目以外に重要と思われる用語を巻末に索引として収録し、読者の便に供した（収録用語 2640 語）。

【配列】

・項目は、現代仮名づかいにより五十音順で配列した。

・促音・拗音は、一字とみなし、長音または中黒（・）などの記号はないものとして配列した。

・外国語項目は、カタカナ表記で配列した。

・外国語の略語は、カタカナ表記にせず、読みにしたがって配列した。

【項目】

・見出し語には、必要に応じて欧文名を併記した。欧文表記は英語を原則とし、英語以外のものについては、ドイツ語の場合は［独］、フランス語の場合は［仏］のように注記した。

・日本人項目については、読み仮名と生没年を付した。

　　例：森有礼（もり・ありのり、1847 ～ 1889）

・外国人項目については、原語表記と生没年を付した。

　　例：デューイ（Dewey, J. 1859 ～ 1952）

・引用は、原則として「　」で囲んで、引用文献を付した。

・項目の説明文の末尾に、その項目と関連の深い項目を、⇒で示した。

・現在は名称が変わっている項目については、解説を省略し「→」をもって解説文のある項目を示した。

　　例：大検→高等学校卒業程度認定試験（旧・大学入学資格検定）

・暦年は、原則として西暦で示し、必要に応じて日本年号を（　）内に併記した。

・文献は、書籍名・雑誌名は『　』でその他は「　」で示した。

・執筆者名は、項末に（　）内に示した。

◆ あ ◆

愛国心
patriotism

　人間が生まれ育った「くに」に対する愛情、忠誠、献身の態度およびそれへの帰属意識をいう。この場合の「くに」とは、前近代的な部族共同体から近代的な国民国家にまで及び、領土、国民、主権、伝統などさまざまな内容を含み、またこれらの内容は、元首、国旗、国歌などによって象徴される。愛国心は一方においては、人間が生まれ、成長し、生活する中で、伝承や生活様式を通じて自然に形成される側面をもつ。しかし他方、愛国心は国家や為政者による大衆支配＝統治政策として、意図的に形成される側面をもつ。それゆえ後者は権力や組織による教化（インドクトリネーション）や宣伝、操作を伴い、前者を取り込みながら形成されていく。愛国心は国家が成り立つための基礎であるという意味においては不可欠・不可避的なものであるが、反面愛国心の過剰は、独善的排他主義をもたらす危険性をもはらんでいる。愛国心が独善的排他主義に陥ってはならないが、もう一方で、国家という背景なくしては、個人の平和な生活も保障されないという認識の育成もまた、公教育の一つの課題であるといえよう。　　　　　《金田健司》

愛着
attachment

　提唱者であるボウルビー（Bowlby, J. 1907～1990）によると、愛着は、危機的な状況に際して、特定の対象との接近関係の確立や維持を通して自分が安全であるという感覚を得ようとする生物個体の本性とされる。ボウルビーは、1950年ごろの戦争や疎開による親との分離・喪失体験と施設養育によって生じた母性的養育の剥奪（マターナル・ディプリベーション）が、子どもの情緒的・社会的・感覚的発達を剥奪し、「情愛のない性格」をもつ乳幼児を生み出したことをWHOレポートによって警告した。最近では、親子・夫婦・恋愛関係など緊密な関係にある個人と特定の他者間に形成される情緒的結びつき・絆[きずな]を指し、母子関係形成の説明概念として使われている。ボウルビーは、2歳頃までに養育者との前愛着、愛着形成、明瞭な愛着形成段階を経て、3歳頃からは目標修正的協調関係が形成されて、愛着関係が養育者から他者へと拡大していくとした。
　⇒親子関係、ボウルビー　　（中野由美子）

アイデンティティ
identity

　〈同一性〉と訳される。社会の近代化が進むにしたがって、個人は同時にさまざまな集団に身を置かざるをえない。家庭、学校、職場、地域、趣味のサークル、インターネット仲間など、価値観の異なった、ときには相矛盾する諸集団を行き来するようになる。前近代社会のように、一つの集団内で一生を終えれば、個人は〈わたし〉の物語を首尾一貫して矛盾なく構築することが可能であるが、多集団、多文化がクロスする現代社会において、個人は価値観が錯綜する状況下で、〈わたし〉の物語構築を意識的に行わざるをえない。ときには矛盾に引き裂かれ、破綻したり、分裂したり、綻びを繕ったりしながら、アイデンティティ（同一性）は自己の諸経験をまとめ上げる物語として構築されていく。アイデンティティ問題に直面するのは、社会心理学者のエリクソン（Erikson, E.H. 1902～1994）が指摘するように、とりわけ青年期である。この時期は、大人の社会圏の中で自己の位置を見定め、青年には、それまでとは異なった未来展望

の中で自己の物語の編み直しが迫られるからである。⇒エリクソン　　（高橋　勝）

赤井米吉
あかい・よねきち、1887〜1974

　石川県出身。石川県師範学校、広島高等師範学校を卒業し、愛媛県師範学校教諭、秋田県師範学校附属小学校主事などを務めた。1922（大正11）年、澤柳政太郎の要請を受けて成城小学校幹事、成城第二中学校教諭となる。赤井は、ドルトン・プランを日本に紹介した人物であり、1924年にその考案者であるパーカストが来日した際は通訳として各地を同行した。児童自身が予定を立てて自律的に学習を進めるドルトン・プランは、従来の受動的、画一的な学校教育の在り方を改革する新しい教育方法として、大正新教育運動期に注目を集めた。1924年以降は、明星学園の創設、整備に尽力した。同学園では、個性尊重や合理的な思考力の養成などを理念としたほか、労働や生産活動を重視して教育課程に導入した。1930年代には郷土教育運動に関与し、戦後はウィネトカ・プランの研究に取り組んだ。⇒ウィネトカ・プラン、大正新教育運動、ドルトン・プラン　　　　（遠座知恵）

アカウンタビリティ（説明責任）
accountability

　ある事業を実施する者が、そのために託された資金を目的通り適正かつ有効に執行したという事実を説明できること、または、その責任を指す。それは元来、会計上の用語であった。1970年代頃のアメリカで、納税者が公立学校の教育成果に疑問を提起したところから、学校教育の質を保証する責任という含意で、教育界でもポピュラーな用語となった。しかし近年、公共性や専門性の高い事業に従事する組織または個人が、一般の人々から委ねられた使命に即して有効かつ適切に成果を生み出す責任を指すようになった。教育事業の公共性と専門性を考えれば、学校に「アカウンタビリティ」が要請されることは当然といえよう。教育研究者の間では、1970年代以来、「結果責任」という訳語があてられるのが一般的であったが、近年では、政府がこれを「説明責任」と訳したこともあって、その訳語で普及している。

　「説明」というと、類似の意味をもつことばに医療分野の「インフォームド・コンセント（informed consent）」（説明と同意に基づく治療の責任）や経済・金融での「ディスクロージャー」（情報公開）などがある。だが、これらの学校教育以外の分野での「説明」と、学校での「説明」には、違いがあるという点に留意すべきであろう。医療や経済界の場合、説明すべき情報の多くは数値などの客観性の高いものである。それに対して学校教育の場面で「説明」の対象とされる情報には、客観的な数値等では十分に説明できないものが大半を占める。学校の教育成果は、子どもの変化や成長にかかわる問題であるが、それらは一方的な情報開示や1〜2度の「説明」行為で相手の理解や合意が得られるとは限らない。むしろ、絶えずコミュニケーションを続けることによる相互理解の形成こそが必要で、コミュニケーションそのものが、教育行為と切り離しがたく結びついている。近年進められている学校評価システムの構築や保護者・地域住民の学校運営参加などはいずれもアカウンタビリティと密接な関係にあるが、「教育」という行為がもつ上記の特性を十分にふまえた上で、それらの施策とその運用の在り方を考えることが重要である。⇒学校の自律性、学校評価　　　　　　　　　　　　（浜田博文）

アクション・リサーチ
action research

「行動現場で行う研究」（research in action field）と言い換えれば、より具体的なイメージで捉えることができる。社会心理学者レヴィン（Lewin, K. 1890〜1947）が唱えた研究方法で、集団活動の科学的研究・分析を活動の現場で行う集団力学の一つの方法である。学校や教室で営まれる教育活動は、まさにこのような集団活動の一つであり、ここにアクション・リサーチが有効な研究方法となる理由がある。教室のフィールドワークは、対象者を、主に観察によって研究するエスノメソドロジーやエスノグラフィーのような参与観察法と、対象者の活動に積極的に働きかけ、かかわって、対象者の実践の変容を考察するアクション・リサーチに大別できる。前者が、教育社会学などの経験科学的実証研究の分野で、後者が教育方法学や教師教育学など教育実践に直接かかわる分野でより関心がもたれているという違いがある。⇒レヴィン　　　　　　　　　　（陣内靖彦）

アクティブ・ラーニング
active learning

　アクティブ・ラーニング（以下 AL）の先駆者ボンウェル（Charles C. Bonwell）らによれば、AL とは「学生にある物事を行わせ、行っている物事について考えさせること」である。その特徴は、情報の伝達よりスキルの育成を重視し、学習者が授業を聴く以上の関わりをする、高次の思考（分析、総合、評価）に関わる、読む、議論する、書く等の活動に関与する、自身の態度や価値観を探究するといった点にある。日本において AL は、教師による一方的な講義とは対照的な学生の能動的な学習への参加を意味し、汎用的能力の育成を図るものとして大学教育で注目され始めた。学習者の外的活動ばかりが重視されがちな AL 型授業に対しては、学習者の深い理解や関与を伴う内的な能動性を重視するディープ・アクティブラーニングの必要性が提唱されている。　（小山英恵）

足利学校

　中世後期の代表的な教育機関の一つ。16 世紀中期にキリスト教伝道のために来日したイエズス会の宣教師フランシスコ・ザビエル（Xavier, Francisco 1506〜1552）が、「坂東の大学」と称したことで知られる。創設期・起源については未解明な点が多いが、14 世紀末から 15 世紀初頭にかけて、足利氏の菩提寺であった鑁阿［ばんな］寺とその周辺寺院との間に成立していた教学活動のネットワークを基盤として創設されたと推定される。高度に発達した学生ギルドの存在、内典（仏書）・外典（漢籍）の枠を超えた広範な教育内容などを特徴としたが、15 世紀前期に関東管領上杉憲実が関与したことにより、学生ギルドの解体、外典の排除が進められるなど、大きく変質した。戦国時代には、従来からの易学のみならず、医学・兵学・天文学なども教育内容とされたことから、占筮［せんぜい］・医療・軍事に通じた人材を希求した戦国武将から、足利学校の出身者は重宝された。このようなことから、全国から学徒が参集し、量的な側面からは戦国時代に最盛期を迎えたといえる。　　　　　（大戸安弘）

芦田恵之助
あしだ・えのすけ、1873〜1951

　兵庫県出身の教育実践家で、国語教育分野の改革に大きな役割を果たした。兵庫県で小学校訓導を経験し、樋口勘次郎に師事して 1899（明治 32）年東京高等師範学校附属小学校嘱託、その後訓導となった。文部省嘱託（1917 年〜）および朝鮮総督府編修官（1921 年〜）在職期間は国語教科書の編纂に携わった。芦田の最も大きな功績は、綴方（作文）に

おける随意選題主義の提唱である。決められた課題のもとに作文指導を行う従来の課題主義に対し、児童が自分で題材を選択し自己の内面を綴ることの重要性を説いた。この主張は、のちに野村芳兵衛や峰地光重らが発展させていく生活綴方教育の源流とされている。また、読方においても、文章を読むことの中に自己を読むことの重要性を唱え、国語教育の課題や指導方法に新たな局面切り開いた。主著に、『綴り方教授』（1913）、『読み方教授』（1916）などがある。　⇒生活綴方（的教育方法）　　　　　（遠座知恵）

預かり保育

保護者が希望する場合に、幼稚園の保育時間の基準である4時間を超えて子どもを預かり、保育することをいう。施設は幼稚園の施設をそのまま使用し、預かり保育専門の保育者を決めて保育にあたるようにしている幼稚園あるいは通常の保育時間終了後、数時間の預かり保育を行っているところが多い。また、朝の時間帯や夏休みのような長期の休みにも行っている幼稚園も少なくない。保育が長時間に及ぶので、午睡やおやつといった配慮もなされている。利用する場合は、各幼稚園に申し込むだけでよく、「保育に欠ける」（旧・児童福祉法第39条）理由は必要とされない。そのため保護者は仕事以外にも、きょうだいの学校の保護者会、自分のリフレッシュの時間を確保するため、という理由で気軽に預かり保育を利用することができる。2005（平成17）年には公私立平均で69.9％の幼稚園が預かり保育を実施しているが、長時間の保育による、幼児の心身への負担に十分配慮した保育内容が必須である。　⇒保育を必要とする　　　　　（髙橋弥生）

アスペルガー症候群
Asperger syndrome

オーストリアの小児科医師アスペルガー（Asperger, H. 1906～1980）によって提唱された自閉症スペクトラム（広汎性発達障害ともいう）の一つ。アスペルガー症候群の用語は、WHOによるICD－10に示されたものであるが、アメリカ精神医学会のDSM－Ⅳでは、アスペルガー障害と呼ばれ、両方ともほぼ同義とされる。この症候群（障害）では、基本的に知的障害を伴わず、語いの習得などの障害はないが、自閉症障害と同じく、社会的相互作用の質的な障害、限定された興味関心や常同的・反復的な行動を示すことが特徴である。コミュニケーションの障害が軽微であったり、言語発達の遅れが少なかったなどのため、幼児期や学齢期に発見・診断の機会がないまま成人期を迎え、その結果、社会人となって対人関係がスムーズにいかず、トラブルとなることがあるとされる。早期発見のためのシステムが必要である。　⇒広汎性発達障害、自閉症　　　　　（林　邦雄）

遊び

学習、仕事、労働、道徳的行為などとは異なって、その結果や外部的要請に縛られることのない自由な自己目的の活動をいう。それは、日常生活の功利性や規範性を超えた次元で構築されるコンサマトリー（自己目的）な活動であるところに特徴がある。

ホイジンガは、『ホモ・ルーデンス』（1838）の中で、遊びの特徴として、自由な活動、フィクションであること、利害が介入しないこと、決められたルールに従うこと、非日常性であること、という5点を挙げている。人間が形成してきた諸文化の中に実に多くの遊びの要素が含まれている点を明らかにした。つま

り、人間とは、叡知を有するホモ・サピエンスでも、ピューリタン的で勤勉な工作人（ホモ・ファーベル）でもなく、まさにホモ・ルーデンス（遊戯人）こそが、人間の本性であることを主張した。他方、社会学者のカイヨワは、遊びの特徴として、競争（アゴン）、偶然（アレア）、模倣（ミミクリ）、めまい（イリンクス）という四つの特徴を挙げ、聖・俗・遊という３項関係のもとに人間世界を多層的に理解しようとした。

　しかし、教育学や心理学の系譜においては、その活動を通して、子どもの何らかの能力（知的能力や社会性）を形成する効果的な手段として、遊びを位置づける傾向が強い。つまり、〈遊〉は、いまだ〈俗〉の世界に参加する力のない子どもが、その力を獲得するための練習、準備運動として、社会生活の真似事（ままごと）を行い、徐々に〈俗〉の世界に参加していく行為としてみなされるのである。これでは、遊びの独自性が消し去られて、〈俗〉の一元的世界に〈遊〉が呑み込まれる結果を生みやすい。人間生活の重層性をつくり出すためにも、遊びの独自性を確保することが肝要である。
　⇒ホイジンガ　　　　　　　（高橋　勝）

アタッチメント

　特定の人物（主たる養育者）との間に形成される、愛情に基づく結びつき、情緒的な絆を言う。命名者のボウルビー（Bowlby, J.1907 ～ 1990）は、アタッチメントの発達を４段階に整理した。第１段階は誰に対しても定位と発信する段階（生後３ヶ月頃まで）、第２段階は特定の対象に対する定位と発信をする段階（生後３ヶ月～６ヶ月頃まで）、第３段階は特定の対象への接近の維持の段階（生後６ヶ月～２歳頃まで）、第４段階は目標修正的協調関係の段階（３歳頃～）が形成され、親しい他者との間に愛着を発達することにより、乳児は人全般に対する基本的な信頼感を持ち、自己への自信を得ていく。ボウルビーは、子どもが一人の母親的人物との強い愛着を形成し維持できなければ、子どもの現在および将来の精神的健康に悪影響を及ぼすと主張した。その後の研究により愛着対象は必ずしも母親一人に限ったわけではなく、乳児は多重的な愛着の関係を結ぶことが分かってきた。
　　　　　　　　　　　　　（福田真奈）

アダルト・チルドレン

　狭義には、アルコール依存症の親をもち、その中で育った成人（ACoA：Adult Children of Alcoholics）のことである。後に、機能不全家族で育った成人全体を含む概念として用いられるようになった。この概念はアメリカのアルコール依存症の臨床現場から生まれたものであり、精神医学上の診断名ではない。1969 年にコークにより初めて記述され、1983 年、ウォイティッツの著により一般に広まった。AC の特徴は、自己感覚の不確かさ、自己評価の低さ、親密性の障害、抑うつ・怒りなど感情の問題、嗜癖や共依存関係への陥りやすさ、などを慢性的・持続的に抱えていることである。これには、不安定な家庭生活に適応するために、子どもらしい子どもでいる機会を奪われたことが影響しているとされる。AC からの回復には、自らの問題を自覚すること、嗜癖がある場合はそれを絶つこと、過去の影響と現在の生活とを区別して認識すること、繰り返されてきた思考や行動のパターンを変えること、などが必要である。その過程では、カウンセリングや自助グループが役立つ場合が多い。AC にとって、この概念を知ることは、自分の問題を理解する枠組みを得て回復へ向かう契機となり得る。一方、この概念によっ

て、自らの被害者意識を正当化し、症状の維持を図ることもできる。AC は、どのように用いられるかによって諸刃の剣となる概念といえよう。　　　（日髙潤子）

アチーブメント・テスト
achievement test

　教育を受けた結果として獲得されたとみられる学力を測定するテストのこと。学力テストともいう。今後の教育でどれだけ学力がつくかを予測するための適性検査（aptitude test）と対置される。

　文部省が全国的に実施したものとしては、1956（昭和 31）年からの学力テストがある。とくに 1961～1964 年度は、中学校 2・3 年生全員を対象に、主要 5 教科の一斉学力テストを行った。しかし、地域対抗・学校対抗の学力コンクールの様相を呈し、成績の悪い者を欠席させる学校まであらわれ、日教組の反対闘争は法廷闘争にも発展した。1976 年の最高裁判決では「合憲・適法」とされたが、現場の混乱にかんがみて 1966 年を最後に中止となった。その後の代表的なものとしては、神奈川県で「ア・テスト」と略称されたテストがある。県下のすべての中学 2 年生に 9 科目の試験を行い、高校入試での合否判定材料の一つとした。このいわゆる「神奈川方式」は、約 30 年続いた後、1997 年度から廃止されている。

　世界的には、OECD による国際的な学習到達度調査である PISA〔Programme for International Student Assessment〕が有名である。その結果を受けて、1990 年代後半以来の学力低下の懸念がさらに強まった日本では、2007（平成 19）年、文部科学省によって、小学 6 年生と中学 3 年生を対象とする全国的な学力テストが、愛知県犬山市立を除く国公立校と約 6 割の私立校の参加をもって再開された。学校間の競争や序列化が危惧されているが、ただし一般的には、例えば PISA で好成績を納めるフィンランドの国内的学力調査が、非－競争的かつ思考力重視の教育の成果をチェックする意味合いで運用されているように、アチーブメント・テストが過酷な競争や知識詰め込みの教育に必然的につながるとは言い切れない。
⇒PISA、全国学力・学習状況調査　（堤　大輔）

アーティキュレーション
articulation

　語源的にアーティキュレーション（articulation）ということばには、「区切る」という意味と「結ぶ」という意味の両者が含まれるといわれる。このことから、一般に教育学の分野でいうアーティキュレーションとは、教育段階によって区切られた各学校段階間の接続関係を指す。インテグレーションとともに、学校体系の基本的構成要素である。ある社会の学校体系において学校段階間にどのような接続関係があるかというアーティキュレーションの問題は、制度構造的側面、教育内容・方法的側面、制度運営的側面から捉えられる。制度構造的側面としては、学校段階の区切り位置および下方段階から上方段階への進級・進学制度の改変、教育内容・方法的側面としては、両段階間の教育課程や教授・学習組織の改編、制度運営的側面としては、教員資格の異同や人事交流などを検討することで、学校体系の課題が明らかになってくる。今後さらに、同一学校系統内での学校段階間の接続だけでなく、異なる学校系統の存在を視野に入れてアーティキュレーションの問題を考える必要がある。なぜなら、中等教育段階以降の複線化ともいえる学校制度改革がなされてきた一方で、こうした相異なる系統の学校段階間の接続が実際に問題となっているからである。　（朝日素明）
⇒インテグレーション、単線型学校体系、複線型学校体系

アテナイの教育

古代ギリシャ時代に建設されたポリスであるアテナイは、ペルシア戦争に勝利した後、急激な経済発展によってギリシャ第一の繁栄を誇った。アテナイとその近郊には、ギリシャ各地から学者や芸術家が多く集まっていたこともあり、科学・文学・社会・政治などに関するより高い知識を伝授する学校が設立されるようになった。紀元前 387 年にプラトンがアテナイの郊外に設立したアカデメイアという哲学学校が、中でも最も有名である。また、身体の鍛錬にも力が注がれ、アテナイ南部を流れるイーリッソス河近くにリュケイオンという体育館が建てられていたことがよく知られている。自由の中で技芸を尊重するアテナイの教育は、しばしば同じ古代ギリシャにおけるポリスであったスパルタにおいて厳格な軍事訓練と服従と忍耐を重視する教育が行われたこととの対比において、教育のタイプを論じる際の一つの図式を形成してきた。⇒プラトン　　　　　　　（山名　淳）

アドミッション・オフィス
Admissions Office

アメリカで広く行われている入学者選抜の形態である Admissions Office（アドミッションズ・オフィス）選抜に由来し、AO と略記される。アメリカの AO は、主として学部の入学者選抜全般を担う組織であり、そこでは大学ごとの評価基準に則って、学力のみにとどまらない総合選抜の形で入学者選抜が行われる。加えてアメリカの AO スタッフの中には修士号以上の学位をもつ者も珍しくなく、学部の入学者選抜で大学教員が選抜過程に直接携わることは少ない。一方日本の大学では、必ずしも同名の組織が置かれているわけではなく、アドミッション・センターなどの学内組織の大学職員が AO 入試の担い手となっている。また、選抜過程で大学教員が関与することも多い。日本の AO 入試は自己推薦や公募推薦型の入試であり、推薦入試のように校長推薦が必要とされない。このため文部科学省の分類では、AO 入試は推薦入試と同じ非学力型の入試であるにもかかわらず、一般選抜に含められ、特別選抜に含まれる推薦入試とは形式上は区別されている。そもそも 1967（昭和 42）年に始まった推薦入試は、学科試験免除の例外的な入学者選抜方法であった。だが 1980 年代以降、急速に普及し、大衆化した大学入試の典型として定着した。これに加えて、日本型の AO 入試も近年普及がめざましく、推薦と AO を併せた非学力型入試による 4 年制大学入学者は急増の傾向にある。このことは、学力選抜・学科入試に傾斜してきたわが国の大学入試の現況が大きく変わってきたことを意味しており、大衆化の問題とも相まって、高等教育が新局面に入ったことを意味するといえよう。⇒ AO 入試　　　　　　　（腰越　滋）

アナフィラキシーショック

アナフィラキシーとは、「アレルゲン等の侵入により、複数臓器に全身性にアレルギー症状が惹起され、生命に危機を与え得る過敏反応」と定義される。アナフィラキシーに、血圧低下や意識障害を伴う場合を、アナフィラキシーショックという。食物によるアナフィラキシーは特異的 IgE 抗体が関与する即時型反応であり、典型例では、摂取後数分以内に起こるが、30 分以上経ってから症状を呈する場合もある。症状の発現は二相性のこともあり、全ての症状が同時に出現するとは限らない。例えば、ハチに刺されたり、特定の食物を口にしたり、あるいは薬物の投与、ラテックス（ゴム）との接触などアレルゲン摂取後、全身もし

くは複数の器官に症状が現れ血圧低下や意識障害、心肺停止にまで及ぶこともある。

幼児期・学童期の食物アレルギーの原因食品としては、あらゆる食物が原因になるが、その頻度としては鶏卵、牛乳、甲殻類、果物類、木の実などが多い。アレルゲン食物を口にして呼吸困難や意識障害を発症した場合には、アドレナリン筋肉注射「エピペン」をする必要があり、処置が遅れると15分ほどで死亡することもある。学童期の食物アレルギーで多勢を占めるのは、原因食物に曝露された後120分以内（多くは30分以内）症状が誘発される即時型であり、適切な判断と処置が重要である。子どもたちの生命の安全を確保するために「学校のアレルギー疾患に対する取り組みガイドライン」（文部科学省：2008［平成20］年3月）や「保育所におけるアレルギー対応ガイドライン（厚生労働省：2011年3月）が策定された。

　⇒アレルギー　　　　　　（田中広美）

アニミズム
animism

　人間以外の存在に精霊が宿るとみる世界観。幼児にとってのアニミズムとは、例えば「お人形がお菓子がほしいといっている」「電車さん、ばいばい」などのように、無生物が自分と同じようにいのちがあり、意識があると考える心の働きをいう。心理学ではピアジェ（Piaget, J.1896～1980）が、このような幼児期、児童期の子どもに独特な世界観を指して、アニミズムと呼んだ。この頃の子どもには、身の回りの石ころもテーブルも生きていて、お腹がすいたり、楽しいと感じたりすると思う傾向があり、ピアジェによれば、この特徴は、主観と客観が分化していないことから生じる自己中心的な考え方によるものである。この時期の子どもは、自分の視点以外からは、ものごとをみることができない性質があり、こ

れをピアジェは中心化と呼んだ。

　⇒ピアジェ　　　　　　　（瀧口　綾）

アノミー

　欲望に対する規制が無くなること。19世紀フランスの社会学者デュルケームは、この語を用いて自殺の増加を説明した。「アノミーは、現代社会における自殺の、恒常的かつ特殊的な要因の一つであり、年々の自殺率を現状のごとく維持している一つの源泉にほかならない。」欲望が規制されなくなると自殺率が上昇するというのである。「人の活動が規制されなくなり、それによってかれらが苦悩を負わされているところから生じる」自殺というものが有る。これをデュルケームは「アノミー的自殺」と呼んでいる。産業が発展すると、幸福への欲望が無制限に刺激されるようになる。すると人びとは、少しの逆境にも耐えられないようになる。アノミー状態が慢性化し、自殺率を上昇させるのである。アノミーは、「豊かさの増大から生じる道徳的な危機」である。一方、貧しさは、「人びとに自制心を教えこむもっともよい学校」である。

　⇒デュルケーム　　　　　（上原秀一）

アビトゥア

　ドイツの大学入学資格。中等学校の一種であるギムナジウム（9年制、一部の州で8年制）の修了者に与えられる。1788年にプロイセンでアビトゥア試験が導入され、1834年にすべてのギムナジウムにおける修了試験として確立された。現在、ギムナジウムには約3割の生徒が在学し、そのほとんどがアビトゥアを取得している。ギムナジウムの修了認定は、最終2学年の成績と「アビトゥア試験」と呼ばれる最終試験の成績とを総合して行われる。ギムナジウムの教育課

程とアビトゥア試験の実施方法は 16 の州によって異なるが、アビトゥアの水準を一定に保つために、各州文部省の合意による共通基準が設けられている。アビトゥア取得者は、州を問わず希望する大学の学部に原則無選抜で入学できる。志願者が学部の定員を上回る場合には、他大学の同学部への入学が認められる。医学部など志願者数が全大学の定員の合計を上回る学部については、アビトゥアの総合成績や入学を待機している期間などに基づき、入学者選抜が行われる。これら定員超過の処理は、州間協定で設置された中央学籍配分機関（ZVS）が統一的に行っている。⇒ギムナジウム　（上原秀一）

アリエス
Ariès, Ph. 1914 ~ 1984

　フランスの歴史家。フランスのコワール河畔の町バロアに生まれる。ソルボンヌ大学で歴史学を専攻。卒業後は大学のアカデミックな歴史学とは距離を置いて独自の研究を続け、自らを「日曜歴史家」と称した。アリエスは、従来の歴史学では顧みられなかった家族・子ども・死・性といったテーマについて、日誌、書簡、図像などを手掛かりにその具体的な経験を捉え、描き出す心性史研究の中心的研究者である。彼の名を一躍世界に知らしめた『〈子供〉の誕生』（1960）では、中世の子ども観との対比によって、近代的な子ども観の成立過程が、子どもを道徳的に配慮された教育環境へと隔離し、封じ込める過程でもあることを明らかにしている。彼の研究は、子ども、家族、近代教育について歴史の深層から光をあて、再考を促した点で大きな影響を教育学に与えている。　　　　　（荒井聡史）

アリストテレス
Aristoteles　B.C.384 ~ 322

　ギリシャの哲学者。マケドニアの支配下にあったスタゲイロスに医師の子として生まれる。17 歳（B.C.367）でプラトン（Platon B.C.427 ~ 347）のアカデメイアの門を叩き、以後、晩年期プラトンのもとで 20 年の学園生活を送る。だが、プラトンの超越的イデア論や数理哲学はアリストテレスの好むところではなく、プラトンの二元論を批判し一元論を採るなど、しだいに独自の思想を確立していく。またアリストテレスはアレキサンダー大王の家庭教師でもあり、大王の即位後は、アテネにリュケイオンを創設した。教育方法としては、ソクラテスやプラトンが行った対話形式よりも講義形式を重視した。学園内を散策しながら講義したので「逍遥学派」とも呼ばれる。アリストテレスの教育論は、プラトンと同様に国家（全体）が個人に優先するものであった。国家の目的は国民の幸福にあるが、この幸福は、国家が国民を徳のある存在にしていくことによって成立する。つまり、教育は国民を徳のある存在にするものとして、国家の最大の関心事でなければならなかった。アリストテレスによれば、教育は知育・徳育・体育の三者からなり、理想的な人間は、これら三者の調和によってつくり上げられる。またアリストテレスは、発達概念を提示し、発達段階に即した教育（随年教育）を重視するとともに、教養教育（リベラル・エデュケーションの始まり）をも重視した。これらはアリストテレス独自の教育思想としてきわめて重要である。残されている主要な著作には『ニコマコス倫理学』『政治学』『自然学』『形而上学』などがある。⇒プラトン　（金日健司）

アレルギー
allergy

　免疫反応の一つとして発症する疾患。体内に侵入する異物を体外に排除しようとする反応（抗原抗体反応）が必要以上

に過敏に起こるときアレルギー反応が生ずる。アレルギー症状の発症メカニズムは花粉やダニ、ホコリのような物質に対して体が反応して抗体（主に免疫グロブリンE=IgE）をつくり、その結果、ヒスタミンやロイコトリエンといった化学的伝達物質が放出されて、くしゃみや鼻水、じんましん等が起こるものである。

アレルギー反応を引き起こす物質をアレルゲンという。アレルゲンになりやすい物質には、①吸収アレルゲン：ダニ、ハウスダスト、カビ、花粉など。②食物アレルゲン：子どもの三大アレルゲンとして、卵・牛乳・大豆。大人の三大アレルゲンとしては、そば・かに・えび。③接触アレルゲン：うるし、ぎんなんなどの植物、化粧品、洗剤、ニッケルメッキをほどこした金属アクセサリーなど。子どもでは粘土、クレヨン、オムツなど。④アレルゲンとなる薬剤：ペニシリン、ストレプトマイシン、サルファ剤、アスピリンなど。アレルギー疾患にはさまざまな種類があり、アトピー性皮膚炎、気管支ぜんそく、アレルギー性鼻炎（花粉症）、食物アレルギー、接触皮膚炎、薬剤アレルギー、じんましんなど。アレルギー対策としては、それぞれのアレルギー疾患に対応した薬物療法や環境調整がある。学校教育ではアレルギーは児童生徒の健康を損なう原因の一つであることを念頭に置く必要がある。とくに食物アレルギーについては教師は十分に注意し、除去食物療法を行っている者に対しての給食および学校生活全体を通じて配慮することが求められる。　　　（林　邦雄）

安全教育
safety education
一般的に事故や災害を防止する教育と、事故の発生に際して被害を最小限にくいとめることのできる能力と態度を育成するための教育活動をいう。安全教育の究極の目的は、安全能力を身につけることである。安全能力を構成する要素として、頭と体と心が考えられ、それらを調和よく発達させることが肝要である。安全教育の「安全」に対する考え方は、大別して二つある。消極的安全（教育）と積極的安全（教育）である。前者は、危険を避ける（逃げる）ことによって安全を確保しようとするものである。後者は、危険にも果敢に挑戦し、それを克服し、日常的なものに変えることによって、安全を確保しようとするものである。当然のことながら、人類の歴史は積極的安全教育の歴史でもあったのである。ところが、1960（昭和35）年に起きた山口二矢［おとや］による浅沼稲次郎社会党委員長刺殺事件が引き金となり、安全教育というと消極的安全教育がすべてであるかのような風潮が蔓延し、現在に至っている。また近年、親の偏った権利意識や他罰主義のようなものが高揚し、子どもがちょっとケガをすると、他人の責任ばかりを追求し、子どもを叱ったり、たしなめたりする親が激減している。この点、大きな問題であるといえよう。⇒学校安全

（谷田貝公昭）

◆ い ◆

e-Learning

e-Learningとは、インターネットを通じて学習するプログラムを総称するものである。現在では、これまでの遠隔地教育としての放送局によるメディア教育を超えて、インターネットが使える環境がある限り、どの距離においても学習が可能なプログラムを配信できるようになっている。その学習材は、インターネットの中で自由に、いつでもどこでも取り出せるというものである。インターネット

上の学習材は、語学や教養系の番組で使われていたものをさらにステップ化し、一つひとつの画面において一つずつ進度を進めるようなプログラム学習が多い。また、e-Learning は、個別化した学習材の中で自由に進度を調節しながら進めることができるものと考えられている。しかし、実際には、学習材は自分で計画を立てて進むというよりも、一つひとつステップ化した学習材となり普段の生活の中で、テレビのように好きなときに自分で進度を決めることができる。

⇒放送教育　　　　　　　　　　（浅沼　茂）

委員会活動

委員会活動は、小学校高学年から高等学校まで特別活動の一翼としての生徒会活動（児童会活動）に位置づけられている役割分担活動。児童・生徒が自ら課題を設定し、取り組むことによって集団的な活動を経験し、「集団や社会の一員としてよりよい生活を築こうとする自主的、実践的な態度を育てる」（「高等学校学習指導要領」）ことに資するよう意図されている。委員会には放送、給食、図書、美化、放送、生活、広報、体育等の専門委員会や学年委員会、中央委員会などが組織されている。委員会には担当教員が顧問として決められ、顧問の適切な指導のもとに児童・生徒たちが自主性・自発性を発揮しながら活動することが目指されている。児童・生徒の発達段階を考慮しながら、協力し合い成功体験の機会をつくることが重要である。指導する教員は自分自身の狭い経験にとらわれずに、現代の児童・生徒が望み・受け入れる委員会活動の在り方を提案していくことが重要である。　⇒児童会（生徒会）活動
（藏原三雪）

イエズス会

Societas Iesu［羅］

イグナティウス・ロヨラ（Loyola, I. 1491～1556）によって設立され、1540年に教皇パウロ3世によって承認されたカトリックの男子修道会。清貧・貞節・従順を行動規範とするこの修道会の目的は、カトリック信仰の普及、黙想、慈善事業、模範活動、キリスト教教育（聖職者養成と平信徒への教育）などであった。当初は教会指導層の養成機関として設立されたイエズス会の学校（コレギウム、神学校）は、のちには平信徒にも広く開かれるようになった。イエズス会が宣教師を派遣した日本でもカトリック信仰の拡張のため16世紀後半に初等学校・セミナリヨ・コレジョ・アカデミヤなどが設けられた。1599年に制定された「イエズス会学事通則」は、生徒と教師の組織、教育課程、教育方法、学校運営の諸規則などを規定し、1832年までカトリック圏の学校を超国家的に統制するのに絶大な威力を発揮し続けた。キリスト教道徳の深化、古典語教育の重視、数学・自然科学教育の積極的実施、競争原理の採用などを特質とするイエズス会の学校は、社会的上昇志向の強い新興市民階級の教育要求に適合しており、ここにイエズス会の学校の隆盛の原因を見出せよう。1762年にイエズス会が追放されると往時の支配的地位を急速に減退させた。
（川瀬邦臣）

イエナ・プラン

Jena-Plan

イエナ大学教授ペーターゼン（Petersen, P. 1884～1952）が1924年以降同大学附属実験学校で試行した学校改革案で、生活共同体学校の系譜に位置づけられる。イエナ・プランの特質は、教育を共同体の重要な機能と捉える見解および生徒の自主性（自己活動）を尊重し

つつ社会倫理にかなう行動の習得であった。共同体としての学校は、教師と父母協議会との協力のもとに運営され、男女共学の異年齢集団である「基本集団」によって構成された。この集団は、初級（1～3年）、中級（4～6年）、上級（7～8年）、青年級（9～10年）の4段階に区分され、各級では通例の時間割に代わって週計画が採用されていた。週計画によれば第1時限（55分）に国語と算数、第2・3時限（各100分）に総合的学習、火曜午後に体育、金曜午後に造形が、行われた。共同生活全体を通して善、愛、献身、奉仕、決断、責任など社会倫理的な行動を経験させる教育が目指された。ナチス支配期に禁止されたイエナ・プランの学校は、第二次世界大戦後に再開されたが、1950年ペーターゼンは東ドイツ政府により教職追放され、学校はブルジョア的と見なされ閉鎖された。　　（川瀬邦臣）

▌生きる力

　1996（平成8）年7月の中央教育審議会第一次答申中で示された「いかに社会が変化しようと、自分で課題を見つけ、自ら学び、自ら考え、主体的に判断し、行動し、よりよく問題を解決する能力」、「自らを律しつつ、他人と協調し、他人を思いやる心や感動する心など豊かな人間性」、「たくましく生きるための健康や体力」を指す。それぞれ知・徳・体の側面に応じている。これらの力は「ゆとり」ある学校教育の中で育む力と位置づけられ、1998年の学習指導要領改訂の基底の理念となった。その後、2008年の改訂においても「知識基盤社会」と言われる21世紀を生きる子どもに「生きる力」は必要とされ、2017（平成29）年の改訂においても、社会の変化が加速的に進み複雑で予測困難な将来を生き抜く子どもに「生きる力」の重要性は増すとして、

その理念は継承され続けている。
　2008年の中央教育審議会答申では「生きる力」の理念を「社会（広く国民）が自ら考え、理解の上共有する」こととされたが、「ゆとり」教育批判の背景から、実際には「基礎的・基本的な知識・技能の習得」と、それを基盤とした「思考力・判断力・表現力等の育成」に重点を置いた変化が注目され、理念が共有されたとは言いがたい。2017年の改訂では、「社会に開かれた教育課程」を実現するとして、学校と保護者や地域、教育関係者が理念を共有し、協働して子どもに「生きる力」を育む仕組みに踏み込んだ言及がなされている。「生きる力」の具体的な実現には、社会全体の環境整備や条件整備が欠かせぬ要件である。
　なお、教育基本法の掲げる「教育の目的」には直接「生きる力」という文言が示されておらず、教育基本法第1条の「人格の完成」を目指すことと、その実現のために達成するとされている第2条1で示されている知・徳・体との関係や構造が明確でないという指摘もなされており、この関係性を踏まえた解釈が求められる。⇒ゆとり教育　　（冨士原紀絵）

▌育児・介護休業法

　「育児休業・介護休業等育児又は家族介護を行う労働者の福祉に関する法律」の略。育児または家族の介護を行う労働者の職業生活と家庭生活との両立支援のための法律で、男女を問わず適用される。育児休業法は1992（平成4）年から施行された（2005年改定）。改定後は、1年未満児（1.6歳まで延長可）をもつ労働者は、1人の子につき原則1年間、その間40％の賃金が取得できるが、女性取得者は72％、男性は0.5％に過ぎない。介護休業法は、育児休業に付け加えられる形で1995年に導入、1999

年から施行された（2005 年改定）。扶養し同居している要介護状態にある家族 1 人につき、介護を要するごとに 1 回、通算 93 日以内で休業できる。また、就学前児の病気やけがのための看護休暇も、1 年に 5 日まで取得できる。この法律の最大の特徴は、育児や介護を女性労働者に求めるのではなく、男女両性の責任であることを明確にしたことである。　　　　　　　　（中野由美子）

育児相談

　親や養育者など、育児に携わる人々の悩みや相談に応じて適切な助言や支援をする活動や事業である。エンゼルプラン(1994)施行以降は、幼稚園や保育所などの保育施設、子育て支援センター・児童相談所・教育センターなどの行政機関、個人や組織によるカウンセリングセンターなど、多くの機関で実施されている。相談の内容や程度によって電話相談、ネットによる相談、面接相談、グループ相談、ピアサポートなどのさまざまな形態があり、その内容も、必要な情報提供やグループ紹介から、虐待やうつなどの専門家の関与を要する重篤な相談まで幅広い。相談者の役割は、即座に解答を与えることではなく、共感と受容的な態度で相談者の話に傾聴し、ともに考えながら相談者が自己解決に自信がもてるようにかかわることである。また、同じ悩みをもつ親同士をつなぐ、必要な機関と連携するなど、相談内容に応じた適切な対応が必要になる。　（中野由美子）

育児不安

　育児期の養育者(おもに母親)が、子どもの発達や子育て全体に対して抱く、漠然とした心理的不安を指す。現代の親た

ちは幼い子どもとの接触体験が少ないために、子どもの発達の理解や子育て技術の蓄積が乏しく、ささいなことに戸惑いや不安を感じて育児に自信がもてない状況にある。また、周囲に身近に相談相手がいない孤立した家庭や近所に子育て仲間がいない核家族も多いなど、不安が解消されず増幅しやすい環境にある。心身の負担感やイライラ感からの育児ストレスは、落ち込みが激しくなると育児ノイローゼになる場合もある。母親の育児不安やストレスは、マタニティーブルーや産後うつを招きやすい、育児ストレスを子どもに向けやすいなど、親子関係の危機にもつながる。その解消のためには、父親などの身近な人の協力や地域の子育て仲間づくり、保育施設・保健センターなどの支援機関の連携が必要である。
　　　　　　　　　　　　（中野由美子）

伊沢修二

いさわ・しゅうじ、1851 ～ 1917
　明治時代の教育者、教育行政官。1874 (明治7) 年官立愛知師範学校長に就任、附属小学校で「唱歌嬉戯」や「実物課 (object lessons)」を実践した。翌年師範学科取調員としてアメリカのブリッジウォーター師範学校に派遣された。1878 年に帰国後、東京師範学校、体操伝習所、音楽取調掛、文部省などに籍を置き、普通教育の定着のための学校の組織化と条件整備に努力した。1891 年に官を辞してからは、国家教育社社長として論陣を張り、さらに台湾の植民地教育、吃音矯正事業なども興した。伊沢は渡米前にアメリカの教育書を通じてフレーベル主義やペスタロッチ主義教育を受容した。また、人間の調和的完成という教育目的から演繹された知育・徳育・体育に関する教科を構成し、これに児童の身体的認識的発達特性を考慮した内容配列を重ね合わせることで初等教育カリキュラムを編成し

た。帰国後の文部官僚としての活躍は既に形成されていた彼のカリキュラム論の展開とみることができる。留学の成果である『学校管理法』(1882)と『教育学』(1882・83)は、いずれも師範学校教科書として普及し、師範教育の内容の充実に貢献した。⇒ペスタロッチ　　(橋本美保)

■意志
will

　生理的、心理的、社会的な諸要求を取捨選択し、その実現のための行動をさまざまな障害を乗り越えて貫こうとする心的傾向、またはその能力をいう。広くは単なる衝動や欲望を含めて用いることもあるが、基本的には、むしろそれらを反省し抑制して、より大きな目的を志向する人間的な精神の働きを指す。意志はもと、人の人格を超える神や自然のものであり、それを探し当て従うことが人の義務であったが、近代になって自由な意志が人のものとなり、さらにそれが善へ向かうべきものとして教育的に形成される対象となった。個人が自分の力で生きていくことを基本とする社会にあって、意志は主体的に生活を営んでいく力として、また一方、ややもすれば生まれてくるエゴイスティックな情念を抑える力として不可欠である。意志形成論は近代教育学の基本テーマとなった。しかしながら、競争社会の背景の中で、意志はしだいにその道徳的意味を離れ、最近では教育的にも単に学習意欲、根性などの意味になってきて、そのつくり方の議論が多くなってきている。　　　　　　　　(原　聡介)

■石井亮一
いしい・りょういち、1867～1937

　1891(明治24)年に、わが国初の知的障害児施設である滝乃川学園を創設した人物。1867(慶応3)年、佐賀藩士の家に誕生する。成績は優秀であり、科学者を志しアメリカ留学の意志をもっていたが、病弱のため断念した。英語習得のため立教大学に入学し、学長ウィリアムズ主教の影響を受け受洗し、キリスト教徒となる。大学卒業後、24歳で立教女学校の教頭に就任した。1891年、濃尾大地震の際に孤児となった女児が人身売買の対象になっていることを知り、21名の孤児を保護し引き取る。教頭を退任し、私財を投じて孤児院事業を開設し、聖三一孤女学院と名づける。保護した孤女のうち、2名が知的障害児であったことから、石井はアメリカに留学し、セガン博士の知的障害者教育法を学んだ。帰国後、聖三一孤女学院を滝乃川学園と改称し、知的障害児・者の先駆的療育に取り組む。その当時学園は北豊島郡滝野川村（現北区）にあったため、地名に由来する名称がついた。都市化により1928(昭和3)年、北多摩郡谷保〔やほ〕村（現国立市谷保）に移転する。1921(大正10)年、石井は東京府児童研究所長の公職に就くかたわら、日本精神薄弱児愛護協会を設立、初代会長に選出され就任した。石井没後は、妻筆子が夫の遺志を継いで第2代園長となったが終戦前に逝去。滝乃川学園は戦後、社会福祉法人となり現在も存続している。　　　　　　　　　(髙玉和子)

■いじめ

　文部科学省のいう「いじめ」は、1986(昭和61)年度には「①自分より弱い者に対して一方的に、②身体的・心理的な攻撃を継続的に加え、③相手が深刻な苦痛を感じているものであって、学校としてその事実（関係児童生徒、いじめの内容等）を確認しているもの。なお、起こった場所は学校の内外を問わないものとする」であったが、1994(平成6)年度に「学校としてその事実（関係児童生徒、いじめの内容等）を確認しているも

の」が削除され、2006年度に「一方的に」「継続的に」「深刻な」等の文言が削除された。その結果「いじめ」は、「当該児童生徒が、一定の人間関係のある者から、心理的、物理的な攻撃を受けたことにより、精神的な苦痛を感じているもの」となり、けんか等の人間関係トラブルも包括する定義に変化した。同時にそれまで「発生件数」としてきた数字を「認知件数」とし、学校が認知して対応している数字に解釈を変更した。

　2013（平成25）年の「いじめ防止対策推進法」では、さらに「いじめ」を「児童等に対して、当該児童等が在籍する学校に在籍している等当該児童等と一定の人的関係にある他の児童等が行う心理的又は物理的な影響を与える行為（インターネットを通じて行われるものを含む。）であって、当該行為の対象となった児童等が心身の苦痛を感じているもの」とし、「心理的、物理的な攻撃」から「心理的又は物理的な影響を与える行為」へと改め、軽微なトラブルも「いじめ」として解釈し認知することをいっそう求めることになった。

　軽微と思われるトラブルもいじめとして認知する一方、同法28条では深刻な被害を「重大事態」としている。重大事態とは、一つは「いじめにより当該学校に在籍する児童等の生命、心身又は財産に重大な被害が生じた疑いがあると認めるとき」であり、自殺等にいたる危険性のある被害を指す。もう一つは「いじめにより当該学校に在籍する児童等が相当の期間学校を欠席することを余儀なくされている疑いがあると認めるとき」とし、いじめによって不登校になっている事態を指している。こうした重大事態については、学校と教育委員会による調査等、速やかな対応を求めている。
　　⇒いじめ防止対策推進法　　（片岡洋子）

■ いじめ防止対策推進法

　いじめ防止等の対策を総合的かつ効果的に推進するため、2013（平成25）年6月に制定・公布され同年9月に施行された。第1条では「いじめ」を「児童等に対して、当該児童等が在籍する学校に在籍している等当該児童等と一定の人的関係にある他の児童等が行う心理的又は物理的な影響を与える行為（インターネットを通じて行われるものを含む。）であって、当該行為の対象となった児童等が心身の苦痛を感じているもの」と定義し、その防止等対策の基本理念、児童生徒によるいじめの禁止、国・地方公共団体・学校設置者・学校（教職員）・保護者の責務等について明記した。

　さらに、国・地方公共団体・学校が「いじめの防止等のための対策に関する基本的な方針」を定めること、各地方で関係機関・団体の連携を図るためのいじめ問題対策連絡協議会を設けること、重大事態発生時の対処やその発生防止措置等について具体的な規定を盛り込んでいる。
　　⇒いじめ　　　　　　　　　（浜田博文）

■ 異常行動
■ abnormal behavior

　意識障害、幻覚、妄想などを含む精神・神経症状のうちの一つとして位置づけられている。通常の水準よりはるかに興奮しており、意味不明のことを口走ることや、屋内から外への飛び出しなど突発的に危険を顧みないような行動がみられることをいう。子どもにこのような行動がみられる場合、早期に医療機関において適切な治療を受けることが求められる。精神・神経系の重大な危機、ひいては生命危機の兆候であると捉えられるからである。子どもから目を離さず、危険行為を抑止し、子どもの身の安全を確保しなければいけない。異常行動の原因に関しては多

様な説が報告されている。それらに共通するのは、行動や情動をコントロールする脳の特定部分がうまく機能しないため生じるという点である。違法薬物を服用することにより異常行動が生じることも念頭に置いておく必要がある。(村上凡子)

異常児

1900年前後にドイツ治療教育学（Heilpadagogik）の翻訳紹介を通じて、心身に異常をもち、「正常な」児童と同等の教育を行うことのできない児童を「異常児」として、その治療法が研究・実践されるようになった。主に精神医学や心理学の関係者が中心となって1902（明治35）年に日本児童研究会が結成され、「異常児研究」が進められた。ここで「異常児」とは、「白痴」「低能児」など、主に知的に遅れをもつ子どもや「性格異常児」を指していた。1930（昭和5）年頃、樋口長市は明治以降さまざまな意味で使われていた「特殊教育」を心身に障害のある児童の教育として体系化して提起し、正常より劣位な「異常児」を「特殊教育学」の対象として位置づけた。樋口は1939（昭和14）年の著作の中で、精神異常（低能、性格異常）、身体異常（盲、聾唖、健康異常、不具[運動機能異常]）と体系づけた。戦後、教育刷新委員を務め障害児の教育権保障に尽力した川本宇之介も、「特殊教育」の対象として「異常児」とあらわしている。戦後もしばらく、この意味で「異常児」は用いられた。1954（昭和29）年制定の教育職員免許法施行規則は1987年の改正まで、第7条特殊教育に関する専門科目に「異常児教育」を挙げていた。現在では、「特殊教育」は「特別支援教育」に変わり、障害を指す意味で「異常」は用いられない。
⇒特別支援教育　　　　　　　　（飯塚希世）

依存
dependency

自らの心理的、身体的安定を得るために、他者に頼ろうとする欲求と行動のことをいう。他者に頼ろうとする依存欲求には、愛情を求める欲求のほか、承認、保証、保護、援助を求める欲求などがある。依存行動は依存欲求を実現するための行動であり、接近、身体的接触、親近さ、助力を求める行動、注意を引く行動などさまざまである。依存を自立と対極の概念として捉えると弱さ、未熟さがその特徴となるが、自立に向かう準備状態として積極的に捉えることができる。依存を子どもの発達可能性を保証する大事な状態と考えるのである。この考えをさらに推し進めると、発達は単に依存を脱却して自立へと向かう過程ではなくなる。つまり、子どもの発達、自立の過程は依存対象の数と範囲を拡大し、その中に自分自身をも含んでいくこと、依存欲求の強度、依存行動様式などが変化して自分自身に頼ることができるようになることであるといえる。依存ではなく愛着欲求や愛着行動というときには、乳幼児の潜在的能力や能動性を重視しているときである。また依存の障害とは正常な依存が満たされなかったり、対象がすり替わって歪んだ依存関係になったり、過度の依存で嗜癖や中毒になっている状態である。
（原　裕視）

イタール
Itard, J.M.G. 1774～1838

フランス人医師であり、「アヴェロンの野生児」のヴィクトールの教育、指導にかかわったことでその名が知られている。南フランスで12歳頃発見されたヴィクトールは、当時、精神遅滞と診断され、教育は不可能であると考えられていた。しかしイタールは、人は生まれたときは白紙の状態であり、知識は環境や経

験によって得られ、人間が形成されるという考えのもとに、6年間にわたりヴィクトールへの指導を続けた。その結果、ことばは話すことができなかったものの、社会性や感覚機能の発達、また文字による学習の成立などがみられた。このことは、精神遅滞の子どもへの教育の可能性を示したものとされ、その後もヴィクトールに行った教育方法は、言語障害や精神遅滞の子どもたちへのかかわりへと拡大された。

（瀧口　綾）

一時保育

　保護者が一時的・緊急的に保育ができなくなったとき、保育所などで週3日以内の日数で子どもを預かって行う保育のこと。保育の対象となるのは、保護者が短時間勤務や断続的な勤務、学業などにより保育ができない子ども、保護者の傷病・災害・事故・出産・介護・冠婚葬祭など社会的にやむをえない理由で一時的に保育が必要な子どもである。さらに1990（平成2）年に実施された一時保育推進基盤整備事業が改正されるのに伴い、育児による保護者の心理的、肉体的負担を解消するために、保護者がボランティア活動や地域社会活動、文化・体育活動に参加するといった理由にも一時保育が利用できるようになった。昨今は都市化や核家族化により近隣関係が希薄になることで母親の育児不安を招きやすい。そのことから家庭内に引きこもってしまい虐待に向かってしまうケースもあることから、一時保育は育児に問題を抱えた親子をいち早く発見し、援助する方策の一つにもなるだろう。

（髙橋弥生）

一条校

　学校教育法第1条に掲げられている学校のことで、教育基本法第6条第1項にある「法律に定める学校」の具体を指す。幼稚園、小学校、中学校、義務教育学校、高等学校、中等教育学校、特別支援学校、大学及び高等専門学校の9種類が「学校」として規定されている。一条校は、「正系の学校」として日本の学校制度にあって中核的な地位を与えられている。「法律に定める学校は、公の性質を有するもの」（教育基本法第6条第1項）とある。ゆえに、設置者が国（国立学校）、地方公共団体（公立学校）、学校法人（私立学校）に限定されるほか（同）、設置基準の設定（学校教育法第3条）、教員の資格（同法第8条）、教育の目標（同法第21条等）、修業年限（同法第32条等）、教科書使用義務（同法第34条等）、教職員の配置（同法第37条等）など、厳格な基準が設けられている。設置者の例外として、構造改革特別区域法により、2003（平成15）年から、株式会社や特定非営利活動法人による学校設置が認められているが、実態としてはこれらによる学校設置は限定的であり、加えて財政的な課題も指摘されている。⇒学校、学校教育法、公教育

（福島正行）

一読総合法

　国語科の読みの指導過程論として戦前以来の通説とされてきた〝通読→精読→味読〟の三読法の再検討をもとに民間の教育研究団体児童言語研究会（児言研、1951［昭和26］年発足）が提起した読みの指導法。児言研は、一読総合法を、自らの国語教育論体系の根幹として、その主張の言語心理学的基礎も明確にしながら教育現場に問題提起を続けてきた。
　一読総合法では、通読や、文章の意味の理解はさておいてまず文字だけを声を出して読む素読はしない。第一読から精読に徹底させる。そこでは、読みにおける分析的過程と総合的過程の同時並行的

進行が志向される。分析的に読んで、しかるのちにくわしく、味わいつつ読むという三段階過程は採らない。　（水内　宏）

▌一斉授業

一斉授業とは、一人の教師が一学級の子どもたちに対して同じ教科内容を同時に指導する授業方式である。多数の子どもを同時に指導することができることから、この授業方式は、身分や貧富の区別なしに、どの子も学ぶことができる近代学校の成立と発展を支えた。それ以来、この授業方式は広くみられるようになった。一斉授業は、異質な子が混在する学級で行われるために、子どもの個人差を無視した画一的な授業となり、「落ちこぼれ」や「教え込み」を生み出す元凶であるという批判もなされる。しかし、一斉授業の中で、子ども相互の学び合いが成立すれば、事態は一変する。異質な子がいれば、同じ問題に取り組んだとしても、異なる意見が生じる。これらの意見をめぐって自由に話し合いが行われるときに、子ども相互の間で学び合いが成立する。新たな問いが生まれて、学び直してみたり、新たな事実を学んだりする。この学び合いを通して子どもたちは、教科の内容を共同で吟味し、深めていくことになる。このことは、一斉授業の積極的な面であるといえる。　（岩垣　攝）

▌一斉保育

保育者中心の指導形態で、保育者の教育理念や指導計画が前面に打ち出され、多くの幼児を保育者の指示に従わせ保育する方法である。保育施設で自由遊びと並んで行われている保育方法の一様式である。幼児は、保育者の計画した指導内容を同一方法によって、一斉に経験させられる。設定保育と呼ぶこともある。ま

た、この様式は、集団で一斉にどの幼児も絵をかき、歌をうたい、製作をし、話を聞くという型になるので、集団保育と呼ぶこともある。一斉保育は保育者が、直接的に指導する一斉的な活動以外の活動を禁止するという、かなり強い性格をもつものである。この保育方法の立場を理論的にも、形式的にも最も徹底した形態は、「保育者の指示により」「指示された時間に」「指示された場所で」「指示された目標を」「指示通りに経験する」ということになって、保育者中心で、命令一服従型の指導形態となる。保育者の指示によって、全員の幼児に同じことをさせるため、そのことに興味・関心がなくとも強制的にやらされたり、一人ひとりの発達や自発性、創造性の発達が無視されたりする危険性がある。幼児期は、心身の発達の個人差が著しいことから、また、わが国の保育施設の多くが年齢を1歳単位でクラス編成をしている現状からみて、この点十分留意する必要がある。
　（谷田貝公昭）

▌逸脱

その集団が属する文化や社会の基準、規範から外れた行動をとること、あるいは行動そのものをいう。問題行動と共通の意味をもつ。

18歳以上の個人において違法行為も含めた反社会的逸脱行動が継続している状態は、アメリカ精神医学会による診断統計マニュアル（DSM－Ⅳ）において、反社会的人格障害とされる。18歳未満の子どもの場合、行動に関する評価の基準となる尺度として、日本語版の子どもの行動チェックリスト（CBCL：Child Behavior Check List）が標準化され用いられている。この尺度は社会的能力と問題行動の二つの下位尺度から構成されている。逸脱は子どもの発達過程において

重要な意味をもつ。そのため子どもの状態に関する評価が肝要である。逸脱行動への対応は、発達障害に基づくものか親子関係など心理社会的要因によるものなのかによって異なる。前者の場合、障害に応じた対応が求められる。後者の場合、親子関係の修復などに向けて、心理的援助が行われることが望ましい。

⇒問題行動　　　　　　　　（村上凡子）

一般（普通）教育
general education

　ある特定の職業に就くための準備教育ではなく、人間として生きる上で共通に必要な資質や能力を育成するための教育を指している。職業教育と対置される概念である。

　古代ギリシャにおいて、自由市民に求められた教育が「パイデイア」（自由人の教育）である。それは、何らかの職業的卓越性とは異なる一般的な教養であり、人間そのものの徳（卓越性）を磨く教育であった。古代ローマにおいても、「自由学芸」（artes liberales）が尊重され、文法、修辞学、弁証法（哲学）、音楽、天文学、代数学、幾何学は七自由科と称されて、自由市民にふさわしい教養とみなされた。

　古代ギリシャ、古代ローマにおける自由市民のための教育の考え方は、その後、西洋文化の底流をなし、ルネサンスを経て、人文主義（ヒューマニズム）的教養の理念として復活する。17世紀に、コメニウスは、すべての人間に、すべての事柄を、わかりやすく教授する普遍的な技法としての教授学（Didactica）を体系化したが、そこには、明らかに一般（普通）教育の考え方の萌芽がみられる。コメニウスは、身分制度を前提にして、特別な階層の人間だけを対象に職業教育を考えたわけではない。人間として生きていく上で、ぜひとも必要な知識、技能を授けるための教授法を考えたのである。

　18世紀に入ると、一般（普通）教育への要求が一層切実なものとなる。ルソーは、その著『エミール』（1762）の第一編で、次のよう記述する。「自然は、両親の身分にふさわしいことをする前に、人間としての生活をするように命じている。生きること、それがわたしの生徒に教えたいと思う職業だ。」ここには、現代においても通ずる一般（普通）教育の理念が明確に語られている。こうした理念を引き継いで、戦後日本の義務教育機関では、初等普通教育および中等普通教育を子どもに施すことを目的としている。

⇒コメニウス、ルソー　　　（高橋　勝）

イデオ・サヴァン
idiot savant

　重度の発達障害や脳損傷などにより、知的障害がありながら、並外れた芸術的な才能や記憶能力を示すことを指していう。この能力は、1887年精神科医で、ダウン症で有名なダウン（Down, J.L. 1828～1896）によって初めて報告された。元来「サヴァン（savant）」とは、フランス語で「学者、賢者」という意味であり、現在では「サヴァン症候群（savant syndrome）」とも呼ばれている。

　その驚異的な才能が示されるのは、音楽が多く、例えば初めて聞いた曲を最初から最後までピアノで演奏することができるなどであり、ほかにも美術、カレンダー記憶、計算などの面でみられる。例えばカレンダー記憶とは、『何年何月何日は何曜日？』の質問に難なく答えられるなど、過去や未来のカレンダーが頭の中に入っているものを指す。また、男性にみられることが多く、男女比は6：1ともいわれるが、この偏りの理由については、明らかにされておらず、ほかにも解明されていないことが多い。⇒記憶

（瀧口　綾）

いてんと 20

遺伝と環境

　人の心身の発達を規定する要因が遺伝であるのか環境であるのかという問題は、古くから活発な議論がなされてきたテーマである。「遺伝か環境か」という二者択一的な見方に対し、「遺伝も環境も」という統合的な考えは、シュテルンの輻輳説に始まる。発達の個人差は、遺伝と環境の相互作用によるものであっても、視点によって遺伝を強調したり環境を強調したりできるから、古くから遺伝環境論争は形を変えて繰り返されている。

　遺伝と環境の規定力の関係について、重要な手がかりを与えるものに双生児研究がある。双生児研究では、一卵性双生児間の類似度が、二卵性双生児間のそれより高ければ高いほど、遺伝的規定性が高いとみなされる。また、別々の環境に育った一卵性双生児を比較検討することにより、環境の影響を知ることができる。そのような研究によれば、身長は非常に強く遺伝に規定されているが、学業成績は家庭環境の影響が大きく、一卵性双生児でも別々に育てられればかなり相関が低くなるし、二卵性双生児でも一緒に育てられればかなり高い相関を示す。遺伝と環境のどちらか一方を強調することは危険である。遺伝を強調し過ぎると、努力しても無駄ということになりかねない。環境を強調し過ぎると、子どもを大人の描く理想像の型にはめようとして、徹底した管理主義に陥りかねない。

　このように、遺伝と環境というだけでは、発達観は受動的なものとならざるを得ない。人間は、環境に自ら能動的に働きかけつつ自己の発達を実現する主体である。人間は、遺伝的素質をもって誕生するが、発達主体としての能動性をもち、主体的に環境とかかわり、環境との相互作用を通して自己の発達を実現していく、自己形成の可能な存在でもある。

⇒シュテルン　　　　　　　　（大川　洋）

伊藤仁斎
いとう・じんさい、1627〜1705

　近世前期の思想家。京都の材木商を出自とする町人出身の儒学者であり、生涯、出仕することはなかった。ほぼ独学で学問的基盤を形成していったが、1662（寛文2）年、京都堀川に古義堂を開塾し、門人との同志的関係を基軸とした学習・運営を行った。この間、仁斎の学問は、当初信奉していた朱子学からしだいに離れ、古義学と称する独自の立場を明らかにしていった。それまで一般的であった、注釈書を通した儒学理解の方法を捨て、『論語』『孟子』などの経書を直接精読・吟味することにより、孔子および孟子の思想的根源に到達しようとするものであり、あらゆる人々が封建的秩序を超えて相互に仁愛の精神によって満たされる状況を理想とした。このような学問的手法は、後に荻生徂徠の古文辞学、本居宣長の古学の成立にも投影された。主著は、『語孟字義』『童子問』。嗣子東涯によって刊行された。⇒荻生徂徠、本居宣長
　　　　　　　　　　　　　（大戸安弘）

イニシエーション（加入儀礼）

　人間のライフサイクルにおいて、それぞれの年齢段階の節目において行われる儀礼の一つを指している。加入儀礼とも訳される。前近代社会においては、親や共同体によって養われてきた子どもが、労働を支える大人集団に参加する際に、厳しい生まれ変わりの修行が求められた。狩猟社会では、宗教的な儀礼を含みつつ聖なる動物の血を飲み干し、身体に鞭打ち、傷つけ、それに堪え抜く精神力を示すことで、大人集団への参加が許された。農耕型社会、牧畜型社会でも、子どもが大人集団に加入する際には、同じ

ように心身に苦行を与え、その資格を厳しく試す儀式が行われた。宗教学者のエリアーデは、「イニシエーションの宗教的意義」という副題をもつ著書『生と再生』（1958）の中で、イニシエーションという試練を乗り越えることで、青年は、それまでとはまったく別人に「生まれ変わること」が求められたと指摘している。しかし、近代社会においては、住む土地や職業が固定化していないために、こうしたイニシエーションの機能は著しく衰退していった。⇒儀礼　　　　　　（高橋　勝）

異年齢保育

　年齢の異なる子どもたちでグループやクラス編成をする保育形態である。「縦割り保育」と呼ばれることもある。保育方法として、異年齢の子どもで編成された固定クラスで行う場合と基本は同年齢クラスに属し、週、または月に数回異年齢グループに分かれて行う場合、また、一日の保育の中で異年齢と年齢別に行う場合などさまざまである。人数的に年齢別クラス編成ができないときに異年齢保育を行うことがある。これは「混合保育」と呼ばれる。異年齢保育を行うことで年下の子どもは年上の子どもから遊びや生活の仕方を覚え、年上に対する憧れをもち、挑戦する意欲が育つ。年上の子どもは年下の子どもの世話をすることで思いやりの気持ちが育まれ、頼られることで自己肯定感をもつことができる。核家族、少子化が進み、地域の集団活動が失われる中、異年齢保育により社会性や協調性などが育まれ、人間関係が育つ上でも重要である。　　　　　　　（大﨑利紀子）

井上毅
いのうえ・こわし、1844 ～ 1895

　明治前期の官僚・政治家。第二次伊藤博文内閣の文部大臣。肥後国熊本藩の出身。藩校時習館で学び、1871（明治 3）年司法省に出仕。官命によりフランスに留学、帰国後明治政府のブレインとなる。伊藤博文のために「教育議」を起草後、参事院議官、内閣書記官長などの要職に就く傍ら、伊藤を助けて憲法の制定準備にあたった。また、井上は 1890 年に法制局長官として、元田永孚［もとだながざね］らと協力して教育勅語の起草にあたった。教育勅語に関する彼の立場は、終始一貫、開明派官僚としての立場であり、勅語起草が具体化するや、文部省草案（中村正直執筆）を批判し、原案を作成して元田らとその修正に努めた。1893 年、第二次伊藤内閣で文部大臣に就任し、産業近代化に伴う教育制度の拡充を目指して全面的な学制改革を計画し実行した。この改革の目的は、学校体系の各段階に、実社会に出てすぐに職に就くことのできる完成教育機関を設けることであった。井上の改革は、とくに実業教育の振興を実現し、森有礼のそれと並んで、わが国教育制度史上に画期をもたらした。⇒教育勅語、実業教育　（橋本美保）

いのちの教育
death and life education

　青少年の凶悪犯罪や子どもたちのいじめを苦にした自殺など、生命が軽く扱われているとしかいいようのない痛ましい事態が後を絶たない。このような背景から、昨今では、生命（いのち）の教育が叫ばれるようになっている。心の教育・全人的なホリスティック教育・死への準備教育（death education）などはその代表的なものである。中でも「死への準備教育」は、これまでタブーとされてきた死を扱うことで、生命の尊さや自分の生き方を深く考える契機となることが期待されている。子どもたちが自分の生き方を考えることは、その根底にある生命を感じることである。人間は限られた時間を生きている。

一人ひとりの子どもたちが、まずは、自分の有限な生命（いのち）を感じ大切にする心を育むことのできるような教育が今強く求められているといえよう。

⇒ホリスティック教育　　　　（犬塚文雄）

異文化間コミュニケーション

　文化的背景を異にする人たちの間のコミュニケーションでは、相互に異なる文化の影響を強く受けているため、その過程でさまざまな誤解やトラブルを経験することがある。そうした誤解やトラブルがなぜ起こるのかを解明することと同時に、誤解やトラブルを回避し、相互の理解や協調関係を築くことを含めて、異文化コミュニケーションと呼ばれている。父親の海外勤務でアメリカの現地の学校に編入した小学校3年生の女児が、最初の日に先生から突然「ハグ」をされ、恐怖心からしばらく学校に行くことができなかったという事例が報告されている。これは、教師と子どもとのコミュニケーションスタイルの違いと受け止めることができる。このように、日本の学校でも、異なった文化的背景をもつ子どもの増加とともに、教師にもこうしたコミュニケーション力が必要になっている。

（佐藤郡衛）

異文化理解

　グローバリゼーションの進行により、異文化理解の仕方についての必要性が高まっている一方で、その問題性もある。文化を固定的に捉えているためステレオタイプ的な異文化理解が多いという問題である。文化の表面的な違いだけに注目し、しかもその違いを過度に強調するために、異文化を一般化し定型化された知識として習得させるという問題を抱えている。例えば、「帰国した子どもだから英語が得意だ、自己主張が強い」、あるいは「外国籍の子どもは学習意欲がない」といった恣意的な枠を設定してしまうのである。このことが教師と子どもとの相互理解を難しくしている。実践においてあらかじめ異文化という枠組みをつくるのではなく、異文化も子どもの成長とともに、そして子どもの視野の拡大とともに変わっていくものであることを認識する必要がある。異文化をもつ人を理解するには、その人のもつ文化的背景に注目することは必要だが、一般化せずに文脈に即して柔軟に文化を捉えていくことと同時に、自分の理解の準拠枠を広げていくことであり、そのことにより初めて他者を理解できるようになる。（佐藤郡衛）

意欲

　指導要録の1991（平成3）年の改訂で、全教科の「観点別学習状況」の欄に「関心・意欲・態度」という観点が設定された。学習への意欲は、複雑多様で変化の速い現代社会においては、人が生涯にわたって自ら学んで人生を切り開いていくために、ますます重要視されよう。

　意欲は、「動機づけ（モーチベーション）」と言い換えてもよいが、純粋な学習意欲ともいうべき「内発的動機づけ」と、賞罰につられた「外発的動機づけ」とを、はっきりと区別することは難しい。脳科学の知見によれば、気の向かない作業でも、最初無理にでも始めると、側坐核という部位が側坐核自身を興奮させはじめ、好奇心や集中力を支える海馬や前頭葉に対して盛んに活動指令を送りはじめるので、意欲が湧いてくる。「作業興奮」と呼ばれるこの現象は、教育の問題に関しても多くのことを示唆するだろう。

　なお、子どもの勉学意欲低下の一因が、近年のいわゆる「格差社会」の一側面としての「意欲格差」にあるという指摘も

あるように、教育における意欲の問題がしばしば政策の問題に行き着くことも看過できない。⇒**動機づけ**　　　（堤　大輔）

イリッチ
Illich, I. 1926 ～ 2002

　オーストリアのウィーンに生まれた教育思想家。プエルト・リコのカトリック系大学の副学長を経て 1961 年メキシコのクエルナバカに CIDOC（国際文化資料センター）の前身である CIF（国際文化形成センター）を設立した。学校、医療、交通など産業サービスの諸制度やその専門権力構造の批判などに関する多くの著作出版がある。イリッチは近代の学校観を神話だと決めつけたが、このことは人間は無限に進歩するという神話でもあり、それをいかに解体するかなどを提起した。ヴァナキュラー（土着なもの・根を張る）な価値の復権を唱え、さらにコンビビアリティ（ともに生きること）の重要性を訴えた。財やサービスを消費する経済原則が適用されるこの社会にあって自己を規律化し、正統化を生きる存在そのものを解体し、管理の対象とさせないために常に思考を磨いておかなければならないと主張する。　　　　　　　（望月重信）

インクルージョン（インクルーシブ教育）
inclusion（inclusive education）

　障害者を社会に包容すること。国連の障害者権利条約（2006［平成 18］年採択、2014 年批准）の第 24 条は、「教育についての障害者の権利」を「差別なしに、かつ、機会の均等を基礎として実現」するために、「障害者を包容するあらゆる段階の教育制度及び生涯学習を確保する。」と定めている。

　日本では、2007（平成 19）年から、一人ひとりの教育的ニーズにこたえる「特別支援教育」が行われている。中教審は、2012 年に「共生社会の形成に向けたインクルーシブ教育システム構築のための特別支援教育（報告）」をとりまとめた。この報告によれば、「インクルーシブ教育」とは、「障害のある者と障害のない者がともに学ぶ仕組み」である。学校設置者と学校は、一人ひとりの障害の状態や教育的ニーズに応じた「合理的配慮」を行う。国、都道府県、市町村は、「合理的配慮」のための「基礎的環境整備」を行う。

　⇒**統合教育、ノーマライゼーション**（上原秀一）

インターナショナル・スクール

　インターナショナル・スクール（国際学校）とは、国境を越えて移動する人々の増加とともに設立された多国籍の子どもが学ぶ海外学校を指す。その大半は、アメリカ、ないしイギリスに準じた教育制度に基づいて運営されており、教授言語は英語であり、また、授業日数、8 - 4 制、飛び級制度、学期の開始時期など、日本の学校制度とは異なっている。インターナショナル・スクールは、もともとキリスト教の布教を目指した私立学校という性格上、基本的には受益者負担を原則としているため、保護者の教育費の負担が大きい。また、どの国の子どもにも門戸を開放しており、多国籍、多民族からなっており、この多様性と国際性が最大の特徴といえる。日本国内のインターナショナル・スクールには、日本国籍の子どもの入学者が増えており、とくに英語圏や外国のインターナショナル・スクールから帰国した子どもたちが編入学するケースが増えている。ただし、インターナショナル・スクールは、日本の教育制度では、学校教育法第 1 条で規定する正規の学校、いわゆる「一条校」ではないため、進学や就職の際に不利益を被るという問題もある。⇒**一条校**　　　　　（佐藤郡衛）

インターンシップ

　明確な定義はない。医師、看護師、法曹、技師、教師など専門家養成における学校外での実務実習や高校職業教育での現場実習等は従来からあった。しかし、就業体験等の名称で呼ばれる教育活動の近年における盛行は、1998（平成10）年の理科教育及び産業教育審議会答申「今後の専門高校における教育の在り方等について」や、文部省（当時）通知「インターンシップの推進について」が契機となり、1999年告示の高等学校学習指導要領が「総則」で「就業やボランティアにかかわる体験的な学習」を奨励しつつ、従来の「現場実習」にかえて「就業体験」という用語を使用したことが影響している。

　学校外の施設で実施される就業体験等の教育活動をインターンシップとするならば、それは、中等および高等教育で、①公的職業資格取得なる目的の有無や全員に必修として課すか選択として一部を対象にするか等の位置づけの軽重はあるものの、技術・職業教育の一環として行われているものと、②職業指導の一環として行われているものがある。

　⇒**勤労体験学習**　　　　　　　　（田中喜美）

インテグレーション
integration

　統合。教育課程、学校体系、障害児教育に関してそれぞれ異なった意味で用いられる。教育課程においては、教育内容を教科に分けることを「分化」というのに対して、教科間の有機的関連づけを行うことを「統合」という。教育内容が増大するのに伴い教育課程が羅列的で無系統なものとなるのを避けるために、19世紀にドイツのツィラーやアメリカのパーカーなどは、歴史や地理など特定の教科を中核として各教科を統合しようと

する「中心統合法」を唱えた。学校体系においては、上級学校への進学など各学校段階の間に縦のつながりをもたせることを「接続」というのに対して、コースに分かれた教育段階において教育内容に共通性をもたせたり教育機関を統一したりするなど各学校系統の間に横のつながりをもたせることを「統合」という。障害児教育においては、障害のある児童生徒と障害のない児童生徒を一緒に教育することを「統合教育」という。

　⇒**インクルージョン、中心統合法、統合教育、ノーマライゼーション**　　　　（上原秀一）

インテリジェント・スクール
Intelligent school

　「インテリジェント・スクール」という用語は、インターネットが本格的に普及するはるか以前に登場した。例えば臨時教育審議会第三次答申（1987［昭和62］年）にその名が出てくる。そこでは、インテリジェント・スクールは、情報社会に高度に対応した施設により、学校教育のみならず生涯学習を中心とした地域社会の発展までをも担う存在として重視された。したがってインテリジェント・スクールは、ハードウェアだけを指すのではなく、そのハードウェアを最大限に活かした新しい教育形態の創造である。IT という用語は国際的には急速にICT（Information and Communication Technology）という用語に置き換わりつつあるが、インテリジェント・スクールとは、2007（平成19）年現在では、この「ICT を最大限に活用した学校、ないし学校運営」とみなされる場合がほとんどである。その実践の中には、生涯学習の観点が忘れ去られたものや、単に情報機器の活用にとどまっているものも散見される。しかしながら、インテリジェント・スクールがそのような狭い枠組みにとどまらず、学びの在り方そのものを変

える可能性を秘めていることは、もっと検討されてよいだろう。（池上　徹）

インドクトリネーション
indoctrination

通常「教化」と訳される。広義には、一定の教え（doctrine）を学習者の内面に定着させることを意味するが、狭義には、宗教・社会・政治などに関する思想や心情を、批判的・客観的な価値判断を認めない教授方法によって学習者に注入し、盲目的に内面化させることをいう。

「教化」は、本来仏教の用語であり、「きょうげ」と読まれ、先覚者が大衆を善なる方向へ導くことが根本にあり、もともと悪い意味はもっていなかった。また西欧語においても、「ドクトリン」という語幹からわかるように、中世以来、カトリックの教義を教えることと結びついた概念であった。しかし近代に入り、民主主義の理想が発達してくるにつれて、宗教的な意味合いが否定的に評価されるようになり、今日では、民主主義にそぐわない強圧的な教育形態として捉えられるのが一般的である。具体的な例を挙げるならば、ナチズムやわが国の戦前期の教育は、学習者個人の人権に基づいたものでも、批判的・客観的な価値判断を認めたものでもなく、まさに教化運動であったといえよう。⇒注入教育

（金田健司）

院内学級

慢性疾患を伴い長期に入院している児童および生徒が、治療を続けながら通う、病院内に設置された学級のことである。特殊学級の形態の一つで、病弱、身体虚弱など病弱教育の一環である。医師に許可された児童および生徒が対象となり、教室に通学できない子どもに対しては、直接教員が病室を訪問し、ベッドサイドで授業が行われる場合もあり、それぞれの子どもの状態に合わせた授業形態で行われている。また、入院中の子どもにとって、仲間とのかかわりがもてることは大変意義があり、治療への前向きな姿勢や、治療効果へとつながる場合もある。学習面だけでなく、子どもの心のケアや子ども同士の人間関係づくりなどへの配慮も重要であり、医療と教育の両面から子どもたちを支えていく必要がある。

⇒特殊学級、特別支援教育、病弱教育

（瀧口　綾）

インフォーマル・エデュケーション
informal education

日常生活で偶発的に生じる知識・技能などについての学習の総称であり、社会的に公認された学校組織における教育を意味するフォーマル（formal）・エデュケーションや、学校外で組織的・計画的に行われる教育、例えば企業内研修や地域の社会教育施設での講演会・講習会などを意味するノンフォーマル（nonformal）・エデュケーションとも異なる。

インフォーマル・エデュケーションが生じる具体的な場面としては、家庭、地域社会、職場、遊び場、マスメディアにおける学習などであり、実はフォーマル・エデュケーション以上に人間の発達において重要な役割を果たしてきた。しかし、地域の人間関係の希薄化や、情報化社会の進展による子どもの生活環境の変化によって、インフォーマル・エデュケーションの様相も大きく変化してきている。中でも近年のマスメディアの発達は、インフォーマル・エデュケーションの場を増大させつつある。とくにインターネットの普及は多様な知識・情報にふれることを容易にし、フォーマル・エデュケーションの役割を問い直す契機にもなっている。

（荒井聡史）

◆う◆

ヴァージニア・プラン
Virginia Plan

アメリカのヴァージニア州教育委員会が、恐慌下の経済と教育の復興のために、1930年代から1940年代にかけて作成、改訂したカリキュラム案。1934年に『ヴァージニア小学校学習指導要領試案』および『ヴァージニア中等学校コア・カリキュラムのための学習指導要領試案』が公表され、その後小学校案は1943年に、中等学校案は1936年から1941年にかけて改訂された。経験カリキュラムの一典型として知られている。カリキュラム案編成の枠組みとなったキャズウェルの「社会機能法」とは、「社会生活の主要機能」（消費とサービス、交通と輸送、娯楽など）を学習内容の範囲（スコープ）として横軸に、「興味の中心」（家庭、環境、地域生活など）を学習内容の系列（シークエンス）として縦軸に定め、両軸の交点に設けられる問題単元（作業単元）を中核（コア）とするカリキュラムを学年ごとに編成する方法であった。このカリキュラム案では、教科中心の知識よりも、恐慌下での現実の社会生活の問題に対処できる知識や能力の育成に重点が置かれた。同案は、戦後日本における社会科の新設（1947）やコア・カリキュラム運動に影響を与えた。
⇒コア・カリキュラム　　　（日暮トモ子）

ヴィゴツキー
Vygotsky, L. S. 1896 ～ 1934

旧ソビエト社会主義共和国連邦の心理学者。著書に『思考と言語』（1934）、『精神発達の理論』（1960）などがある。その知見によれば、子どもは最初、他人に向かって用いられる音声言語である「外言」だけを用いるが、発達とともにその音声が消えて、自分の心の中の言語である「内言」となり、思考の道具となる。こうして結局両タイプの言語を使えるようになる。個人の精神発達の起源が精神と精神の間にあるということを明確にし、精神の社会性ひいては歴史性をよく説明する理論として、死後半世紀を経て再評価が進んでいる。

また、「発達の最近接領域」の理論を提起した。例えば、ネイティブスピーカーの英語教師が、文法等の解説など一切せずに、学習者と四方山話をする形で英語を教える場合、学習者は当初、この教師と話している時だけ、いわば上級者の調子に乗せられる形で、一時的に本来のレベルよりも高いレベルでいられる。しかし、こうした学習を積むうちに、やがて上級者の掛け合いがなくても高レベルでいられるようになる。こうした高低二つのレベルの落差にあたる「発達の最近接領域」にこそ、教育という営みの豊かな可能性があると言える。教育は、教育者自身でもなく、被教育者自身でもなく、両者の間に起こる、ということを浮き彫りにし、学習のレディネスについての洗練された考究にも資する理論枠組みである。⇒発達の最近接領、レディネス
（堤　大輔）

ウィネトカ・プラン
Winnetka plan

1920年代にアメリカのイリノイ州ウィネトカの小中学校で実施された教育の個別化の方法。1919年に当地の教育長に就任したウォシュバーン（Washburne, C. W. 1889～1968）が、画一的な一斉教授への批判と、自由放任に走りがちであった当時の過度の児童中心主義教育の方法への批判として、心理学や教育測定などによる科学的根拠に基づいた教育を行うことを目指して開発、実

践した。ウィネトカ・プランのカリキュラムは、生徒の能力に応じて学習進度を個別化する「共通基礎教科」（コモン・エッセンシャルズ）と集団活動を中心とした「集団的創造的活動」からなる。前者において生徒は、教科別ワークブックを用いて自分のペースで自学自習をする。後者において生徒は、学級という集団の中で音楽、美術、体育、討論などの活動を通じて自己を表現しつつ、他者と相互に学び合う。同プランに、教育の個別化に立脚した新教育運動の実践の一つとして注目を集め、日本でも広く紹介された。しかし実践当初から、カリキュラムを構成する共通基礎教科と集団的創造的活動とが関連づけられていないなどと批判され、注目されたわりには普及しなかった。

⇒新教育運動　　　　　　　　（日暮トモ子）

■ウェクスラー式知能検査
Wechsler Intelligence
Scale for Children（WISC）

ウェクスラー（Wechsler, D. 1896～1981）が 1949 年に考案した児童用の知能検査で、高い信頼性と妥当性を有し、ビネー式知能検査と並んで最もよく用いられる知能検査の一つである。適用年齢は 5 歳から 15 歳で、個別式知能検査であるため通常の教室場面で実施することはできない。WISC では、知能を言語性知能（言語性尺度：一般的な知識、算術的な推論、単語の知識など）と、動作性知能（動作性尺度：積み木で刺激図と同じ模様をつくる、数枚の漫画を筋が通るように配列するなど）に分けて測定する。このことによって、例えば、動作性知能は平均以上でも、言語性知能が劣っているため、読み書きの発達に問題が生じている、といったアセスメントが可能になる。⇒知能検査、ビネー式知能検査

（今野裕之）

■芸亭
うんてい

奈良時代後期の官人、文人、石上宅嗣［いそのかみのやかつぐ］（729～781）が創設した、日本で最初の公開図書館とされている。宅嗣は、参議、大宰帥［だざいのそち］、式部卿、大納言などの重職を重ねた官人であり、政治的な影響力も相当のものであったが、経史および仏教にも通じ、漢詩や書の造詣も深かった。同時代の代表的な知識人の一人として、淡海三船［おうみのみふね］と双璧とされ、両者は「文人の首［おびと］」とも称された。『続日本紀』には、旧宅を阿閦［あしゅく］寺とし、寺院の一角に好学な宅嗣が収集した典籍のうち外典を収蔵する文庫を構え、希望者があれば閲覧を許したという。後に文章博士となり、平安初期の儒学者・文人として知られた賀陽豊年は、青年期に芸亭で研鑽を積んだことでその学問的素地を築いたとされている。　　（大戸安弘）

■運動会・体育祭

学校における「運動会」の最初の開催は 1885（明治 18）年の東京大学運動会とされている。名称は異なるが、海軍兵学校（1874）、札幌農学校（1878）での外国人指導者による運動競技等を内容とした行事を先駆とみることもできる。その後、初代文部大臣森有礼による学校教育への兵式体操導入と集団訓練重視、1933（昭和 8）年の小学校令改正による体操必須科目化と屋外運動場設置義務化などを経て運動会が定着する。

今日では運動会は、学習指導要領上は学校行事の中の「健康安全・体育的行事」に位置づけられ、学校が計画・指導するものとされているが、自治的活動能力を育む場でもある生徒会のかかわり方をどうするか、学校週 5 日制実施に伴う学校行事の充当時間数削減の中で準備期間を

どう確保するかなどの課題に直面している。なお、運動会には、地域や職場ぐるみの行事・祭りという面もあり、しばしば体育祭とも呼ばれる。⇒健康教育、体育科教育　　　　　　　　　　（水内　宏）

◆ え ◆

AAMR
American association on mental retardation

アメリカ精神遅滞学会のこと。1876年設立され、以来、アメリカ合衆国における精神遅滞問題の中心的存在として活躍し、現在に至っている。学会の主な活動分野は、対象となる児・者の教育・心理・医学・看護・管理・社会事業・職業訓練・一般問題等の多岐にわたっている。AAMR の活動の一つとして、精神遅滞研究の専門誌「The American Journal of Mental Retardation（AJMR）」を 2008年まで刊行、2009年以降は「American Journal on Intellectual and Developmental Disabilities（AJIDD）」が後継誌として発行されている。

AJMR に基づく「mental retardation（精神遅滞）」という用語は、知的機能における障害と、概念的・社会的・実用的な適応機能の障害として定義づけていることが特徴で、わが国の定義にも影響を与えた。近年は、アメリカ精神医学会（American Psychiatric Association：APA）のマニュアル DSM‐5 などよって、「intellectual disability ／ intellectual developmental disorder」と定義され、「知的能力障害」の用語も用いられている。　　（林　邦雄）

ALT（外国語指導助手）

ALT（Assistant Language Teacher）は、主として中・高等学校の外国語教育の授業

において、日本人の外国語教員とともに外国語の指導を行うため海外から招致された者をいう。1987年スタートしたJET プログラム「語学指導等を行う外国青年招致事業（Japan Exchange and Teaching Programme）」により、ALT は、全国各地の学校に配置されるようになった。JET プログラム発足時は、招致国4カ国、参加者 848人であったが、2006年度には、世界 44カ国から約 5,500人へと増加している。2002年の「総合的な学習の時間」の設置に伴い各学校で国際理解教育が推進されはじめた。ALT は外国語教育のみでなく、異文化理解や、人間理解、他国・他民族理解などための有用な人材としても活用されている。また、小学校に配置されることも多くなってきている。⇒外国語教育、小学校「英語」（多田孝志）

AO（Admissions Office）入試

アメリカで広く採用されてきた大学入学者選抜方法。学力試験に偏ることなく、詳細な書類審査と、時間をかけた丁寧な面接などを組み合わせ、受験生の能力・適性や学習に対する意欲・目的などを総合的に判定する。具体的には、各大学に置かれた入学管理局（admissions office）が、各大学の基準に則って多様な判断材料を入学者選抜に利用している。翻って日本での導入の嚆矢は、1990（平成 2）年の慶應義塾大学湘南藤沢キャンパス 2学部とされ、多角的な基準で合格者を選抜する入試として、話題を呼んだ。その後日本のＡＯ入試は、私立大学を中心に波及し始め、推薦入試の拡大などとも相まって、入学者選抜方法の多様化が進行していった。

だが、選抜度の高い日本の難関国公立大学などでは、依然として学力試験選抜の比重が高く、日本のＡＯ入試は、定員割れを恐れる選抜度の低い私大などが

大々的に実施しているに過ぎない、とする冷ややかな見方もある。

⇒アドミッション・オフィス　（腰越　滋）

英語教育

外国語教育の一つ。英語は世界各地で使用されている。世界的な国際会議では英語が使用され、国際連合、NATO、OECD、EU などの国際機関でも英語が公用語となっている。E-mail においても英語の使用頻度が最も高い。このような状況から多くの国々では、小学校段階から英語教育を教育課程上に位置づけている。わが国の英語教育については、2006（平成 18）年 2 月、中央教育審議会の初等中等教育分科会、教育課程部会の審議経過報告書にその方向が示されている。そこでは、教育内容等の改善の方向の項で「外国語教育の改善」について述べ、知識の定着、技能の定着、理解力・表現力の育成、関心・意欲・態度等の 4 項目が挙げられている。英語の学習に当たっては、さらに「世界やわが国の生活や文化についての理解、さまざまな言語や文化に対する関心、国際社会に生きる日本人としての自覚を養うことが重要である」と、国際理解の視点の重要性を述べている。報告書は小学校段階における英語教育の充実についても言及し、国際コミュニケーションの観点から、英語の運用能力を小学校段階から高める方向を示した。小学校段階からの英語教育に関しては、教科化の是非、目的・内容等をめぐって各界からの多様な意見が出されている。

英語教育の学習方法については、オーラル・アプローチ（oral approach）、コミュニカティブ・アプローチ（communicative approach）など、さまざまな方法が開発されてきている。グローバル化の進展の中で、異文化的背景をもつ人々と双方向で問題を分析し、解決の方向へ向けて協調作業するための手立てとしての英語の運用力を高める必要が指摘され、そのための日本の学習者の実態に対応した多様な学習方法が、これまで試みられている。

⇒外国語教育、小学校「英語」　（多田孝志）

英才児

一般に、天才児あるいは優秀児と同意に解されており、知的能力に優れた知的優秀児を指す。また、広く芸術、体育などの面で優れた能力をもつ特殊能力児、その他、創造性に富む児童、社会的リーダーシップにおいて優れた児童などを含むことがある。英才児は、その年齢標準よりはるかに高い才能、知的水準を有するために、標準的な扱いの中でその行動が問題行動と捉えられることがあるが、一般に英才児は不適応児ではない。英才児の能力を十分に発揮させるためには、その能力を早期に確実に発見し、いかに育てるかということが課題になるが、日本では英才児を早期に発見し育てる施設、設備、教材、指導者等は十分ではない。また、行き過ぎた英才教育の弊害も問われている。　（村越　晃）

エイズ教育

エイズ（AIDS：後天性免疫不全症候群）は HIV（ヒト免疫不全ウィルス）に感染することによって発症する。エイズ教育は、予防教育と社会づくり、人づくり教育を両立させて行うことが重要であり、エイズの正しい知識をもつためには、小・中学校の義務教育や高校教育の中で行う必要がある。すなわち、エイズは、①性の問題が深くかかわっている病気である、②リスクのある行動により起こる感染症である、③自らの行動を変え、セーフセックスを守ることで防げる病気

である、ということを理解させ、性感染症の中の一つとして学習することが必要である。性教育を行うには、それぞれの学年による学習内容と方法がある。

①幼稚園児～小学校低学年では、気持ちを自由に表現させ、感染症一般の予防法（食事前には手を洗うなど）である清潔についての学習をする。②小学校高学年では、エイズを含む各種病原体、感染、疾病の理解を深め、セックスを除く日常生活では、エイズは感染しないことを学習する。③性行動が始まる中・高校生では、性感染症としてのエイズを学習し、ノーセックスやコンドーム教育、および自己責任や差別防止教育も、必要である。

(本間玖美子)

ADHD（注意欠陥多動性障害）

attention defici ／ hyperactivity disorder

年齢や発達水準からみて、注意集中や持続が困難な不注意、じっとしていられないなど多動性、順番が待てないなど、衝動性の逸脱を特徴とする行動の障害を指す。基本症状は、不注意・多動性・衝動性の三つである。症状特徴としては、不注意だけの不注意優勢型、多動と衝動が優勢の多動性―衝動性優勢型および両方が混在する混合型がある。7歳以前にあらわれ、中枢神経系に何らかの要因による機能不全が推定されている。

診断基準としては、米国精神医学会のDSM－Ⅳ（精神疾患の分類と診断の手引き第4版）が使われる。女児よりも男児に多くみられ、学齢期では、学習障害の問題や対人関係の問題を引き起こす傾向がある。医学的治療は、中枢神経刺激剤を中心とする薬物療法が有効である。心理教育的方法としては、ソーシャルスキル訓練や教科の個別指導、親のカウンセリングが必要である。⇒多動、不適応

(林 邦雄)

栄養教諭

学校において、児童生徒の栄養の指導および管理をつかさどる職員であり、2005（平成17）年度より学校に置くことができるようになった。従来より学校栄養職員が担ってきた「学校給食の管理」に加え、肥満の児童生徒への個別指導など「食に関する指導」を一体のものとして行い、学校における食育推進の中核的役割を担うことが期待されている。そのほか、学級活動、教科、学校行事等の時間に学級担任等と連携して、集団的な食に関する指導を行うことや、教職員や家庭・地域と連携した食に関する指導を推進するための連絡・調整を担う。

近年の食生活を取り巻く社会環境の変化などに伴い、児童生徒の食生活の乱れが指摘される中、保護者が子どもの食生活を十分に把握・管理していくことが困難になってきていることが問題視されてきた。そのため学校・家庭・地域社会が連携して、子どもの食環境の改善に努めることが必要であるとの認識のもと、その連携・調整の要を担っていくべく、2004年の学校教育法改正により2005年度より設置されることとなった（学校教育法第37条第2項、第8項、学校給食法第5条の3）。⇒学校給食、食育

(末松裕基)

栄養士・管理栄養士

栄養士とは、「都道府県知事の免許を受けて、栄養士の名称を用いて、栄養指導に従事することを業とする者」（栄養士法第1条、1974［昭和49］年制定）である。

また、管理栄養士とは、「厚生労働大臣の免許を受けて管理栄養士の名称を用いて、①傷病者に対する療養のための必要な栄養指導、②個人の身体の状況、栄養状態等に応じた高度の専門的知識及

び技術を要する健康保持増進のための栄養の指導、並びに③特定多数人に対して継続的に食事を供給する施設における利用者の身体の状況、栄養状態、利用の状況等に応じた特別の配慮を必要とする給食管理及びこれらの施設に対する栄養改善上必要な指導を行うことを業とする者」（同条改訂第2項より）である。

（田中広美）

駅型保育（施設）

駅前、駅ビルおよび駅周辺の利便性の高い場所に設置された保育施設である。大半は、児童福祉法に規定されない認可外保育施設である。少子化対策の一環で、子育てと仕事の両立支援策として 1994（平成6）年より厚生省がモデル事業として実施を始めた。その後、2001 年待機児童ゼロ作戦政策に伴い、各自治体の保育事業の一つになり、助成対象になっている施設もある。認可外保育施設であるため、児童福祉施設最低基準に規定されている施設設備、保育時間、人数的な制約などが少なく、利用者の個々のニーズに柔軟な対応が可能であることや送迎時間の短縮によって親子で過ごす時間を増やすことが可能になるなど利点もあるが、保育環境面からみれば、園庭の確保や保育内容など、子どもを取り巻く保育の環境の整備という点においては課題もある。　　　　　　　　（井下原百合子）

エコロジカル・リテラシー
ecological literacy

エコロジーとは、本来、生物相互の関係や生物と環境との関係を解明する生物学の分野であるが、環境問題の顕在化に伴い、人間と環境との共存を目指す考え方を表現する用語となってきている。

またリテラシーとは、本来、読み・書きをする能力を示す用語であるが、理解

し、行動に移すといった意味も包含する。

よって「エコロジカル・リテラシー」とは、環境問題の解決、人間と環境の共存のために、さまざまな学問分野を関連づけ、各々の知識を合成して全体像をみる能力をあらわすことばとして用いられる。環境問題は、もともと政治や社会的な原因により生じる。また、現在起こっている環境問題を解決するには、自然科学・工学などの技術が必要である。つまり、環境問題を根本から解決するには、単一の学問の偏った視点からでは到底不可能である。いろいろな視点から幅広く考えることが不可欠であり、エコロジカル・リテラシーが重視されてきている。
　⇒環境教育　　　　　　　　　（多田孝志）

S-R理論

刺激（S：Stimulus）に対する反応（R：Response）として行動を理解する理論をS-R 理論（Stimulus-Response Theory）といい、この理論に立脚する心理学を行動主義心理学と呼ぶ。

観察可能な行動の生起・変化を研究対象とする行動主義心理学では、内面的な思考や感情、動機、意図などを研究対象とせずに、外部世界の環境条件の変化や刺激（stimulus）に対する反応（response）としての行動（behaviour）を研究対象とした。行動主義心理学者の代表として、ワトソン（Watson, J.B. 1878 ～ 1958）がいる。行動主義心理学は、客観的観察によって行動を記述分析する科学としての心理学の成立に貢献した。その一方でワトソンらの行動主義は、学習の効果や人間の先天的要因などよりも、環境要因の影響を過度に重視する「環境決定論」として批判されることがある。
　⇒行動主義、ワトソン　　　　（丹　明彦）

SNS
Social Networking Service

インターネット上で、会員同士が自分のメッセージや近況などを、プロフィールや写真を用いながら、やり取りすることができる情報サービスである。利用料には有料のものと無料のものがあるが、無料のものを使用することが一般的である。主なものとしてFacebook、mixiなどがあるが、インスタグラム、LINEなどもSNSに含めることもできる。全世界において30億人以上が利用していると言われ、友人、知人、同じ趣味をもった人などとコミニュティをつくり、その中において使用することが一般的だが、情報を不特定多数に一般公開することも可能である。コンピュータのみではなくスマートフォンなどからも簡単にアクセスすることができ、さまざまな情報を容易に発信・受信できる。このため多様な可能性をもつ反面、その簡便さから子どもも使用することが可能であり、気がつかない間に犯罪等のトラブルに巻き込まれる事例も多いため、使用には十分な注意が必要といえる。　　　　　　　（野末晃秀）

エスニシティ
Ethnicity

ときに「民族性」とも訳されることもあるが、民族(nation)概念がその集団の文化的特性を固定的に考えるのに対して、心理的、主観的な帰属意識を含んで用いられる点で異なっている。20世紀初頭のアメリカの都市社会学による非英語系移民の研究により提起されたものであり、国民国家に属する民族集団（マイノリティ）は、その出自、信仰、言語などの客観的な属性のほかに、その集団の成員に共有される「主観的な帰属意識（エスニック・アイデンティティ）」により、自らを他と区別し、国家の中で特有の属性をもつものとして位置づけようと

する。その結果、国家の同化圧力に抗して、自らのエスニック・アイデンティティを守るために集団としての独自性を意識し、自らの権利を主張しようとする。

こうした捉え方により、エスニシティは、1960年代以降のアメリカの黒人公民権運動の中に見い出され、後に移民国家で採用された多文化主義政策により承認されることになった。例えば、他国からの移民は、自らの母国の文化を意識的に維持しようと努め、そのことで集団として団結することが多いが、守り続けられるその集団的な特徴（エスニシティ）は、時代の経過とともに変質し母国とはかなり異なるものとなる。南米の日系人などと出会うとき、母国の日本人は、その人々における日本人性の変化にとまどうなどするが、こうした例によりエスニシティの変化が顕著に意識されることが多い。　　　　　　　　　　（吉谷武志）

エッセンシャリズム
essentialism

学校教育の役割を、人類の文化的遺産の本質の伝達にあるとする立場をいう。「本質主義」と訳される。児童中心主義と経験主義の教育として知られる「進歩主義教育」に対する批判として1930年代のアメリカに登場した伝統的・保守的な教育理論を指す。代表的な論者として、1938年に「アメリカ教育振興のためのエッセンシャリスト綱領」を発表したバグリー (Bagley, W. C. 1874~1946) が挙げられる。バグリーらエッセンシャリストたちは、基礎学力の低下、規律の欠如、非行の発生といった教育問題の原因を「進歩主義教育」の行き過ぎにあると見なし、読み・書き・計算をはじめ、各教科の系統的学習を教師の主導性のもとで行い、基礎的な知識と道徳を児童・生徒に教え込むことを説いた。これ以降のアメリカの教育は、「進歩主義教育」と

エッセンシャリズムの教育観を両極とし、その間を振り子のように揺れ動いているといわれる。⇒**進歩主義教育**、**本質主義**

（古屋恵太）

エディプス・コンプレックス

oedipus complex［英］／Oedipuskomplex［独］

　エディプス・コンプレックスは、フロイト（Freud, S. 1856〜1939）が確立した精神分析理論の基本的概念の一つである。フロイトの精神・性的発達論によると、子どもは3〜5歳の男根期に、父親、母親、自分という三者関係を意識しはじめる。そして、同性の親を殺し、異性の親を自分のものにしたいという無意識の願望（エディプス願望）と、その願望のために同性の親から罰せられるのではないかという恐怖ないし罪悪感を抱くようになる。この観念の複合体をエディプス・コンプレックスといい、男女児ともにみられる。一般に、5〜6歳頃までには同性の親へ同一化することによって敵意や恐怖は抑圧され、エディプス願望も沈静化する。男児の場合、「父親のようにたくましくなって、母親のように素敵な女性と結婚する」ことがエディプス・コンプレックスの一応の解消である。フロイトは精神分析療法の過程で、神経症の原因をエディプス・コンプレックスの抑圧の失敗であるとした。この命名は、それとは知らず実の父親を殺し、実の母親を妻としたギリシャ神話「オイディプス王」の悲劇にちなんでいる。　⇒**精神分析**、**フロイト**

（日髙潤子）

NIE

newspaper in education

　「教育に新聞を」の名で主として学校現場で展開されている教育実践活動。そこでは、新聞に掲載された記事、データ、写真、解説などを教材として活用することにより、授業への子ども・生徒のより積極的な参加が企図されている。新聞教材の活用は、教科書教材のみの使用に比べて速報性や具体性に勝るのみならず、読む・書く・聞くなどの基礎的言語能力、情報化社会を生きる子どもたちにメディアからの情報を主体的に読み取る能力などを育む点でも期待は高い。NIEの活動は、20世紀半ばにアメリカで広まった。日本では、テレビの普及などとともに子どもたちの活字離れ・読書離れが進む中で、日本新聞協会によるNIEのための委員会の設置（1988）と、小・中・高校授業への新聞利用の呼びかけや実践例の紹介、20世紀末からの「総合的学習の時間」のスタートなどを契機に急速な広がりをみせる。なお、NIE活動の諸情報を日本新聞教育文化財団のウェブサイトで読むことができる。　　　　　　　（水内　宏）

NEA（全米教育協会）

　アメリカ最大の教員団体。NEAは、National Education Association of the United Statesの略。1857年に全米教員協会（NTA）として発足、1870年に全米教育長協会（NASS）、アメリカ師範学校協会（ANSA）を吸収し、名称を全米教育協会（NEA）と変更した。会員は、初等中等学校の教員、大学教員、校長、教育行政職員などで、約300万人。本部をワシントンに置き、多く支部を各州と地方にもつ。教育者の地位向上と教育の振興を目的に設立されたNEAは、教育政策に対する提案や教育問題に対する調査研究を行い、教員の資質向上や地位の安定、初等中等教育のカリキュラム研究、教員と児童生徒の権利保障などの面で積極的な運動を展開してきた。現在は、教育者の職能団体としてだけでなく、教員組合としても、また教育の改善につながる政治活動支援団体としても活動を展開している。アメリカの教員の全国的な組

織としては、NEA のほか、アメリカ教員総同盟（AFT）がある。会員数は約 150 万人。AFT は、勤務条件の改善など教員の待遇改善に活動の重点がある。近年は、NEA と AFT に類似の活動がみられ、両者のパートナーシップも進んでいる。

（日暮トモ子）

NGO
Non Government Organization

国連憲章第 71 条に規定された用語によれば、NGO は国連の経済社会理事会に対する協議資格をもつ民間団体を指すとされている。しかしながら一般には、国家の追求する国益に左右されない活動を、国境を越えて行う NPO（Nonprofit Organization［非営利組織］）として認識されることが多い。今日では、国家規模の災害発生時や人権監視や環境問題を専門として活動を行う諸団体が知られている。教育分野においても例外ではなく、日本国内でも、途上国教育支援や国家を横断するような課題、例えば難民の子どもたちを救援する活動などに取り組む NGO が多く存在する。また、近年、旧東欧諸国や途上国に対してホロコースト教育、人権教育、国際理解教育、異文化間教育に取り組むアンネ・フランク・ハウス（財団、在アムステルダム）などは、EU や欧州審議会などの国際機関と協同し、こうした教育の普及に大きな役割を果たしている。国家、国際機関、そして民間団体としての NGO がそれぞれの役割果たし、協働・補完することで改善される教育課題は多くあり、NGO 活動の活発化が期待される。　　（吉谷武志）

エピソード記録

特定の人物の出来事や行動の場面に焦点を当て、言葉や行動などの記録を取り、記録者がその人物の心の動きなどを読み取って考察していくことである。保育実践者が保育を捉え直す質的研究の保育方法のひとつである。保育現場でエピソード記録を取り、検討することにより、子どもの気持ちを予測し、子ども理解につなげていくことができる。また、自分の保育を振り返り、見直すことで保育の質の向上が期待される。記録は、詳細かつ正確な事実が求められ、５Ｗ１Ｈ（誰が、いつ、どこで、何を、なぜ、どのように）を意識すると書きやすい。その場面の行動を一部切り取って、子どもを判断するのではなく、これまでの子どもの行動や背景を基に保育者が感じ取ったこと記録するため、保育者自身の保育観や視点が重要となる。さらにこの記録を保育カンファレンスなどで第三者と共有し、検討することにより子ども理解を深めていくことができる。　　（大﨑利紀子）

絵本

絵と言葉により構成された本である。子ども向けの内容のものが多いが、大人向けもある。子どもが初めて出会う本であり、大人に読んでもらうときに年齢が低いほど大人の膝の上で物語の世界を共有できるので、コミュニケーション道具ともなる。あかちゃん絵本、物語絵本、昔話絵本、知識の絵本、言葉の絵本、文字なし絵本、写真絵本、仕掛け絵本などがある。1658 年のコメニウス（Comenius,J.A.1592～1670）の『世界図絵』は絵入り百科事典で、世界初の子どものための学習絵本とされている。日本では、平安時代の絵巻物を起源として、室町時代の奈良絵本、江戸時代の草双紙とたどり、絵本の呼称が一般化するのは大正期の終わりごろの赤本絵本とされる。1953 年、岩波書店から「岩波の子どもの本」シリーズ、1956 年、福音館書店から月刊絵本『こどものとも』が創刊さ

れ、日本の絵本作家が世界で評価されるようになった。　　　　　　（大﨑利紀子）

エリクソン
Erikson, E.H. 1902～1994

　アメリカの精神分析学者、発達心理学者。フランクフルトに生まれ、ユダヤ系ドイツ人の家庭に育つ。アンナ・フロイトのもとで精神分析を学び、第二次世界大戦時にアメリカに亡命した。アメリカではハーバード大学、エール大学などで教育・研究に従事した。フロイトは、性的衝動の発展に基づく発達論を唱えたが、エリクソンは、社会的・対人的な側面から見直し、人間の生涯全体を発達の過程と捉える発達論を展開した。発達のさまざまな時期において要求される社会的な課題に着目した八つの発達段階は、それ以降の発達論に大きな影響を与えた。それらの課題は心理社会的な危機をもたらし、それを克服することにより、健全なパーソナリティーの発達が生じるとする。とくに青年期の課題である「自我同一性の獲得」対「自我同一性拡散」は有名であり、青年の心理を理解する上で重要な理論となっている。　　　　　　　　（西方　毅）

LD（学習障害）
learning disabilities

　就学後、知的発達に遅れはないが、聞く・話す・読む・書く・計算する・推論するという六つの能力のうち、ある特定の能力の習得や使用に著しい困難を示す状態のこと。LDと呼ばれることが多く、教育用語として用いられ、医学用語としてのlearning disordersと区別されている。LDは、その原因として中枢神経系に障害があると推定されているが、視覚障害、聴覚障害、知的障害、情緒障害などの障害や、環境的な要因が直接の原因ではないとされている。実態把握の基準は、特異な学習困難があること、全般

的な知的発達に遅れがないこと、ほかの障害や環境的な要因が直接の原因ではない、の3点である。特異な学習困難とは、国語、算数等の評価の観点のうち、聞く・話す・読む・書く・計算する・推論する能力のいずれかに著しい遅れがあることを確かめることで、著しい遅れとは、小学2、3年生で1学年以上の遅れ、4年以上または中学は2学年以上の遅れを目安としている。　　　　　　　（林　邦雄）

エロス
eros

　もとはギリシャ神話に登場する「愛の神」のことであるが、ここからエロスが単に「愛」を意味するようになり、人によってさまざまな意味に使われるようになっていった。だがこの概念はプラトン哲学によって〈イデアに憧れる純粋な精神的愛〉と理解されるようになっていった。つまりエロスとは、真の実在であるイデア、その中でも最も価値の高い善のイデアを知ろうとする人間精神を駆り立てる愛のことであり、不完全な自己から完全な自己を実現しようとして理想（イデア）に憧れる愛のことである。したがってプラトンによれば、人間はエロスによって哲学や教育、芸術に駆り立てられることになる。これに対し、プラトンの師ソクラテスは、エロスを人間の内にある神的なものであるとする。それゆえそれは不滅（神）と可滅（人間）、美と醜、知と無知の「中間的なるもの」であり、志向する対象を未だ獲得していない、欠乏から生ずる激しき求愛である。男と女の場合、この求められるべきものの獲得は、両者が肉体的な結合によって子を出産することによって可能になる。また師弟の愛は、精神的な結合によって真理を生み出す教育愛としてのエロスなのである。ちなみにキリスト教でいう神の愛＝アガペーは、理想が救いとして、神から

不完全なる人間に注がれる慈愛ないし博愛を意味する。⇒プラトン　　（金田健司）

演劇教育

「演劇」と「教育」との関係は、演劇鑑賞、芸術教育や国語教育としての子どもたち自身による学校劇、教科学習の中で学びを深めるための演劇的活動（劇化やロールプレイング）、課外の特別活動の一環から、大学や高等学校の演劇科のカリキュラムに正規に位置づけられた演劇活動まで、多様な広がりをもつ。また、さまざまな教科領域が融合する総合学習としての機能も大きい。いずれにおいても重要なのは、演劇を単に学校教育に役立てるために手段化・方法化して利用するだけでなく、それが本来もっている非日常的なエネルギーにより子どもたちが新たな経験の次元へと開かれ、こころとからだが相即不可分の表現活動を通じて自分自身と他者に出会うことである。またその際には、教師も心身のすべてをかけて子どもの表現を受けとめ、働きかけることが求められるがゆえに、演劇は教師の教育行為を根底から問い直す契機としても注目に値する。⇒芸術教育　　（西村拓生）

演示（示範）
demonstration

授業において学習目標として生徒が行うべき行動について教師が模範を示すこと。例えば体育の授業で、逆上がりや跳び箱の実技をやってみせることをいう。理科の実験、音楽の歌唱や演奏、国語の朗読など生徒に先立って行う実技の演示は教科の全般にわたる重要な指導活動である。演示はことばによる指導よりも具体的で理解しやすく、教師への信頼や尊敬を得、生徒のモチベイションを高める効果をもつ。今日学習者中心の教育観のもと模倣の意味低下も手伝って、演示の価値が見失われがちになっているが、学習指導上の効果は大きく、とりわけ技能的な指導では有効でかつ必要である。演示を行うには相応する教科専門の能力が求められるが、高度な技能演示であるよりも、安全性、確実性、さらに、生徒に「やれそうだ」「やってみよう」と思わせるやりやすさ（可能性）が大事である。　（原　聡介）

遠足・集団宿泊的行事

小学校学習指導要領「特別活動」領域中の学校行事の一つ。中学校および高等学校では「旅行・集団宿泊的行事」となっている。1989年の学習指導要領改訂で登場したこの呼称はそのまま21世紀にも引き継がれている。実は、1989年改訂に先立つ1977（昭和52）年改訂で重要な転換があった。ここで従前の「修学旅行」が消えて「遠足・旅行的行事」となるのである。1977年以降の変化の特徴は、小学校に限らず中学・高校でも、遠足（低中学年）と修学旅行（高学年および中高校）から「修学」的要素が後退し、"集団宿泊"が前面に出てきたことである。事実、修学旅行→旅行的行事→集団宿泊活動という変化に並行して、各地に少年自然の家や青年の家が増え、遠足の場合も含めて、施設を使用しての集団活動・集団行動の訓練的色彩を濃厚にしてきている。ただ、「修学旅行」名称のまま、あるいは「宿泊学習」などの名で"学習""修学"の要素の保持に努めている学校もある。　　　　（水内　宏）

園長・所長
Principal of kindergarten/chief of day nursery

園長は、「園務をつかさどり、所属職員を監督する」（学校教育法第27条第3項）とあり、施設の全体を統括し、教職員を指導・監督する責任をもつ。所長もまた、保育所において園長と同等に、施

設の運営を責任をもって担当する立場である。幼稚園・保育所の質の向上を図ると同時に、健全な運営と経営を担う必要があることは言うまでもない。また、保育の向上のためにも、保育の専門知識をもち、保育者の指導や園内の保育目標なども、子どものために本当に必要なものはどのようなものかを考えると同時に、施設の整備の向上や保育者への処遇改善、さらには世の中の流れに適合するように変化させていくことも必要といえよう。また園長・所長は、幼稚園・保育所の顔というべき存在であり、その性格や言動、行動などに関しても十分に留意すべきであることは言うまでもない。　　（野末晃秀）

延長保育

　幼稚園は1日4時間、保育所は8時間が標準の保育時間として定められているが、これを超えて子どもを預かり保育することをいう。幼稚園教育要領には「幼稚園の1日の教育時間は、4時間を標準とすること」とされ、児童福祉施設最低基準第34条では、保育所の保育時間を「1日につき8時間を原則とし、その地方における乳児又は幼児の保護者の労働時間その他家庭の状況等を考慮して、保育所の長がこれを定める」と示されている。保育所に対する延長保育の需要は以前から大変高く、1998（平成10）年からは延長保育が保育所の自主事業となり、2000（平成12）年度からは11時間の開所時間を基本として、保育所の長が自由に前後30分～1時間の延長保育の実施、さらに2時間～7時間の6区分の延長時間を設定して実施するといった場合もある。最近では、幼稚園においても夕方までの延長保育を行うところが増えてきている。ただし子どもの心身への影響を考慮する必要がある。⇒ 保育所、幼稚園（髙橋弥生）

園内研修

　幼稚園・保育所の中で、教職員のそれぞれが職能を高めるために、また、チームワークを高めて教育活動を効果的にするために行う研究や修養の総称。園内で指導的立場にある者が主催者となる場合もあるし、個々の教職員の自主的な発案から行われるケースもある。形態としては、大学・研究機関等から外部の講師を招いて講義を受講したり、その講師の指導のもとで討議を行ったりする外部委託の研修と、園内の教職員だけで行う研修がある。通常の保育時間に行われる研修としては、複数の保育者が、担任ではない別のクラスの保育を見学して評価することにより、互いの保育技術を高め合っていく手法がある。保育時間外の研修としては、外部で受講した研修内容の報告会、研修専用に作製されたビデオの視聴会がある。また、乳幼児の発達状況・生活状況についての報告・課題の話し合い、行事内容の見直しをめぐった討論、保護者の要望や苦情への対策についての協議も含まれる。　　（大沢　裕）

◆ **お** ◆

及川平治

おいかわ・へいじ、1875〜1939

　戦前の新教育運動を代表する教育の理論家・実践家であり、わが国にカリキュラム思想とその構成法を導入した。アメリカのプラグマティックな教育思想の影響を受けて児童の個人差に応じた教育法を研究し、バタビアプランやグループシステムなど欧米の個別化教授プランを参考にして分団式教育法を考案した。主著『分団式動的教育法』（1912）によって大正新教育の中心的存在となり、彼が主事を務めていた明石女子師範学校附属小

学校は年間1万人以上の参観者が訪れる新教育の中心的存在となった。1925～1926（大正14～15）年の欧米教育視察以降、カリキュラムを児童の生活経験の総体と再定義して、「生活単位」に基づく独自のカリキュラム改造論を展開した。自ら考案した教授法やカリキュラムを「実験」するなど、教育の理論と実践の統一を図ろうとする姿勢は多くの共感と賛同を得た。及川のこうした活動は、教師自身が学習者であるべきこと、指導には教師の力量と裁量が不可欠であることを明示しており、当時の教育界に教師の立場や役割に対する覚醒を引き起こしたとみることができる。　　　　（橋本美保）

往来物
おうらいもの

　平安後期から明治初期にかけての初等学習書の総称。11世紀の『明衡［めいこう］往来』が最初のものといわれるが、手紙の往復文を模した形式の教材であったので、往来物と呼ばれる。当初は貴族の手習い教材として、名作が写本で流布したが、しだいに武士や庶民の用いるところとなり、少なくとも7,000種に及ぶ版本が出たといわれる。その中には、教訓、地理、歴史、算数、実業、女子用など多様な分野のものがあり、民衆の生活に必要な語彙や文例を集めて、一冊で読み書きも知識も学べるように編まれている。『消息往来』『庭訓往来』『童子教』『商売往来』『女大学』『百姓往来』など、著名なものほど絵入り・注釈入り・語句集付きなどの工夫を織り込んだ異書・類書がつくられ、幾百の版をみる。実用的で、美や娯楽を備えた簡便な教材として、民衆の支持を得て、明治期になっても、近代教科書が普及するまではつくり続けられた。　　　　（橋本昭彦）

オーエン
Owen, R. 1771～1858

　イギリスの社会思想家。スコットランドのニューラナークにあった紡績工場の経営に従事し、労働者の生活状況や労働条件の改善を試みた。その経験に基づいて、『新社会観』（1813／14）を著し、「性格形成原理」を柱とする社会改革の提案を行った。人間の性格が「環境」によって形成されると考えたオーエンは、社会制度を整備することによって人間発達を促進することの重要性を主張した。1816年には、工場付設の「性格形成学院」を創立し、個と全体の幸福との結合を目標として掲げつつ、独自の教育活動を行った。昼間は3歳から10歳の子どもが準備クラスで教育を受け、夕方からは10歳から25歳の青少年たちが読・書・算および音楽・ダンスなどを学んだ。オーエンは、社会の構成員がみな同じ労働を営み、自治に参加し、感情を共有しつつ、大家族の世に共同体を形成することを理想としていた。彼のそのような思想は、一般に「空想的社会主義」と呼ばれている。児童労働や過度の労働を禁じた工場法成立（1819）の貢献者、協同組合の推進者としても知られる。　　　　（山名　淳）

OJT

　On the job training の略。企業における人材育成の領域の一つで、職場内指導といわれる教育訓練のこと。職場内での仕事を通じての教育である。上司や先輩が直属の部下や後輩に教える。仕事に直接関連のあることを教える、マンツーマンで教える、ということを内容的な特徴としている。時と場所は任意に選ばれるし、職場のあらゆる場面がそのチャンスであるともいえる。満足すべき企業内での人材育成は、OJTと職場を離れて行われる集合教育であるOff-JTと自己啓

発である SD（Self Development）とがたくみに組み合わされる必要があるといわれている。とくに日本における産業教育は企業内での OJT が基本的に重要であったと従来いわれてきたのであるが、今日のような生産過程におけるコンピューターの大規模な利用・活用の時代においては、Off-JT 形式の教育の比重を高める必要が叫ばれているのが実情である。　　　　　　　　　　　　（大浦昇一）

被仰出書
おおせいだされしょ

1872（明治5）年8月2日、太政官布告第214号として公布された「学制」序文のこと。従来、「被仰出書」と呼ばれ、本文とは別途に公布されたと評されてきた。1872年8月2日、太政官布告第214号として、「学制」本文とともに公布されたもので、「学制」の序文にあたる。「学制」本文の理念を説明。「立身治産昌業」に価値を認める功利主義、そのために必要な知識才芸を重視する実学主義、学問は私事であり立身出世の財本とする個人主義の理念に基づく、啓蒙的な教育・学校観を説明している。一方、教育内容（教則）は文部省が定めること、また、学校にかかわる経費は就学者の利益を伴うゆえに、「受益者負担」主義をとるとしており、教育内容の国家統制と教育費の民衆負担という、近代公教育制度にかかわる日本的ねじれシステムの出発点となる。⇒学制　　　　（森川輝紀）

緒方洪庵
おがた・こうあん、1810～1863

江戸後期の蘭学者、医学者。備中国足守藩士佐伯惟因の三男として生まれた。1825（文政8）年に大阪（坂）に出たが、翌年、蘭学者中天游［なか・てんゆう］の門人となり、医学への道を志した。さらに、江戸の坪井信道の塾に移り、長崎にも遊

学。1838（天保9）年、大阪に「適々斎塾」を開いた。略して適塾と称されたが、洪庵の学問と人格とを慕って入門する塾生が多く、1862（文久2）年までの存続期間中に全国から3,000名が入門したといわれている。村田蔵六（大村益次郎）、佐野常民、福沢諭吉、橋本左内、長与専斎など、幕末維新期の逸材を育成した適塾の教育は、身分・修学歴・年齢など入門以前の条件にかかわりなく、徹底した実力主義に貫かれ、塾生相互の自主的学習が中心であった。洪庵は種痘事業にも尽力し、晩年には、幕府奥医師および西洋医学所頭取も務めた。主著に『病学通論』『虎狼痢治準［ころりちじゅん］』などがある。　　　　　　　　　　　　（大戸安弘）

荻生徂徠
おぎゅう・そらい、1666～1728

江戸中期の儒学者。父・方庵は館林藩主時代の徳川綱吉の侍医だったが綱吉の勘気に触れ、母方の実家上総国で苦難の青年期を過ごし、この時期に学問的基盤を形成した。やがて江戸に出、芝増上寺付近で塾を開く。1696（元禄9）年に側用人・老中格の柳沢吉保に仕え、将軍綱吉にも進講した。1709（宝永6）年、吉保隠退に伴い、柳沢邸を出て、日本橋茅場町に蘐園塾［けんえんじゅく］を開いた。道徳よりも政治論・政策論に傾斜し、中国古代の言語、文章の実証的研究を通して儒学の古典の解釈を行う古文辞学を提唱し、広範な文献を渉猟することを求め、とりわけて歴史書を重視した。塾生に対する指導では、個々の個性を尊重し自主的研究態度を養うことを奨励した。門下より太宰春台、服部南郭などの優れた文人・学者が輩出した。著作としては、徳川吉宗の試問に応え、幕政の改革について述べた『政談』、儒学思想についての『弁道』『弁名』などがある。　（大戸安弘）

オスウィーゴー運動

19世紀末にアメリカのニューヨーク州のオスウィーゴー州立師範学校を中心に展開されたペスタロッチ主義の教育運動。当時の暗記・注入中心の教授法に批判的だったオスウィーゴーの教育長シェルドンは、イギリスのペスタロッチ主義者メイヨーが校長を務める学校で使用されていた教材や教具に接し、非常に感激した。そして、ペスタロッチ主義に基づく実物教授による教授法を、後に校長となるオスウィーゴー州立師範学校に本格的に導入した。彼は、実物教授による教授原理を組織化し、同校の教育課程や教授法の刷新を図った。この運動は、初等学校の授業方法や教師教育の在り方に変革をもたらし、アメリカ教育界に大きな影響を与えた。日本でも明治期に高嶺秀夫が同校に学び、帰国後に同校の実物教授を「開発教授」として紹介した。だがこの運動は、アメリカでも日本でも、ペスタロッチの直観論が感覚論として理解されるなど、ペスタロッチの教授論を理論的に十分に理解したものではなく、教授法も定式化し、その後衰退した。⇒実物教授、高峰秀夫　　　　　　（日暮トモ子）

小原國芳
おばら・くによし、1887～1977

鹿児島県出身。鹿児島県師範学校、広島高等師範学校を卒業後、さらに京都帝国大学文学部哲学科に進学、西田幾多郎、小西重直らのもとで卒業論文「宗教による教育の救済」(『教育の根本問題としての宗教』として刊行)をまとめる。卒業後は広島高等師範学校附属小学校で訓導を務めたが、1919(大正8)年に澤柳政太郎の要請を受けて成城小学校の主事となった。広島高等師範学校の先輩で、成城小学校の同僚に赤井米吉がいる。成城小学校では、教育問題研究会の中心役を務め、機関誌

『教育問題研究』を編集した。「八大教育主張」の一つとして「全人教育論」を唱えたほか、学校劇の実践などが全国的な注目を集めた。1929(昭和4)年に玉川学園を創設し、戦後は幼稚園から大学に至る総合学園に発展。「全人教育」の実現を目指して、宗教と芸術を根底とした人格の全面的な発達を目指した。主著には『全人教育論』(1921)などがある。⇒澤柳政太郎、全人教育、八大教育主張　(遠座知恵)

オープンスクール
Open School

オープンスクールということばの使われ方は必ずしも一定ではないが、オープン教育を行う学校と考えてよいだろう。1967年にイギリスで公表されたプラウデン・レポートはインフォーマル教育(形式主義でない教育)ということばで、学習者としての子どもを中心に据えた柔軟で開放的な教育実践の在り方を紹介した。アメリカでそれが紹介された後、オープン教育と呼称されて広まったといわれる。オープン教育では、既成の教科枠や時間割、あらかじめ決められた教育内容や方法などに縛られず、子どもの興味・関心や個性を中心に置いた柔軟な教育が目指される。学習形態としても、個別学習、二人学習、小集団学習や2～3クラスを合わせた大集団学習が組み合わされたり、既成の教科書・教材以外のさまざまな事物が用いられたりする。そのために、それは学習空間としての校舎・教室の在り方にも結びついている。四方を壁で囲まれた長方形の教室を並べただけの校舎ではなく、オープンスペースを設けたり、教室の片側の壁を取り払ったりした、従来になかった教室・校舎をもつ学校が1970年代以降、日本でも造られていったのは、上述のオープン教育の理念と密接に結びついているといえよう。(浜田博文)

オープン・スペース

　オープン・スペースは学校の中で学年を越えて共通に使えるスペースとして設けられている。1960年代後半にイギリスからアメリカにオープン・エデュケーションが紹介された。1970年代後半頃から日本の学校教育にも一つの学級に固定した授業だけでなく（仕切りの壁のない学校）、教室と教室を行き来しやすくすること、また、廊下などの共通のスペースを従来より広く取り、学習成果の展示コーナーとしたり児童・生徒が少人数で集まる場として使えるようにすることなどが校舎改築などの折に試みられた。最近ではメディアコーナー、パソコンコーナー、学習コーナーなどとして学校の一角に児童・生徒の関心によって使い分け可能なオープン・スペースが設けられている。屋内に設けた中庭・アトリウム（atrium）なども音楽やダンス劇などの発表の場として使われたり、児童・生徒の交流の場として人気が高い。教育活動を多面的に展開する上で空間の多様性は大きな意味をもっている。　　　　　　　　（藏原三雪）

オペラント条件づけ

　特定の誘発刺激がなく自発した反応（オペラント行動）に対して報酬や罰などの強化刺激を随伴させることにより、その自発反応の出現頻度を変化させる条件づけの操作や過程のこと。ソーンダイクによる試行錯誤学習の研究をもとにスキナーによって定式化された。道具的条件づけ、スキナー型条件づけとも呼ばれる。オペラント条件づけで重視されるのは、〈弁別刺激―オペラント反応―強化子〉の三項随伴性と呼ばれる、どのような刺激のもとで、どのような反応をすると、どんな結果になるのかということである。オペラント条件づけの原理や研究

成果は、人間の行動変容にも適用可能であり、望ましい行動の形成・増加や望ましくない行動の除去・修正を目的に、教育など臨床場面でも広く応用されている。
⇒スキナー　　　　　　　　（宇田川香織）

親子関係

　子どもがこの世に生まれて初めて体験する人間関係である。ローレンツ（Lorenz, K. 1903～1989）は、鳥のヒナが、生まれて初めて見た大きくて動くものを親とみなし、後追いを始めることを発見し、「インプリンティング（刷り込み、刻印づけ）」と名づけた。これはまさに親を求める習性で、生まれつきプログラミングされているものであり、このことで親子の関係が成立するといえる。ヒトも同様で、生まれる前の胎児期から、母親や父親とコミュニケーションをとっていることが知られている。とくに母親との関係は発達初期には子どもにとって依存的であり、生後6カ月頃からみられるような、特定の大人（母親であることが多い）に対して信頼を示し、情緒的な絆が形成される。この関係は愛着関係と呼ばれ、母親などの愛着の対象を安全基地として何か不安なことがあったときは、そこに戻り不安を解消し、気持ちを落ち着かせる。この関係は、その後の人間関係のもち方に多分に影響するものである。
⇒愛着、刷り込み　　　　　　（瀧口　綾）

親の教育権

　狭義には、親が自らの子の教育に関して有している権利。広義には、親が自らの子の教育に関して有している権利と義務の総体。親の教育権は、親子という血縁に基づいて生じる自然権的な権利である。民法第820条では、「親権を行う者は、子の監護及び教育をする権利を有し、義

務を負う」と規定されており、親の教育権の根拠とされている。他方、1994（平成6）年に日本が批准し、発効している「児童の権利条約」では、「締約国は、児童の養育及び発達について父母が共同の責任を有するという原則についての認識を確保するために最善の努力を払う。父母又は場合により法定保護者は、児童の養育及び発達についての第一義的な責任を有する。児童の最善の利益は、これらの者の基本的な関心事項となるものとする」（第18条第1項）とされている。

2006（平成18）年12月に改正された教育基本法においても、あらたに第10条で「父母その他の保護者は、子の教育について第一義的責任を有するものであって、生活のために必要な習慣を身に付けさせるとともに、自立心を育成し、心身の調和のとれた発達を図るよう努めるものとする」とされている。これらは親の教育権の中でも、とくに子どもの発達を保障する親の義務として規定されたものである。

親の教育権は、まずは家庭教育において行使される。さらに学校選択あるいは学校教育の形成においても行使され、欧米ではすでに親の学校経営参加が法制化されている。日本においては学校評議員制度、学校運営協議会の導入により、学校教育における親の教育権行使の機会が拡大してきている。⇒**教師の教育権、児童の権利条約**　　　　　　　　（柳澤良明）

■ オリエンテーション
orientation

オリエンテーションは、例えば学校や大学であれば新入生に対して卒業までの数年間の道筋を示し、新入生が滞りなく順調に学校生活ないし大学生活を開始できるように行われる。オリエンテーションによって、新入生たちは入学した学校の文化にいち早くなじみ、勉学により取り組みやすくなる。さらに入学から卒業までの見通しが立ちやすくなり、卒業後の進路に向けて自分が何をすべきか考えるきっかけづくりともなる。オリエンテーションに似たことばとしてスウェーデン起源とされる「オリエンテーリング」というスポーツがある。このスポーツでは、競技者は磁石と地図だけを頼りに自ら進むべき道を決めていく。このスポーツから連想されるように、オリエンテーションで重要なことは「方向づけ」である。全体をあらわす「地図」の中で、自らの「現在地」をはっきりさせ、「磁石」を使って自分が進むべき道を決定する。学生・生徒はますます多様化してきている。これからの学校や大学で新入生が少しでも早く馴染めるようオリエンテーションの意味合いが重要になっていくのは間違いない。　　　　　　　　　　　（池上　徹）

■ オルセン
Olsen, E.G. 1908～

アメリカの教育学者。カリフォルニア大学の教授などを歴任。主著は、11名の進歩的教育学者との共著『School and community』である（邦訳は宗像誠也他訳『学校と地域社会』）。これからの教育は生活中心であるべきだと考えた。こうした立場から、学校と地域社会が遊離している状況を憂え、学校を「陸の孤島」と形容した。これを是正すべく、地域社会学校（コミュニティ・スクール）を提唱したことは有名である。地域社会学校とは、地域社会の教育資源を積極的に利用し、地域社会の問題解決を中心としたカリキュラムを組むなど、子どもの重要な生活の場である地域社会との連携を重視する学校である。そこでは、自ずと生活中心の教育が営まれる。それは、伝統的な教科中心の学校と進歩的な児童中心の学校とを統合した、生活中心の学校である。彼の理論は、戦後初期のわが国の

地域教育計画にも大きな影響を与えた。生活体験学習などが重視される今日でもなお注目されるべき人物である。

⇒地域教育計画　　　　　　　　（舞田敏彦）

オルタナティブ・スクール
alternative school

アメリカで 1960 年代後半から生まれた新しいタイプの学校で、その理念や実態は創始期より大きく変化してきている。オルタナティブの語義は、「代替的」「選択可」で、通常二つの意味を併せもっている。この種の学校を定義することは難しいとされ、大きく、① 1960 年代後半にあらわれたフリースクールやオープンスクールなど、公立学校の伝統的な教育に不満をもつ人々によって設立・維持され、公立学校と比べてどちらかを選択できる独自性のある学校、②英才教育のための個別学習の学校など公立学校として、またはその中に設けられ、保護者・子どもに自由に選択されたり、学校側が保護者・子どもに自校の代わりに行くことを勧める学校で、1970 年代に主に公立学校主導で進められてきたもの、と考えられている。

その後、これらのオルタナティブ・スクール運動は、マグネットスクールやチャーター・スクールに引き継がれていくことになる。また、わが国においても、2000 年に日本オルタナティブ・スクール協会（JASA）が発足するなど、学業不振生徒、不登校生徒、高校中退者等が、通信制高校に在籍しながら毎日通学する、新しい全日制タイプの学校などが誕生している。⇒オープンスクール、チャーター・スクール、フリースクール　　（末松裕基）

音楽科教育

学校教育において教科としての「音楽」を教えることを指して音楽科教育という。これは専門教育としての音楽教育に対し、普通教育の一環としての音楽教育ということができる。普通教育としての音楽科教育の意義・目的は、音楽に対する美的感情を育成し、豊かな情操を養うという、人間教育に資するところにある。

わが国の音楽科教育の歴史は、1872（明治5）年の学制の中に、小学校の科目「唱歌」が置かれたことに始まる。ただし当初は「当分之ヲ欠ク」とされ、実際の授業はいまだ行うことができない状況にあった。1879 年に音楽取調掛が設立されて以後、新時代に合う音楽教育制度確立のため、教材や指導法の研究、音楽教師の養成等が精力的に行われた。1882年、わが国初の官製の唱歌集である『小学唱歌集』初編が出版された。第三編まで刊行されたこの『小学唱歌集』には、「蝶々」「蛍の光」「仰げば尊し」など現在まで歌い継がれている楽曲も入っている。1907 年の小学校令改正により、「当分之ヲ欠ク」や「土地ノ状況ニ依リ欠クコトヲ得」等のただし書きがなくなって、「唱歌」は事実上必修科目となった。このような時期に『尋常小学唱歌』（全6冊）が刊行された（1911～1914）。ここに収載された唱歌は、外国人作曲の旋律はなく、すべて日本人の作曲による新作で、いわゆる「文部省唱歌」と呼ばれた。「春の小川」「富士山」「紅葉」「故郷」「朧月夜」等、戦後は共通教材として学習指導要領に規定され、今なお歌われている曲が多い。

戦後の音楽教育の歩みは、1947（昭和22）年の学習指導要領（試案）から始まった。それまでの国家主義的教育から、音楽の芸術としてのよさを子どもたちに感得させる芸術教育への転換が図られた。

1998（平成 10）年の学習指導要領からは、学校週 5 日制の実施を受けて学習内容が縮減され、小・中学校の鑑賞共通教材および中学校の歌唱共通教材は楽曲名が示

されなくなるなど、学習指導要領の大綱化・弾力化の方向が打ち出された。限られた時間の中で、技能的側面や鑑賞活動など音楽の基礎・基本の定着をいかに図るか、子どもの学習状況を的確に把握し、子どもの学習意欲を生かした音楽の指導が教師には求められる。　　（本多佐保美）

音楽教育

　音楽教育とは、さまざまな音楽活動を通して音楽的能力の伸長と全人的な成長を目指す教授＝学習過程をいう。音楽と人間とのかかわりは古来より論じられてきたが、ヨーロッパの文化思想の源流である古代ギリシャのプラトンやアリストテレスの著作にも音楽教育への言及がみられる。正しい人間を生み出すための公教育において体育と音楽とが重要であり、両者をバランスよく身につけた人がハルモニア（調和）を身につけた人であるとされた。ヨーロッパ中世においては、音楽は代数学、幾何学、天文学などとともに「自由7学科」の一つとして教授された。
　フランスの思想家ルソーや、同時代のスイスの教育思想家ペスタロッチに影響を受け、彼らの思想を音楽教育に転用したのが音楽教育者プファイファーとネーゲリで、彼らは子どもたち誰でもが歌唱を学べるような段階的歌唱教授法を考案した。20世紀に入ると、ハンガリーの作曲家コダーイ（Kodály, Z. 1882～1967）は、自国の音楽的伝承の上に立った音楽教育システムを提唱した。その特徴は、声・合唱を軸にした教育、移動ド唱法によるソルフェージュ学習、ハンガリーの民俗音楽の音組織の重視などである。またドイツの作曲家オルフ（Orff, C.1895～1982）は、ことば、動き、音楽の統一体としての「エレメンターレ・ムジーク」を音楽教育の根底に据え、子どものための音楽（オルフ・シュールヴェ

ルク）を作曲した。また主として打楽器で構成される「オルフ楽器」を開発した。
　わが国の音楽教育家・鈴木鎮一［しんいち］（1898～1998）の提唱したスズキ・メソードは、ヴァイオリン教育のための音楽教育法で、徹底的に耳から音を記憶・模倣する才能教育として注目される。また、楽器メーカーが全国展開する音楽教室は、独自のメソードを確立して社会教育としての音楽教育興隆の一助を担っている。
　今日の社会におけるさまざまな音楽教育の在り方を考えるとき、①教師、②学習者、③教育の目的・目標、④学習する音楽の内容、この4要素のさまざまな組み合わせから音楽教育の様態が生み出されていると捉えられる。生涯学習社会の今日、上記4要素のうち、②学習者は、子どもや幼児だけでなく、成人、老人など幅広く考えられる。③教育の目的・目標は、音楽能力の育成か、音楽を通しての人間教育を目指すのか、そのバランスが問題となる。④学習する音楽の内容については、歌唱、器楽、鑑賞など活動領域ごとの区分けや、西洋のクラシック音楽、日本の伝統音楽、諸民族の音楽などジャンルごとに区分けすることなどが考えられる。⇒ルソー、ペスタロッチ
　　　　　　　　　　　　　（本多佐保美）

恩物
Gabe

　幼稚園教育の父フレーベル（Fröbel, F.W. 1782～1852）によって体系的に創案された教育遊具を指す名称。神から子どもへの贈り物（gift=Gabe）という意味をこめて命名。ガーベは、フレーベルの（幼児）教育思想を日本に紹介した東京女子師範学校附属幼稚園主事関信三によって「恩恵により仏や父母から賜った物」＝「恩物」と翻訳され、今日まで言い慣らされている。フレーベルによれば、

人間（子ども）は神性を内に秘め、本来的に活動衝動・創造衝動を内在している存在である。これらの衝動を顕在化させ神性を発現させることが教育（保育）の使命であり、そのための教育遊具として恩物が構案されたのである。恩物が子どもの活動衝動・創造衝動を喚起する教育遊具として普及・汎用されるために、体系的・意図的に（第1恩物から第10恩物まで）構案された。しかし、その体系性・意図性が恩物の形式的・画一的な活用を引き起こしたという一部の進歩主義的な教育家からの批判を招くことにもなった。

⇒フレーベル　　　　　　　　（川瀬邦臣）

◆ か ◆

改革教育運動

1980年代に始まり、1933年に成立したナチス政権によって終息させられるまでの間、ドイツ各地で展開された学校改革の運動を指している。この時期は、ドイツ国内ばかりでなく、ヨーロッパ諸国や北アメリカ、アジアの国々においても、学校改革の新しい波が広がった時期であり、それらは広く新教育運動（new education movement）と称されるのが通例である。したがって、国際的視野のもとでみるならば、改革教育運動とは、ドイツの新教育運動の別称として理解することも可能である。しかし、この時期のドイツ各地で展開された国民的な文化運動の一部としての性格を有するという意味では、特殊ドイツ的な教育運動、ノール（Nohl,F.1879～1960）のいう「ドイツの運動」という側面を濃厚に有している。その国民運動として、ニーチェやラングベーンに代表される伝統的な教養主義に対する文化批判、ワンダーフォーゲル運動にみられるように、都市を離れて、大自然や田園の中で志の

ある生活を送る青年運動、ヴィネケンの「自由学校共同体」にみられるような田園で寄宿舎生活を送りながら青年を教育する田園教育舎運動、子どもの自由な感受性の解放を主張する芸術教育運動、ケルシェンシュタイナーやガウディッヒに代表される手作業やものづくりを通して学校改革に取り組む作業（労作）学校運動など、多方面の文化運動が勃興する。こうした多方面に広がる文化運動の全体を総称して、ドイツ改革教育運動という。

⇒新教育運動、田園教育舎　　（高橋　勝）

開化史的段階説
culture epochs theory［英］／
Kulturstufentheorie［独］

人類や民族の文化に発達段階があるとして、その発達段階に合わせたカリキュラム構成を行う考え方であり、文化史的段階説（あるいは文化段階説）ともいう。代表的にはヘルバルト学派のツィラーおよびラインのカリキュラム論が知られている。文学教材を核とする中心統合の原理と合わせて、人類の精神発達段階に対応する文化遺産の学習順序を示した。18世紀啓蒙思想の個人主義的、あるいは自然主義的教育に対する反動ともいわれる。後に新教育期のアメリカでは、進化論の強い影響のもと、「個体発生は系統発生を繰り返す」というヘッケルの生物発生原則（反復説）に基づいてホールの発達理論が出たが、文化段階説として共通性がある。そこではルソーの自然状態もまた段階の一つとして、子ども期にそれを通過することに重要な意味が置かれた。

（原　聡介）

外国語教育

国際コミュニケーション能力を高めることを目的とした外国語の習得のための教育である。外国語は、一般に海外の優

れた科学技術や文化の導入、外国との交渉・国際貿易等の手立てとして習得されてきた。江戸時代の日本では、鎖国政策の状況下で貿易を許された唯一の西洋の国の言語、オランダ語の学習が蘭学者たちによって行われていた。1808年（文化5）のイギリス軍艦フェートン号の来航は、蘭学中心から英学中心へと転換する契機となった。当時の外国語の専門職であったオランダ通詞たちも、幕府の命令により英語の学習を始めた。1851（嘉永4）年、アメリカで英語を身につけた中浜万次郎（1827～1898）が帰国した。万次郎は、『英米対話捷径』（1859）を書き、以後の英語教授法に大きな影響を与えた。

日本が開国すると、ヘボン（Hepburn, J. C. 1815～1911）等の外国人が次々と来日し、藩校や私塾で英語教育を行った。明治時代の日本では産業・軍事・文化等の近代化のための欧州各国語の教育が進んだが、当時隆盛をきわめていたイギリスの言語の習得が中心となっていった。やがて中等学校では英語を、上級学校ではフランス語、ドイツ語を学習する型が定着してきた。第二次世界大戦中、アメリカは日本研究のため日本語教育を重視したのに対し、日本では「鬼畜米英」の敵国語として学習されなくなった。戦後、日本が国際社会に復帰するため、また産業界からも英語教育重視への要望が強くなり、中学校で外国語の学習が課せられた。原則は選択制であるが、公立中学校では英語を学習し、フランス語やドイツ語は特定の私立学校のみが取り入れた。

20世紀も後半になると、通信・運搬技術の飛躍的向上により、ヒト・モノ・情報等が国境を越えて交流する時代を迎え、外国語教育の必要性がさらに高まった。2003（平成15）年、文部科学省は「中学校・高等学校を卒業したら英語でコミュニケーションができる」ことを目標とし、「英語が使える日本人」育成のための行動

計画を策定した。この具現化のため、スーパー・イングッシュ・ランゲージ・ハイスクール事業、研究開発学校制度等を推進している。また2007年、小学校における英語活動が必須として学校教育に位置づけられた。国際コミュニケーション能力を高めるための外国語教育には、表現技能の習得、文化理解なども重視されてきている。⇒小学校「英語」　（多田孝志）

外国人学校

外国人学校とは、日本国内に居住する外国人（日本国籍を有さない者）をもっぱら対象として、組織的、系統的に教育を行う施設である。外国人学校は、学校教育法第1条に規定された「学校」、いわゆる「一条校」ではなく、それ自体に関する法規定はない。現状では、学校教育法第134条に規定された、「学校教育に類する教育を行うもの」として、都道府県知事の認可を受けた各種学校の一つとみなされることが多い。しかし、中には、私立学校として「一条校」となっているものや、都道府県知事の認可を受けず私塾のような形態で行うものもあり、実態は多様である。日本国内で最も数が多い外国人学校は朝鮮人学校で、次いでブラジル人学校となっている。その他、韓国人学校、中華学校（中国系、台湾系）、アメリカンスクール、カナディアンスクール、ドイツ人学校、フランス人学校がある。なお外国人学校の中には、特定の国籍や民族に限定せずに子どもを受け入れているインターナショナル・スクールも含まれる。また最近では、日本人の子どもでも、外国文化や外国語の習得を意図して、外国人学校に通う者も出てきている。　⇒一条校、インターナショナル・スクール、各種学校　（臼井智美）

外国人児童生徒

日本の学校に在籍している、日本国籍を有さない（＝外国人）児童生徒を指す。外国人児童生徒は、在留資格や在日（来日）の経緯などの違いから、大きく二つのグループに分けられる。一つは、在日韓国・朝鮮人に代表される、第二次世界大戦時の植民地政策を契機として日本に来て以降、日本に永住するようになった外国人の子孫である。彼らは日本生まれ日本育ちであり、第一言語も日本語となっている。もう一つは、在日ブラジル人に代表される、1990（平成2）年の入管法改正によって在留資格の取得が容易になった日系人の子孫である。彼らは入管法改正当初は、就労目的の親に伴われて外国から来日するケースが多かったが、最近では、親の長期滞在化、定住化の傾向を受けて、日本生まれ日本育ちが増加してきている。また、日系人以外の外国人も増え続けており、日本の学校には、日本語が話せない外国人児童生徒が多く在籍するようになってきている。なお、外国人には就学義務が課されていないが、国際条約等の規定を受けて、外国人児童生徒が希望する場合には、日本の学校への就学を認めることとなっている。

（臼井智美）

介護体験

1997（平成9）年6月に成立した、「小学校及び中学校の教諭の普通免許状授与に係る教育職員免許法の特例等に関する法律」により、小学校または中学校教諭の普通免許状を取得しようとする者に、障害者・高齢者等への介護・介助や交流等の体験が義務づけられた。この特例法の趣旨は、「義務教育に従事する教員が個人の尊厳及び社会連帯の理念に関する認識を深めることの重要性にかんがみ、

（中略）体験を行わせる措置を講ずるため」（第1条）とされている。体験内容は、介護・介助や交流等のほか、体験者の知識や技能の程度、受入施設の種類や業務内容等に応じ、幅広い体験が想定される。介護等の体験を行った者には、受入施設の長から証明書が発行される。当該免許状を取得しようとする者は、免許状授与の申請時に、この証明書を授与権者に提出しなければならない。大学・短期大学では1998年度の入学者から、特別支援学校または社会福祉施設等における計7日間の体験実施が適用されている。

（朝日素明）

介護福祉士
care worker

1987（昭和62）年制定の「社会福祉士及び介護福祉士法」で定められた国家資格。この法律において、介護福祉士は「身体上又は精神上の障害があることにより日常生活を営むのに支障がある者につき入浴、排せつ、食事その他の介護を行い、並びにその者及びその介護者に対して介護に関する指導を行うことを業とする者」と規定されており、わが国で介護に関する唯一の名称独占資格である。高齢社会が進展する中で介護福祉士の重要性は非常に高まっている。その養成は多岐にわたり、大学や専門学校などの指定養成施設を修了する方法や、実務経験3年を経て国家試験を受験し合格する方法などがある。介護福祉士は介護に関する資格であるが、同じ法律で規定される社会福祉士と職務が混同されやすい。そのため英語表記で理解してもらおうとする動きがあるが、そうすると今度は介護支援専門員（ケアマネジャー）との混同を引き起こしやすくなってしまう、というジレンマをもつ。なお2006（平成18）年批准の日比経済提携協定に基づき、フィリピンから介護福祉士を日本語研修

等を義務づけた上で日本に受け入れる計画がある。⇒高齢社会　　　　（池上　徹）

解釈学的教育学

　解釈学はもともと聖書の解釈に始まるテキスト解釈の方法論であったが、ディルタイ（Dilthey, W. 1833～1911）が精神科学の基礎学問として位置づけて以降、ディルタイの強い影響のもとで展開された精神科学的教育学の中心的な方法論となった。精神科学的教育学は歴史的に創造されてきた客観精神の理解（解釈）に基づいて歴史的文化的生の全体性と個別性・一回性に焦点をあて、自然科学的な知見とは対立する人間学、教育学を展開した。しかし、その後ハイデガーやガダマーは解釈学を人間存在の本質や人間の認識活動の基底にかかわる学問として位置づけた。この「解釈学的転回」によって、今日教育学における解釈学的なアプローチは、経験科学的教育学研究の基底に潜む社会的文脈（イデオロギー）を明らかにする研究、解釈学的な理解を他者や世界との対話と捉え、人間形成の理論として展開する研究など、多様な展開をみせている。⇒精神科学的教育学、ディルタイ　　　　　　　　　　（荒井聡史）

階層と教育

　義務教育段階以降の進学機会が階級・階層差に応じて、どれだけ異なるかという「教育機会の階層差問題」と、「階層の再生産問題」とに大別される。

　教育機会の階層差問題──複線型の中等教育制度をとってきたヨーロッパ諸国で顕著。これらの国々では、進学機会が本人の学力よりも出身階級に既定されるということが、1950年代頃からの教育機会の実証分析で明らかにされ、一定の政治的インパクトをもち、その後の選抜制度改革などにつながっていった。またアメリカでは、ハイスクールにおいてトラッキングと呼ばれる、成績やアスピレーションによって行われる学級編成システムが問題として取り沙汰された。この理論は、トラックを構成する生徒の出身階層の偏り、生徒のトラック中途変更の困難性などが、下層トラックに属する生徒のその後の教育機会の制約などを導くとして、大きな反響を呼んだ。

　階層の再生産問題──1970年代からのラディカリストたちの議論が有名。例えばボウルズ＆ギンティスは対応原理なる理論を提示した。彼らによれば学校教育の諸段階は、労働のヒエラルヒー的分業構造に対応して子どもを差異的に社会化するというものである。すなわち学校は、規則遵守型の底辺労働者、信頼性を要求される中位労働者、企業規範を内面化したエリート層に対応した人員を育成し、子どもを各階層的地位に配分する潜在的機能をもつとした。またイギリスのバーンスティンは、社会言語コード論の立場から、中産階級以上の子弟は学校教育でも用いられる抽象的で論理的な「精密コード」のもとで社会化されるのに対し、労働者階級の子弟は具体的で情緒的な「制限コード」のもとで社会化されるとした。このため労働者階級の子弟は家庭と学校との間での言語コードの違いから社会化過程に不連続や違和感を体験する。結果、このことが彼らの低学力を惹起し、ひいては教育機会を制約し、最終的には階層の再生産につながっていくとした。階層の再生産問題を指摘したラディカリストたちの主張は、実証データに基づく研究知見ではあるが、同種の知見から別の結論を導く研究も出ている。よって階層と教育の問題は、教育機会や再生産をキーワードとして今後も論争が続いていくものと考えられる。⇒文化的再生産(論)（腰越　滋）

概念くだき

学習者が日常生活の中で無批判に獲得した通俗的な概念のあいまいさや誤り・偏見等に気づかせ、自分自身でものごとを素直にみて考えるように促す、教師の技法。例えば多くの子どもは、日常生活や、国語や音楽の授業等を通して、「鳥のさえずり」という概念を、林野ののどかさを連想しながら、人間の歌声になぞらえつつ獲得するだろう。しかしそれが、縄張り、異性、あるいは生存そのものをかけた闘争における威嚇の音声ではないかどうか、実際に確認したわけではない。その意味では、目が曇らされているともいえる。そこで、子どもの無自覚な前提や連想に対して「ゆさぶり」をかける問いを発し、子どもの戸惑いを促す（例えば「宇宙人が空から地球の花火大会と夜間空爆をみたら……」と水を向けてみる）。これによって子どもは、科学的思惟ないし論理的思考を進めるきっかけを与えられる。場合によっては、胎児期以来の慣れや人類の"種の記憶"から逸脱して、鳥のさえずりから安らぎとは異なる感覚を得はじめるかもしれない。「概念くだき」という呼称自体は、無着成恭の「山びこ学校」の理論化を試みた国分一太郎の『新しい綴方教室』に端を発するが、ソクラテスが対話によってドクサ（偏見）を吟味していく方法や、子どもの受け売りの知識を鍛え直そうとする林竹二や斎藤喜博の授業方法にも通じるものである。支配的な社会通念への囚われから子どもを解放するという政治的意味合いをもつこともしばしばであった。　（堤　大輔）

概念形成
concept formation

「概念獲得」ということばと同様、「学習者が、以前はもっていなかったある概念を、もつようになること」を指す。あるいは、教育者の側からいえば、「学習者に、以前はもっていなかったある概念をもつようにさせること」である。ある学習者がある概念を形成できたということは、その概念を使った適切な受け答えや適切な筆記など、つまりは、その概念を既に獲得しているとみなされるほかの人々と同様な言語活動ができるようになることから推定される。ただしそれは、「あることばの語義の辞書的説明ができる」ということと同じではない。そうした説明なら丸暗記でもいえる。むしろ、たとえ辞書のように説明できなくても、さまざまな事例がその概念の該当例であるかどうかを適切に判断できるということが、概念形成の成功の指標であろう。概念を、いわば「頭の先」や「ことばの受け売り」ではなく、真に学習者の自前のものとして形成させるという課題意識は、直観から概念への橋渡しに取り組んだペスタロッチをはじめ、いわゆる言語主義（verbalism）の教育に批判的な多くの教育者が抱いてきたものである。
　　　　　　　　　　　　　（堤　大輔）

開発教育
development education

開発教育は、1960 年代に途上国支援に携わった欧米の若者が、途上国の現状を改善するために母国に南北問題や環境破壊について知らせようとしたところに起源をもっている。1975 年に国連は、開発教育とは、開発途上国と先進国それぞれの人権、人間の尊厳、自立、社会的公正の達成を目指すものであり、そのねらいは、低開発の原因と開発の理解、異なる国々がどのように開発取り組んでいるのか、そして新しい国際的な経済、社会秩序をつくり出していくための理論を促進していくこと、と定義している。この目的のために、体験的参加型の手法、すなわち、ゲーム、シミュレーショ

ン、ロールプレイ、ランキングなどを通して途上国の現状を知り、相互依存関係を理解し、それぞれが自分で考え、現状を改善するために参加し、行動することを目的としている。例えば、貿易ゲーム（途上国の貧困の連鎖の体験）、ブラック・アンド・ホワイト（ことばにまつわる固定的なイメージの理解）などといったものは、学校教育から社会教育の場でもよく取り組まれている。　　　　（吉谷武志）

▌開発教授法

　自然の順序に従って諸力が発達するのを促す教育の在り方のことであり、明治期以来のわが国でペスタロッチ主義の教育にあててそう呼んできた。開発は発達 development の他動詞的用法であり、ここでは内在する教育的価値を外化させるということで、暗記中心の注入教育に対する意味をもった。アメリカのオスウィーゴー師範学校でペスタロッチの教育を学んだ高嶺秀夫の感化を受け、若林虎三郎と白井毅が編んだ『改正教授術』（1883）で用いられた「心性開発」により全国に広まったといわれる。そこには、心性開発と並んで「五官より始めるべきこと」「教師の教育よりも生徒の学習を授業の目的とすべきこと」「既知より未知に進むべきこと」などの教授原則が示されていた。方法として問答を用いることが多かったが、しだいに形式化するにおよび、勢いを失った。⇒ペスタロッチ
　　　　　　　　　　　　　　（原　聡介）

▌貝原益軒
▌かいばら・えきけん、1630〜1714

　江戸前期の儒学者。福岡藩士の子として生まれ、71歳で隠居するまで、ほぼ福岡藩黒田家に仕えた。この間、長崎で医学を、江戸および京都で儒学を学び、広範な分野での研鑽を積んだ。儒学

はもとより、歴史・地理・本草・医・農・天文等の多様な分野に及ぶ、99部・251巻という膨大な著作を残している。主要なものとして、朱子学批判の『大疑録』、体系性が際立つ『大和本草』、衛生書『養生訓』の他に、子育ての書として最晩年にまとめた『和俗童子訓』がある。同書では、6歳から20歳に至るまでの成長過程に即して、教育方法と学習教材とが教育課程論ともいうべき「随年教法」として提示されているが、そこには幼少期からの善行の習慣形成を、子どもの主体的な過程として捉えようとする益軒の教育思想があらわれている。また、同書巻之五「女子を教ゆる法」は、近世から明治期にかけて流布した「女大学」と称される教訓書の成立に大きな影響を及ぼした。　　　　　　　　　　　　（大戸安弘）

▌カウンセラー
counselor

　心理学的訓練や専門的教育を受け援助者としての資質を備えた専門家のこと。相談者・助言者・援助者と訳されることがある。また、治療者（therapist）と同義に用いられることもある。なお、職域による分類として、学校カウンセラー・産業カウンセラー・病院カウンセラーなどが挙げられる。このうち学校カウンセラーに関しては、不登校やいじめが重大な社会問題となったことを背景として、文部科学省の「スクールカウンセラー活用調査研究委託事業」が 1995（平成 7）年度から開始され、全国の公立中学校を中心に心理臨床の専門家が派遣されている。なお、学校においては、心理臨床専門家だけでなく一般の教師にも、学習相談・適応相談・進路相談などに代表される教育相談場面において、カウンセラー的な態度が求められている。カウンセラー一般に求められる基本姿勢としては、ロジャーズ（Rogers, C.1902〜1987）の態度 3 条件

が代表的である。具体的には、①自己一致：クライエント（来談者）と接する態度が自分の本当の気持ちと一致していること、②共感的理解：自分の価値観や社会的価値観ではなく、クライエントの内部にある基準で理解しようとすること、③無条件の肯定的配慮：ライエントをかけがいのない存在として無条件に尊重しようとする態度、等が求められている。このような基本的な姿勢で、クライエントを一人の大切な人間としてありのままに受容し、愛情をもって接することが安心感や信頼感を高めることになる。⇒スクールカウンセラー、ロジャーズ　　　（犬塚文雄）

カウンセリング
counseling

　カウンセリングとは、心理的援助の専門家であるカウンセラーが言語的・非言語的コミュニケーションを通じて、相談に訪れた人（クライエント）の問題解決、人格的成長、自己実現を援助する相談活動のことである。カウンセリングは、1900 年代初めのアメリカにおいて発展した。その発展に大きな影響を与えたものが、パーソンズによる職業指導運動、ソーンダイクを中心とする教育測定運動、ビアーズの精神衛生運動である。カウンセリングとの区別を問われるものに心理療法があるが、現在わが国ではほぼ同義に用いられている。カウンセリングには、理論、技法の異なるさまざまな流派があるが、わが国では長らくロジャーズの来談者中心療法の影響が強かった。とくに教育界においては、カウンセリングすなわち来談者中心療法とされた時期もあり、教師一人ひとりが身につけるべきとされたカウンセリング・マインドという概念は、ロジャーズ理論の影響を色濃く受けている。⇒カウンセリング・マインド、心理療法　　　　　　　　　　（日高潤子）

カウンセリング・マインド

　カウンセリング・マインドということばは、和製英語であり、造語である。1950 年代のわが国へのロジャーズ理論の紹介と、それに続くカウンセリングブームとを背景として生まれた。明確な概念規定はないが、カウンセリングに必要とされる要件やカウンセラーに求められる態度をあらわしており、教師が一般に備えるべき基本的態度として、教育界で用いられることが多い。具体的な内容は、教師が子どもの成長する可能性を信じていること、ありのままの自分自身を受け入れ、「今・ここ」での体験に心を開いていること、子どもを対等な人間として尊重し、その存在をありのままに受け入れていること、子どもの体験を批判・評価せず、子どもに寄り添って理解すること、知識を教えるよりも子どもの学ぶ姿勢を育てること、などである。これらのことは、ロジャーズのいうカウンセラーに必要な 3 条件、つまり、純粋性、無条件の肯定的配慮、共感的理解とも重なるものである。カウンセリング・マインドは、技法ではなく態度であるがゆえに、生徒指導、教科指導、行事場面など、あらゆる場面で教師の機能を効果的なものにするとされている。⇒カウンセラー、カウンセリング、ロジャーズ　（日高潤子）

科学技術教育

　数学・理科などの自然科学に基礎をもつ技術の応用面に重点を置いた教育。これまでの科学技術教育は主に物理や化学を中心とした工学系のものを意味したが、近年は遺伝子組み換えなど分子生物学の発展やコンピュータなど情報技術の応用の広がるなど、生物や社会に応用される技術なども視野に入ってきた。科学技術教育の本格的実施は 18 世紀末フランス

のエコール・ポリテクニクに始まる。その後、大工業の発展とともに中等レベルの科学技術教育が進められ、大学では19世紀末頃から、大学院レベルのものは20世紀後半から取り組まれるようになった。

わが国では「数学嫌い」「理科離れ」が進行しており、日本経済の国際的競争力を高める立場から、科学技術振興と技術者の養成が大きな課題となり科学技術振興基本計画（第三次計画は2006年6月閣議決定）が定められた。しかし科学技術教育は経済や産業のためだけでなく、現代社会において科学技術が社会生活の中に深く浸透しているという事実をふまえ、政治や社会、一般市民にとっても大きな課題となっていることをみる必要がある。例えば環境問題や情報化社会問題などはその最たる課題である。また現代のものの見方や文化にも示唆と深刻な影響を与えている。したがって、科学技術教育は将来専門家になる者に対する教育としてではなく、すべての児童生徒、国民に対する教育として捉えるべきである。科学技術教育の発展のためには教科書や教育方法の改善、教育予算と教員の増加等とともに、自然環境の回復や科学技術に身近に接することができるように博物館や報道・出版・ビデオ等を充実させるなど、社会環境の整備が重要である。

（藏原清人）

科学研究費補助金
grant-in-aid for scientific research

政府による競争的研究資金の一つで、文部科学省や厚生労働省・環境省などいくつかの省庁にあり、一般に科研費と略される。このうち、文部科学省の科研費は、わが国の学術を振興するため、人文・社会科学から自然科学までのすべての分野にわたり、基礎から応用までのあらゆる「学術研究」（研究者の自由な発想に基づく研究）を格段に発展させることを目的

とするものである。ピア・レビューによる審査を経て、研究者が自発的に計画する独創的・先駆的な研究に対して助成を行う。補助対象となる研究は、国公私立大学、国公立試験研究機関、企業、独立行政法人等の研究者が1人または複数で行うものである。ここでピア・レビューとは、専門分野の近い研究者による学問的意義についての評価のことをいい、延べ約6,000人の研究者が、書面審査、合議審査およびヒアリングにかかわっている。萌芽期の研究から最先端の研究まで、多様なメニューで研究に対して補助している。研究成果が学問の発展やノーベル賞等の受賞につながることが期待される。厚生労働省の厚生労働科学研究費は、国民の保健医療、福祉、労働安全衛生等に関し、行政施策の科学的な推進を確保し、技術水準の向上を図ることを目的としている。近年、科研費にかかる不正使用が一部で発覚したため、不正使用等防止のための措置がとられるようになった。

（田中敬文）

係活動

集団が、その目標を達成するために成員間で必要な役割分担を決めて活動すること。学級の諸活動に主としてみられる。全校集団としての児童会・生徒会にあっては、委員会活動という形での実務的な役割分担形式だが、学校生活の基礎的集団としての学級では、係活動という形での分担が一般的である。係活動の具体化にあたっては、学級文化の創造的発展と学級生活の向上という、学級福祉としての意義を共通に確認しあうことが重要である。活動の途中でも、この原点に立ち戻って目的を再確認する必要が生じよう。そのためにも、係り内部で、係り同士で、学級会などでの不断の話し合い活動が不可欠である。係活動は、子どもたちの自

主性に支えられ、自主性を育み、自治的能力の基礎を培う活動である。活動が本来の目的を離れてマンネリ化しないように、また、教師の学級管理の単なる下請けとならないように配慮した指導が必要である。⇒学級経営　　　　　　　（水内　宏）

過干渉

　従来の意味は、保護者が子どもの養育に際し、子ども本人にかかわり過ぎることをいう。「過保護」の意味するところと共通性をもつ。具体的には、学校の準備など子ども自身がすべきことまで世話をし、家族の一員としての役割（手伝い）をさせないこと、また、必要以上に物を与え、要求を安易に受容すること、さらに、友人関係も含め子どもの生活や行動に過度に干渉することが挙げられる。昨今では、子どもが通う学校等に対する保護者の干渉や不合理なクレームも、過干渉として捉えられる。過干渉の対極の概念として「放任」が挙げられる。両者に共通しているのは良いこと、悪いことなど、基本的社会規範を教えず、ほめたり、認めたりしてやるべきときにそれをせず、保護者が適切なしつけや養育を行っていないという点である。結果として、過干渉は、基本的な生活習慣の確立、対人関係をもつ能力の獲得を妨げることになる。子どもたちにとっては、発達の基礎となる能力が充分形成されないという事態を生じさせるものである。⇒モンスター・ペアレンツ　　　　　　　（村二凡子）

学位

　学術研究上、一定の能力や業績を有する者に授与される称号のこと。1953（昭和28）年制定の学位規則では、学位は、修士と博士の2種類であった。これらは、大学院の修士（博士）課程を修了した者に授与される。博士の学位にあっては、課程を修了せずとも、博士論文を提出し、その審査に合格することで得ることもできる。これを論文博士といい、課程修了の課程博士とは区別される。1991（平成3）年には、学校教育法および学位規則が改正され、大学を卒業した者に授与される学士も、学位に加えられることになった。2003年には、専門職大学院が創設され、その修了者には専門職学位が授与されることとなった。さらに2005年には、短期大学を卒業した者に短期大学士の学位が授与されることとなった。したがって現在、法令に基づく学位は、博士の学位、修士の学位、専門職学位、学士の学位、そして短期大学士の学位の五つである。なお、学位に準じるものとして、高等専門学校の卒業生に授与される準学士の称号がある。以前は、短期大学の卒業者は準学士と称していた。

　次に、学位の授与権者であるが、それは大学（院）に限られない。1991年に発足した大学評価・学位授与機構も、学位の授与を行っている。短期大学・高等専門学校の卒業者は、大学などでさらに一定の学修を行い、当機構の審査に合格することで、学士の学位を得ることができる。また当機構は、各省庁が設置する大学校など、大学・大学院と同等の課程を修めた者に対し、審査の上、学士、修士、または博士の学位を授与している。こうした趨勢の中、学位の授与数も増加している。2000年でみて、修士の学位授与数は60,836、博士の学位授与数は16,076である。それぞれ、10年前の1990年に比して、2.2倍、1.5倍に増えている。とくに人文科学系の博士号は、129から601と、4.7倍の増加率である。今後、学位の性格の内実は著しく変化していくものと思われる。⇒学士、専門職学位、**大学改革支援・学位授与機構**　　（舞田敏彦）

核家族

夫婦とその未婚の子から成る家族の集団的構成単位。日本では、戦後の新憲法成立と民法改正(1947)により、旧民法(1898)で定められた家父長制家族制度と儒教的家族道徳による家制度が廃止され、産業構造の変化や都市化の進展に伴って核家族化が進んだ。「nuclear family」の訳語である「核家族」ということばも、1960年代より多用されるようになった。2016(平成28)年の厚生労働省の国民生活意識調査によれば、世帯構成が「夫婦と未婚の子のみの世帯」が、全世帯の30％と最も多い。これに、「夫婦のみの世帯」と「ひとり親と未婚の子のみの世帯」の割合を加えると、全世帯の6割を占める。このように、今日核家族は最多数となっている。核家族は、親と子のみの関係から構成されるため、親の離婚などにより解体しやすい。また、親が子に過保護や過干渉の態度を取りやすく、子どもの自立を妨げることもある。家族は子どもの社会化にとって重要な役割を担っている。家庭の教育力低下が指摘される中、国および地方公共団体は、子育て講座の開催など、核家族に向けた家庭教育支援策を講じている。　（日暮トモ子）

学業不振

子どもの学力あるいは学業成績を、その本人の学習可能性をあらわす知能と比較したときに、何らかの理由で学力が知能よりも一定程度低い状態にあること。こうした状態にある子どもを、学業不振児（アンダーアチーバー）と呼ぶ。学業不振（児）であるか否かの判定には、一般に、学力の指標として標準学力検査の学力偏差値、知能の指標として知能検査の知能偏差値が用いられる。学力偏差値から知能偏差値を減じた数値である「成就値」がマイナスで一定の値を超えた場合に、学業不振（児）と判定される。学力が低くても知的障害のように知能も低い場合は学業遅滞、知能の水準が普通であるのに中枢神経系における何らかの機能障害によって学力が低い場合は学習障害（LD）と呼ばれ、学業不振とは区別される。学力が高い場合でも知能がそれを大きく上回る子どもも学業不振児となるが、実際に問題となるのは学力が低い場合である。そのため、学力あるいは学業成績の絶対的水準の低い子どもという意味でも、学業不振児ということばがつかわれることがある。⇒LD（学習障害）、知能、知能偏差値　　　　（日暮トモ子）

学芸員

博物館法で規定(博物館法第4条)された博物館の専門的職員。博物館資料の収集、管理・保管、調査研究、展示・教育およびこれと関連する事業についての専門的事項を担当する。公立・私立を問わず登録博物館には学芸員を配置する必要がある。学芸員の主な役割は、実物資料（もの）を通じて人々の生涯学習を支えることであり、利用者の学習要求を的確に捉え、地域の人々やボランティア、学校、その他の施設などと連携・協働して調査研究や教育事業を進めることが求められる。また、人類や地域にとって貴重な資料や文化遺産等を取り扱い、人々の新しい知識の創造と普及のために役立てるという業務の特性から、学芸員には高い職業的専門性が必要とされる。　（倉持伸江）

学芸会・文化祭

運動会・体育祭とともに古くからある全校児童・生徒による学校行事。学習指導要領上は「特別活動」の中の「学芸的行事」に位置づく。内容的には、学芸会

では、劇、合唱・器楽演奏、舞踏・舞踊、詩作などの朗読や発表が多くみられる。学芸会のように包括的な催しとしてではなく、合唱祭のように独立した内容の行事として行われることも中学校や高校では珍しくない。文化祭も名称・内容ともに多様で、美術・工芸などの作品の展覧会、研究・調査結果などの展示会のように、しばしば学校や地域の個性・特色のあらわれた"祭典"となっている。こうした発表や展示は、学級単位（小規模校などでは学年単位）で行われることもあれば、スポーツ・運動文化系クラブとは別のいわゆる"文化"系クラブ・部活動の活動成果を公にする場としてなされる場合、あるいは両方を兼ねている場合もある。　　　　　　　　　　　　（水内　宏）

学芸大学
liberal arts college

戦後教育改革において、戦前の師範学校による教員養成制度を批判する議論に基づいて新たな教員養成の在り方が模索され、「大学における教員養成」と「免許状授与の開放制」という二大原則が共通理解された。その際、義務教育段階の教員養成を中心的に担う新しい大学として提起されたのが「学芸大学」である。戦前の帝国大学をモデルとしたアカデミズム中心の大学ではなく、文科系・理科系を統合した国民としての幅広い一般教養、すなわちリベラルアーツを中心とする大学がこの構想の中心的イメージであった。旧師範学校を母体としながらも、そのコンセプトを土台として1949（昭和24）年に七つの「学芸大学」（北海道、東京、愛知、京都、奈良、大阪、福岡）が創設された。しかし、教員養成という目的をより明確にしようとする政策転換の中で、そのコンセプトは大きく変貌し、今日、大学の名称としては「東京学芸大学」にその名残を残すのみとなっている。

⇒教員免許状、教員養成、大学における教員養成　　　　　　　　　　　　（浜田博文）

格差社会

この言葉が用いられるようになったのは近年であり、その意味内容は幅広い。主に、所得や資産などの経済的格差および社会階層間の格差が大きな社会や、そうした格差の拡大や固定化が進行している社会を指す。また、これらの格差の拡大や固定化につながる教育格差や都市と地方の地域格差が問題にされることも多い。議論の発端は、2000年前後になされた経済学や社会学からの指摘にある。経済学では、ジニ係数という指標からわが国の所得や資産の不平等化が指摘された。社会学では、SSM調査（社会階層と社会移動に関する全国調査）から、戦前以上に階層の固定化がみられることが指摘された。ただし、これらの指摘には多くの反論もなされ、論争には決着がついていない。

教育おいては、インセンティブ・ディバイド（意欲格差）が指摘されている。教育改革や少子化の影響で受験競争など個人を外側から動機づける要因が弱まって学習意欲の減退が起こり、とくに低い階層の子どもたちにこの傾向が顕著なため、教育における不平等の拡大が指摘されている。また、情報化やグローバル化の進展による職業の二極化に学校から職業への移行システムが対応できず、学歴（学校歴）に見合った職業に就けない可能性が高まり、将来の見通しが立たないフリーターなど非正規の職の者から希望が失われ、希望格差が発生するという議論もある。

格差拡大の要因として、新自由主義的な政策の影響を指摘する議論も多いが、この点に関しても論争は続いている。経済状況が好転し、このことば自体は廃れ

る可能性もあるが、大幅な経済成長が見込めない時代において、経済的・社会的格差は常に顕在化しうる問題といえる。
⇒社会階層（階級）　　　　　（岩田　考）

学士
Bachelor

　大学の学部課程修了者に対し、大学から授与される学位。また、大学卒業者と同等以上の学力を有すると認められた者に対し、大学に準じる機関である独立行政法人大学改革支援・学位授与機構から授与される学位。戦前の学位令では、学位は博士のみで、学士は称号であった。戦後の学校教育法（昭和22年法律第26号）と学位規則（昭和28年文部省令第9号）で修士の学位が定められたが、学士は称号のままであった。この状況に対し、大学審議会の1991（平成3）年の答申において、教育研究の国際化に対応して諸外国と同様に学士を学位と位置づけるべきとの提言がなされた。その結果、同年の「国立学校設置法及び学校教育法を一部改正する法律（平成3年法律第23号）」などによって学士は学位となり（学校教育法第104条）、大学が当該大学の学部卒業者に対し学士の学位を授与することが定められた（学位規則第2条）。短期大学の卒業者には、2005年より短期大学士の学位が短期大学より授与されている。2019年より新設の専門職大学・専門職短期大学でも、卒業者に学士（専門職）・短期大学士（専門職）の学位が授与されることになっている。⇒学位　（日暮トモ子）

学習

　学習とは、一般的に、経験の反復によって生ずる行動の比較的持続性のある変化を指す場合が多い。しかし学校での学習は、教科における学習、つまり教科の内容である知識や、技能を習得することを意味する。確かに学習は、人間のあらゆる行動に付随して生じる。例えば教科外活動で、金魚を飼育するときにも、金魚についての理科的な知識や金魚の飼育方法などを学習する。しかしこの飼育の主たるねらいは、飼育の際に仲間と協力することの大切さを体験させることであり、知識や技能を学習させることではない。他方、教科における学習は、知識や技能を学習させることを直接のねらいとして行われる。教科の学習は、知識の機械的暗記であってはならない。機械的に暗記した知識は、理解が伴わず、すぐにはげ落ちることになる。では教科の学習は、本来どのように行われるべきなのだろうか。学習には、学習者の認知構造が密接にかかわっている。認知構造とは、学習者がもっている知識の総体を意味する。新たに学習する知識が学習者の既有の知識に関連づけられ、意味づけられるときに、新たな知識の理解が生じ、学習が成立するのである。例えば「重さの加法性」を学習するときには、学習者が自分のもっている「重さの保存性」に関連させ、意味づけることが必要である。ここでの関連づけや意味づけがあって初めて、新たに学ぶ知識の理解が生じるからである。このように学習とは、学習者が新たに学ぶ知識を自己の既有の知識に積極的に関連させ、意味づけ、習得することなのである。
⇒経験　　　　　　　　　　（岩垣　攝）

学習曲線
learning curve

　横軸に時間や試行回数、縦軸に学習の成果（例えば反応率や正解率）をとってグラフを描いたものを学習曲線と呼ぶ。つまり学習曲線は学習の進み具合、学習の経過をあらわす曲線である。時間の経過とともに学習効率が上昇する正の加速曲線、時間経過とともに学習効率が低下する負の加速曲線、洞察学習のように突

如成果が上がるような曲線などがある。教科学習や楽器のスキル学習のように比較的長期にわたる学習の場合、一様に学習成果が上がるわけではなく、成果がほとんど上がらなくなるプラトー期と呼ばれる状態が途中で生じることが知られている。 （今野裕之）

学習権

人間は、文化的環境のもとで、学習によって成長・発達する。学習権とは、成長・発達の必要に応ずる学習を生存権の文化的側面として憲法上保障すべきであるとする観念のことである。わが国では、教育内容への国家介入の強まりを背景として、1960 年代から教育の自由を根拠づけ、学習に必要な条件整備を求める学説として提唱された。1970 年代に学習権の観念は判例として受容され、広く知られるようになった。1976（昭和 51）年の最高裁学力テスト判決では、日本国憲法第 26 条の教育を受ける権利の背後に、国民各自が成長・発達し、自己の人格を完成・実現するために必要な学習をする固有の権利を有すること、とくに子どもは学習要求を充足するための教育を自己に施すことを大人一般に要求する権利を有するとの観念が存在すると判示した。同判決は、教育内容への国の関与を一定範囲で肯定したが、誤った知識や一方的な観念を子どもに植えつける内容の教育を強制できない等、できるだけ抑制的であることが要請されると判じており、学習権説の主張が反映されている。学習権の主体は子どもだけでなく、1985 年のユネスコ国際成人教育会議が採択した学習権宣言が学習権を基本的人権と宣言したことにみられるように、成人も含めた生涯学習の権利として考えられるようになっている。

⇒教育を受ける権利, 学習権宣言 （新井秀明）

学習権宣言
Declaration of the right to learn（UNESCO）

1985 年パリで行われた第 4 回ユネスコ国際成人教育会議において採択された宣言である。学習する権利は生存問題が解決された後に発生する文化的ぜいたく品ではないこと、すなわち、学習する権利は生存権そのものであるとされ、それは成人教育の基本にあるだけでなく、食糧生産、平和、健康を求める人間の生存にとって普遍的で根源的なものであるとして、学習の意味を原理的に表明した。ユネスコでは、1947 年に第 1 回の国際成人教育会議をデンマークのエルシノアで開いた後、第 2 回をモントリオール、第 3 回を東京とほぼ 10 年間隔で続けてきたが、問題解決にはなお遠い状況があるという認識から、改めて世界に訴える宣言となった。学習権は広い意味での教育権に入るが、学習者の主体的行為にあえて重点を置こうとする概念であり、ジェルピ『生涯教育』（1983）における「自己決定学習」の考え方に通じている。

⇒成人教育 （原　聡介）

学習指導

生活指導（または生徒指導）が主に教科外活動での教師の指導を指すのに対して、学習指導は主に教科における教師の指導を指す。教科における学習指導では、知識や技能を系統的に順序立てて教えることが何よりも求められる。しかし教師が教えるといっても、上から一方的に教え込むことであってはならない。学習するのは子ども自身なのである。そのため教師は、子どもを学習主体と認め、能動的に学習するように誘うことが必要なのである。さらに学習指導で注意すべきことは、教師と子ども、子どもと子どもの間で学び合いを組織するということである。知識や技能は、「先生がいうからそ

かくしゆ　58

うだ」というのではなく、「個人を越えて誰でも・いつでも・どこでもそうだ」というように客観化されて学ばれなくてはならない。この客観化のためたものとして重要な役割を演じるのが、教師や仲間との学び合いなのである。そのため学習指導では、この「学び合い」を組織することが必要となる。　　　　（岩垣　攝）

▌学習指導要領

　小・中・高校、中等教育学校、および特別支援学校などの教育内容と教育課程の要領・要点に関する文部科学大臣の定める基準的文書。学習指導要領をもとに、各学校種別の各教科、道徳や特別活動などの詳細な「解説書」（2002 年までは「指導書」）が発行されている。学習指導要領と解説書は、それらに基づいて作成される「教科用図書検定基準」を通じて教科書や教師用指導書（いわゆる教師用教科書＝「赤本」を含む）、教材などの編集や執筆を方向づけ、児童・生徒の学力構造や世界観の自己形成などにも少なからぬ影響力をもつ。いずれの校種の学習指導要領も、冒頭の記述「第 1 章 総則」から始まる。そこでは、小学校や中学校なりの教育課程編成の一般方針、教育課程の領域、設置される教科等の種類と盛り込まれるべき内容の基本、各教科等の授業時数の基本的な考え方（詳細は別表として添付）、指導計画作成にあたっての配慮事項等が述べられている。総則には、その時々の学習指導要領改訂の基本方向を示した教育課程審議会答申の時代認識や教育課程観などが凝縮されているともいえる。1998（平成 10）年改訂の場合でいえば、「総合的な学習の時間」の趣旨や取扱いの記述がその一つであろう。

　最初の学習指導要領は、第二次世界大戦直後の 1947（昭和 22）年、アメリカの各州のコース・オブ・スタディ（course of study）、とりわけヴァージニア州とカリフォルニャ州のプランなどを参考に作成された。この 1947 年版は、各学校と教師の教育課程編成の参考的手引き＝試案とされていたが、1958 年の改訂時からは教育内容の国家的基準性をもつ文書とされ、官報に「告示」されて、その後、学校現場と教師に対して法的拘束性をもつことが強調されるようになった。
　⇒教育課程の編成　　　　　　　（水内　宏）

▌学習社会
▌learning society

　学習社会とは、人々が生涯のいつでも、自由に学習する機会を選択して学ぶことができ、その成果が適切に評価されるような社会であり、そうした生涯にわたる学習活動を促進する学習機会や学習資源を整備した社会である。青少年を対象とする学校教育を中心とした伝統的な教育制度を偏重することによって生じるさまざまな問題に対処するために提起された概念で、そこでは生涯学習の視点から教育制度全体の変革や再編を求める意味があった。

　学習社会の考え方は、シカゴ大学総長であったハッチンス（Hutchins, R.M. 1899～1977）によって提起された。彼は 1968 年に出版された著書『学習社会論』の中で学習社会とは、「すべての成人男女に、いつでも定時制の成人教育を提供するだけでなく、学習、達成、人間的になることを目的とし、あらゆる制度がその目的の実現を志向するように価値の転換に成功した社会」であると定義している。その後、ユネスコが 1972 年に発表した「Learning to Be（未来の学習）」と題する報告書、通称「フォール・レポート」の中で、未来の社会形態を指向する基本的概念として用いられた。

　日本で学習社会ということばが初めて公的にあらわれたのは 1979（昭和 54）

年中央教育審議会「生涯教育に関する小委員会報告」においてである。とくに受験競争の激化など学校教育への過度の依存による学歴偏重の弊害を是正するものとして主張された。1985～87年に出された臨時教育審議会答申においては「生涯学習社会」ということばが用いられ、「生涯を通ずる学習の機会が用意されている社会」、学歴ではなく「何をどれだけ学んだかを評価する社会」、「各自の生涯を通ずる自己向上の努力を尊び、それを正当に評価する学習社会」、「人々の創造性、個性が生かされる社会」と説明されている。⇒ハッチンス　　　　（倉持伸江）

学習集団

学習集団とは、学習のために編成された集団を指す。現代の学校における学習指導は、原則的には学級を単位に行われている。それは、学級が生活集団としての側面だけでなく、学習集団としての側面を併せ持つ存在だからである。近年では、この学級を解体して、算数・数学や英語などの教科・科目で少人数の学習集団を編成したり、また習熟度別の学習集団を編成したりすることも少なくない。学習集団は、編成しただけでは、学習集団として機能しない。編成したままでは、例えば自由に発言ができなかったり、間違いが嘲笑の対象となったりするからである。したがって、学習集団を学習集団として機能させるためには、教師の指導が必要なのである。この指導によって、集団の中に教師と子ども、子どもと子どもが相互に学び合うことができるようになるとき、学習集団は学習集団として機能することになる。このような集団の中で、多様な意見が子どもたちの間で出され、学び合いが行われるときに、確かな学力が保証されるのである。（岩垣　攝）

学習塾

学習塾については、教育法規に規定はないものの、民間企業による教育事業の一つに位置づけられる。多様な塾のうち、学習塾は教科指導を主眼としており、一般に①受験のための進学塾、②学校の授業の補習を行う補習塾、③進学塾と補習塾を合わせた総合塾、④いわゆる「落ちこぼれ」や不登校児童生徒を対象とする教育理念塾等に分類される。1999（平成11）年の生涯学習審議会答申では、学校と塾の共存を提言し、学校のスリム化の受け皿としても学習塾に期待が寄せられた。文部科学省の「子どもの学習費調査」（2004年度）によると、学習塾の利用率とその費用の平均は、公立小学校でそれぞれ41.3%（14万円）、公立中学校で74.4%（23万5,000円）、公立高校で35.1%（22万2,000円）となっている。近年では、教育の私事化、教育ニーズの多様化、消費者主義の浸透、私立学校の増加、公立学校への不信などさまざまな要因を背景として、学習塾は増加する傾向にある。　　　　　　　　（藤井穂高）

学習の個別化

学習の集団化に対する概念。日本の教育界で伝統的に行われている一斉指導（教授）の欠点を補う方法は、学習の個別化と集団化という二つの方向で考えられる。学習の個別化は、1時間の授業の中で自分で考えノートに整理する個人学習から授業全体をコンピュータにプログラミングし、学習者はコンピュータと対話しながら自己ペースで学習を進めていくプログラム学習まで多様である。前者は一斉指導で不足する指導過程を補うことが目的であるが、後者は個人学習をベースとする授業論に立っている。そこでは、学習者個人の興味や関心、進度に

合わせて教科教材を自由に選択させるオープン・エデュケーションに発展する。子どもの全面発達を目指す学校教育において他者とのコミュニケーションや協同活動を縮減するような学習の個別化は現実的とはいえない。むしろ、学校教育においては学習の個別化と学習の集団化の統一が考慮されねばならない。⇒オープンスクール、プログラム学習　　　（髙旗正人）

学習理論
learning theory

　経験によって比較的永続的な行動の変化が生じることを学習と呼ぶ。学習に関する心理学理論は多様であるが、それらを総称して学習理論と呼ぶ。以下に代表的な学習理論の概略を紹介する。
　①古典的条件づけ：レスポンデント条件づけとも呼ばれる。反応を誘発しない中性刺激と反応を誘発する無条件刺激とが一緒に繰り返し呈示されると、中性刺激の呈示だけでも反応が生じるうようになる。例えば、犬を対象とした実験でいえば、ベル音（中性刺激）を食物（無条件刺激）と一緒に繰り返し与えると、ベル音だけでも唾液分泌が生じる。その際、反応を誘発するようになった中性刺激を条件刺激と呼び、この一連の過程を古典的条件づけという。ロシアの生理学者パブロフ（Pavlov, I. P. 1849～1936）がこの原理を発見した。②道具的条件づけ：オペラント条件づけとも呼ばれ、自発的な行動に強化刺激が随伴すると、その行動が生起しやすくなる過程を指す。例えば、イルカが自発的に空中ジャンプ（自発的行動）をするたびに餌（強化刺激）を与えれば、空中ジャンプという行動は生起しやすくなる。③社会的学習：他者を模倣したり観察したりすることによって新たな行動を学習すること。代表的な社会学習の理論にバンデューラ（Bandura, A. 1925～）による観察学習の

理論がある。⇒オペラント条件づけ、レスポンデント条件づけ、パブロフ　　（今野裕之）

各種学校

　各種学校とは、学校教育法（134条）によると、「第1条に掲げるもの以外のもので、学校教育に類する教育を行うもの」を指す。学校教育法の第1条には小学校、中学校など同法のいう学校が定義されている（いわゆる「一条校」）。また、1975（昭和50）年の同法改正により専修学校が制度化されたことに伴い、各種学校は一条校と専修学校「以外」のものとなった。各種学校は、一条校と比較してゆるやかな規制の下で運営されていることから、時代の要請に柔軟に対応し、多様な社会的需要に応えてきた。教育課程の分野・領域では、工業（土木、電気）、農業、医療（看護、はり・きゅう）、衛生（理容、調理）、教育・社会福祉、商業実務、家政（料理、ファッション）、文化・教養（音楽、美術、スポーツ）とともに、各種学校のみにある課程（予備校、自動車者操縦、外国人学校）などからなる。その数としては1200校程度であり、自動車教習所や外国人学校が多い。

　⇒一条校　　　　　　　　　　（藤井穂高）

学制

　日本の近代教育制度の出発点となる教育に関する基本法令。1872（明治5）年8月2日、太政官布告第214号として公布。文部省は別冊として8月3日布達第14号として各府県に頒布。「学制」は「被仰出書［おおせいだされしょ］」と称される序文と109章からなる本文によって構成されている。ここでは「学制」本文（公布時109章、1873年追加され213章）のことをいう。「学制」はフランスの教育制度をモデルにした中央集権的画一的

な制度構想であった。全国を8大学区、256中学区、53,760小学区に区分。大学区には大学校、中学区には中学校、小学区には小学校を設立するものであった。しかも、文部省は8月3日の布達第13号で、近世以来の伝統を引き継ぐ府県学校の廃止を命じる。近代国民国家の建設を課題に、国家による啓蒙主義の教育を推進するものであった。それゆえ、民衆の生活実態と乖離し、小学校建設をめぐって反発を受けることになる。1879(明治12)年、教育令が新たに公布された。

⇒被仰出書[おおせいだされしょ]、教育令

(森川輝紀)

学生運動

学生が大学の内外において、特定のイデオロギーを背景に展開する社会的、政治的な組織的要求行動。場合によっては、高校生や予備校生にまで及ぶこともある。学生は知的な社会集団であると同時に、実社会と切れていることによって空想的であるといえるが、そのことによってかえってラディカルな思想と行動の可能性をもち、社会批判の導線的役割を果たすことが多い。内容的には、学費やカリキュラム、大学・学生の自治などの学内問題とともに、大学の外に向けて、広く政治的、社会的、啓蒙的問題が含まれる。大学の巨大化、官僚制化の中で、しだいに抑圧感を増してきたことに対する反抗とともに、反体制や反戦など社会的変革の担い手意識が動因にもなる。 (原 聡介)

学籍

学籍とは、学校に在籍する児童生徒の氏名、生年月日、現住所、保護者、入学前の経歴、入学・編入学・転入学、転学・退学、卒業など、主に在学あるいは身分に関する事項およびその記録を指す。学籍に関する記録は、指導に関する記録とともに指導要録の一部である。指導要録は学校に備えなければならない公簿の一つであり、児童生徒と学校の双方にとって重要な記録であるため、保存が義務づけられている。指導要録は、かつては「学籍簿」とよばれ、1900(明治33)年に全国統一の様式が定められた。戦後教育改革の中で、1949(昭和24)年の学校教育法施行規則の一部改正により、「指導要録」に改称された。1991(平成3)年に大幅な改定が行われ、現在では学籍に関する記録と指導に関する記録は別葉として編製される。指導要録の作成義務は校長にある。指導に関する記録の保存期間は5年であるが、学籍簿のそれは20年である。⇒指導要録 (藤井穂高)

学童疎開

アジア太平洋戦争期、米軍の本土空襲の日常化の中で、東京をはじめ重要都市の学童を地方に疎開させる政策がとられた。疎開とは、本来軍事用語で分隊間の間隔をとり、敵の火力攻撃に対応することを意味していた。当初、都市部から地方への学童の避難は戦意をそぎ、家族制度を破壊することになると消極論が強かった。学童を一定期間、一定間隔のもとに戦闘配置につけるとの意味づけのもと、1943(昭和18)年3月の閣議決定によって縁故(任意)疎開が始まる。1944年6月の閣議決定で、東京都の学童集団疎開を決定。国民学校3～6学年の学童は集団疎開することになる。1945年7月からは、希望により低学年児童も対象となる。1944年9月時、本土内で約41万、沖縄から本土へ約5,000人が集団疎開。家を離れ、食料不足下の農村部での集団生活は、さまざまな負の刻印を児童に与えることになった。 (森川輝紀)

学童保育

学校以外において行われている児童の保育の場の一つである。就労などの理由により、昼間家庭に保護者がいない学齢児童が、児童館などの児童福祉施設等で、家庭で一般的に行われている日常的な時間を過ごしている。塾のような学習の場ではなく、家庭的な環境が特徴的である。このような場は戦前から存在していたが、戦後、高度経済成長に伴う核家族化の進行に伴って需要が増え、1997（平成9）年、「放課後児童健全育成事業」として法制化された。現在、学童保育は児童福祉法と社会福祉事業法に基づく第二種社会福祉事業として位置づけられている。家庭的な環境の中で、異年齢集団に属する利点はあるが、運営指針などの基準が定められてはいない。また、保育士・小学校教論・幼稚園教論の資格保持者が指導員となっている例が多いが、非正規雇用が多く、身分は保証されているとはいえないなど、課題も多く残されている。

⇒児童館、児童福祉施設　　　（布村育子）

学年

学年とは、学校の全課程を区分する一定の期間（1年間）をいう。学校教育法施行規則では、小学校の学年は、4月1日に始まり、翌年3月31日に終わると定められているように（第59条）、一般的には学年は1年間であるが、修業年限が3年を超える定時制高校の場合は、4月1日に始まり9月30日に終了することができる（同施行規則第104条第2項）。一般に欧米では9月から学年が始まる国が多いことから、国際的な観点から学年の開始時期（4月）が問われることもある。また、学年制の場合、学年の数が修業年限に対応し、学年ごとに課程の修了の認定が行われる。わが国でも各学年の課程の修了を認めるに当たっては、児童の平素の成績を評価して、これを定めなければならないこととされている（同施行規則第57条）。また学級編制も、小学校の学級は同学年の児童で編制するとの規定の通り（小学校設置基準第5条）、学年制を基盤にしている。⇒学級、無学年制　　　（藤井穂高）

学年経営

学年は、同一年齢ないし同一課程進行にある児童・生徒によって編成された学級のまとまりである。その同一学年の学級の担任教師団によるさまざまな協働を統括するのが学年経営である。経営機能の観点からは、学年目標、学年経営計画、学年分掌事務、学年指導体制、学年行事とその計画、学年における研修計画、学年のPTA運営の計画等の諸機能があるといえる。学年経営は、学年主任を中心としながら、日常的には、学年教師間の連絡・調整を基本機能とし、各学級における指導面や学習面の進度の確認や問題の共有化、さらには教育課程の実施面でいえば、ティームティーチングなど、各学級間にまたがる課題解決において重要な機能を有する。また、授業改善や公開授業、研究授業なども学年を単位として行う場合も少なくなく、関連して、学年主任を中心としたベテラン・中堅・若手教員間の助言・支援の関係としても機能するといえる。そして学校経営と学級経営との間にあり、そのつながりをつける学年経営の働きは、例えば、いわゆる「学級崩壊」が問題化してからも見直されてきたといえる。つまり、学級における問題をいち早く発見し、学級担任が孤立化しないように学校全体でサポートすることの必要性が再確認されたが、学年経営は、そういった発見と支援という意味でも非常に重要な機能を有するといえる。また、学年経営は、その学校の規模によって実態が大きく異な

る。小規模校では、一学年一学級であれば、学級経営と学年経営が相似的となる。他方、大規模学校における学年経営は、副担任やそのほかサポート・スタッフを加えれば、まるで「小さな一つの学校の経営」になり得るとさえいえよう。⇒学級経営、学校経営、学年主任　　　　　　　　（加藤崇英）

学年主任

　学年主任は、同一の当該学年の教師団をまとめ、学年における連絡・調整、指導・助言、研修等の学年経営における中心的な役割を負う。学年主任は、学校教育法施行規則第44条第5項で「学年主任は、校長の監督を受け、当該学年の教育活動に関する事項について連絡調整及び指導、助言に当たる」となっている。ここで、校長から監督を受ける関係にあるが、しかしながら主任職は、管理職ではないため、学年主任と学年教師集団との関係は、教育指導上の関係といえる。学年主任としての具体的な役割を挙げれば、学年会の招集、学校全体の指示等の伝達、学級担任の意見の取りまとめ、学年における学習・生活指導上の進度の調整、学年PTAの開催等であるが、これらを教育指導の観点からリードし、活動を通して取りまとめていくことが重要といえる。また、学年を代表して、運営委員会や学年主任会等に出席し、学年を学校全体や他の組織とつなげていく役割も大きい。なお、近年、主幹職等の主任とは異なる職が創設され、管理的職能をもたせている場合とに区別する必要がある。⇒学年経営、主任　　　　　　　（加藤崇英）

学閥

　同じ学校歴の者からなる排他的な集団。学校歴とは、特定学校（大学）卒業の履歴を意味する。例えば、東大閥、京大閥など。学閥は、企業、官庁、学校といった職業集団の内部に派生し、採用や昇進に際して、成員同士が互いに便宜を図ったりする。彼らをつなぐのは、血縁でも地縁でもなく、同じ学校で学んだという学校歴である。この意味では、学閥への参入条件は、近代的なものである。しかし、一度獲得した学歴が身分化し、それ以後は、有能な者といえども締め出されるのであるから、一種の属性集団としての性格を否定できない。わが国では、学歴（学校歴）と職業とが強く結びついている。ここに、学閥の発生基盤がある。学閥は、同窓会といったフォーマルな形態をとることもあるが、一般にはインフォーマルな集団である。そこには、温情的、家族的な人間関係がある。学閥は、近代組織で働く、互いによそよそしい成員同士を連帯させる効果をもつともいえるが、それが支配力を振るうと、組織全体の停滞がもたらされる。（舞田敏彦）

学力

　素直に定義すれば「学習する能力」（ability to learn）となろう。とはいえ、それは、所与の能力としてあらかじめ各人にそなわっているとは限らず、新しい事柄を認識し、学ぶ過程で身につく人間の能力という一面もある。すなわち、学力とは、学ぶ力であるとともに、学ぶ過程で達成された人間的諸力を駆使して新たな学びを実現していく能力でもある。

　このように「学力」には、新たな習得可能性としての学力、達成（attainmentないしachievement）としての学力、の両面がある。達成の面のみを重視すると、「学力テスト」などの得点に一喜一憂する結果になりかねない。重要なことは、達成の継続・蓄積が自力での意欲的・自主的な学習・習得の新たな開拓の実現につながることである。そのためには、学

習すべき内容の整備とともに、学習の方法（勉強の仕方）の会得の手立てが、周到に仕組まれていることが必要である。

学力は、子ども各人の実生活と深く関係し、子どもを取り巻く歴史的社会的諸関係に規定されているが、学習過程に限れば、認識の能力がその中核をなす。達成としての認識の広がりと深さとともに、自力で認識をわがものとしていく方法（分析と総合、推論と検証など科学の方法、さらにはそれらに不可欠の言語や数にかかわる諸能力）を、学力とみなすこともできよう。

「学力」は、井原西鶴の『日本永代蔵』（1688）に、知的素養のある一人の浪人武士について「(この男)、学力 [がくりき] あれば、道を忘れず……」云々の叙述があるように、古くて新しい問題である。「学力」は、人としての生きる「道」を確かにしてくれる可能性に富む。しかし、現代社会にあっては、それはあくまでも可能性にとどまり、学力と人間・人格の発達の分裂という不幸な現実も少なくない。　　　　　　　　　　　　　　（水内　宏）

学力向上フロンティアスクール

文部科学省は、2002（平成 14）年度～2004（平成 16）年度の 3 年間にわたって、「学力向上フロンティア事業」を実施した。それは、全都道府県において、学力向上推進地域を指定し、その地域の中から各都道府県教育委員会が、個に応じた指導の充実のための実践研究を推進していく上での拠点となる学校として「学力向上フロンティアスクール」を指定するものである。最終年度において小学校 973 校、中学校 649 校、合計 1,622 校が指定校となり、そこでの実践成果を各地域のほかの学校に普及させる取り組みが行われた。「学力低下」を懸念する世論や「確かな学力」の定着を求める声

に応えるべく、子ども一人ひとりの実態に応じたきめ細かい指導を行う実践方策を追究し広めようとした施策である。
　⇒学力　　　　　　　　　　　　　（浜田博文）

学力調査（学力テスト）

学力調査は、主にテスト法を用いてある集団の学力実態を明らかにしようとするものである。広義には、教育評価に含めることができるが、ある特定の児童生徒などの学力や集団の中での位置を明らかにするものとは異なっている。

わが国では 1920 年代に、アメリカで行われていた教育測定運動の影響を受けて活発に学力調査が行われた。これは、学力を児童生徒の生得的能力の差を明らかにする視点から捉え、能力分布の標準スケールとそれに基づいた「標準テスト」を作成することを目的としていた。戦後、学力低下論争が行われ学力構造論の議論とともに学力調査が行われたが、これは学習実態を明らかにすることを目的としていた。1960 年代には文部省（当時）によって、全国の児童生徒を対象とする全国統一学力調査が行われたが、児童生徒の個人名を記入させるなど行政の介入につながる危険が指摘されたり、成績がふるわない生徒を欠席させることで平均点を引き上げようとする事例が生じたりするなど、多くの問題をもつものであった。2007（平成 19）年 4 月にも、43 年ぶりに文部科学省が学力調査を行ったが、民間企業が採点を行うなど調査の信頼性の問題とともに個人情報の流出の危険についても指摘されている。

学力を個人の能力の結果とのみ見ることや、学校や教員の指導の結果としてのみ捉えることはいずれも一面的である。それは家庭や社会の経済的文化的環境も大きな影響を与えるほか、設問や解答の形式などの調査方法も成績を大きく左右

する。学力調査の実施にあたっては、何のために何を明らかにするのか、そのために適切な手段を用いて調査しているのか、採点の仕方はどうか、調査の結果をどうみるかなど、検討すべき課題は多い。

（藏原清人）

学力テスト裁判

　文部省（当時）が1961（昭和36）年から実施した「全国□学校一斉学力調査」に対しては、それが教育行政による不当な介入に当たるとして、日教組を中心とする大規模な反対運動が展開された。この中で公務執行妨害等により多くの教員が逮捕・起訴され、各地で裁判が行われた（計10件）。北海道旭川市立永山中学校事件に関する判決（1976年5月21日）の中で、最高裁判所はまず、教育委員会に学力調査を実施する権限がある（地方教育行政の組織及び運営に関する法律第23条第17号）ことから、調査の手続き上の適法性を認めた。また、学習指導要領については、文部大臣は教育の機会均等の目的のため必要かつ合理的な基準を設定できるとして、その適法性を是認した。その一方で、教員の自由についても、教育の本質的要請に照らし、一定の範囲において教授の自由が保障されるとの判決を下した。⇒**教育裁判**　　（藤井穂高）

学力論争

　「学力」の構造、定義、テストに示された実態の見方、伸ばすべき方向などをめぐる論争。第二次世界大戦以降では、まず敗戦数年後の論争がある。これは、生活経験学習を採用したことの是非、それが国民の基礎的学力の低下を不可避とするとの批判と反批判などとして展開された。次いで、「授業についていけない子」が半数以上いるとの全国教育研究所連盟

調査結果の発表（1971年6月）を機に沸騰した議論・論争がある。これは、1970年代後半の青少年非行の急増期には学力と人格発達の関係把握をめぐる議論にまで発展する。そして、学校週5日制の完全実施と教育内容の3割削減を志向する学習指導要領改訂（1998）前後からの大学生の「学力低下」などの論議がある。

（水内　宏）

学齢児童・生徒

　学齢とは、保護者が就学義務を課されている期間の子どもの年齢を指す。現行法では、満6歳から15歳までの9年間が学齢となる。学校教育法第17条によると、保護者は、子の満6歳に達した日の翌日以後における最初の学年の初めから、満12歳に達した日の属する学年の終わりまで、小学校または特別支援学校の小学部に就学させる義務を負っており、この期間の年齢の児童を「学齢児童」という。また保護者は、子が小学校または特別支援学校の小学部の課程を修了した日の翌日以後における最初の学年の初めから満15歳に達した日の属する学年の終わりまで、これを中学校、中等教育学校の前期課程または特別支援学校の中学部に就学させる義務を負っており、この期間の年齢の生徒を「学齢生徒」という。なお、学齢に達しない子は小学校に入学させることはできない（同法第36条）。一方、原級留置等により学齢を過ぎた場合、生徒の就学は継続できると解される。（藤井穂高）

学歴

　歴史的にみれば、人間の社会的地位や評価は本人の能力や努力とは別に、その生まれた家柄などの「血統」に規定される傾向（血統原理：ascription）が強く出されていた時代が長く続いた。これに

対して、近代以降、学校教育の成立とその普及により、学業達成に基づく社会的評価（達成原理：achievement）が定着した。学歴は、このような近代社会の人間形成・評価機能を主に担うようになった学校制度を前提として、個人の学習履歴に対応する教育段階の階梯（中学校、高等学校、大学など）の履歴を指す。初等教育の普及に伴い、これが義務教育と位置づけられて、国家・社会が法定による教育実施のための施策義務を負い、大量の国民的なレベルでの修学が進展すると、次の教育段階の修学者が増加する。わが国ではすでに義務教育の全員修学の実現をみており、高校教育も96％の修学、高校以後の教育（大学・短期大学、同レベルとみられる専修学校）の修学者数は60％に近い。これは「高学歴化」社会の出現と呼ばれる。

　学歴が社会で問題になるのは、人間の学校履歴に応じた社会的評価とその処遇が固定されがちな点にある。高学歴者の高待遇、低学歴者の低待遇という社会的処遇となりがちである。このため高学歴を求めて上級学校への競争が過熱し、受験競争社会を産み落とした。わが国ではこの問題を解決することが喫緊の課題であるとしたのは、1988（昭和63）年の臨時教育審議会の答申であった。その第一次答申中で、「過度な受験競争を緩和するために」として、偏差値偏重の進路指導の是正と、学歴による社会的処遇を見据えて、社会人になってからの学習を奨励し、社会的処遇の評価軸を多様化するように推奨した。しかしその後、高学歴化に伴い「学歴インフレ」という現象がみられ、学歴の機能の相対的な低下が指摘されるが、その一方で、一部エリート校の学歴獲得のための受験競争はなお根強く社会・経済問題として存在している。

（大坂　治）

家訓

　家の維持・発展のために家長等が子孫や一族に残した訓戒。古代では天皇、貴族によるものもみられたが、中世・近世においては、土地と家産を保有する武士勢力の台頭に伴い武家家訓が盛行し、一族・一門の結束と反映とを永続させようとした。北条重時による「六波羅殿御家訓・極楽寺殿御消息」、今川了俊による「今川状」、「多湖辰敬[たこときたか]家訓」、北条早雲による「早雲寺殿二十一箇条」などが知られている。近世の幕藩体制下では、大名家や上級武士の家で制定される傾向があったが、一方で、安定した家産を得た豪商・豪農の家でも家訓が成立していった。例えば、三井高利の後継者たちがまとめ、一族に伝えられた「宗竺[そうちく]遺書」などでは、勤勉・質素倹約・信用・奉公人への心得など、家産の継承に必須とされる徳目が強調されている。

（大戸安弘）

下構型学校系統

　学校の歴史的な発展過程を特徴づけるときに、二つの概念がある。一つは「下構型学校系統」であり、もう一つはその反対概念として「上構型学校系統」である。下構型学校体系とは、教育制度の形成・発展過程で、最初に高等教育機関が設けられ、その準備教育機関として中等教育機関が設けられ、さらにそれへの準備教育機関が設けられるというように、上から下へ向かって教育機関の接続関係がつくられ、教育の目的や性格づけなどに一貫性や系統性が担保されているような学校体系を指す。例えば、イギリスではオックスフォード大学への準備教育として、公設のグラマー・スクールや私立のパブリック・スクールが設けられた。フランスでは中世にソルボンヌ大学（神学

部や医学部など）が設けられ、それへの準備機関としてコレージュ（のちにリセ）が設けられた。コレージュへの準備学校がその後にできた。この場合、歴史的には、高等教育機関へ入学するための準備教育機関（中等教育機関）へ籍を置くことが条件となるため、多くの場合、下構型学校系統に籍を置くには多額の学費や宿泊費を伴い、その教育目的が古典教養を通した精神的な陶冶にあり、実用教育を排除したため、有産階級、特権的な階級の子弟に限定された。教育の機会均等の要求は、一面においてこの下構型学校系統の門戸開放による民主化要求の側面をもった。　　　　　　　　　　（大坂　治）

仮説実験授業

　科学上の最も基本的な概念や法則を教えることを意図して1963（昭和38）年に板倉聖宣が提唱した授業理論。授業プランを「教科書兼ノート兼読み物」の形にした「授業書」に対象化することで、授業研究の科学化を図るものでもある。選択肢まで示して実験結果を問う「問題」に対して子どもたちの「予想」分布をとり、理由を出し合った上で「討論」する。そして、予想変更を認めてから「実験」で確かめる。これを何度か繰り返すことで、子どもたちは仮説を立てて実験結果を予想するようになる。そして「お話」で科学者の研究結果としての概念や法則を紹介する。ここには「科学的認識は対象に目的意識的に問いかける実験を通してのみ成立する」という主張と、「科学的認識は社会的な認識である」という主張が込められている。また「常識的に考えると間違える問題」を中心に授業書を作成するなど、科学史上の「誤謬」が積極的に位置づけられている。⇒授業書
　　　　　　　　　　　　　　（大田邦郎）

家族関係

　家族集団同士の関係ではなく、家族集団内の続柄に基づく成員間の関係を指す。核家族内部での二人関係（ダイアッド）でいえば、夫一妻、父一息子、父一娘、母一娘、母一息子、きょうだいの関係などが該当する。さらに夫婦の定位家族にまで枠を広げると、嫁一姑、婿一舅、祖父一孫、祖母一孫など関係はさらに広がる。ただし、こうしたダイアッドが家族関係であるためには、当該家族共通の目標や規範によって、それぞれの関係が制御されていることが必要となる。この共通の目標や規範の統制があれば、異なった地域で経済的に独立して生活していても、その関係は家族関係であると言いうる。パーソンズ（Parsons, T.1902～1979）は、家族集団が世代と性に基づいた明確な地位と役割の構造分化をもつ安定した小集団であることを指摘した。すなわち、親世代が先導者、子世代が従者となり、父親（息子）が道具的役割を、母親（娘）が表出的役割を担うことで家族のパーソナリティ機能が安定すると考えたのである。わが国の家族関係では、夫婦関係よりも親子関係、とくに母子関係の情動的結び付きが濃密であるとされてきた。これに相対的に稀薄な父子関係が加わり、これらが一因となって、甘やかしからくる子どもの荒れ（家庭内暴力を含む）や非社会的行動（不登校など）といった問題行動につながるとする指摘もある。
　　　　　　　　　　　　　　（腰越　滋）

可塑性
plasticity

　一般的には陶冶性もしくは教育可能性という。科学的教育学の創始者ヘルバルト（Herbart, J.F. 1776～1841）は「教育学の根本概念は生徒の陶冶性である」といい、文化教育学者のシュプランガー

(Spranger, E. 1882～1963) は「教育学の根本問題は陶冶性と陶冶方法であ」ると述べている。つまり陶冶性とは、教育されうる人間の性質のことである。教育されうる人間の性質とは、第一に、人間が外部からのさまざまな影響・作用によって変化し得る性質を意味し、第二に、外部からの影響・作用による変化にとどまらず、自ら進んで精神的な内容を獲得し、望ましい人間となり得る性質を意味する。つまり第一の性質は受動的なものであり、第二の性質は能動的なものである。しかし陶冶性は常に限界をもっている。なぜならば、陶冶性は教育する側＝教師の一定の教育意図が前提となるが、教師の意図の中に含まれる可能性は、教育される側＝子どもの自己形成力の発現と常に一致するわけではないからである。子どもの自発的な自己形成力の発現は、教師の教育意図によって制約される場合もあるし、また逆に、教師の教育意図が子どもの自己形成力の発現によって制約される場合もある。つまり、教師の教育意図と子どもの自己形成力がどのように相関するかによって、教育実践は実り多いものにもなれば、貧困なものにもなっていく。今日のわが国には、教育可能性への無批判な信仰がある。しかしこのような信仰は、ある場合には、子どもを外部からの影響・作用に無際限に耐えうる素材であるかのようにみなし、また別の場合には、努力万能主義という形で子どもに過剰な期待をかけ、彼らを異常なまでの競争に駆り立ててしまっているのである。⇒教育(陶冶)可能性、シュプランガー、ヘルバルト　　　　　(金田健司)

価値主義的道徳教育

　道徳的価値の理解を中心に据える道徳教育のことである。価値主義的道徳教育では、道徳的価値観の形成をねらいとするため、何が道徳的に価値あることかは、あらかじめ決まっており、いかにそれを伝えるかということが課題になる。そのため、どのような資料を用いて道徳教育を行うかが重要なことになる。このように価値主義的道徳教育においては、読み物資料から道徳的価値とは何か、という価値の追求を行うことになる。このような価値主義的道徳教育は、ある問題を解決していく中で子どもたち一人ひとりの価値づけを尊重しながら道徳的価値が決定されると捉える、生活主義の道徳教育とは異なる。⇒道徳的価値　　　(藤井佳世)

価値相対主義

　たった一つの正しい価値や普遍的な価値は存在しないとする立場。価値相対主義では、あらゆる価値は、ある状況において価値あるものとして妥当するのであり、すべてを貫くような普遍的な価値は存在しないと考える。したがって、どの価値を選択しようとも、そこに優位性は生じない。このような価値相対主義の立場に立てば、道徳的価値の根拠づけは不可能とされ、あれもこれもすべて価値あることとしてあらわれ、「みんなそれぞれ価値観は違うから」としてあらゆるものが同等の価値あるものとして捉えられ、よりよくという価値が発生しないことになるだろう。そのため、よりよい価値を見出すために議論したり、すり合わせたりすることは、重要ではないとされる。しかし、価値相対主義の立場に立つ者自身が、価値相対の中にいることを考えると、すでに自らの根拠を崩していることに気づくだろう。　　　　　(藤井佳世)

学期

　学期とは、学年をいくつかに区分した期間を指す。一般には長期休業の実施に

より区分される。学期を設ける理由として
は、寒暑等を避けることによる児童生徒
の健康管理、学期ごとの評価の実施によ
る学習効果の向上、児童生徒と教職員の
気分の一新などが挙げられる。学校教育
法施行令によると、公立学校（大学を除く）
の学期および夏季、冬季、学年末、農繁
期等における休業日は、当該学校を設置
する市町村または都道府県の教育委員会
が定めるとされている（第29条）。わが
国の学校では、夏季休業と冬季休業を実
施しており、それを区切りとする3学期
制を長い間とってきた。近年では、授業
時数を確保するために2学期制を導入す
る地方自治体も増えている。欧米では夏
休みが学年終了と重なるが、わが国の場
合、学年の途中に入るため、学習の継続
性の観点から課題となっている。とくに2
学期制の場合は学期の途中に夏季休業が
入るため、教育的配慮が一層求められる。
(藤井穂高)

学級
classroom

　学級は、多人数教育の方法としての一
斉授業の基礎的単位であり、かつ学校生
活の基礎的生活集団である。学級による
授業には、個人教授に比べて、全体的に
は少ない出費と少ない時間で多数の生徒
を同時に教えることができるというメ
リットがある。それとともに、学級には、
生徒同士が相互に認識を交流しあうこと
での認識の深化・拡大の可能性が期待で
きる。生活環境や生育過程を異にする多
様な社会階層に属する者が、学級で授業
や生活をともにすることの人間形成的意
義も大きい。学級の意義の最初の主張者
はコメニウスとペスタロッチであった。
コメニウスは「同じ学年の生徒を全部い
ちどきに教育する方法」として、また「(生
徒が)お互いに刺激し合い、助け合う」
ための方法として学級による一斉教授の

重要性を強調している（『大教授学』第
19章）。ペスタロッチも、学級における
「多勢の子供たちを互いに教え合うよう
にさせる技術」の駆使の必要を説いてい
る（『ゲルトルートはいかにしてその子
を教うるか』）。学級編成に基づく一斉教
授の広範な普及は、近代学校の成立に伴
うモニトリアル・システムの導入以降だ
が、そこでは"安上がりに、速く、大量
に"という能率・効率の観点が支配的で、
学級の教育的意義への着目は薄弱であっ
た。なお、日本では、1886（明治19）
年の「小学校ノ学科及其程度」（第6条）
と1891年の「学級編成等ニ関スル規則」
および同説明書で学級が法的に明確にさ
れる。学級の成立に伴って、学年制・進
級制の確立、各学年ごとの教育内容の明
確化が進む。20世紀以降になると、就
学率の上昇とともに顕在化する能力差・
個性差への対応が模索される。また、学
級定員の引き下げの努力が続く。⇒コメ
ニウス、ペスタロッチ　　　　(水内 宏)

学級王国

　学校において学級は、子どもの生活・
学習の最も基本的な集団である。学級に
おいて担任教師は、知識技術の教授者で
あり、善悪の判定者であり、社会生活の
媒介者である。さらに学級は、担任以外
の大人が入り込む余地が少ない密室性を
もっている。このことから学級では、教
師・子ども同士も含め独自の濃密な人間
関係が醸成される。このように、外部か
らの干渉を排除して担任教師が君臨し、
かつ子どもたちがそれを受け容れる関係
が形成された学級を学級王国と呼ぶ。学
級王国を積極的に主張したのは、千葉師
範学校の訓導・手塚岸衛の学級経営論
（1922）である。手塚は『自由教育真義』
に、「学級は男女別、(中略)持ち上がり
主義を本則とし、経営は学級本位にして

之が責任は担任訓導にあり、訓導とは一学級教育担当の能力者なるを以って、濫[みだ]りに他の干渉を許さず。吾等に『学級王国』の標語あり」と記している。学級のシステムは、教育組織として技術的効率性の高さゆえに導入され、基本的な枠組みを大きく変えることなく普及してきた。しかし今日、学級王国は閉鎖的・独善的であり、しばしば学級崩壊の原因であるとされるところから、改善が求められている。⇒学校経営　　　（朝日素明）

学級会

　小学校・中学校の特別活動の内容の一つを指す用語である。1951(昭和26)年の学習指導要領一般編(試案)において、小学校の教科以外の活動の中に学級会が、中学校の特別教育活動の中にホームルーム活動が登場した。1958年の学習指導要領改訂では、小学校の教科以外の活動も特別教育活動になり、その中に学級会活動が、そして中学校には学級活動が設けられた。1968年に小学校学習指導要領が、1969年には中学校学習指導要領が改訂になり、特別教育活動と学校行事などが統合され、特別活動が新設された。学級会活動は、その中の要素の一つである。さらに1989(平成元)年の学習指導要領改訂では、学級会活動と学級指導が統合されて学級活動が設けられ、今日に至っている。高等学校では、学級活動に相当するものとして、ホームルーム活動が設けられている。学級会は、学級の全児童生徒によって組織され、学級生活に関する諸問題を解決し、学級内の仕事の分担することによって、学級や学校の生活の充実と向上を目指すものである。そのために、話し合いの活動や係活動、集会活動などが行われる。学級活動となってからも、学級活動の話し合いの活動の部分を、学級会と呼ぶことがある。

⇒学級活動、特別活動　　　（中山博夫）

学級活動
classroom activity

　学級（ホームルーム）を基盤として、学校（学級）生活において子どもたちが直面する課題の解決や生活の改善・充実を目指して、自主的・自発的に取り組む集団活動とそうした活動を促し支援する教師の指導をいう。従来は特別活動の一部であった学級会活動と担任教師による学級指導は区別されてきた。1989（平成元）年の学習指導要領の改訂により、学級会活動と学級指導を統合するものとして、学級活動が位置づけられた。現行の学習指導要領では、特別活動の一つとして学級活動は、①学級や学校の生活の充実と向上、②個人および社会の一員としての在り方、健康や安全、③学業生活の充実、将来の生き方と進路の適切な選択などに関することとされている。学級活動には班や係の活動、話し合いや協働作業などを通して、子どもたちの自己指導力を育成し、自治的能力を高めることが期待される。学級活動を効果的に展開させるためには、年間指導計画のもとに教師の積極的かつ適切な学級指導力が要請される。⇒特別活動　　　（穂坂明徳）

学級経営
classroom management

　学校における基礎的集団としての学級が教育的・人間形成的意義を十全に発揮できることを意図してとられる配慮や手立て。主として学級担任による営みではあるが、必要に応じて同僚教師の助言・支援や保護者・住民の参加を仰ぐこともありえる。だが、子どもたち自身がわが事として自発的自治的に学級づくりにかかわるように仕向ける担任の基本姿勢が最も肝要である。具体的には、自由で平等な子ども相互の関係づくりを中心とし

た人間関係の指導、学級文化・教室環境づくり、ときには父母・保護者もまじえての子どもたちの共同の営みによる学級行事の創出など、教科の学習指導とは相対的に独自の取り組みが挙げられる。それとともに、学習指導や生活指導などがその本来的役割を果たしきることが結果として最高・最良の学級経営となることも忘れてはならないだろう。　（水内　宏）

学級集団づくり

　学級の中に潜む子ども相互の対立や矛盾を顕在化させて、それらに子どもたちを取り組ませることで、学級を民主的・自治的な集団に育てていくことを、学級集団づくりという。この集団づくりを通して、「みんなで決めて、みんなで実行すること」「その決定と実行を民主的に行うこと」など、民主的市民にふさわしい社会性を子どもに育てることをねらいとする。学級集団づくりで教師がとくに留意すべきことは、以下のことである。まずは、教師の指導に対して子どもの側の納得と支持が得られるようにすることである。簡単なきまりを決めるときにも、子どもたちの意見を大切にして、子どもの納得と支持を取りつけることが必要である。そうすることで、教師の指導は子どもの中に入っていくからである。第二に、ある子の問題行動は、その子の個人的な資質や責任のせいにするのではなく、子どもたちの集団的関係の弱さにあると捉えることである。例えば発言しないのは、その子に勇気がないのではなく、自由な発言を認めない人間関係が学級の口にあるからだと考えなくてはならない。第三に、この関係を改善するために、子どもたちは話し合いを行い、改善のための要求をまとめていかなくてはならない。この話し合いで必要なことは、要求を実現しようという集団の意志と力を結集することで

ある。その集団の意志と力が、人間関係の改善を可能にするからである。そのため、班を使っての話し合いやリーダーの養成は欠かせないのである。　（岩垣　攝）

学級担任制

classroom teacher system

　1名の学級担任教員が、一つの学級に所属する児童生徒の学校における学習と生活にかかわる指導にさまざまなかたちで責任を負う指導体制を指す。近代学校制度が成立しても、すぐに「学級」ができたわけではなかった。就学率の上昇に伴う教授システムの効率化の必要から、同一年齢の児童を「学年」に編成し、その一定数を一つの教室に収容し、そこで一人の教員が一斉に教授するというシステムが形成された。今日、小学校では学級ごとに学級担任教員が配置され、ほぼすべての教科の学習指導とともに、特別活動、道徳教育、および生徒指導にかかわる幅広い指導を担当するのが一般的である。中学校においても、教科指導は各教科担任が行うが、生徒指導や進路指導を含めたそれ以外の指導に関しては学級担任教員が中心となる。　⇒学級、教科担任制　　　　　　　　　（浜田博文）

学級通信

　教室の担任が児童生徒の保護者あてに普段の学習や学校生活の進度を報告し、保護者へのアカウンタビリティ（説明責任）を果たすものである。それは、教室と家庭をつなぐ重要な役割をもつ。その内容は、第一に、児童生徒の普段の学習の進度や学習への関心意欲というようなものから、次の学習に向けての準備や家庭での学習の在り方を記述したものなどのように普段の学習生活にかかわるもの、第二に、給食費や遠足、校外学習にかかわる予定や費用の記述など学級経営的な

要素にかかわるもの、第三に家庭での子どもたちの生活についての助言を記述したものなど多様である。さらには、児童生徒の作文や作品などについて紹介したり、掲載するような、保護者が直接、教室内での児童生徒の状況を知ることができるようなものまで、その役割と機能は多岐にわたる。保護者への説明責任、学校生活への参加という多彩な機能をもち、学級担任が孤立しないためにも大切な働きをもつ。⇒アカウンタビリティ（浅沼　茂）

学級閉鎖

学校の設置者は、「感染症の予防上必要があるときは、臨時に、学校の全部又は一部の休業を行うことができる」（学校保健安全法第 20 条）とされている。このうち、前者が学校閉鎖、後者が学級閉鎖といわれるものである。学校において予防すべき感染症の種類は、学校保健安全法施行規則第 18 条で、三つの種類に分けて示されている。例えば、第一種には、エボラ出血熱、痘そう、ペスト、ジフテリア、重症急性呼吸器症候群などが、第二種には、インフルエンザ、百日咳、麻疹、流行性耳下腺炎、風疹、水痘、咽頭結膜熱、結核が、第三種には、コレラ、細菌性赤痢、腸管出血性大腸菌感染症、腸チフス、パラチフス、流行性角結膜炎、急性出血性結膜炎などが指定されている。学級閉鎖に際しては、伝染病予防の観点から、閉鎖時期や期間等を適切に判断する必要がある。そのため、保健主事や養護教諭等を中心として、在籍する児童生徒の伝染病罹患状況や流行の程度などに関する情報収集を迅速に行う必要がある。また、閉鎖期間中の家庭での体調や健康の管理等についても、閉鎖に先立って児童生徒に適切に指導しておく必要がある。⇒学校感染症（臼井智美）

学級編制基準

学級を編制する際の基準。小中学校においては、小学校設置基準（平成 14［2002］年文部科学省令第 14 号）第 4 条及び中学校設置基準（平成 14 年文部科学省令第 15 号）第 4 条により、学級は原則として 40 人以下の同学年の児童生徒で編制するものと定められている。高等学校においては、高等学校設置基準（平成 16［2004］年文部科学省令第 20 号）第 7 条により、同時に授業を受ける一学級の生徒数を 40 人以下とするものと定められている。公立の小中学校においては、公立義務教育諸学校の学級編制及び教職員定数の標準に関する法律（昭和 33［1958］年法律第 116 号）第 3 条により、一学級の児童生徒数の基準は、同法に定める数を標準として各都道府県教育委員会が定めるものとされている。同法の標準は、複式学級などの場合を除き一学級 40 人（小学校第 1 学年は 35 人）と定められているが、都道府県教育委員会は、特に必要な場合はこれを下回る数を基準とすることができる。都道府県ごとの基準に従い、市町村教育委員会が、公立小中学校の学級編制を行う。公立小中学校では、都道府県ごとに、学級総数に基づいて教職員定数が決まる。⇒学級

（上原秀一）

学級崩壊

1990 年代後半以降、小学校において、学級集団の秩序が形成されず、授業が成立しないという状況が広がっていることが注目を浴びた。その際にマスコミを中心に用いられたことばが「学級崩壊」である。「学級」はもともと、明治期における就学率の上昇に伴って学習指導の効率性と経済性が必要とされる中で、同一年齢の子どもを一つの集団に束ねるため

人為的につくられたシステムである。しかし、同じ学級に集まった児童同士の関係や集団そのものがもつ社会化機能などが子どもの成長に及ぼすプラス面が積極的に受けとめられていった。その結果、学級は学習集団としても生活集団としても重要なものと理解されてきた。ところが、その「集団」としての成立自体が難しいという現実が立ちあらわれている。原因は単一ではない。保護者の価値観や育児のありようの多様化、子ども自身の行動様式の変化、教員の集団を対象とした指導の力量不足、あるいは教職員同士の協働性の後退など、数多くの要因が作用していると捉えられる。

⇒学習集団、学級経営　　　　　（浜田博文）

学区

通学区域の通称。公立小中学校においては、学校教育法施行令（昭和 28［1953］年政令第 340 号）第 5 条により、市町村教育委員会は、就学予定者が就学すべき小中学校を指定することとされている。就学校の指定をする際の判断基準として、市町村教育委員会があらかじめ設定した区域を通学区域という。1997（平成 9）年の文部省初等中等局長通知「通学区域制度の弾力的運用について」以降の一連の制度改正により、就学校を指定する際に、あらかじめ保護者の意見を聴取して指定を行う「学校選択制」を導入する市町村があらわれている。公立高等学校においては、地方教育行政の組織及び運営に関する法律（昭和 31［1956］年法律第 162 号）第 50 条において、高等学校の教育の普及およびその機会均等を図るため、都道府県教育委員会が通学区域を定めることとされていたが、この規定は 2001 年に削除され、通学区域を設定するか否かを含めて各教育委員会の判断に委ねることとされた。「学区」という語は、「通学区域」のほかに、1872（明治 5）年の「学制」で構想された大学区・中学区・小学区やアメリカ合衆国の school district のように、一般地方行政区画とは独立の特別の教育行政区画という意味で用いられることもある。⇒学校選択制　　　　　　　（上原秀一）

学校

近代社会における学校は、国民形成を通じた国家への参加と国家による管理を促すとともに、汎用性の高い労働力を国民に獲得させるために成立したといえる。このため学校への就学義務が子どもの保護者に課され、子どもは家庭や地域以外でも教育されるようになった。この点で「教育への権利」は子どもが将来、家庭や地域を離れた国家レベルで生きるためでもあり、学校はそのために義務性・無償性・世俗性が担保された公教育として政治的・行財政的に位置づけられてきた。

こうした基盤の上に現代日本の学校も組織されている。学校教育法において学校とは幼稚園、小学校、中学校、義務教育学校、高等学校、中等教育学校、特別支援学校、大学および高等専門学校の 9 種類を指し、国、地方公共団体、学校法人のみが設置できる。満 6 歳から満 15 歳は義務教育期間とされるほか、初等・中等教育では通学区が設定され、卒業証書は公的資格を意味する。また、学校の教育課程は大綱的基準としての学習指導要領とそれに準拠する教科書に基づき編成され、教職員は教員免許状の取得その他の要件を満たさなければならない。その他、学校施設・設備の基準、授業日数や時間数などにおいても数多くの基準が設けられている。

以上の点で学校は、「開かれた市場」における需要サイドに基づくサービス活動ではなく、むしろ「閉じた市場」での

公的事業として供給サイドに依拠したものとなっている。こうした状態を打破すべきと、臨時教育審議会における自由化論以降規制緩和論は主張してきた。最近では、内閣府の規制改革・民間開放推進会議が、学校選択の普及促進、児童生徒・保護者の意向を反映した教員評価・学校評価の確立、教育バウチャー制度の検討、あるいは評価に基づく適正な研究費の配分等を答申（2006[平成18]年12月）、また同会議を受けた規制改革会議は、「重要検討課題への取組方針について」において生徒・保護者の立場に立った教育の改革や競争的研究資金、運営交付金等の配分の検討などを述べている（2007年3月）。近未来の学校はどのような教育の公共性をいかなる制度設計によって担保するのか、が問われているのである。

⇒公教育、一条校　　　　　（榊原禎宏）

学校安全

　学校安全は、学校における安全教育と安全管理からなる。安全教育は、日常生活における安全にとって望ましい態度と能力を育てることを目的とする。そのために、学習指導要領に基づき、学校における教育活動の全体を通して、安全教育が行われる。その内容は、教科における安全学習と特別活動による安全指導に分けることができる。近年では、防犯教室等の活用を通して、危険予測能力や危険回避能力を身につけさせることが求められる。一方、安全管理は、学校保健安全法に基本的な定めが設けられており、学校環境の安全管理と学校生活における安全管理に大別される。前者では、校地、校舎、体育・理科実験・技術などの用具の安全管理が、後者では、運動時、実験実習時、清掃時、休憩時等での安全管理が含まれる。また、登下校時の安全確保については、児童生徒の登下校を地域全体で見守る体制を整備することが課題となっている。⇒安全教育、危機管理　　　（藤井穂高）

学校運営協議会

　保護者や地域住民が一定の権限と責任をもって学校運営に直接参加する協議組織。2004（平成16）年6月の「地方教育行政の組織及び運営に関する法律」の改正によって設けられたコミュニティ・スクール（学校運営協議会制度）に置かれる。委員は、当該学校の所在する地域の住民、当該学校に在籍する生徒・児童または幼児の保護者、その他教育委員会が必要と認める者が教育委員会から任命される。権限は、①学校の運営に関する基本的な方針について承認する、②学校の運営に関して教育委員会または校長に対し意見を述べる、③教職員の採用等に関して任命権者に対し意見を述べる、の3点。学校評議員制度が意見表明にとどまっていたのに対してより踏み込んだ学校運営への参画が制度的に保障され、地域の実情に応じた特色ある学校づくりの推進役として大きな期待がかけられている。

⇒コミュニティ・スクール　（藤井佐知子）

学校栄養職員

　学校栄養職員とは、学校給食法の第5条の3において規定されている、栄養教諭の免許状を有する者および栄養士の免許を有する者をいう。2004（平成16）年の学校教育法改正により、「栄養教諭は、児童の栄養の指導及び管理をつかさどる」（第37条第8項）とされ、栄養教諭の設置が学校教育法に追加された。ただし、「栄養教諭その他必要な職員を置くことができる」（第37条第2項）とされており、必置ではない。2005年には食育基本法が制定され、「子どもたちが豊かな人間性をはぐくみ、生きる力

を身に付けていくためには、何よりも『食』が重要である」（前文）とされており、食育への注目が高まっている。学校現場では、肥満傾向の児童・生徒への対応や食物アレルギーのある児童・生徒への対応など、子どもたちの学校での食生活に関する指導や配慮の必要性が増しており、学校栄養職員の役割は重要性を増してきている。さらに近年では、朝食を提供する学校もみられ、学校栄養職員は従来の給食だけではなく、広い視野で子どもたちの食生活にかかわる必要が生じている。⇒食育、栄養教諭　　　　（柳澤良明）

学校開放

　学校週5日制の実施や生涯学習の基盤整備の必要に伴い、学校開放事業が各地で推進されている。学校開放とは、学校のもつ物的・人的な教育資源を当該地域社会に積極的に還元し、地域住民の利活用に供しようとするものである。学校開放への動きは、はじめは学校施設の地域社会への開放という視点から、1961（昭和36）年に制定された「スポーツ振興法」で国立および公立学校に対し、「学校の教育に支障のない限り、当該学校のスポーツ施設を一般のスポーツのための利用に供する」（第13条）ことが規定された。学校開放の重要性が取り上げられるのは、中央教育審議会答申「生涯教育について」（1981）であり、その後「開かれた学校づくり」（1996）の推進が提唱されるに至った。さらに生涯学習審議会答申「地域における生涯学習機会の充実方策について」（1996）で、大学等の社会人受け入れ促進や公開講座の拡充とともに、小・中・高校では地域社会に根ざした学校に向け「地域社会の教育力の活用」と「地域社会への貢献」という双方向の新たな学校開放の在り方が提起された。形態としては、学校のもつ教育機能や施設を開放したり、地域社会の多様な人材等を学校活動に迎え入れる場合と、逆に学校の教職員が地域の生涯学習講座や文化・スポーツ活動の講師・指導者として参加協力する場合などがある。学校施設の利用は、地域の利用者が参画し組織する運営委員会などで自主的に運営されることが多い。今後、学校開放の推進が地域社会の交流再編の役割を果たすことも期待される。一方、2001（平成13）年に発生した包丁をもった男の教室乱入という大阪教育大学付属池田小学校の児童殺傷事件は、学校施設の開放と安全管理への対応について大きな関心を引き起こした。今日では学校開放の推進に伴う学校の危機管理が教育上の大きな問題となっている。⇒地域社会　　　　　　（穂坂明德）

学校カウンセリング

　学校において児童生徒の悩みや問題の解決、人格的成長のために、カウンセラー、教師などが、子ども本人、保護者、担任などの相談に乗って援助することをいう。教育相談の上位機能とされる場合と同義とされる場合があり、両者の区別は明確ではない。長尾博は、学校カウンセリングを「①教育相談室、教育相談所、教育相談センターなどのいわゆるカウンセリングセンターというべき場所でのカウンセリング、②校務分掌としての教育相談担当者の行うカウンセリング、③学級担任や教科担任の行うカウンセリング」の3種に分類している。従来、校務分掌としての教育相談機能は、教育相談担当や養護教諭が担ってきたが、1995（平成7）年より文部省（当時）によって派遣開始となった臨床心理士も、スクールカウンセラーとしてその一端を担うようになった。学校カウンセリングに際しては、その実施場所の校内・外、担当者を問わず、子どもの成長可能性を信頼するカウンセ

リングの基本的態度、関係する教職員との緊密な連携が重要である。⇒カウンセラー、**教育相談、スクールカウンセラー** （日高潤子）

学校化された社会
schooled society

イリッチ（Illich, I. 1926～2002）は、学校化の進展が制度の活動そのものを活発化させ、価値の実現を促進させるものとなってくるといっているが、社会全体が学校や病院という制度に依存せざるを得なくなってきた反面、これらの制度に頼れない個人が社会から疑いの目でみられることも事実である。鍵となる学校化についてイリッチはこう述べる。「学校化は学校化社会の全メンバーに対する公認された儀式的な資格証明のプロセスを引き起こす。学校は成功すべき人びとを選び出し彼らの適合性を示すバッジをつけて送り出す」。今日、学校化社会はますます深化拡大している。学校活動が人々に平等な教育機会を与える機能より社会的地位の配分を行使する役割を一層強めているのである。そこでは形式的、抽象的な知識を強調するあまり、生活経験の重要性が過小評価されている社会観がある。 （望月重信）

学校・家庭・地域の連携

学校、家庭、地域が子どもの養育や教育のために協力体制をつくり、ともに活動を行うこと。連携の内容としては、学校経営分野での連携と教育活動分野での連携とがある。前者には学校評議員、学校運営協議会(コミュニティ・スクール)等の制度があり、後者には学校支援地域本部、地域学校協働本部、等の活動がある。戦後、教育について対等な話し合いをする場としてPTAの設置が進められた。PTAは現在でも連携の中心的な役割を担っており、学校と家庭の連携だけでなく、積極的に地域との連携を進めるケースもみられる。1970年代には、学校の施設・設備の開放を中心とし学社連携と呼ばれる、学校教育と社会教育との連携がみられた。1990年代になると、学社連携はより関係を深め、学社融合と呼ばれるようになった（生涯学習審議会答申、1996）。学習面からみると、1989（平成元）年に生活科が導入され、さらに2002（平成14）年には総合的な学習の時間が導入されたことにより、授業において地域教材を扱う機会が増加するとともに、保護者や地域住民が学校支援ボランティアとして授業やその他の教育活動に関与する機会も増加した。近年では、児童・生徒の安全確保や地域防災のために連携する取り組みも増加している。2006（平成18）年12月に改正された教育基本法の第13条に「学校、家庭及び地域住民等の相互の連携協力」が盛り込まれるとともに、学校運営協議会の設置の努力義務化や地域学校協働活動の推進により、連携のさらなる進展が期待されている。⇒**学校運営協議会、学校支援地域本部、コミュニティ・スクール地域学校協働活動、PTA** （柳澤良明）

学校感染症

学校保健安全法施行規則第18条に定められた「学校において予防すべき感染症」のことを指す。この条文で定められている学校感染症は三種に分かれている。第一種の感染症は、エボラ出血熱、クリミア・コンゴ出血熱、ペスト、ラッサ熱、コレラ、細菌性赤痢などである。第二種の感染症は、インフルエンザ、百日咳、麻疹、流行性耳下腺炎、風疹、水痘、咽頭結膜熱（プール熱）、結核である。第三種の感染症は、腸管出血性大腸菌感染症、流行性角結膜炎、急性出血性結膜炎、その他の感染症となっている。近年鳥インフルエンザのヒトへの感染が危険視されるようになり、2006（平成18）年

6月から特定鳥インフルエンザは第一種の感染症とみなされるようになった。児童・生徒・学生または幼児が、学校感染症にかかっている、またはかかっている疑いがある、あるいはかかるおそれがある場合、校長は学校保健安全法第19条に基づいて、出席停止にすることができる。出席停止期間は感染症の種類に従って、完全治癒、感染のおそれがないと医師に認められるまでなどと定められている。⇒出席停止　　　　　　　　（中山博夫）

学校管理

　法令や基準に基づいて教育委員会などの行政機関が学校を対象に行う規制作用。現行法制上、設置者管理主義により、公立学校の管理主体は教育委員会である。地方教育行政の組織及び運営に関する法律には、「教育委員会は、法令又は条例に違反しない限度において、その所管に属する学校その他の教育機関の施設、設備、組織編制、教育課程、教材の取扱その他学校その他の教育機関の管理運営の基本的事項について、必要な教育委員会規則を定めるものとする」（第33条第1項）と規定されており、教育委員会はこの規定に基づいて、学校管理規則を制定することとなっている。しかし、学校の自主性・自律性が拡大する傾向にある中で、今後、各学校の創意工夫を活かした自律的な学校経営が実現されるために、教育委員会による学校管理は最低限に止められるべきである。教育委員会の役割についての見直しとともに、教育委員会による学校管理についても見直しが迫られている。
　⇒学校経営、教育委員会　　（柳澤良明）

学校規模

　学校の適正規模は小学校では12〜18学級（児童数480〜720人）といわれているが、少子化や人口移動、「学校選択制の導入」等によって、1学年1学級規模の小学校が山間部や離島の過疎地のみならず都市部にも存在している。また一部の都市では高層マンションの急増によって大規模化した学校もある。このようにさまざまな理由で「適正規模」の学校が減少してきているのが現状である。学校の統廃合が進められているが、山間部、離島などと都市部、小学校と中学校とはそれぞれ区別して考えなければならない。統廃合を進め900人規模の中学校が町に1校という場合もある。この場合教職員は60人を超え、毎週1回の職員会議で教職員の意思疎通を図る困難さや、学校行事も大規模化し教職員にとっても生徒にとっても負担が大きいことは明らかである。学校の適正規模は学級規模と同様に学校教育をどのように組み立てるかという視点から考える必要がある。（藏原三雪）

学校給食

　学校において児童・生徒に食事を支給する営み。昼食の支給を指すことがほとんどだが、夜間定時制高校や一部の夜間中学校では夕食の給食がある。学校給食の歴史は古い。1889（明治22）年に山形県で生活困窮家庭の欠食児童に昼食を支給したことに始まる。第二次世界大戦直後の1945（昭和20）年9月には、東京世田谷の梅が丘小学校校庭に父母たちが鍋や釜、小麦粉などを持ち寄って子どもたちを飢えから救済すべく給食活動を再開している。子どもたちの健康と最低限の人間的生存の確保に主眼を置いていた学校給食だが、1954（昭和29）年の学校給食法の制定を経て、1960年代以降、養護・福祉的観点以上に"教育の一環としての給食"が強調される傾向にある。
　今日では、学習指導要領「特別活動」領域中の「A学級活動」に「心身ともに

かつこう　78

て「学校給食と望ましい食習慣の形成」
が位置づけられている。食糧事情の変化、
食文化の多様化、食をめぐる健康・安全
意識の高まりなどのもと、学校給食現場
での新たな論議や、取り組みも活発であ
る。地元の食材の活用、米飯給食の導入、
給食センター方式の是非の論議、食堂の
設置とカフェテリア方式の導入、家庭科
や保健担当教員あるいは栄養士・調理師
や養護教諭などによる食の選択能力と自
己健康管理能力の育成の試みが進んでい
る。栄養教諭の誕生、食育基本法の制定
（2006）が、これらの動きにどう絡んで
くるか注目される。⇒栄養教諭、学校栄養
職員　　　　　　　　　　　　　（水内　宏）

学校教育法

わが国の学校教育の根幹を構成し、憲
法・教育基本法の理念を学校教育制度に
具現化した基本的・包括的な法律である。
1947（昭和22）年3月、教育基本法と
同時に公布された。これによりいわゆ
る6-3-3制の単線型学校体系が敷かれ、
3年制の新制中学校も義務教育として計
9年間の義務教育が実現した。

明治憲法（大日本帝国憲法）下では教
育は臣民の義務とされ、教育に関する定
めは天皇の大権に属していた。そして教
育勅語のもと、小学校令や中学校令など
勅令が学校種別に定められていた。日本
国憲法下では教育の在り方は国民の創意
である法律によって決められるようにな
り、学校教育の包括的な法律として学校
教育法が制定された。その第1条には教
育基本法第6条に示された「法律に定め
る学校」の範囲が制定されている。これ
らの学校を「一条校」と言い、いわば「正
系の学校」と位置づけられる。

学校教育法は成立以来、度重なる改
正を経てきた。最近の主な改正は、5年

制高等専門学校の制度化（1961）、専修
学校の制度化（1975）、いわゆる中・高
一貫の6年制の中等教育学校の制度化
（1998）、高校から大学への飛び入学等の
法制化（2001）など、中等教育以降の
複線化にかかわるもののほか、教頭職の
法律化（1971）、社会奉仕体験活動等の
導入（2001）、専門職大学院制度の創設
や第三者評価制度の導入（2002）、特別
支援教育を推進する制度の整備（2006）
などがある。そして2007（平成19）年
6月には、前年末の教育基本法改正を受
けて大きく改正された。その概要は、学
校種ごとの目的および教育の目標を定め、
またとくに義務教育に関する事項を新た
に規定したこと、副校長・主幹教諭・指
導教諭の職を新設したこと、などである。

なお、同法の施行について細則を定め
た省令としては学校教育法施行規則が、
政令としては学校教育法施行令がある。
⇒一条校、教育基本法　　　　（朝日素明）

学校教育目標

学校が教育活動を進めるにあたって、
実現と達成を目指す水準であり、各種の
教育活動および学校生活の全体を通じて
達成しようとするねらいということがで
きる。2006（平成18）年に改正された
教育基本法では、教育の目的（第1条）
と目標（第2条）が定められている。ま
た、「義務教育として行われる普通教育」
（教育基本法第5条第2項）を実現する
ために、一部改正された学校教育法（2007
年6月27日公布）では、「学校内外にお
ける社会的活動を促進し、自主、自律及
び協同の精神、規範意識、公正な判断力
並びに公共の精神に基づき主体的に社会
の形成に参画し、その発展に寄与する態
度を養うこと」など、第10条中10項目
にわたって普通教育の目的を実現するた
めの目標を示している。なお、義務教育

の主たる学校である小学校および中学校以外の学校種別についても、その目的と目標について、幼稚園（第22条および第23条）、義務教育学校（第49条の二および第49条の三）、高等学校（第50条および第51条）、中等教育学校〔第63条および第64条〕、特別支援学校（第72条）、大学（第83条）として、それぞれ定められている。また教育課程は学校教育法施行規則に示されるもののほか、学習指導要領として文部科学大臣が公示（学校教育法施行規則52条、準用）するが、その中で「各学校においては（中略）、適切な教育課程を編成する」（小学校学習指導要領、平成29年3月告示）とされており、その適切な実施のためにも学校教育目標がしっかりと設定されている必要があるといえる。　　　　（加藤崇英）

学校行事

　学習指導要領では「全校又は学年を単位として、学校生活に秩序と変化を与え、集団への帰属感を深め、学校生活の充実と発展に資する体験的な活動」とした上で、①儀式的行事、②学芸的行事、③健康安全・体育的行事、④遠足・集団宿泊的行事、⑤勤労生産・奉仕的行事、の5タイプに分類している。学校行事は、教科外活動（特別教育活動＝学習指導要領の1968年改訂以降は「特別活動」）の一翼として、子どもたちの中に自治的諸能力を育む可能性を期待されてきたが、1958（昭和33）年の学習指導要領改訂で「学校が計画し実施する教育活動」という性格づけを与えられてからは、企画段階からの生徒参加・自治志向は後退してきている。20世紀末からは学校週5日制完全実施に伴う教育内容の削減や「学力低下」論議の中で修学旅行や運動会・文化祭などをそれらの準備期間も含めて安易に縮小・廃止する傾向もみられ

る。それとともに、他方では、学校生活に変化とメリハリを与え、子どもを変える契機ともなりうる学校行事の可能性を見直す動きもある。⇒特別活動（水内　宏）

学校経営
school management

　学校経営とは、各学校が独自に教育目標を設定し、その効果的な達成に向けてカリキュラムの編成・実施および人的・物的諸条件の組織化を行い、さらにその成果を吟味して教育目標の捉え直しを図るという、学校において行われる一連の営みをいう。一つの学校が有する人的・物的・文化的諸条件を、教授・学習活動の改善へ向けて統合的に機能させる働きだと言い換えてもよい。近似の概念として、「教育行政」や「学校管理」などもある。しかし、あえて「学校経営」の概念が用いられる背景には、一つの学校が一定の独自性をもつ単位組織体だという前提認識がある。「教育行政」は所定法令の執行作用である。戦前において法令の解釈と適用による「学校管理」が主流であったのは、中央集権的な教育行政機構の末端に学校を位置づけ、上意下達的な作用をあてはめていたことによる。

　現代において、公立学校の場合、教育委員会が学校を設置し管理する権限を有している。そこでは、さまざまな法令に基づいて、学校教育活動にかかわる諸条件の整備が行われ、基準に基づいた管理的な作用もそこには含まれる。その中で、あえて「経営」の用語が用いられるのは、学校が行政機関ではなく、教育機関であることによると理解できる。学校教育は憲法に定められた「国民の教育を受ける権利」を保障するために行われる。その中心主体として学校が置かれている。各学校には、それぞれの地域に生活する多様な個性をもつ児童生徒が在籍する。彼・彼女らに対する教育行為は、多様なニー

ズと実態に対応して学校ごとに独自の内容をもって展開される必要がある。つまり、教育の現場としての学校には、教育の論理に根ざした創造的な営為が不可欠と理解できる。学校教育の専門家である教員が中心となり、保護者・地域住民の参加・協力のもとで、そうした創造的営為としての教育活動を計画し実施することの重要性が強調されているのである。

⇒学校管理、教育行政、学校の自律性

(浜田博文)

学校劇

学校教育の枠組みの中で行われる生徒が上演する演劇。学校において劇団等が上演する生徒が鑑賞するための演劇は含まない。また、高校や大学における課外活動としての演劇クラブの活動とも区別される。大正期の新教育運動において芸術教育の必要性が叫ばれる中、1919（大正 8）年に広島高等師範学校附属小学校において劇を上演する際に、小原國芳が初めて学校劇という名称を使用したのが始まりといわれる。成城小学校主事となった小原は、ペスタロッチのいう諸力（頭と心と手）の調和的発展を目的とする教育「全人教育」の立場から、知識や技術偏重の教育でなく、芸術教育の必要性を説いた。明治期には大人の文化としてのお伽芝居や対話が学校教育の中で行われていたが、子どもが行う上演活動という小原の試みは画期的であった。以降、全国的な広がりをみせたが、日本が戦争へと進むなか、新教育運動が下火になるのと同様に、学校劇に関しても政府がよしとしない方針を打ち出したため、私学を除いては行われなくなってしまった。戦後は、学校行事や特別活動と結びつき再び全国で行われるようになる。

⇒新教育運動 (山本直樹)

学校裁量の時間（ゆとりの時間）

教育課程審議会（教課審）が「教育課程の基準の改善」の審議の「中間まとめ」（1975［昭和 50］年 10 月）において提起し、小・中学校の日課表に設けられるようになった時間。教課審による正式の名称は「学校が創意を生かした教育活動を行う時間」であるが、「学校裁量の時間」（「学裁の時間」）や「ゆとりの時間」と通称されることが多い。1976（昭和 51）年 12 月の答申を経て 1977 年の学習指導要領改訂に盛り込また。今日に至るも廃止が正式決定されていないが、教育内容の 3 割削減をいう学習指導要領 1998 年（平成 10）改訂、2002 年からの学校週 5 日制完全実施などに伴う「学力低下」論議のもとで、実質的には消滅の過程にある。

ただし、学習指導要領には、この時間のことは文言としても時間数としても表記がない。教課審は、各学年とも教科の授業時数は削減しながらも「在校時間は現在程度が適当」を前提として 15 時 30 分頃までは在校させる方針をとった。その結果、週あたり小学 4 年で 2 時間、高学年および中学で 4 時間（中 3 は 3 時間）程度の時間が空き、この時間を学校裁量の時間に充当するように仕向けている。教課審と文部行政は、この時間を教科学習的な活動に充てることを避け、「体力増進のための活動」「地域の自然や文化に親しむ体験的な活動」「集団行動の訓練的な活動」などの例示により、「知育偏重の是正」「知・徳・体の調和のとれた発達」という当時の教育課程編成方針の具体化に資するよう企図した。「ゆとり教育」の見直しがはじまったとはいえ、「学校裁量の時間」の正負の総括には至っていない。⇒ゆとり教育 (水内 宏)

学校参加

学校における何らかの意思の決定ないし形成の過程に関与したり、教育その他の活動をともに行ったりすること。その内実は参加する主体によっても異なるし、参加の中身によっても異なる。例えば、授業や修学旅行など、学校のさまざまな教育活動において教師の補助やボランティアとしてかかわることも学校参加の一側面として指摘できるが、これらのような教育活動としての参加は、従来からも PTA や地域の自治会等、学校と保護者および地域との関係を前提として積極的になされてきたといえる。

一方わが国では、公式な制度として学校運営や学校経営における意思の決定や形成に関与することができるという意味での学校参加の仕組みは、近年になって整備されてきた。すなわち、学校評議員制度（学校教育法施行規則第 49 条）や学校運営協議会制度（地方教育行政の組織及び運営に関する法律第 47 条の 5）である。とくに学校の運営や経営に関しての学校参加は、保護者の教育要求を直接反映させる意味ではその意義は大きいといえるが、一方で、保護者同士の人間関係や教師の有する教職専門性との関係には課題がある。また広く公費に支えられているという学校の公共性の在り方ともかかわる問題である。⇒学校運営協議会、学校評議員、コミュニティ・スクール
(加藤崇英)

学校支援地域本部

学校支援地域本部とは、文部科学省による学校支援地域本部事業において設けられた学校支援ボランティアを統括する組織である。本本部に置かれた地域コーディネーターが学校の担当教員と連絡調整を行うことで、保護者や地域住民が学校支援ボランティアとして、授業の補助などの学習支援活動、環境整備、学校行事への参加や補助、登下校の安全指導を行う。本本部事業は、2006（平成 18）年 12 月の改正教育基本法に新設された「学校、家庭及び地域住民等の相互の連携協力」（第 13 条）にもとづき、2008（平成 20）年度から委託事業として開始された。2011（平成 23）年度以降は補助事業に変更されたが、2013（平成 25）年度には全国 3527 本部へと拡大した。その後、2015（平成 27）年 12 月の中央教育審議会答申「新しい時代の教育や地方創生の実現に向けた学校と地域の連携・協働の在り方と今後の推進方策について」にもとづき、地域学校協働本部へ移行しつつある。⇒地域学校協働活動　　（柳澤良明）

学校事故

公立学校での活動は国家賠償法上の「公権力の行使」に該当し、公務員の故意または過失、公の営造物の設置・管理に瑕疵によって他人に損害が生じた場合、国または地方公共団体が賠償責任を負う。しかしその場合、教職員個人が学校設置者に生じさせた損害の賠償を求められることがある（国家賠償法第 1 条、第 2 条）。児童生徒の活動は、それが学校の教育活動に密接なかかわりをもつ限り、「学校の管理下」にあると考えられており、学校・教職員がその安全管理の責任を負う。「学校の管理下」には、授業や特別活動はもちろん、休憩時間や教育課程外の部活動・林間学校や、登下校なども含まれる。この範囲については、独立行政法人日本スポーツ振興センター災害共済給付の基準に関する規程に定められている。学校全体による安全教育のほか、事故発生後における保護者への事故通知義務、教育委員会への報告義務、災害共済給付をふまえた実用的なマニュアルの整備が求められている。⇒学校安全　　（有働真太郎）

学校事務

　学校の管理運営において生ずる書類や帳簿の作成および処理を指す。広義には、学校の設置者管理の原則から、学校を設置する市区町村等の学校の管理運営に係る事務も範囲といえる。個々の学校における事務を指す場合には、校長、教諭、事務職員など、教職員はそれぞれ事務を行うといえるが、一般に学校事務といえば、学校に配置される事務職員が従事し、また事務主任（学校教育法施行規則第46条）として充てられる。その事務とは、おおむね教職員に関する給与、勤務時間、その他の勤務条件に関するものということができる。例えば、採用、昇任、降任、転任などに関する任用事務、あるいは給与、報酬、旅費、厚生福利、安全衛生、災害補償などに関する事務、そのほか文書の管理や財務会計に関する事務、さらには学校施設の維持管理の事務や就学奨励的事務などである。従来は、こういった学校事務に関しては、設置された学校のそれぞれに配置された学校事務職員による単独の事務を想定していた。しかし、1998年の中央教育審議会答申において複数の学校で共同して学校事務処理を行う「学校事務の共同実施」が提言されて以降、その事例が全国的に増えてきている。これは行政の効率化や事務のIT化など、地域の事情もあり、一様ではない。重要なことは学校事務の教育への効果を適正に認めていくことであり、必要な事務とその適正な処理、運用のルール、そしてこれらを可能とする事務職員の資質向上の研修等の環境の整備に努めることである。　　　　　　　　　　　　（加藤崇英）

学校週5日制

　一週間のうち、2日間を休業日とし5日間を授業日とする制度。日本では2002（平成14）年4月より完全学校週5日制が導入され、学校教育法施行規則第61条2において、日曜日と土曜日が休業日と定められている。制度導入時には学校・家庭・地域が互いに連携し、役割分担をしながら社会全体として子どもを育てるという理念が掲げられた。しかし、三者の連携が必ずしも機能せず、2008（平成20）年の学習指導要領改訂の授業時数の増加などにより、なし崩し的に土曜授業を実施する学校は年々増え続けていた。こうした実態を踏まえ、「当該学校を設置する地方公共団体の教育委員会が必要と認める場合」には土曜日に学校における授業や活動を可能とする施行規則の改正が2013（平成25）年11月になされた。授業時数がさらに増加する2017年改訂の学習指導要領を実施する上で土曜授業は一層増えるだろう。その際、子どもの負担とともに教師の労働負担との兼ね合いの検討が必要である。
　　　　　　　　　　　　（冨士原紀絵）

学校設置基準

　1948（昭和23）年に高等学校設置基準、1956年に大学設置基準・幼稚園設置基準が制定された。義務教育の学校設置基準は、学校の自己評価を義務化した2004（平成16）年に制定された。その後、学校評価に関する規定は、学校教育法施行規則に移管となり、現行の学校設置基準は、「第1章 総則」「第2章 編制」「第3章 設備及び設備」からシンプルに構成されている。第2章では、一学級の児童数（第4条）、学級の編制（第5条）、教諭の数等（第6条）が定められている。第3章では、一般的基準（第7条）、校舎及び運動場の面積等（第8条）について定めがある。また、校舎に備えるべき施設（第9条）として、教室（普通教室、特別教室）、図書室、保健室、職員室、特別支援学級の教室が挙

げられている。また、その他の施設（第10条）として、校舎及び運動場、体育館が、保健衛生上及び安全上必要な種類及び数の校具及び教具（第11条）、他の学校等の施設及び設備の併用（第12条）について定められている。⇒一条校、学校教育法

（有働真太郎）

学校設置義務

普通教育については、市町村はその区域内にある学齢児童を就学させるに必要な小・中学校を設置しなければならない（学校教育法第38条、第49条）。しかし市町村の財政規模が小さいなど、単独での学校の設置・管理が困難である場合は、近隣の市町村と共同で学校組合を設置し、学校の設置・管理を行うことができる（同法第39条、第49条、地方自治法第284〜293条の2）。さらに、学校組合の設置によっても学校の設置・管理が不可能な場合は、他の市町村にこれを委託することができる（学校教育法第40条、49条、地方自治法第252条の14〜16）。視覚障害者、聴覚障害者、知的障害者、肢体不自由者または病弱者を就学させる特別支援学校については、都道府県が特別支援学校の設置義務を負う（学校教育法第80条）。近年、少子化によって学校が小規模化し、教育活動に制約が生じている。地域ごとの事情をふまえた適正な学校の配置の在り方が問題となっている。

⇒学校教育法、就学義務　（有働真太郎）

学校設置者

基本的には、学校教育法第1条に定める学校を設置することができるのは、国、地方公共団体、学校法人である。国立学校については国立大学法人、国立高等専門学校については独立行政法人国立高等専門学校機構、公立学校については独立行政法人公立大学法人機構を含む（学校教育法第2条）。この例外としては、単独で学校設置が困難な場合、複数市町村の学校組合による共同設置・管理（学校教育法第39条、第49条）、私立の盲学校、聾学校、養護学校、および幼稚園について、学校法人以外による学校の設置が認められていた同法旧第102条の特例は、現在私立の幼稚園のみに該当する。また、構造改革特別区域においては、学校設置会社や学校設置非営利法人による学校の設置が認められている（構造改革特別区域法第12条、第13条）。学校設置者は、学校を管理しその経費を負担する義務を負う（設置者管理主義・経費負担主義、学校教育法第5条）。

⇒一条校、学校法人　（有働真太郎）

学校選択制

児童・生徒の入学・進学する公立小中学校を、定められた学区に拘束されないで、当該児童・生徒とその保護者が選択できるシステムのこと。長年日本では地方自治体が設置する小学校・中学校については、学校教育法施行令第5条に基づき、教育委員会が当該就学予定者に対して就学すべき小学校・中学校を指定し、通知することが定められていた。これによって小学校・中学校の通学区域が決められ学区制が施行されてきた。しかしながら1997（平成9）年文部科学省初等中等教育局長の通知で「通学区域の弾力的運用」が示され、通学に特別な時間のかからない範囲であれば公立学校であっても行きたい学校を選択することは子どもたちの教育にとってプラス効果があるのではないかという意見が出されるようになった。こうした議論は、すでにアメリカなどで行われていた公立学校の選択制の経験も一つの参考例として紹介されてきた。

最初に公立学校の選択制を導入したのは東京都品川区であった。その後選択制を導入する地方自治体は増えつつある。学区を超えて通学した場合でも通学時間が15〜20分程度であれば児童・生徒にとって学校生活上は大きな支障はないとされている。また中学校では進学実績や部活動の種類等が選択基準となることがある。しかしながら実施後の状況をみると学校運営が困難をきわめるほど極端な小規模校になった学校と、「評判がよい」ということで選択者が多く規模が急激に拡大したために学校運営に支障が出てきた学校、また学校ごとの競争が激しくなったなど問題点が指摘されている。実際の運用によって学校と児童生徒にとってよかったのかどうなのか、また自校のことのみならず地域社会に対する影響なども視野に入れてその妥当性を検討する必要があるだろう。⇒学区　　（藏原三雪）

学校統廃合

学校統廃合とは、小規模学校を廃止し、既設校または新設校に統合することをいう。これまで、僻地、過疎地域などで行われてきたが、少子化の進行とともに都市部でも統廃合が進められている。小中学校の適正規模は12〜18学級、通学距離は小学校4キロメートル以内、中学校6キロメートル以内と定められているが、この基準を下回った場合にただちに統廃合が行われるわけではない。中学校の場合は、学級数により各教科の担当教員数が決まるため、小規模校では全教科の専任教員が配置できないなどのデメリットが生じるが、小学校の場合、学級担任制であり、少人数でも著しく教育上不適切であるとはいい切れない。また、学校は地域のまとまりの象徴であるところが多いため、廃校はその地域の存続を左右する場合もあり、激しい反対運動が生じることもある。統廃合は、子どもの教育の観点のみならず、学校の維持管理にかかる経費等の経済の観点、地域の利害にからむ政治の観点等、多様な観点から総合的に判断されるべき問題である。
（藤井穂高）

学校図書館

小学校、中学校、高等学校などの初等・中等教育を行う学校に置かれる図書館設備のことである。学校図書館法では、図書、視聴覚教育の資料、その他学校教育に必要な資料を収集し、整理し、および保存し、これらを児童または生徒および教員の利用に供することによって、学校の教育課程の展開に寄与するとともに、児童または生徒の健全な教養を育成することを目的として設けられている学校の設備として定義されている。なお、法律上の学校図書館は建物の名称ではなく、設備の名称であり、校舎内の図書室である場合が多い。学校図書館は、学校図書館法第3条において、学校に必ず設けなければならない設備とされている。また、学校図書館には、専門的な職務をつかさどらせるために、司書教諭を置かなければならないとされている。ただし、11学級以下の規模の学校の場合、当分の間、司書教諭を置かなくてもよいとされている。
⇒司書教諭　　　　　　　　（中山博夫）

学校における働き方改革

2017（平成29）年6月に文科大臣から中教審に「新しい時代の教育に向けた持続可能な学校指導・運営体制の構築のための学校における働き方改革に関する総合的な方策について」の諮問がなされ、中教審初等中等教育分科会に「学校における働き方改革特別部会」が置かれて議論が行われ2019（平成31）年1月に答申

が出された。そこでの重要な焦点は教員の長時間勤務の是正に向けた勤務環境の整備にある。教員の業務はもともと無限定で無定量な性質を帯びており、長時間勤務の解消は以前から課題視されてきた。だが、2013年に実施されたOECDの国際教員指導環境調査の結果（2014年公表）で日本の中学校教員の勤務時間が週53.9時間と、突出していたこと等から、問題解決への関心が高まった。さらに、官邸主導で進められている「働き方改革」とも相まって、「学校における働き方改革」が中教審の重要な審議対象になった。2017年8月には「緊急提言」として教育委員会・校長による教職員の「勤務時間」管理等が喚起された。中学校での部活指導体制の見直しは重要な争点だが、児童生徒が抱える多様で複雑な諸課題への対応、新学習指導要領のための取り組み等、教職員が担うべき業務が増大する傾向は否めず、改革には多くの障害がある。 　　　　　　　　（浜田博文）

学校に基礎をおくカリキュラム開発

school-based curriculum development（SBCD）

カリキュラム開発の場を学校とし、開発者としての教師の現職教育を重視する、カリキュラム開発の一手法。1970年代初め、経済協力開発機構（OECD）の各種国際セミナーで提起された。日本には文部省・OECD-CERI共催の国際セミナー（1974年）や、その報告書『カリキュラム開発の課題』（1975年）などで紹介された。見出しの訳語は、同報告書中、スキルベック（Skilbeck, M. 1932～　）の邦訳資料による。「学校を基盤とする……」や「学校を基礎とする……」などと訳す研究者もいる。

SBCDが登場した背景には、RDD（研究-開発-普及の英語の頭文字による）モデルや「教育内容の現代化」といった、1960年代の中央主導的なカリキュラム開発への批判があった。そこでSBCDは、現場への積極的な権限移（委）譲を目指した。中央行政や研究機関が作ったカリキュラムを各学校へ伝達し、教師はその「ユーザー」にとどまるといった関係性を変え、各学校で教師自らカリキュラムを開発できるよう、人事や予算を含む諸権限を現場に移す（委ねる）発想である。いわゆる規制緩和の一種ともいえる。SBCDはRDDモデルの後に提唱されたが、両者は対立しない。ある実験校が独自に新教科を開発し、それを中央行政が採用し全国展開させる例は、SBCDとRDDモデルとの併用にあたる。

日本では、1970年代後半の研究開発学校制度や「ゆとりの時間」（学校裁量時間）、1989（平成元）年の小学校低学年「生活科」、1998（平成10）年の「総合的な学習の時間」や2008年の小学校「外国語活動」などで、教育課程行政における各校の裁量が拡大されてきた。近年も学校行事をはじめ、教育課程特例校、高校の学校設定教科（科目）やSSH（スーパー・サイエンス・ハイスクール）など、各校の創意工夫に基づく実践は珍しくない。規模や内容、程度に差はあるが、いずれも広義のSBCDと呼べる。

⇒カリキュラム、スーパー・サイエンス・ハイスクール　　　　　　　（根津朋実）

学校の自律性

school autonomy

1997（平成9）年頃を境にして、文部科学省（文部省）による教育政策の中で「学校の自主性・自律性の確立」ということばが盛んに使われるようになった。それは、一般行政における地方分権・規制緩和を目指す行財政改革の一貫として今日まで進められてきている。具体的には、従来、中央集権的なシステムであった教育行政の在り方を分権化し、各学校へ裁量権限を移行して、具体的な教育活

動の在り方を個々の学校の判断に委ねる改革である。学級編制や教員人事あるいはカリキュラム編成など、学校の教育活動を左右する重要な権限をできるだけ学校レベルへ移行する方向での制度改革が指向されてきた。確かに、地方分権・規制緩和は学校裁量権限の拡大を進めてきた。それは制度上の権限と責任を学校へ移行し、学校のアカウンタビリティの明確化を通じて学校教育の質的改善を図ろうとしている。しかし、それがただちに「学校の自律性」の確立を意味するわけではない。「学校の自律性」が確立するということは、個々の学校組織内部において、達成すべき教育目標を独自の文脈のもとに設定し、そのための効果的な方策を吟味して実行しつつ、さらにその質的改善を図っていくという組織内作用が定着しているということである。

「自律性」とは、「外部からの制御から脱して自身の立てた規範に従って行動すること」「自分で自分の行為を規制すること」（新村出編『広辞苑第三版』岩波書店 1983）といわれる。このような考え方を学校にあてはめた場合、学校が教育活動を計画・実施する単位組織体として、当該学校の教育目標を独自に設定し、それを効果的に実現するための方策・方法を自ら選択して実施し、その実現状況を自ら把握・診断するという過程を組織内部に機能させ、自己の教育活動を継続的に改善していくことができる状態、だということができる。制度上の改革が進めば進むほど、このような学校内部組織の側面に焦点をあてた「学校の自律性」という捉え方が重要になる。⇒アカウンタビリティ、学校経営　　　　　（浜田博文）

学校評価

学校が自ら教育の向上や経営の改善を目的とし、教育活動や校務領域など、さまざまな営みに対する評価を行うこと。学校経営評価と同義と解し、サブシステムの評価、すなわち学年経営や学級経営の評価などの総体とする見方もある。あるいは教師の授業評価や児童・生徒の学習評価をとらえて、これらも含んで学校評価ととらえる見方もある。また手段としては、アンケート調査等により数値的に示される量的な評価や会議等における議論を踏まえた記述を資料とする質的な評価がある。

2007（平成 19）年、「教育活動その他の学校運営の状況について評価」を行うことが規定され、学校評価が義務化された（学校教育法第 42 条）。また「自ら評価を行い、その結果を公表するもの」（学校教育法施行規則第 66 条 1 項）、すなわち「自己評価」として実施し、さらに評価の結果を踏まえ、保護者その他の関係者による評価、すなわち「学校関係者評価」を行い、結果の公表に努めるものとされている（同法施行規則第 67 条）。そして一連の学校評価の結果に関して、学校の設置者に対して報告の義務がある（同法施行規則第 68 条）。加えて、文部科学省『学校評価ガイドライン』では、上記の「自己評価」と「学校関係者評価」を実施し、かつ学校のマネジメント・サイクルを機能させることで学校を改善していくこと、そしてこれらによって保護者や地域住民に対してアカウンタビリティ（説明責任）を果たしていくことなど、学校評価の実施上の留意点が示されている。また、学校の第三者評価は法的には義務化されていないが、同ガイドラインにおいてその実施が推奨されている。このように学校評価は法制度において義務化されている。だが、学校は、学校評価の実施について、これを制度としての義務を理由として行う以上に、学校改善を自主的・自律的に進めるというなかでの必要な一つの手段とし

て取り組むことが期待されるといえる。
⇒アカウンタビリティ　　　　（加藤崇英）

学校評議員
school councilor

　学校教育法施行規則の改正（2000）によって、「校長の求めに応じ、学校運営に関し意見を述べることができる」機関として各学校に置くことができることになった、保護者・地域住民による学校運営参加のための機関。当該学校の職員以外の者で教育に関する理解および識見を有する者のうちから、校長の推薦に基づいて教育委員会が委嘱する。これはあくまでも個人として意見を述べるもので、合議制組織ではないが、校長の運用しだいで、学校評議員が一堂に会して意見を交換し合う機会を設けることはできる。1998（平成10）年中央教育審議会答申が、各学校が保護者や地域住民の意向を把握し、反映するための具体的な制度の必要を提言し、それが制度化された。学校と家庭・地域との連携・協力の必要性は絶えず論じられてきたものの、教育活動に関する共通理解や信頼関係を形成するための正式な仕組みは従来存在しなかった。学校の教育目標や教育計画、そしてその実施状況などの情報を共有する制度として、重要な意義をもっている。
⇒学校参加、学校運営協議会　　（浜田博文）

学校不適応

　子どもが、さまざまな形で学校生活、学校という環境へ適応していない現象を指して使われる。代表的な事例としては不登校が、その他非行、暴力行為、学力不振、教師や友人との人間関係、集団行動からの逸脱等々。「学校不適応」と表現される中にはさまざまな個別的な事例が含まれる。総じて、子どもが学校生活で何か困難を抱えたときにそれを何ら

かの方法で解決できず、問題行動としてあらわれる状態をいう。適応指導は通常、生徒指導の一環として行われる。「学校不適応」という語は、戦後初期1950年代初頭から使われたが、当初、多くは「性格異常」など情緒的な問題、あるいは医学的な疾患とされた。その後、成育過程、個人の性格的傾向に原因があるなど個々人の問題と理解されてきた。1980年代の不登校問題の深刻化、高校中退、ひきこもりの社会問題化から、文部省は1989（平成元）年に学校不適応対策調査研究協力者会議を設置し、報告を発表した。ここで、適応できない環境の改善を含めた対策が問題提起され、適応指導教室やスクールカウンセラーの配置、フリースクールなど学校外での指導が承認された。1990年代には、ADHD、学習障害、高機能自閉症など軽度発達障害をもつ子どもの不適応が注目されるようになり、特別支援教育の在り方が模索された。なお、学校不適応の問題は、子どもをいかに学校に適応させるか、という問題ではなく、子どもの発達を保障する学校の在り方、教育の在り方の根本への問い直しを含んでいる。⇒ADHD、軽度発達障害　（飯塚希世）

学校文化
culture of school

　学校文化は、学校という社会集団に特有なしかも学校の全成員が共通にもつ普遍的かつ一般的な下位文化である。それは建築や教具や衣服などの物質的、空間的なものであったり、授業風景や特別活動の儀式的行事などの行動的次元であったり、集団への規範意識などの価値的要素の強いものなどが考えられる。志水宏吉によると、文化は「ものや情報といった具体的な事物としてではなく、それらの背後にあって、それらの事物や人びとの行為一般の生成にかかわるきまり、ルール」だという。したがって、学校集

団を構成する児童生徒と教師は、各々独自の生徒文化（独自の行動規範）と教師文化（子どものよき理解者であり、かつまた学校空間の秩序維持形成者）をつくって役割を全うしている。学校文化は一般的に中産階級の文化を代表するといわれるが、この文化の象徴的な秩序に適応できるものとできないものの差異が起こり得る。生徒が学校文化に親和的であるかないかについて常に注視し続ける必要がある。なぜなら生徒の生き方や学校教育の在り方に深くかかわっているからである。　　　　　　　　　　（望月重信）

学校法人

　私立学校の設置を目的として設立される法人である。以下に示す基本事項は、私立学校法において規定されている。学校法人はその設立にあたって、文部科学省令で定める手続に従って、寄附行為について所轄庁の認可を申請しなければならない。寄附行為の記載事項は、目的、名称、課程や学部・学校等の名称や種類、所在地、役員や評議員、資産・会計、収益事業、解散等である。ここで所轄庁とは、おおむね大学・高等専門学校については文部科学大臣、それ以外は都道府県知事である。また認可に際し、文部科学大臣の場合は大学設置・学校法人審議会から、都道府県知事の場合は私立学校審議会から意見を聴かなければならない。学校法人は、理事（理事会・理事長）、監事、評議員会を有する。理事会は学校法人の最高議決機関と実質的にいいうるが、学校法人の運営や財務等の状況については監事から監査報告書等の監査を受ける必要があり、また、理事長は、私立学校法および寄附行為で定める重要事項について、評議員会から意見を聞かなければならない。⇒学校設置者　　（加藤崇英）

学校放送

　学校放送とは、学校向けの教育番組の放送のことである。わが国の場合、日本放送協会（NHK）のものが大多数を占めるが、民間放送の学校放送もごく少数ではあるが存在する。わが国の学校放送の出発点は、1935（昭和10）年のラジオ学校教育向け番組にさかのぼる。テレビ放送については、1953年のテレビ放送の開始に合わせてスタートした。NHKでは、学校放送という用語を、幼稚園、小学校、中学校、高等学校などの学校教育の場で使用されることを目的とした番組を総称する用語として使っている。それらの番組は、NHK教育テレビジョンとNHKラジオ第2放送で放送されている。NHK教育テレビジョンの場合、番組内容は、小学校向けを中心として、国語、算数、社会、理科などの教科から道徳、総合的な学習の時間までをも含む幅広いものになっている。これらの番組の中には、小学校英語活動や特別支援教育において利用できるものもある。NHKラジオ第2放送では、理科や地理・歴史などの高校講座が充実している。　　　　　　　　　　（中山博夫）

学校保健安全法

　同法は、2008（平成20）年6月に学校保健法が改正され、翌年4月に施行されたものである。この改正の趣旨は、児童生徒におけるメンタルヘルス問題やアレルギー疾患の増加、事件・事故・災害等の被害への対応、食育の推進の観点から学校給食の重要視であった。学校の保健・安全に関する推進計画と必要な措置を国に義務づけ、地方公共団体にはそれに準じた措置に係る努力義務を課し、両者に相互連携と財政措置や施策を義務づけている（第3条）。また、養護教諭その他の職員による指導およ

び助言（第9条）、地域の医療機関その他の関係機関との連携（第10条）、学校設置者に、事故等により児童生徒等に生じる危険の防止、発生時の適切な対処のため、学校の施設・設備と管理運営体制の整備充実を義務づけた（第26条）。そして学校には、各校の総合的な学校安全計画の策定及び実施（第27条）と、危険等発生時対処要領（危機管理マニュアル、第29条）の作成が義務づけられている。　⇒学校安全、養護教諭

（有働真太郎）

学校用務員

　学校用務員とは、学校の施設管理や営繕、清掃、その他の用務に従事する職員を指す。「校務員」「管理作業員」と呼ばれることもある。かつては、「使丁」と呼ばれた。以前は、夫婦で校舎内に住み込んで生活し、深夜に校舎巡回をする学校用務員もいたが、機械警備の普及によって、現在ではそのような学校用務員は姿を消している。学校用務員は、市町村立の幼稚園、小学校、中学校などの場合には、市町村の職員であり、教育職員・学校事務職員・学校栄養職員のように、都道府県教育委員会が採用・任命するいわゆる県費負担教職員ではない。都道府県立の高等学校などの場合には、都道府県教育委員会が採用・任命する。近年、地方自治体の財政難に伴い、その業務が民間に委託されるケースが増え、その数が減ってきている。　　（中山博夫）

家庭科教育
Home Ecomics Education

　わが国において家庭科は、小学校第5・6学年男女必修教科、中学校選択必修「職業科」の一科目、高等学校選択「実業科」の一科目として位置づけられ、1947（昭和22）年の「学習指導要領家庭科編（試案）」の発表により誕生した。その経緯は今日なお研究対象となっているが、戦前の良妻賢母主義教育の中核をなした女子の技能教科「家事・裁縫科」を理念的に否定して成立したといわれる。

　先の試案では、家庭科を全教育の一分野を担う「家庭建設の教育」と定義し、目標として「家族関係による自己の成長」「家庭・社会に対する自己の役割の理解」「家庭生活の向上を図る知識・技能の習得」を掲げた。この家庭生活に関する知識・技能の習得を手段として理解・態度・能力を統一的に育成するという使命は、今日まで一貫して家庭科に課せられている。この目標は、先の試案では、経験主義・問題解決学習を教科論とする家庭科で達成されようとしたが学力低下問題が生じ、1956年度版学習指導要領では、家政学を基盤とする家族関係・保育、家庭経営・生活管理、住居、被服、食物の領域別系統学習に転換が図られた。しかし、社会科・道徳との家族関係に関する内容重複の解消を迫られ、1958年版学習指導要領では「実践的学習による衣食住の技能習得」を教科の独自性とする家庭科が打ち出され、今日まで継承されている。1998年版学習指導要領では、再び領域別内容編成を廃止した問題解決的な学習を重視する家庭科が示されたが、同じ原理をもつ「総合的な学習の時間」の新設により、両者の関係性さらには学校教育における家庭科の存在意義が問題となっている。　　（佐藤　園）

家庭科の男女共修問題

　家庭科は、1947（昭和22）年に男女平等教育を表徴する「民主的な家庭建設」の教科として小・中・高等学校に新設された。しかし、当時の学校教育が直面した経験主義教育の問題と、特性を配慮した性別役割分業に基づく教育は男女平等には反せず、家庭科は女子には重要な教

育であるとの見解が相まって、1957年のスプートニクショック後の科学技術復興策の中で設けられた中学校技術・家庭科から、技術を男子向き、家庭を女子向きとして履修させるようになった。1960年には、高等学校でも、女子には家庭科、男子には体育を履修させる方向を打ち出した。以後約40年間、中等学校で女子のみが家庭科を履修する教育課程上の男女差別の制度的公認が続けられた。しかし、それに意義を唱え、民間教育団体で始まった家庭科の男女共修を実現する取り組みは、1974年の「家庭科の男女共修を進める会」の発足へと発展し、1979年の国連による「女子に対するあらゆる差別の撤廃に関する条約」の採択と1985年の日本での条約批准・国内法整備により、1989（平成元）年改訂版学習指導要領から、中等学校家庭科の男女共修が実施された。　　　（佐藤　園）

家庭教育

　家庭内で子どもに対して行われるしつけを含む意図的な教育全般を指す。より広義には、親などの長上者から子どもに伝えられる生活習慣やものの考え方など、無意図的な働きかけも含まれる。明治期までの家族においては、庶民層では生産労働技術を子どもに体得させることが主であった。他方、士族や地主、商人層においては、家父長制を前提とした家制度の中での忠孝や忠節などの道徳の注入が重んじられた。この傾向は第二次世界大戦終結まで続くが、敗戦後は家制度が廃止され、家父長制が弱まっていった。

　その過程の中で、道徳の注入から子ども中心の考え方へとシフトしたことによって、今日では新たな問題が現出してきた。例えば、高度経済成長期以降に急速に進んだ少子化とも相まって、現在の親世代自体が甘やかされて育ってきた影響もあり、次世代育成能力の欠如からくる子どもへの虐待が報道などで取り沙汰されるようになった。また、核家族化を背景に、親の溺愛が子どもに集中しすぎた結果、社会性が欠落したまま育った子どもが、就学後の集団生活で不適応を起こすなどの問題が散見されている。児童虐待にせよ溺愛にせよ、未成熟な親が親権を誤用していることには変わりない。さらに、不況により社会の二極化の進行が懸念されている今日では、家庭の経済力によって子どもの学力面や発達面での格差を助長する傾向が認められる。具体的には、公立小中学校の週休二日制により、習い事や学習塾などが家庭学習の肩代わりをする現象が起こり、余裕のある階層ほど、こうした機関を利用できる状況が広がりつつある。家庭教育が本来の機能を果たせない状況が蔓延しつつある今日、未熟な親を支援するネットワーク網の整備が、喫緊の社会的要請として求められている。　　　　　　（腰越　滋）

家庭的保育

　保育士資格など一定の資格をもつ保育者自身の自宅を開放し、3人程度の0歳児から2歳児を保育料を徴集して保育すること。保育者は家庭福祉員（または保育ママ）といわれる。多くの児童を対象とする保育所などの施設型保育と比べて、家庭という小さな目の届く空間で少数の子どもをその発達や個性に合わせて柔軟に保育できることが利点である。1960年代頃から1970年代に大都市周辺自治体に普及した。児童福祉法第24条には「保育に欠ける」乳幼児に対する自治体の保護責任が規定されているが、家庭的保育は後に、保育所がないなどの場合に「その他の適切な保護」を実施する自治体の施策として位置づけられた。低年齢児の保育ニーズの増大に伴い、2000（平成

12）年には、国の補助事業として「家庭的保育事業」が設置され、近年の子育て支援施策や保育所待機児ゼロ作戦など社会の動きに連動した形で利用者は増加傾向にある。⇒保育ママ　　　　（井下原百合子）

家庭内暴力

家庭内暴力（Domestic Violence）は、本来、広く家族間で起こるすべての暴力を含むことばである。しかし、わが国では、夫婦間暴力を「ドメスティック・バイオレンス」、親から子への暴力を「虐待」として区別し、家庭内暴力という場合は、子から親への暴力、とくに、思春期・青年期にある男子から母親への暴力を指す場合が多い。家庭内暴力は、診断名ではなく現象を示すことばであり、含まれる病態は多様である。そのため、対応も子どもの状態や病態に応じてさまざまである。家庭内暴力が生じる背景には、心理的未成熟など子どもの側の要因、母子密着、父親不在など親の側の要因があるとされる。多くの場合、子ども自身は、自己主張や自立の機会を奪ったとして、親に原因を帰属させており、その悲しみを暴力という形で訴えている。同時に、暴力を振るう自分を責め、そのような状況をつくった親を責めるという悪循環に陥っていることが多い。解決のためには、親が子どもの言い分を聴き、受け止め、理解することが助けとなる。同時に、親は、暴力を受けること、振るうこと、黙認することをやめ、毅然とした態度を子どもに示すことが重要であるといわれる。家庭内暴力という形ではあっても、家族の問題が表面化したことは、家族が変化し、子どもが成長する機会である。援助者・教育者は、一概に親を責めたり、子どもの性格に原因を帰したりしないことが大切である。⇒虐待（日髙潤子）

課程認定制度

課程認定制度の「課程」は、教育界では一般に教職課程を指す。すなわち、課程認定制度とは大学において教職課程をもつことを行政機関である文部科学省が認定する制度である。戦後教育改革によって大きく変更された教員養成は、1949年（昭和24）の新制大学スタート以降も未整備な面があり、それを埋めるものとして、課程認定制度は1953年の教育職員免許法改正および教育職員免許法施行法の一部改正によって成立した。戦後の教員養成における原則の一つである「開放制」を制約するものであるが、教員養成の質的水準を保証するものとして存在する。課程認定制度によって、戦前の師範学校による教員養成の弊害面を乗り越え、教員養成学部でなくとも各大学はその大学の理念に基づいて教員養成の一翼を担うことができる。一方で課程認定制度が認可行政としての側面を強め、現在の規制緩和の流れの中で在り方を問われている点も否めない。教員養成の水準を確保しながら開放制原則をどのように維持していくのかが問われるようになっている。⇒教員免許状、教員養成、教職課程　（池上　徹）

家庭訪問

教員が学校での教育や指導の一貫として、児童・生徒の生育環境や生活環境を把握するために、児童・生徒の家庭を訪問し、保護者等と面談すること。小学校、中学校では、主に新年度が始まった4月や5月に学級担任が学級の児童・生徒の家庭訪問を行うのが一般的である。このほかにも、児童・生徒に特別な配慮や指導が必要となった場合など、必要に応じて教員が家庭訪問を行う場合がある。さらに児童・生徒が不登校の場合、児童・生徒が事故や事件に遭遇した場合などに

も家庭訪問が行われる。また、学力向上の支援の一環として家庭訪問を行う例もみられる。家庭訪問は教員が保護者との連携を図る上で重要な活動である。教員が家庭教育を支援するために、あるいは学校や教員の指導に対する誤解が生じないよう説明責任を遂行するためにも、個人情報保護等に十分に配慮した上で行うことが必要である。⇒学校・家庭・地域の連携、**個人情報保護** （柳澤良明）

カテキズム
catechism

　キリスト教の教義問答のことをいう。カトリックでは「公教要理」といい、キリスト教の信仰と道徳上の教えとを簡潔に、多くは問答式に要約した信仰の入門教科書である。だがカテキズムは、教育の歴史とも深くかかわっている。そもそも宗教は、教義問答という形の教育活動によって受け継がれてきている。例えば印刷術が開発される以前、テキストを用いた教授ができない教師や聖職者たちは、子どもたちの頭の中に、一定の内容を正確に記憶させるほかなかった。宗派の教義を一律に徹底させるカテキズムは「教師―子ども」間の問答を決められた通りに記憶させるものであった。また、発問という教授法は、印刷術が一般化して以降、教会学校の中でカテキズムを用いて民衆の子弟に宗教教育を行った問答法に、その起源を求めることができる。また宗教改革の流れに則してみるなら、ルターやカルヴァンは聖書を母国語に翻訳しただけではなく、その教えを問答形式で解説したカテキズムをつくり、親や教師が家庭や学校で教えるべきことを訴えた。さらに18世紀に入ると、ザルツマンが時代遅れのカテキズムと非合理的な暗誦主義を批判し、『宗教教授法』（1780）を著している。このようにカテキズムは、単に宗教・宗派の入門書であるばかりで

はなく、教授法の発展にも少なからぬ影響を与えたのである。⇒発問　（金田健司）

金沢文庫

　13世紀後期に、北条（金沢）実時が所領の六浦[むつうら／むつら]荘金沢（現・神奈川県横浜市金沢区）に創建した文庫。鎌倉期になると、貴族文化の影響を受けた上級武士層の中に、貴重な転籍を収集し、それらを整理保管するために文庫を構えようとする動向があらわれてきた。三善康信の名越文庫、長井宗秀の長井文庫、二階堂行藤の二階堂文庫などが知られていたが、このような武家文庫を象徴する存在であったのが、金沢文庫である。金沢北条氏の始祖であった実時は、鎌倉幕府の重鎮であったが、清原教隆に師事するなど、学問的志向が強くあったことから、多領域にわたる膨大な蔵書を保有していた。一族の菩提寺であった称名寺境内において、その蔵書を安全に管理するために、文庫が置かれたことに始まる。蔵書の利用については、北条氏一門や称名寺の学僧等に制限されており、公開性があったわけではない。私的性格が強く、世俗的な教育機能をもった文庫ではなかったといえる。　（大戸安弘）

科目等履修生

　「科目等履修生制度」による学生のことをいう。当該大学の学生以外の者に、パートタイム形式による大学教育を受ける機会を広く認め、その履修成果に単位を与えることができる。一般学生が正規学生であるのに対して、科目等履修生は非正規学生として扱われる。入学資格は一般学生と同様であるが、さらに、希望する授業科目の履修に十分な学力があると認められた者である。一般に、科目等履修生の入学時期は学年または学期の

はじめであり、在学期間は1学期、6ヶ月、1年等がある。単位取得はできるが、学位取得はできない。ただし、短期大学・高等専門学校卒業者等が大学で科目等履修生として必要な単位を取得し、大学改革支援・学位授与機構に申請して審査に合格すると学士の学位が授与される。1999（平成11）年度現在、科目等履修生制度を置く大学等（放送大学は除く）は、学部レベルで、国立93校、公立59校、私立418校、大学院レベルで、順に、78校、16校、158校、短期大学レベルで、順に、1校、25校、296校ある。科目等履修生として受け入れられた学生数は、学部レベルで、国立3,782人、公立1,104人、私立8,893人、大学院レベルで、順に、538人、54人、1,833人、短期大学レベルで、順に、3人、334人、2,602人いる。1995年度と比べて、学校数・学生数ともに増加傾向にある。⇒学士　　　　　（田中敬文）

カリキュラム
curriculum

　教師や学校教職員集団による個々の生徒および生徒集団の人格と能力の統一的発達の見通しのこと、または、見通しの体系化したもののこと。ラテン語のcurriculumに対応した日本語が「教育課程」であるが、「学科課程」や「教科課程」としたこともある。学科・教科以上に軍人精神の教育を重視した日本の軍隊教育カリキュラムでは、早くから「教育課程」を使用している。

　生徒あるいは学級集団などの発達の見通しは、事柄の性質によって、近い見通し、中間の見通し、大きな長期的な見通しに分けることもできる。また、カリキュラムは、教師と学校の働きかけの総体であるとともに、生徒の側からみれば「学びの経験」の総体であり、自主的・自発的活動の総体でもある。これらを生徒の発達の進行の時系列と学び・活動の文化内容系列の

計画にあらわしたものがカリキュラムだともいえる。このようなフォーマルな顕在的カリキュラムとは別に、目にはみえない「潜在的カリキュラム」の存在と意義が1970年前後から強調されている。

　カリキュラムの構造は、原理・原論的には教科（その下位概念としての科目を含む）と教科外諸活動の2領域から成る。教科が認識と技能の形成を主たる任務とするのに対し、教科外諸活動は生徒の自主的集団活動を通じて個性的で健やかな人格の発達に直接に資することに着目し、教師と学校が必要に応じて援助してカリキュラムに包摂するようになったのであった。2領域のうち、まず、教科・科目が教科課程（学科課程）として成立し、カリキュラムといえば教科・科目群の課程であったが、やがて学級会やホームルーム活動、クラブ活動、生徒会活動や学年・学校の行事などが充実してくると、それらは教科課程のエクストラ＝教科外活動（extra-curricular activities）の課程としての位置を得るに至る。

　学校における教育課程編成の基準的文書として、教育課程の基本を目にみえる形で公にした文書＝学習指導要領は、1958（昭和33）年の改訂以前は各教科と特別教育活動の2領域制をとっていたが、その後は「道徳」を領域として特設し、教科外諸活動関係を「特別活動」と名称変更したりしている。　⇒教育課程の編成、学校に基礎をおくカリキュラム開発、潜在的カリキュラム　　　　　　　　　　（水内　宏）

カリキュラム・マネジメント

　教育課程の編成、実施、評価を各学校が組織的に改善すること。2017（平成29）年の学習指導要領総則でもその重要性が「各学校においては、児童や学校、地域の実態を適切に把握し、教育の目的や目標の実現に必要な教育の内容等を教

科等横断的な視点で組み立てていくこと、教育課程の実施状況を評価してその改善を図っていくこと、教育課程の実施に必要な人的又は物的な体制を確保するとともにその改善を図っていくことなどを通して、教育課程に基づき組織的かつ計画的に各学校の教育活動の質の向上を図っていくこと（以下「カリキュラム・マネジメント」という。）に努めるものとする」と指摘された。近年、国や地方の一律の教育問題の解決が難しくなり、教育課程編成より、包括的な意味合いを持つ現場主義のカリキュラム開発に加えて、条件整備活動をさらに重視した活動として、カリキュラム・マネジメントが注目されている。⇒学習指導要領、学校に基礎をおくカリキュラム開発、教育課程の編成　　　（末松裕基）

カルチャーショック

新しい文化的環境に適応する過程で、心理的な衝撃を受けたり、不安感をもったり、無力感等をもつことをあらわす用語。カルチャーショックは、異文化との接触により、自分の慣れ親しんだ生活様式や思惟方式、価値観などが通用しなかったり、否定されかねなかったりする不安感から生じるとされる。わが国においては、国際化の進展に伴い海外赴任者が増加し、その子女である海外・帰国子女の社会・生活適応にかかわるカルチャーショックが問題となってきた。さまざまな研究により、海外で生活したときと帰国したときの適応には相関性があるが、帰国後のほうがカルチャーショックはより強い傾向があるとされ、その要因として、日本社会の排他性や異質なものに対する寛容性の低さが指摘された。こうしたことからカルチャーショックの問題は、わが国の国際化の方向を問い直す契機の一つともなった。　　（多田孝志）

カルチャーセンター

社会人の趣味、教養、資格取得などのニーズに対応して、そのための教育機会を提供する民間施設である。法令上の規定はとくになく、営利事業として生涯学習の市場に登場した。専業とするもののほか、新聞社系列や百貨店系列のものが多くみられる。わが国で生涯教育の機運が盛り上がった1970年代から急速に広がり、公民館活動に代わって社会教育の中心的役割を担うほどになり、1980年代に全盛期を迎えた。その後、1990（平成2）年制定の生涯学習振興法のもとで行政主導の生涯学習センターが各地域に設けられ、また、NPOや大学のエクステンション事業などが相次いで出てきてそれらと競合する形となり、1990年代以降になって伸び悩み状況となっている。事業所数は文部科学省調べで734（2001年）となっている。全国組織として、文部省生涯学習局（当時）の支援を受けて1989年にできた全国民間カルチャー事業協議会がある。⇒生涯学習　　　（原　聡介）

感覚運動の段階（感覚運動期）

ピアジェ（Piaget, J 1896～1980）の発達段階説において「言語が出現する以前の段階」で、おおよそ出生から2歳頃までの時期である。この段階では、まだ心内にイメージや記号などの表象が存在せず、感覚と運動による思考が行われる。水道の栓を開けるときは、われわれはそれをどのように行うか意識しない。水道の栓をみて手を伸ばし、栓の感触をもとに左に回す。このようにことばを介在させない問題解決、思考が感覚運動的思考であり、大人にもみられる。この段階はさらにいくつかの循環反応の段階（第一次～第三次、その他）に分けられる。第一次循環反応とは、偶然口にふれた指

を吸啜反射によって吸うことを繰り返しているうちに、意区的に自分の手を吸う行動パターン（シェマ）が身につく現象のことである。このような循環反応はほかの物体などにも生じるようになり、しだいに行動パターンが広がっていき、この段階の終わり頃になると、きわめて複雑なシェマが獲得され、次の段階への移行が始まる。⇒ピアジェ　　　　（西方　毅）

感覚統合法
sensory integrative approach

エアーズ（Ayers, A. Jean 1923～1988）が脳神経生理学、小児発達学、知覚―運動理論などを基礎において開発した発達障害児のための指導法。感覚統合とは、目や耳、皮膚などから入る感覚インパルスは、脳幹で統合されて、そこで活性化されて脳全体が働き、その結果、行動の適正化がもたらされるという考え方である。つまり、感覚統合の過程は運動発達のみでなく、読み・書き・数．社会的スキルなどに至る基礎過程であるという。学習障害児や自閉症児など発達障害児は感覚統合に障害があるとされている。感覚統合指導の原理は、感覚入力、とくに前庭覚（重力や運動など）、固有覚（筋肉や関節など）、触覚、視覚、聴覚からの入力を統合し、自発的な適応反応に高めるよう配慮し、それを抑制することを学習させていくものである。指導に際しては、感覚統合検査や臨床観察が実施される。　（林　邦雄）

環境教育

地球環境の現状を認識し、その維持改善を目指す教育のこと。近年、地球環境問題の深刻化に伴い、生命の存在できる唯一の地球環境を維持改善して人類とあらゆる生命の「持続的発展」（sustainable development）を目指すことを人類の当面する最大の課題の一つとして若い世代に教育していく取り組みが、国連、ユネスコをはじめとする国際機関、各国政府、各種団体などで進められている。具体的には、地球温暖化問題、エネルギー資源問題、人口食糧問題、森林維持と生命多様性の保持の問題、「南北問題」など経済格差・健康・疾病問題、戦争と平和の問題など、人間の生活すべての領域にかかわる。とくに大量生産・大量消費・大量廃棄といった生活スタイルを根本的に見直し、エネルギーや資源の浪費を抑えることが求められている。環境教育を進めるにあたっては、個人の心がけの問題に始終するのではなく、国際社会全体の合意に基づく法的規制など制度的改善の視点が重要である。　　　　（藏原清人）

環境構成

子どもの成長・発達を促すためのさまざまな要素を取り入れた環境を教育者が用意することを指す。この場合、環境とは、子どもを取り巻くすべての事象をいう。人的、物的、また時間的、空間的なすべての要素が環境として有機的に関連し合って子どもに影響を及ぼす。教育目的を達成するために教育者がたやすく用意できる種類の環境もあれば、教育者の意図とはほとんど関係なく、子どもに影響を与えていくタイプの環境もある。環境構成の在り方はどの年齢段階でも人間形成上大きな意味があるが、とくに乳幼児期の教育において重要である。従来の保育者中心の教育を反省点とし、学校教育法の条文を受けて1989（平成元）年に改訂された幼稚園教育要領において、幼稚園教育は「幼児期の特性をふまえ、環境を通して行うものであることを基本とする」とされた。2017（平成29）年改訂の幼稚園教育要領でも同様の方針が踏襲されている。　　　　（大沢　裕）

観察・参加・実習

　教育実習は、一般的に観察・参加・実習の三つに分けて考えることができる。観察とは、大学で理論的に学んだことを基礎として、児童生徒の実態や教師の活動を、観点をもってみて理解することである。参加とは、指導教師の教育実践に参入し協力しながら、教師の仕事を体験的に理解するものである。実習とは、指導教師の指導のもとに、見習い教師として学習指導をはじめとした教師の仕事を実践して、体験的に理解することである。教育実習を4年次や3年次に集中して行うのではなく、教育実習を2回以上に分割する分散実習を実施する大学もある。分散実習の考え方の一つに、観察・参加と実習の2段階に分けるものがある。この形態の教育実習では、大学のカリキュラムとの関連を図りながらの教育実習を実施しやすくなる。観察・参加は、第2段階の教育実習を発展的に充実させるための重要な要素となるものである。
　⇒教育実習　　　　　　　　　（中山博夫）

観察法
observational method
　実験法や質問紙法と並び、最もよく用いられる心理学研究法の一つ。自然状態の対象を観察する自然観察法と、実験操作を実施した後に観察する実験的観察法に大別する場合もあるが、通常は前者の自然観察法を指す。観察法の目的は、観察対象に影響を与えないようにしながら、ある現象について注意深く観察し記録することによって、その現象の特徴や性質について知ることである。そのため、一般に現象の性質が不明瞭で仮説や予測が立てにくい場合、観察法を用いることが多い。また、自然状況における動物行動、例えば熱帯雨林におけるサルの行動や、実験的介入に倫理的問題がある場合、例

えば母子相互作用における乳児の行動などを研究対象とする場合に観察法が多用される。教室場面においても、児童同士の相互作用や授業中の挙手行動など多様な行動の観察ができるが、安易な実施を避け、観察事項や記録法について事前に十分検討した上で、訓練された観察者が実施することが望ましい。　（今野裕之）

漢字教育

　日本語は漢字仮名交り文で表記される。漢字は文章理解、表現の基礎であり、日本人の思想展開の土台をなすものといえるが、約5万字もあり、表音文字体系と比べると、表意文字、字音・字訓と、多様で複雑である。そこで、日常生活で主体的に漢字を活用できるよう、通常用いられる「当用漢字表」1,850字を告示した（1946年）。その後「常用漢字表」1,945字に改められ（昭和56［1981］年）、さらに2010年には2,136字に改められた「常用漢字表」（平成22年内閣告示第2号）が示された。学習指導要領では、中学校第1学年では、小学校で学習した「教育漢字」に加えて、250～300字程度の常用漢字を読み、900字程度を書けること、第2学年では、さらに300～350字程度の常用漢字を読み、使用する力を、第3学年では、そのほかの常用漢字の大体を読み、使い慣れること、とされている。また高等学校では、常用漢字表のすべてについて読み書きができることが求められている。漢字教育の指導法については、学習意欲を削ぐ単調な反復練習のみではなく、漢字の語源・組み立てなど、漢字への興味・関心を高める工夫が求められる。　　　　　　　　　　　　（岩下　均）

感情移入

　自分の感情を他者やモノが感じている

ように体験すること。例えば、かつて長期入院の際に強い孤独を経験した生徒が、現在入院している同級生を見舞って、同じような孤独を感じているだろうと推測するような場合である。感情移入の対象はヒトでなくてもよく、例えば強い怒りを感じている人物が、通りがかった寺院の不動明王像を見て、あたかも自分が感じているのと同じ怒りを不動明王が感じていると思う、などという場合もある。類似概念に共感（empathy）があるが、共感の場合は他者の感情表出を見て自分が同じ感情を抱くようになることを指す。つまり、共感は他者の感情を自分が感じているという体験であるが、感情移入は自分の感情を他者（モノ）も感じているという体験なのである。　　　（今野裕之）

関心・意欲・態度

1991（平成3）年の指導要録が提示した観点別評価の観点の一つ。学習者の学習への積極性やとりくみの姿勢を評価しようとするものとして提示された。しかし、これらは情意的側面であり、評価になじむかどうかの問題がある。例えば、関心の有無については比較的捉えやすいが、どのような関心か、どの程度の関心かについては、客観的尺度をもちにくい。とくに青年期では内心とは別に関心を示したり、意欲をみせるなどの行動も可能であり、指導において誘導的にならないか、評価が客観的に行われるかの問題がある。また、これらを同時に観点として示された「思考・判断」「技能・表現」「知識・理解」と切り離して評価することが適切であるか、評価の観点なのか、教育の目標なのかの問題もある。教育指導において情意的側面を十分配慮することが重要であることはいうまでもないが、公教育として、その目的・目標の中にこのような情意的な側面をどう位置づけるか

は、個人の個性とともに内面の自由、思想信条や表現の自由にかかわる大きな課題である。⇒観点別評価、指導要録

（藏原清人）

完成可能性
perfectibility

人間が人間自体の力（教育）によって完成されうること。19世紀啓蒙思想にあって、西欧の精神を支配してきた「原罪‐恩寵論」から抜け出し、神の恵み（恩寵としての選び）によってではなく、人間のもつ理性の力、さらには、その理性を育成する教育によって、完全性を手に入れることができるとされた。しかし、完全性は本来神の概念であり、絶対者の概念であるが、それを不毛とし、そこから離れようとする近代精神にあっては矛盾であることによって、コンドルセにみられるように、完全性を手に入れるというよりも、教育によって、絶えず完全性に近づこうとする改善可能性であることになる。ルソーは、こういった人間自身による完成可能性は、文明化を可能にするとともに、それはまた理性による欲望拡大の可能性でもあり、悪の根源ともなると説いた。⇒コンドルセ、ルソー

（原　聡介）

感染症

水、土、空気、人も含んだ動物などの環境に存在する病原体が、人体に侵入することによって起こる疾患のことである。近年、ワクチンなどによって、多くの感染症が予防、治療できるようになったものの、次々と新しい感染症が出てきている。例えば再興感染症と呼ばれる感染症は、ほとんど患者がいなくなったと思われたものが、再び流行するものである。結核はこの再興感染症であり、それまで減少していたが、1997年頃から再び増加している。感染症

には、感染していてもまったく症状があらわれない場合もある。感染症を引き起こす病原体には、インフルエンザなどのウイルス、コレラなどの細菌、寄生虫、水虫などのカビなどがある。　　　　　　（瀧口　綾）

観点別評価

教科や指導領域についていくつかの観点に基づいて多角的に評価すること。以前から指導要録では観点別学習状況の欄があったが、その観点とは教材領域別の学習課題であった。1991（平成3）年の指導要録は各教科の評価の観点として「関心・意欲・態度」「思考・判断」「技能・表現」「知識・理解」の四つを示した。観点の設定は児童生徒をきちんと教育ができる実践的なものとすること（到達度評価の視点）が重要である。また評価を児童生徒の学習実態の把握と捉える（総括的評価の視点）だけでなく、評価を通して捉えられる児童生徒の学習行動やその到達をもとに教師の指導方法や教育内容等の改善すべき課題を明らかにする手段と捉える（形成的評価の視点）ことも重要である。観点別評価のために教員の評価の負担を過大にしないことが大切であり、指導自体にこそ力を注ぐべきである。どんな評価方法をとるかによって教育指導も影響を受けるのであるから、どのような観点を設け、どのような順序で評価するかは十分検討する必要がある。⇒関心・意欲・態度、形成的評価、指導要録　　　　　　（藏原清人）

カント
Kant, I. 1724 〜 1804

ドイツの哲学者。ケーニヒスベルクの馬具職人の子として生まれた。ケーニヒスベルク大学に学び、1770年の母校の正教授に就任前後から『純粋理性批判』（1788）、『実践理性批判』（1788）、『判断力批判』（1790）などを精力的に公刊、それ

ぞれの著作で認識、倫理、美と目的論の基礎づけを行い、壮大な批判哲学を展開した。教育に関するまとまった著作はないが、理性に基づく道徳的人格を人間性の頂点とするその思索はシラー、ペスタロッチらの思想をはじめ、後の教育思想に大きな影響を与えた。ケーニヒスベルク大学では教育学の講義を担当し、教育による人格の完成の必要性を説いた。この内容は後に『カント教育学』（1803）として刊行された。　　　　　　（荒井聡史）

カンファレンス
conference

会議のことである。医療や臨床心理などの領域では、特定のクライアントをめぐって、専門家が集まり、課題に対して多角的な討議を行い、問題解決を図ろうとするケースカンファレンスが行われている。また心理、医療、看護の領域でケースカンファレンス、福祉や介護領域のケアカンファレンス、保育カンファレンスがある。カンファレンスの際には、できるだけ具体的に話し合うとより効果的である。問題として取り上げている場面が共有できるよう、記録を元に検討していく必要がある。実際の場面のビデオ記録や記録のメモから、その際の様子を再現しつつ、できる限り、具体的にまわりの様子をとらえて論じるとよい。カンファレンスにて、事例をアセスメントし、支援の在り方を検討した後には、その改善の方向性がどのような結果をもたらしたかについて評価を行い、再度問題の把握と支援計画の立て直しを繰り返し、絶えずよりよい支援を志向していくことが求められる。　　　　　　（福田真奈）

緘黙（児）
mutism

正常な言語能力がありながらことばを発しない状態、およびその状態にある子ども

をいう。器質障害や精神障害、聴覚障害、重度の発達遅滞や失語症などを原因とするものは含まず、心因性のものをいう。日常のすべての生活場面で誰とも話さないものを全緘黙［ぜんかんもく］（total mutism）という。これに対し特定の場所（家だけ、幼稚園や学校だけなど）や場面（授業中だけ、特定の授業科目のみで）、あるいは特定の相手（教師や友達など）以外と口をきかない状態を選択性緘黙（selective mutism：場面緘黙、部分緘黙）といい子どもに多くみられる。この選択性緘黙の発症時期は幼稚園、保育所への入園の時期と小学校入学の時期に集中している。敵意や反抗によって口をきかないわけではなく、対人場面における強い緊張、そこからくる脅威や不安から精一杯自分を守っている状態といえる。あるいは理解して欲しいというある種の自己主張と考えられる。対応としてはまず話させようとしたり、なぜ話さないのかを聞き出そうとしないことが大切である。次に社会的、対人的場面での不安や緊張を低減させたり、対人関係に必要なソーシャルスキルを身につけさせることが指導の中心となる。　　　　（原　裕視）

管理主義教育

　教育が成立し機能するための営みであるはずの管理を教育の目的とみてしまうこと。教育をしているつもりが、実は管理によって秩序を維持しているだけの状態のこと。管理の自己目的化を避け、管理と教育を区別するところから真に教育が始まる。管理主義教育の手法には二つのタイプがある。一つは古典的な管理手法ともいうべきタイプで、指導者や権力に対する忠誠と絶対的服従を求め、事細かな校則・生徒心得による身辺規制や体罰・罰則などを伴ないつつ児童・生徒を威圧し管理する手法である。その根底には、子どもを大人よりも粗野・野蛮・劣った遅れた存在とみなす前近代的な子ども観がある。道理に基づく理解と納得よりも"からだで覚えさせる"ことに傾きがちとなる。もう一つは、成果・成績を競わせ、反省をもとに次なる目標や改善点を自己申告させるなど、表向きは自主性を尊重しつつ管理の円滑化を図ろうとする手法である。成果・成績の評定結果を処遇にまで反映させる動きが教員への管理主義の場合には顕著にみられる。　　（水内　宏）

管理職
management position

　目標を合理的に達成するために役割と権限を分与した成員の協働の体系が組織であり、組織を維持管理し、意思決定を制御する専門の職位を管理職という。企業、官公庁や学校にもこうした管理職がある。法規上管理職は、重要な行政上の「決定を行う職員」、「決定に参画する管理的地位にある職員」、「職員の任免に関して……監督的地位にある職員」（国家公務員法第108条の2第3項）などとされ、また「重要な行政上の決定を行う職員、……決定に参画する管理的地位にある職員」（地方公務員法第52条第3項）として「管理職員等」と総称される。公立学校では、校長（園長）、教頭、主事、事務長（高等学校）などが教育管理職とされ、その範囲は地方公共団体の人事委員会規則または公平委員会規則などで定められる。とくに教頭職の職務権限・職務内容の曖昧性が論争点になり、1974（昭和49）年の学校教育法の一部改正で独立職として法制化された。校長らは一般職員団体とは別に管理職組合を結成できるが、団体交渉権は認められない。教育の危機が叫ばれる今日、魅力ある教育と開かれた学校経営の推進には、管理職層のリーダーシップの確立が期待される。⇒校長
（穂坂明徳）

◆ き ◆

記憶
memory

　保持された過去経験についての情報。情報が取り込まれる段階を「記銘」または「符号化」、それを保持する段階を「貯蔵」、思い出す段階を「想起」または「検索」と呼ぶ。記憶の保持時間によって記憶を分類すると、感覚記憶・短期記憶・長期記憶に分類するのが一般的である。感覚記憶は、感覚器が受容した情報をそのまま、きわめて短時間（数秒以内）保持する。感覚記憶のうち注意が向けられたものが短期記憶として保持され、保持量（7要素前後）、保持時間（10数秒～30秒程度）ともに制限がある。ほぼ永続的に保持され、保持容量にも制限がない記憶を、長期記憶と呼ぶ。記憶内容によって分類することもあり、その際、記憶内容が言語的に表現可能なものを宣言的記憶、必ずしも言語的には記述できない手順や手続きに関する記憶を、手続き的記憶という。覚えにくい事柄を記憶するための最もオーソドックスな方法は、繰り返しみる／読む／書く／話すことである。しかし、覚える事柄が多量であったり覚えにくい事柄であったりすると、効率よく記憶するための方法が必要となる。一般に、覚えるべき事柄の意味づけが明確であれば記憶は容易で、少ない繰り返しによって記憶可能である。一方、英単語など意味づけが困難な事柄は記憶が難しい。英単語の記憶術として、語呂合わせや語源が用いられるのは、英単語を意味づけることによって記憶が促進されることを利用したものである。　　　（今野裕之）

机間指導

机間巡視ともいう。普通一般には、一斉教授の合間に、教師が課題を出して個人学習をさせることである。教師が一人ひとりのところに行き、学習の進捗状況を確認したり、間違いを正したり、行き詰まりを打開するなど、個別指導を行うことである。一斉教授の授業のどの段階で机間指導を行うかは指導案作成の段階で課題や時間、タイミングを、十分計画しておくことによって成果を挙げることができる。机間指導は、単に、子どもの個人指導をするだけでなくいろいろな目的で行われる。例えば、典型的な間違いやつまずきをしている事例を発見し全体に発表させて、全員の注意を促したり、一人ひとりの理解度を知るためにも行われる。その際、机間指導用の個人カルテを用意し記録を残す場合もある。さらに、個人学習でなくグループ学習の際に、学習への参加の実態や話し合いの内容を把握するために行われる。⇒グループ学習
（髙旗正人）

危機管理
risk management, crisis management

　文部科学省によれば、危機管理とは、「人々の生命や心身等に危害をもたらすさまざまな危険が防止され、万が一、事件・事故が発生した場合には、被害を最小限にするために適切かつ迅速に対処すること」（文部科学省「学校における防犯教室等実践事例集」2006［平成18］年）。危機管理には、①事件・事故を未然に防ぐための「事前」の危機管理、②事件・事故の発生時に適切かつ迅速に対処し、被害を最小限に抑えるための「発生時」の危機管理、③危機が一旦収まった後、心のケアや授業再開など通常の生活の再開を図るとともに、再発の防止を図る「事後」の危機管理、以上の三つの局面がある。大阪教育大附属池田小学校児童等殺傷事件（2001年）や東日本大震

災（2011年）などの突発的大事件・事故、大災害も危機であるが、児童生徒のケガや感染症、食中毒やアレルギー、いじめや暴力行為、交通事故など、学校には日常的にも危機が潜んでいる。さまざまな態様の危機に対し、危機管理の考え方を踏まえた学校安全のための「教育」、「管理」、「組織活動」（文部科学省『「生きる力」をはぐくむ学校で - の安全教育』2010年）が、各学校で検討されなければならない。
　⇒学校安全　　　　　　　　　　（福島正行）

企業内教育

　企業内に所属するすべての労働者・職員に対する企業からの教育訓練的な働きかけを指す。企業による組織的な教育訓練は、日本の近代産業出発の当初から行われていた。古くは幕末の頃からあった横須賀製鉄所（のち造船所）におけるお雇い外国人による日本人技術者・技能者養成の学校である横須賀造船所黌舎があった。そして1899（明治32）年には長崎造船所の三菱工業予備学校が、1910年には八幡製鉄所の幼年職工養成所が開設されている。そのほかに紡績会社の紡績女工に対する補習教育も明治時代には一般的であった。日本の戦前期では、これら技能労働者に対する教育と大正後期から昭和初期にかけて広く展開された労働運動への対応としての職長訓練が企業内教育の主たるものであった。戦後では、GHQを介してアメリカで発達したTWI（Training Within Industry）の訓練方式が導入され、新しい職長訓練＝監督者訓練として、広く日本の各企業に普及した。高度経済成長期には企業内教育というと入社訓練、一般従業員訓練、経営者訓練、管理者訓練、監督者訓練、技能訓練、エンジニア訓練、職能別訓練、スタッフ訓練というように、企業内の諸階層、諸職能を通じて広く対象とするようになっ

た。こうして1980年代には企業内教育に対する関心が非常な高まりをみせ、すばらしい施設が建設されたり、教育内容、教育方法の充実が図られた。だが、バブル経済の崩壊とともに人員削減＝リストラの時代へと移行し、また企業内経営業務や生産過程への大幅なコンピュータの利用によって、従来は、OJT中心であったものが、Off-JT重視への移行、自己啓発推進という方向に変化してきているのが今日の状況である。　　　（大淀昇一）

帰国児童生徒

　帰国児童生徒とは、海外に1年以上在留して帰国した児童生徒のことを指す。文部科学省の学校基本調査では「帰国子女」と称され、「海外勤務者等の子女で、引き続き1年を超える期間海外に在留」した者とされている。ここには、海外勤務者の子女のほか、「終戦前から外地居住者の子女」、いわゆる中国帰国者の子どもも含まれている。帰国児童生徒の数は、小・中学校、義務教育学校、高等学校、中等教育学校の全体数としては増加傾向で、約1万2,000人に達している。帰国児童生徒は、海外在留中に受けた教育の内容や段階、通っていた学校（日本人学校、現地校、補習授業校など）がさまざまであり、また、在留期間や在留時の年齢などによって、日本語の習得状況にもばらつきがある。そのため、帰国児童生徒に対しては、日本の学校生活への適応指導や日本語指導を行ったり、海外での学習・生活経験を尊重して特性を伸ばしていくような教育を行ったりすることが求められている。また、彼らの外国経験を、他の児童生徒との間で共有して国際理解を図るような指導も求められている。
　⇒日本人学校　　　　　　　　　（臼井智美）

キー・コンピテンシー
key competencies

OECD の DeSeCo(Defining and Selecting of Competencies)プロジェクトが知識基盤社会の時代を担う子どもたちに、とくに重要な力として定義した能力の名称。「社会・文化的、技術的ツールを相互作用的に活用する力」(コミュニケーション力や読解力等)、「異質な集団で交流する力」(ソーシャルスキル等)、「自律的に行動する力」(人生設計能力等)の三つのカテゴリーから構成され、その中心にあるのが、個人が深く考え、行動する力である。コンピテンシーは単なる知識や技能ではなく、態度、動機づけ、価値観なども含む。それぞれのカテゴリー内の複数のコンピテンシーを組み合わせて活用しながら、日常生活で遭遇するさまざまな需要に対して自ら考え判断し、変化に合わせて対応することのできる力がキー・コンピテンシーであり、こうした力を身につけることで個人の人生の成功とより良く機能する社会の実現が可能なると考えられている。OECD が実施している PISA 調査もコンピテンシー枠組みに基づき考案されている。「生きる力」に対応するものとしてキー・コンピテンシーを捉えることもある。 ⇒PISA (日暮トモ子)

儀式的行事

遠足、学芸会などとともに学校行事の一つ。学習指導要領上は特別活動に位置し、「学校生活に有意義な変化や折り目を付け、厳粛で清新な気分を味わい、新しい生活の展開への動機付けとなるような活動」とされている。"厳粛さ"の強調ともかかわって、入学式や卒業式などでは「国旗を掲揚するとともに、国歌を斉唱するよう指導する」よう強制し、しばしばいわゆる「国旗・国歌」問題を引き起こしている。歴史的には、儀式は教育勅語・天皇制と関係が深い。1890(明治 23)年に教育勅語を発布すると、祝祭日の儀式を全国一律に統一すべく翌 1891 年に「小学校祝日大祭日儀式規程」を定め、両陛下の「御影ニ対シ奉リ最敬礼」「教育勅語」の奉読、「両陛下ノ万歳」の奉祝などを求める。戦後は、1958(昭和 33)年改訂の学習指導要領以降、儀式など行事全般に、学校の計画的指導という性格が強調されている。⇒遠足・集団宿泊的行事 (水内 宏)

寄宿制教育

家庭から学校に毎日通うのを通学制教育と呼ぶのに対し、一定の教育上の目的を達成するために学校に寄宿舎を付設し共同の集団生活の場として組織される教育を指す。そのルーツは、わが国では僧侶養成のための学寮、西洋では中世の修道院附属学校の院内学校(聖職者養成機関)にまでさかのぼることができる。西洋における寄宿制教育の伝統は、中等教育機関の一部において継承されている。イギリスのパブリック・スクール、新教育の先駆として英・仏・独等で設立された田園教育舎がその典型として挙げられる。これらの学校で行われた寄宿制教育の特質は多様であり、①単に知識・技能の伝達ではなく、諸能力が調和的に発達した人格の形成を目的とする、②共同・団体生活を通して社会倫理的な能力(協力、責任、献身、信頼など)の伸長を図る、③団体スポーツ、実際的作業、芸術活動の奨励、④教師―生徒間、生徒相互間の人格的絆の形成・強化を図る、⑤社会的悪影響を受けない環境のもとで教育する、などの特質が挙げられる。⇒田園教育舎、パブリック・スクール (川瀬邦臣)

技術科教育

技術科教育とは、工業、農業、水産業等の生産技術に関する科学と要素作業を教え、その科学的認識、技能、技術・労働観を育てる技術教育のうち、普通教育の一環として行われるものをいう。技術・職業教育に関する条約では、「すべての子どもに対する技術および労働の世界への手ほどき」と定義される。現在の日本の学校教育では、この意味での技術科教育を担う教科が、小学校や高等学校等には設置されず、中学校の技術・家庭科の技術分野でしか指導されていないので、技術科教育というと、通常、この技術分野の教育を意味する。小・中・高校を一貫した技術科教育の教科が設けられていない点や中学校でも技術・家庭科であって、家庭科教育との複雑な構造をもつ教科である点で、日本の学校教育における技術科教育は、国際的にみて異例である。口学校技術・家庭科は、1958（昭和33）年の学校教育法施行規則一部改正と同年告示の中学校学習指導要領により成立した。その内、技術の部分は、一方で、従前の職業・家庭科の工業と農業を引き継ぎ再編しつつ、職業指導を学級活動へ移し、他方で、図画工作科の一部を取り込んで設置されたものである。それは、近代日本の教育史上の画期的な改革とされる。

しかし、1989（平成元）年告示の中学校学習指導要領で撤廃されるまで、技術・家庭科では、制度的に「男子向き」「女子向き」等、性別履修指定がなされ、男女平等原則に抵触する問題をもっていた。さらに、知的障害児の特別支援学校中学部では、現在でも、職業・家庭科のままで、技術・家庭科は設けられていない。この点で、普通教育の一環として行われる技術科教育は、日本においては、いまだに成立していないともいえる。⇒職業指導

（田中喜美）

技術革新と教育

第二次世界大戦後、日本の産業は壊滅的な打撃を受けていた。1952（昭和27）年の講和条約による独立後アメリカ初め世界の先進国との技術格差は決定的であった。1950年の朝鮮戦争による特需景気で経済を持ち直した日本では、当時の通産省などの指導により大企業などがそれら先進国からさまざまな新しい技術の導入を推進した。結果、自動車、鉄鋼などの機械金属、石油化学、合成繊維、電力エネルギー分野等でまったく新しい技術がぞくぞく登場した。従来からの四大工業地帯ばかりでなく新しい生産体系が各地にコンビナートという形で出現したのである。この状況が1960年代における高度経済成長を支えた技術革新だったのである。そしてこうした新技術による生産体系で働く新しいタイプの技術者・技能者が大量に求められたのである。この問題に対して大企業における労働問題を担当する日本経営者団体連盟は1952年早くも「新教育制度の再検討に関する要望」を出している。1954年には「当面教育制度改善に関する要望」を出し、1956年には「新時代の要請に対応する技術教育に関する意見」、そして1957年に「科学技術教育振興に関する意見」と矢継ぎ早に新タイプの技術者・技能者を大量養成する教育革新を訴えたのである。こうした問題に対応する、1960年の国民所得倍増計画に組み込まれた教育計画に合わせた文部省の施策から、1960年代に大学進学における「理工系ブーム」が沸き起こったのである。

（大淀昇一）

技術教育

器具、機械、装置、施設などの技術的手段を用いて自然的材料を一定の目的物

に変形する順序・方法を人間の頭脳および身体に体得させる教育をいう。農業、工業、商業、水産業の各産業の生産過程において求められている人間形成のこと。この人間形成においては実習による技能の修得と教室における理論の学習との統一と調和が常に問題とされてきた。戦前日本では実業教育と呼ばれていて、実業補習学校、農学校、工業学校、商業学校、水産学校などでこの教育は展開されていた。戦後ではこれらの学校での教育は、中学校技術家庭科および農業、工業、商業、水産の各専門高等学校での教育に引き継がれている。また技術教育は、各産業で活躍する各種技術者養成のための専門教育、高等教育レベルでの教育を、また公共セクター職業訓練施設（今日では職業能力開発と表現されている）での教育を含めて捉えられている。それは工業高等専門学校、そして大学工学部、工業短期大学、さらに職業能力開発大学校を中心とする各地のポリテクニック・センターおよび企業内教育などにおける技術教育である。　　　　　　　　　　（大淀昇一）

▌基礎学力

　学力の中でも、各教科等に共通して学習の持続と発展に必須の基礎をなすような特質をそなえた学力のこと。スリー・アールズ（3R's）ないし日本風の言い方でいう読み・書き・そろばん能力（読書算能力）がこれに該当するとみて大筋で妥当だろう。だが、あえていえば、書き（writing）以外の"聴く""話す"を包摂しなくていいのか。外国語学習で重要視されるヒアリングなどの能力は必要ないのか、などの疑問が残る。第二次世界大戦前の教育遺産に、鳥取の国語教師・生活綴方教師峰地光重や私立成城小学校などの聴方教授の伝統がある。今日では3R'sや読書算能力よりも、"言語や数・

量の認識能力"というほうがより正確であろう。3R'sよりも拡げて、ミニマム・エッセンシャルズないし各教科の基本的な要素知や技能、さらには関心・意欲などをも含めて基礎学力を捉えようとする志向もある。⇒スリー・アールズ（3R's）、ミニマム・エッセンシャルズ　　　（水内　宏）

▌基礎・基本

　「基礎」とは学習を系統的に進めていくことを可能にする基礎的な知識・技能であり、そのような「基礎」に対応するものとして「基礎学力」がある。ところが、1990年代に「新学力観」が登場すると、関心・意欲・態度なども「基礎」に包摂しようとする論調があらわれ、「基礎」の捉え方における情意的側面ないし道徳的側面の位置づけがしばしば論争的なテーマとなっている。「基本」は、「基礎」を含みつつ、さらに各教科やその背後にある諸科学・技術などの基礎的要素知や技能を指す。「基礎」および「基本」をセットでくくるのは、膨張する一方であった教育内容を「ゆとり」志向を旗印に"削減"基調へ転換させた1977（昭和52）、1978年の学習指導要領改訂からである。学校週5日制の実施や総合的学習の時間の新設などに伴う各教科内容・時間の削減のもとで"基礎・基本重視"をどう具体化するかは、依然、カリキュラム改革の重点課題である。⇒基礎学力　　　（水内　宏）

▌基礎陶冶

　「陶冶」（Bildung）という概念は、教育学の専門用語の中でも最も多義的であいまいな概念の一つに数えられ、その概念内容の歴史も紆余曲折を経て今日に至っている。その中で基礎陶冶とは、人間の基礎的能力の形成を意味するが、この概念を初めて教育の根本原理として提起し

たのがペスタロッチであることは間違いないであろう。ペスタロッチは、認識の最も単純な構成要素（直観の ABC と呼ばれる、数・形・語）から出発する直観教授によって知的・感情的・技術的能力といった基礎的能力を調和的に形成し、人間性の涵養を図る自らの教授法を、晩年に「基礎陶冶」と呼ぶようになった。したがって、後年「基礎陶冶」は人格形成を意味する「訓育」としての狭義の教育（Erziehung）とは区別される「認識と技能の教育」と受け取られることになるが、ペスタロッチは基礎陶冶の理念として人間性の教育を掲げており、そのような理解は単純化しすぎた見解といえる。今日の教育学においては教育をより広く理解し、陶冶の上位概念としてみる見方が有力であり、教育は陶冶への援助であり、生涯の自己陶冶の保証であるとみなされている。したがって、現代のドイツでは Bildung は Erziehung に代わって教育を指示する一般的な概念となっており、基礎陶冶は教育の最も基礎的な段階として位置づけられている。日本においては、情報化社会の進展等による社会の変化によって新たな学力観が議論され続けているが、その際には今日的な基礎陶冶の在り方はいかなるものか、という観点から初等教育の意味が根本的に議論されねばならないだろう。⇒ペスタロッチ　　　　　（荒井聡史）

ギゾー法

1833 年フランスの公教育大臣ギゾー（Guizot, F. P. G. 1787〜1874）の主導で制定された初等教育法の通称。哲学者クーザン（Cousin, V. 1792〜1874）がドイツ諸国とくにプロイセンの公教育の状況を視察して提出した「クーザン報告書」（1831）を参考にして制定された。ギゾー法の趣旨は、初等民衆教育の整備および「教える自由」の保障であり、これらは産業革命推進の担い手であったブルジョアジーと国家の教育独占に抵抗する教会当局の教育要求への対応策であった。前者への対応策として全コミューンの基礎小学校設置・維持義務、人口 6000 人以上のコミューンの高等小学校設置義務、県の初等師範学校設置義務、小学校教員の待遇改善・社会的地位の向上などが、また後者への対応策として公立小学校と私立小学校との並存、一定条件下での学校開設の自由・教職就任の自由、親の意思に基づく宗教教育への参加などが規定された。とはいえ、無制限の「教育の自由」が規定されたわけではなく、私立学校も地方世俗当局の監督下に置かれた。ギゾー法は男子のみの初等教育を規定したが、女子の初等教育についてはプレ法（1836）によって規定された。

（川瀬邦臣）

期待される人間像

1996（昭和41）年 10 月 31 日に提出された第 7 期中央教育審議会の答申「後期中等教育の拡充整備について」の「別記」として示された教育理念に関する見解である。答申において後期中等教育の理念を明らかにするために、そもそも目標とされる「今後の国家社会における人間像はいかにあるべきか」を示したものである。内容は 2 部から構成されている。第 1 部「当面する日本人の課題」では、現代において「人間性の向上と人間能力の開発」「世界に開かれた日本人」「民主主義の確立」が要請されると述べられている。その要請に応える人間となるために、第 2 部「日本人にとくに期待されるもの」では「個人として」「家庭として」「社会人として」「国民として」身につけるべき諸徳性が説かれている。公表された当時は、教育の目標、人間形成の理念を日本の国家・社会に即して明らかにすべ

きとか、国家主義的な色彩を帯び教育基本法の理念に反するなどの賛否両論が表明されたが、この見解の取り扱いは各教育機関や個々人の判断に委ねられたために、その後人々から顧みられることもなくなり、現在に至っている。　（朝日素明）

吃音

　ことばが出にくい、初発音が繰り返される、また、ことばが引き延ばされるなどによって、会話がスムースにいかず、流暢さが妨げられるような障害を指していう。吃音は、その子どもの行動全体の理解が不可欠である。このようなことばによるコミュニケーションがスムースにいかないことに加え、顔面など体に緊張が生じるなどの、随半症状があらわれる。また心の面では、フラストレーションや不安感が高まり、吃音に対する恐怖感も強まる。吃音は、幼児期に始まることが多く、ことばがつまる程度であるが、まわりから注意されたり、友達にからかわれたりすることで、吃音を意識するようになり、会話をするとき自分の発することばに必要以上に注意が向いてしまうようになる。指導で大切なことは、吃音を本人に意識させないようにすることである。人とコミュニケーションをとる際、話すことが楽しいという経験を得られるように、環境を整えることが大事である。
　　　　　　　　　　　　　　（瀧口　綾）

機能訓練
functional exercise

　医学的リハビリテーションや肢体不自由教育の領域で行われる、不自由な肢体の機能維持と改善および回復のための訓練をいう。肢体不自由者が、その潜在的能力を最大限発揮できるようにすることを目標にして行われる。実施される「場」により、療法（運動療法）といわれたり

教育（肢体不自由教育）といわれたりするが、ほぼ同様のことを行う。医療の領域では理学療法や作業療法を用いて、基本訓練、機能的訓練、日常動作訓練、職能訓練などが行われる。肢体不自由教育の領域では、自立的活動を可能にし、かつ促進するための身体の動きを訓練するという位置づけで行われる。具体的には、姿勢保持や運動・動作の基本的技能の訓練（教育指導）、日常生活の基本動作の訓練、身体の移動能力の訓練、運動能力の増大、運動範囲の拡大、運動速度の増進など運動に関する指導・訓練、作業動作・協応動作の習熟、意欲の向上、社会的適応能力など、いずれにしても望ましい身体機能・精神機能を引き出し、顕在化させることをねらっている。
　⇒肢体不自由教育　　　　　　（原　裕視）

機能主義

　ものごとを実体として説明するのではなく、その機能（働きや役割）によって説明する科学方法論。教育学においては、19世紀末期にアメリカのジェームズやデューイなどが提唱した機能主義心理学が、スイスのクラパレードによって教育理論に応用された例がある。クラパレードは、①機能の行使（訓練）が機能発達の条件である、②機能発達の順序に従うことが後発機能の発生に必要である、③機能行使（訓練）を有効化するために、その行使によって満足されるべき欲求を生まれさせるのに都合のよい条件下に子どもを置く、といった教育技術の諸原則を示した。機能主義心理学は、人間の意識を生体維持のための機能として捉えようとするものであったが、その教育理論への応用においては、クラパレードからも離れ、生体維持という目的を離れた個別の学習課題のための教育技術論としての性格が顕著にあらわれる傾向にある。

⇒デューイ　　　　　　　　（上原秀一）

木下竹次
きのした・たけじ、1872～1946

　福井県出身の教育実践家であり、大正新教育運動の指導者の一人。福井県師範学校、東京高等師範学校を卒業後、各地の師範学校教諭や校長、附属小学校主事などを歴任し、1919（大正 8）年奈良女子高等師範学校教授、同附属実科高等女学校主事、同附属小学校主事を兼任する。児童の自律的な学習の実現に向けた「学習法」の研究に力を注いだ。奈良女子高等師範学校附属小学校では、「独自学習」（個別学習）を深めるために全学年に特設学習時間を設置し、1～3 学年に教科書や時間割に縛られない「合科学習」を実施した。また、「独自学習」の成果は、さまざまな児童集団の中でさらに深められるという見地から、学級やグループで行う「相互学習」と関連づけて学習の発展が図られた。雑誌『伸びて行く』や『学習研究』を発行し、同校で開催される講習会には全国から毎年多数の参加者が訪れた。主著には、『学習原論』（1923）、『学習各論』（1926～1929）、『学校進動論』（1932～1934）などがある。

⇒大正新教育運動　　　　　（遠座知恵）

規範的教育学

　実験、統計調査などの研究手法により存在ないし事実を記述する経験科学に対して、当為ないし規範を扱う科学を一般に規範科学というが、19 世紀末から 20 世紀にかけて経験科学の影響を強く受けた教育学が登場するのに対して、規範的契機を強調する教育学が規範的教育学と呼ばれた。規範的教育学を推進する中心となったのはナトルプ、ヘーニヒスヴァルト、コーンらの新カント派の教育学である。規範的教育学による教育目的の設定や妥当な教育方法の選択といった規範的問題の研究は、抽象的・思弁的な議論としてその後あまり顧みられなくなったが、近年の価値多元化社会における価値・規範問題の克服という観点から規範的教育学が再注目されつつある。（荒井聡史）

基本的生活習慣
fundamental talent of life

　日常生活の最も基本的な事柄に関する習慣のことである。基本的生活習慣は、二つの基盤に立つものに分けて考えることができる。一つは生理的基盤に立つ習慣であり、もう一つは社会的・文化的・精神的基盤に立つ習慣である。具体的には、前者が食事・睡眠・排泄の習慣であり、後者は着脱衣・清潔の習慣である。これらの習慣を幼児期に確実に身につけておかないと、その子どもはそれ以後の生活に支障をきたすといわれている。習慣とは、一定の状況において容易に触発され、しかも比較的固定した変化の少ない習得的な行動の様式をいう。中でも基本的生活習慣の形成は、幼児教育の必要性の課題の一つでもある。アメリカの発達心理学者ゲゼルのいう「文化適応」（acculturation）であり、心理的発達との関連においても重大な意味をもつのである。例えば、箸を使用する習慣は、手指の運動とも関連するし、着脱衣の習慣は、ひいてはその自立性の発達と関連する。したがって、身体諸器官の成熟とその機能の成長発達との関連において、つまるところ人格の発達にも影響するといえる。
（谷田貝公昭）

義務教育学校

　義務教育学校は、2015（平成 27）年の学校教育法の改正により創設された新しい学校制度である。小学校から中学校までの教育を一貫して行うことを趣旨

としている。これまでもいわゆる「中1ギャップ」への対応等から小中一貫教育が進められてきたが、小学校と中学校は別々の組織であるためさまざまな課題も指摘されてきた。2016年度から設置された義務教育学校の目的は「心身の発達に応じて、義務教育として行われる普通教育を基礎的なものから一貫して施すこと」と定められている（学校教育法49条の2）。義務教育学校の修業年限は9年であり、小学校に相当する6年の前期課程と中学校に相当する3年の後期課程に区分される。ただし、9年間の教育課程において「4－3－2」や「5－4」などの柔軟な学年段階の区切りを設定することもできる。文部科学省の導入状況調査によると、2017年度における義務教育学校の数は全国で48校である。

⇒一条校、小中一貫教育　　　（藤井穂高）

義務教育諸学校施設費国庫負担法

　本法は、公立の義務教育諸学校の施設の整備を促進するために、これらの学校の建物の建築に要する経費の国庫負担のルールについて定めたもので、1958（昭和33）年に制定された。学校の建物とは、校舎、屋内運動場、寄宿舎を指している。学校教育法に規定されている学校経費設置者負担の原則の例外措置として、特別に定められた法律の一つである。ここでいう「義務教育諸学校」とは、公立の小学校、中学校、中等教育学校の前期課程、盲学校・聾学校の小学部・中学部を指し、養護学校は除かれていたが公立養護学校整備特別措置法が適用されていた。しかし、学校教育法が改正され、2007（平成19）年4月1日より、盲学校、聾学校および養護学校が特別支援学校に移行したことに伴い、特別支援学校は本法が基本的に運用されることとなった。　（船寄俊雄）

義務教育制度

　義務教育とは、一般に、法律により、子どもやその保護者に一定の教育を義務づけることをいう。わが国では、憲法第26条により、国民の教育を受ける権利がうたわれており、同時に、国民は「その保護する子女に普通教育を受けさせる義務を負ふ」ことが明記されている。また、教育基本法は、「国民は、その保護する子に、普通教育を受けさせる義務を負う」（第5条）と定め、義務教育の目的として「各個人の有する能力を伸ばしつつ社会において自立的に生きる基礎を培い、また、国家及び社会の形成者として必要とされる基本的な資質を養う」ことを挙げている（第5条第2項）。

　義務教育は、教育を義務づける教育義務制と、就学を義務づける就学義務制の2類型に大別される。わが国は就学義務型であり、学校教育法によると、保護者は、その子女を、満6歳に達した日の翌日以後における最初の学年の初めから、満15歳に達した日の属する学年の終わりまでの9年間を、小・中学校または特別支援学校の小・中学部に就学させる義務がある（第16、17条）。ただし、就学義務を定めているのは、学校教育法であり、それを憲法が命じているかについては学説が分かれている。子どもの教育を受ける権利を保障するためには保護者に就学義務を課すだけでは十分でないことから、義務教育の無償の理念の下（憲法第26条第2項）、国公立の義務教育諸学校では授業料を徴収せず（教育基本法第5条第4項）、私立も含め義務教育の教科書は無償とされている（教科書無償法第1条）。これに加えて、市町村に対しては小・中学校等の設置義務（学校教育法第38条）と就学奨励の義務（同法第19条）を、学齢子女使用者に対してはその就学を妨げることを禁止する避

止義務（同法第20条）をそれぞれ課している。⇒公教育、就学義務、避止義務

（藤井穂高）

義務教育費国庫負担法

市町村立学校の教職員の給与費は、基本的に都道府県が全額負担している（県費負担教員制度）。その上で、国は都道府県の実支出額の3分の1を負担している（2007年3月現在）。負担金の趣旨は、「地方公共団体が法令に基づいて実施しなければならない事務であつて、国と地方公共団体相互の利害に関係がある事務のうち、その円滑な運営を期するためには、なお、国が進んで経費を負担する必要がある」というものである（地方財政法第10条）。義務教育費国庫負担金の廃止、税源移譲ないし地方交付税化による一般財源化は、財務当局を中心として主張されてきた。実際、国による負担の割合やその範囲は年々縮減されてきている。国の「財政状況の健全化」が大きな理由であるが、地方自治体が使途を限定されない一般財源を拡大する効果が強調されることもある。こうした政策的環境のもとで、文部科学省は教職員の定数・配置の運用について地方の裁量を拡大してきている。

（有働真太郎）

ギムナジウム

大学へ接続するドイツの9年制の中等学校。中世末期に設立されたラテン語学校に端を発し、ギリシャ・ラテン両古典語の修得を目指したので古典語学校とも呼称された。19世紀初頭のプロイセン教育改革で制定された「古典語学校卒業試験規程」（1812）によって大学入学の厳正化が図られ、両古典語の徹底した修得を条件とする大学入学資格試験実施権を付与された学校のみが「ギムナジウム」

と認定された。しかし19世紀後半にギムナジウムの大学入学資格独占体制は揺らぎはじめ、産業社会の進展に伴う実学主義の教育要求に対応して設けられた実科ギムナジウムや高等実科学校も大学入学試験実施権を強く要求するようになった（学校闘争）。この闘争は、1900年の学校会議でのこれら3学校の同格の認定によって終結した。今日のギムナジウムは、知識内容の分化と生徒の能力類型に応じて古典語系、現代語系、数学・自然科学系、経済学系、社会科学系、音楽系など系統別の形態をとっている。この動向に伴って1960年から1995年までのギムナジウム生徒数はほぼ3倍に増加し、同年齢層のギムナジウム進学率は14％から30％に上昇した。

（川瀬邦臣）

虐待
abuse

親または保護者によって児童に対してなされた、身体的、心理的、性的な暴力や、ネグレクト（養育放棄）などを指す。身体的、精神的に傷つけられることにより、児童の心身の発達に大きな影響を与える。栄養や感覚刺激などの不足による発育障害、安定した愛着関係を経験できないことによる対人関係障害、自尊心の欠如などさまざまである。わが国では1990（平成2）年頃から虐待への関心が高まり、厚生省（当時）により児童相談所を通じて全国の虐待の状況が把握されるようになった。1997年の児童福祉法改正による児童相談所支援体制の整備、1998年の児童相談所の対応体制強化などを経て、2000年に「児童虐待の防止等に関する法律」が成立し施行された。この法律では、児童虐待の早期発見や被害を受けた児童の保護などにおける国や地方公共団体の対応が義務づけられるとともに、児童福祉に関係する専門家による早期発見、すべての虐待発見者による通告義務など

が規定された。この法律は2007（平成19）年4月に改正され、虐待を受けているおそれがある子どもの安全確認、身柄確保のため、裁判所の許可状を得て児童相談所が強制的に立ち入ることができるようになった。⇒児童虐待の防止等に関する法律　　　　　　　　（西方　毅）

客観テスト

　教育評価や心理学的アセスメントの分野において、客観テストという用語が用いられる。教育評価における客観テストとは、記号や文字の選択によって解答する形式のテストを指す。それと対を成すのが論文体テストである。客観テストのメリットとして、解答が明確に定まっているため、採点者間による評価のずれが生じないこと、採点が容易であることなどがある。デメリットとしては、断片的な知識しか測定できないこと、いいかげんな解答でも正答と扱われる場合があることなどが挙げられる。客観テストを作成する際には、慎重な選択枝の設定が求められている。心理テストにおける客観テストとは、信頼性と妥当性のある標準化された質問紙テストのことである。解釈が経験と主観によってなされるロールシャッハテストなどは主観テストと呼ばれる。⇒教育評価　　　　　　　（丹　明彦）

キャリア教育
career education

　1970年代の初頭からアメリカで進められた教育改革運動だが、わが国では1990年代以降に、とくに関心がもたれるようになった。進学、早期退職、フリーター、ニート（NEET）等の問題をはじめ、産業構造の変化、学校教育や社会全体を通じた職業教育の必要性が認識されるにつれて、若者の社会的・職業的自立や学校から社会・職業への移行のあり方が議論

されてきた。生きる力を育む教育を提言した1996（平成8）年7月の中央教育審議会答申「21世紀を展望したわが国の教育の在り方について（第1次答申）」を受けて、1999年12月には、同答申「初等中等教育と高等教育との接続の改善について」において、「小学校段階からの発達段階に応じたキャリア教育」の必要性が指摘された。このような経緯の中で、キャリア教育の推進のあり方について集中的に論議を重ねたのが、キャリア教育の推進に関する総合的調査研究協力者会議で、その報告書「児童生徒一人一人の勤労観、職業観を育てるために」が2004年に発表された。また、2011年1月の中央教育審議会答申「今後の学校におけるキャリア教育・職業教育の在り方について」では、「一人一人の社会的・職業的自立に向け、必要な基盤となる能力や態度を育てることを通して、キャリア発達を促す教育が「キャリア教育」である」として、それは、特定の活動や指導方法に限定されるものではなく、さまざまな教育活動を通して実践されるものであると述べられた。その上で、キャリア教育の実施にあたっては、社会や職業にかかわるさまざまな現場における体験的な学習活動の機会を設け、それらの体験を通して、子ども・若者に自己と社会の双方についての多様な気づきや発見を得させることが重要であると指摘された。　　　　　　（末松裕基）

ギャングエイジ
gang age

　どの時代、どの社会においても友だち関係において、それぞれの発達段階に応じてそれに見合った仲間関係を必要とし、親からの自立を目指す同輩集団が存在した。ギャングエイジと呼ばれる児童後期（およそ6〜12歳の学童期）の特徴は、遊び仲間との集団的な遊戯活動を好むことにある。ギャングは文字通り「徒党を組

む」とか「団結心の強い小集団」という意味である。同世代同士の遊びであるから、遊びの知識や技、能力などに対等にかかわるが、個人差や個体差によってリーダーの存在は重要である。チーム分けの仕事、反則トラブルに対する公平なジャッジをするリーダー（ガキ大将や仕切り屋）が少なくなったといわれる。リーダーの登場を待つしかないが、ギャングエイジ期の独特の仲間選択の条件にもっと注目してよいだろう。この条件の一つに「仲間関係が類似の志向性をもつこと」がある。個々がもっている能力（スポーツが上手、勉強ができる）、態度、性格（親切でやさしい、ひょうきん）がまったく同一であるはずがない。タテ割り班学習、異年齢学級集団の形成の試みは、内面的類似性形成の糸口になるだろう。　　　（望月重信）

QOL

quality of life の略。広義には人生の質、狭義には生活の質と訳される。元来、医療分野において使用されたことばで、終末期患者の残された人生を充実させることを意味していた。最近では、人々の生活を物質的な面から量的にのみ捉えるのではなく、精神的な豊かさや満足度も含めて、質的に捉える考え方として多くの分野で広く使われている。「心の豊かさ」、「ゆとり」、「癒し」、「生きがい」、「安らぎ」などがキーワードであり、自分がどのような生き方をするのかを模索し、人生を楽しみながら、心の充足感（Personal enrichment）を感じることができる尊厳ある生活を理想に掲げることになる。また、最近では医療の実践や評価に重視されており、リハビリテーションの専門分野においても QOL 測定をリハビリの治療効果に利用する傾向がある。　　（宇田川香織）

旧制高等学校

戦前期の高等教育機関の一つで、中学校（旧制）卒業を入学資格に、卒業後はどこかの帝国大学に進学が約束されている学生を教育するエリート養成の学校である。制度の起源は、1886（明治 19）年森有礼文相期の中学校令によって設置された高等中学校の制度で、官立で当初全国に 5 校設置された。1894 年の高等学校令によって、高等中学校は高等学校となり、明治の末までに、第一高等学校（東京）から第八高等学校（鹿児島）まで増設された。1918（大正 7）年の新高等学校令以降は各地に公立、私立の学校もつくられ、官立もその地名を校名としたので、ナンバースクールは「八校」が最後となった。1947（昭和 22）年学校教育法の公布によって廃止が決まり、1950年最後の卒業生を出して学校としての歴史を終え、教育課程は新制大学の文理学部や教養課程に引き継がれた。その学校数および生徒数が最多の年は 1947年であるが、そのときでも全国に 39 校、在籍学生数 3 万人というから、やはりエリートの学校であった。⇒高等学校令、中学校令、森有礼　　　　　（陣内靖彦）

旧制専門学校

戦前期の学校制度で高等学校と並んで、中学校卒業を入学資格に入学させ、3〜4 年間の職業的専門教育を行い、各界における国家有用の人材を養成する高等教育機関であった。1903（明治 36）年の専門学校令により制度化された「専門学校」（医・歯・薬・外国語・美術・音楽・法学・商学・経済学など）、および同時に改正された実業学校令に定める「実業専門学校」（農業・工業・商業など）をあわせて、旧制専門学校という。1918（大正 7）年の大学令以降、伝統ある有力な

専門学校が大学に昇格したが、専門学校の学校数、学生数ともに増加し、1903年には50校程度だったのが、1920年には100校を超え、1947（昭和22）年には368校を数えた。在籍学生数も、それぞれ2万人、5万人、23万人と飛躍的な増加をみている。この学校も旧制高校同様、戦後の学制改革で廃止が決まり、1950年をもって歴史を終え、戦後は新制大学の各専門学部（経済学部、工学部など）にその教育課程は引き継がれた。
⇒大学令　　　　　　　　　（陣内靖彦）

キュードスピーチ
cued speech

1967年アメリカのコーネット（Cornett, O.R.）によって提唱された聴覚障害者の口話による伝達手段の一つ。相手の唇の形や動きからことばを読み取るのを正確にするために、スピーチに一定の手の位置や形（視覚的手がかり＝キュー）を伴わせるというやり方である。わが国では、口話法の一環として、聴覚障害学校幼稚部を中心に導入されている。英語では、母音に対して手の四つの位置、子音に対して八つの形、計12種類のキューが定められ、これらと唇の形の組み合わせによって、音声言語の音節・音素が識別できるようになっている。日本語では、言語音節のほとんどが母音のみか子音＋母音の形をとるため、英語とは異なるキューのシステムが考察されている。アメリカでは成人段階でも使用されているようであるが、わが国では幼児期において、言語習得期をひとまず終え小学部に入る頃からはしだいにキューの使用を控え、補助的な扱いになっている。
　　　　　　　　　　　　　（林　邦雄）

教育
education［英］／Erziehung［独］／
éducation［仏］

子どもが生得的には所有せず、後天的に獲得する諸能力を身につけさせようとする働きをいう。この諸能力の中には、狭い意味での知識、技能ばかりでなく、生活習慣、儀礼、道徳といった文化内容の全般が含まれている。前近代社会において、教育は、共同体の社会化機能の中に埋め込まれていたから、教育意識は、それほど自覚的であったとはいえない。共同体における子どもの遊びや労働への参加それ自体が、十分に教育の機能を代替していたからである。産業化によって、村落共同体が崩壊するにしたがって、個人が析出され、自助能力のない子どもが意図的な教育の対象として自覚化されてくる。18世紀の「子どもの発見」と教育意識の自覚化とは、同じ事柄の裏表の関係にある。

近代社会において、教育は、子どもの生存能力を育むものであり、それぞれの内に潜む素質、能力を開発して、可能な限り自助の力を蓄えるものとして理解されるようになる。「自助への助力」（ペスタロッチ）こそが、近代教育の論理の核心をなす。ここでは、教育は、制度的な学校教育に典型的にみられるように、子どもの素質や能力を意図的、計画的に開発し、発達を助成する行為とみなされるが、しかし、教育の働きは、こうした意図的、組織的な作用ばかりとは限らない。

子どもは、家族、遊び仲間、地域の大人たちとの日常の交わりを通して、さまざまな知識、技能、道徳感覚を自然に身につけていく。このように、集団生活そのものの有する教育機能を、社会学では「社会化」（socialization）という概念で説明するが、社会化とは、ある集団に参加することを通して、その価値観や規範が無意識的に子どもに内面化されていく働きを示す。教育には、こうした無意識的な社会化や文化化の機能も含まれている。したがって、教育の概念には、意

図的で組織的な働きかけと同時に、無意図的で、偶発的な働きかけも存在し、後者のもつ教育作用も決して無視できない。学校を、学習の場であると同時に生活の場として捉えたデューイの生活学校論は、教育の二重の働きを統合的に把握しようと試みたものということができる。

⇒社会化　　　　　　　　　（高橋　勝）

教育愛

　教師の教育行為を根底から衝き動かしているのは何か、また、教育とはいかなる性格をもった営みなのか、といった問題を考える際にしばしば用いられる概念である。教師の営みには、子どもにおいてより高い価値が実現されること（それが成長や発達と呼ばれる）を願いつつ、他方、一人ひとりの子どもの今・ここでの在り方をありのままに受け入れるという、原理的には矛盾した二つの契機の総合が見出される。前者の契機は、価値的により高いものを求める愛（プラトンに依拠して「エロス」と呼ばれる）として、後者は、すべてを無条件に肯定する愛（キリスト教における神の絶対的な愛になぞらえて「アガペー」と呼ばれる）として、それぞれ分析的に類型化することができる。いずれかの契機への偏りは教育に困難をもたらすことがある。そのようなとき、教師が自らの営みを反省するための分析的な指標としてこそ、エロスやアガペーの概念は有用である。⇒エロス

　　　　　　　　　　　　　（西村拓生）

教育委員会
board of education, school board

　各都道府県および市区町村等に置かれる、教育、文化、スポーツ等の事務に関する職務権限を持つ、首長（一般行政部局）からは独立した形で設置される合議制の執行機関（行政委員会）のこと。教育長と教育委員4人（条例の定めにより、都道府県・市では5人以上、町村・組合では2人以上も可）で組織される。教育委員会の下には、その職務権限に属する事務を処理する組織として、教育委員会事務局が置かれている。教育長と教育委員で構成される組織は狭義の教育委員会、事務局まで含めた組織は広義の教育委員会として区別される。

　教育委員会は、第一次米国教育使節団報告書の勧告に基づき、教育委員会法のもとで戦後新たに設けられた地方教育行政組織である。同法は公選制を採用し、一定の財政自主権も認めていたが、1956（昭和31）年の地方教育行政の組織及び運営に関する法律（地教行法）の成立に伴い、公選制は廃止され任命制になるとともに、予算案・条例案の原案の首長への送付権も廃止され、現在につながる制度の枠組みが形成された。この間、地教行法は幾度にわたり改正が重ねられ、同時に、教育委員会制度そのものの在り方が議論されてきた（例えば、無用論や廃止論など）。とりわけ、第二次安倍政権下での教育再生実行会議による第二次提言「教育委員会制度等の在り方について」（2013［平成25］年4月15日）を契機に行われた2014（平成26）年の法改正は、教育委員会制度を大きく転換させるものであった。改正のポイントは、教育委員長と教育長を一本化した新たな教育長職の設置、首長が主宰する総合教育会議の設置、首長による教育大綱の策定にある。教育委員会が、一般行政からの独立（首長から独立することで政治的中立性を担保する）とレイマン・コントロール（住民の教育意思が教育行政の在り方を方向づける）を基本的な制度理念、組織原理としてきたことを踏まえると、今次の改正の持つ意味は論争的である。⇒教育行政、**教育行政の自主性と民主性**　　（照屋翔大）

教育委員会法

戦前の中央集権的教育行政に対する批判と反省に基づき、1948（昭和23）年7月15日に公布・施行された法律。教育および教育行政の民主化、教育行政の地方分権化、教育行政の一般行政からの分離独立、という戦後教育行政の理念を以下のように具体化した。①地方公共団体の長から独立した合議制の執行機関としての教育委員会をすべての都道府県・市町村に設置する、②教育委員会の委員は素人支配（layman control）の原則に従い、住民の直接選挙により選出する（公選制）、③文部大臣・都道府県教育委員会・市町村教育委員会は、相互に指揮監督の権限関係を有さない。教育委員会制度が定着しつつあった時期に早くも本制度の廃止も含めた検討が開始され、1951年の政令改正諮問委員会答申は、教育委員公選制の廃止、文部大臣の権限強化を盛り込み、ついに1956年6月30日の「地方教育行政の組織及び運営に関する法律」の制定によって廃止された。⇒地方教育行政の組織及び運営に関する法律　　　（藤井佐知子）

教育委員の公選制

教育委員を地域住民の選挙によって選出する仕組み。わが国の教育委員会は、アメリカをモデルに、教育行政の民主化、地方分権化、一般行政からの独立を理念として1948（昭和23）年教育委員会法により設置された。とくに教育行政の民主化を保障する仕組みとして、地方議会選出の1名を除き、教育委員は直接選挙により選出されることとなった。ところが、実際には投票率が低く、民意の反映がかえって政治的色彩を帯びるなど、教育行政の政治的中立性と安定性の保持が課題とされた。1956年、地方教育行政の組織及び運営に関する法律（地教行法）の成立に伴い、公選制は廃止され、首長による任命制が採られた。近年では、地方分権下の教育委員会の在り方が見直される中で、教育委員の選任の改善として、候補者公募や、住民推薦、選考過程の公開などが提案されている。公選制については、中長期的な課題として慎重な検討が求められている。⇒教育委員会　　　（末松裕基）

教育改革国民会議

2000（平成12）年3月、今後の教育を議論するために、小渕恵三首相（当時）の私的諮問機関（座長：江崎玲於奈）として発足。全体会や分科会で審議を重ね、同年7月の「分科会の審議報告」、9月の「中間報告」を経て、12月に「報告」として教育改革への17の提案を示した。また、この間相次ぐ青少年事件に対し、「座長緊急アピール」（5月）を発表した。会議設置の趣旨は、「戦後教育について総点検する」と同時に「21世紀の日本を担う創造性の高い人材を目指し、教育の基本に遡って幅広く今後の教育の在り方を検討する」こととされた。17の提言の中には、問題を起こす子どもへの対応、個性を伸ばす教育システム導入、教員評価の体制づくり、組織マネジメントの発想の導入、"コミュニティ・スクール"設置の促進、新しい時代にふさわしい教育基本法の改正など、2000年以降の日本における教育政策の在り方に影響を与えてきたものも多数ある。同時に、教育学界だけではなく、その他の学界あるいは国民にまで教育改革議論を浸透させることに少なからず影響を与えた。⇒組織マネジメント　　　（福島正行）

教育科学

一般的には、思弁的・観念的な伝統的教育学に対して、教育の事実を科学的・

実証的方法で解明しようとする研究の立場をいう。歴史的には、19世紀末頃から、フランス・ドイツでは客観性・実証性・没価値性を求める教育科学の主張が行われ、アメリカでは教育の実際問題を解決する実証的・実用的な教育科学が盛んになった。わが国では阿部重孝・城戸幡太郎が編集した『岩波講座　教育科学』(1931～33) によって科学的教育研究の基盤がつくられた。その後、城戸、留岡清男が雑誌『教育』を発行し、その編集者・読者を中心として1937 (昭和12) 年に教育科学研究会 (教科研) が結成された。しかし、戦時体制のもとで民間教育運動への弾圧が強まり、1941年に教科研は解散を余儀なくされ、1944年には『教育』も廃刊となった。第二次世界大戦後、戦前教科研のメンバーであった宗像誠也・宮原誠一と勝田守一が中心となり、1951年に『教育』を復刊し、1952年以降、国民教育の創造と教育科学の確立を目標とする教科研が再建され、教育科学研究運動が推進されている。今日では、広く教育という事象を対象とする教育諸科学の総称として教育学と同義に用いられることもある。　　　　　　　　　(新井秀明)

教育学

pedagogy [英] ／ Pädagogik [独] ／
pédagogie [仏]

　広い意味での教育事象を研究対象とする科学。教育学は、英語で pedagogy もしくは pedagogics、ドイツ語で、Pädagogik、フランス語で pédagogie である。これらの語の語源は、古代ギリシャ語の「子どもを導く術」ということば (paidagōgike) にある。子どもをどう導くのか、その経験的な技や術を研究することから教育学が始まる。

　こうした流れは、1638年に『大教授学』を著したコメニウスにもあてはまる。すべての人に、すべての事柄を、わかり

やすく教授する普遍的な技法として教授学 (Didactica) が体系化された。しかし、19世紀に入ると、教育学を単なる技や術としてではなく、科学 (Wissenschaft) として樹立しようとする試みがなされる。ドイツの教育学者ヘルバルトは、教育の目的を実践哲学 (倫理学) から、教育の方法を表象心理学から導き出し、教育学を単なる経験的技法としてではなく、固有の対象と方法を具えた科学として体系化しようとした。彼の『一般教育学』(1806) はその成果である。しかし、ヘルバルトおよびヘルバルト学派の教育学は、ドイツ観念論哲学に基礎づけられた教育学であることに変わりがなく、20世紀に入ると、教育学を実験科学、実証科学として樹立しようとする動きが活発化する。モイマンやライによって試みられた実験教育学、フィッシャーによって提起された記述的教育学、デュルケームの実証科学などがそれである。これらは、第二次世界大戦後に活発化する教育科学 (science of education, Eziehungswissenschaft) の運動の先駆けともなった。

　しかし、教育学を没価値的な経験科学と見なす方向に対して、デューイに代表されるプラグマティズムの教育学、およびディルタイの精神科学などは、それぞれの方法を駆使して、価値構築の問題に取り組み、子どもの発達援助や文化伝達の論理を構築しようとしてきた。

⇒教育科学　　　　　　　　　(高橋　勝)

教育格差

　教育格差とは、教育にかかわる格差の総称であるが、これまで主に議論されてきたのは、教育機会の格差の問題である。どのような家庭に生まれるかで、子どもが受けることのできる教育の程度はかなり規定される。現に、有名大学の学生の

多くは、富裕層の子弟である。また、地域間の格差も大きい。2006（平成18）年の大学進学率の都道府県差をみると、最高は京都の61％、最低は沖縄の34％と、倍近くの開きがある。大学のような高等教育機関が地域的に偏在しているためである。さらに、学校間格差も問題である。とくに、後期中等教育（高等学校）段階における学校格差が問題とされてきた。わが国の高校は、制度的な性格を同じくするものの、それぞれの高校間において、上級学校（大学）進学率が著しく異なる。そのことは、国民の高学歴志向と相まって、上位校、中位校、そして下位校というような、暗黙の高校ランクをつくり出している。

こうした教育格差は、経済的な次元のみならず、文化的な次元での格差の問題でもあるので、例えば、貧困層の子弟に金銭的な就学援助をすれば解決するというものではない。学校で教えられる抽象的な文字や言語に親和的なのは、上層の子どもである。学校で教えられる知識（学校知）への親和性には、階層差が存在する。学校という、一見中立的な教育の場を通じて、親から子へと階層が再生産されている。このような文化的再生産の克服にあたって、教育実践が関与する余地は大きい。

現在、さまざまな教育格差がいわれる。教育内容削減に伴う学力低下にしても、学力を下げているのは下層の子どもたちである。また最近では、義務教育段階の学校格差に関心が向いている。学校選択制による格差拡大、公私間の格差拡大などである。今後の課題として、学習社会といわれる今日、学校教育のみならず、社会教育や生涯学習も視野に入れて、教育格差の問題を議論していく必要がある。⇒階層と教育、文化的再生産（論）

（舞田敏彦）

教育課程審議会

初等中等教育の教育課程について調査審議する文部大臣の諮問機関であり、その答申に基づき学習指導要領などの教育課程の基準の改善が行われてきた。1950年（昭和25）に設置され、わが国の教育課程の充実改善に大きな役割を果たしてきたが、2001（平成13）年の中央省庁等改革で中央教育審議会に統合された。教育課程審議会は、文部大臣が任命する委員60人以内で構成されるほか、臨時委員や専門調査員を置くこともできた。総会、初等教育課程、中学校教育課程、高等学校教育課程の三つの分科審議会と、必要に応じて課題別委員会などが置かれた。教育課程の基準の検討は、ほぼ10年に一度、教育課程審議会を発足させる形でなされてきた。しかし、社会の急激な変化に対応するために、学校の教育課程の編成・実施状況を検証し、常に基準の見直しを図っていく必要があるとの観点から、1998年教育課程審議会答申において、教育課程審議会の常設化が提言された。これをふまえて、教育課程審議会は、中央教育審議会初等中等教育分科会に教育課程部会として常設化され、教育課程の基準の不断の見直しを担うこととなった。

⇒学習指導要領、教育課程の編成（末松裕基）

教育課程の編成

各学校が、学習指導要領などの教育課程の公的基準に基づき、教育目標の設定、教育内容の構成、授業時数の配当を総合的に行うこと。教育課程の基準設定や編成を誰が担うかは、政治的な論争点である。わが国でも学習指導要領の法的拘束力や教育課程の編成権の所在をめぐって、主に国と教職員組合の激しい政治的対立の中で議論がなされてきた。現在では、国が基準設定を、学校が編成を担う

というのが通説だが、学習指導要領が絶対的基準かまたは大綱的基準かということや、編成権が学校の校長と教職員のどちらにあるのかなどについての議論が依然として続いている。また、教育課程編成の概念は、カリキュラム開発の概念と比べ、国や地方の基準を前提とする点で、技術的な作業の側面に強調があり、そのもとになる理念や思想は含まれない性格が強い。⇒学習指導要領、学校に基礎をおくカリキュラム開発、カリキュラムマネジメント

(末公裕基)

教育（陶冶）可能性
educability［英］／Bildsamkeit［独］

人間に対する教育的働きかけの効果が期待できること。「陶冶性」という場合もある。生物としてのヒトは生得的な形でもつ定形の行動能力が少なく、後天的な行動変容（可塑性）の幅が大きいことによって、ほかの動物に対して著しく高度な教育可能性を備えており、そのことは、ヒトが特有の有利な生存能力をもつ根拠となる。人間の教育可能性の大きさについては古くから認識されていたが、子どもや貧民に対しては限定的であった。近代になって、コメニウスやペスタロッチの直観主義的教育やロックの白紙説的経験主義的教育論などが展開され、それらは教育可能性を人間一般に拡大するものであった。ロックの影響を受けながら、フランス感覚論では、「教育はすべてをなし得る」（エルベシウス）という、いわゆる教育万能論が出るまでになるが、これらの流れは、一方で、教育に対する過剰な期待と競争を生み、今日のいわゆる教育信仰や学校化社会に行き着いてもいる。わが国では、ドイツ教育学のいうBildsamkeitにあてて陶冶性の語を用いることが多かった。⇒可塑性、ペスタロッチ、ロック

(原　聡介)

教育関係
educational relationship

子どもが成長していく上では、親、教師、遊び仲間、地域の大人などとの多種多様な対人関係が取り結ばれるが、その中で、「教育―学習」の関係を色濃く含む対人関係のことを教育関係という。

「教育関係」については、哲学者ディルタイ（Dilthey,W.1833～1911）の『教育学体系の草稿』（1884～1894）にみられる。そこでは、教育を、単に子どもを一方的に導く技としてではなく、成長した者（教師）と成長しつつある者（生徒）との相互行為において成立するものとして説明し、その際に「教育関係」という概念が使用されている。こうした〈教師―生徒〉の関係を「教育関係」（pädagogischer Bezug）という独特の用語で詳細に分析したのが、ディルタイの弟子ノール（Nohl, H.1879～1960）である。ノールは、「教育の基本は、成熟した人間の成熟しつつある人間に対する情熱的関係である」と説明する。それは、「成長しつつある人間自身のためであり、彼の生と形式を獲得するための関係」であると規定した。

この「教育関係」の特徴として、教師の愛と権威および生徒の愛と服従に基づく相互行為であること、教師による一方的な働きかけではないこと、生徒の現在の状態と未来の可能性によって二重に規定されていること、この関係の解消を最終目標とした特殊な関係であることなどの諸点が挙げられている。ノールの教育関係論は、1920年代のドイツにおいて教育学の学問的独自性を主張する上で有力な根拠を与えるものとなったが、ナチズムの台頭とともに、それは民族や共同体の概念の中に溶解していった。

第二次世界大戦後、教育関係論が再び脚光を浴びるのは、1960年代に哲学者ハーバーマス（Habermas, J. 1929～　）

の強い影響下で、解放的教育学が勃興する時期である。そこでは、「教育関係」が、ディスクルス（討議）倫理学を土台にして再構築され、ノールのような「権威と服従」というタテ関係ではなく、コミュニケーション的行為というヨコの対等な関係、つまり相互行為として理解されるに至る。⇒ディルタイ　　　　（高橋　勝）

教育漢字

1958（昭和33）年「小学校学習指導要領国語」の末尾に載せられた各学年において学習する漢字を配当した881字の「学年別漢字配当表」を総称して教育漢字と呼んだ。その後、1968年に「備考」として115字が加えられ、1977年には正式に各学年に配当されて教育漢字は996字となった。1989（平成元）年の改訂の学習指導要項では、小学校で1,006字（1年80字、2年160字、3年200字、4年200字、5年185字、6年181字）が配当されたが、漢字配当学年前後の学年でも指導できるという弾力的な取り扱い方向が示された。従来の漢字の指導法は、一度に何回も書かせるといった、単調で機械的な反復練習が中心であった。また、「学年別漢字配当表」に示された標準形漢字の細部（ハネなど）にこだわる厳格な評価が、ともすれば学習意欲を削ぐ結果ともなっている。2020（令和2）年からの学習指導要領では、さらに20字が追加され（すべて高学年）、1026字となった。また、高学年3年間で配当の変更があり、4年202字、5年193字、6年191字とされた。　　　　（岩下　均）

教育基本法

1947（昭和22）年3月31日に公布・施行され、その後約60年にわたって教育の根本を明示し続けた教育法。1946年11月3日に制定・公布された日本国憲法と

の強い一体性のもとに作成された経緯があり、法律としては珍しく前文が付され、「日本国憲法の精神に則り」制定されたことが記されている。そのことから、本法は、準憲法的性格を有しているとか、教育に関する基本原理的法律であると評価されることが通例となっている。さらにきわめて重要なこととして、戦前の教育の在り方を全面的に批判し、その欠陥を克服する立場で作成されたことである。すなわち、教育が国家（天皇）ではなく国民の権利であることを前提に、教育が「人格の完成」を目的として行われること、その実現のために「学問の自由」が尊重され、教育行政は「諸条件の整備確立」が目標とされるべきこと、義務教育の年限が9年間とされたこと、男女共学の原則が認められるべきこと、学校教育および学校教員が公共的な性格を有していること、政治的・宗教的教養が尊重されるべきことなどが簡潔に規定されている。しかし、制定後10年を経ずして改定の動向が現れ、それは、その後教育改革の必要性が政治的に叫ばれるたびに顕在化した。そのたびに、本法を擁護・発展させようとする立場の人たちとの間で厳しい論争的状況が出現したが、2006（平成18）年12月に至って改定が現実のものとなった。

新法の内容に関しては、旧法に無かった"生涯学習の理念""大学""私立学校""教員""家庭教育""幼児教育""学校、家庭及び地域住民等の相互連携協力""教育振興基本計画"に関する条文が規定されたことや、旧法の"教育の方針"が"教育の目標"に変更され、細かな教育目標が規定されたことなど大きな変更点がある。とりわけ大きな問題として、旧法が有していた日本国憲法との一体性が、新法でも前文で「日本国憲法の精神にのっとり」と規定されているものの、果たしてどれだけ整合性を持ち得ているのかということがある。新法が今後の日本の教育

をどのように導いていくのかは定かでないことが多いが、その運用にあたっては、従来の教育基本法が、戦前日本の教育体制に対する痛烈な批判の精神に貫かれていたという歴史性を十分にふまえることが肝要である。⇒**学校教育法、教育の機会均等**　　　　　　　　　（船寄俊雄）

教育行政

公教育を維持・管理し、適切かつ有効に運用していくために、公権力が一定の行政機構を通じて講じる必要な措置のこと。規制作用（教育行政の主体が、その客体に対して一定の義務を課したり解除したり、行為に制約を加える）、助成作用（教育行政の主体が、その客体に対して、それらの行為を奨励・援助するために指導助言援助を行ったり、経費の補助を行う）、実施作用（教育行政の主体が、自ら必要な教育活動を直接実施する）という異なる３つの作用を通じて実施される。

教育基本法（第16条）は、「教育行政は、国と地方公共団体との適切な役割分担及び相互の協力の下、公正かつ適正に行われなければならない。」（第1項）と規定し、国には「全国的な教育の機会均等と教育水準の維持向上を図るため、教育に関する施策を総合的に策定し、実施」（第2項）することを、地方公共団体には「その地域における教育の振興を図るため、その実情に応じた教育に関する施策を策定し、実施」（第3項）することを求めている。2006年の教育基本法改正によって新設された教育振興基本計画（第17条）は、これら両者の役割と働きを関連づけるものと理解することができる。

教育行政の実施機関として、国には文部科学省が、各地方公共団体には教育委員会が置かれている。文部科学省は、2001（平成13）年の省庁再編に伴い、文部省と科学技術庁の統合により誕生した、文部行政を担う中央官庁である。同省は大臣官房、国際統括官および6つの異なる役割を担う局で構成される本庁と、文化庁およびスポーツ庁からなる。2018（平成30）年10月には、生涯学習政策局が総合教育政策局へと組織再編された。また、教育委員会も2014年の地方教育行政の組織及び運営に関する法律（地教行法）の改正に伴い、教育委員長職の廃止・新教育長職への一本化、首長主宰の総合教育会議の設置、首長による教育大綱の策定といった制度改革がなされている。

⇒**教育委員会、文部科学省**　　（照屋翔大）

教育行政の自主性と民主性

教育行政の自主性とは、教育行政を一般行政から独立させ、教育に関する十分な経験と理解を有する者によって教育行政を行うことを意味する。政治的な中立性を担保するねらいもある。教育行政の民主性とは、教育に関する意思決定を国民あるいは住民の意思に基づいて行うことを意味する。これらに地方分権化を加えた三原則が戦後教育行政の基本原則であり、それらに基づいて教育委員会制度が導入された。

戦後日本の教育行政は、従前の中央集権的な教育行政に対する反省から出発した。「教育は不当な支配に服することなく、国民全体に対し直接に責任を負って行われるべきものである」（教育基本法［旧法］第10条）という目的を実現するために制定された教育委員会法（1948年）は、教育委員を地域住民の選挙によって選出する公選制の実施、教育委員会による教育長の任命、教育予算の自主権などを定めていた。しかし、同法は1956（昭和31）年の「地方教育行政の組織及び運営に関する法律」（地教行法）の成立に伴い廃止された。地教行法により、教育委員の任命制への変更や、国―都道府県―市町

村間の関係の強化（＝集権化）と教育行政における一般行部局との関係の強化が図られ、結果、戦後教育改革の理念でもあった、教育行政の自主性と民主性の後退を招いたと考えられている。

教育における規制緩和の推進やアカウンタビリティの明確化が重視された1990年代後半以降、教育行政を取り巻く状況は大きく変化してきた。教育行政の自主性や民主性をめぐるこの間の主な地教行法の改正点には次のものがある。1999（平成11）年には、教育長の任命承認制度と都道府県による基準設定が廃止された。2007年には、教育委員として保護者を選任することが義務化された。2014年には、教育委員会制度そのものの見直しが図られ、教育委員長職の廃止・新教育長職への統合や首長が主催する総合教育会議の設置とそこでの教育大綱の策定といった動きに象徴されるように、教育行政における住民の教育意思の位置づけや教育行政における首長の役割や権限が抜本的に見直された。公教育をめぐる統治（ガバナンス）の在り方が問われている。

⇒教育委員会、教育行政　　　（照屋翔大）

教育行政の素人統制

「素人」（layman）とは、聖なる宗教的儀式をつかさどる専門的な「聖職者」に対して、非専門的な「俗人」の意味である。教育行政の素人統制（layman control）とは、公教育の管理運営を担う教育行政を「教育の素人」に委ねる運営形態を指す。その意義は、教育という営みにかかわる職業に排他的専門性を認めることよりも、むしろ、子どもの成長発達を支援する教育は、「水や空気」と同じようにすべての人の必要であり、「教育の在り方は市民感覚」（コモンセンス）で捉えることが望ましいと解することにある。無論、教育を専門とする専門家を一律排除

することではない。教育行政の素人統制の典型例は、アメリカにみられる。アメリカでは学区の教育委員会の委員は、その地域の住民が選挙で選出する。この場合、学区の教育委員会は地域住民から構成される教育の素人ではあるが、その補佐をするために、教育長は教育の専門家を配置している。

わが国では、戦後の教育委員会制度により、直接住民の選挙による公選制の教育委員会制度が組織化されたが、この住民の選挙が政党による議会選挙に酷似したものとなり、教育委員会の政治的中立性を損なうものとして、数年で、この住民選挙による選出から首長の任命制による選出へと制度を変えた。その後、地方行政への住民参加の一環として、現行の首長による任命制の枠の中で、住民の意思による教育委員の選出方法が模索され、東京都中野区での教育委員の準公選制が実施された経緯がある。しかし、現代の行政課題が総合行政化しており、教育行政だけが一般行政部局から独立している行政委員会としての性格をもつことに対して、教育委員会の廃止・統合論もみられる。　⇒教育委員会、教育行政（大坂　治）

教育空間
educational space

子どもが日常的に活動する家庭の居間、地域の空き地、公園、学校の教室や校庭などを、子どもと他者、事物、自然との相互作用の場として捉えることでみえてくる子どもの成育空間をいう。

広い意味では、活字、映像などのメディアも教育空間の一部をなしている。そこでは、親や教師の教育的意図を超えて、子どもと他者、事物とのやりとりの過程で、独特の教育的雰囲気が立ちあらわれる。学校の教室でいえば、それは隠されたカリキュラムにも等しく、意識化され、明示化されたカリキュラムとは異なる空

間が浮かび上がる。親−子、教師−生徒、仲間同士の関係性が、そこで活動する子どもたちの独特の雰囲気や意味空間をつくり上げる。

教室の授業の場で、この空間を学習一元的に統制しようとすると、〈教師−生徒〉関係は相互性を失い、操作性が空間にあらわれ出る。子どもの居場所性、冗長性が消えていく。逆に、フリースクールや学校のフリースペースなどの空間では、子どもたち相互の、そして子どもと教師との相互行為を通して、相互承認と居場所性に満ちた活動が展開する可能性が生まれる。⇒学習、他者、フリースクール

（髙橋　勝）

教育経営

教育の目的を効率的に達成するために、社会の中に多様に存在する教育主体を総合的に捉え、その機能の関連づけを行うことで、教育事象を総体として把握する上で用いられる概念。教育事象を経営学的に探究する教育経営学という研究分野が確立されている。しかし、教育経営学では研究対象が広範に及ぶ上、研究方法論が多様であることから、必ずしも厳密な概念として確立されているとはいえない。類似した概念として、学校経営および教育行政がある。学校経営は個々の学校を単位とし、学校で営まれる経営活動を指す概念である。これに対して教育経営は個々の学校に限定されない総合的で包括的な概念である。例えば教育経営が対象とする領域としては、学校をはじめとして家庭、地域、その他社会の中での教育事象にかかわる経営活動があり、対象が多岐にわたっている点で異なる。また、教育行政は公権力が関与する教育活動を対象としており、具体的には国や地方公共団体が行う行政活動を探究する概念である。これに対して教育経営はこれらと重なる部分はあるものの、国および地方公共団体に限らない、多様な教育主体の経営活動を対象としている点で異なる。

教育経営という概念から導き出される視点としては、人的視点、物的視点、財的視点がある。これは、経営の3要素である人、物、金をいかに効果的に活用しながら教育を営むかという視点から対象を捉えるためである。近年では、学校、家庭、地域の連携の重要性が増しており、実際にも多様な取り組みがみられるようになっていることから、教育経営という概念からこれらの教育事象を捉える必要性が高まっている。⇒学校経営、教育行政

（柳澤良明）

教育計画
educational planning

政策における教育の位置づけや予算等の資源配分に関して、さらに教育の個々の体系等に関して、国や自治体、国際機関等がつくる計画のこと。

わが国で教育計画が脚光を浴びたのは、1960年代の高度成長期であった。シュルツ（Shults, T.1902 ～ 1998）らの教育投資論の影響を受けて、1971（昭和46）年中央教育審議会答申で、長期総合教育計画の必要性が指摘された。しかし高校進学率が90%を超えて、教育計画は大学等の高等教育にシフトされていった。2000（平成12）年「高等教育の将来構想」が出され、2005年中央教育審議会答申「わが国の高等教育の将来像」で、高等教育の多様な機能と個性・特色の明確化が述べられた。2006年改正の教育基本法の理念を実現し、教育振興の推進を図るため「教育振興基本計画」が策定された。2018年度から2022年度を対象とする第3期教育振興基本計画では、教育の普遍的な使命、教育をめぐる現状と課題、2030年以降の社会を展望した教育政策の重点事項等が述べられ人材

投資の拡充を行うため「新しい経済政策パッケージ」等を実施し、教育費負担を軽減すること、客観的な根拠に基づく政策立案を推進する体制を整えること等が明記された。⇒学校評議員、技術革新と教育、教育振興基本計画、教務主任、マンパワー政策

（田中敬文）

教育権

　教育権という用語は多義的であり、広義では、教育にかかわる当事者の権利・義務の関係、責任と権限の関係の総体をいうが、狭義には、教育内容を決定し、実施する権利・権能を指して用いられてきた。1950年代半ばから教育内容に対する国家統制が強まり、教育裁判において教育権の所在をめぐる法解釈が争われた。政府は、議会制民主主義により国民の教育意志を代表して国会および教育行政機関が教育内容・方法を包括的に決定できるとする国家の教育権論を唱えた。これに対して国民の教育権論は、子どもの教育を受ける権利を保障する責務は親を中心とする国民であるとの論拠に基づいて、教育の専門家としての学校教師が国民全体に対して責任を負って教育の内容・方法を決定、遂行すべきであり、教育行政の役割は国民の教育義務の遂行を助成する条件整備に限られると主張した。最高裁学力テスト判決（1976［昭和51］年）は、いずれも極端かつ一方的であるとして折衷説を採用したが、子どもの学習権説を採用し、教師の教授の自由や親の教育の自由を一定の範囲であるが、最高裁の判例として公認したことの意義は大きい。今日、子どもの権利や親・住民の教育参加とのかかわりなど解明すべき理論的課題が多く残されている。

⇒親の教育権、教師の教育権　（新井秀明）

教育言説

　私たちが教育言説という耳慣れないことばを使用したり、ある教育事象を「教育言説」という枠組みで捉えようとする事態を、次のように考える。例えば、語られることばや書かれたものが事実を言いあらわしているとは必ずしもいえない。むしろそれは、制度的かつ政治的な思考慣行、ときにドグマによる憶説や謬見だったりする。そこで、事実の語られ方や、ときに権力性をも問うとするのが教育言説である。

　教育言説が取り上げられるようになった背景には、1970年代後半から今日に至るまで学校教育をめぐる種々の教育問題が噴出している中で、教育論議だけが盛んになったことがある。ある教育事象が「問題」であるとみなすことは教育の当事者や関係者の「真実」を伝えたものであるかという疑問が出される。例えば「いじめ」や「不登校」ないし「子どもの自殺」をめぐる教育論議自体を反省の対象として、語られる言語や言語表現そのものを取り上げて論じるという作業が始まったのである。不登校の子どもは「何らかの事情で登校しなくなった」、「登校できないでいる」、という言説は、自明とされる思考方法や価値判断として、「怠学」「生活習慣の乱れ」「友だち関係」や「成績不信」「いじめ被害者」といった「認識枠組み」で説明される。論じられる前提には実際的なデータに基づく「実証性」と両義性を許容しない「客観性」が価値として背後にある。この「実証性」や「客観性」が教育実践の動機づけや指針として機能してしまうのである。

　ある教育事象を教育言説と捉える際の主な課題は次のようになる。①一定の教育言説はいつから創出され、その創出者は誰であり、どのような機関や組織か。②せめぎあう教育言説はどのようにして

マスメディアで取り上げられ、流通し広がっていったか。③教育言説は立法や行政、司法にいかなる影響力をもたらしたか。逆にそれらは教育言説の教義化にどのように働いたか。この課題は相互に関連し合っている。　　　　　（望月重信）

教育工学

　教育目標を達成するための工学的方法やシステムを学際的・総合的に研究する教育学の一分野。教育工学は、教育へのシステム的接近であり、教育の効果あるいは効率を高めるためのさまざまな技法、技術、システムを考案し、方法の最適化を志向し、具体的な実践を通して効果を評価しつつ、よりよいものに改善していく。教育工学は、1960年代からプログラム学習の発展、ティーチングマシンの開発、ならびに視聴覚教育の普及を契機に成立したといわれる。その後、情報工学、通信工学、システム工学、学習心理学、認知心理学などの知見を活用し、急速に発展した。1980年代以降は、コンピュータをはじめとするメディアの発達に伴って、教材ソフトウエアの開発やインターネットの活用、遠隔教育の在り方なども研究されるようになっている。従来、経験と勘に支配されることが多かった教育現象を、科学的・実証的に解明し、工学的な設計・開発の光をあてたことには大きな意義がある。
　⇒視聴覚教育、ティーチングマシン（大川　洋）

教育公務員特例法

　公立学校の校長（園長）、教頭、教諭、養護教諭、講師などの教職員のほか、教育委員会事務局で教育事務を統括する教育長、そして「専門的教育職員」と呼ばれる指導主事・社会教育主事は、地方公務員の身分を有し、一般の地方公務員と同じように地方公務員法の適用を受ける。しかし、彼らのような教育に深くかかわる公務員は「教育公務員」として、その職務と責任の特殊性が社会的・政治的に広く認知されている。このため、任免・分限・給与・懲戒・服務・研修・職員団体などについて、さらなる法規定が設けられている。これが教育公務員特例法であり、いわば一般法である地方公務員法の特別法として位置づけられている。
　例えば、条件附採用が本採用となるまでの期間について、一般の地方公務員の6ヶ月に対して教員は1年であるほか、採用・昇任が競争試験によらず「選考」によることとされている（教育公務員特例法第11条、第12条）。また服務について、公立学校の教育公務員に対する政治的行為の制限事項は国家公務員と同様とされ、他の地方公務員よりも厳しい服務規律が課せられている（国家公務員法第102条、教育公務員特例法第18条）。その具体的な事項は人事院規則14-7に規定されている。研修とその機会の確保については、それぞれ教育公務員とその任命権者に対する努力義務が規定されている（教育公務員特例法第21条、第22条）。さらに、初任者研修や中堅教諭等資質向上研修（同法第23条、第24条）や、大学院修学休業（同法第26～28条）に至るまで規定されている。教員の職務の特殊性が、教育公務員としての身分制度上に表現されたものといえよう。
　⇒教職員　　　　　　　（有働真太郎）

教育財政

　国と地方公共団体が公教育のために資金を調達し経費を支出する経済活動。19世紀以降の先進諸国において義務教育を中心とする公教育制度が成立するのに伴って、教育費の相当部分が公的に負担されるようになり、教育財政に関する制

度が確立した。わが国においては、学校教育法第5条に定められた設置者負担主義の原則により、国立学校の経費は国が、都道府県立学校の経費は都道府県が、市町村立学校の経費は市町村が、それぞれ負担している（市町村立学校の教職員給与は都道府県が負担）。そして、小中学校の大部分が市町村立であることなどから、国と地方が支出する教育費の割合では、地方の負担が8割以上となっている。ただし、義務教育費国庫負担法（昭和27年法律第303号）などに基づくさまざまな国庫補助金の制度があり、また地方の一般財源となる地方交付税の一部も教育費に充てられているため、純粋な地方負担額は公財政支出教育費の55％程度となる。⇒義務教育費国庫負担法　　（上原秀一）

▋教育再生実行会議

第二次安倍内閣が、2008（平成20）年に解散した「教育再生会議」を再組織する形で、2013年1月に設置した首相直属の諮問機関。事務局の機能をもつ担当室は、文部科学省内に設けられている。2019（令和元）年現在、同会議は内閣総理大臣、内閣官房長官、文部科学大臣兼教育再生担当大臣と22名の有識者で構成されており、元早稲田大学総長の鎌田薫が座長を務めている。設置の目的は、教育改革について議論するだけでなく、官邸主導で足早にそれを「実行」していくために、足掛かりとなる提言を行うことにある。2019年1月までに、合計十次にわたる提言と第十一次提言の中間報告が行われており、例えば、いじめ・体罰問題等の対策や道徳の教科化、6・3・3制学校体系の見直し、小中一貫校の設置などに関するものがある。実際に、これらの提言を受けて学校教育法などが改正され、「道徳の教科 道徳」が新設されたり、「義務教育学校」や「小中一貫型小・中学校」が発足するなど、法整備が進められてきている。　　　　　　　（宮野　尚）

▋教育裁判

教育にかかわる係争を司法判断（判決）に求めることで解決を図ることを指す。そこでは、教育の論理（条理）がどのように解釈されるかが最大のポイントである。なぜなら教育に関する法規体系を教育の論理に即して整合的に解釈することが課題となるからである。その意味で、条理的解釈が不可欠であり、そのためにはさまざまな学問研究の成果がその条理の内容を支える。もとより教育に関する係争は当事者により自主的解決が最も望ましい。教育裁判は、多様なタイプがあるが、学校をめぐる保護者・子どもと学校の争い（校則問題、指導要録の開示請求、子どもの安全管理問題、体罰問題など）の具体的な教育上の利益の保護を争う問題群と、より大きくは国の教育政策上の制度的措置（例えば学力テスト実施問題、勤務評定問題、教科書問題）に対抗するために教育裁判が教育裁判運動として取り組まれたような問題群もある。⇒教科書裁判（家永裁判）　　（大坂　治）

▋教育刷新委員会

1945（昭和20）年8月、日本の無条件降伏により太平洋戦争が終結、翌年3月に来日した第一米国教育使節団は、戦後教育の基本方針にかかわる報告書を提出したが、その際、同使節団に協力したのが総司令部令によって置かれた「日本教育家の委員会」であった。これが同年8月に恒常的な委員会として、首相の所轄のもと「教育に関する重要事項の調査審議」を行うべく再発足、これが教育刷新委員会である。同委員会は帝国大学総長、師範学校長、大学教授など学術・教育関係者が多くを

占める学識経験者から構成され、占領軍や内閣から相当に独立して自主的な審議を進めた。1949年に教育刷新審議会と改称されて1952年に中央教育審議会が置かれるまで存続。35回に及ぶ建議を通じて、戦前・戦中の公教育を批判的に分析し、教育基本法、学校教育法、教育委員会法、社会教育法等、民主教育や教育の地方分権など、戦後の公教育の基本理念を法的に整備する上で大きな影響を及ぼした。⇒**中央教育審議会、米国教育使節団報告書**　（榊原禎宏）

教育産業

1965年頃アメリカの社会学者マッハループが、これからの知識産業社会の中で中核的位置を占めるのは教育マーケットを対象とした産業であると指摘した。それが教育産業と呼ばれる。主として教育サービスを提供する産業とハード面の教育関連財を提供する産業とに分かれる。前者には、学習塾をはじめとして各種職業資格取得のための講習会などを提供する事業などが含まれる。後者には、主として教科書会社があり、そして教材・教具産業、また教育工学の発展過程で開発された学習機器の販売・提供事業、それら学習機器で使用されるプログラムソフト販売会社などがある。また今日では各種テスト実施を請け負う会社、それから大学生や高校生への進路指導に関する事業を展開する会社も多くなっている。日本では1984（昭和59）年から始まった臨時教育審議会の第三次答申（1987）で「放送・出版・新聞・コンピュータ・教育機器・各種ニューメディア等による教育情報の提供事業、さまざまな形態の職業教育、通信教育、文化教養講座、予備校、学習塾、お稽古事塾などの民間教育産業」を列挙しており、にわかに関心が高まった。　　（大淀昇一）

教育思想

教育に関する事柄について、そのあるべき姿に対する、一定の理念的・価値的な判断を含む統一的な考え方であり、教育の事実についての客観的な科学的理論とは異なる。一方、教育は誰もが経験し、具体的な形で知ることができるから、さまざまな意見をもち、発言することもできるが、それらをいちいち教育思想とはいわない。通常は、ある特定の人物が著作において表現した理念的な言説で、その及ぼした影響力において歴史的に評価されたものが教育思想と呼ばれるようになる。教育思想は、それを学ぶ者に自らの教育的努力に向かう刺激と勇気を与えてくれる。また、教育思想の歴史的な流れから、今日の教育の由来を知る手がかりを得ることができる。　　（原　聡介）

教育実習

教育職員免許の取得を目指す者が、学校現場において、教育の実践能力を身につけ、理論的学習の新たな発展の契機をつかむことができるように計画的に設定された実地の学びと活動の場。教員養成カリキュラムの中では、それまでの学習や研究を実地に適用・検証しての一つの仕上げとしての意味をもつとともに、「教育実習を経験してはじめて教員になりたいと強く思った」などの声が聞かれ、教育実習が教職への意欲と関心を高める重要な節目となっている。

「教育実習」という名称は、1907（明治40）年の「師範学校規程」にすでにみられ、第二次世界大戦以降は教育職員免許法と同施行規則に詳細が規定されている。なお、養護教諭免許取得の場合は「養護実習」の名称を充てている。1989（平成元）年の教育職員免許法改正時からは「事前・事後指導」1単位があわせて義

務づけられるようになった。実習は、大学等の附属学校・園、養成機関、近隣の協力校・園、あるいは実習生の出身校などで行われる。教育実習が、実習生を送り出す大学等の教員と学校現場との研究上の緊密な連携の契機となっていることも少なくない。⇒教員養成　　（水内　宏）

教育実践記録

　教育実践記録とは、個々の教師が自分たちの実践を記録したものである。その形は、いろいろなものがあり、一定の決まった形式というものはない。例えば、子どもの作文集、詩集なども実践記録の一つと考えられる。また、教師自身の手記、あるいは雑誌に寄稿した教師の論文やエッセーなども教育実践記録として考えることが可能である。教育実践記録において重要であるのは、それが教師自身の立場からであるのか、あるいは子どもの主観を載せたものであるのか、それがいずれの視点で書かれたものであるのかということが重要になる。教師の主観は、子どもの作品や描いたものによって検証される必要がある。教育実践記録は、アチーブメントテストによって測られるような方向にある教育行政に対し、教育の質や子どもの現実を知るための重要な根拠である。子どもの声をどのように教師がくみ取り、記録として残すか、教師の大切な仕事の一つである。　　（浅沼　茂）

教育指導者講習
IFEL
　第二次大戦後の新たな教育理念を普及するために、占領軍総司令部の民間情報教育局（CI&E）と文部省が企画した教育者に対する再教育の場。教育長等講習のちに教育指導者講習と訳されたが、the Institute for Educational Leadership の頭文字から「IFEL／アイフェル」とも呼ば

れた。1948（昭和23）年10月から1952年3月までの間に、東北大学、東京大学、九州大学など都内9、都外6の計15大学を会場に8期にわたり開催され、その多くが6週間から12週間と長い講座であったが参加者はおよそ9,400人にも上った。開設講座は大別して、教育長・指導主事・校長など学校指導職のためのもの、学校段階ごとの教育課程・教授方法・教育評価、あるいは図書館学・特殊教育・通信教育などの新たな教育分野や大学の行政・学生補導などであり、アメリカ人教育行政官、教育実践家、教育学者の講師も数多く招かれた。講義だけでなくワークショップを取り入れた運営形式のもと、同講習は戦後の教育学と教育実践に多大な影響を与えた。　　（榊原禎宏）

教育社会学
sociology of education
　「教育社会学」（educational sociology）という学問名が成立するのは、20世紀初頭のアメリカにおいてであるが、その研究内容からすれば19世紀後半のフランスのコント、デュルケームなど社会学者による教育研究や、ドイツのナトルプほかの社会的教育学に始まる。アメリカの大学で、主に教員養成の一貫として "sociology for teachers"「教師のための社会学」として講じられたのが、"educational sociology"「教育のための社会学」となり、さらに1960年代以降 "sociology of education"「教育についての社会学」というように発展してきた。わが国では、戦前期からこの学問の紹介はされていたが、大学の講義科目として、また学会組織を結成して正式の独立した学問として認知されるのは戦後のことである。教育学部をもつ大学では教育学講座・教育学科など教育学の中に、教育学部をもたない大学では、文学部教育学科や同社会学科の中に位置づけられていて、

教育学、社会学いずれにその拠点を置くかは相変わらず定まらない。しかし、その研究の対象は、あらゆる教育現象、教育問題を網羅し、その方法は、データをふまえた実証的分析に徹することでは一貫している。こうした点で、従来の教育学研究とも、あるいは社会学一般とも一線を画しているということもできる。わが国において、この学問の成立期には、教育学がこれまで手をつけてこなかった分野（例えば学歴、階層と教育など）の研究が中心であったが、近年では学校組織、教育課程などさまざまな教育実践の領域にまでその関心を広げ、従来の教育学に期待された役割を今教育社会学が負っている様相もうかがわれる。

⇒デュルケーム、ナトルプ　　（陣内靖彦）

教育情報
educational information

　まさに教育にかかわるさまざまな情報のことであるが、とくに情報化社会の進展を受けてインターネットなどのコンピュータネットワークで利用されたり、あるいは利用できる状態にある情報を想定したことばである。インターネットの普及とともにめざましい進化を遂げた検索エンジンは、これまではほとんど不可能に近かったあらゆるところに存在する情報にアクセスすることを可能にする。他方で、教育内容は文明の発達とともに高度化・複雑化する一方である。さらに「総合的な学習の時間」に象徴されるが、今後の教育には子ども自らの調べる力を育成することが求められている。そこで「教育情報」として教員が授業実践を行うため、さらには子どもたち自身が調べ学習を行うためのサイトが存在する。中でも、教育情報ナショナルセンターが、政府のIT戦略本部が作成したe-Japan重点計画にしたがって、国立教育政策研究所によって現在立ち上げを行っているところであ

る。なお、学校や生涯学習機関を選ぶ参考となるインターネット上の情報を「教育情報」と呼ぶこともある。　（池上　徹）

教育職員免許法

　1949(昭和24)年に制定された、「教育職員の免許に関する基準を定め、教育職員の資質の保持と向上を図ること」（第1条）を目的とする法律である。この法律で「教育職員」とは、幼稚園・小学校・中学校・高等学校・中等教育学校・特別支援学校の教諭、助教諭、養護教諭、養護助教諭、栄養教諭および講師を指す。

　同法は戦前の反省をふまえて、「民主的立法」「専門職制の確立」「学校教育の尊重」「免許の開放性と合理性」「現職教育の尊重」を立法の精神に掲げた。とくに「専門職制の確立」においては、一定の教養さえあれば誰でも教員の仕事を遂行できるという考え方に疑問を向けて、人間の教育に携わる教員の仕事にそれとしての専門的力量があるべきだという立場をとっている。そして、教育に関係ある学問の基礎に立ってそのような力量を習得した者が教職に就かなければならないという視野のもとで、「大学における養成」の具現化と、そのカリキュラムにおける教職教養の重視を制度化した。

　同法は幾度も改正されている。1953（昭和28）年の改正では課程認定制度が導入され、各大学が免許状授与のための課程として開設する「専門科目」について、文部大臣（文部科学大臣）による認定が必要とされることになった。また、1988年の改正では普通免許状の種類とその基準の変更などが行われた。

　現行法では、普通免許状の種類は小学校・中学校・高等学校・特別支援学校・幼稚園のそれぞれの教諭と、養護教諭、および栄養教諭となっていて、それぞれに専修免許状、一種免許状、二種免許状

がある（高等学校教諭については専修と一種のみ）。また2007（平成19）年の改正により、「教員が、社会構造の急激な変化や学校や教員に対する期待等に対応して、今後も専門職としての教員で在り続けるために、最新の知識・技能を身に付け自信と誇りを持って教壇に立ち、社会の尊敬と信頼を得ていく」（2007年3月中央教育審議会答申）ことをねらいとして、2009年4月から、免許状の有効期間を10年とする更新制が導入された。　⇒**教員免許状、教員免許更新制度、教職課程コアカリキュラム**

（浜田博文）

教育職員養成審議会

旧文部省に設置されていた文部大臣の諮問機関を指す。略称は「教養審」。中央省庁等の改革・再編が行われたことに伴い、教養審は2001（平成13）年1月に新しくできた文部科学省の中央教育審議会に統合され、中央教育審議会初等中等教育分科会教員養成部会にその機能が引き継がれて今日に至る。教養審の役割は二つに大別される。第一の役割は、文部大臣の諮問に応じて、教育職員の養成・免許・研修に関する事項を調査審議し、必要と認める事項を文部大臣に建議することにある。そして第二の役割は、毎年度、文部大臣の諮問に対して、申請のあった国公私立の大学・短期大学等の学部・学科等について、教員免許状の授与の所要資格を得させるために適当と認めることができるか、その課程認定の審査を行うことにある。中でも、1987（昭和62）年の答申「教員の資質能力の向上方策等について」は、戦後日本の教員養成・免許・研修制度の大改革を促し、その答申に基づいて教育職員免許法と教育公務員特例法が1988年に改正された。また、旧教養審の機能と役割を引き継いだ中央教育審議会初等中等教育分科会教員養成部会は、

2001年1月以降、主として、特殊教育免許の統合化、栄養教諭免許制度、専門職大学院、免許状の更新制の導入等の課題について審議を行い、現在、それらの課題の多くが具現化されている状況にある。　⇒**教員養成、中央教育審議会**　（鞍馬裕美）

教育振興基本計画

教育振興基本計画は、教育の振興に関する施策の総合的で計画的な推進を図るため、その基本方針と講ずべき施策等を定めたものである。2006（平成18）年改正の教育基本法に基づいて策定される（第17条）。政府が策定する基本計画に基づき、地方公共団体は各地域の実情に応じて基本計画を策定する努力義務がある。

教育振興基本計画には、概ね5年間で重点的に取り組む施策と達成目標が示される。目標の達成状況は定期的な政策評価で点検される。2018（平成30）年度からの第3期の基本計画では、教育施策の効果的・効率的な遂行に向け、測定目標と参考指標を示して目標の進捗状況を把握するなど、客観的な根拠を重視した教育政策の推進（Evidence-Based Policy Making; EBPM）が目指されている。教育振興基本計画は、改正教育基本法で明記された教育の理念や目的、目標を踏まえて策定され、国と地方公共団体の適切な役割分担と連携・協力の下での実行が求められている。　⇒**教育計画**（臼井智美）

教育政策

広義には、公的な教育の実施に関して一定の理念のもとに示される目標と手段（方策）の体系のことをいう。狭義には、政策が政治的権力（中央政府、地方公共団体、政党など）の作用によって形成・決定される点に着目して、公的な教育の実施に関する政治的権力の意思を示

した目標と手段の体系のことをいう。教育政策は、通常、教育立法の過程を経て教育法規となり、その法規に基づいた教育行政によって具体化され、実現される。教育政策は、国の政治体制や経済状況と密接なかかわりをもちながら、それぞれの時代において生じた教育上の問題や要請を反映して立案され、実施されてきた。経済発展の進展に伴い生活様式の変化や価値の多様化がみられる今日の社会では、教育をめぐる問題や教育に対する要請も多様であり、それにどのように対応するかが政策上の課題となっている。これについては、政府や政党など教育政策の策定主体は、政策の立案過程において調査や情報収集を綿密に行うとともに、関係者の適切な参加を確保して彼らの意見を政策に反映することが必要である。

⇒教育行政、教育法規　　　（日暮トモ子）

教育制度

慣習や法規によって社会的に認められた、教育活動のための組織体系。学校や学校外の教育施設において行われる教育活動とそれを支える行政や財政の制度を指す。学校における教育活動は、多くの国において初等教育、前期・後期中等教育、高等教育に段階区分されており、初等教育と前期中等教育が義務教育とされている。わが国においては小学校における6年の初等教育と中学校における3年の前期中等教育が義務教育であり、その後、高等学校において後期中等教育が、大学や短期大学において高等教育が行われている。義務教育前に幼稚園において行われる教育は、就学前教育と呼ばれる。このほか、前期・後期中等教育を一貫して行う中等教育学校や、中等教育と高等教育にまたがる教育を行う高等専門学校、障害のある児童生徒に初等中等教育を行う特別支援学校がある。以上の学校種

は、学校教育法第1条に規定された学校であるが、このほか同法には専修学校（第124条）や各種学校（第134条）の制度も規定されている。わが国の近代学校制度は、1872(明治5)年の「学制」公布によって発足し、1886年には、小学校から大学に至るまでの学校教育の骨格が固まった。

現在の学校教育制度は、戦後、1947（昭和22）年に制定された教育基本法と学校教育法によって成立したものである。学校外における教育活動は、わが国においては社会教育として制度化されており、そのための施設として公民館、図書館、博物館、児童館、青年の家などがある。教育法規に基づいて教育活動を支えるための行政組織として、わが国においては国に文部科学省が、地方公共団体に教育委員会が設置されている。学校等における教育活動の費用の大部分は、国と地方公共団体によって負担されており、その負担の在り方に関する制度は、教育財政制度と呼ばれる。　　　（二原秀一）

教育相談

教育相談とは、小・中・高等学校において、子どもの悩み・問題・不適応の解決、自己実現、人格的成長のために、カウンセラー、教師などが子ども本人、保護者、担任などの相談に乗って援助することをいう。ウィットマー（Witmer, L. 1867～1956）が1896年にペンシルバニア大学に心理学的相談所を設けたのが嚆矢とされる。教育相談は、開発的教育相談と治療的教育相談の二つに大別される。前者はすべての子どもを対象として、その成長と問題予防を目指すものであり、すべての教師があらゆる教育活動の機会に行うものである。学校において行われる場合が多く、学校教育相談とも呼ばれる。一方、後者は心理的な問題をもった子どもを援助するために行われるものであり、

教育相談所などの専門機関において心理援助の専門家が行うことが多い。

⇒カウンセラー　　　　　　　　　（日高潤子）

教育測定

　教育や学習に関わる事象（開始前の現状や実施中の状態や実施後の成果など）を、何らかの客観的な基準に照らして、数量的に記述すること。動物実験を駆使したアメリカの学習心理学者ソーンダイク（Thorndike,E. 1874 ～ 1949）が1900 年代初頭に教育の合理化や効果の向上を図った「教育測定運動」や、フランスの心理学者ビネー（Binet, A. 1857 ～ 1911）らが精神発達遅滞児の早期発見のために 1905 年に考案した知能検査などがルーツである。教育測定の元来の対象は、学習者の知能、適性、興味、人格、社会的活動、身体などであり、したがって学習者の知能検査、学力検査、適性検査、体力検査などが教育測定の典型例と言える。しかし現在では、教育課程、学習指導法、教材・教具、教師の教授活動・資質、家庭や学校の教育環境、教育行政・制度などを教育測定の対象に含めることもある。例えば、全国一斉の学力検査によって、学校間、学区間、都道府県ないし市区町村間の学力差が見て取れることもある。それをどう活かすかは、教育の目標に照らした教育評価をも含む PDCAサイクル全体の問題となる。また例えば、美大生に色の識別テストを行ったとして、それ自体は往々にして、本当に知りたいこと（例えば美術のクリエイターとしての資質の高さ）のほんの一側面を捉えたに過ぎないわけだが、測定というものが一般的にもつそうした限定性の自覚も大切である。　　　　　　　　　　　（堤 大輔）

教育長

　2014 年法改正によって、教育長は教育委員長と一本化され、「教育委員会の会務を総理し、教育委員会を代表する」（地方教育行政の組織及び運営に関する法律第 13 条）。すなわち、教育長は教育委員会会議を招集し、「可否同数のときは、教育長が決定するところによる」（第14 条第 1、4 項）など、当該自治体における教育事務の執行責任者である。「教育長は、当該地方公共団体の長の被選挙権を有する者で、人格が高潔で、教育行政に関し識見を有するもののうちから、地方公共団体の長が、議会の同意を得て、任命する」（第 4 条第 2 項）。従来の教育長は一般職に位置づけられてきたものが、本改正に伴って特別職とされた（地方公務員法第 3 条）。また、教育委員が任期4 年の非常勤職であるのに対し、教育長は任期 3 年の常勤職となっている（第 5、11、12 条）。以上の教育行政組織の再編は、大津市のいじめ自殺事件とその隠蔽を発端とし、教育行政の権限と責任を明確にし、それに関する首長の関与を改めて規定したものといえる。⇒**教育委員会**

　　　　　　　　　　　（有働真太郎）

教育勅語

　1890（明治23）年 10 月30 日、明治天皇が文相芳川顕正に下付した勅語。公式には「教育ニ関スル勅語」という。これにより戦前日本教育の基本理念が明示された。全文 315 字の短いもので あるが、内容上三つの部分から構成されている。前文では、教育の「淵源」が皇室の「仁政」と終始変わらない臣民の「忠誠」の歴史的展開に基づくとされる。次の中間徳目では、兄弟の友愛、博愛、修学などの徳目を「天壌無窮ノ皇運」を「扶翼」する点に構造づけている。後文では、前述の内容が時間と空間を超えて絶対的な真理であり、天皇自らも臣民とともに実践す

ることが述べられている。一切の批判を許さないその内容は、修身教育や学校儀式を通じて児童・生徒の脳髄に刻み込まれた。社会状況の変化に合わせて、教育勅語の理念を補完するために「戊申詔書」「国民精神作興ニ関スル詔書」「青少年学徒ニ賜ハリタル勅語」等の諸詔勅が出された。敗戦後、勅語の取り扱いをめぐって種々の論議が行われたが、1947（昭和22）年3月に公布された教育基本法が示す教育理念との併立が困難となり、1948年6月19日衆参両議院において、この勅語と先に記した諸詔勅等の排除、および失効が議決された。この議決を受けて、文部省はすべての学校に保存されているこれら詔勅等の謄本の回収を命じた。⇒教学聖旨　　　　　　（船寄俊雄）

教育的教授

　ヘルバルト（Herbart, J. F. 1776～1841）の『一般教育学』（1806）における中心概念の一つである。ヘルバルトは教育の根本目的を道徳的品性の陶冶と考え、それまでの教育（道徳的品性の陶冶）と教授（認識と同情の拡大）を対比させる教育学的思考を乗り越え、「教授による教育」を求めた。道徳的品性の陶冶とは何を最善のものとすべきかについての判断力の形成であり、それは一切の意志の根源である思考圏（Gedankenkreis）の拡充深化によって可能である。そして、この思考圏の拡充深化は、具体的には興味の多面性（Vielseitigkeit des Interesses）の陶冶として行われるべきであり、知的教授と不可分のものである。したがって、教育作用は管理、教授、訓練の三つに分類されるが、「教育のない教授」も「教授のない教育」もありえず、教授が教育活動の中心であるとされた。
　⇒興味、ヘルバルト　　　（荒井聡史）

教育的タクト

　タクトは、いうまでもなく音楽の領域で「指揮、指揮棒」の意味で用いられる用語であるが、もう一方で他者への配慮、人間関係を円滑にする判断力などをも意味している。ヘルバルト（Herbart, J. F. 1776～1841）は後者の意味を援用し、教育現場での教師の実践的な判断力のことを「教育的タクト」と呼んだ。ヘルバルトは教育の目的を思考圏の拡大による道徳的品性の形成に置き、教育活動の中でも教授を重視したが、時々刻々と変化する現実の状況に、理論に基づく意図的・計画的教授活動を適合させる判断力こそが教育的タクトであり、ヘルバルトはこれを「教育技術の最高の宝」と称した。ヘルバルト自身はその後あまり教育的タクトについて詳しく論じないようになるが、カントの美的判断力に基礎をもつ教育的タクトは、近代的合理主義、実証主義を乗り越える可能性をもつ概念として新たに見直されつつある。
　⇒ヘルバルト、カント　　（荒井聡史）

教育的出会い

　教育的出会いとは、その後の人生を決定づける予期せぬ出会いのことをいう。そのため、教育的出会いは、楽しいことというよりむしろ、それまでの人生や生活とは異なる方向を指し示すことになり、それまでの生き方を否定するような苦しみや痛さを自己にもたらすことにもなる。したがって、出会う他者や作品は、すぐに受け入れることができるようなものではなく、むしろ自己を危機に陥れることになるかもしれない。このような偶然的に訪れる出会いは、自己がその出会いに捉えられ離れることができず、専心することを意味するため、結果的にいえば、いくつもある選択肢のなかから一つの人

きよういく　　　　　　　　　　132

生を選ぶことにつながる。このような教育的出会いは、準備することや計画された上に生じるものではない。　　（藤井佳世）

教育的雰囲気

　教育的雰囲気とは、無条件の信頼や肯定感に包まれている雰囲気や状態をいう。すなわち、教育的雰囲気とは、庇護性（Geborgenheit）に包まれた空間ということである。従来の教育学では、雰囲気や気分は「気分しだい」といわれるように、中心的な課題として取り扱われてこなかった。しかし、ボルノー（Bollnow, O. F. 1903 ~ 1991）が教育における雰囲気の重要性に着目し、教育を支える基盤としての雰囲気や気分の重要性が明らかになった。庇護性は、最初は特定の他者との関係において、安心して住むことのできる世界を感受することから始まり、しだいに普遍的な信頼へと変化し、無条件の信頼や肯定による大きな膜に包まれているような世界への普遍的信頼感へとたどり着く。このように、教育を支える教育的雰囲気は、子どもたちがくつろぐことができ安心できるような庇護感を抱くことができる空間づくりによって構成する必要がある。　　　　　　（藤井佳世）

教育投資論

　1960年代にアメリカの農業経済学者シュルツ（Schulth, T. W. 1902 ~ 1998）の考えとして日本に紹介された。つまりある学歴段階の学校教育を終えて就職して得られる生涯賃金とその後数年間より高度の学校での教育を修了して得られる生涯賃金との差額は余分な教育年限にかけた教育費と生活費さらにその期間の放棄所得を合わせた全費用の投資効果とみるのである。この考え方を教育投資論という。この考え方は、個人の生涯賃金の

問題だけではなしに、社会全体の教育費と経済発展の上昇の度合いの関係問題などにも適用されたりしてきた。ここから教育経済学という研究分野が広がり、教育費による経済成長の数学モデルさえ提起されたのであるが、教育費の問題は個人の自己実現問題、社会の福祉問題・社会政策問題として捉えなければならない問題もはらんでおり、爆発的な経済成長から安定成長時代に入って豊かな社会が実現した今日では広く支持されているとは言い難い状況である。　　（大淀昇一）

教育内容

　人類がこれまでに築き上げてきた科学、技術、芸術などの文化から、次世代に継承する目的で選択し再編成した内容。とくに学校の各教科における教育内容を教科内容という。教育内容（教科内容）と教材を区別して捉えるべきだとする柴田義松の指摘は、教育内容編成の研究と実践において重要な意義をもつ。

　教育内容（教科内容）は本来、概念や法則などの抽象的なものである。抽象的な概念や法則を獲得するためには具体例としての教材が必要である。小学校1年の数概念の指導を例にとると、リンゴやミカンやタイルの1対1対応が教材で、3などの数概念が教科内容である。リンゴなどの具体物を教具ともいうが、教具は教材の一部と考えてよい。このように教科内容と教材を区別するという視点から教科書をみると、教科書には教材と教科内容が混然としていることが多い。とくに小学校の教科書には教材はあってもそれに対応する教科内容が不明であったり、中学校・高校の教科書には教材に相当する部分が不十分であるなどの問題がある。音楽の教科書には楽曲集的なものが多く、一つの曲をマスターすると次の曲へ進む。しかし、ある楽曲を教材とし

てどのような教科内容を教えたいのかとの視点に立つと、リズム、メロディなどの音楽的要素＝教科内容が浮かび上がる。そこで発想を逆転して、リズムを教えるにはこの曲を、メロディを教えるにはこの曲をと、音楽的要素＝教科内容の系統に沿って楽曲＝教材を配置するカリキュラムも成り立つ。国語科などでも同様であろう。教育内容は、学問と教育をつなぐ位置にある。学問を子どもが理解していく順序に沿って再編成するところから教科課程・教育課程の編成が始まる。
（大田邦郎）

教育内容の現代化

最新の科学技術の革新の成果を初等中等教育の内容に取り入れるべく、1950年代から1960年代にかけてアメリカや日本などで数学・理科を中心に行われたカリキュラム改革の動き。1957年にソ連が史上初の人工衛星スプートニクの打ち上げに成功したことにショックを受けたアメリカで活発に展開され（スプートニク・ショック）、1960年代にわが国にも取り入れられた。わが国においては、小学校は1968（昭和43）年に、中学校は1969年に、学習指導要領が全面的に改訂された。教育内容については、小・中学校とも、時代の進展、科学技術の発展に応じ教育内容の一層の向上（とくに、算数における集合の導入など算数・数学、理科の教育内容の現代化）が図られるとともに、義務教育9年間を見通した指導内容の精選・集約が行われた。⇒スプートニク・ショック　　　　（上原秀一）

教育人間学
educational anthropology ／ pädadogische Anthropologie

1960年代に（旧西）ドイツの教育学会において提起された教育学を基礎づける学問概念で、人間諸科学の成果をある人間理解のもとで統合し、人間存在の深みにさかのぼって教育を再定義しようとする学問である。

教育人間学が構想されるに至る背景として、第一に、ドイツの哲学者シェーラーによって1920年代に基礎づけられた哲学的人間学を挙げることができる。シェーラーは、理性と人格性を旨とするドイツ的教養の世界が、生産と技術の発展によって、全体性を見失い、断片化されていく危機感から、新たな原理で人間を理解し直す哲学的人間学を提唱した。第二の端緒は、1960年代における経験的方法のめざましい発展である。戦後、経験科学の方法に基づく教育測定、教育調査、実験心理学などは、確かに多くの成果を生み出してはきたが、それらは経験的データを断片的に提示するのみで、人間理解をますます拡散させる傾向を強めた。その結果、人間不在のままで、教育学が語られる傾向を生んだ。経験諸科学の成果を取り込む形で、人間と教育を再定義する必要に迫られたのである。

こうした二つの背景を反映して、教育人間学は、「人間諸科学の統合を志向する」立場と「哲学的方法を志向する」立場の二つに分けられる。個別諸科学の成果を「陶冶性と自己規定」、「発達と教育」という四つのカテゴリーで統合しようとしたロートは前者の立場であり、向上的で連続的な発達を前提とする教育行為の限界を指摘し、他者との「出会い」や病い、老い、挫折などの「危機」に直面することの人間形成的意味を解読したボルノーは、後者の代表といえる。しかし、1990年代以降、構造主義とポスト構造主義の影響を受け、日独の教育人間学は、歴史的教育人間学として新たな展開を示すに至っている。⇒ボルノー　（高橋　勝）

教育の機会均等

教育の機会均等は、すべての人にひとしく教育の機会を保障するという、近代以降の公教育制度の基本原則の一つである。歴史的には、義務教育の普及、無償制の導入、市町村に対する学校設置の義務化等により実現されてきた。日本国憲法では、法の下の平等（第14条）を確認するとともに、「すべて国民は、法律の定めるところにより、その能力に応じて、ひとしく教育を受ける権利を有する」（第26条）と定めている。この規定を受け、教育基本法では、「すべて国民は、ひとしく、その能力に応じた教育を受ける機会を与えられなければならず、人種、信条、性別、社会的身分、経済的地位又は門地によって、教育上差別されない」（第4条第1項）と規定されている。このために、国および地方公共団体に対して、障害のある者がその障害の状態に応じ、十分な教育を受けられるよう、教育上必要な支援を講じる義務と、能力があるにもかかわらず、経済的理由によって就学が困難な者に対して、奨学の措置を講じる義務を課している（教育基本法第4条第2項、3項）。同様に、国および地方公共団体には、へき地における教育を振興する義務も課されている（へき地教育振興法）。わが国の法令では、教育を受ける機会を保障されているのは「国民」であり、在日外国人の教育の機会はどうすべきかが問われている。また、「能力に応じて」ひとしくという場合、能力による差別は当然のこととして認められるのか、あるいは、機会の平等ではなく結果の平等は求める必要はないのか、など追求すべき課題は多い。　　　　（藤井穂高）

教育の規制緩和

教育に関する各種制度や基準等の弾力化。1995（平成7）年以降の政府計画（「規制緩和推進計画」「規制緩和推進3か年計画」「規制改革推進3か年計画」「規制改革・民間開放推進3か年計画」）に基づいて政府全体で規制改革が進められてきた。1997年3月の「規制緩和推進計画（再改定）」において、「一人ひとりの個性を生かし、豊かな人間性や創造性をはぐくむ教育を推進するため、教育制度の弾力化等関係諸規制の緩和等を進める」として、初めて「教育」の分野が独立して取り上げられるようになった。この後、公立小・中・高等学校の通学区域の弾力化や不登校児童生徒に対する柔軟な対応、社会人の学校教育への参加促進などの措置が講じられた。2002年に導入された構造改革特区は、地域の特性に応じた規制の特例措置を設ける制度で、教育については、学習指導要領によらない教育課程編成や株式会社による学校設置の容認などの特例が認められている。政府の規制改革は、2007年6月の「規制改革推進のための3か年計画」によって継続されている。　　　　（上原秀一）

教育の自由

教育の自由は、国民の教育活動が国家による権力的な規制を原則として受けないことを保障する近代憲法上の人権である。日本国憲法では明文規定を欠くが、判例では、最高裁学力テスト判決（1976）において、親の教育の自由、私学教育の自由、教師の教育の自由の憲法的保障が一定の範囲内で認められている。教育の自由の憲法上の根拠や保障の範囲は学説上論争的である。親の教育の自由は家庭教育の自由と私学を選ぶ自由を含むが、学校教育とのかかわりで親の拒否権・選択権・参加権の在り方が問われている。私学教育の自由は私学設置の自由や私学運営・教育の自由を含むが、それらの範囲が問題となる。教師の教育の自由はそ

の性質を権利と捉えるか権限と捉えるかをめぐって、対国家、対生徒・親との関係で問われている。親や教師や私学などの教育の自由は、子どもの学習権を充足する立場にある者の責務であり、その責務遂行に不可欠なものであるとの教育人権論の視点から理論的に整序することが求められよう。⇒**教育権**　　　（新井秀明）

教育の習俗

習俗とは「ある時代、社会のならわし」また「習慣や風俗」と定義されている。教育の習俗について考えることは学校教育に限定せず、そもそも教育がどの時代においても人々がつくり出す知恵や文化が子どもの人間形成に何らかの意味をもつという判断である。近代以前の教育では郷党の教育、民間の教育、見習い、聞き覚え、教科書の方言、文字以外の教育、実地教育がある。近代教育とは国民教育、学校教育、新教育、一斉授業、形式カリキュラムとは切っても切り離せない。習俗はそれぞれの領域に生きてきた。教育の習俗は今日では、広義の学校文化と関連する。校則、儀式、運動会、修学旅行、文化祭、試験と通知表。学校建築、机、椅子など設備、備品、教材、黒板、教具、文具、校旗などがある。教育の習俗が今日の日本の学校教育の「生活共同体的性格」や機能集団としての学校や学級の在り方を決定するものであるだけに「学びの復権」に習俗をどう活かすかが問われている。　　　　　　　　　（望月重信）

教育費

教育活動を営む上で必要となる費用のことを意味する。教育費の捉え方は、その分類の仕方によってさまざまであるが、負担者（財源の担い手）に着目した場合、国と地方公共団体、各家庭とに分けて捉

えることができよう。まず国と地方公共団体の教育費については、日本ではアメリカにみられるような教育税といった教育独自の収入によって賄われるのではなく、一般財政収入の中から賄われるという点が特徴的である。とくに地方の教育費は、負担金や補助金、交付金など国庫支出金に大きく依存しており、地方自治の原則から問題視される。各家庭における教育費については、大きく学校教育費（学用品費や学級費、修学旅行費等）、学校給食費、家庭教育費（家庭教師・学習塾費、物品費等）に分けることができる。家計に占める教育費の割合は、高学歴志向と相まって、少子化や不況の流れに逆らい年々増加傾向にある。また、その経済的負担感も年収に応じて大きな違いがある。とくに、学校運営にかかる教育費の家庭負担が決して小さくないことは、教育の機会均等や無償制といった原則のほか、格差は正という視点からも問われるべき課題は多い。
⇒**公教育の無償性**　　　　（照屋翔大）

教育評価

狭義では、主に学校教育で用いられ、児童生徒の学習評価とほぼ同じである。広義では、学習評価に限らず、教育全般を対象とした評価を指す。ゆえに広義の教育評価には、学校評価や教員評価、教育上の衛生や安全面などの評価、カリキュラムや国の教育政策の評価、そして各種の学力調査も含まれる。教育評価の「評価」を意味する英語には、"evaluation" "assessment"がある。前者は主に米国、後者は英国など欧州で使われ、歴史や行政上の扱いが異なる。各種の評価論は、主に1960年代の米国で、プログラム評価の必要性から生じた。とくにブルーム(Bloom, B. 1913～1999)による「形成的評価」「総括的評価」論が名高い。他方、OECD(経済協力開発機構)-PISA (Programme for International

Student Assessment）では"assessment"を用い、「生徒の学習到達度調査」と邦訳される。20世紀の教育評価は、児童生徒の学習評価を大きな関心事とし、概ね、a「科学的な測定の導入」、b「測定から評価へ」、およびc「評価の多様化」という流れを経てきた。aは「教育測定運動」、bは「行動目標論」、そしてcは「真正の評価」などの語で説明できる。具体例として、a知能検査に代表される各種テストの開発、b抽象的な目的から行動目標（「～できる」といった観察可能な形式）への置換、cポートフォリオ評価やパフォーマンス評価への注目、が挙げられる。日本の場合、1998（平成10）年の学習指導要領で「総合的な学習の時間」が置かれた。この時間は検定教科書や数値評価がなく、各学校による単元や教材の開発に加え、児童生徒の評価方法が模索された。このときポートフォリオ評価が注目を集め、訳書や解説書が刊行された。道徳の教科化に伴う評価方法の議論も記憶に新しい。
（根津朋実）

教育扶助

　生活保護法に基づく生活保護（生活扶助、住宅扶助、医療扶助等）の一つ。教育扶助を規定する生活保護法は、日本国憲法第25条の生存権に基づき、国が生活に困窮するすべての国民に対し、その最低限度の生活を保障することを目的としている。対象は、保護を必要とする状態にある「要保護者」である。したがって、教育扶助は、困窮のために最低限度の生活を維持することのできない者に対して、次の事項の範囲内において行われる（生活保護法第13条）。その範囲は、①義務教育に伴って必要な教科書その他の学用品、②義務教育に伴って必要な通学用品、③学校給食その他義務教育に伴って必要なもの。また、教育扶助とは別に、学校

教育法に定める就学援助義務があり、これにより、市町村は、経済的理由によって就学困難と認められる学齢児童の保護者に対して、必要な援助を与えなければならないとされている。　（藤井穂高）

教育法規

　教育に関する法規。法規という語は、広義には法規範一般を指すが、狭義には、国民の権利義務に関係する法規範を意味し、行政機関の組織を定めるような法規範と区別される。また、教育法規に類似する語に「教育法令」があり、これは、法律と命令（政令、省令等）をあわせて呼ぶときに用いられる。教育法規を広義に捉えると、そこには、教育の基本、生涯学習、学校教育、社会教育、教育行政、教職員、教育財政などを内容とする成文法と不文法の体系が含まれる。成文法は、国の最高法規である「憲法」を頂点として、国会の可決により制定される「法律」、内閣の制定する「政令」、各省大臣の発する「省令」、地方公共団体の制定する「条例」、教育委員会の制定する「教育委員会規則」などからなる階層的な法体系をなしており、上位の法規に違反する法規を制定することはできない。教育に関してとくに重要な法律として、教育基本法、学校教育法、社会教育法、地方教育行政の組織及び運営に関する法律、教育公務員特例法、教育職員免許法などがある。また、成文法には、国家行政組織法に基づいて各省大臣等が決定事項を公式に一般に知らせるための告示（学習指導要領など）や、行政機関間において所掌事務について命令または示達するための訓令や通達も含まれる。成文法の整備されていない部分について補充的な意味をもつ慣習法や判例法などの不文法も教育法規の一部をなす。　（上原秀一）

教育理論
educational theory

　教育に関する個人的経験、実感、信念という主観的レベルを超えて、教育を説明する命題相互に矛盾がなく、論理的、もしくは実証的検証にたえられるレベルの教育言説の体系を教育理論という。

　理論を意味する英語 theory の語源は、ギリシャ語の theoria で、テオリアとは、プラクシス（実践）に対立する概念で、みること、観想することを意味している。しかし、もともと子どもを導く術として始まった pedagogy（教育学）は、子どもをどう教育すべきかという実践的、価値的命題をすべて排除することはできない。そこで、ドイツの教育学者ブレツィンカのように、教育理論を、その機能に応じて三つのレベルに区分けする考え方が生まれる。①子どもをいかに教育すべきか、という教育実践に役立つ教育理論としての「実践的教育学」(praktische Pädagogik)。教授学、教育方法学、各科教育法など。②教育が成り立つための一般的条件を研究する「教育科学」(Erziehunswissenschaft)。教育社会学、教育人類学、教育経済学など。③教育を語る言語の歴史性や整合性を検証する「教育哲学」(Philosophie der Erziehung)。教育のメタ理論、教育思想史学など。ブレツィンカの教育学論では、このように実践志向、科学志向、メタ思考という三つの教育理論の類型が提示され、各々がほかに回収できない独自の教育理論の領域を有することが主張されている。しかし、教育理論のこうした類型化に対して、1990 年代以降、哲学、社会学を中心に構築主義の考え方が広がりをみせ、研究者が子どもや学校を語る語り方、つまり、教育言説こそが、教育問題や教育的価値を創出する（現象学的にいえば、仕立て上げる）という側面が指摘されている。その意味では、いかなる教育理論も、その構築性、作為性を決して免れること

はできないと考えられる。⇒教育科学、教育学、教育言説　　　　　　　　（高橋　勝）

教育令

　1872（明治 5）年の「学制」に代え、1879 年 9 月に公布された教育に関する基本法令。以後、1886 年の諸学校令までの 6 年余が教育令期となる。地方分権的、自由主義的な教育令は、干渉主義の視点から 1880 年 12 月に改正（改正教育令）、さらに、経済合理主義（不況による）の視点から 1885 年に再び改正（再改正教育令）された。フランス型をモデルにした中央集権的・画一的「学制」政策が現実と乖離する状況に対して、田中不二麿の日本教育令を太政官（伊藤博文）修正で、より自由化した教育令となる。

　①就学義務を 16 ヶ月以上（毎年 4 ヶ月以上で 4 ヶ年以上）と弾力化したこと、②教則編成権を各小学校に与えたこと、③学務委員を公選としたこと、④私立小学校への補助金支出を認めたこと、などが特徴。改正教育令では、①就学義務は 3 年、②教則は教則綱領に基づくこと、③学務委員は知事の選任と改めた。再改正教育令は、教育費削減のため、学務委員制度を廃止した。⇒学制、田中不二麿
　　　　　　　　　　　　　　（森川輝紀）

教育を受ける権利

　教育を人権として捉える観念は、第二次世界大戦後に本格的に開花し、世界人権宣言(1948)や国際人権規約(1966)、子どもの権利宣言(1959)や子どもの権利条約（1989）において「教育を受ける権利」「教育への権利」として国際人権法の法理となった。日本国憲法では第 26 条で「すべて国民は、法律の定めるところにより、その能力に応じて、ひとしく教育を受ける権利を有する」（第 1 項）と定めている。

教育を受ける権利の性質については、当初、国家が教育の機会均等のための経済的配慮をなすべきとする社会権説が通説であったが、国民とりわけ子どもが成長と発達の必要に応ずる教育を大人一般に要求する権利を有するとの学習権説が有力となり、最高裁学力テスト判決（1976）でも認められた。本条での権利享有主体は「国民」であるが、学説・判例ともに、人権の普遍性にかんがみ日本に在留する外国人も適用を受けることを認めている。本条に基づく「法律」としては教育基本法や学校教育法等が定められており、教育の機会均等や義務教育の無償、教育条件整備（財政措置）義務などの法原理とかかわり、国・地方公共団体に教育制度の整備が義務づけられている。「能力に応じて」とは、能力以外の理由による差別を禁止するという趣旨だけでなく、すべての子どもが各自の能力発達のしかたに応じて、その能力を十分に発達できる教育を保障することであると教育法学の有力説により、条理解釈されている。

⇒学習権、教育権　　　　　　　　（新井秀明）

教員
school teacher

　幼稚園、小学校、中学校、高等学校、そして大学などの学校を職場にして、児童・生徒・学生の教育に専門的に従事する職業人をいう。「学校教員」ともいう。「教師」も教員と同義に使われることが多いが、塾の教師、家庭教師、あるいはもっと広く何らかの知識・技術を教える者という意味で使用され、職業カテゴリーとしての教員とは区別される。また先生というのは学校教員を指す俗称である。日本において、職業としての教員を性格づけた最初の公的規定は1872（明治5）年の学制である。その第40〜47章は「教員ノ事」と題して、小学校、中学校、大学別に年齢、性別、学歴などその教員たるべき条件を

定めている。小学校教員については、「男女ヲ論セス年齢二十歳以上ニシテ師範学校卒業免状或ハ中学免状」をもつ者とした。そして学制公布に先立つこと2ヶ月、政府は東京に官立師範学校（のちの東京高等師範学校）を設置し、小学校教員の養成にあたらせた。こうした歴史すなわち社会的経緯が教員の社会的地位をその大枠で決定することになった。

　大戦前の長い間、そして戦後もしばらく、小学校教員は「安月給」というのが通り相場で、貧しさのイメージがつきまとっていた。公立小学校教員の給料は従来、学校の設置者である市町村が支払うものとされていた。市町村によってはその貧しい財政状況から、平均的サラリーマンよりはるかに低い額の給料しか払えない地域も少なくなかった。とくに経済界の好景気時、あるいは農村の凶作が続く時期などその傾向は強く現れ、教員たちは市町村に雇われる身分の悲哀を味わわされた。この状態は1940年以降改善され、市町村立学校の教員給与も都道府県が負担し、その半額は国庫補助によってまかなわれてきた。さらに1974年に成立した人材確保法によって、義務教育学校教員の給与が一般公務員の水準に比べて優遇されるべきことが定められて以来、かつての安月給、清貧の教員イメージはほとんど一掃された。しかしここ数年、国の財政再建や地方自治の促進などに絡んで、国庫補助が3分の1に減らされ、また人材確保法ほか、教員の給与制度を見直す動きがみられることに注意を払う必要がある。（陣内靖彦）

教員育成指標

　2016（平成28）年11月の教育公務員特例法改正により、校長及び教員の任命権者に、「校長及び教員の職責、経験及び適性に応じて向上を図るべき校長及び教員としての資質に関する指標を定める」

ことが義務づけられた。この「教員としての資質に関する指標」が「教員育成指標」と呼ばれている。これは、2015（平成27）年5月の教育再生実行会議第7次提言で「教師の養成・採用・研修の各段階を通じて、教師の能力形成を体系的に支援するため、国、地方公共団体、大学等が協働して、教師がキャリアステージに応じて標準的に修得することが求められる能力の明確化を図る育成指標を策定する。」とされたのを受けて中教審が同年12月21日の答申「これからの学校教育を担う教員の資質能力の向上について」で具体的な提案を行ったものである。文部科学大臣は指標策定に関する指針を示し、各任命権者は地域の大学等との協議会を設置し、国の指針を参酌して地域の実情に応じて教員育成指標を定めるとともに、教員研修計画を定めることとされた。教員の養成・採用・研修を一体的に行うことが意図されている。

⇒**教育公務員特例法、教員研修** （浜田博文）

教員給与

教育労働の対価として、その勤務内容や勤務条件に応じて支払われる金銭のことであり、国家公務員の場合は俸給とそれ以外の給与、地方公務員の場合は給料とそれ以外の給与に分けられる。国家公務員の場合、1954（昭和29）年1月に教育職員のいわゆる3本建て（大学、高等学校、小・中学校）俸給表が新設され、従来適用されていた行政職の俸給表から教育職員のそれが独立して適用されてきた。公立学校の場合は、おおむねそれに準拠し、条例によってその給料表が決定されてきた。また教員には、その勤務の特殊性に鑑み、「国立及び公立の義務教育諸学校等の教育職員の給与等に関する特別措置法」（給特法）が制定され、教職調整額が支給されているが、その代わりに超過勤務手当が支給されていないという問題点がある。さらに、1974年2月に「学校教育の水準の維持向上のための義務教育諸学校の教育職員の人材確保に関する特別措置法」（人確法）が制定され、一般の行政職員に比して一定の優遇措置が図られている。現在、査定によって教員給与に差をつける成果給の導入が政府やいくつかの自治体において検討されている。なお私立学校の場合は、各私立学校独自の賃金体系をとっており、支給基準が就業規則等で定められている。 （船寄俊雄）

教員研修
in-service training for school teacher

専門職の教員として、その資質向上や職能開発のために、自主的任意にまたは職務に関連して行われる研修活動をいう。就業以前の準備教育訓練（pre-service training）と現職研修（in-service training）とがある。教育公務員特例法第21条で「教育公務員は、その職責を遂行するために、絶えず研究と修養に努めなければならない」と規定され、研修の用語もここに由来する。一般に教員研修は①職務として行う（職務研修・命令研修）、②職務に付随し、職務を離れて行う（職専免研修）、③勤務時間外や休暇をとり行う（自主研修）などに区分される。公立学校教員の現職研修は、各学校で行われる校内研修の他、各都道府県等において教職経験や職位に対応して体系的に整備されてきている。法定研修として、「初任者研修」（採用の日から1年間）と「10年経験者研修」が行われてきたが、2016（平成18）年の教育公務員特例法改正により、任命権者は「教員としての資質の向上に関する指標」（教員育成指標）を定めて「教員研修計画」を策定することとされた。同時に、教員免許状更新（10年ごと）が制度化されたことも勘案して「10年経験者研修」は「学校運営の円滑

かつ効果的な実施において中核的な役割を果たすことが期待される中堅教諭等」の職務遂行能力向上をねらいとする「中堅教諭等資質向上研修」が法制化された。こうして、教員研修に関する国・都道府県・市区町村の施策の連携がより強化されるようになった。⇒教員養成（穂坂明德）

教員団体

教師が勤務条件の維持改善や福利厚生・文化活動の推進を目的に組織した団体。教員団体は、大別すると職能団体と職員団体に分けられる。職能団体は職制による校長会や教頭会、また各種教育研究団体のように相互研鑽、自主研修や調査研究などに重点を置いた活動を行っている。一方、職員団体は国または地方公共団体に雇用された職員で結成された教員組合である。法規上は「職員がその勤務条件の維持改善を図ることを目的として組織する団体又はその連合体」（地方公務員法第52条第1項）であり、登録により法人格が与えられる。しかし労働組合とは本質的に異なり、労働三権（団結権・団体交渉権・争議権）は全面的には認められていない。私立学校の教職員には労働組合法が適用され、教職員組合として認知される。全国的な登録団体としては、加入者数が最大の日本教職員組合（日教組）、全日本教職員組合協議会（全教）、日本高等学校教職員組合（日高教）、全日本教職員連盟（全日教連）などがあるが、近年は新採用教員の激減や組合離れの意識が進み、加入率の低下が顕著である。新たな時代状況に対応した、運動方針や活動の在り方が求められている。　（穂坂明德）

教員の人事評価

人事評価は、これによって職員の職務上の成果や勤務上の態度を評価し、昇進や報酬等の決定、さらには配置や異動の決定に供する資料収集などのために実施される。国公立学校の教員公務員は、従来は「勤務成績の評定」が実施されていた。しかし、国家公務員については、2009（平成21）年4月から、また地方公務員については、2016年4月から、それぞれ新しい人事評価の制度となった。人事評価は能力評価と業績評価を柱とし、能力開発を主眼として実施する。教員の人事評価、すなわち教員評価は、多くの場合、まず、校長が示す学校経営の目標や計画を踏まえて、各教員が自らの職務遂行上の目標を自己申告として設定する。その後、校長・教頭との面談を通じ、指導を受けて目標を確定する。そして目標の達成や職務の遂行について評価がなされる。校長・教頭は、授業観察等を行って、適切な指導助言を行うと共に、その教員の能力開発や資質向上に寄与する評価を行うことが最も重要といえる。⇒勤務評定（加藤崇英）

教員の選考

一般公務員の採用および昇任が競争試験を原則としている（地方公務員法第17条第3項、国家公務員法第36条）のに対して、教員の採用および昇任は選考によるものとされ、その＋選考は任命権者を有する教育委員会の教育長が行うと定められている（教育公務員特例法第11条）。選考とは、「競争試験以外の能力の実証に基づく試験」（国家公務員法第36条）であり、選考される者の職務遂行の能力の有無を一定の基準に基づいて判定することを指す。またそれは、必要に応じて、経歴評定、実地試験、筆記試験その他の方法を用いることができるものとされている（人事院規則8−12）。教員の採用および昇任が競争試験を排除して選考に基づいて行われるのは、第一に、教員として求められる資質能力は幅広い見地から

総合的に判断されるべきものであり、知識の多少を問うことに比重をおいた競争試験よりも選考のほうが適切との判断があること、第二に、大学以外の教員の場合は、教員免許状の所有等の一定の資格要件を備えた者のみが教員になれるという前提があることが背景にある。採用選考（いわゆる教員採用試験で、正式には公立学校教員採用選考試験と呼ばれる）に関しては、教員としての優れた資質能力を有する者を多様な人材の中から確保することを企図して、近年は選考方法の多様化と選考尺度の多元化が進められてきている点が特徴として挙げられる。具体的には、筆記試験や面接試験のほかに、実技試験、論作文、適性検査、模擬授業・指導実技等を課し、さらには教育実習の成績やクラブ活動、ボランティア活動等を考慮して総合的な判定を行う教育委員会が増えている。人物評価や実践的指導力を重視する傾向が顕著といえるが、採用選考をめぐっては、選考の基準と手続きが公開されず、採用候補者名簿も未公開扱いとなる場合が多いなど、採用基準の明確化や透明性の確保の必要が課題として指摘されている。　　　（鞍馬裕美）

教員の地位に関する勧告

ILO（国際労働機関）とユネスコ（国際連合教育科学文化機関）が共同で草案を作成し、1966 年 10 月にユネスコ特別政府間会議で採択された勧告のことを指す。勧告は前文と 146 項目で構成されており、その前文には勧告の背景となった教員をめぐる問題状況が示されている。すなわち、教育の進歩における教員の不可欠な役割や、社会の発展への貢献の重要性をかんがみた場合、教員がこの役割にふさわしい地位を享受する必要があるにもかかわらず、さまざまな国々で教員の地位に関して同じような問題が生じており、ま

た、教員の不足という問題も存在している。問題の解決にあたっては、一連の共通基準および措置の適用を図ることが必要との認識である。勧告の内容は多岐に及ぶが、専門職としての教職観はとくに注目を集めた。そこでは、「教育の仕事は専門職とみなされるべきである。この職業は厳しい、継続的な研究を経て獲得され、維持される専門的知識および特別な技術を教員に要求する公共的業務の一種である」と規定され、日本でも、これを契機として、専門職としての教職の内実を形成すべく、教員の養成や研修、地位等に関する全般的な改善が図られてきた。　　（鞍馬裕美）

教員の服務

一般的に「服務」とは「職務に従事すること」。公立学校教員は、地方公務員として、全体の奉仕者として公共の利益のために勤務すべきこと、職務の遂行にあたり全力を挙げて勤務すべきことを服務の根本基準とする（地方公務員法第 30 条）。また、公立学校教員には、その職務と責任の特殊性から、教育公務員特例法が適用される。地方公務員法に規定される義務には、職務上の義務と身分上の義務とがある。職務上の義務とは、職務遂行の義務および職務遂行に際し守らなければならない義務のことである。服務宣誓義務、法令等および上司の職務上の命令に従う義務、職務専念義務がある（地方公務員法第 31 条、32 条、35 条）。身分上の義務とは、公務員としての地位や身分に伴い生じる義務のことである。信用失墜行為の禁止、守秘義務、政治的行為の制限、争議行為等の禁止、営利企業等の従事制限がある（同法第 33 条、34 条、36 条、37 条、38 条）。なお、職務専念義務は、法律等により免除される場合がある。免除事由には、休職、停職、育児休業、休日、休暇、研修がある。公立学校教員については、研修のための大学

院修学休業が規定されている（教育公務員特例法第26条）。⇒**教育公務員特例法**

（福島正行）

教員免許更新制度

2007（平成19）年の教育職員免許法改正に伴い2009年4月に導入された、普通免許状と特別免許状の有効期間（10年間）を更新する制度のこと。更新希望者は、大学などで実施される30時間の教員免許更新講習を有効期間終了の2か月前までの2年間で受講修了し、免許管理者（勤務する学校が所在する都道府県教育委員会（現職教員の場合）又は住所地の都道府県教育委員会（現職教員でない場合））まで更新申請を行う必要がある。同制度の目的について文部科学省は、「その時々で求められる教員として必要な資質能力が保持されるよう、定期的に最新の知識技能を身に付けることで、教員が自信と誇りを持って教壇に立ち、社会の尊敬と信頼を得ることを目指すもの」であり、不適格教員の排除を目的としたものではないと説明している。しかしながら、「中堅教諭等資質向上研修」との位置づけが分かりにくいなど、実施をめぐっては課題も残っている。⇒**教育職員免許法**

（照屋翔大）

教員免許状

教育職員免許法（免許法）に基づく資格を取得した者に授与される公的な証明書。教育職員免許法は、教育職員の資質の向上と保持を図ることを目的に1949（昭和24）年に制定された。制定当初は一般教員だけでなく、校長、教育長、指導主事も免許状を必要としたので教育職員と総称されたが、1954年の改正で校長などを除外したため実際には教員免許状であるが、その後も何度も改正された

が教育職員免許状と称されている。

その理念は、大学における教員養成の結果授与されるということ、および教員免許状授与の開放制である。前者は、大学において免許法に定める所定の科目を修得することを指しているが、いくつかの例外が生じている。すなわち、高等学校の一部教科や小学校普通二種免許状などが教員資格認定試験によって取得できること（1964年および1973年の免許法改正）や、教育職員検定に合格した者に特別免許状が授与される場合がそれである。

一方、すなわち教員免許状授与の開放制とは、国・公・私立の大学を問わず、一定の基準を満たせば教員免許状の授与権限を認可されるということであり、制度が戦前に比べて単純化し開放的になったことを意味している。ただし、これにも、教員免許状を有せず教壇に立てる特別非常勤講師制度という例外がある（1988［昭和63］年12月の免許法改正）。免許法は制定後約30回の改正を重ねてきたが、改正の度に、教育現場が抱える課題が大学の教職課程に直接的に反映する傾向が強くなっている。大学の教職課程がそれらの解決に寄与しなければならないことは当然のことであるが、そのような傾向が、資質の高い教員を養成することにつながるのか否か客観的に考える必要がある。⇒**教育職員免許法、教員免許更新制度**

（船寄俊雄）

教員養成
pre-service training for teachers

初等・中等学校の教員として学校教育に携わるための資格を付与するための教育を教員養成という。日本では、1872（明治5）年の「学制」頒布が近代学校制度の創始とされるが、同年、小学校の教員養成を目的とする官立師範学校が東京に一つだけ設置された。それが日本における教員養成の始まりである。

戦後、日本国憲法に基づく教育の刷新がなされる際に、教員養成の改革は最も重要な課題とされた。戦前における国家主義・絶対主義の教育を担った師範学校による教育は厳しく批判され、すべての教員は大学の学問に基づく教育のもとで養成されるべきこと（大学における教員養成）と、教員養成を行う大学を国家の意図で限定せず多様な大学で行うことができるようにすべきこと（免許状授与の開放制）、を基盤にして戦後の教員養成制度は形成された。ここでの開放制は、すべての教員は所要の条件を満たす教員免許状を有すべきという免許状主義によって「教職の専門性」を保証することを前提とする。終戦直後の時期に、初等・中等教育段階の教員をすべて大学で養成することを原則としたことは世界的に見ても画期的なことであった。ただし、1949（昭和24）年に始まった新制高等学校への進学率が5割に満たなかったという状況から、その原則の実現までには長い年月を要した。

近年では、さらに大学院修士レベルへと教員養成を高度化する必要性も活発に議論されている。他方で、大学での教員養成カリキュラムの在り方は絶えず課題とされ、文科省による教職課程認定の強化もなされてきた。さらに、2016（平成28）年11月の教育公務員特例法改正により、都道府県等が教員育成指標を定めるとともに、教員研修計画を策定し、教員の養成・採用・研修を一体的に行うこと方向で政策が進められている。教員としての職能発達を養成段階のみで捉えるのではなく、長期にわたる現職経験全体から捉え直すことは確かに重要である。しかし、養成・採用・研修を一体的に行おうとする施策は、教員採用に権限をもつ教育委員会の影響力を教員養成に対して強化する傾向をもつ。大学教育としての教員養成の追求との間に必ずしも調和

しない面をもつことに留意が必要である。

⇒教員研修、教育職員免許法、教員育成指標

（浜田博文）

鏡映文字

いわゆる鏡文字のこと。鏡に映し出したように幼児は左右を逆に文字を書くことがある。幼児が文字を覚える段階で、しばしば現れる。大体5歳を頂点として、以後減少する。幼児は、大人が考えるよりも上下左右に関する意識は薄く、上下よりも左右の区別の方が後から学習される。通常鏡映文字は大人が指摘・指導しなくとも、消失することが多い。子どもの気質の問題とは限らない。左右の区別については、対象に向かう自身の位置が180度違えば逆になり、これが幼児の左右の区別に関する障壁になる。文字が問題視されることが多いが、図形の左右逆転もしばしば見られる。文字や図形は、二次元の事柄であり、三次元に生きる幼児にとっては特別な事柄のように感じられる。鏡映文字が生ずる原因としては、脳の特定部位の発達が均衡を欠く、眼球の運動が未発達であるなど諸説あり、原因が確定されているわけではない。（大沢　裕）

境界線児

知的障害が疑われる子どもや知的障害と平均的知能の間に位置する子どもを一般に「境界線児」と呼んでいる。知能検査などで知的水準がIQ70以下を示す場合、知的障害が疑われるが、知的障害と考えるかどうかのカッティングポイントは、IQ70〜75の幅をもってみるのが一般的である。WISC-Ⅲ知能検査法では、IQ70〜79までのレベルを「境界線」としている。また、教育分野では2標準偏差（IQ70〜75）から、1標準偏差（IQ85）の低さのレベルの子どもを「境界線児」

と呼ぶことがある。境界線児は学業面などにおいて、周囲から怠けているなどと評価されやすく、努力しても達成できない課題があることで、自己評価や自信を低下させやすい。課題の適正化を図り、丁寧に時間を掛けて指導することが求められている。⇒知能検査　　　（丹　明彦）

教科・科目

科学、技術、芸術などの文化の各領域に対応した教育内容の区分を現在では「教科」という。古くは「学科」、「教科目」とも呼ばれていた。学校教育法では教科に関する事項は文部科学大臣が定めるとされ、実際には学習指導要領の告示により改廃される。最近では1989（平成元）年に小学校に「生活」が新設され、高等学校の「社会」が「地理歴史」と「公民」に分割されている。教科の下位区分を「科目」という。高等学校の教科としての「理科」は、当初は学問領域に対応して「物理」「化学」「生物」「地学」の4科目に区分されていた。しかし後には内容の程度に応じてAとBに、あるいは学習段階に応じてIとIIにと細分化される。ここには「科目」概念の混乱がみられる。むしろ中学校の「社会」と「理科」における「分野」の区分のほうが、学問領域に対応した教科概念として整合的な区分となっている。　　　　　　　　　　　　　（大田邦郎）

教科カリキュラム

教育目的に基づいて文化遺産をいくつかの教科に分化して、組織的に配列したカリキュラムのこと。「教科計画」や「単元・授業の配当時間」等の形式であらわされることが多い。教科カリキュラムの利点は文化遺産を系統立てて教えやすい点にあるが、教える側が教育内容をあらかじめ設定しているために、学ぶ側との齟齬をきたしやすい問題もある。そのため学校現場では主体的な学習方法（体験的な学習等）を保障することで、文化遺産を習得させ発展させようとしているのが実情である。つまり、教科カリキュラムと対比される経験主義的なカリキュラム（教育の系統性を重視するカリキュラム）との相補的なカリキュラムが学校現場では用いられているのである。教科カリキュラムは今後、児童生徒の発達に資する文化遺産は何かという研究課題をさらに進捗させていくことで、その教育的機能を有効に作動させていくであろう。　　　　（重松克也）

教科教育法

教科教育法とは、大学や専門学校で開講されている各教科の指導法を教える科目のこと。初等社会科教育法、中等社会科教育法、地歴科教育法のように小学校、中学校、高等学校の免許状に対応した科目が設定されている。教育職員免許法（以下、教免法）では小中高の免許状の取得にあたってそれぞれに履修単位数が定められている。小学校教諭の専修免許状または一種免許状を取得するためには、国語（書写を含む）、社会、算数、理科、生活、音楽、図画工作、「家庭及び体育」の八つすべてを履修しなければならない。二種免許状を取得する場合には、上記の中から六つ以上の科目を、ただし音楽、図画工作または体育の教科教育法の中から二つ以上を履修しなければならない。また中学校・高等学校の場合はそれぞれ教科ごとの教科教育法を履修することとなっている。ちなみに教免法では、科目を①「教科に関する科目」、②「教職に関する科目」、③「教科または教職に関する科目」に区分している。教科教育法は、②に属しており、他の科目としては「教職の意義等に関する科目」、「生徒指導、教育相談及び進路指導等に関す

る科目」等がある。　　　　　（重松克也）

教学聖旨

　1879（明治12）年8月頃、内務卿や文部卿に示した明治天皇の教育観を披瀝[ひれき]した文書。天皇の侍講・元田永孚[もとだ・ながざね]（1818～1891）によって起草された。「教学大旨」と「小学条目二件」からなっている。その主張の要点は、①「学制」以来の主知主義的教育を斥け、「仁義忠孝」、とくに孔子の学を主とする儒教主義的教育の推進、②「高尚ノ空論」や「博聞ニ誇」る態度をもって官治の妨害をなすような教育の否定、③国民の実生活に即した職業陶冶の必要、の3点であった。これを示された内務卿伊藤博文は、ブレーンである井上毅に反駁書として「教育議」を起草させ、9月上旬に上奏した。そこでは元田の主張を拒否し、主知主義的教育を維持することを力説した。元田は「教育議附議」を書き反駁した。この一連の論争を教育議論争という。それは、教育理念をめぐる主知主義的立場と道徳（需教）主義的立場の対立に起因していた。この論争のテーマは、その後、道徳教育の基準をめぐって1887年から1890年にかけて展開された徳育論争へ引き継がれた。徳育論争においては、道徳教育の在り方をめぐって議論百出の状況となり、それが国家の手になる「教育勅語」の制定に途を開く結果となった。⇒**教育勅語**　　　（船寄俊雄）

教科経営

　学年経営等とともに学校経営に包含される概念である。学校経営が学校教育目標の達成のための営みであるのに対して、教科経営は教科目標の達成をねらいとする。教科経営においては、学校教育目標や他教科、他学年、他の校内組織・分掌

との関連を図ることなく、自教科の充実こそが先決とする自教科中心主義ないし教科王国的な状況に陥りやすい。その結果、特定の教科のみの改善が進むなど、学校経営とは無関係な教科経営の独り歩きが生じてしまうことが課題とされてきた。また、教科経営では、教科主任が中心的役割を担うことになり、教科目標の設定とその達成のための条件整備を主な任務とする。しかし、教科主任の教科経営についての認識が十分でない場合も多く、自らの指導技術の向上に専念したり、教材・教具の保管などの物的管理の問題とのみ捉えられていることもある。各教科が学校経営の一翼を担い、教科経営と学校経営の成否が相互依存的であることをふまえて、教科主任には、教科経営のリーダーのみならず、学校経営のリーダーでもあるとの認識が必要である。⇒**学校経営、学年経営、教科部会**　（末松裕基）

教科書

　教科書とは何か──教育行政サイドからの定義的説明では、教科書とは「小学校、中学校、高等学校、中等教育学校及びこれらに準ずる学校において、教科課程（2007[平成19]年法改正からは「教育課程」）の構成に応じて組織排列された教科の主たる教材として、教授の用に供せられる児童又は生徒用図書であつて、文部科学大臣の検定を経たもの又は文部科学省が著作の名義を有するものをいう」とされている（教科書の発行に関する臨時措置法第2条）。上記説明では、教科書は“教材”に位置づく児童・生徒用図書とされている。通常、教材は教育の内的事項（internal items）に属し、その編成や使用方法如何などは教師の教育専門職としての判断に委ねられるべきものとの解釈が当然ありうるが、「教科の主たる教材」である教科書だけは「検定」とい

う過程をふむようにするということのようだ。検定を経ない「文部科学省が著作の名義を有するもの」には、事実上の国定教科書として今日でも発行が続いている点字教科書がある。学校教育法は、「小学校においては、文部科学大臣の検定を経た教科用図書又は文部科学省が著作の名義を有する教科用図書を使用しなければならない」として学校と教師に教科書使用義務を課し（第34条第1項）、同条項を中学、高校等にも準用するとしている。使用義務があるということは、教科書通りに教えよ、ということではない。1903（明治36）年の国定教科書制の成立から第二次世界大戦下の国民学校に至るまで、教科書は、天皇制国家からの下賜[かし]として金科玉条のごとく扱われ、逸脱は許されなかった。そこからの教訓は「教科書を教える」から「教科書で教える」への転換の重要性であった。教師が何をどのように教えようとするかが肝要で、その文脈に教科書が有効に活かされねばならない。　　　　　　　（水内　宏）

教科書検定

　学校において使用する教科用図書は文部科学大臣による検定を経たものでなければならないことが、学校教育法第34条第1項に定められている。この条項を根拠として教科用図書検定規則がある。この省令が今日の教科書検定制度の骨格を形成している。また、検定における審査の基準については別途、教科用図書検定基準として文科省が告示している。検定の周期は4年である。
　教科書検定は次のような手順で行われる。まず、明白な誤記・誤植についての事前審査、審議会による審査。この段階で直ちに検定決定（合格）または不合格決定が下される場合もあるが、たいていは決定が留保され、その場合は、検定意

見の申請者への通知、修正表の提出、審議会による再審査を経て、検定決定または不合格決定に至る。
　そもそも教科書検定のねらいは、民間の図書について、教育基本法や学校教育法の趣旨に合致し教科書用として適することを認めるところにある。そのため、検定基準では各教科共通の条件と各教科固有の条件とが示されており、共通条件として、学習指導要領への準拠や、題材や内容事項の中立・公正性や正確性、程度や分量の適切性などが判断される。明治初期には教科書は自由発行一採択制がとられていたが、その後、認可制などを経て1903（明治36）年、小学校令の改正により国定制が確立した。1947（昭和22）年に検定制が採用されてからは、1953年に文部大臣に検定権限が移され、1955年の「うれうべき教科書」事件をきっかけに検定が強化されてきた。歴史学者・家永三郎元東京教育大学教授が1965年に提訴した教科書裁判では、教科書検定制度の違憲・違法性等が争われたが、1993（平成5）年3月の第一次訴訟最高裁判決は、教科書検定制度は合憲・合法であるとの判断を示した。しかし現在も、教科書発行者による自主規制が強まっているとか、検定基準に示された条件は学習指導要領への準拠性が強いため教科書が画一的なものになるなど、問題性が指摘されている。
⇒**教科書裁判（家永裁判）、国定教科書制度**
（朝日素明）

教科書採択制度

　検定済教科書は、通常、一つの教科につき数種類存在する。その中から学校で使用する1種類を決定することを、教科書の採択という。採択の権限は、公立学校の場合はその学校を設置する市町村や都道府県の教育委員会にあり、国・私立学校の場合は校長にある。義務教育諸学

校の場合、教科書採択の方法は、「義務教育諸学校の教科用図書の無償措置に関する法律」に定められている。義務教育諸学校では、通常4年間同一の教科書を採択することとなっている。採択期限は、使用年度の前年度の8月31日である。採択にあたっては、「市若しくは郡の区域又はこれらの区域をあわせた地域」を採択地区として設定し、地区内の市町村は同一の教科書を採択することとなっている。都道府県教育委員会は、校長や教員、採択関係者の調査・研究のために、毎年6月から7月にかけて、教科書展示会を行っている。また、教科用図書選定審議会を設置して、採択の対象となる教科書の調査・研究を行い、採択権者が適切な採択を行えるよう、指導・助言・援助を行っている。　　　　　　　　　（臼井智美）

教科書裁判（家永裁判）

　一般的には、教科書検定結果の妥当性や教科書使用の正統性をめぐる裁判のことであるが、しばしば家永三郎元東京教育大学教授が自著の高等学校用社会科教科書『新日本史』（三省堂）に対する国や文部大臣の検定処分を違憲・違法として起こした一連の裁判を指す。これは「家永裁判」とも呼ばれる。1965（昭和40）年に始まり、三つの訴訟が結審するまで30年余りを要した。単なる教科書行政の在り方にかかわる裁判ではなく、教育権をめぐる憲法・法律レベルの論議を促すこととなり（憲法第21条第2項＝検閲の禁止、憲法第23条＝学問の自由、憲法第26条＝教育を受ける権利、旧教育基本法第10条＝教育行政）、また、戦後教育行政や教育に関する諸政策を批判的に検討する必要性を改めて提起したという点でも重要な意味をもつ。
　第一次訴訟は自著が1962年・1963年検定でそれぞれ不合格処分、条件附き合格処分となったことに対し違憲・違法であるとする国家損害賠償請求訴訟、第二次訴訟は改訂検定において6箇所が不合格処分となったことに対する処分取り消しを求める行政訴訟、第三次訴訟は1980年検定に付された検定意見などにより精神的苦痛を被ったことに対する国家損害賠償請求訴訟である。第二次訴訟第一審のいわゆる杉本判決（1970年7月17日）においては、検定制度は検閲に該当しないことをふまえつつ、国家は教育に介入する権能を有しないことが示され、数箇所で検定適用が違憲とされるなど家永の主張がほぼ全面的に認められた。しかし、その他の判決においてはおおむね国側の主張が認められた。第一次訴訟は家永の主張が全面的に斥けられ結審（最高裁、1993年3月16日）。第二次訴訟は学習指導要領改訂により「訴えの利益」がなくなったとの判決（東京高裁、1989年6月27日）に対し、家永が上告を断念し結審となった。1997（平成9）年8月29日に第三次訴訟が結審となり（最高裁判決）、一連の裁判に終止符を打った。判決では4箇所の検定が違法とされ、大きな注目を浴びた。

　⇒教科書検定、国定教科書制度　（福島正行）

教科書無償措置制度

　国・公・私立のいずれを問わず、義務教育諸学校の児童生徒が使用する教科用図書（教科書）を無償で給与する制度。1962（昭和37）年に国会で教科書無償の方針が確認され、翌年「義務教育諸学校の教科用図書の無償措置に関する法律」が制定され、義務教育諸学校の教科書無償制度が発足した。この制度は、実際には、国の財政状況のために年次計画で進行し、1966年度に小学校が、1967年度に中学校が、1969年度からすべての義務教育諸学校において教科書が無償となった。一方、この制度の発足に合わ

せて設けられた教科書の広域採択制度や発行者の指定制度が、教科書の内容を統制するものであるとの声がある。また、国の財政状況とのかかわりで、教科書有償化の声が根強くある。　　（船寄俊雄）

教科担任制

一人の教師が専門とする一教科または関連の教科を担当し、一つ以上の学級の児童生徒の指導に責任を負う教授組織をいう。一般に中等教育段階の学校で採られる方式であるが、部分的に小学校高学年にも採り入れられてきた。学級担任制と対極される方式で、小学校において特定の教科を担当する専科教員制とも異なる。現行法制上、中学校および高等学校の教員については、教育職員免許法第4条第5項で各教科の免許状を授与することが定められており、学級担任制を前提とした小学校とは異なっている。教科担任制では、学級担任制と比べて、教育内容の高度化・複雑化に対応した専門性の高い指導を行うことができる。また、児童生徒が多数の教科担任から指導を受けることができるため、多様な人間関係を築くことができ、多面的な児童生徒理解も可能となる。一方で、教科担任制においては、教科指導と生徒指導との連携が阻害されやすいことや各教科間の関連性を保ちにくいことがこれまで指摘されてきており、その克服が課題となる。⇒学級担任制　　　　（末松裕基）

教科の系統制

第二次世界大戦後に展開された生活単元学習が、教科の系統を無視し、学力低下の原因となったとして批判され、1958（昭和33）年の学習指導要領から姿を消した。このことを一般に「系統学習への復帰」というが、実は戦前の水準に戻したに過ぎない。生活単元学習を批判した数学者の遠山啓らは数学教育協議会を結成し、新しい数学教育の創造を目指した。そして1950年代後半から「量に基づく数学教育」という視点からの系統化に取り組み、「水道方式」などの成果をもたらした。これを数学教育の現代化ともいい、他の教科にも波及して研究と実践が進められた。

教科の系統性とは、もとの学問の系統をそのまま教育に取り入れることではない。学問性を保ちながらも、教育内容を子どもたちのわかる順序に沿って再編成することが系統化であり、現代化である。
⇒水道方式、生活単元学習　　（大田邦郎）

教科部会

国語科部会や数学科部会など個々の教科経営の基礎単位となる校内組織の一つである。教科部会では、教科目標の設定、年間指導計画の作成、予算編成、研究計画の作成、教材や指導法の研究、教材・教具の購入・作成、資料の管理、評価の実施など多岐にわたる事項が行われる。近年、とくにイギリスなどで、個々の教科部会の運営のなされ方に同一校内であってもかなりのばらつきがあり、その運営しだいで学校改善の成否が左右されることが実証されてきた。その結果、教科部会の学校改善への貢献の可能性が注目されてきている。しかし、一般に、教師個人は、教師としてのアイデンティティの基盤を、自分の授業改善に見出している場合が多く、同一教科であっても教師同士のコミュニケーションが不足していることも事実である。一方で、教師がそのように、教科を基盤に自分の専門性を考えるがゆえに、教科部会における研修などを、個人の職能成長の場としてはもとより、学校全体の研究テーマ設定の場とし、学校改善へとつなげていく可能性も見出せる。　　　　　　（末松裕基）

共感的理解
empathic understanding

共感的理解について、ロジャーズ（Rogers, C. 1902～1987）は、「クライエントの私的な世界を、あたかも自分自身のものであるかのように感じとり、しかも、この『あたかも～のように』という性質を失わないこと」と規定し、共感（empathy）と同情（sympathy）の違いは、この性質の有無によると述べている。また、クライエントの建設的な人格変容が生じるためには、カウンセラー側の態度条件として、目己一致・無条件の肯定的配慮・共感的理解が要請されているとしている。このように、共感的理解は、カウンセリングにおいては重要な概念となっているが、教育の場面においても、子どもたちの感情をできるだけ理解しようと努めるとき、彼らの不安や恐れが緩和され、教師との親和関係が高まり、安心した雰囲気の中で、自己表現を発揮するようになるといわれている。

⇒カウンセラー、ロジャーズ　（犬塚文雄）

教具

一般に、教授・学習内容を伝達するために用いられている道具のことをいう。黒板、掛図、OHP、OHC、プロジェクター、コンピュータなどがその典型である。理科の実験器具、算数の各種定規、体育の各種用具も、教具に含まれる。模型、写真、映画などを教具と捉えることもあるが、それらは教育の内容を含むため、教材と解される場合もある。教具と教材の境界線があいまいなために、「教材・教具」と一括して扱われることも少なくない。教具は、科学技術の進歩とともに、常に新たに開発されてきた。教具は、本来、教育活動を成立させるための補助的な道具であるが、ひとたび新しい教具が登場し、流布すると、教育活動のスタイルに変化が生じる。教員には、新しい教具を使いこなす新たな技量を習得することが求められるようになる。その点において、教具は、単に教育活動を媒介するための補助的な道具としてだけではなく、教育活動の基本性質を大きく左右する重要な要素として理解されなければならない。⇒教材　　　　（山名　淳）

教材

教育内容が児童生徒の学習成果そのものへ転換されるために設定された媒介のこと。児童生徒にとって教材は学習の直接的な対象であるために、どのような題材を教材にするかは教科指導では大きな関心事となる。例えば社会科で「地域の農家の工夫や願いを理解する」というねらいを設定した場合に、それをどのような教材を通して児童生徒に学習させるのかを考える必要がある。具体的にいえば、農家の人が日々、作物の特性や天候・気候の変化あるいは市場での価格変化等の諸条件を考慮して働いている具体的な姿やデータ等が教材の候補となるだろう。そして、どの教材が児童生徒の興味関心を喚起させるのかも考慮する必要がある。特定の教材がいつでもどこでも教育内容の習得を保障するわけではない。教材は授業方法と学習者のレディネス等との総合的な関連を通してその有効性を発揮するからである。

（重松克也）

教材研究

教授・学習活動を成立させるために用いられる言語的および非言語的素材のうち、教授・学習内容を一部に含み、教育者と被教育者とを媒介して学習を促すものを教材と呼ぶ。教材研究とは、各授業の目標に適合するような教材を発掘し、開発・作成することをいう。教材研究の

質は、授業に大きな影響を与える。とりわけ学習者が内的動機づけを得られるかどうかは、教材研究の成果に左右される。既成の教材をどのように理解し、教育実践においてどのように活用するかを検討することは、教材解釈と呼ばれ、一般には、教材研究と区別される。だが、教材研究に際しては、教材解釈的な要素が含まれがちであり、その限りにおいて、両者を明確に区分することは難しい。教育活動の機能的分化、教育産業の発展などによって、教材の研究・開発に従事する専門家やセクションが形成される傾向にある。そのような傾向は、教育活動の効率化を促進する反面、教材の研究・開発からそれを用いた授業実施に至るまでの包括的な視野を各教員がもつことを妨げる要因ともなりうる。　　　　（山名　淳）

教材づくり

　教材は、教授＝学習指導のために使用する素材であり、手段であるが、学習者からすれば学習において働きかける対象そのものでもある。学習者の興味・関心を喚起し、学習者が意欲的に働きかけることによって学習すべき事項・内容の本質が見えてくるような教材をつくって提示できるかどうかは教授・学習過程の展開の成否を左右する。有力な教材としては教科書や副読本のように言語や数に依拠した教材があるが、形・色・音など形象を介した認識と表現のための教材、身体の活動・技能に随伴しての認識に有効な教材など、各教科の特質に応じて多岐にわたる教材の作成が考えられる。自然界から採り、あるいは自然界そのものを対象とした教材の存在とともに、パソコンなど情報技術を駆使した教材づくりのウエイトが一層増すであろう。近年、教材づくりにかかわって、関係者に著作権への認識を確かにすることが必須となっ

ている。2003（平成15）年6月、著作権法の一部を改正する法律の成立により、教育現場での著作物の利用を円滑にするため、著作権者の了解を得ずに著作物を利用できる例外措置が拡大された（2004年1月施行）。⇒教科書、副読本（水内　宏）

教師の愛と権威

　子どもの学びには動機づけが不可欠であるが、それは決して内発的に生ずるものではない。例えば音楽好きの両親のもとに音楽家を目指す子どもが育ったり、スポーツ好きな両親のもとにスポーツ選手を目指す子どもが育つのは、子どもたちが両親の夢に誘なわれてその世界に入っていくからである。「教師―子ども」の関係も同様のことがいえる。各教科を教えることだけに熱心な教師に対し、子どもは抑圧と退屈を感じ、しだいに反発していく。なぜならば、そこには知に対する教師の夢や憧れがないからである。教師は授業で勝負する――とはよくいわれることであるが、子どもを惹きつける教師には、知に対する「夢や憧れ」があり、子どもは教師のそのような「夢や憧れ」に憧れるのである。教師の子どもに対する愛とは、教師が自らの「夢や憧れ」を子どもたちに無意識のうちに伝えていくことの中にある。ゆえに、知に対する「夢や憧れ」を伝えられない、言い換えれば子どもを愛せない教師の惰性的な授業さえも、子どもたちは内面化していってしまうのである。

　したがってまた、授業を通じて知に対する「夢や憧れ」を伝えられる教師には、子どもたちからの尊敬が知を通して集まる。すなわち、知を通じた権威がそこに生ずるのである。教育内容は非人称的な真理や事実に過ぎない。しかし、これを教える教師と子どもの関係は、主体と主体の関係であり、この人間関係を知への「夢や憧れ」を通じてつくり上げていける

教師にのみ、権威は生ずるのである。世の中の事実や真理を上から子どもを威圧しながら教え込むことは、教師という立場＝権力を用いた説教に過ぎず、権威によって子どもを惹きつける真の意味での教育とは、まったく逆のものなのである。教師と子どもの関係は、知への憧れを子どもに伝えていこうとする教師からの愛と、その愛を感受した子どもから発せられる権威によって、初めて成り立つものなのである。　　　　　　　　　　　　（金田健司）

教師の教育権

　教師は、教育という職務の本質と教職の専門性に基づき、その職務の遂行において一定の自律性と自由を必要とする。わが国では、教諭の職務は、学校教育法により、「児童の教育をつかさどる」（第37条第6項）ことと定められているが、「教師の教育権」が法律により明記されているわけではない。一般的に、教師の教育権は、①教育課程の編成権、②教科書・教材の選択権、③教育活動の評価権、④児童生徒の懲戒権、⑤研修の自主性・権利性などから構成されると解される。

　わが国では、1950年代半ばから1970年代にかけて、「国民の教育権論」と「国家の教育権論」が厳しく対立し、この中で教師の教育権、とくに教育内容決定権をめぐって論争が展開された。教科書検定や文部省の学力テストの実施をめぐる裁判でもこの対立は続き、学力テストに関する最高裁の判決（1976年5月21日）で一応の決着をみた。

　同判決によると、教師の職務は、子どもの人間としての個性豊かな発達を目指す高度に人格的で創造的な営みであり、教育という事柄の性質上、教師には子どもの個性や特性等を考慮し、各自それぞれに創意工夫しながら教育活動を展開することが要請されていると述べ、「普通教育においても一定の範囲における教授の自由が保障されるべきことは肯定できないではない」とする一方で、普通教育においては児童生徒に教授内容を批判する能力がなく、教師が児童生徒に対して強い影響力を有すること、子どもの側に学校や教師を選択する余地が乏しいこと、教育の機会均等を図る上で全国的に一定の水準を確保すべき強い要請があることなどを理由として、普通教育において教師に完全な教授の自由を認めることはできないとした。⇒親の教育権、教育の自由
　　　　　　　　　　　　（藤井穂高）

教師のストレス

　教師のストレスを引き起こすストレッサーとしては、人間関係のこじれや行き詰まり、さらには外部からの苦情など、まずは社会的なものが考えられるが、休日などに行われる部活動指導や家庭訪問なども、教師の日常をさらに多忙なものへと導いている。教師の職務は、学級担任、教科担任、部活動顧問など、学期途中で交代が難しい場合が多く、教師自身、常にストレスを回避しづらい職務状況にある。なお、ストレス軽減に関する用語としては、「対処能力」や「ソーシャルサポート」を挙げることができる。「対処能力」とはストレッサーに結びつく問題を直接解決したり、その影響を軽減したりする能力のことである。具体的には、学級運営上の問題に直接取り組むなどの「問題焦点型対処」と仕事の後に同僚と交流の場をもつなどの「情動焦点型対処」等に分けられる。また、ソーシャルサポートとは、社会的支えのことであり、ソーシャルサポートを受けている人、あるいは、受けられると感じている人は、ストレス反応が低減されるものと考えられている。　　　　　　　　　　　　（平宮正志）

教授

一般的には、知識・技能等を伝授する営みのこと。広義には「教育」そのものを指す場合もあるが、狭義には教える側の意図、指導計画、指導の総体を指す。教授という概念は、学習を操作し統御する教育思想の枠内で主に用いられてきた歴史的経緯がある。今日では一般的な授業観が教師と児童生徒との相互作用によって構成される営みとされており、かつ自発的能動的な学習が重視されているので、教授ということばは学校現場では用いられなくなってきている。しかし、教授を巡るこれまでの研究・実践の蓄積には依然として受容されるべき豊かな内実がある。教授の利点を生かしていく姿勢が必要だろう。例えば、技能・能力を育成する授業過程に模倣を位置づける重要性とその生かし方等は、子どもの自発性を尊重するだけでは習得できない教育内容を教える際には、その有効性を失っていないといえよう。⇒**教育** （重松克也）

教授会

戦後、日本国憲法で「学問の自由」（第23条）が保障され、教育基本法と学校教育法が制定されて新制大学制度が発足した。学校教育法では、「大学には、重要な事項を審議するため、教授会を置かなければならない」（第93条）と規定された。教授会は、学長を含む人事の決定や予算配分、カリキュラム設計や学位授与等広くかつ強い権限を有する。これが硬直的な運営を引き起こすことがあり、1960年代、「学園紛争」の一因ともなった。大学には、運営にかかわる重要事項を審議する評議会も設けられているが、「教学と経営」を巡って教授会が評議会と対立することもあり、大学としての意思決定に時間がかかる等の欠点が指

摘されていた。2004（平成16）年4月、国立大学が国立大学法人に移行され、教授会を中心とする運営から学長の強いリーダーシップによるトップマネジメントへと変更された。学長選考において教授会の議決とは異なる決定が行われるなど、教授会の機能縮小ともいえる動きが高まっている。私立大学では、私立学校法の改正により理事会に関する規定が創設されるなど、国公私ともに大学運営システムの抜本的改革が進められている。
（田中敬文）

教授－学習理論

教授とは、一般に、知識や技能を教え授けることをいう。それに対して、学習とは、知識や技能を学び、習得することをいう。授業場面などに典型的にみられるように、教育は、通常、教える主体の教授活動と学ぶ主体の学習活動の共起現象として理解される。教授－学習理論とは、この教授と学習の活動を解明すると同時に改善のための提案を提示するような理論のことをいう。教育学の伝統においては、学習者としての子どもの観念を前提としつつも、まずは教授に関する理論（教授学）が発展した。例えば、コメニウスは、事物の直観を通してあらゆることを誰もが学ぶことができるという学習者観のもとに、知覚世界を言語と図像によって示した『世界図絵』を著した。ペスタロッチもまた、直観を重視し、直観から表象へ、またそこから概念へと到達する認識過程を支援するための方法を考案した。ヘルバルトは、それをさらに精緻化し、四段階の教授法として定式化した。19、20世紀転換期には、心理学などに基づく実証的な子ども研究が活発化する中で、学習する主体としての子どもをより正確に把握しようとする動向が強まり、そのように科学化された子ども

理解に沿った教授の方法が模索されるようになった。スキナーが行動主義的な学習観に基づいてプログラム学習を考案したことは、その一例である。近年、認知科学や脳科学などが発展し、個人の内で生じる情報処理の過程としての学習がより詳細に解明されてきている。新たなメディア技術の向上と相まって、今後、どのような新しい学習理論とそれに基づく教授理論が提起されるかが注目される。
⇒コメニウス、スキナー、ペスタロッチ、ヘルバルト　　　　　　　　　　（山名　淳）

教授段階論

学習者を支援する状況、とりわけ授業場面において行われる教授活動を段階に分けて計画化するための理論をいう。例えば、ペスタロッチは、直観から表象へ、また、そこから概念へと到達する認識過程を支援するための方法として、直観教授法を考案した。ヘルバルトは、そのような教授段階を自らの体系的な教授学の中で精緻化し、四段階教授法を唱えた。さらに、彼の影響を受けたヘルバルト派は、それに改良を加えて、五段階教授法を考案した。この教授法は、ヨーロッパやアメリカ、さらには日本でも、ハウスクネヒトを通して明治中期に普及した。一般に児童中心主義と形容されるいわゆる新教育の時期には、学習者の自己活動や自主性を重視する教授段階論が積極的に考案されるようになった。デューイによる問題解決学習の段階やプロジェクト・メソッドにおける四段階についての理論を、その例として挙げることができる。現在、日本では、授業の構成に際して、「導入―展開―山場―まとめ」などの簡潔な段階をベースにしている場合が多い。
⇒デューイ、ペスタロッチ、ヘルバルト
　　　　　　　　　　　　　　（山名　淳）

教授要目

中等学校・旧制高等学校の各学科の内容の要綱と領域ごとの時間数を定めたもの。1901（明治34）年文部省令第3号中学校令施行規則で学科目・各学年の毎週授業時間数が定められ、それを受けて、1902年中学校教授要目で各学科の領域と時間数が定められた。これに基づき中学校長が教授細目を定めることになる。施行規則の「学科及其ノ程度」→教授要目→教授細目→教案という教授定型が一般化していく。この施行規則と教授要目によって中学校の教育課程が整備されたものになる。このことは「男子ニ必須ナル高等普通教育」の内容が明示されたことであり、小学校→中学校→高等学校へのアーティキュレーションが成立したことを意味していた。女子の中等教育機関である高等女学校教授要目は、1903（明治36）年に定められる。高等女学校では漢文、法制および経済がなく、その分家事と裁縫に多くの時間が配当されている。良妻賢母主義理念に基づくものであった。師範学校教授要目は1911年に定められた。　　　　　　　（森川輝紀）

教師用指導書

児童生徒の使用する教科書とは別に、教科書会社など出版社が作成し発行する教師向けの指導手引書。学習指導要領およびそれを詳しく解説した指導書（2002［平成14］年からは「解説書」に名称変更）、それらに基づく教科書検定基準などに拘束されない執筆・作成ができる。通称「赤本」といわれるものもあるが、これは、児童生徒用の教科書の欄外や行間に発問、板書すべき事柄、練習用に提示する問題例などが朱色で書き込まれていて、教師の授業準備の省力化とはなりえても、児童生徒の現実の注意深い把握と

教科内容の掘り下げた研究に基づく教師の創意・工夫の発揮の阻害にもなりかねない。いわゆる教師用「トラの巻」である。

(水内　宏)

教職員
teaching staff

　授業等の教育活動を担当する教育職員と、学校の事務を担当する事務職員、その他のスタッフを包括した、学校で勤務する職員の総称。学校教育法は、学校に置かなければならない教職員(必置職員と呼ぶ)として、小学校及び中学校には「校長、教頭、教諭、養護教諭及び事務職員を置かなければならない」(第37条)、高等学校には「校長、教頭、教諭及び事務職員を置かなければならない」(第60条)と規定している。2007(平成19)年の法改正では、校長のリーダーシップ発揮の補佐と組織的機動力の向上を目的に、副校長、主幹教諭、指導教諭(いわゆる「新たな職」)を置くことができるようになった。2017年の法改正では、「チーム学校」の実現に向けて、事務職員の職務規定が見直される(第37条)とともに、学校教育法施行規則において、スクールカウンセラーとスクールソーシャルワーカー、部活動指導員が学校に置かれる職員として新たに追記された(第65条の2および3、第78条の2)。日本の場合、諸外国に比べて学校の業務を教育職員が負担する割合が高いことが明らかになっている。教職員が、適切に役割分担をしながら一体的に学校運営・教育活動に取り組む学校への転換が目指されている。
　⇒チームとしての学校　　　(照屋翔大)

教職員団体

　職員団体とは、「職員がその勤務条件の維持改善を図ることを目的として組織する団体又はその連合体」であり「職員は、職員団体を結成し、若しくは結成せず、又はこれに加入し、若しくは加入しないことができる」。ただし、管理職員等と管理職員等以外の職員とは、同一の職員団体を組織することができない(以上、地方公務員法第52条)。教育公務員特例法第29条の規定もあり、多くが地方公務員である教職員の職員団体についても同様だが、文部科学省「教職員団体の組織の実態について」では、これに該当する全国的組織として、日本教職員組合(日教組)、全日本教職員組合(全教)、日本高等学校教職員組合(日高教右派)、全日本教職員連盟(全日教連)、全国教育管理職員団体協議会(全管協)の五つを挙げている。また、全国的組織を有しない地域ごとの団体も存在する。これらの団体の主義主張、労働組合や政党との関係、具体的な活動等は多様だが、加入者数の多い日教組や全教をはじめ加入率は全体的に低下しており、2003(平成15)年に初めて未加入者数が加入者数を上回るなど、教職員団体離れの傾向もみられる。
　　　　　　　　　　　　(榊原禎宏)

教職課程

　教職課程とは、本来は教員免許状を授与するために大学などで必要な単位を取得する課程のことをいう。したがって、課程認定を受けたどの大学にも教職課程は存在する。これは国公立、私立の別を問わないし、目的養成学部と一般学部での養成の別も問わない。しかしながら実際には狭義に教職課程は、一般大学なかんずく私立一般大学において教員免許状を授与するために設置された課程を指すことが多い。さらに、教職課程で指定される科目は教員免許状授与のために必要なすべての科目である。つまり教育職員免許法に規定される「教科に関する科目」(養護教諭の場合は「養護に

関する科目」、栄養教諭の場合は「栄養に関する科目」）も教職課程のうちに含まれる。しかし、これも教職課程を「教職に関する科目」の課程、と狭義に使っていることが多い。これでは「教科に関する科目」を担当する場合でも教職課程を担う者として教員養成に責任を負う、という教育職員免許法の理念が理解されにくい。今一度、教育刷新委員会において議論された、大学において教員養成を行うことの共通理解が求められるようになっている。⇒**教員養成**（池ニ　徹）

教職課程コアカリキュラム

「大学が教職課程を編成するに当たり参考とする指針」とされる。2015（平成27）年の中央教育審議会答申で提言され、2017年の教育職員免許法改正を受けての再課程認定において、まずは旧免許法での教職に関する科目と英語について適用が開始された。このきっかけは2001年の「国立の教員養成大学・学部の在り方に関する懇談会」における教職課程の内容が、教員個人の裁量に委ねられているとの批判にある。また、医学や工学で作成済だった影響もあるが、これらには国際基準があり作成主体も行政中心ではないため、教職課程コアカリキュラムが大学の自主性を奪うなどの批判も強い。一方で、戦後教育改革の際に教職課程の質の担保としたのは当時の10%程度という大学進学率であり、2010年代の50%超という現実への対応が必要であることも間違いない。なお、教育課程において用いられる「コアカリキュラム」とは全く意を異にする。⇒**教員養成、教職課程**（池上　徹）

教職大学院

2007（平成19）年に制度化された、高度専門職業人の養成を目的とする専門職大学院の一つ。より実践的な指導力・展開力を備えた新しい学校づくりの有力な一員となり得る新人教員と、地域や学校における指導的役割を果たし得るスクールリーダー（中核的中堅教員）の養成を目的にしている。標準修了年限は2年で、修了者は教職修士（専門職）の学位の他、大学院修士課程修了相当の「専修免許状」を取得することも可能である。45単位以上の修了要件単位のうち、10単位以上を学校等での実習に当てることとされ、理論と実践の往還による実践力の育成を目指したカリキュラムを特徴とする。2018年4月現在、全国に54の教職大学院が開設されている。2017年9月に発表された「国立教員養成大学・学部、大学院、附属学校の改革に関する有識者会議報告書」は、「教員養成機能の修士課程からの移行、学校現場の実情に即した実践的な教科領域の教育の導入、学部と教職大学院との一体化、学校外の資源や「理論と実践の往還」の手法等を活用した最新の教育課題への対応」などを課題として指摘しており、今後さらなる再編・拡充が求められている。

⇒**教員研修、専門職大学院**　（照屋翔大）

教職調整額

教職調整額とは、教員の勤務時間について、その長短にかかわらず、勤務時間の内外を区別せずに包括的に評価し、給料の4%相当として支給されるものである。1966（昭和41）年、文部省（当時）は全国的な教員の勤務状況調査を実施した。その結果、月平均で約8時間の時間外労働と捉え、これを基に1971年に国公立学校の教員に対し、俸給月額の4%相当の教職調整額を支給するとし、1972（昭和47）年度から適用された（「国立及び公立学校の義務教育諸学校の教育

職員の給与等に関する特別措置法」）。すなわち、教員の職務と勤務態様の特殊性に基づいて、勤務条件を定める考え方から、勤務時間の内外を問わず、また、労働基準法における時間外勤務・休日勤務手当の制度を適用せずに教職調整額を支給する。現在は、「公立の義務教育諸学校等の教育職員の給与等に関する特別措置法」に相当する。なお、公立学校の教員に時間外勤務を命ずる場合は、基準（いわゆる「超勤4項目」）が政令で定められている。　　　　　　　　　　（加藤崇英）

■ 教職の専門性

専門性を備えた職業（profession）としては、元来聖職者、医者、弁護士が典型とされてきたが、その特徴は長期の教育訓練を通じて獲得した学問的知識・技能を使って営業的な独占的地位を形成したことである。一般に教職の専門性をいう場合は、こうした意味での専門職性を含意している。専門職性については、これまでの研究の指標をまとめると①社会的に不可欠で、範囲が明確な独占的な活動、②高度な知識技術、③専門的な判断や行為の職務的自律性、④営利よりサービスを動機とし、業者の自治団体を形成し免許、就業、除名などの統制、⑤倫理綱領を有する、といった要素が挙げられる。

これらの諸要素を具備する職業は現実にはありえず、一つの専門職モデルと予想される。教職の専門性がわが国で焦点化したのは、戦前期からの規範的な教職の聖職観と戦後の労働者としての教職観が相克する教育状況の中で、ILO・ユネスコによる「教員の地位に関する勧告」（1966）が出されたことである。それによると「教師の仕事は専門職とみなされるべきである。この職業は厳しい、継続的な研究を経て獲得され、維持される専門的知識および特別な技術を教員に要求する公共的な業

務の一種である」（勧告の六）とされ、以後教職の専門性をめぐる議論が活発化した。しかし、現実の教職の専門職性の在り様は、むしろ半専門職とか準専門職と見なされる。今日的には基礎学力の低下やいじめ、不登校などの対応をめぐり教師批判が噴出し、教師の指導力を含めた専門性が問われている。まさに「高度に体系化された知識・技術」の質的レベルの優位性が教師の専門性に担保されることが、教師・教職への信頼回復に急務の課題となっている。⇒**教員の地位に関する勧告**　（穂坂明徳）

■ 教師論

学校教員とくに教諭の役割と身分、その養成・採用・研修がどのようにあるべきかという、戦後公教育が整備・拡充される過程でたびたび論争となり、今日に至るまでさまざまに議論されているテーマ。戦前期、師範学校では「順良・信愛・威重」の三気質が重視されるなど、教師は金銭的関係に基づく労働者ではなく聖職的な役割を果たすものと理解されてきた。戦後、皇民化教育に替わって民主教育が掲げられる中、「滅私奉公」を教えた教師像は厳しく批判され、さらに民主教育の先に「労働者の国家」を見出した考え方のもとで教師は労働者階級の一翼であり、次の社会の礎たる児童生徒への教育を担うべき立場と捉えられた。その一方、教師の人格的影響の大きさから聖職と捉える考え方も残った。こうした聖職論と労働者論が並立する状況にあって、新たな論、専門職論が展開される契機となったのが、1966（昭和41）年のILO＝ユネスコによる「教員の地位に関する勧告」であった。社会における知識と技術の高度化に伴って、教育を受けることは基本的人権の一つであり、専門的な職業によってこそ教授・学習過程が担われるべきとされ、教師は専門職たることがう

たわれた。「教育職は専門職としての職務の遂行にあたって学問上の自由を享受すべきである」等と提唱した同勧告により、聖職論と労働者論に替わって専門職論が教師論の基本となったのである。そして現在、「開かれた学校」論や「学校と地域との連携」論が叫ばれる中、民間人校長や地域人材の活用など学校では多様な人々がかかわるようになっており、教育における「専門性」と「素人性」との関係が教師論においても問われている。
⇒教員の地位に関する勧告　　（榊原禎宏）

業績主義と属性主義

個人の評価や、地位、資源、報酬の配分において、属性に基づく場合を属性主義(ascription)、能力や業績に基づく場合を業績主義(achievement)と呼ぶ。属性は人種、家柄、性など本人の努力によって変えられない生得的なものであり、業績は本人の能力や努力によって獲得されたものである。このような原理の区分を明示したのは、人類学者リントン(Linton, R.1893〜1953)と社会学者パーソンズ(Parsons, T. 1902〜1979)である。リントンは、社会的地位を属性的地位と業績的地位の二つに類型化した。属性的地位は誕生時に個人の能力とは無関係に付与され、業績的地位は天賦の才能と個人の努力によって誕生後に獲得される。また、パーソンズは、行為選択の5組の二者択一的価値類型であるパターン変数の一つとして、業績主義と属性主義という用語を使用した。近代化に伴って、社会の業績主義化が進展するにつれ、属性主義は姿を消すか、例外的に残存するものと考えられてきたが、必ずしもそのようにはなっていない。例えば、一度判定された業績が固定化され、一種の属性と化す「業績主義の属性化」という問題がある。具体的な例として、いったん獲得された業績としての学歴が

属性化し、後々の昇進等にまで影響を及ぼすような学歴主義が挙げられる。また、属性の影響によって業績主義上のハンディキャップが生じる「属性主義に支えられた業績主義」という問題もみられる。家庭的背景などによって、教育達成に差が生じることなどがこれにあたる。近年、経済的・社会的な格差の拡大や固定化が議論されているが、形式的な機会の平等だけでは解決し得ない格差の源泉として、属性主義に支えられた業績主義という観点は、看過できない重要な問題となっている。
（岩田　考）

競争

学校は知識習得を柱とするが、生徒が学習に集中するよう仕向ける動機づけとして競争を使う。また、学校内で獲得した学業成績は業績価値として「人間評価」につながる。それは社会の職業世界に移る際の「地位＝役割」の照準となることから成績の高い結果を得るために、生徒間や保護者間、そして学校間にまで競争関係が生じる。今日、競争価値そのものに意味を見出す「競争の教育」の時代である。そして競争の教育は競争社会と構造的に連動している。親や子ども、そして教師も脅迫観念に近い競争観念に囚われる。「ほかの人に遅れをとってはいけない」「入学試験で失敗したら思う通りの人生が送れない」など子どもたちの人生観を形づくっている。一方で、競争のメリットが「努力の集中」を引き出すということから、競争の結果を「序列」として上位−下位に秩序づけることに「納得」する現実もある。しかしこの「納得」（＝正当化）の前にすでに競争から降りてしまう子どもが出てきた。希望を抱くことができない子ども、また、希望をこれから抱きたいとは思わない子どもが存在する。また希望を抱いて目標を実現し

ようとする子どもがいる。子どもたちの間で「希望格差」が広がっている。これを解消する新たな競学観の構築が求められている。 （望月重信）

教頭

assistant principal

「校長を助け、校務を整理し、及び必要に応じ児童の教育をつかさどる」（学校教育法第37条第4項、中学校・高校・中等教育学校、特別支援学校にも準用）ことを職務とする職名である。また「教頭は、校長に事故があるときはその職務を代理し、校長が欠けたときはその職務を行う。この場合において教頭が二人以上あるときは、あらかじめ校長が定めた順序で、その職務を代理し、又は行う」（同法同条第5項）とされている。前者の規定はいわゆる校長補佐権と校務整理権を指し、後者は校長がいない非常時における代理・代行権を指している。1974（昭和49）年まで、教頭は教諭をもって充てられていた。しかし、学校教育法改正で独立職として規定された。また、校長の資格要件と同様に、2006（平成18）年には教頭の資格要件も緩和されて、教員免許状や教育に関する職の経験をもたない「民間人」の登用が可能となった。

⇒校長、副校長 （浜田博文）

協働

同一の目的をもって、ともに協力して働くこと。バーナード（Barnard, C.I. 1886～1961）によれば、「協働体系（cooperative system）とは、少なくとも一つの明確な目的のために、二人以上の人々が共同することによって特定の秩序ある関係のもとにおかれている物的・生物的・個人的・社会的構成要素の複合体」とされる（『経営者の役割』ダイヤモンド社、1956）。学校組織でいえば、教職員の協働は、彼らの活動を協働たらしめる何らかの作用の必要性を意味している。すなわち、バーナードの概念を用いて、吉本二郎は、学校経営を「ひとつの学校組織体（協力体系）の維持と発展をはかり、学校教育本来の目的を効果的に達成させる統括作用である」とした。さらに吉本は、バーナードに従って、学校組織の成立の必要かつ十分な条件を、①協働する意志、②共通の目的、③コミュニケーションの三要素として捉えた。 （加藤崇英）

郷土教育

身近な郷土の学習を通じて社会認識を育むという意味と、郷土に対する愛着をもった人間を育成するという意味がある。前者は、ペスタロッチの直観教授の流れをくむものであり、郷土を教材として位置づける。後者においては、郷土は学習の目的となる。したがって、前者は方法論的概念、後者は目的論的概念といえる。一般に、前者の意味合いでとられることが多い。郷土教育の起源は、20世紀初頭、ドイツの初等学校に設置された郷土科にみることができる。わが国では、1930年代に、経済恐慌によって荒廃した農村の自力復興を図るべく、郷土教育運動が展開された。そこでは、強い郷土愛をもった人間の育成が目指された。しかし、それは祖国愛の涵養へと導かれ、軍国主義に貢献することになった。戦後は、方法論的概念の側面が強くなり、社会科で郷土学習が取り入れられている。しかるに、郷土を目的とみなす視点も重要である。「村を捨てる学力」ではなく、「村を育てる学力」が改めて関心を呼んでいる。 （舞田敏彦）

郷土教育運動

1929（昭和4）年10月に発生した世界

恐慌により日本経済は大きな打撃を受け、労働争議や小作争議、欠食児童などが深刻な社会問題となった。1930年代の学校教育は、これらの問題打開に向けた経済更生運動に取り込まれることとなり、郷土教育運動は、こうした状況の中で「郷土」をキーワードに展開された教育運動である。従来の教育運動とは異なり、文部省もこの取り組みを積極的に奨励した。郷土教育の推進者たちは、主観的・客観的な立場に大別される。主観的な立場においては、愛郷心の育成が課題とされ、客観的な立場においては、郷土に対する児童の客観的な観察力の養成が課題とされた。後者は、小田内通敏（地理学者・文部省嘱託）や尾高豊作によって提唱された立場であり、尾高を会長として1930年に郷土教育連盟が結成され、雑誌『郷土』（後に『郷土科学』、『郷土教育』へと改称）を発行した。

⇒郷土教育　　　　　　　　　（遠座知恵）

興味

interest／Interesse［独］

　自分をひきつける対象に向かって肯定的な感情を伴う態度や心的傾向のこと。一般に、学習においては、児童・生徒が学習対象に興味をもつことで学習への意欲が高められるとされる。個人の尊厳に立脚した近代教育の理論では、児童・生徒の興味を尊重することが説かれてきた。だが、興味は必ずしも学習の出発点や学習を促進するための単なる手段とされているわけではない。学習が新たな段階に進むごとに新たな興味が育成されるとすれば、興味の育成は学習の段階と連動したものであるといえる。こうしてヘルバルトは、学習の段階と相即する興味の多面的な育成を教授の直接の目的であるとした。さらに、児童中心主義の新教育はデューイにみるように、活動を通した児童・生徒と対象との有機的統一を学習と

した。これは、対象を含んだ活動の過程の中に興味を位置づけたものである。

⇒デューイ、ヘルバルト　　　（古屋恵太）

教務主任

　教務主任は、「校長の監督を受け、教育計画の立案その他の教務に関する事項について連絡調整及び指導、助言に当たる」ものとされている（学校教育法施行規則第44条第4項）。教務主任は、校長等の意図や方針を教職員に伝えたり、学年や委員会などの意見や要望を校長等に伝えたりする連絡調整や、学校教育目標の達成に向けて、教育活動の計画・実施・評価の過程で教職員に行う指導助言によって、校長を補佐する役割と考えられてきた。しかしながら、1998（平成10）年の中央教育審議会答申「今後の地方教育行政の在り方について」を端緒とする一連の学校経営改革によって学校運営組織の見直しが図られる中で、教務主任は校長の補佐という役割を越えて、創造的な学校経営を行うための中核的スタッフとして位置づけられるようになってきている。しかし、主任は監督権限をもたず、職として位置づけられたものではないことから、2007（平成19）年の学校教育法の改正により、監督権限を有する主幹教諭等が新たに設けられ、教務主任を兼ねるという形を取ることによって、教務主任の果たすスタッフ機能の強化が図られようとしている。⇒主任、主幹教諭

（臼井智美）

教諭

　教員の職制上の一つの職名を指し、教員免許状等の資格を有して任用を受けた正規の教員を指す。学校教育法の第1条に掲げられた学校のうち、大学と高等専門学校を除くすべての学校、すなわち、

小学校、中学校、中等教育学校、高等学校、特別支援学校および幼稚園において、教諭は校長とともに必ず置かれるべき職員とされ、学校における教職員の主要な部分を占める。教諭の資格要件は、大学等での所定の単位の修得、あるいは教育職員検定合格や教員資格認定試験合格を通じて、各学校の種別に対応する普通免許状または特別免許状を有していることが含まれる。免許状の種類は、小学校教諭、中学校教諭、高等学校教諭、特別支援学校教諭、幼稚園教諭に区別される。教諭の職務に関しては、小学校教諭の場合、学校教育法第37条第6項で「児童の教育をつかさどる」と規定されている（中学校、中等教育学校、高等学校では「生徒の教育」、幼稚園では「幼児の保育」としてそれぞれ準用。特別支援学校においても、各学校段階に応じた規定が幼稚部から高等部まで準用される）。「教育をつかさどる」というその範囲は必ずしも明確ではないが、教科指導や生徒指導、研修が含まれるほかに、学校の管理運営上必要とされる校務の分掌も教諭の職務に含まれる。　⇒教職員　　　（鞍馬裕美）

教養

　教養ということばは、多義的で歴史的にさまざまな意味合いを帯びながら論じられてきたが、端的に表現するならば、職業的専門教育などから区別された、理想の人間像への教育、あるいはその教育の結果得られたものの内容を意味するといってよいであろう。

　紀元前4世紀頃に、プラトン（Platon, B.C.427～B.C.347）は、人間としての固有の善さ（徳：アレテーarete）を目指す教育のことを、幼児の養育を意味するパイデイア（paideia）ということばを用いて表現した。その後、紀元前1世紀のローマにおいてこの語はフマニタス（humanitas）とラテン語に訳され、ギリシャ的教養とローマ人の法律や歴史の知識、そして学ぶ者自身の人生経験を結びつける概念となった。これらの歴史を通じて自由人のふさわしい学習内容として主張された諸教科が、中世初期に七自由科として確立し、長い間ヨーロッパ中世の伝統となった。この伝統はルネッサンスの人文主義運動においても支持されたが、やがて、この人文主義的教養観は科学的知識の発展とともに自然科学的な実学主義と分裂・対立するようになった。

　18世紀末から19世紀にかけて広範な読者層を獲得したゲーテ（Goethe, J.W. 1749～1832）らの教養小説（Bildungsroman）は、苦悩の中で教養人へと自己形成する人物像を描き、より高尚な精神性獲得に向けて自己形成し続ける過程としてのBildung（＝教養、＝人間形成）というイメージが教養として確立した。その一方で、19世紀後半にはニーチェ（Nietzsche, F.W. 1844～1900）が、人間としての在り方に根本的な反省を向けずに知識のみをひけらかす「教養俗物」に対して厳しい批判を加えている。教養とは、その時代の現実世界との格闘の中で「人間はどうあるべきか、どう生きるべきか」という問いに答えようとする努力から生まれるものなのである。⇒プラトン（荒井聡史）

極地方式

　「すべての子どもに高いレベルの科学をやさしく教える」ことを目標に、高橋金三郎、細谷純らが1970年に創立した民間の教育研究団体が「極地方式研究会」である。特定の理論によらず、教師と研究者の協同によるテキストづくりを共通の目的としている。集団的な研究の在り方を極地探検の方法になぞらえて「極地方式」と名付け、会の名称とした。もっとも、1960年代の数学教育協議会によ

る水道方式のテキストや明星学園の自然
科学のテキスト、仮説実験授業研究会
の「授業書」づくりの試みなどが背景に
あり、極地方式もこれらを強く意識して
いた。会の発足にあたっては東北地区の
科学教育協議会のメンバーが中心となっ
たこともあり、当初は理科教育が中心で
あったが、近年では数学や生活科、総合
学習などの授業づくり、テキストづくり
も行われている。 ⇒授業書、水道方式
（大田邦郎）

規律・訓練
discipline

　主として監獄・学校・軍隊などの近代
的な施設や組織において、そこにいる
人々の思考形態、行動様式を規制・拘束
することによって、彼らを精神的にも身
体的にも支配し、さらには自ら進んで服
従させる習俗や実践の総体をいう。例え
ば学校の場合、これに含まれるものは、
①教師と生徒の間の日常的な「支配―
服従」関係、②成績による序列化、③制
服や身体にかかわる細かな規則による拘
束、④「起立―礼―着席」といった儀
礼などである。言い換えるならば、子ど
もが自らを類別し位置づけ、また子ども
に〈そうする自分〉と〈そうである自分〉
を納得させる教育実践すべてである。つ
まり、「規律・訓練」ということばには、「規
律」という規範としての意味と、「規律化」
という作用・行為としての意味の両方が
含まれているのである。したがって仮に、
オープンスクールのように近代的な教室
空間を撤廃し、合理性を考慮しないよう
にみえる学校空間が設定されたとしても、
あるいはまた個別学習といった学習方法
が採られたとしても、そこに教師の教育
的なまなざしや働きかけがあり、同時に
子どもがその存在を予知する限り、子ど
もは教育的な空間をイメージとして実体
化することになる。そしてさらに、子ど

もたちの規律化は、そのイメージされた
実体を通じて遂行され続けるのである。
（金田健司）

キルパトリック
Kilpatrick, W. H.1871 ~ 1965

　アメリカのジョージア州で生まれる。
学部・大学は数学を専攻したが、1897
年マーサー大学に着任した後、教員養成
の講習会等にかかわった際にパーカーや
デューイから大きな影響を受けて、経
験主義的な教育論や実践に関心を深め
ていく。1907 年、コロンビア大学大学
院ティーチャーズ・カレッジに入学して、
教育学研究に専念するようになり、進歩
主義教育の理論的主導者の一人でもあっ
た。デューイの教育哲学とりわけ実験主
義的な経験主義に基づいて主体的に思考
し活動するによって学習が成立するこ
とを主張して、「プロジェクト・メソッ
ド」を開発した。その大きな特徴は「な
すことによって学ぶ」という活動重視の
方法論に見出すことができる。また単元
展開は「目的設定」、「計画立案」、「実
行」、その成果に対する「批判」（評価）
という一連の過程をとり、それは同時に、
カリキュラム構成原理、かつ教材選択の
原理として重視されているのも特徴であ
る。⇒進歩主義教育、プロジェクト・メソッド、
デューイ （重松克也）

儀礼
rite

　一般的には、一定の形式に則った規律
ある行為や礼法を意味する。学校教育を
例にとるならば、授業の始まりと終わり
に「起立―礼―着席」の号令のもと教師
に挨拶をしたり、あるいはミッション・
スクールなどにおいては、昼食の開始と
終わりに何らかの儀式的な行為を行うな
どが挙げられる。しかし、儀礼の教育的
な作用は、なにも学校内にとどまらない。

例えば成人式は、子ども期に終わりを告げ、大人社会への参入（イニシエーション）を承認するための成年儀礼の一つである。成年儀礼は、成年に達した者が子どもの世界から大人の社会へと入っていくための重要な通過点であり、どの民族においてもほぼ普遍的に行われている。成年儀礼は、各人が属している民族・宗教・政治などの文化の中で、その文化に固有の価値観や行動様式を獲得することによって、社会の一員としての所属感・連帯感を再確認したり補強する機能をもつ。

そのため成年儀礼においてはそれをつかさどる指導者（教育者）の役割も重要となる。つまり成年儀礼は成年になる者とそれをつかさどる者の教育的な関係をもっており、歴史的にみれば学校教育そのものが成年儀礼的な性格をもっていたとさえいえる。例えばルネサンス期において、日常生活では使わないラテン語を学校で習得することは、日常的俗語の世界から自らを分離して、ラテン語といういわば秘密言語によって開かれる世界に参入するためのイニシエーション的な儀礼となる。このように、儀礼は学校の内外において行われてきたし、現在も形式的には行われている。しかし伝統的共同体が自らを存続、発展させるためにもっていたさまざまな儀礼は、工業化の進展とともに解体され、現在では学校空間を中心にした表面的な儀礼が子どもや若者を取り巻いているのが実情である。
⇒イニシエーション　　　（金田健司）

キレる子

1998（平成10）年、中高生のナイフによる殺傷事件が立て続けに起こったことにより、"キレる子"という現象が注目されはじめた。キレるという表現は、日常用語として頻繁に使われており、使用の仕方や意味する内容に一致した定義は

ないが、東京都の報告（1999）では、「何かのきっかけで、頭の中が真っ白になり、前後の出来事を覚えていない、または通常ではありえない行動に移ってしまう状態」と定義されている。キレる子という現象が注目されてからキレやすい子に共通してよくみられる特徴として、感情の未分化、ソーシャルスキルの低さ、道徳心の欠如や単語や短いことばで会話しがちで論理思考が組み立てにくいことなどが挙げられている。また、原因では食生活との関連や家庭環境・社会環境との関連が考えられている。　　　（宇田川香織）

近代家族

落合恵美子は、日本における近代家族の定義を、次の8項目にまとめている。①家内領域と公共領域との分離、②家族構成員相互の強い情緒的関係、③子ども中心主義、④男は公共領域、女は家内領域という性別分業、⑤家族の集団性の強化、⑥社交の衰退とプライバシーの成立、⑦非親族の排除、⑧核家族の8項目である（落合恵美子『近代家族の曲がり角』角川書店、2000）。社会が近代化され、イエ、ムラなどの共同体から離脱する自由を獲得したとき、人びとは安定した信頼できる関係を家族に求める。近代家族は制度的家族である。男女の強い愛情と情緒的関係を核として家族を形成する。愛情の絆に支えられて、心理的拠り所だけでなく、同時に生きがいを考える場として家族を手に入れたのである。上の定義はまさに家族生活そのものをあらわしている。

しかし、近代家族に影が見えはじめた。近代家族体制の「ゆらぎ」は、ほぼ1970年代から1980年代に始まった。女性の主婦離れ、晩婚化などがもたらした「有配偶率の低下」に注目しよう。これはまた「女性の自立」と深く関連する。このように近代家族の変化は戦後の家族

体制の変容とも連動するが、その問題の根源は近代家族の誕生にあったといえる。現代の若年夫婦は、それぞれ両方の親の間での潜在的な綱引きという緊張関係の中にあると落合恵美子はみる。「家」の問題である。

「家」の問題は、家族の社会的機能の縮小や家族の個人的機能の増大があっても減少しない。例えば、個人の家族への期待が増大しても家族への欲求不満や負担感の増大をもたらすこともあり得る。変貌する社会の中で根深く生きている近代家族と新しい家族の模索のゆくえに注目したい。　　　　　　　　　　（望月重信）

近代学校

わが国における近代学校の誕生は、1872（明治5）年の「学制」頒布からである。フランスの学制にならって全国統一的な学校体系の確立を目指すものであった。フランス人が教育を権利として承認する原理は、以下に読みとれる。①庶民に開かれた単線型であること、②無償であるべきこと、③学校の設置や管理は社会の責任であること。この、あらゆる人々に教育の機会が与えられるべきという「国民皆学」の方針は、初発において民衆にとっては必ずしも受けいれることのできるものではなかった。システムと民衆の生活との乖離があった。とりわけ女子に対しては、親は通学の意味を認めず、家事手伝い、子守りに専念させた者が多かった。しかし、学制の発布と同時に布達された「学事奨励に関する被仰出書」では、四民平等の教育をうたい「学問は身を立つるの財本」という立身出世主義や功利主義的な観念にうら打ちされた教育宣言であったといえる。

近代学校の制度的特色を挙げれば、義務制と無償制原則の公教育制度であること、学校系統の統一を目指す余地をもっ

ていたこと（教育の機会均等の理念をもつ）、そして政教分離の原則を確約したことなどである。近代学校の教育理念の近代性は、学制の理念に読みとれるが、教育は即学校教育とみる学校万能主義、実生活と結びついた学問を強調する実学主義、そして身分や世襲、性別を超えてすべてに学校の門戸を開く教育機会均等主義を原則とする。今日の教育はこの原則を礎としているが、1980年代半ば頃から「いじめ」「学級崩壊」そして「不登校」などの教育問題が浮上した。これを学校問題としてのみ捉えるのではなく、また「病理」現象とみなすのでもなく、情報消費社会の進展や、家族、地域社会の変貌といったマクロ（巨視）の視点からの近代学校の見直しと改革が始まっている。⇒学制、公教育　　　　　（望月重信）

近代教育

歴史区分としての近代において生起する教育と、近代的諸理念（自由、平等、自発性、個性など）の実現を目指す教育の両面を意味する。封建的共同体に代わる新しい社会形態としての国民国家によって経営される学校教育のシステムであり、封建的共同体的な生存管理から抜け出て自ら生存責任を負うに至った近代的個人の生存能力を一般的に形成することを課題とする。一方、教育の制度化、管理化が進むと、学校教育の過剰組織が発生して学校以外の教育機能を衰退させ、学習内容の構成から一人びとりの個人に合った要素が疎外されやすくなり、また、教育のシステムの経営主体である国家の利益が先行する傾向をもつことによって、それらのことに対する抵抗が生まれる。近代教育は、こういった制度化されたシステムとともに、それへの対抗の中で生まれる運動（代表的には19世紀末から20世紀初頭にかけての新教育運動）

の形態をも含み込んで理解されることが多い。⇒新教育運動　　　　　　　　　（原　聡介）

勤務時間
work hours

雇用関係において、被雇用者が職務に従事する義務を負う時間。国家公務員と地方公務員の勤務時間は、各公務員法で法制化されている。公立学校教職員の場合は、都道府県の条例で定められるが、一般に週40時間となっている。勤務時間の割り振りの権限は教育委員会にあるが、具体的な学校運営や教育活動の態様などに応じる必要から、実際には校長に委任されている。勤務時間の割り振りは1日8時間、勤務時間内の「休息」は4時間に15分、勤務時間外の休憩時間は45分とされる。時間外勤務の場合、超過勤務手当ての支給が必要になるが、1972（昭和47）年に制定された「教育職員の給与等の臨時措置法」（略名）により教職調整額4%の一律支給をもって、時間外勤務、また時間外の学校行事、職員会議等については支給対象にならない。しかし学校現場に競争原理を導入し教師の質向上を図るために、一律4%の調整額支給の廃止が検討されている。私立学校教職員の勤務時間は、労働基準法に従い就業規則で規定される。　　（穂坂明徳）

勤務評定

一般に職員の職務実績および職務遂行に関連して、職員の性格、能力、適性などを評価し、記録することにより、人事管理の適正化を図ることである。法体系上は、1958（昭和33）年の地方教育行政の組織及び運営に関する法律（地教行法）の「勤務成績の評定」（第46条）を根拠とする。県費負担教職員の勤務評定は職員の任命権者である都道府県教育委員会の計画のもとに、服務監督者である市町村教育委員会が行うとされている。しかし法令上市町村教育委員会の権限とされている「勤務成績の評定」事務は、実際には、教員の所属校の校長の所属職員監督権（学校教育法第37条第3項）のもとにあり、同時に校長には所属職員の進退に関する意見具申権があるため、定期的な勤務実績状況を的確に評価することが校長に求められている。評定には、定期評定（通常の評定）、条件評定（条件附採用期間中の職員に対する評定）、臨時評定（実施権者がとくに必要と求めた特定職員の評定）の3種類がある。公立学校教員の場合、評定のモデルとして都道府県教育委員会教育長協議会の勤務評定試案（1957年12月）によれば、教員の勤務評定書は、勤務成績、適性・性格、特記事項、総評に大別されている。これが都道府県教育委員会規則に取り入れられ、今日までそれが適用されている。
⇒教員の人事評価　　　　　　　　（大坂　治）

金融教育

株の模擬売買や株式学習ゲームを通じて、金融の仕組み、投資のリスクや、自己責任の重要性などの理解を目指す教育活動。高校「現代社会」や中学・高校の「総合的な学習の時間」などを使って行われる例がみられる。金融教育の進展には、証券業界、日本銀行、銀行関係者などの先導と後押しがある。1995（平成7）年に、東京証券取引所などがマークシート方式の株式学習ゲームの実験的試みを中学・高校で開始。日本銀行内に事務局を置く金融広報中央委員会は2005年度を「金融教育元年」とし、各地の幼稚園、小中高校での公開授業や授業のプログラムづくりを開始している。大手都市銀行では、大学関係者と提携して小中学校向けに金融教育テキストの作成を試みている。金融教育に対しては、経済に関心を

勤労体験学習
learning through work experience

学校内外において、勤労にかかわる活動に従事したり、実際の職業を一定期間体験し、主体的に働くことについて考える契機を与え、勤労観・職業観の形成や進路選択などに生かす学習活動。学習指導要領では1977(昭和52)年小・中学校、1978年高校の全面改訂により、小学校から特別活動の「学校行事」の「勤労・生産的行事」に位置づけられた。現行の学習指導要領では「勤労の尊さや創造することの喜びを体得し、職業観の形成や進路の選択決定などに資する体験が得られるようにする」(高等学校)と示されている。勤労体験学習の具体的な展開は、例えば野菜・果樹栽培、木工作などの生産的活動、工場や事業所等の見学など地域や学校の実態に応じて行われる。近年、キャリア教育の一環として職場体験学習が中学校を中心に広く行われており、また高校・大学などでは一定期間企業や商店で実際に働く就業体験制度(インターンシップ)の導入が盛んになってきた。民間では子どものための職業体験型テーマパークが登場し、人気を得ている。⇒インターンシップ　　　(亀坂明徳)

クインシー運動
Quincy Movement

パーカー(Parker, F.W. 1837～1902)が、アメリカのマサチューセッツ州クインシー市の教育長として在任中(1875～1880)に行った学校教育改革運動。学習における子どもの主体的、自発的活動を重視する活動主義的立場から展開された運動で、クインシー・メソッドとも呼ばれる。同運動は、デューイがパーカーを「進歩主義教育運動の父」と称したほど、アメリカで最初の本格的な進歩主義教育運動として注目された。パーカーは、当時低い学力水準にあったクインシー市の子どもの学力向上策として、既存の教科書を廃止し、教員に子どもが興味をもつような教材作成を指導した。また初等教育では、地理を積極的に導入し、地理を中心教科とした。そして、地理に関連させて各教科を学ばせ、野外観察などの活動を通じて子どもに自然科学の合理的思考を身につけさせようとした。さらに、子どもの自発的な興味や関心に起因する自己活動を保障するために、学校や教室を楽しい活動の場としてつくり上げるよう教員に要請した。この改革の結果、同市は州内学力調査で好成績を収め、全米から注目を浴びた。　　　　　　　(日暮トモ子)

クラウザー報告
Crowther Report

1959年イギリスの中央教育諮問委員会が諮問「15歳から18歳までの男女の教育を、わが国の変わりゆく社会と産業の要請を市民各位の要請に関連させて考察すること」に対して答申した後期中等教育に関する報告書の通称。正式名称は「15歳から18歳まで」。長期20年計画のもとでの諸施策を勧告する必要性に立脚して、①義務教育年限を1年延長して16歳とすること、②CSE試験(イギリス中等学校5学年終了時に実施される就職資格試験)の導入、③実業教育制度の拡充、④カウンティ・カレッジの新設などを提言している。イギリスの経済発展に資するべき人的資源開発政策の一環として後期中等教育の機会を拡充することを目指した答申である。本報告後に矢継ぎ早に答申されたニューサム報告

(1963)、ロビンズ報告（1963）、プラウデン報告（1967）等と一体となってイギリス教育制度を全面的に再編成することをねらった教育政策の一環であった。

（川瀬邦臣）

倉橋惣三
くらはし・そうぞう、1882～1955

わが国の幼児教育の研究家にして実践家。静岡市で判事を父として生まれ、東京帝国大学文科大学哲学科を卒業。大学院へ進学した。1910（明治43）年東京女子高等師範学校講師、1917年教授、同時に附属幼稚園主事となって約25年にわたり活躍。1949（昭和24）年に退官。1917年にフレーベル会を日本幼稚園協会に改組。1946年に日本保育学会の創設に参画。初代会長に就任した。彼は大人本位の教育ではなく、子どもの自由な遊びを基礎として、充実した生活へと導く実践を提唱した。彼の幼児教育の方法は誘導保育と呼ばれる。「保母」は子どもの自発性を支える役割を担うものだとし、幼稚園は、幼児の生活が十分に自己充実できるような設備と自由さとをそなえているところだとした。著書としては『幼稚園保育法真諦』、『幼稚園雑草』、『日本幼稚園史』、『育ての心』、『フレーベル』、『子供讃歌』等がある。　　　　（大沢　裕）

クラブ活動（部活動）

子どもの権利条約（第31条）は、子どもの「文化的生活及び芸術に自由に参加する権利」の充足の必要を強調している。クラブ活動は、スポーツ文化活動を含む文化的生活や芸術創造活動の喜びの共有につながる児童・生徒の自治的・集団的活動といえよう。

クラブ活動が児童・生徒の身体的・精神的発達と学校生活の充実に果たす意義にかんがみて、学校はクラブ活動を教育課程の重要な一翼に位置づけてきた。ところが、1998（平成10）年の教育課程審議会答申は中学校「特別活動」にかかわって、「『クラブ活動』は、放課後等の部活動や学校外活動との関連、今回創設される『総合的な学習の時間』において生徒の興味・関心を生かした主体的な学習活動が行われることなどを考慮し、部活動が一層適切に行われるよう配慮しつつ、廃止する」と述べ、高校クラブ活動も「中学校と同様の趣旨で廃止する」とした。答申に基づく1998年改訂の学習指導要領は、小学校の「クラブ活動」に関して「学校において適切な授業時数を充てるように」としたが、中・高校「クラブ活動」には一切言及がなく、"クラブ活動廃止"の一部報道がなされたりした。しかし、ここでいう廃止とは必修の「クラブ活動」のことで、部活動は残ったのであった。問題の発端は1968・1969・1970年の小・中・高校の学習指導要領改訂にさかのぼる。改訂で小学4年以上に週1時間程度の必修「クラブ活動」が教師主導の"授業"として設けられ、"教育課程内クラブ"の位置を附与された。他方、放課後などに児童・生徒の自由な自治的集団活動として展開されてきた従来からのクラブ活動は、"教育課程外"の"特別クラブ"（小学校）ないし"部活動"（中・高校）とされた。1998年の改訂は必修「クラブ活動」（課程内）と部活動（課程外）の二本立てを解消して教育課程の一環としてのクラブ活動本来の姿を回復する好機だったが、真の問題解決には至っていない。

現行部活動（部活）固有の課題としては、勝利至上とコンクール入賞至上主義からの脱却、地域総合型クラブの提唱（保健体育審議会）や生徒減に伴う複数校による合同クラブ運営の模索のもとでの地域の社会体育・社会教育との新たな関係構築の具体化などがある。　　（水内　宏）

グラマー・スクール
grammar school

中世以来のイギリスにおいて聖職者育成を目的として設立され、その後大学の予備教育機関として発展した中等学校。もともと「グラマー」とは、ギリシャ語やラテン語の文法のみならず、広く文章や文字といった言語活動全般を意味していた。そこでは教養教育を受けるための精神的訓練が行われ、卒業生の多くが聖職などの専門職に就いたり、オックスフォードやケンブリッジなどの大学に進学した。第二次世界大戦後、中等学校の三分岐制によって、経済的事情などでパブリック・スクールに進学できない優秀な学生を受け入れる公営部門の学校となった。その後1960年代半ばの中等学校の総合制化によって減少していき、2007年現在では、イングランドには164校しか残っていない。入学時に学業成績をもとに選抜を行うグラマー・スクールは、貧困層への機会の平等の保障の点から公正でないとの批判は根強い。近年は保守党も、社会階層の流動性を弱めるとの理由でグラマー・スクールへの支持を撤回するなど、今後さらにその数が減少していく可能性は否定できない。

(末松裕基)

グランゼコール
Grandes Écoles [仏]

フランスの高等教育機関の一種。商工業、農業、建築、芸術、文化などにかかわる高度な専門職業教育を行っており、その一部はエリート教育機関としてきわめて高い社会的威信をもつ。フランスの大学が中等教育修了資格であるバカロレアの取得者を原則無選抜で入学させるのに対し、グランゼコールは、通常、高校付設準備級においてバカロレア取得後2年間の受験準備学習を行った者を対象に厳しい入学者選抜を行っている。大学はすべて国民教育省が所管する国立機関であるが、グランゼコールは所管官庁や設置形態がさまざまである。グランゼコールの大部分は、3年制のエンジニア学校とビジネス学校であり、高級技術者や企業幹部などの養成を担っている。また、これらのほか、国民教育省所管の高等師範学校、国防省所管の理工科学校、首相府所管の国立行政学院などの有名校がある。パリ政治学院のように、準備級を経ずにバカロレア取得直後に入学する学校もある。

(上原秀一)

グループ学習

小集団学習のこと。小中学校の教科指導は、普通一般には説話と問答を中心とする一斉教授の形態で行われる。そのような授業過程での学習者の授業参加をみると1時間中ほんの数名が発言したに止まる場合さえ少なくない。この点を問題視して、全員の学習参加を可能にする方法として、授業中に、数名からなる小グループでの話し合いを導入することがある。その学習形態をグループ学習という。グループ学習は第二次世界大戦後の日本にアメリカから入ってきた問題解決学習の学習方法として採用された。その後、一斉教授の授業形態を批判して開発された集団学習、小集団学習、バズ学習、自主協同学習などにおいて、みつける学習、まとめる学習、求める学習など学習の方法が深化し、グループ学習によって授業の効率が高まることが判明している。さらに、学習者が協力してグループ学習ができるようになることそれ自体が授業の重要な目的であると認識されねばならない。⇒問題解決学習

(高旗正人)

クルプスカヤ
Krupskaya, N. K. 1869～1939

帝政ロシア、旧ソヴィエト連邦の教育

学者、思想家。レーニン (Lenin, V.I.1870
～1924) の妻。ペテルブルグの軍人の家
庭に生まれ、父親の転職に伴いウクライナ、
ポーランドなどを転々としたが、この間
の異民族との出会いが幼いクルプスカヤ
に多民族国家ロシアにおける教育に対す
る関心と熱意を呼び覚ました。20歳を過
ぎた頃からしだいに労働運動や政治活動
に接近していくようになり、マルクス主
義への急速な傾斜は、22歳でペテルブル
グの夜間学校・日曜学校の教師となった
頃から強まっていった。レーニンと知り
合うのもこの頃である。主著は1915年の
『国民教育と民主主義』。マルクス主義の
教育学においては、教育と労働の結合が
全面発達の中心に据えられているが、ク
ルプスカヤの社会主義への傾斜は、主著
である『国民教育と民主主義』において「総
合技術教育」「教育と労働の結合」の原則
が打ち出されていることからも理解でき
よう。人間の全面発達は、これらの教育
実践を通じて初めて可能になるとされた。
クルプスカヤは、子どもを生活の主人と
するための教育内容は、生産力の発展に
伴う社会の教育要求によって条件づけら
れると考えた。その上で、子どもの全面
発達を目指す学校を「単一労働学校」と
規定することによって、子どもを生活と
生産の主人にするための「総合技術教育」
の実現に努めた。なお、クルプスカヤの
構想した「総合技術教育」は、特定の教
科のみを対象としたものではなく、全教
科を対象としたものである。　⇒総合技術
教育(ポリテクニズム)　　　　　　(金田健司)

グループセラピー
group therapy

　集団（グループ）を対象とした心理療
法全般を指す。類義語に、グループアプ
ローチ（治療的なものから予防・開発的
なものまで、グループによる心理的援助
の総称）、グループカウンセリング（主

に問題解決を目的としたもの）、集団精
神療法（治療を目的としたもの）がある。
グループセラピーには多様な理論と技
が存在するが、代表的なものとしては、
心理劇（サイコドラマ）、ゲシュタルト
療法、交流分析などがある。教育現場に
おいては、心理劇と関連の深いロールプ
レイングがしばしば用いられている。教
師がグループセラピーそのものに携わる
ことは少ないが、学級という集団を対象
としている以上、グループセラピーから
学ぶべき点は多い。教師としての力量を
高めるために、構成的グループエンカウ
ンターやサイコドラマなどの研修に参加
し、グループの見方や扱い方、育て方に
ついて体験を通して学ぶことが求められ
る。⇒心理劇　　　　　　　　(会沢信彦)

グループ・ダイナミックス
group dynamics

　グループ・ダイナミックスは、集団力
学とも呼ばれ、集団の形成や集団内部で
の人間関係、集団と集団との関係などを
を、心理的ないし社会的側面から分析し
ようとする社会科学である。主な研究領
域として、集団の生成、集団目標の形
成、集団内での役割分化、集団成員の相
互依存関係、集団規範、集団凝集性、集
団の構造、集団内でのリーダーシップ
などがある。グループ・ダイナミック
スは、1930年代にレヴィン (Lewin, K.
1890～1947) によって創始された。レ
ヴィンは、1940年代にアクション・リ
サーチを提唱しているが、これは、理論
と実践の統合を目指したものであり、集
団をある状態に導いていったり変革を試
みたりする実践的な研究方法である。ア
クション・リサーチを重視するグルー
プ・ダイナミックスは、「学問のための
学問」ではなく、現状の改善という、実
践への応用可能性を強く志向するという
特徴を有している。こうした志向は、実

験可能な小集団を設定して特定要因を操作し、その効果を分析して大集団の問題解決に役立てようという、グループ・ダイナミックスの方法そのものの中にもみてとることができる。⇒アクション・リサーチ、レヴィン　　　　（臼井智美）

クレッチマー
Kretschmer, E. 1888 ～ 1964

　ドイツのチュービンゲン学派に属する精神医学・精神病理学者。1921 年に『体格と性格』を発表しクレッチマー流の性格類型論を展開した。クレッチマーの性格類型では体質が重視され、痩せ型・肥満型・筋骨型のそれぞれの体型に対応した性格類型として、分裂気質・循環気質・粘着気質があると仮定されている。ただし今日では、クレッチマーの性格類型を実際に適用することはまれである。
　⇒性格　　　　　　　　　　（今井裕之）

グローバル教育

　グローバル社会の到来を視野に、自民族、自国の繁栄、利益追求を専一にするのではなく、地球全体の利益の実現に関心をもち、その推進に参画する「グローバル公民性」（global citizenship）をもつ市民を育成することを希求した教育。グローバル教育については、その世界観や理念が深遠・多様でありさまざまな見解があるが、その目的や内容はおおむね次のように収斂できよう。多様性の理解・尊重の態度や意識の育成、世界の相互依存システムの理解、変化の本質とプロセスの理解、地球的課題の認識とその解決に主体的に取り組む態度の育成等である。わが国におけるグローバル教育研究は、1970 年代後半に、アメリカで発展してきたグローバル教育が紹介されたことに始まる。以後、主として社会科教育関連学会で研究課題とされ検討されて

きた。2000 年代に入ると、グローバル社会の現実化を背景に教育実践面でも多様な取り組みが行われはじめている。
　　　　　　　　　　　　　　（多田孝志）

訓育
education ／ discipline

　通常、「陶冶」（Bildung ［独］）が、知識や技術を教授することを通じて学力を形成する働きであるのに対して、「訓育」ないし「教育」（Erziehung ［独］）は、世界観、信念、態度、性格などの形成を通して人格形成を図る働きとされる。そもそも「訓育」ということばは、わが国が公教育制度を確立する途上にあった1890（明治 23）年頃、Erziehung の訳語として登場したといわれている。しかし、この概念は今日に至るまで、その時々の社会的文脈や個々の歴史的背景によってさまざまな意味やニュアンスで用いられてきている。大まかにいえば次の三つの意味・用いられ方があった。①知育・知的陶冶と対比的に用いられる教育としての訓育。この場合訓育は世界観、信念、態度、性格などの人格形成を指す。つまり、知識や技術の教授とは異なる内容や方法をもった教育である。②意志や感情の形成としての訓育。この場合訓育は、意志や感情に直接働きかけて、道徳的な習慣や行動力を形成し、品性や品格を高める作用としての教育である。③国家主導の道徳教育の対抗概念としての訓育。この場合の訓育は、国家主導型の道徳教育に対し、民主的な人格形成という意味で用いられる。このように訓育（教育）の在り方は、明治以来、多くの紆余曲折を経て解明が進められてきている。
　⇒教育、陶冶　　　　　　　（金田健司）

◆ け ◆

ケアリング
caring

　病気、怪我、老い、対人関係の悩みなど、他者が背負う心身の苦痛を感じとり、苦痛を癒し、他者を気遣う行為をいう。
　ケアリングの語源は、古英語の carian にあり、自ら嘆き、悲しむという意味であった。それが、自己の悲痛から、他者にまで拡張されることによって、他者への配慮、世話、気遣いとして定着するようになった。ケアリングという概念は、これまで主に医療、看護、介護の現場において用いられてきたが、近年は、教育の場面でも、重視されるようになった。子どもを養護し、育むという行為がそれに近い。もともと education（教育）という英語は、ラテン語の educare に由来する。それは植物、動物をも含めた生きものの生命への世話、配慮を意味している。educare という語源が、子どもの生命への配慮、世話、という意味を濃厚に含むものであるならば、教育行為においても、子どもへの世話、配慮としてのケアリングは、教育行為の欠かすことのできない重要な要素であることが明らかになる。　　　　（高橋　勝）

ケイ
Key, E. 1849 ～ 1926

　スウェーデンの教育者、文明史家、女性解放の運動家。リベラルな政治家を父にもつ名家の出身。ケイは学校教育を受けず、両親の教育のもとで育った。この生育歴は教育に対する彼女の思想形成に大きな影響を与えた。ケイは 1880 年から約 20 年間、ストックホルムの私立学校で教える傍ら、1883 年から約 20 年間、労働者のための学校で文明史と文学史を講じた。この間、彼女は婦人問題や教育問題について積極的に発言し、1900 年には主著の『児童の世紀』を著した。本書は多くの国で訳され、新教育運動を象徴するその題名とともに、彼女の名を世界に知らしめた。ケイはルソーを尊敬し、『エミール』から多大な影響を受けている。彼女は『児童の世紀』の中で、子どもの生命の自由な発展を助けることが教育の使命であると主張する。
　また「教育の最大の秘訣は教育せざることにある」という言明は、知識を詰め込むための牢獄と化した学校（教育）に対するケイの痛烈な批判であり、児童中心主義思想の拠り所となった。教育に対するケイの発言は、女性解放の思想と結びついている。ケイは、子どもは愛情ある両親のもとに生まれ、育てられなければならないと考え、その前提には恋愛と結婚の一致がなければならないと主張し男女の平等を説いた。ケイの教育思想は、1906（明治 39）年、大村仁太郎の論文「二十世紀は児童の世紀」によってわが国に紹介された。また 1916（大正 5）年には、原田實により『兒童の世紀』が訳出され、大正新教育に多大な影響を与えた。　⇒ルソー　　　　　（金田健司）

経験

　一般に、人の外部にあるものに対して個人が諸感覚を通じて接触し、そのことによって知識や技能を身につけるなど個人の変容がもたらされることを意味する。経験を重視するタイプの教育論としては、例えば、コメニウスの事物教授法、ペスタロッチの直観教授法、デューイの「経験の再構成」としての教育などを挙げることができる。経験主義教育ということばが用いられる場合、そのような経験重視の教育を指すことが多い。新教育運動期には、経験、問題解決、労作、プロジェクトなどをキーワードとし

て、子どもの主体的な経験を通した知識および技能の獲得を目指す教育論が多く提起された。戦後の日本においても、経験を重視する立場からの教育が推進されたが（1947年、1951年の学習指導要領）、学習の系統性を重視する立場からは「はいまわる経験主義」などと非難され、基礎学力の低下などをもたらすことが懸念された。今日の「総合的な学習の時間」の位置づけをめぐる議論にもその一端がみられるように、教育における経験の重視をめぐる論争は、形を変えて繰り返される教育の根本問題の一つである。

⇒総合的な学習の時間、コメニウス、デューイ、ペスタロッチ　　　　　　　　（山名　淳）

経験主義
empiricism

　認識は経験を通して形成されると主張する哲学であり、いわば認識の根拠を経験に求めて、観念と実生活、理論と実践との間の密接な関連を強調する哲学である。また、経験主義は認識の根拠を理性に求める理性主義や合理主義とは対立する立場にあり、絶対的な真理（理性の真理）に基づく知識の存在を否定している。経験主義の歴史は古代ギリシャの前期より始まっているが、体系的な理論としては16世紀から18世紀のイギリス古典経験論、とくにロック、ヒューム、バークリーによって展開されたといえる。ミル、カントらへと受け継がれた後は、ラッセル、ムーア、ウィットゲンシュタインらのケンブリッジ分析派、ライル、ストローソン、オースティンらの日常言語学派、さらにはプラグマティズム（教育の分野ではデューイの思想）に多大な影響を与えている。戦後、民主主義社会の創設を目的として発足した社会科は経験主義的な要素が強い。経験主義が立脚点として位置づいたのは、戦前の教育が個々の経験を通して形成された認識・価値を

軍国主義・超国家主義的なイデオロギーによって評価し序列化したことへの批判ゆえであり、個々人のかけがえのなさを理念的な権威によって剥奪したという反省でもあった。つまり初期社会科は戦前の教育の問題点を、神話等の非合理的な知識の注入に求めるよりも、大人が理念的に権威づけた合理主義を注入した点に見出したのである。経験主義は理性主義（あるいは合理主義）と対立拮抗して、戦後教育の思想的な枠組みを構成してきたといえる。　　　　　　　　（重松克也）

敬語教育

　人間関係を円滑にするために生じた待遇表現が敬語で、尊敬語・謙譲語・丁寧語の3分類を基本とする。2007（平成19）年2月の文化審議会「敬語の指針」答申では、①尊敬語・②謙譲語Ⅰ（自分から相手への行為について相手を立てて述べる）・③謙譲語Ⅱ（丁重語、自分のことを控えめにあらわす）・④丁寧語・⑤美化語（ものごとを美化する）の5分類に細分化された。その背景には、複雑な敬語体系を簡素化したいという意図があった。国語科教育における敬語教育は、小学校低学年では「話しことばの指導」を中心に、丁寧な言い方を指導し、5、6学年で尊敬語・謙譲語を学習、中学2、3学年で一応の完成を目指す。高等学校では、古典文法およびその敬語が中心となり、現代国語の敬語についての学習はなされないのが現状である。しかしながら、大学生の敬語調査によると、とくに謙譲語の誤り（例：「お持ちしてください」「あちらに参ってください」など）に気づかない傾向がみられた。日本固有の言語習慣である敬語は、コミュニケーション力でもある。大学生にも機会を捉え指導・訓練が望まれる。　　　（岩下　均）

形式陶冶・実質陶冶

形式陶冶は人間のさまざまな諸能力（記憶、推理、想像、判断等）を発達させる教育であり、実質陶冶は教養を育む知識・認識・文化等を習得させる教育である。今日推奨されている「ものの見方・考え方の育成」や「学び方を学ばせる」という方法知の育成を目指す教育は、形式陶冶に分類される。形式陶冶を重視する立場はさまざまな知識を獲得させるよりも、一般的な諸能力こそが生活のあらゆる場面で転移して活用できると想定している。しかしそもそも能力にはその時々の状況がもつ文脈に大きく規定されて機能する特性がある。つまり思考力・判断力等の能力はあらゆる状況で一律に機能するわけではない。一見、転移している方法知が存在するかのような学習は、例えば筆算のように一定の処理が常に求められるケースであることが多い。何よりも知識が伴わない思考力が存在しないように、形式陶冶のみの教育は現実的ではない。一方、知識の習得を重視する実質陶冶は、知識・認識こそが幅の広い教養人の基礎を形成するという想定がある。しかし思考力・判断力なくしては知識を活用できない。形式陶冶か実質陶冶かという二者択一ではなくて、両者が結合して初めて、知が形成されるのである。また学校教育では実質陶冶と形式陶冶だけではなくて、訓育（意志・感情・道徳心を育成する教育）も行われている。したがって、教育実践をさらに発展させていくためには実質陶冶と形式陶冶との有効な関係性のみならず、それらを訓育と関連づけていくことが必要である。⇒陶冶

（重松克也）

芸術教育

一般に「芸術」と「教育」の結びつきは、まずは美術や音楽といった芸術諸教科を想起させるだろう。それらは、芸術活動そのものに固有の価値を認め、そのために必要な感性や技能を育てることを目指すもの（「芸術への教育」）であると同時に、芸術活動に教育の手段・方法としての意義を認め、芸術を通じての人間形成を目指すもの（「芸術による教育」）である。後者の契機がより重視されるならば、芸術は「教科」の枠組みに限定されず、むしろあらゆる教育活動をつらぬいて、その営みにいのちを吹き込む契機となる。「新教育」の芸術教育運動やシュタイナー学校、あるいは現代の多様なアート教育の試みなどに、その事例をみることができる（参考文献参照）。それらの事例における子どもたちの経験は、教科の枠組みは無論のこと、もはや美術や音楽といった既成の「芸術」概念にもとらわれない、より広い意味での「美的経験」と呼ばれるのがふさわしい。またそこでは、例えばシュタイナー（Steiner, R. 1861～1925）の「教育芸術」という概念に端的に示されるように、教師の教育的行為そのものも「芸術」的活動として捉え直されることになる（「芸術としての教育」）。

（西村拓生）

形成的評価

完全習得学習を進めるための評価としてブルーム（Bloom, B. S. 1913～）によって提唱された評価法。形成的評価は、それを行うために授業の単元ごとに教育目標に基づく形成テストを行い、児童生徒の学習の実態を明らかにすることで学習成果の強化と残された課題の明確化を図るとする。形成的評価は一般に授業過程における評価の活用であり、これまでも教師は児童生徒の表情や授業参加の様子、口頭試問などを通して理解度を確認しながら授業を進めてきた。形成的評価で重

要なことは、教育の目標を指導内容と学習過程に応じて細分化し、確実な修得を目指すという点にある。一人ひとりの児童生徒に確実に学習させるという課題がますます強く要請されるようになったことが背景にある。しかし評価だけで学習が成就するものではない以上、学習指導自体を充実させることが重視される必要がある。評価を通して得られた学習向上の知見を整理し、広く教師が学習指導に活用できるようにすることが大切であろう。　⇒ブルーム　　　　　（藏原清人）

系統学習

　人類の文化遺産──例えば人文科学、社会科学、自然科学などの学問──を系統（筋道）立てて教えることが児童生徒にとっても学びやすいと主張する学習論のこと。あらかじめ教師によって設定された知識を順序よく教えるという授業形態をとる。しかし現実的には、教える内容の系統性（順序性）を重視する系統学習は児童生徒の学びの筋道との齟齬をきたしやすい。そのために、児童生徒の興味を喚起しつつ同時に教育内容も習得されていく手立て（教材や授業方法）がさまざまに開発されている。わが国の系統学習的な考え方は1955(昭和35)年改訂の学習指導要領で取り入れられて以来、学校現場では系統学習が盛んに行われてきた。系統学習が取り入れられた背景には、戦後直後である1947年並びに1952年の学習指導要領が経験主義的な学習論であり、児童生徒の学力を大きく低下させたとの批判があった。⇒経験主義　　（重松克也）

軽度発達障害

　知的機能が正常範囲（おおむねIQ80以上）にあるもののうち、注意欠陥他動症候群などの発達障害を総称することば

である。発達障害には、文字や数字の理解、運動などの一つあるいは複数の能力が障害される「特異的発達障害」(学習障害)、多様な領域における発達の質的な障害がみられる「広汎性発達障害」(自閉症、アスペルガー症候群など)、認知や言語、運動、社会的能力などが全般的に障害される「精神遅滞」(知能障害)の三つがある。これらのうち、知能が正常範囲にある学習障害やアスペルガー症候群、境界領域にある精神遅滞、注意欠陥多動を示すものを軽度発達障害と呼ぶ。知的機能が正常であるために、周囲の人からは障害があるということが理解されず、風変わりな子、自分勝手な子ととられやすい。また、社会生活や家庭生活のさまざまな面で問題を生じやすい。とくに、周囲の無理解に傷つき、孤立したり反抗的になり、それがさらに問題を深めることも多い。
　⇒アスペルガー症候群　　　（西方　毅）

啓蒙主義
enlightenment［英］／Aufklarung［独］／lumiere［仏］

　18世紀頃の西ヨーロッパに展開された近代合理主義的な思想運動。封建的な教権主義的な中世社会を無知蒙昧の、あるいは部分的に知識が偏在する暗い社会とみて、それを理性という新しい光（啓蒙とは「照明」「光」の意味）によって照らそうとする思想的態度のことであり、理性による歴史の進歩や人間の完成可能性を信じて、合理的能力をもつ個人によって構成される近代社会の実現に向けて明るい展望を示した。こういった展望は大きく教育論にその根拠を求めることになるが、方法理論の観点からいえば、感覚論的学習理論がその中核にある。そこには、感覚的認識に根源をもつ諸観念の形成および連合の仕方を間違わなければ、どのようなことでも伝達できるという理論的信念と、早期教育を含む教育方

法の改善によって世俗的経験主義的な近代知を普及させる期待があった。

⇒完成可能性　　　　　　　　（原　聡介）

ゲシュタルト心理学
Gestalt psychology

ゲシュタルト心理学とは、全体は部分の総和以上のものである、との前提に立つ心理学である。1900年代初頭、ヴェルトハイマー、ケーラー、コフカらによって生まれている。ゲシュタルト心理学では、連合説（条件づけ理論など）や数量的認識法（統計学的処理など）を批判すると同時に、総合性を感知する人間の能力などに注目している。またゲシュタルト心理学では、機械的因果論を認めず、現象そのものをできるだけ忠実に表現しようとする。人間に置き換えるならば、健全な人間とは、ワンパターンから脱却し総合的に自身の要求をまとめ上げることのできる人間である。未完の行為を、できるだけつくらずに済ませることのできる人間ともいえると思う。ゲシュタルト心理学の考え方は、知覚の研究から始まり、実験心理学、社会心理学、芸術、パーソナリティ理論など人間のあらゆる面に応用されつつある。（平宮正志）

ゲストティーチャー

学校外から招き入れて教育活動に参画する人材のこと。ゲストティーチャーが今日、学校現場に導入された背景には、学社融合の必要性が広範に容認されていたことや、1996年の生涯学習審議会答申が「教育や指導者となり得る人材を発掘して、登録制度を設け、候補者名簿を作成すること」と、特別非常勤講師人材バンクの創設が具現化されたこと等がある。それは、実生活と切り結びにくい知識・技能の習得に陥りがちな学校空間・授業空間を開かれたものとして再構築するためであり、同時に地域の教育力を掘り起こし活性化するためでもある。例えば、いのちの大切さを教える授業で出産体験や育児体験を語ってもらう保護者もゲストティーチャーだといえる。今後一層、学校、子ども、ゲストティーチャーそれぞれが重層的な地域づくりに参画していく社会システム、いわば参画型の生涯学習体系社会システムを進展させていくことが求められている。　（重松克也）

ゲーム脳

日本大学教授森昭雄が、2002（平成14）年7月に出版した著書『ゲーム脳の恐怖』の中で提示した造語である。森は、独自に開発した脳波計でテレビゲームで遊んでいるときの状態の脳波（とくにα波とβ波の関係）に着目し、ゲームが脳波に及ぼす影響を調べた。その結果、ゲームをすることでβ波が激減してほとんど出なくなり、さらに一日に長時間ゲームをする人は脳波の回復が遅く、高齢者の痴呆症患者と同じような波形を示す。この状態を森は「ゲーム脳」と定義した。ゲーム脳型の人間は、大脳皮質の前頭野の活動レベルが低下し、意欲や情動の抑制の機能が働かなくなり、思考活動が衰える。これが無気力や感情の爆発、「キレる」状態にもつながり、凶悪少年犯罪にもつながるという危惧を述べた。回復させる方法として、お手玉のような遊びや全身を使った運動を推奨している。また、ゲームばかりでなく携帯電話を頻繁に利用する人もゲーム脳になるといい、ゲーム脳は、社会問題のあらゆる原因としてかなり広い範囲を覆う可能性のある仮説に発展している。

ゲーム脳は、マスコミのIT関連記事や、犯罪事件報道でも幾度にわたって大きく取り上げられた結果、主にゲームになじみの薄い中高年層やPTA、また教育関

係者に多数の支持を得ている一方で、各方面から論理的矛盾の指摘などの批判も浴びている。 （宇田川香織）

ケーラー
Koehler, W. 1887～1967

　ドイツ（のちに渡米）のゲシュタルト心理学者。当初は聴覚の研究をしていたが、ウェルトハイマー（Wertheimer, M. 1880～1943）と出会い、ゲシュタルト心理学の立場から精神物理学や学習についての研究を行った。カナリア諸島の類人猿研究所に所長として赴任している時期に、チンパンジーを用いて洞察学習の研究を行ったことで有名である。洞察学習の研究では、行動の結果が予測しやすい実験状況ならば、チンパンジーは道具を使って食物をとる方法を思いつく（洞察する）ことを実験的に示した。
（今野裕之）

ケルシェンシュタイナー
Kerschensteiner, G. 1854～1932

　20世紀初頭にドイツのミュンヘン市の視学官、ミュンヘン大学教授として活躍した教育学者で、作業教育論や公民教育論の提唱者として知られる。ミュンヘン大学卒業後、ギムナジウムで数学、植物学、動物学、鉱物学などを教えたケルシェンシュタイナーは、植物採集や実験など、生徒が自ら探究し、体験し、自ら発見する学習を重視した『自然科学的教授の本質と価値』（1914）を発表する。ここでは、デューイの著書『思考の方法』の影響が色濃くにじみ出ている。しかし、『作業学校の概念』（1912）においては、子どもの実験、実習は、探究やものづくりという作業活動に強調点が置かれ、同時に事物そのものの性質に沿った活動を行うという「即物性」と忍耐力という道徳性が強調される。この点が、子どもの自由な作業活動を強調するガウディッヒの視

点と鋭く対立し、論争が起こった理由である。ケルシェンシュタイナーの展開した作業学校論は、道徳的色彩が強く、それは同時に公民教育のための方法として機能することになった。⇒作業学校
（高橋　勝）

けんか

　相手を攻撃する行動の一つで、多くの場合は、対人関係の中で自己の利益や権利などを侵害されたという感情から起こる。子どものけんかは、感情を積極的に相手に向けることができるように心身が発達したことを意味し、自己中心的な考え方から他人の権利や気持ちなどを知ることで人間関係の調整能力や正しい適応の仕方を獲得する機会となり、人格の「社会化」過程に生じる副産物でもある。幼児期では、言語能力の発達が不十分であるため、所有の侵害などに対する感情が直接行動であらわされることが多く、児童期では、競争や優越感情が強くなるため遊び仲間でのけんかが起こる。しかし、徐々に交友関係を選択し、対立を言語で解決できるようになり、けんかが社会的に望ましくない行動であることが学習されるので、少なくなっていく。その一方、期間が長期化し、仲間を巻き込んだ集団間の対立へと発展しがちである。
　⇒社会化 （宇田川香織）

研究授業

　研究授業とは、授業者の力量評価および力量形成のために行われる授業である。それに対して授業研究は授業をめぐる多様な視点からの研究を指す。つまり、研究授業が授業そのものを対象にするのに対して、授業研究は、教材研究、指導法研究、小集団討議の実験、カリキュラムの開発研究など授業過程以外の授業の構

成要素を取り出して行う場合もある。研究授業ということばは、主に教育現場でつかわれる。教育委員会から人事主事や指導主事が来校して行われる授業は研究授業と呼ばれる。教育実習生が実習の集大成として、指導者の先生方を前にして実施する授業は研究授業である。前者の校内研修会であれ、後者の実習生の授業であれ、授業後に質疑応答と講評があり参観者から授業改善への示唆が与えられる。教職のキャリアーは、養成・採用・研修の段階を経て形成される。「研修」の段階で最も重視されなければならないのは、この研究授業による研修である。

（髙旗正人）

▌原級留置

学校教育法施行規則によると、学校では各学年の課程の修了や卒業を認める場合には、児童生徒の平素の成績を評価して定めなければならない。成績の不振、長期の欠席などによって学年の課程を修了したと認められない場合に、その学年に留め置く措置を原級留置という。学年の課程を修了したとして進級させるかどうかは上に述べたように学校の裁量に委ねられている。そのため、進級もその対義となる原級留置も法令では定められていないが、公立学校の場合は教育委員会規則である学校管理規則で定められている場合が多い。日本の義務教育は年齢主義であるため、小学校や中学校での原級留置はきわめてまれであるといわれている。高等学校では毎年2万人前後（高校生全体の0.5～0.6％）に対し原級留置が行われている。なお、原級留置は学年ごとに決められた課程を学修していく学年制の学校において行われるもので、単位制の学校（大学や一部の高等学校）では通常行われない。

（大谷　奨）

▌健康教育

health education に相当する日本語だが、かつては、学校領域では「保健」教育、公衆衛生領域では「衛生」教育と称していた。近年では両領域において「健康」教育という表現が多用されている。その背景には、「保健」や「衛生」という表現では、健康やいのちを維持し守るだけという意味合いに受け止められてしまうのではないかと懸念から、より積極的に自らの健康を増進しようとする思いを育てることを強調したい、という考えがある。古くから学校においては、保健教育として「保健学習」と「保健指導」がなされている。「保健学習」は、体育科の「保健領域」（小学校）、保健体育科の「保健分野」（中学校）と科目「保健」（高校）を中心にし、さらに、理科・家庭科・社会科などの教科や「総合的な学習」の時間に行うことになっている。また、一方の「保健指導」では、教育課程の特別活動のほか、健康問題を抱えたり、健康増進のための課題をもっている児童生徒への保健室での養護教諭による個別指導なども含まれる。今日では、「栄養（食育）」、「性教育」「環境教育」「喫煙・飲酒・薬物乱用防止に関する教育」などについては、保健の教科で取り扱うほか、総合的な学習の時間や学級活動など多様な場面で指導していくことが必要とされている。なお、人々の健康の増進は、当事者に対する教育（健康教育）だけでは達成できるものではなく、環境対策が必要であるという趣旨から、両者を含んだ対応策を「ヘルスプロモーション」と称してWHOを中心に推進している。（大谷尚子）

▌言語活動

一般的には言語の機能としての話す・聞く・読む・書くといった外的な活動を

指すが、思考するといった内的な精神活動も含む。2008(平成20)年改訂の学習指導要領では、子どもの思考力・判断力・表現力を育むという視点から、各教科等を通じた言語活動の充実を重視するとされた。この背景には2003年に実施されたPISAにおける日本の子どもの読解力の成績不振、いわゆる「PISAショック」がある。読解力と限らず、PISAで測定されるリテラシーは知識や技能のみならず、それらを活用して思考し、表現する力をみることに重点が置かれている。日本では長年、言語活動の直接的な指導は国語科で担うものとされてきた。しかし、学校生活そのものが子どもの言語活動で成立していることを踏まえれば、国語の時間と限らず、教師は学校生活のあらゆる場で子どもの言語活動を尊重し、運用能力を高める指導が求められる。⇒PISA　　（冨士原紀絵）

言語教育

　言語を獲得させるための意図的・組織的な教育。わが国では、国語教育と外国語教育がこれにあたる。それは、「話す」「聞く」「読む」「書く」という四つの技能を身につけ、コミュニケーションや認識行動の手段として、言語を自由に、また十分に使うことができるようにするための教育である。子どもは、特別なことばの教育を受けなくても、日常の会話から自然と「聞く」「話す」能力の基礎を身につけるが、言語の機能や法則性（文法）については、自覚的でない。これを自覚させ、ことばを意識的に使う能力と態度を育成することが、学校における言語教育の役割である。書きことばの習得には、組織的・系統的な指導が不可欠であるが、書きことばは、話しことばを洗練させる土台ともなる。人は、言語を習得し、認識、思考および表現の能力を発達させ、人間らしい知性・感性・情意性

を身につける。その意味で、言語教育は、すべての教育の基礎であり、人間形成の基である。　　　　　　　　（大川　洋）

言語ゲーム

Sprachspiel〔独〕／Language-game
　哲学者ヴィトゲンシュタイン（Wittgenstein, L.1889〜1951）が、『哲学探究(Philosophische Untersuchungen〔独〕)』(1953)において用いた概念である。言語活動を「言語ゲーム」と述べることによって、ことばを話すことが生活様式の一部であることを強調している。われわれが、あることばを話すことができ、理解し、会話することができるのは、生活の中で知らず知らずのうちに取り入れているみえない規則に従っているからである。このことは、子どもがことばを習得する過程を考えると、容易に理解できる。電車やバスに乗っていると、「あれは何？」と子どもがある対象を指差し、親がその名を応える姿を見かけることがあるが、このことは名指すことと名指される者との間に関係がないことを示しており、同時に、その見えない規則は生活の中で、やりとりする中で身につけていくことを示している。そもそもことばは、ある対象を完全に言い切れるものではなく、言語活動が可能になるには隠れた文脈を理解することが必要である。重要なことは、われわれは「言語ゲーム」の外に出ることはできないにもかかわらず、ほかの規則に従った他者と出会う場合があるということである。
　　　　　　　　　　　　（藤井佳世）

言語障害教育

　言語障害に対する教育の総称。言語障害の代表的なものに、①言語発達遅滞、②難聴、③構音障害、④吃音、⑤特異的言語障害などがある。わが国では、言語障害教育は、聴覚障害教育ないし聾教育

という形で始められた。しかし、近代になって、障害についての研究が進んだ結果、言語生涯教育はきわめて多様な領域、対象に拡張されており、対象とする障害のタイプによって異なる方法、アプローチが行われるようになった。例えば、言語障害教育として代表的な聴覚障害者の教育の場合、障害の程度により聾学校、特殊学級（難聴学級）、通常の学級などに通い、各人の必要に応じ、補聴器、口話・手話・キュードスピーチ、コンピュータなど、さまざまな方法を用いた指導が行われる。言語障害の本質はコミュニケーションの障害であり、その教育には、単にことばが理解できる、しゃべれるということを超えて、コミュニケーションの能力を育てるという視点が重要である。

⇒吃音、構音障害　　　　　　　（西方　毅）

言語聴覚士

1998（平成10）年に施行された言語聴覚士法に定められた国家試験に合格した者のことを指す。「厚生労働大臣の免許を受けて、言語聴覚士の名称を用いて、音声機能、言語機能又は聴覚に障害のある者についてその機能の維持向上を図るため、言語訓練その他の訓練、これに必要な検査及び助言、指導その他の援助を行うことを業とする者をいう」（言語聴覚士法第2条）。受験資格は指定の大学、短期大学、専門学校などを卒業した者に与えられる。言語聴覚士の活動の場所は、病院などの医療機関やリハビリテーションセンターなどであり、医師と連携しての指導や言語障害児の言語訓練、脳血管障害による言語機能障害への支援などである。また、摂食時の嚥下[えんげ]困難の指導などを、作業療法士や理学療法士と協力のもとに行うことも言語聴覚士の仕事に含まれる。比較的新しい資格であるが、今後、高齢者が増加するにつ

れ、ますます必要とされるようになる仕事である。　　　　　　　　　（西方　毅）

言語発達遅滞

何らかの原因によって年齢相応の言語発達が生じないこと。言語発達遅滞には、言語理解の遅れと言語表出の遅れという二つの側面がある。一般に、言語表出の遅れにより、言語の発達遅滞が発見される場合が多い。しかし、言語表出の遅れの背景に言語理解の遅れがある場合もあり、表出の遅れがある場合には、理解の遅れを疑うことが必要である。言語発達の遅れの原因としては、①聴覚障害（難聴など）、②言語の特異的発達障害（学習障害など）、③発声器官の機能障害（構音障害、脳性麻痺など）、④精神遅滞（知的発達の全般的遅れなど）、⑤対人関係の障害（自閉症、アスペルガー障害など）、⑥言語環境の不全（虐待や海外移住など）が挙げられる。言語発達遅滞がみられるときには、まず、聴覚障害を疑うことが必要である。なお、乳幼児期の言語発達には個人差が大きいために、発達の遅れがみられても、必ずしも発達遅滞とは断定できない。後に急速に発達することもある。　　　　　　　　　　（西方　毅）

顕在的カリキュラム

潜在的カリキュラムの対語として用いられ、学習指導要領や教科用図書、参考資料等の教材・学習材、試験問題あるいは通知表など、カリキュラムにかかわる明瞭な内容とその構成を指す。それは、学ぶ側（教えられる側）の受けとめや理解、知識や技能の獲得に至る経験（「学びの履歴」）を指す場合もあるが、多くは、教える側に即してその目標、内容、計画の総体（「教育課程」）を意味する。後者は、目標に一層準拠する「工学的接近」とそこ

に必ずしもとらわれない「羅生門的接近」とに大別されるが、いずれも教育する側からカリキュラムを把握しようとする点では共通する。顕在的カリキュラムという用語は、外部者に対する説明責任を果たす上で有効な概念だが、他方で「児童・生徒は実際に何を学んでいるのか」という点で説明力が弱く、教育行為の結果や効果について描きにくいという特徴ももっている。

⇒潜在的カリキュラム　　　　　（榊原禎宏）

現職教育
in-service education

　in-service education の訳語で、広義には研修と同義。職務の遂行に必要な知識・技術などの資質能力を向上させる目的で、自主的な学習・啓発活動や実践活動を行う教育・訓練をいう。一方、行政機関や教育センター、大学、職能団体などが実施する組織的、計画的な教育・訓練活動は狭義の現職教育を意味する。法令上教員の現職教育は研修とされ、「教育公務員は、その職責を遂行するために、絶えず研究と修養に努めなければならない」（教育公務員特例法第21条）と責務を課しており、「授業に支障のない限り、本属長の承認を受けて、勤務場所を離れて研修を行うことができる」（第22条第2項）と研修の機会が保証されている。このように教育公務員の研修へは自主的な専門研究と人間的な修養を欠くことができないものと解される。一般に、現職研修には初任者研修、中堅教員・教頭・校長の職位別研修、また専門別には生徒指導、進路指導、同和教育、各教科別等の研修などが年間を通して計画実施されている。⇒教員研修　　　　　　　　　（穂坂明徳）

現地理解教育

　日本人学校における国際理解教育の取り組みを一般に現地理解教育と呼ぶ。日本人学校は、日本の学習指導要領に準拠して教育課程を編成するが、各日本人学校では、所在国・地域の特性を活かして独自の教育課程を編成している。その所在国のことばを学んだり、所在国の自然や社会の様子を学習したり、あるいは現地の学校との交流活動などが行われ、それらを総称して現地理解教育と呼んでいる。日本人学校の中には、現地理解に関する教科、例えば「インドネシア理解」「アメリカ社会」「トルコ学」などを特設し週1時間程度行っている学校もある。1960年代から、こうした現地理解教育の取り組みが行われているが、最近ではその問題も指摘されている。それは、「現地」を日本と対比させるという構図のため、「現地」や「現地の人」を他者化することで、「日本人」という枠をつくり、しかも「日本人」としての優位性をつくり上げる実践に陥っているという批判である。⇒国際理解教育　　　　　　　（佐藤郡衛）

県費負担教職員

　市町村立学校職員給与負担法第1条の職員（市町村立の小学校、中学校、中等教育学校前期課程、特別支援学校の校長、教頭、教諭、養護教諭、栄養教諭、助教諭、養護助教諭、講師、寄宿舎指導員、学校栄養職員および事務職員）、および第2条の職員（市町村立高校定時制の校長、教頭、教諭、助教諭および講師）の職員の給与などの報酬は、都道府県の負担とされている。すなわち都道府県が給与を負担しているこれらの教職員のことを県費負担教員という。主に義務教育を担当している都道府県教委に採用され、市町村教員職としてその身分を有する教職員のことである。その任用にかかわる教員の給与は、義務教育費国庫負担法により、これまで、支払い給与の実額の半分を国が負担し、残りの半分をその任用に

かかる都道府県の負担とされてきた。しかし近年の地方分権化の流れの中で、同法の見直しが急速に展開し、2003（平成15）年以降の同法の改正で国庫負担金総額の範囲内で、各都道府県の裁量を拡大する「総額裁量制」が導入され、さらに2006年から国庫負担率を半分から3分の1に変更した。総額裁量制の導入により、例えば教員給与を減額し、それにより生じた残額で新規に教員を雇用するなどの柔軟な運用が可能であるとされる。しかし今後、国庫負担率のさらなる低減ないしは税源の移譲による地方財源による義務教育費の維持という形での国庫補助が廃止されれば、都道府県の不均衡な財政力から、県費負担教職員の総数を十分に維持することも難しくなることも懸念される。⇒**義務教育費国庫負担法**

（大坂　治）

◆ **こ** ◆

コア・カリキュラム
core curriculum

各教科や経験の羅列・網羅にとどまらない脈絡と統一のあるカリキュラム（教育課程）を編成すべく、カリキュラムにコア（中核）を設けて、コアとコア以外との有機的連関の実現を志向するカリキュラムのこと。

日常生活経験からの学び、および小社会（small society）として再構成した学校・学級での自発活動をコアとし、コアにおける経験と活動を可能ならしむる手段ないし用具として役立つ教科等の知識・技能をコアの周辺に配置する形をとる。

コア・カリキュラムの実践的具体化の議論は、アメリカでの1936年のヴァージニア・プラン（Virginia Plan）の公表前後から盛んになるが、コアを設けてカリキュラム全体にメリハリをつけるとい

う発想は、19世紀ドイツのヘルバルト学派ツィラーの中心統合法などにすでみられる。ただ、中心統合法の場合は中心教科を定めての統合であったが、コア・カリキュラム論におけるコアは、教科とは限らなかった。

わが国では、第二次世界大戦後の数年間、とりわけ社会科の発足や学習指導要領（試案）の発行（1947）からコア・カリキュラム連盟の誕生（1948年10月）にかけて、いわゆるコア・カリキュラム運動が盛り上がりをみせる。そこでは、中核課程（コア・コース）と周辺課程という2課程が置かれた。コア・コースの中身としては、新設の社会科、ごっこ遊び、劇など、論者によってあるいは学校ごとに多様であった。その後、「日常生活課程」の設定や「三層四領域」論の主張など多彩なカリキュラム構造論が展開される。運動全体としてみると、カリキュラムの形式面では統合的な性格が、内容面では生活経験を通しての学びに傾く傾向にあった。なお、コア・カリキュラム連盟（コア連）は1953（昭和28）年に日本生活教育連盟に改称される。

コア・カリキュラムの実践的展開の場は、主として初等教育であったが、21世紀に入って大学の一般教育や専門教育のカリキュラム改革の原理としても注目を集めている。⇒**ヴァージニア・プラン、中心統合法**　　　　　　　（水内　宏）

語彙爆発

乳幼児の言語の発達段階の途中、急激に言葉数、語彙が増える現象を指す。乳児は通常4ヶ月頃から喃語[なんご]を発するが、1歳を過ぎると意味ある言葉を覚え、数個の単語が言えるようになる。また1歳後半には2語分が増えはじめ、語彙は20程度になる。そして、2歳頃には語彙が急激に増加し、2語文、3語

文も使えるようになる。語彙数に一気に200から500程度に急増する。この時期が語彙爆発の時期である。ただし言語器官の成長、性格や行動、子どもを取り巻く環境によっても左右されるため、個人差は大きい。乳幼児は言葉を発するより前に、長い間、聴覚からいろいろな言葉の印象を受け止める。これが蓄積され、次第に言語化される。しかし言葉を習得するメカニズムを子どもが身につけると、あるきっかけとともに急速に言葉数が増加する。もちろん2歳に限らずとも、語彙が急速に増えることもあるが、その場合には、通常、語彙爆発という言葉は使用しない。　　　　　　　　　（大沢　裕）

構音障害

ことばなどを正しく、明瞭に発音できない障害。肺、声帯、舌、顎［あご］などの形態や、筋系、神経系の機能の障害に基づく。構音障害には、音声器官の形態に異常があるもの（器質性）、音声器官のマヒなどによるもの（運動性）、聴覚に障害があり、そのために構音がうまくできないもの（聴覚性）、脳の構音機能の異常に基づくもの（機能性）、知的発達の遅れなどによるものなどがある。

幼児にみられる構音の誤り（「魚」を「チャカナ」と発音するなど）は、発声器官の未熟さによるものであるが、構音障害の場合は、音がくぐもって聞こえる、歪んで聞こえる、通常では聞くことのない発音が聞かれるなど、明瞭な相違がある。構音障害の教育・指導は、器質的な原因に基づくものは医学的な治療（手術など）が第一であり、その後、その子どもに合った指導を行う。障害が社会的活動を妨げることを考慮すると、就学以前に治療・指導がなされることが望ましい。
　　　　　　　　　　　　（西方　毅）

校外実習

施設・設備に限界のある学校から外に出て、直接、さまざまな職業の現場で、各種の仕事を実習体験するものである。現場において、実際的な知識や技術・技能にふれ、それらを修得し、職業適性や将来設計について学生や生徒に考えさせ、主体的な職業選択の能力や職業意識を育成することなどをねらいとして実施される。高等専門学校の場合、多くの学校で、その専門に応じた校外実習が行われている。また、短期大学等で栄養士の資格を取得する場合には、最低1週間の校外実習を、管理栄養士または栄養士が専従する事業所等の集団給食施設において実施することが、文部科学省・厚生労働省から義務づけられている。高等学校の場合でも、インターンシップとして、ホテル、レストラン、老人ホーム等で校外実習を行う学校がある。校外実習が実りある成果を挙げるためには、事前・事後指導が重要である。　　　　　　（中山博夫）

公開授業

公開授業には、一つの学校の1学年レベルであったり、一つの学校であったり、あるいは地区単位であったり、あるいは全国規模であったり、多様なレベルがある。その基本的な目的は、教師の授業力の向上に向け、モデル授業のデモンストレーションとして行い、授業者自身の技術向上のためにある。他方、そのモデル授業を観察する教師としては、優れた実践から自己の実践の現状を振り返りみる一つの基準を求めて参加する。公開授業の意味は、さらに多様である。保護者が参加する学校公開などは、子どもたちの学習に対する教師の説明責任として行うことになる。それは、授業者自身の仕事の励行と専門的な力量の卓越さを示すこ

とになり、保護者は、それによって安心を得ることになる。新人の教師にとっては、自らの技量を向上させるための研修的な役割をもつことになる。さらに、学校が毎年、恒例としている場合もある。それは、学校自身の集団としてのアイデンティティを高めることにもなり、それが学校自身を生きた組織としての活性化へと向かわせることにもなる。　　　　（浅沼　茂）

口蓋裂
cleft palates

　口蓋のまん中に縦に裂がみられる状態。子どもが口蓋裂という形態的異常と鼻咽喉閉鎖機能不全という機能的異常を生まれつきもったままの状態で、ことばの学習に問題が生ずるものである。それゆえ、口蓋裂の治療は言語障害の予防という観点から、言語発達の初期の2歳未満までに形成手術を行うのがわが国では一般的になっている。その結果、できるだけ早期に適切な処置をすると、言語障害の発生を未然に防止することが可能となり、術後8割前後の子どもが順調に言語を習得している。

　術後に鼻咽喉閉鎖機能が不充分な子どもや、構音の異常を有している子どもに対しては、早期に医歯学的な治療を行ったり、ことばの指導を行うことにより、問題の軽減あるいは除去が可能となっている。口蓋裂のある子どもの問題は、言語以外にも多方面にわたるために、誕生時から成人に至るまでの間に予測される問題に対処するために、医療、心理、教育、福祉の専門家による幅広いチームアプローチが必要とされる。　　（林　邦雄）

合科学習

　教科間の壁を低くして、相互乗り入れを図りつつ、教科の壁を取り除いて各教科を一体的総合的に包括した教授＝学習の展開を志向する試みをいう。合科教授（Gesamtunterricht）は、20世紀初頭ドイツの各地で、実践された。とくに、初等教育低学年では、郷土科（Heimatkunde）として、合科的総合的扱いが広く普及した。

　アメリカでは、地理あるいは理科を中心に据えて教科の融合・統合を図ろうとしたパーカー（Parker, F.W. 1837～1902）などによる「中心統合法」の試みが活発であった。1916（大正5）年には、NEAが歴史・地理・公民の統合と新教科＝社会科の設置を提案している。日本では、合科学習の名での実践が脚光を浴びる。大正期新教育の高揚の中で、1920（大正9）年、奈良女子高等師範学校附属小学校（木下竹次主事）において、子どもの認識発達の未分化な低学年で合科学習を開始し、やがて中・高学年にも拡大していく。合科教授・合科学習は、のちの綜合教授や総合学習の系譜とつながる一面ももっている。⇒中心統合法　　　　（水内　宏）

郷学

　江戸期から明治初年にかけて、幕府・藩、または民間人が共同で設けた簡易な学校。郷校・郷学校とも呼ぶ。郷学には大別して三種類ある。第一は、将軍や藩主が家中の武士を主対象として郷村に設けたり、家臣などが領地に設けたりしたもので、藩校の分校にも相当する。第二は、将軍や藩主が領民を主対象として設立したもので、いわば庶民向けの官営の寺子屋・私塾である。第三は、民間有志の共立によるもので、近代の小学校の前身とみることができるものである。

　最初期の郷学は、1670（寛文10）年に、岡山藩内に藩主池田家によって設立された閑谷[しずたに]学校（閑谷黌）で、領内120余の手習所の中心としての役割が期待された。後のものでは、大坂（現大阪）に1724（享保9）年、有力町人た

ちが出資して創設した懐徳堂などが有名である。明治維新期には、京都府の番組小学校 64 校や、神奈川県・徳島県が近代学制に先だって整備した郷学があるが、1872（明治 5）年「学制」頒布後は衰退した。　　　　　　　　　　（橋本昭彦）

好奇心
curiosity

　未知なものごと、新奇なものごとや人に興味や関心をよせて、未知で新奇な刺激や存在に接近し探索しようとする人間の基本的欲求であり、子どもの自己学習を促す原動力となるものである。

　人間は、産まれ出た瞬間から周りの世界に興味をもち、既知で慣れた刺激よりも新奇で新しい刺激に反応することによって経験を蓄積し、自ら学んでいく存在に成長していくことができる。好奇心は本来、生得的なものと考えられるが、既知の事柄と新規な事柄のギャップが大きすぎて不安や恐怖が強くなりすぎると、好奇心は抑制されて新奇な世界との新しい関係を成立させることができない。好奇心を高めるためには、その子にとって適度な刺激となる新奇な環境を提供すること、不安や恐怖を支え手助けしてくれる子どもの安心の基地となる人や物を用意する必要がある。　　　（中野由美子）

高機能障害
high-functioning disorder

　高機能発達障害、広汎性発達障害、軽度発達障害などのことをいう。注意・認知・記憶・学習・判断・計画などの高度な脳機能が障害を受ける高次脳機能障害とは異なる概念である。具体的には、アスペルガー症候群（アスペルガー障害）や、高機能自閉症という診断名がついているものをいう。知的障害や言語障害のない、あるいはほとんどない自閉症と理解されている。

　自閉傾向が強い場合には、社会生活において、とくに対人関係においては問題が生じるので、知的障害をもたないから抱える問題も軽度であるとは限らない。知的障害のある自閉症と異なり、一見健常者にみえるため、かえって問題が大きくなったり、周りからの援助が得られなかったりして、治療が遅れたりしてしまう。治療教育に関しては、早期発見・早期治療が最も有効であり、知的障害をもつ自閉症圏の障害に比べると治療的転機や予後は良好である。幼児期には集団行動の訓練や養育者との愛着形成促進、学童期には非社会的行動の是正、学習の補助、いじめからの保護などが、また青年期においてはアイデンティティの混乱への対応や対人的社会性の獲得、職業訓練などが重要な課題となる。⇒**アスペルガー症候群、軽度発達障害、広汎性発達障害**
　　　　　　　　　　　（原　裕視）

講義法

　知識、技術、観念などを教師の口述によって学習者に伝達する教授法である。一般には初等教育、中等教育、高等教育と上位にいくほど頻度が高くなる。教育内容の系統性や論理性が高くなるにつれて講義法による教授が効率的かつ理解しやすくなるからである。その意味では、小学校における教師の説話と問答を中心とする一斉指導形態の授業においても教科教材によっては講義法は重要な教授法となる。しかし、小中学校の授業の講義法には、問題点も考慮されねばならない。まず、学習者は受動的な立場に立たされるので、学習意欲や学習への主体性が失われることがある。また、講義法は一定の教育内容を多様な学級成員に同時に伝達しようとするので、学習者間に理解の差が生じ、わかる者とわからない者とをつくる結果になる。講義法の採用に

は、教授の効率とともに全員参加の学習をいかに組織するか、学級集団内の階層分化を食い止める工夫などが必要である。

（髙旗正人）

公教育

　公教育とは、公共性の高い教育を指して用いられる用語である。近代以降の社会において、各国家はそれぞれの国民を育成するために公教育の制度を形成した。公共性の具体的な意味は、およそ、公開（すべての人に開かれていること）、公費（費用が公費によってまかなわれていること）、公設（教育機関の設置者が国や地方公共団体等の公的機関であること）、公営（運営主体が国や地方公共団体等の公的機関であること）という要素で構成されている。ただし、それらがどのように組み合わされて、それぞれがどの程度になっているかは、国や時代によって異なる。

　日本の場合、公教育制度の始まりは1872（明治5）年の学制頒布とされるが、第二次世界大戦での敗戦を境にして、公教育のもつ意味は大きく転換された。とりわけ「公開」について言えば、戦前は臣民の義務として教育を受けることが捉えられていたのに対して、戦後は日本国憲法第26条によってすべての国民に教育をうける権利が保障されたことの具現化として理解されている。この点から言えば、教育の機会均等を保障することは現代の公教育制度が基盤とすべき理念であり、公教育の公費による負担度をどのように高めるかが政策的な重要課題とされる。

　近年では、社会のさまざまな制度に関する国家規制を緩和する政策のもとで、公教育制度に関しても規制改革が進んでいる。それは、公設、公営という要素をめぐる論点を含むものである。例え

ば、教育基本法第6条第1項は、「法律に定める学校は、公の性質を有するものであって、国、地方公共団体及び法律に定める法人のみが、これを設置することができる。」と規定し、それを受けて学校教育法第2条は学校設置者を国、地方公共団体、学校法人に限定してきたが、2002（平成14）年の構造改革特別区域法は、特例として株式会社（学校設置会社）による学校の設置・運営を認めた。公教育に内包されるべき公共性を担保する制度条件はどうあるべきか、いまだ議論の余地が残されている。⇒学校、公立学校、義務教育制度、教育の機会均等

（浜田博文）

公教育の義務性

　公教育の義務性は、歴史的には、すべての国民に一定の教育を受けることを義務づけるものとして始まったが、近代市民社会では、教育を受けることが国民の権利であるとされ、教育を受ける権利を保障すべく、親や社会、国、地方公共団体等に義務が課されるようになった。

　現在、憲法第26条第2項に、「すべて国民は、法律の定めるところにより、その保護する子女に普通教育を受けさせる義務を負う」とあるように、第一に親（保護者）の義務として明記されている。

　公教育の義務性とは、制度上、①就学義務、②学校設置義務、③就学保障（奨学）義務、④避止義務の4種類から構成されている。①「就学義務」は、保護者に課せられる義務で、子どもに対し通学して教育を受ける時間を確保させなければならない。②「学校設置義務」は、国または地方公共団体に課せられる義務で、子どもの教育を受ける権利を保障するのに十分な施設・設備を設けられなければならない。③「就学保障（奨学）義務」は、国または地方公共団体に課せられる義

で、教育にかかる経費に関して保護者における障害を除去・軽減しようとするものである。④「避止義務」は、雇用主に課せられる義務で、学齢期の子どもの就学を妨げないために、子どもを労働者として使用することを禁ずるものである。
⇒義務教育制度　　　　　　（朝日素明）

公教育の中立性

公教育とりわけ学校教育においては、学習者の思想・信教の自由を保障するために、特定の価値観の注入は排除されなければならない。そのため、社会内部に存在する多様な価値観、教育意思を承認しつつその調整を図るために、中立性に関する議論が積み重ねられていくことが重要である。公教育の中立性は、①政治的、②宗教的、③行政的、の3側面からなるとされている。①政治的中立性については、教育基本法第14条第1項において政治的教養を教育上尊重しつつ、第2項では学校の政治教育および政治的活動を禁止している。②宗教的中立性については、教育基本法第15条第1項で宗教に関する態度や教養、宗教の社会生活上の地位を尊重しつつ、第2項では国公立学校の宗教教育および宗教的活動を禁じている。③行政的中立性については、「教育は、不当な支配に服することなく、国民全体に対し直接に責任を負って行われるべき」（旧教育基本法第10条第1項）との理念に基づき教育行政の一般行政からの独立、地方分権などを基本原理とする教育委員会制度が導入された。しかし、地方教育行政の組織及び運営に関する法律の制定、現行の教育基本法制定等を受け、行政的中立性の保障を危惧する指摘がなされている。⇒中立確保法（朝日素明）

公教育の無償性

憲法第26条第2項は「国民は……その保護する子女に普通教育を受けさせる義務を負ふ。義務教育は、これを無償とする」と定めている。これに対応し2007（平成19）年改正の学校教育法第6条は「国立又は公立の……義務教育については、これ（授業料）を徴収することができない」と規定している。無償性とは国民が課されている子女に普通教育を受けさせる義務の履行を保障するための措置と理解することができよう。しかし、学校教育法が想定する無償の範囲は国公立義務教育学校の授業料に限定されている。授業料が無償であっても、他に教科書、給食、見学旅行、副教材など就学に要する費用は決して少なくないことが普通教育の実質的な保障の観点から議論の対象となることが多い。現在の無償性は国公立学校に限定されており、私立小中学校は除外されている。ただし教科書については別の法律（教科書無償措置法）によってすべての義務教育諸学校で無償となっている。⇒**教科書、高等学校等就学支援金制度**　　　　　　　（大谷　奨）

工業教育

工業教育とは、工業の生産技術に関する科学と要素作業を教える教育をいう。学校教育ばかりでなく、専修学校や各種学校、公共職業訓練施設、企業内教育でも行われている。日本の工業教育制度の全体構造は、企業内教育を中軸に成り立っているという特質をもつ。同時に、第二次世界大戦後の日本での公的な工業教育の最大部門は、高等学校で職業教育として実施される教科「工業」の教育であるということもあり、工業教育とは、高校工業科の教育を意味することが多い。高校工業教育の転換点は、1978（昭和53）年告示の高等学校学習指導要領に求められる。それまでの工業科の目

的であった「中堅技術者の養成」を取り下げ、「基礎・基本の重視」の名のもとに、工業教育の専門性を脆弱化させる方針がとられた。近年は、この方針に加えて、地方分権の名目が重なり、高校工業教育の充実に重要な役割を果たしてきた産業教育振興法等の教育条件整備法制が危機的な状況にある。　　　（田中喜美）

合計特殊出生率

　一人の女性が生涯に産むと推定される子どもの平均数をあらわす人口統計上の指標で、各国の出生状況の推移を比較するために使用される。15歳～49歳の女性について、各年齢別出生数を、各年齢別全人口で割った数値を合計した数値で示される。人口を維持するには、この数値が2.08を越える必要がある。日本では、第二次世界大戦後直後は4.0以上であったが、1973（昭和48）年には2.14、1975年には2.0を下回り、それ以降、低下が続いている。1989（平成元）年の「1.57ショック」は、日本の少子化対策開始の契機となった。その後、国はエンゼルプラン等の少子化対策を実施し、出生数の回復に努めてきたが、2018年には1.42まで下降しており、少子化に歯止めがかかっていない。アメリカを除くほとんどの先進国では、1975年以降その低下傾向が続いており、育児休業や児童手当の拡充、親の働き方の見直しなどのさまざまな子育て支援策が実施されている。⇒少子化　　　（中野由美子）

攻撃性
aggression

　攻撃性とは、個人に対して危害を加えようと意図された攻撃行動を起こす認知、情動、動機づけなどの内的過程を指す。攻撃行動と同様の概念で捉えられる場合もある。攻撃性には、①身体的・言語的、②積極的・受動的、③直接的・間接的の三つの次元があるとされる。他者への暴力は「身体的―積極的―直接的次元」として位置づけられる。一方、他者から攻撃を受けている被攻撃者を、擁護も援助もせずそのまま見過ごすことは、被攻撃者に対する「言語―受動―間接的次元」の攻撃性の発現とされる。攻撃性に関する諸説は、主に三つに分けられる。一つは、フロイト（Freud, S. 1856～1939）による内的衝動説である。これによれば、自己破壊に向かう死の本能が生の本能と妥協し外部に向けられ、他者への攻撃性となる。二つ目は、情動表出説で、攻撃性は不快情動の発現とみなされる。三つ目は、社会心理学者たちによって提起された社会的機能説である。自己顕示、報復、防衛など社会的な目標を達成する機能をもつという説である。
　　　（村上凡子）

高校多様化

　1960年代の高度経済成長期、高校教育政策は「多様化」を目指して展開した。それは、大学につながるエリート層の普通教育と、産業界の多様な要請に応え即戦力となる中堅技術者養成の職業教育を、多様化・細分化された高校学科が担ったことを示す。しかし、多様な高校教育の方向性は、すでに新制高校発足時から目指されたものである。当時の高校制度は、進学希望者全員入学制の実施を目指し、多様な進路や目標をもつ者すべての教育要求に応じるため総合制を導入した。そして、個々人に応じた科目選択を可能とすることで、多様な教育の実現を目指した。また現在の高校においても、多様性の実現を目指した改革がなされている。高度経済成長期の多様化政策が、学科の種類を細分化したものであったことに対して、「単位制」「総合学科」、「中高一貫

教育」などによって、生徒個々人に応じる多様性が、今次教育改革の特徴である。このようにみれば、戦後から現在に至る高校教育は、常に「多様化」の実現を目標として展開してきたといえる。⇒総合学科、単位制高等学校　　　　　（山田朋子）

講座制
chair system

　学科目制と並ぶ、大学における教員組織の編制形態の一つ。大学設置基準（1956）で講座制と学科目制について規定されていた。講座制は、「教育研究上必要な専攻分野を定め」て置かれ、講座は教授、助教授、助手から編成された。他方、学科目制は「教育上必要な学科目を定め」、それに必要な教員を置くという教育中心の組織編成であった。講座制は、いわゆる旧制大学としての歴史のある国立大学にのみ置かれ、新制大学として発足した国公立大学や私立大学の多くは学科目制であった。国立大学では、講座制と学科目制とにある予算・人事等での大きな格差が問題視されていた。2000（平成12）年、大学審議会答申「グローバル化時代に求められる高等教育の在り方について」は、「学問分野の枠にとらわれることなく柔軟かつ機動的に教育研究を展開していくため」、教員組織編制を「各大学においてより自由に設計できるようにする必要がある」と述べた。2005年、中央教育審議会答申「わが国の高等教育の将来像」は、大学の教育・研究の質を向上させるため教員組織の在り方について見直す必要があると述べ、これをふまえて、2007年度より講座制度が撤廃され、助教授制廃止と准教授・助教が新設された。　　（田中敬文）

孔子
B.C.551～B.C.479

　中国春秋時代の思想家。儒学の開祖。魯国陬邑（山東省曲阜）出身。名は丘、字は仲尼。子は尊称。君主や為政者に徳治主義を説くために弟子を連れて諸国を遊歴。晩年は故郷で弟子の教育に専念した。『論語』は、死後弟子が編纂した孔子の言行録で、儒教の経典『四書五経』の『四書』の一つ。孔子は、人間の内面の道徳性を意味する「仁」を最高の徳と位置づけ、「仁」を拠り所として当時の覇権闘争で混乱した政治や社会の秩序回復を考えた。彼自身は「仁」の内容を明確に定義していないが、『論語』にみられることばでは、家族愛を原点とした「思いやりの心」「人を愛する心」などとされ、人間関係における行為規範の「礼」も「仁」に包摂される。教育においても、彼は、「仁」を備えた「君子」（教養の高い人物）の育成を目指した。弟子たちが、古典的教養である礼（礼節）や楽（音楽）などの「六芸」の修得を通じて、優れた人格者となることを望んだ。その際彼は、身分などで弟子を差別せず、一人ひとりの能力や自発性を尊重して指導を行ったといわれる。彼の思想や『論語』は、朱子学や『四書五経』を介して、日本の教育や文化に大きな影響を与えた。

⇒朱子学　　　　　　　　（日暮トモ子）

向性検査
version test

　ユング（Jung, C.G. 1875～1961）の向性理論に基づいた心理検査。向性理論では、心的エネルギーが他者や周辺環境、社会など外側に向いていることを外向、心的エネルギーが自分自身の意識・考え・感情に向いていることを内向と呼び、内向型か外向型かによって人格が特徴づけられると考えられている。向性検査には多様な版があり、日本でもいくつかの向性検査が開発されている。　　（今野裕之）

構成主義の学習理論

「人間の知識は、広く社会や文化などの環境に分散されており、個人間のコミュニケーションを介した協力により、社会的に構成される」と考える立場。コリンズの認知的徒弟制学習をはじめ、協同学習、自己内省学習などの学習理論がこれにあたる。学習者相互の協力による問題解決学習や共同学習など、他者との相互作用を通した学習の形態をとる。理論上、構成主義は客観主義と対立する。客観主義は、「知識は客観的に把握することができる」という信念に基づいている。客観主義では、教授に重点が置かれ、教授内容を分析、構造化し、教師から生徒への知識の伝達を効率的に行うことに関心が払われる。これに対し、構成主義では、学習に重点が置かれ、個々の学習者が主体的に学習活動に参加し、他者との相互作用などの実体験を通して学習することに関心が払われる。構成主義において、学習とは学習者自身が知識を主体的に構築していく過程であり、教師は、学習環境を整え、相談役、コーチ、支援者としての役割を担うことになる。　　　　　　（大川　洋）

校則・生徒心得

校則・生徒心得は生活指導・生徒指導上の内規として生徒の行動規範を示したものである。内容としては学校の組織、教育課程と在学関係、その学校の生徒として求められる行動規範などが盛り込まれている。校則・生徒心得の内容は学校の設置目的と深く結びつき、「上履きを履くこと」というきまり以外には生徒に対する細かな行動規範を示していない学校から、学校指定の制服や鞄、髪型などから放課後や休日の外出の仕方、通学路など生徒の生活の細部に至るまで細かく規定したものもある。「厳しすぎる校則・生徒心得」を守らないことによって高等学校を退学処分になったり、中学生が修学旅行に行けないことなどがこれまであった。その指導と校則・生徒心得の妥当性が裁判で争われ、是正も図られてきた。また近年「こどもの権利条約」批准以降は、そもそも生徒の表現の自由に属する服装・髪型を校則・生徒心得として決めていることの問題性も指摘されるようになった。

中学校・高等学校において生徒たちが自分たちの学校生活をより豊かにし、かつ人間関係を円滑にしていくために、学校の内部規律として校則・生徒心得が必要であることは認識されている。しかしながら、現代の学校にとって校則・生徒心得の項目の一つひとつが生徒が守るべききまりとしてふさわしいかという根本問題から議論を進めていく必要があろう。現代の生徒からみればなぜそれが校則の中に入っているのか理解できないきまりも中にはある。社会の中での中学生や高校生の位置づけが変化してきているにもかかわらず、校則・生徒心得が旧態依然としていることもある。長年学校にいてそのきまりに疑問を感じない教師と生徒の間には大きなひらきがある。教師と生徒が互いに忌憚のない意見を交わしながら、新しい時代にふさわしい学校の内部規律をつくり上げていくことが必要であろう。　　　　　　（藏原三雪）

高大接続改革

高校教育と大学教育、そして両者を繋ぐ大学入試、これら三者を一体的に改革する動きを指す。グローバル化やＡＩによる技術革新などの急速な社会変動に伴い、知識・技能を重視する従来型学力を超えた新たな能力観が、その土台となる。文科省は、「学力の3要素」（①知識・技能、②思考力・判断力・表現力、③主体性・

多様性・協働性）を掲げ、高校教育改革では学力の3要素の確実な育成を、大学教育改革ではそのさらなる伸長を、そして大学入試改革ではその多面的・総合的評価を狙うとうたう。とくに注目されるのが大学入試改革であり、2020（令和2）年度より大学入試センター試験に代わる「大学入学共通テスト」が、実施される予定。このテストの主な柱としては、「記述式試験の実施」と「英語の民間試験導入」が挙げられるが、問題が残る。例えば国語の条件付記述式試験では、深い思考力や十分な表現力を評価することが出来ないとする懸念が、プレテストの段階で表明された。また英語については、大学入学共通テストの英語試験と、「読む・聞く・話す・書く」の英語「4技能」測定のために導入される民間試験との何れか又は双方を利用できるとされる。だが、民間英語試験が受験生の学力測定に好適とはいえないとする声も出ている。実際、英語「4技能」民間試験の TOEIC は、ビジネス英語能力測定試験である。また留学者向けの TOEFL についても、大学受験レベルを超える独特な語彙を要する出題が見られる。つまり、高校英語の内容と、民間英語試験での英語能力との間には齟齬が生じており、民間試験でハイスコアを取るための対策指導を受講できる、経済的富裕層の受験生に有利に働く可能性なども懸念されてくる。激変する社会状勢に適応できる新たな能力を、育成・評価・伸長しようとする改革の実現には、依然として修正や見直しが必要との見方が存在すると言える。　　（腰越　滋）

構築主義
constructionism, constructivism

　構築主義とは、社会学、社会心理学、人類学、歴史学などの分野で同時期に登場した学問的な潮流である。constructionism あるいは constructivism の訳語であり、後者を構成主義と訳し、その差異を強調する立場などもあるが、両者の境界は必ずしも明確ではない。多様な立場を含むため定義することは困難だが、研究対象となる事象を実体ではなく「人々の営みを通じて紡ぎ出される構築物」とみなすという点では共通する。つまり、ある事象を自然的、生得的な事柄と捉える本質主義や、客観的な実在と捉える客観主義に対するアンチテーゼ的性格を有する。構築主義的なアプローチによる教育や青少年を対象とした研究も少なくない。例えば、社会問題の構築主義と呼ばれるスタンスからの研究などが盛んになされている。社会問題の構築主義とは、「社会問題」と呼ばれる現象を、その「問題」についての人々のクレーム申し立て（呼びかけや、請願、告発など）とそれに対する反応（賛同や反論など）が織りなす過程とみなし分析するアプローチである。
　　　　　　　　　　　　（岩田　考）

校長
school principal

　「校務をつかさどり、所属職員を監督する」（学校教育法第37条第3項）ことを職務とし、小学校、中学校、高等学校、中等教育学校、特別支援学校に必ず置かれる職である。前記規定はいわゆる校務掌理権と所属職員監督権を指すが、その職務内容は幅広く、さまざまな法令で規定されている。それらは、①教育の運営にかかわる管理、②教職員の管理、③児童生徒の管理、④学校保健の管理、⑤施設・設備の管理の各領域にまとめることができる。これらの職務全体を通じて、学校の教育目標の効果的な達成に向けて教育活動を実施し、より高い成果を挙げるということが、校長に課せられた責任である。校長職務の一つひとつにおいて、法令の解釈・適用・遵守が重要であることはいうまでもないが、学校の自主性・

自律性が重視される今日、校長の職務遂行における創造性や革新性が一層重要であることを忘れてはならない。

⇒教頭、副校長　　　　　　　　　（浜田博文）

高等学校

1948（昭和23）年に発足した高等学校（新制）の設置は、学校教育法などの法令と高等学校設置基準の定めによっている。1947（昭和22）年以前の旧制の高等学校が実質的に大学予備教育機関であったのに対し、新制の高等学校は、後期中等教育機関として完成教育を行うものと位置づけられている。1990年代後半以降、高等学校進学率は96％を超え、2018年には98.8％に達している。高等学校（新制）は「中学校における教育の基礎の上に、心身の発達及び進路に応じて、高度な普通教育及び専門教育を施すことを目的」としている（学校教育法第50条）。その実現のために、国家や社会の有為な形成者として必要な資質を養うこと、一般的な教養を高め専門的な技能を習熟すること、社会についての理解と健全な批判力を養い個性の確立に努めること、などの目標の達成に努めなければならないとされる（学校教育法第51条）。高等学校には、全日制、定時制、通信制の課程を置くことができ、修業年限は、全日制が3年、定時制と通信制は3年以上である。また、学科には、普通科、専門教育を主とする学科、総合学科の三つがある。（臼井智美）

高等学校新科目
（「歴史総合」「地理総合」「公共」「理数探究」）

2018（平成30）年の高等学校学習指導要領改訂では、「主体的・対話的で深い学び」に向けた授業改善をテーマに、科目編成・内容の全面的な見直しが図られ、「歴史総合」「地理総合」「公共」「理数探究」などが新設された。共通必修科目の「地理総合」と「歴史総合」では、空間軸と時間軸の両視点から社会的事象の分析・考察に取り組む資質・能力の育成が重視されている。同じく共通必修科目の「公共」は、選挙権年齢の18歳への引き下げを背景に、主体的に社会参画するために必要な基礎知識や倫理的態度を育むことを目的として考案された。「理数探究」は、今回の改訂の特徴ともいえる「探究的科目」の一つである。そのねらいは「知の創出をもたらすことができる創造性豊かな人材の育成」にあり、数学と理科の両見地から課題解決に向けて探究する資質・能力を育むことが目指される。　　　　　　　　　　　（宮野　尚）

高等学校卒業程度認定試験
（旧・大学入学資格検定）

高等学校卒業と同等以上の学力のある者と認めるために、文部科学大臣が行う認定試験。かつて「大検」とよばれた旧検定が廃止され、2005（平成17）年1月新たに省令で定められた。大検制度は1951（昭和26）年に発足し、当初は家庭の経済事情や病気などで高校進学を断念せざるを得なかった者などを対象に、高等教育への機会均等等を図る措置として考えられた。大検は大学入学資格を目的としていたが、この「認定試験」はあくまで高卒程度の学力認定である。しかし就職や資格試験、そして大学入学などの基礎資格として利用範囲は広くなっている。受験資格は、受験日の属する年度の終わりまでに満16歳以上になる者で、実際は高校非進学者、高校や中等教育学校を中退した者などが多い。試験は筆記試験で、合格科目は高校の科目修得とみなされ、試験科目すべての合格者は18歳に達した翌日から認定試験合格者となる。一以上の試験科目で合格点を得た科目は当該試験を免除される。1980年代

以降、学業不振や学校生活不適応などで高校中退者が 10 万人を越え、大学受験のバイパスとして大検が機能してきたが、認定試験もまた同様の働きをするものと思われる。
（穂坂明徳）

高等学校等就学支援金制度

2010（平成22）年 4 月より施行された、「公立高校授業料無償制・高等学校等就学支援金制度」が一部改正されたもの。それまでは、公私立間で生徒の教育費負担に格差があったこと、低所得者世帯での教育費負担が大きいままであること等の課題があった。現行では国公私立を問わず受給資格申請が必要だが、私立高校在学生には就学支援金加算を拡大するなどして、家庭の経済状況にかかわらず当該生徒の希望に添う進路選択ができるようになることが目指された。

受給資格要件としては、①保護者等の市町村民税所得割額が 30 万 4,200 円未満であること、②該当の後期中等教育学校等に在学していること、③国内在住であること、が求められる。本制度は返済不要ではあるが、入学時に学校に申請することはもとより、継続受給するには毎年 7 月に必要書類を再提出する必要がある。ただ、奨学金や奨学給付金と混同する世帯も見られ、支援を要する生徒が制度の恩恵に浴するための更なる努力が求められよう。
（腰越 滋）

高等学校標準法

「公立高等学校の適正配置及び教職員定数の標準等に関する法律」の略。1961（昭和36）年に、公立の高等学校に関し、配置、規模および学級編制の適正化並びに教職員定数の確保を図るために成立。都道府県は、高校教育の普及と機会均等のため、その区域内の公立高校の配置・規模の適正化に努めなければならず、その際、区域内の私立高校並びに公立・私立の中等教育学校の配置状況を十分に考慮しなければならない、と定めている（第 4 条）。学校規模は、生徒の収容定員が本校・分校の別に従い、本校で 240 人、すべての学年の生徒を収容する分校は 100 人、それ以外の分校では 60 人をくだらないものとし（第 5 条）、1 学級の生徒数は 40 人を標準とする（第 6 条）、と定めている。第 5 章（第 7 条～第 12 条）において、教職員定数の標準を全日制・定時制別に職種ごとに定め、第 6 章、第 7 章では公立の特別支援学校の高等部に関して同様の規定を定めている。
（藤井佐知子）

高等学校令

戦前の高等学校に関する基本的な制度を定めた勅令。1894（明治27）年 6 月 25 日に公布された。

この勅令により、それ以前に設置された五つの官立の「高等中学校」（東京・仙台・京都・金沢・熊本）は「高等学校」と改称され、専門学の学習と帝国大学への進学の二つの目的は引き継がれた。その際、前者の目的を主とし、後者のそれを従とすることが規定された。しかし実際には、専門学部はふるわず、その多くは専門学校令（1903［明治36］年）による専門学校となり、帝国大学への進学を目指す「予科」が主流となった。1918（大正 7）年 12 月 5 日にこの高等学校令は廃止され、新たな高等学校令が公布された。それにより公立や私立でも高等学校の設置が可能となり、増設が進んだ（ただし多くは官立）。しかし、入学競争率は緩和されず、1920 年代に入ると白線浪人が社会問題となった。その後、1943（昭和 18）年と 1947 年に改正が行われ、1947 年の改正では女子にも門戸

こうとう　192

が開かれたが、同年3月の学校教育法の制定により廃止された。　（船寄俊雄）

高等教育

　高等教育は、わが国においては、原則として高等学校卒業以降の教育段階を指し、具体的には、大学、大学院、短期大学、高等専門学校における4年次以上、専門学校（高等学校卒業を入学資格とする専修学校）等で行われる教育である。改正された教育基本法では、主要な高等教育機関である大学について、「学術の中心として、高い教養と専門的能力を培うとともに、深く真理を探究して新たな知見を創造し、これらの成果を広く社会に提供することにより、社会の発展に寄与するものとする」（第7条第1項）とし、また、その「自主性、自律性」と「教育及び研究の特性」が「尊重されなければならない」（第7条第2項）とする。今日、わが国の高等教育においては、国立大学の独立行政法人化や、18歳人口と大学定員が同一となるいわゆる「大学全入時代」に入り、改革・競争が一層激しさを増している。それは、またトロウが指摘するように、限られたエリートの養成から、経済発展と高度成長を背景とした進学率の上昇によるマス段階、そして技術革新を背景に、あらゆる対象にあらゆる方法で開かれるという意味でのユニバーサル段階へと発展・展開する過程を考えると、わが国における一契機ともいえよう。　（加藤崇英）

高等師範学校

　戦前期の師範学校、中学校、高等女学校の教員を養成した高等教育機関の一つである。その起源は、1872（明治5）年、東京に設置された官立の師範学校で、これがその後高等師範学校、東京高等師範

学校となり、戦後は東京教育大学となり、現在の筑波大学に連なる。そのほかにも、男子の高等師範学校として、1902年に広島、1944（明治19）年に金沢、1945年に岡崎に、また女子高等師範学校は、1890年に東京高等師範学校から分離独立した東京女子高等師範学校（現在のお茶の水女子大学）のほか、1908年に奈良（現在の奈良女子大学）に、そして1945年に広島に設置されている。師範学校から高等師範学校に進学する者もいたが、大半は中学校、高等女学校卒業者で、旧制高等学校、専門学校に並ぶエリート養成機関であった。中学校などの中等教育機関の教員には、大学卒も多く、各高等師範学校ではその市場競争に勝ち抜くためにも大学昇格運動を展開した。その結果、東京と広島の男子高等師範学校に文理大学が設置されたが、高等師範学校は、そのまま存続した。なお、戦前期の中等学校教員養成機関として、早稲田大学、日本大学、國學院大學など私立大学に高等師範部（科）があり、その学生数では官立をしのいでいた。戦後、師範学校制度の廃止とともに、この高等師範学校も廃止され、それぞれ新制大学の教育学部などに引き継がれた。⇒師範学校
　（陣内靖彦）

行動主義
behaviorism

　心理学の研究対象は外から観察可能な行動であるとする立場。1910年頃まで、ヴント（Wundt, W. 1832～1920）による意識心理学、すなわち人間の意識の構成要素を明らかにしようとする立場が心理学の主流であった。しかし、ワトソン（Watson, J.B. 1878～1958）は、意識のようにあいまいなものを対象としたのでは自然科学と同じ水準で心を科学的に研究することはできないと考え、1913年、外から観察可能な行動を研究対象とすべ

きであるとする行動主義を唱えた。しかしワトソンの行動主義では思考活動のような外にあらわれない活動を上手く説明することができず、新行動主義と呼ばれる次の世代の理論家たちがあらわれることになった。後にスキナー（Skinner, B. F. 1904～1990）によるオペラント条件づけに関する一連の研究によって行動主義心理学は飛躍的に発展し、行動療法や応用行動分析など臨床的な応用も行われるようになった。　⇒オペラント条件づけ、スキナー　　　　　　　　　（今野裕之）

行動障害
behavior disorder

行動障害は、広義には社会的な許容範囲を超えて逸脱した行動をいう。子どもの場合には主に、さまざまな発達障害に伴って出現する環境への著しい不適応行動をいう。知的障害、自閉性障害、学習障害、言語障害などが背景にあるが、それらを行動面から定義して捉えた概念である。成人になると反社会性人格障害に発展しやすいとされる行為障害（conduct disorder）とは異なる。具体的には、拒食・異食などの食事行動障害、不眠・昼夜逆転などの睡眠障害、頭突き・顔たたき・髪抜きなどの自傷行為や他者への攻撃行動、器物破損、奇声・大声、多動・徘徊などの異常な動き、こだわり行動、使いじりや壁塗りなどの排泄行動障害など多様に出現する。すべて生来的にもっている資質、特徴ではないので、周りの受け止め方、関係の持ち方、適切な働きかけ、援助によって行動障害は抑制、軽減することができる。援助のポイントは、一人ひとりの障害、一つひとつの障害（問題行動、行動障害）の特性を正しく理解し、援助を一人ひとりにあわせて、障害ごとに個別化して行うことである。　⇒知的障害教育、特別支援教育　　　（原　裕視）

高等小学校

尋常小学校に接続する戦前の初等教育機関の一種。1886（明治19）年の小学校令により成立した。当初は4年制であったが、1907年の小学校令改正により尋常小学校が6年制に改められた際、高等小学校は2年制を原則とし、3年制も認めるということになった。この改正以降、中等教育機関へ進学できない多くの子どもたちを収容し、初等教育の補完を行う機関となった。そのため、中等教育機関の低学年に在学する子どもたちとの格差が生じ、長らく学制改革上の問題となった。1941（昭和16）年の国民学校令により小学校が国民学校と改称された際、修業年限6年の初等科に続く高等科となった。1947年4月の学校教育法の施行により廃止され、新制の中学校成立の基礎となった。　　　（船寄俊雄）

高等女学校

第二次世界大戦以前の女子のための中等普通教育機関。1948（昭和23）年4月、学校教育法に基づく高等学校に改編された。1899（明治22）年公布の高等女学校令によって成立。それによれば、目的は「女子ニ須要ナル高等普通教育」を行うとされ、中等教育機関でありながら「高等」な完成教育を行う機関であった。また、中学校に対応する学校とみなされたが、修業年限は中学校より短い4年を本体とした。良妻賢母を教育理念としたため、中学校と異なり修身、裁縫、家事等の教授時数が増やされ、外国語も欠くことができるとされた。1910年には高等女学校令が改正され、村落の主婦の育成を目指す実科高等女学校も設立された。大正デモクラシーを背景とする女子への高等教育解放の動きに連動して、1920（大正9）年には専攻科の他に

こうとう　194

高等科を設置することができることとなった。また、修業年限も5年または4年となり、中学校（男子）の修業年限に近づいた。⇒良妻賢母主義教育　（船寄俊雄）

高等専門学校

　高度成長にさしかかる1962（昭和37）年に、高校・大学とは別に、中学卒業後5年間の一貫教育による専門職業教育機関として設置された。一般科目と専門科目による教育課程により、実践的・創造的技術者を養成することを目的とし、全国に国公私立あわせて57校あり、計約6万人の学生が学んでいる。学科は学校ごとに異なるが、主に工業系と商船系の学科に分かれ、工業系の学科には、機械工学科、電気工学科、電子制御工学科、情報工学科、物質工学科、建築学科、環境都市工学科等があり、商船系の学科には商船学科がある。そのほか、経営情報学科、情報デザイン学科、コミュニケーション情報学科、国際流通学科を設置する学校もある。卒業生は、製造業をはじめさまざまな分野で活躍しており、産業界からの評価は高く、就職率や求人倍率も高い。また、5年間（商船学科は5年6ヶ月）の本科卒業後に大学に編入学できるほか、多くの高等専門学校には、さらに2年間、より高度な技術教育を行う専攻科があり、専攻科修了後に、独立行政法人大学改革支援・学位授与機構の審査を経て学士の学位を得ることができる。
（末松裕基）

高等特別支援学校

　2007（平成19）年度の学校教育法改正で、児童生徒等の障害の重複化に対応した適切な教育を行うため、従来の盲・聾・養護学校の障害種別を超えた特別支援学校とした。その中で高等部単独で設置さ

れたのが、高等特別支援学校である。特徴として、比較的障害が軽度の高校生を対象に、職業教育中心のカリキュラムが準備されている。高等特別支援学校の先駆は、1965年に「職業科」のみの高等養護学校を開設した北海道白樺高等養護学校である。現在、「生産技術科」「木工科」「工業科」「家庭総合科」「クリーニング科」「窯業科」の6学科で就労に重点を置いたカリキュラムで教育を障害の多様化に伴う教育内容の改善・充実が求められている。半世紀以上経過した今、高等特別支援学校は全国に設置されているが、従来の「高等養護学校」の名称をそのまま使っている学校もある。

　それぞれの学校では、思春期にある生徒一人ひとりの障害特性や発達状況を把握し、家庭や実習先との連携を実現させた取組が重要で、生徒一人ひとりの個別支援計画に基づく教育実践と評価が必要になる。卒業後の生活を見据え、就労につながる職業スキルに加え、自立と社会参加のための生活スキルや余暇スキルの習得を加味したキャリア教育が地域を基盤として展開されることが望まれる。
⇒特別支援学校、盲、聾　（藤田久美）

行動療法
behavior therapy

　行動療法とは、不適応行動を適応行動へ変容させる、あるいは症状を除去することを目的とする心理療法の一種である。特定の創始者がいるわけではなく、複数の理論や治療方法の集積を行動療法と称している。この名称は、1959年、アイゼンク（Eysenck, H. J. 1916～1997）により提唱された。行動療法の理論モデルは、新行動SR仲介理論モデル、応用行動分析モデル、社会学習理論モデル、認知行動療法モデルに大別される。さらに、系統的脱感作法、シェーピング、モデリング、思考修正法など、多数の治療技法

が存在し、治療においては柔軟に組み合わせて用いられる。このように行動療法を端的にまとめることは難しいが、山上敏子は、その基本的な特徴として、①行動に焦点をあてている、②行動の変容を治療の目標にしている、③治療の方法は対象になった行動ごとにそれぞれ検討される、④治療しやすいところから治療しやすいように治療を進める、の四つを挙げている。⇒心理療法　　　　　（日高潤子）

高度専門職業人

　かつては大学学部を卒業して大学院修士課程に進み、さらに博士課程に進んで博士号を取得するなどして大学の教員になる経歴を求める人々が多くいた。だが今日ではこのような経歴をたどる人はごく少数になり、多くの人々が大学院修士課程修了程度の専門性を求められる専門看護師、臨床心理士、各種検査技師、高等学校教師、産業デザイナー、学校カウンセラーなどの専門職業人への道を歩み始めている。これらの職業専門人を高度専門職業人として社会的に位置づけることが一般化してきたのである。大学院への進学率が上昇してきた時代にみられる職業社会状況といえよう。また別に従来からの高度な資格試験を経て職に就くことのできる医師、弁護士、公認会計士なども当然この高度専門職業人に入る。このうち弁護士、会計士などは、近年より、高度な大学院教育において教育・養成しようとする動きが出てきた。アメリカのMBAをまねた経営学修士コースや2004（平成16）年度より各地の大学に設置・発足した法科大学院がそれである。
　　　　　　　　　　　　　　（大淀昇一）

校内暴力
school violence
　校内暴力とは、学校生活に起因して起こった暴力行為を指し、対教師暴力、生徒間暴力、学校の施設・設備等の器物破損の3形態がある。文部科学省による校内暴力の全国調査は、深刻な教育問題として注目された1982（昭和57）年度から行われ、1997〈平成9〉年度以降は、対人暴力（対教師暴力、生徒間暴力を除く）を加えた4形態別の分類で調査が継続されている。
　傾向としては、学校種間で比較すると、中学校での発生件数が圧倒的に多い（文部科学省の調査では、2005［平成17］年度の公立中学校の発生件数は2万5,796件で、公立の小中高全体に占める割合は75.8％に及んでいる）。また、加害児童生徒の男女別割合をみると、小中高のいずれにおいても男子の占める割合が高い。さらに、形態別割合では、生徒間暴力がいずれの校種においても多くなっている。校内暴力が発生した場合には、問題をこじらせないためにも、早期発見と即時対応が肝要であり、危機対応マニュアルの作成など生徒指導体制の整備が求められている。
　　　　　　　　　　　　　　（犬塚文雄）

広汎性発達障害
pervasive developmental disorders
　広汎な領域の発達障害で、いわゆる自閉的な特徴を有している状態の総称。広範囲にわたり共通した特徴は、「社会性の障害」、「コミュニケーションの障害」、「想像力の障害」の三つである。アメリカ精神医学会によるDSM－Ⅳおよび世界保健機構（WHO）によるICD－10ともに広汎性発達障害の下位カテゴリーを規定している。ここでは、DSM－Ⅳの分類を示すと、「自閉性障害」、「レット障害」、「小児期崩壊性障害」、「アスペルガー障害」、「特定不能の広汎性発達障害」となっている。広汎性発達障害は原因や症状はさまざまであるが、社会的な相互作用やコミュニケーション行

動に質的な障害が認められ、ステレオタイプな行動・興味関心などがあり、発達の領域に広汎な障害があり、3歳前後に発症するという共通の特徴をもっている。広汎性発達障害は自閉症スペクトラムと呼ばれることもある。⇒自閉症スペクトラム　　　　　　　　　（林　邦雄）

公民館

　社会教育法に定められた社会教育施設。地域の住民の学習、文化、スポーツ活動を支える基幹的な生涯学習の施設で、全国に約 18,200 館が配置されている（平成 17 年度社会教育調査）。設置主体は市町村もしくは公益法人で、市町村その他一定区域内の住民のために、実際生活に即する教育、学術および文化に関する事業を行う。公民館の主な事業としては、講座などの学習プログラムや発表会・イベント等を計画・実施すること、学習グループ・団体の育成・支援・連絡を図ること、生涯学習に関する情報提供、施設を住民の集会その他の公共的利用に供することであり、それぞれの公民館で、各市町村の生涯学習の基本計画等に合わせて事業が重点化されている。公民館には、学習室、集会室、会議室、視聴覚室、和室、調理室、工芸工作室、音楽室、軽体育室、児童室、図書館、展示コーナー、体育館などが置かれている。地域の人々に最も近いところで学習事業を企画したり、市民の学習活動を支援しているのが公民館であるが、近年は減少傾向にある。代わってより広域的な範囲をカバーし、情報相談・情報提供機能をもった「生涯学習センター」の設置を進める自治体が増えつつある。⇒社会教育施設　　（倉持伸江）

公民教育
civic education

　もともと「公民」とは、有権者として国政に参与する一員、あるいは、公務に参画する権利を有する者の意味であり、その意味では、公民教育とは、有権者として国政に参与できる能力や資質を養成するための教育、と定義することができる。近代国家は、国民の一人ひとりが何らかの方法で国家の統合に参画することによって成立する。そのため国家は、公教育を通じて個人の国家・社会への参加意志を涵養しようとする。つまり、公民教育という発想は、近代国家の成立を待たねばならなかったのである。だが、公民教育ということばが実際に使われるようになったのは、19 世紀も末になってからである。19 世紀後半から 20 世紀初頭にかけて、欧米の先進資本主義国では、労働運動の高まりとともに、普通選挙権が拡大され、国民の国政への参加が実現するようになっていく。また、社会主義運動の高まりや社会政策のためのさまざまな立法は、国民がそれぞれの立場から、国政や社会機構を変革していく機会を与えた。このため、より広範な国民が国家・社会の秩序を維持し、さらには新たな秩序を形成していく能力や資質を高めていく必要性が生じたのである。

　しかしながら、公民教育は、歴史的な事情や文化的な背景によって、二つのタイプに分けられる。一つは国家主義的な色彩の濃い公民教育で、20 世紀初頭のドイツの場合のように、国家の理念に即した公民 Staatsbürger の育成を目指すものである。またもう一つは、アメリカのように、市民社会における責任ある市民としての能力や資質を育成する市民性 citizenship 教育としてのものである。

　わが国の公民教育は、戦前から戦後にかけてこの二つの流れの間を大きく揺れ動いてきたといってよい。大まかにいうなら、戦前の公民教育はドイツ型の性格が強く、戦後はアメリカ型の性格・形態に学ぼうとしてきたといえる。戦後の社

会科教育を中心とした公民教育の狙いは、アメリカを手本にした日本社会の民主化にあったのである。⇒公教育 （金田健司）

公務災害

公務中に公務に起因して発生した災害のこと。それは一般的に次のようなものとされる。①自己の職務遂行中、勤務時間前後の職務に必要な準備行為中や後始末行為中、特殊な状況における通勤または退勤途上、出張または赴任期間中、職務遂行に伴う怨恨、任命権者が地方公務員法第42条に基づき計画、実施したレクリェーションに参加中における負傷、②公務に起因することが明らかな疾病、③公務上の負傷または疾病と相当因果関係をもって生じたことが明らかな障害や死亡。ただし、公務中に生じた災害すべてが当てはまるのではなく、公務との因果関係が認められなければならない。公務災害と認定されると、地方公務員（国家公務員）災害補償基金から各種の補償等が受けられる。最近では、1994(平成6)年に教室で脳出血を発症し1年後に44歳で死亡した京都府の小学校教諭に対する公務外認定処分が、大阪高裁にて「公務起因性を肯定できる時間外勤務の時間数をはるかに超えている」と公務災害に認定され、結審した例（2004年9月）、静岡県で当時48歳の小学校養護教諭がうつ病で自殺したことに公務災害の認定を求めた訴訟において、静岡地裁が仕事が過重とする主張を退けて請求を棄却した例（2007年3月）などがある。⇒地方公務員 （榊原禎宏）

校務分掌

学校を運営し、維持管理するために必要とされる校務について教職員が分担し、遂行すること。また、「小学校において

は、調和のとれた学校運営が行われるためにふさわしい校務分掌の仕組みを整える」（学校教育法施行規則第43条、中学校および高等学校準用）とされるように仕組みや組織図そのものを意味することも多い。しかし、一般の企業や行政の組織図のように、必ずしも意思決定権限の上下関係を明確に関係づけるものではなかった。そもそも「校長は、校務をつかさどり、所属職員を監督する」（学校教育法第37条第3項）とされるように校長の校務掌理権があり、また2000（平成12）年には「職員会議は、校長が主宰する」（学校教育法施行規則第48条第2項）と補助機関としての性格が明確にされたことから、今日では校務分掌上の位置関係を明確にすることは可能である。しかし、校務分掌は、単に校務の分担にとどまらず、また法規定以上に学校現場における教職員の協働性を高めるような文化・風土を表現している側面にも着目すべきであろう。⇒協働 （加藤崇英）

公立学校

日本では学校の設置者は、原則として国、地方公共団体、学校法人の三者に限られている。このうち地方公共団体が設立した学校を総称して公立学校という。地方公共団体のうち普通地方公共団体は、広域自治体である都道府県、基礎自治体である市町村に分かれており、公立学校の学校名には県立、町立などと設置自治体の名称を冠するのが一般的である。また東京都の特別地方公共団体の一つである特別区が設置する区立学校も公立学校である。なお、複数の市町村が学校組合（特別地方公共団体の一種）を組織して共同で公立学校を設立することもできるようになっている。学校組合による公立学校の設立は、従来小中学校に活用されていた制度であるが、近年複数の自治体

が共同で公立大学を設立する事例もみられる。さらに2004（平成16）年に施行された地方独立行政法人法により、大学に関しては地方公共団体から独立した公立大学法人として設置運営することが可能となった。この場合も公立学校に分類される。　　　　　　　　　　　　　（大谷　奨）

交流教育

　特別支援学校や特別支援学級に在籍している児童生徒が、通常の学校、学級や地域社会の人々と一緒に教育活動を行うことをいう。1979（昭和54）年の養護学校（現在の特別支援学校）義務化に伴い、養護学校等に在籍する障害のある子どもたちの「経験を広め、社会性を養い、好ましい人間関係を育てる」ために、小・中学校の児童生徒や地域社会の人々との「交流教育」を積極的に推進していくことが、同年改訂の盲・聾・養護学校の学習指導要領に明記されて交流教育が始まった。交流教育は指導の形態によって、行事交流、日常交流、教科交流、地域との交流、学校間交流、学校内交流などがある。交流教育の意義は、通常の学校・学級で教育を受けている児童生徒や地域社会の人々に対して、障害児に対する正しい理解と適切な対応を求めることで、障害児のためだけでなく、通常の児童生徒・一般社会の人のためにも有意義といえる。⇒特別支援学校　　（林　邦雄）

広領域カリキュラム
broad-field curriculum

　教科の枠を取り外し、複数の教科の中で類似した内容を取り出して融合し、新たな教科あるいは領域をつくり出すのが融合カリキュラムだが、その考え方をすべての指導領域に広げ、いくつかの大きな領域から構成されたカリキュラムのことをいう。広域カリキュラムとも呼ばれる。例えば、大学の一般教育のカリキュラムが、「人文科学」「社会科学」「自然科学」の三つの領域から構成されていたところにみられる。広領域カリキュラムでは、とくに中心となる教科があるわけではなく、複数の教科が一つの領域として構成される。領域の構成にあたっては、領域内の諸教科の相互の連関に基づき、教科の総合を図ることが目指されている。領域については、「教科」を基礎として構成されることもあれば、学習者の「経験」を基礎として構成されることもある。なお、広領域カリキュラムにおいて教科の統合がさらに進み、教科の枠が意識されなくなると、社会生活における学習者の活動や経験に重点を置いて教育内容が構成されるコア・カリキュラムや経験カリキュラムとなる。

　　⇒コア・カリキュラム、融合カリキュラム
　　　　　　　　　　　　（日暮トモ子）

高齢社会

　高齢社会とは、一般にその社会における高齢者（65歳以上）の割合（高齢化率）が高い社会のことをいう。なお、高齢化社会とはその比率が7％から14％の段階を指し、21％以上の場合を「超高齢社会」と呼ぶこともある。

　2007（平成19）年6月に閣議決定された「2007年度高齢社会白書」において、わが国では、2005年に高齢化率が20.1％になったと報告され、国内人口の5人に1人が高齢者という時代になっている。この白書では2025年には高齢化率が40％を超える、という試算も行っている。これだけの急激な高齢化は世界でも類をみないスピードであり、高齢化率も2005年で世界最高となった。高齢社会に対応していくことはまさに日本全体の急務の一つといっていい。

　そこで制定されたのが1995年制定の

「高齢社会対策基本法」である。高齢社会に突入したにもかかわらず「国民の意識や社会のシステムの対応は遅れている」（前文）と指摘、総合的な対策を求めている。その第11条では、学習および社会参加について規定されている。ここに、高齢社会に対応した教育体系の在り方が問われる所以がある。学校教育も含め、教育体系が生涯学習社会にふさわしいものとなっているか、あるいはなろうとしているかが問われるのである。例えば義務教育段階で高齢社会の基本を学ぶとともに、高齢者とふれあったり介護体験をしてみたり、ということも必要だろうし、大学で高齢者のニーズに合わせた科目やコースの提供といったことも考えられるだろう。とくに高齢社会の到来は少子化の進行と同時に起こるものであるため、これまで主として18歳をターゲットに入学させてきた大学が、生涯学習社会に合わせた形に変化する可能性がある。実際、いくつかの大学で「シニア特別選考」「シニア大学院」「カレッジリンク型シニア住宅」などの取り組みが始まっている。 　　　　　　　（池上　徹）

高齢者教育

　高齢者教育といった場合にその具体的内容には二つの系統が考えられるが、その二つはともに高齢社会の到来と生涯学習社会への転換という意味合いからきているものである。一つは「高齢者になることに備える教育」である。これまでの学校教育、とくに社会科・公民科の領域では子どもたちに「働く」ことについて教えはしても「定年後」についてふれることはあまりなかった。しかしこれからは定年後も長い人生が続くことを想定したライフプランを立てる必要があることを子どもたちに伝えていく必要がある。また大人に対しても生涯学習としてこの

側面が必要になる。もう一つは「高齢者に対する教育」である。これも、これまでの「教育とは大人が子どもに対して行うもの」という考え方とは大きく異なってくる。現在の高齢者たちはもともと若い時分に受けた教育が高齢社会を想定したものになっていない。世界で最も平均寿命が長い国の一つである日本において、高齢者一人ひとりが生涯学習の中で充実した学びを展開しつつ、高齢社会をどのように生きていくかを学ぶことも高齢者教育の重要な役割である。⇒生涯学習

　　　　　　　　　　　　（池上　徹）

口話法

　聴覚障害児に対して、相手の唇の形や動きをみて話す内容を理解し（読唇、読話）、同時に話すことができるよう発声訓練を行う教育方法を口話法といい、さらに残存聴力を補聴器、人工内耳で補い活用しながら口話の力をつける教育方法を聴覚口話法という。一般には聴覚口話法のことを口話法と称している。わが国の公的な聴覚障害児教育は1878（明治11）年に京都盲唖院が開設されたことに始まるが、当時は手話法が中心であった。1920年代から口話法が普及し、その後現在に至るまで聴覚障害児教育における主流な教育方法となっている。口話法によって顕著な発達を示す子どもがいる一方で、同口形異音（例：「たばこ」「たまご」「なまこ」）の区別が困難であり、大勢が同時に話すような場面では理解できないなどの問題があるとともに、この方法によっては言語獲得が困難な子どもも多いことが指摘されてきた。1960年代頃から、手話を大切なコミュニケーション手段の一つと位置づけ、コミュニケーションの成立が教育にとって土台になることを主張するトータルコミュニケーションの考え方が普及し、手話法が再評価され、聴

覚障害児教育の中で積極的に取り入れられている。⇒手話法　　　　　　（丹　明彦）

国語科教育

　国語科教育は、教育課程における教科の一つとしての国語科で行われる教育である。教科目標としては、表現力（話す力・書く力）と理解力（聞く力・読む力）の育成、伝え合う力（コミュニケーション能力）の育成、思考力・想像力の育成、言語感覚の育成、国語に対する認識の深化、言語文化の理解およびその継承と創造、国語を尊重する態度の育成などがある。国語科の主な内容は話すこと・聞くこと・書くこと・読むことの四つの言語活動と「言語事項」である。「言語事項」の内容は、言語活動に利用される音声・文字・語句・文・段落・文法・文章構成法などに関する知識・技能である。

　生きて働く国語力の向上を効果的に支援するためには、目的のある場を設定することが必要である。国語科教育が目指す国語力は、他教科の学習や、仕事や遊びを含む、生活全般に役立つ国語力である。国語科で伸びた力が国語科以外の場で役立つと同時に、国語科以外の場が国語学習の場になる。そういう意味で国語科には、本来、他教科・領域等と補い合い重なり合う性質がある。国語科を超えた広い場で行われることばの教育を「国語教育」と呼んで区別することがあるが、その内容と国語科教育で扱う内容が別物であるというわけではない。国語教育と国語科教育は互いに重なり合っている。そこに国語科という教科の境界線のあいまいさがあるが、そのあいまいさを受け入れて理解することが、豊かで有益な国語科教育を可能にする鍵である。

　教育課程史上初めて「国語」という教科が登場したのは 1900（明治 33）年改正の「小学校令」であるが、それは 1872（明治 5）年布達の「学制」以来ずっと教育課程に含まれていた複数の内容が、「国語」という一教科に統合されたものである。　　　　　　　　　（首藤久義）

国際障害者年

　国際連合（以下、国連）が採択した「障害者権利宣言」(1975)の趣旨に基づいて、1981（昭和 56）年に定められた。「完全参加と平等」をテーマに掲げ、障害者に対する取り組みを世界に提唱した。「障害者権利宣言」には、「障害者は、その人間としての尊厳が尊重される生まれながらの権利を有している」「同年齢の市民と同等の基本的権利を有する」等が定められている。社会的背景として、障害者やその家族に対する社会的差別の状況があり、その改善・解消には障害者の権利保障や社会参加等が欠かせないため、国連が世界各国にともに行動を起こすことを呼びかけた。また、1983 年から 1992（平成4）年を「国連・障害者の 10 年」と定め、多くの国々が障害関係施策や権利保障等を積極的に推進することとなった。さらに、1993 年に国連は「障害者の機会均等化に関する基準規則」を採択した。

　わが国において当時、障害者に対する社会福祉施策や経済的・社会的保障、法的支援が十分とはいえず、「完全参加と平等」への道のりは遠い状況であった。その後 1993 年に「心身障害者対策基本法」が改正され「障害者基本法」となり、身体障害、知的障害に精神障害を加え、障害区分を超えた施策が実施されることとなる。国連アジア太平洋社会経済委員会(UNESCAP)は、1993～2002 年を「アジア太平洋障害者の十年」と定めた。⇒ノーマライゼーション　　　（髙玉和子）

国際人権規約（国際連合、1966 年）

　国際人権規約は、「世界人権宣言」（1948 国連採択）の内容を条約化するために採択されたもので、人権諸条約の中で最も基本的で包括的なものである。「経済的、社会的及び文化的権利に関する国際規約」（社会権規約、A 規約と略称）と「市民的及び政治的権利に関する国際規約」（自由権規約、B 規約と略称）からなる。いずれも 1966 年に国連採択され、1976 年に発効した。A 規約では、労働の権利、健康を享受する権利、教育を受ける権利などが、B 規約では、生命に対する固有の権利、居住の自由についての権利、思想、良心及び宗教の自由についての権利などが規定されている。また、B 規約には、「選択議定書」（権利の侵害について個人が行った通報を人権委員会が審議する制度について規定、1966 年採択、1976 年発効）と「第二選択議定書」（死刑制度の廃止について規定、1989 年採択、1991 年発効）がある。日本は、A 規約と B 規約は 1979（昭和 54）年に批准しているが、選択議定書と第二選択議定書は、国内法との関係で批准していない。また、両規約についても、一部留保している事項がある。　　　　　　　　　（臼井智美）

国際生活機能分類
ICF

　世界保健機関（WHO）は、1980 年から国際的な障害モデルとしてきた「国際障害分類（ICIDH）」に代わり、2001 年に「国際生活機能分類（ICF：International Classification of Functioning, Disability and Health）」を承認した。ICF では、ICIDH の三つの次元としていた「機能・形態障害」を「心身機能・身体構造」に、「能力障害」を「活動」に、「社会的不利」を「参加」という概念に変更し、肯定的に表現し直した。障害は三つの次元のすべてを含む包括概念である「生活機能」の各々に、人が生きて生活する上で困難や問題が生じた状態とした。さらに、これら三つの次元と、背景因子である「環境因子」と「個人因子」が影響し合う相互作用モデルとして捉え直した。ICF の特徴は、中立的・相互作用的な視点を取り入れることにより、障害者だけではなく、すべての人を対象とした「人が生きることの全体像を示した」分類にある。特別支援教育の個別指導計画に、児童生徒の困難さを把握して、相互作用の中でそれを軽減する ICF の視点が重要になる。　　　　　　　　（矢島卓郎）

国際バカロレア
International Baccalaureate,IB

　グローバル社会の進展とともに、母国を離れてインターナショナル・スクール等に就学する子どもが増加し、各国でそうした子どもの修了資格が問題になり、1970 年代に整備された大学入学資格（IB Diploma）を授与する制度のことである。ただし、その資格を得られるのには、国際バカロレア事務局が指定する一定の教育課程を履修した者に限られている。初等教育課程から、前期中等教育課程、後期中等教育課程まであり、後期中等教育課程は、六つの群（語学、人間学、実験科学、美術など）から 6 科目選択し、さらに「論文」「知識の理論」「社会奉仕活動」などを履修しなければならない。日本では、学習指導要領との整合性などの課題もあるが、国際学校の設立などでこの国際バカロレアが注目されようになってきた。なお、この国際バカロレアは、世界的に認められた大学入学資格であり、日本国内でも国公私立あわせて約 250 の大学で入学資格として認定している。

　　　　　　　　　（佐藤郡衛）

国際理解教育

　日本の国際理解教育の特徴は、その多様化にある。日本の国際理解教育は、第二次世界大戦後のユネスコへの加盟を契機にスタートし、1970年代まではユネスコ主導で実践されてきた。しかし、あまりに理念に傾斜した教育への批判から、当時、日本で教育課題になっていた海外・帰国児童生徒教育、外国語教育、国際交流活動へとその焦点が移行していった。さらに、1980年代にはグローバルな課題をテーマにした実践も行われるようになった。その結果、ユネスコの流れをくむ国際理解教育、開発・環境などグローバルな課題に焦点をあてた教育、さらに現実的な課題に即した海外・帰国児童生徒教育が混在して進められることになった。1980年代には、多様化してきた国際理解教育のすべてを内包するものとして「グローバル教育」が使われはじめる。

　1990年代の半ば以降からは、学校における外国籍の子どもの増加とともに、共生が目前の課題になり、それが国際理解教育にも反映するようになる。教育現場でも、外国籍の子どもの増加とともに、異文化理解、国際交流、地球的課題の学習などに加え、多文化共生という視点を打ち出すようになり、この共生が学校の教育目標のみならず実践研究の目標にも登場するようになる。さらに、2000（平成12）年以降、多文化共生と結びついた国際理解教育は、「市民性」を育成する教育との関連を強めつつある。

　国際理解教育の多様化は、否定的に捉えられるものではなく、その時々の課題を受け止め、その課題を解決することを目指してきたといえる。実践に即していえば、社会が直面している問題や個人が人生の中で直面する問題を共同で解決するという問題解決的な学習を基本にしてきた。共同の学習を通して知の枠組みを鍛え直し、そして自己の在り方や生活、社会を見直すという、いわば実践する主体の育成を課題にしてきたのである。この目標は、これからの学校教育全体にかかわるものである。とくに、国際理解教育は、「批判的思考力」「知識を構成する力」「ひととかかわる力」「違いを認め、受容する力」「他者への想いと想像力」などを育成するための教育であり、こうした資質・能力は、グローバルな社会で必要とされるものである。しかも、学校全体の取り組みによって初めて達成できる。そのためには、教科・領域との関連も考慮した授業づくりが課題になる。

　⇒グローバル教育　　　　　　（佐藤郡衛）

国定教科書制度

　近代日本の教科書制度は、自由発行・自由採択制から、しだいに国家による統制・干渉の度が強まり、開申制（1881［明治14］）、認可制（1883）、検定制（1886）へと移行した。その後、教育政策担当者からは、国家統制強化の見地から小学校教科書の「国定化」の声が上がり続けた。他方、検定教科書の審査・採択をめぐる不正事件が相次ぎ、文部省は不正行為に対する罰則を強化するとともに、修身・読本教科書の編纂に着手していた。1902（明治35）年12月の教科書贈収賄容疑の一斉摘発により、検定制度の存続が困難となり、急遽1904年度から国定教科書制度が実施された。その制度は、読本の初学年の改訂をもとに、第1期（1904～）、第2期（1910～）、第3期（1918［大正7］～）、第4期（1933［昭和8］～）、第5期（1941～）の5期に時期区分される。なお、中等教育諸学校の教科書は1943（昭和18）年から国定となった。戦後、軍国主義的な記述等、従来の不適切な内容を削除したり、墨でぬったりする措置を経て、1947年4月以降の新学制発足とともに、教科書は国定

制度を廃止し検定制度へと移行した。

⇒教科書、教科書検定 　　　　（船寄俊雄）

国民学校令

　戦前の小学校が1941（昭和16）年4月1日から国民学校と改称され、その国民学校に関する基本的な制度を定めた勅令。本令により、従来の小学校の目的である「児童身体ノ発達ニ留意シテ道徳教育及国民教育ノ基礎並生活ニ必須ナル普通ノ知識技能ヲ授クル」ことが、「皇国ノ道ニ則リテ初等普通教育ヲ施シ国民ノ基礎的錬成ヲ為ス」ことに改められた。また本令により、国民学校が初等科6年、高等科2年（以上義務化）および特修科1年の課程からなること、教科が国民科（修身、国語、国史及地理）、理数科（算数及理科）、体錬科（体操及武道）、芸能科（音楽、習字、図画及工作、初等科女子に裁縫、高等科女子に家事及裁縫）、実業科（高等科のみ、農業、工業、商業又は水産）の五つからなること、教科書が原則として全教科とも国定となること、などが規定された。障害児のための養護学校・学級の設置や養護訓導の新設なども規定されたが、その多くは戦時下の非常事態により実現をみなかった。本令は、1947年4月の学校教育法施行により廃止された。　　　　　　　　（船寄俊雄）

国立学校

　学校教育法は学校を設置する主体を国、地方公共団体、学校法人の三者に限定している。このうち国が設置した学校を国立学校という。なお国は現在直接国立学校を設置することはしていない。2004（平成16）年4月から、国立大学は国立大学法人が、また国立高等専門学校は独立行政法人国立高等専門学校機構が設置運営している。しかし、学校教育法は、

この二つの法人は国に含まれると規定しているため、引き続き国立学校として位置づけられている。また、国立大学法人法は国立大学には「幼稚園、小学校、中学校、高等学校、中等教育学校、特別支援学校又は専修学校を附属させて設置することができる」（第23条）と定めているので国立大学附属の小学校や中学校なども国立学校である。なお国立大学はそれぞれの国立大学法人が独立して運営しているが、高等専門学校については全国の高等専門学校を上記の高専機構が一括的に運営するという方式をとっている。

⇒高等専門学校 　　　　　　　（大谷　奨）

国立大学法人

　2002（平成14）年3月、国立大学関係者を含む有識者による調査検討会議が「新しい『国立大学法人』像について」（最終報告）をとりまとめ、同年11月、国立大学を「国立大学法人」化すること等により大学の構造改革を進めることが閣議決定された。2003年7月、関係6法が成立、10月に施行され、2004年4月、国立大学は国立大学法人（89法人）に移行された。法人化前は、国立大学は国立大学設置法により設置されていた。法人化により、従来の教授会を中心とする運営から、学長の強いリーダーシップによる民間的経営手法を導入したトップマネジメントへと変更され、非公務員型による弾力的な教職員の人事システムの導入、情報公開や教育研究等の第三者評価の徹底等により、大学の自主性・自律性の一層の向上が図られた。

　国立大学法人の仕組みには、学内の代表者からなり、主に教学面を審議する「教育研究評議会」、学内の代表者と学外の有識者からなり、主に経営面を審議する「経営協議会」、そして、学長と、学長が任命した理事（学外役員も含む）等

からなる「役員会」があり、予算・人事等の重要事項は役員会の議を経ることとされた。学長は、学外者も参画する「学長選考会議」によって選考される。国立大学法人は、自ら設定した中期目標・中期計画（6年）に従い、国から交付される運営費交付金と学生からの授業料や付属病院収入等により、戦略的な経営を実現することが求められている。国立大学法人の教育研究に関する評価は大学改革支援・学位授与機構が実施し、経営面も含む業績全体の総合評価は文部科学省の「国立大学法人評価委員会」により実施される。なお、同年、公立大学法人制度も発足し、私立学校法も改正された。

（田中敬文）

国立特別支援教育総合研究所

前身は1971（昭和46）年10月に神奈川県横須賀市に創設された国立特殊教育総合研究所である。1999（平成11）年12月、独立行政法人国立特殊教育総合研究所法により、2001年4月より独立行政法人となる。2007年に国立特別支援教育総合研究所と改称された（学校教育法改正による）。わが国唯一の特別支援教育のナショナルセンターとしての使命をもち、国や地方自治体、国内外の大学関係機関との連携・協力をして、国の行政施策や教育現場に寄与する実践的研究活動、調査等を通して、特別支援教育の振興を図ることを目的としている。その業務は、①実際的な研究を総合的に行う、②特別支援教育関係職員に対する専門的、技術的な研修を行う、③特別支援教育に関する実際的な研究成果の普及や研究の促進を行う、④特別支援教育に関する図書、資料や情報収集、整理、保存、提供を行う、⑤特別支援教育に関する相談に応じ、助言や指導、援助を行うとしている。2014年1月に日本が「障害者権利条約」に批准したことから、インクルーシブ教育システムの構築に向け、研究活動や研修事業、情報普及活動を推進している。発達障害教育推進センターが設置され、発達障害教育の啓発に努めている。

⇒インクルージョン（インクルーシブ教育）

（髙玉和子）

国連大学
United Nations University

国連大学は、1973（昭和48）年12月、国連総会での国際連合大学憲章の採択により誕生した。本部ビルは日本政府の無償供与によるもので東京・青山にある。国連大学憲章は、国連大学を「国際連合憲章の目的を追求し、原則を促進するために、研究、大学院レベルの研修および知識の普及に携わる学者・研究者の国際的共同体である」（第1条第1項）と規定し、任務に「国際連合および専門機関が関心を寄せる、人類の存続、発展および福祉にかかわる緊急かつ世界的な問題の研究」（同条第2項）を掲げる。国連大学は、「国際連合機構の枠内で自治を享有」し、また「その目的達成に必要な学問の自由を（略）享有する」（第2条第1項）。学長、理事会、本部、研究・研修センター等の機関によって構成され、通常の大学のような学部や大学院をもたず、世界各国の大学や研究機関などとの国際的ネットワークにより活動している。国連の通常予算の配分は受けておらず、各国政府、財団、企業、個人などからの任意の拠出（寄付）を資金源とし、大学基金の運用益を基本財源とする。1998～1999年の2カ年予算は7,193万ドルで、1997（平成9）年12月末現在、大学基金および経常経費への拠出は54カ国並びに136の寄付者から約3億4,610万ドルに達している。

（田中敬文）

心の教育

1998（平成10）年6月に中央教育審議会による「新しい時代を拓く心を育てるために——次世代を育てる心を失う危機」(「幼児期からの心の教育のあり方について」答申）が提出されたことを明確な契機として、主として道徳教育の分野において用いられるようになった用語。〈豊かな心〉を育成するための教育の総称として使用されることが多い。答申では、そのような教育の重要性が叫ばれるようになった背景として、自然や労働に向かい合う経験や人間的な交流が不足する現代社会において、〈心の問題〉が深刻化しているということが、危機意識をもって記述されている。「心の教育」は、本来、学校・家庭・地域社会の連携によって推進されるべきものであるとされている。学校における教育活動に関していえば、主として道徳教育を充実させ、とくに道徳の時間を活用することによって「心の教育」を推進するように、答申は示している。道徳の時間に関していえば、2002年から、文部科学省が『こころのノート』を小学生と中学生に道徳の副教材として配布している。⇒道徳教育

（山名　淳）

個人差

身長、体重のような身体的特性、あるいは知能、認知、学力、性格、適性などの精神的特性についての個人間の差異。普通、これらの特性は、身長計、体重計、知能検査、学力テスト、性格検査、適性検査などの測定尺度によって測定され、尺度化された数値によって表現される。個性が、質的・主観的・全体的な個人の特性であるのに対し、個人差は、量的・客観的・部分的な個人の特性である。個人差の総合が直ちに個性であるとはいえない。個性は、むしろ個人差を生み出すもので、多くの測定値の背後にある全体である。とくに個人差を研究する心理学の分野として差異心理学がある。教育の場における個人差という用語は、学力の個人差について用いられることが多い。一般に、学力の個人差とは、点数化された学力の個人差であり、学習達成度の個人差である。教育評価の観点からすれば、個人差の測定は、主として相対評価の基礎になる。習熟度別指導は、個人差に応じる教育の一方策である。⇒個性

（大川　洋）

個人情報の保護に関する法律

個人情報の適正な取扱いに関して、個人の権利や利益を保護することを目的として、2003（平成15）年に制定された法律。この法律では、個人情報の定義や基本理念（第1章）、国及び地方公共団体の責務等（第2章）、個人情報の保護に関する施策等（第3章）、個人情報取扱事業者の義務等（第4章）などが定められている。制定の背景には、「高度情報通信社会の進展に伴い個人情報の利用が著しく拡大していること」(第1条）が挙げられる。この法律において個人情報は、「生存する個人に関する情報であって、当該情報に含まれる氏名、生年月日その他の記述等により特定の個人を識別することができるもの」(第2条)とされている。同法に定める個人情報取扱い事業者から、国の機関、地方公共団体、独立行政法人等が除かれている(第2条第3項)ため、学校等の場合でいえば、この法律が適用されるのは設置者が私立の場合である。

（柳澤良明）

個人情報保護

個人情報の適正な取扱いに関して、個

人の権利や利益を保護すること。2003（平成15）年に「個人情報の保護に関する法律」（個人情報保護法）を基本法として、「行政機関の保有する個人情報の保護に関する法律」（行政機関個人情報保護法）、「独立行政法人等の保有する個人情報の保護に関する法律」（独立行政法人等個人情報保護法）などを含めた、いわゆる個人情報保護関連5法が制定された。学校等での個人情報は、その設置者により適用される法律が異なる。私立の場合は個人情報保護法、国立および国立大学法人の場合は、行政機関個人情報保護法および独立行政法人等個人情報保護法、公立学校の場合は各地方公共団体の個人情報保護条例等となっている。学校等にはさまざまな種類の個人情報が数多く蓄積されている。これらの個人情報の取り扱いについて教職員の意識を高めるとともに適切な措置を講ずることが求められる。
　　　　　　　　　　　　　（柳澤良明）

個性

　個人にそなわるさまざまな性質のまとまりであり、他の個人とは異なるもの。教育方法において配慮すべき個人差という意味や、教育の結果生じる個人の特性という意味などで用いられている。「個性」（individuality）という語が17・18世紀に近代語として定着した当初は、「個人性」すなわち「社会を構成する基礎的な単位としての性質」をあらわす概念であったが、19世紀ドイツのヘルバルトによって教育方法上の観点から考慮すべき個人差という意味で用いられるようになった。アメリカのデューイは、主著『民主主義と教育』（1916）の中で、子どもの個人差を抑圧して学習方法を画一化することを知的従属状態の原因と批判し、民主的な社会においては学習の過程にあらわれる子どもの個性を尊重するべきであると主張している。わが国においては、19世紀末に翻訳語として「個性」という語が生まれ、大正自由教育において個性教育論が広く主張された。近年のわが国の教育政策においては、1985（昭和60）年の臨時教育審議会第一次答申において「個性重視の原則」が唱えられ、「画一性、硬直性、非国際性を打破して、個人の尊厳、個性の尊重、自由・自立、自己責任の原則」を重視すべきこととされた。この考えに基づき、1989（平成元）年に学習指導要領が全面改訂され、自己教育力の育成を重視した「新しい学力観」に沿った教育課程の弾力化が行われた。また、高等学校総合学科や中高一貫教育を行う中等教育学校の制度化なども実施された。⇒個人差、デューイ、ヘルバルト
　　　　　　　　　　　　　（上原秀一）

子育て支援

　子どもが育っていく基盤となる両親、家庭における養育する力に対して、家庭以外のさまざまな機能が支援することを指していう。現代は、家族の在り方が多様化し、母親の育児不安、離婚の増大など、子育てをめぐるさまざまな問題があり、それぞれの家庭のニーズに合わせた支援が求められている。行政、民間、ボランティアなど、さまざまな子育て支援活動があり、活発化している。その一つに、独立行政法人福祉医療機構の助成事業がある。助成の対象はいくつかあるが、1998（平成10）年度より子育て支援基金の助成金交付が始まった。子育て支援基金は、少子化が進み、それに伴ってさまざまなニーズが高まる中、「児童の健全な育成を支援するため、民間の創意工夫を活かした事業」を支援していこうとするものである。⇒少子化　　（瀧口　綾）

国家の教育権

　国家が公教育に関して有している権利。「国家の教育権」論の立場では、国家は公教育の教育内容を決定する権利を有するとされる。国家の教育権がどの範囲まで及ぶのかについては、旧教育基本法第10条の「不当な支配」の解釈を巡って、家永教科書裁判や学力テスト裁判を契機に、1970年代に教育権論として論争がみられた。第二次家永教科書裁判での杉本判決（東京地裁、1970［昭和45］年7月17日）が、子どもの教育を受ける権利を保障する義務と権利を親と教師に求める「国民の教育権」論に立脚した判決であったのに対して、第一次家永教科書裁判での高津判決（東京地裁、1974年7月16日）は、国民の教育を受ける権利を保障する責務は国家にあるとする「国家の教育権」論に立脚した判決であった。後に旭川学力テスト裁判で出された最高裁判決（1976年年5月21日）は、「国民の教育権」論と「国家の教育権」論のいずれをも、極端かつ一方的な見解として斥けた。この判決で、「必要かつ相当と認められる範囲において、教育内容についてもこれを決定する権能を有する」とされた、いわゆる大綱的基準説が取られたことで、「国民の教育権」論と「国家の教育権」論の対立には一応の決着がみられた。2006（平成18）年12月に改正された教育基本法では、「教育は、不当な支配に服することなく、この法律及び他の法律の定めるところにより行われるべきものであり、教育行政は、国と地方公共団体との適切な役割分担及び相互の協力の下、公正かつ適切に行われなければならない」（第16条第1項）とされ、旧教育基本法第10条の「不当な支配」という文言が受け継がれている。

　⇒教師の教育権　　　　　　（柳澤良明）

国旗・国歌

　国旗は国家を象徴する標識であり、対外的に国家を識別する機能をもつ。国歌は国家成立の経緯を反映し、国民の統一的感動を表現する歌曲である。いずれも国家と国民を統合する機能がある。日本では、従来、日の丸・君が代が法的根拠をもたず、行政命令によって国旗・国歌と扱われてきた。日の丸は1870（明治3）年の太政官布告で船章として採用され、1920年代以降に官庁や学校でその掲揚が推進された。君が代は1880年に現在の曲がつくられ、1893年に祝日大祭日の学校儀式の唱歌となり、1900年に学校での斉唱が義務づけられた。戦後、文部省は、1958（昭和33）年の小中学校学習指導要領（告示）から学校儀式に日の丸掲揚、君が代斉唱が望ましいとし、1989（平成元）年からは入学式・卒業式などで国旗掲揚と国歌斉唱を指導するものとした。日の丸・君が代を国旗・国歌とすることは戦前の天皇崇拝、植民地支配と侵略の記憶と結びついているとして根強い反対があったが、1999年に至り、国旗・国歌法が成立し、国旗は日章旗（日の丸）、国歌は君が代とされた。学校儀式での国歌斉唱義務づけに対して、憲法の定める思想・良心の自由を根拠に個人的拒否の自由が保障されるかどうかが問題となっている。

　　　　　　　　　　　　　　（新井秀明）

ごっこあそび

　ごっこあそびとは、身の回りにある生活を模倣し、そこに出てくる人物等になったつもりで想像力を駆使し楽しむ遊びである。例としては、親や大人を模倣したままごとやTV放映の視聴経験に基づいたヒーローごっこ、生活範囲の広がりとともに興味が生まれる電車ごっこやお店屋ごっこ等が挙げられる。ごっこの教育的

な意義として、模倣（まねび）から学びが始まるとする考えがある。アリストテレス（Aristoteles、B.C. 384～B.C. 322）は『詩学』の中で、「模倣（再現）することは、子供のころから人間にそなわった自然な傾向である」と述べ、さらに、人間はほかの動物と異なり、最も模倣することを好み、模倣することによって最初に物事を学ぶと定義づけている。ごっこは人間の本性に根ざしたものであり、模倣を通して体験的に学ぶことができると考えられる。ごっこあそびを指導する際には、幼児の自発性を尊重しながらも、ごっこの世界が広がるような示唆を機を、みて与えることがとくに重要となろう。またごっこあそびは、小学校低学年の生活科や社会科において生活再現を通して体感的に理解を促す学習方法としても活用されている。⇒模倣　　　　　　　　　　（山本直樹）

子ども会

子ども会は、地域を基盤とした活動であり、遊びやスポーツなどを通して子どもたちが健全に育成することを目的としている。町内会などの地域集団によって組織、運営されている。地域を基盤としているため、同じ地域に住むものとしての連帯意識が強まり、異年齢集団での活動が、学校の中だけでは得がたい経験の場を提供している。子ども会の運営方針は、地域によって異なるが、指導者が行事内容を決定したとしても、その運営を子どもたちの自主性や主体性に任せるといったような配慮がなされている場合が多い。また、会員は、小学生が中心であり、中学生や高校生がジュニアリーダーとなって子ども会を運営する場合もある。きょうだい数が減少している現在、こうした活動の場が、子どもの社会化を促す契機として機能しているともいえる。子ども会は、公立小学校の通学区域をさらに細かく区分してつくる場合も多い。そのため学校においては、地域との連携を深める意味でも子ども会への理解が必要であろう。（布村育子）

子ども観

大人が子どもに教育的な働きかけを行う際には、意識的であれ、無意識的であれ、何らかの規範的な子どもイメージが常に先行する。この規範的な子どもイメージは、実感、伝承、物語などの形で作用するが、こうした子どもイメージを言語化したものを子ども観という。そこには、各時代、社会が子どもを大人から差異化した〈まなざし〉をみて取ることができる。

歴史家のアリエスは、中世社会では、年齢段階としての「子ども」という観念は希薄であったと指摘している。そこでは、多産多死亡の人口動態の現実と家族を超えた農耕・牧畜型共同体の中で人々は生活し、子どもは、親が手をかけて育てるよりも、共同体や徒弟制度の網の目の中で育てられる。子どもは、ある意味では、匿名状態に置かれたのだという。しかし、産業の近代化に伴って、村落共同体が崩れはじめると、二つの新しい"まなざし"が子どもに差し向けられる。

一つは、子どもは中世キリスト教のいう原罪の子（原罪的子ども観）ではなく、"白紙の状態"（蠟／タブラ・ラサ）で生まれるから、文化環境や教育、訓練によって、その理性を限りなく伸ばすことが可能であるというロック以来の白紙説的な子ども観である。もう一つは、子どもは歪んだ社会制度（悪）にまだ汚染されていない無垢の自然（善）であり、その自然を内発的に自己成長させることが教育であるとする性善説的子ども観である。ルソーは、その著『エミール』（1762）において、子どもは原罪の子でも、単な

る白紙という受動的存在でもなく、その内に善なる可能性(自然)をもって生まれるとみる性善説的子ども観を主張した。こうした子ども観は、その後、ペスタロッチ、フレーベルへと引き継がれ、子どもを無垢な生命力の源泉として捉える19世紀のロマン主義的子ども観、さらには20世紀のファンタジー文学などにも引き継がれている。⇒アリエス　　(髙橋　勝)

子ども・子育て支援新制度

2012(平成24)年8月に成立した、「子ども・子育て支援法」、「認定こども園法の一部改正」、「子ども・子育て支援法及び認定子ども園法の一部改正法の施行に伴う関係法律の整備等に関する法律」の子ども・子育て関連3法に基づく制度のことである。この制度の大きな特徴は、これまで施設ごとに行われていた財政支援を「施設型給付」という形で認定こども園、幼稚園、保育所で共通の給付制度を創設した点である。また、小規模保育などへの給付として「地域型保育給付」の制度も創設された。これまで施設種別ごとに制度が違っていたが、内閣府に子ども・子育て本部を設置し一本化を図っている。しかし、幼稚園に関しては従来の給付制度のまま、新しい制度に加わっていない幼稚園もある。この制度により、認定こども園数を増やし、待機児童対策とする意図があったものの、認定こども園数は増加しているが待機児童数の減少には至っていない。　　　　　　　　(髙橋弥生)

子どもの意見表明権

1989(平成元)年に国際連合で採択された「児童の権利条約」(「子どもの権利条約」)第12条に規定されている子どもの権利。そこには次のように定められている。「1 締約国は、自己の意見を形成する能力のある児童がその児童に影響を及ぼすすべての事項について自由に自己の意見を表明する権利を確保する。この場合において、児童の意見は、その児童の年齢及び成熟度に従って相応に考慮されるものとする。2 このため、児童は、特に、自己に影響を及ぼすあらゆる司法上及び行政上の手続において、国内法の手続規則に合致する方法により直接に又は代理人若しくは適当な団体を通じて聴取される機会を与えられる」。子どもの意見表明権は、子どもの参加の権利の一つである。「児童の権利条約」以前の子どもの人権に関する諸宣言にはみられなかった権利であることから、同条約の中でもとりわけ注目される条項である。
⇒児童の権利条約　　　　　　　(柳澤良明)

子どもの居場所(づくり)

子どもの居場所とは、本来物理的な居場所を意味したが、1980年代後半頃からは、多義的に用いられるようになり、主に、居心地よく安定して生きられる場所といった意味が含まれるようになる。それは、すなわち、子どもと場所との関係(位置、役割、振る舞い、対人関係等)が安定している場、時間を指す。子どもの居場所の特徴として、子どもの成長・発達、自身の思いや周囲の願いにより、安定した関係に対する見方、在り方が変わり、それによって居場所の位置づけが変わっていくことが挙げられる。子どもの居場所づくりは、とくに、大人が子どもに必要と考える居場所をつくることを指す。居場所に対する見方によって、1980年代に注目された不登校児のためのフリースクールにおける「あるがままの自分」を受容する関係づくり、公民館や児童館におけるたまり場やプレーパーク、ロビーワークといった自主的活動・参画のための空間づくり、文部科学省に

よる放課後子どもプラン等の地域における活動拠点づくり等、多様な居場所づくりが展開されている。最近では居場所に居るだけでなく、そこを起点にした「社会つながり」への居場所づくりが注目されている。⇒不登校、フリースクール

(花城　毅)

子どものうつ病

親への反抗、仲間集団からの孤立、失恋、受験の失敗などは、思春期特有の体験であり、それがアイデンティティの確立に重要である。しかし、これらの体験や自然災害、事件・事故が、子どものうつ病を発症させることもある。うつ症状としては、①無関心、②イライラ、③悲しそうな顔、④面倒だ、わずらわしい、退屈だと文句をいう、⑤友だちとうまくやっていけない、⑥いつも疲れている、⑦好きだった活動をしなくなる、⑧以前より親や教師と言い争う、⑨やるべきことや宿題をやりたがらない、⑩死にたいという等がある。治療がなされないままだと、精神的発達が遅れ、家族関係・級友関係が損なわれ、学業成績も下がることになり、引きこもりや薬物乱用、自殺に至ることもある。早期の治療であれば回復が早いので、周囲のうつ病に対する理解は重要である。　　　　　　　(大谷尚子)

子どもの権利

子どもが有すべき固有の利益のこと。子どもの権利は、子どもの最善の利益を基調としているが、この考えは1924（大正13）年に国際連盟が採択した「ジュネーブ宣言」に位置づけられて以来、1959（昭和34）年に国際連合が採択した「児童権利宣言」、そして、1989（平成元）年の国連採択による「児童の権利条約（児童の権利に関する条約」に継承されてい

る。「児童権利宣言」では、子どもの最善の利益のもと、名前・国籍をもつ権利、社会保障・福祉の権利、教育・遊び・余暇の権利などが規定されていた。これらの権利は子どもを保護する存在という受動的な人権に立つが、「児童の権利条約」では、子どもの固有の人格主体、権利の主体として捉え、「意見を表明する権利」「思想、良心及び宗教の自由」など、大人と同様の能動的権利が確立した。この条約は子どもの権利を主体としたこと、法的拘束力をもつ点で従来の権利宣言などとは異なる画期的意義が認められる。⇒「児童権利宣言」「児童の権利条約」

(村越　晃)

子どもの自殺

前途に希望や興味を抱きつつ、一歩一歩発達を遂げていく存在である子どもが自ら生命を絶とうとする異常な事態は、大人の自殺とは相対的に独自の問題として掘り下げた考察が必要な事柄でもある。子どもの自殺に早くから注目した教育学者クルプスカヤは、1911（明治44）年に青少年の自殺の増加に触れ、「子どもがかくまでも恐ろしい精神状態、それほどまでの絶望に陥っているということ」について深い分析の必要を訴えている。日本では、大人の自殺者だけでも年間3万人を越えて4万人に近づく異常な事態が背後にある中で、子どもの自殺、とりわけ1980年代前半から21世紀には、いじめが直接の原因での自殺が深刻になっている。子どもの死生観、学校教育に起因する要因、子どもの心理に重苦しく作用している社会的病根をえぐりだすとともに、希望に支えられた安心・安全な学校づくりとそのための社会的諸条件の向上施策が一層緊急の課題となっている。⇒いじめ　　　　　　　　　　(水内　宏)

子どものストレス

子どもの場合、ストレッサー（ストレスを引き起こす要因）になり得るのは家庭環境と学校環境である。学校環境については、友人との関係、教師との関係、それに学業が大きなストレッサーとなり得る。とくに、ソーシャルスキルの低下が指摘される最近の子どもは、友人との関係が最大のストレッサーとなっていることが予想される。ところで、ストレッサーがそのままストレス反応としてあらわれるわけではなく、その間には、認知的評価（ストレッサーに対する受け止め方）、対処行動（ストレスに対する対処法）、ソーシャルサポート（周囲の支え）などが関係することが知られている。また、最近は予防的にストレスへの対処法を教えていくストレスマネジメント教育も盛んになりつつある。なお、ストレスがすべて悪であるというわけではなく、適切なストレスは子どもの成長・発達を促すことも忘れてはならない。　（会沢信彦）

子どもの成育空間

子どもがその中で育ち、親や教師をもその一要素とする、より包括的な自然的、社会的、文化的な重層構造を有する空間を指している。それは、教育社会学などで使用される社会化の概念とも異なる。社会化という概念は、主に家族、学校、職場などの特定の社会集団に子どもが参加することで進行する働きであるのに対して、子どもの成育空間とは、言語的、非原語的に構築される状況を指しており、子どもが成育するさまざまな場面で、子どもが他者、事物、自然とかかわり合う"関係の網目"によって構築される意味空間である。それは、物理的な空間を指すのではなく、他者や事物との関係網によって濃密に構築されたり、逆に関係の希薄化によって薄らいだり、消えたりする空間を意味している。こうした新しい概念を導入することにより、子どもの遊び空間、対人関係の空間、学習空間などの意味空間が解読でき、子どもの成育環境を重層的に理解することが可能になる。　（高橋　勝）

子どもの知的発達

人間の子どもは、猿などの高等ほ乳類に比べてきわめて未熟な状態で生まれてくる。しかし、その高い学習能力と長期にわたる発達の過程で、高度な知的能力を獲得するに至る。このような知的能力の発達過程はさまざまに研究されてきた。ピアジェ（Piaget, J. 1896～1980）は、認識の発生、すなわちほとんど白紙で生まれてくる子どもが、複雑な知識を獲得していく過程について研究した。乳児は、最初に、反射運動のシェマ（口にふれたものを反射的に吸うなど）と随意運動のシェマ（手をでたらめに動かすなど）を組み合わせて新しい行動のシェマ（手が口にふれると吸う）を獲得する。このようにして獲得されたさまざまなシェマがしだいに複雑になり、同時に心の中の活動となることによって知的な働きが形成されるとする。また、知的発達の過程は、感覚運動的知能、前操作的思考、具体的操作、形式的操作といった、質的に異なる段階に区別されるとした。

一方、ロシアの心理学者ヴィゴツキー（Vygotsky, L.S. 1896～1934）は、人間の知的な働きを外的行動が内的行動へと発展したものであると主張した。人間の知的な働きは言語という記号・道具によって実現される。この記号化は、人間の外的な行動から始まり、しだいに内面化していく。また、この記号は、文化・歴史的に形成されたものであり、人間の知的な働きの全体はこの記号を通して文

化・歴史的に制約されるとした。

近年の研究では、子どもが白紙ではなく、かなり高い能力をもって生まれてくるらしいことを見出している。スペルキ（Spelke, E. S. 1949～）らは、生後1年もたたない乳児が、重力や慣性の性質について、すでに何らかの知識をもっているらしいことを明らかにしている。また、ピアジェらの主張よりも早くから論理的推論をするらしいことなど、子どもの有能性を証明する研究も多い。⇒ヴィゴツキー、スペルキ、ピアジェ　　　（西方　毅）

▌子どもの人間学

子どもの人間学とは、大人との差異化によって分節化された子どもという存在のありようを、人間存在の理解の不可欠な条件として問う学問をいう。それが人間学といわれるのは、子どもの教育学、子どもの社会学、子どもの心理学ではなく、この世界を子どもとして生きていることの意味や子どものまなざしに立ちあらわれてくる意味世界を人間学の方法で解読することが、この学問の主題をなすからである。オランダの教育学者ランゲフェルド（Langeverd, M.J. 1905～1989）は、その著『続教育と人間の省察』（邦訳1976）の中で、子どもの人間学の課題として、以下の2点を挙げている。①子どもであることのうちに具体的にあらわれている人間の姿はいかなるものであるか。②この世界に人間として生きていることの意味、とりわけ子どもという独自な在り方で生きていることの意味は何か。この二つの問いからもわかるように、子どもの人間学は、人間存在の一つのあらわれとしての子どもを理解するという方向性と、子どもという現存在を通して、これまでの人間理解の全体をも問い直すという二つの方向性をもっている。しかし、いずれの方向であれ、子どもや子どもをめぐる事態を、子どもが志向し経験している生活世界に則して解読しようとする学問であるところに、子どもの人間学の独自性と課題がある。　　　　　（高橋　勝）

▌子どもの発見

18世紀頃に、子どもが単なる「小さな大人」としてではなく、子どもという固有な存在として、またかけがえのない存在として、大人から差異化されて理解されるようになるが、こうした子どもへの"まなざし"の転換が、「子どもの発見」と呼ばれる。その背景には、当時の乳幼児死亡率と出生率の低下、村落共同体の人間形成機能の衰退、家族、とりわけ母子関係の濃密化などの社会史的変動がある。それは、大人の側の"まなざし"の変化によって「子ども」が前景に浮上したわけであるから、「構築されたもの」ということができる。それは、新大陸の発見のように、それまでみたこともない大陸が、初めて西洋人の目に映るという意味での「発見」とは性格を異にしている。

子どもの発見＝構築に大きく寄与したのは、ルソーである。その著『エミール』（1762）の中で、ルソーは、子どもに何を教えるか、どのように教えるかという教授学的な問い方ではなく、教える前の子ども、大人になる前の子どもとはいかなる存在であるかを、具体例をまじえながら詳細に説明している。そこでは、子どもは自然で、自然は善であり、逆に大人は、社会制度に縛られた堕落状態で、悪であることが、鮮明なコントラストのもとに描かれている。ここに、子どもを外から操作せず、その内にある善なる自然＝素質を内発的に自己展開させ、発達させることが、教育の役割にほかならないという開発主義的な教育観が成立する。それは、子どもは原罪を背負って生まれ

るから、外部からの矯正に等しい教育が必要であるとする中世的教育観や新しい近代文明を背負うための理性や知的訓練の必要性を強調する啓蒙主義者たちの教育観のいずれとも異なる方向を示し、その後のペスタロッチやフレーベルの思想を経て、19世紀末に始まるヨーロッパの新教育運動にも大きな影響を与えた。

⇒ルソー　　　　　　　　　　（高橋　勝）

子どもの貧困

　貧困世帯に暮らす17歳以下の子どもの存在や生活状況を問題視する際に用いられることばである。

　貧困については、近年では、人間として最低限の生活を営むことができない状態を指す「絶対的貧困」の概念ではなく、各社会において人並みの生活を営むことができない状態を指す「相対的貧困」の概念が用いられることが多い。厚生労働省の国民生活基礎調査によれば、2015（平成27）年時点の子どもの（相対的）貧困率は13.9%であり、約7人に1人の子どもが貧困状態にあるといえる。

　貧困世帯に暮らす子どもは、経済的困窮から派生して、社会的孤立、虐待・ネグレクト、低学力・低学歴、健康へのダメージ、低い自己評価などのさまざまな困難に直面しうる。医療、福祉、教育などの領域にまたがる複合的な対策が必要とされているが、学校においても学力保障や福祉関係機関との連携など、子どもの貧困対策のプラットフォームとしての役割が期待されている。　　（伊藤秀樹）

子ども文化

　子ども文化は「児童文化」と同義に用いられることがあるが厳密には異なる。一般に児童文化の底流には「大人から子どもへ」という視点があり、教育作用が強調される傾向がある。したがって、子どもはあくまでも客体とされ、主体的で能動的な存在として子どもを捉える視点が欠落している（例えば、1935年代の児童読物の浄化運動など）。

　子ども文化は、児童文化の言い換えといえなくもないが、児童文化とは別個の概念としてほぼ定着しつつある。児童文化は領域概念ではなく運動概念であって子どものための文化（財）の向上を図ることと関連が深い。しかし、子ども文化は「子どもたちが主体的につくりだし、彼らの間に分有され、伝達されている生活のし方」であり、「子ども自身が創る文化」である（藤本浩之輔『子どものコスモロジー』人文書院、1996）。子ども文化は子どもたち自身が習得し、伝承していくものであるからその文化は社会のさまざまな文化とかかわりながら子どもの成長や発達に寄与している。

　しかし、子ども文化は大人のつくった文化、つまりテレビ、絵本、童話、各種の食品、菓子、玩具、ファッション、遊具、遊園地、校庭、公園などと切っても切れない関係にある。これら大人文化は子どもの生活世界にすき間なく網を張りめぐらして子どもを絡めとろうとしている。そこで〈子どもからみた大人へ〉という視点の転換が重要である。今、子ども文化の現実をみると次のような変容がある。①遊びの種類は外よりも内で遊ぶ傾向がある。②遊び空間は近くの原っぱや土手ではなく「家の中」である。③遊び時間は放課後や休日でもスケジュールが決められた中での細切れの時間の合間に集中する。④遊び方は同級生仲間や塾友、SNS上の友達など「横並び」の分化した時間で行われる。

　子ども文化は子どもの中に社会性や自律性、自治能力の獲得や知性、感性を伸ばす上で不可欠な文化である。大人の関与しない時空間で自由さを生き、想像力

を発揮できて創造活動が可能な磁場づくりが今求められている。子ども世代特有の文化をいかに構築できるかが問われている。⇒児童文化　　　　　　　（望月重信）

コナント報告
The Conant report

　元ハーバード大学学長のコナント（Conant, J. B. 1893〜1978）が、アメリカの教育改革に向けて公表した勧告書。カーネギー財団の支援を得て全米各地の学校を訪問調査した結果をまとめたもの。報告書は、1959年、1960年、1963年と三次にわたって公表された。第一次報告は、高等学校における能力別学級編成、有能な生徒への教育的配慮、教科編成、進路指導の充実など21項目の勧告に及ぶ。第二次報告は、中学校における基礎学力の重要性の強調、優れた能力をもつ生徒の早期発見など14項目の勧告を含む。第三次報告では、上記報告書で示した教育改善の方法を実施する上で必要な教員養成制度の在り方についての勧告を行っている。報告書でコナントは、総合制のハイスクールを維持し、かつ、大規模化すべきとした。その理由は、教育の機会均等の原則を守りつつも、中等教育の選別機能を強化してエリート教育の充実と大衆教育における進路指導の徹底を図ることにあった。当時ソ連の人工衛星打ち上げ成功に衝撃を受けたアメリカは、エリート育成を重視した人材開発政策を強化し、教育における能力主義的傾向を強めた時期にあった。同報告書も、こうした傾向をもつ。　　　　（日暮トモ子）

個別指導計画

　乳幼児・児童・生徒の個性や教育ニーズに応じて各個人別に作成する教育プログラム。とくに発達の個人差の大きい乳幼児や、障害のある児童生徒向けに作成

すると効果的である。比較的短期の時間や週単位の計画もあれば、長期の、年度を単位として複数年にわたる計画もある。例えば特別支援教育では、重複障害児への指導や自立活動における指導に関し、個別の指導計画を作成し実施することが求められている。アメリカの「個別教育計画（IEP）」の考え方もわが国に影響を与えている。個別指導計画の要点は、個人の発達状況・障害の程度の把握、児童生徒本人および保護者の教育ニーズの把握、教師（学校）のニーズを加えた指導目標・指導方法の決定、保護者との協力体制の強化、必要に応じた医療・福祉との連携、指導結果の評価、指導記録に基づく継続発展的指導にある。

　⇒個性、個人差　　　　　　　（大沢　裕）

コミュニティ・カレッジ
Community College

　第二次世界大戦後、急速に普及したアメリカの公立2年制大学。修業年数や準学士号（Associate of Arts）授与機関の観点から、よく短期大学（短大）と和訳されるが、社会的背景などを考えると、コミュニティ・カレッジと短大は、相同のものとは言い難い。俗に「コミカレ」とも呼ばれる。日本の短期大学がほとんど私立であるのに対して、アメリカのコミカレは大部分が公立であり、コミュニティ（地域社会）住民への高等教育および生涯教育の場として設けられた。どのコミカレにおいても、志願者は全員合格のオープン・アドミッションが前提となる。コミカレには、高校卒業直後の一般の学生ばかりではなく、リカレント教育を希望する低所得者、シングルマザー、高齢者、主婦などが集う。つまりコミカレでは、階層や年齢を超越したオープンな教育環境が保証され、多様な人たちに社会的なチャンスを与えることが目的とされる。コミカレには、職業訓練や学位取得重視のコース編成に加え、種々の資格取得コースや4年

制大学への編入学を目的としたコースもある。アメリカには公立だけで 1,000 を超えるコミカレがあり、登録者数でいえば 1,100 万人以上の学生が在籍している。学習形態としては、パートタイム（定時制）の学生が 6〜7 割を占め、多くの学生は仕事をしながら学んでいる。　　　　　　　（腰越　滋）

コミュニティ・スクール
community school

　地方教育行政の組織及び運営に関する法律の改正によって、2004（平成 16）年 9 月、地域住民や保護者等が一定の権限をもって学校運営に参画するための合議制機関として学校運営協議会を置くことが可能となった。ここに規定された学校運営協議会を設置して、地域住民の意向を直接反映した学校運営を行う学校が、「コミュニティ・スクール」と呼ばれている。

　学校運営協議会を置く学校の校長は、教育課程の編成その他の基本的な方針について学校運営協議会の承認を得なければならない。また、学校運営協議会は、当該学校の運営に関する事項について、教育委員会または校長に対して意見を述べることができる。さらに、学校の職員の採用その他の任用に関する事項について、任命権者に意見を述べることができ、任命権者はその意見を尊重することになっている。地域住民や保護者の意向をより反映し、共同による学校づくりを進めていくことの必要性がさまざまに論じられてきたが、この制度は、そのような議論を具現化したものである。その運営にあたっては、校長・教職員と住民・保護者が相互の役割関係を見直すことが必要である。「コミュニティ・スクール」ということばは、戦後間もなくの時期に、地域社会が有する人的・物的資源等を学校の教育活動に活用したり、教育の場を地域に求めたりするかたちで地域社会と密接な関係をもつ学校を指す概念として用いられていた。しかし、上記のような今日的な概念は、学校の運営に対する地域住民・保護者の参加システムという点を強調する意味で、従来の概念とは異なると理解できる。⇒学校運営協議会
　　　　　　　　　　　　　　　（浜田博文）

コメニウス
Comenius, J.A. 1592〜1670

　現在のチェコ共和国東部にあたるモラヴィアに生まれる。ドイツのハイデルベルク大学、ヘルンボルン大学で学び、帰国後ボヘミア同胞教団の牧師兼付属学校教師となる。30 年戦争（1618〜48）勃発とともに亡命生活に入る。亡命生活の中で、世界平和と祖国の独立を教育によって実現しようとし、教育に関する文筆活動を通じて教育改革の構想を発表、ヨーロッパ各地で影響を与えた。その著作は晩年に『大教授学』（1657）、『世界図絵』（1658）などにまとめられた。航海術と印刷術の発展に代表されるような人間のコミュニケーションの大きな変化とともに新たな時代が到来していることを洞察し、新しい知識の体系化を試み、すべての人々に、すべての事柄を教える「汎知体系」として整理した。彼の教育思想はこの汎知体系を基礎として展開されており、変化の激しい時代における知と人間の在り方の意味、知と教育の関係についての深い洞察は教育思想史の大きな転換点として今日に至るまで研究され続けている。　　　　　　　　　（荒井聡史）

コモン・スクール
common school

　アメリカにおいて 19 世紀にすべての子どものために開かれ拡充された「共通」の公立初等学校を指す。common という概念は、公営、無償、非宗派、義務を原則とするアメリカ公教育制度の成立・発

展を支えた理念であった。コモン・スクールは、産業化・都市化に伴って顕著になった階級間の緊張、移民の増大によってますます多様化・分断化した宗教的・文化的な緊張を解決するために、すべての子どもに共通の教育内容を提供することを使命とする学校として構想され、法制化された。社会的・経済的緊張を公教育によって解消できるというマンやバーナードなどによって提唱された共和主義的リベラリズムが、コモン・スクール発展の思想的基盤であった。コモン・スクール設立運動は、当初はニューイングランド諸州で開始され、しだいに、アメリカ全土に拡大していった。1860年には33州において設置され、19世紀末の1890年にはほぼアメリカ全州において法制化された。　　　　　　　　　　　　（川瀬邦臣）

■ 五領域

　幼稚園、保育所ならびに認定こども園の保育内容の区分を総称したもの。健康、人間関係、環境、言葉、表現の五つの区分からなる。幼稚園教育要領、保育所保育指針、幼保連携型認定こども園教育・保育要領のそれぞれの中で規定されている。施設の種別によって教育の質が異なってはならない、という観点から、幼稚園、保育所、認定こども園とも、3歳児以上の保育内容については、基本的に同等・同質となっている。また満1歳以上満3歳未満の子どもの保育・教育の内容も、基本的に保育所と同一である。小学校以上の教科が、文化財や学問的分野から系統づけられた教育内容の区分であるのに対して、五領域は、就学前の子どもたちの遊びを支援するときの保育者・教師の視点を示す。五領域のそれぞれの「ねらい」と「内容」は、子どもが主体となるような記述になっている。また就学前施設には、小学校の教科の時間割のような時間区分・配分があるわけではない。このため、保育者の考えにより、子どもたちの経験する内容は、大きく左右される。

　五領域は、子どもたちの経験に偏りが生じないように示された、保育者の視点である。五領域に従い、保育者は、子どもたちの遊びを多角的な視点から捉え、支援する眼差しをもつ必要がある。健康は、文字通り心身の健康、生活習慣とかかわっている。人間関係は、社会性、道徳性、協同性、自立に関わる領域である。環境は、動植物などの生物、天候などの自然現象、物理的な法則、また、標識や文字などの認識と関係している。言葉は、音声言語、文字、児童文学などを含んだ保育の内容となっている。表現は、音楽的なものと、造型的な表現、絵画表現、舞踏などを含んでいる。また音楽と造形が一体となった総合的な経験にも配慮したものである。なお、認定こども園および保育所は0歳児も受け入れる施設であるが、0歳児の場合には、五領域の視点ではなく、三つの視点から保育内容が設定されている。　　　　　　　　　（大沢　裕）

■ コールバーグ
■ Kohlberg, L. 1927 ～ 1987

　道徳性の発達段階論を提唱したコールバーグは、1968年からハーバード大学道徳教育研究センターの所長として、道徳性の発達に関する研究に寄与してきた。1958年にシカゴ大学に提出された学位論文は、心理学をベースにした道徳研究の先駆けともいえる。コールバーグは、ピアジェが研究した児童の認識発達をさらに探求し、独自の三水準六段階の発達段階論を示した。三水準六段階とは、前慣習的レベル、慣習的レベル、脱慣習的レベルという三つの水準と、それぞれ①他律的段階、②個人主義的段階、③対人的段階、④社会的段階、⑤社会契約の段階、⑥普遍的な倫理の段階という六つの水準

からなる。コールバーグは、哲学と心理学をベースに研究を行い、道徳論として普遍的な道徳判断を最高位に位置づける。近年、ギリガンらによるケアリングの立場から、コールバーグの理論が正義の概念を志向しており、認識中心の理論であることに批判がある。⇒**道徳性**、**ピアジェ**、**モラルジレンマ**　　　　　　（藤井佳世）

ゴール・フリー評価（目標にとらわれない評価）
goal-free evaluation

　当初設定された目標にこだわらず、達成された結果と各種のニーズとを照合する評価法。「目標に基づく評価」とは逆に、目標から距離を置いた評価を重視する。1970 年代初頭、評価学者スクリヴァン（Scriven, M. 1928 ～ ）が米国で「目標に基づく評価」を批判して提唱した。日本には文部省・OECD-CERI 共催の国際セミナー（1974 年）やその報告書（1975 年）で紹介されたが、当時の訳語「目標にとらわれない評価」は、「無目標」や「オープン・エンド」と混同されかねない。教育に応用した場合、当初の目標よりも、結果的に達成し（てしまっ）た事実に注目する。例えば生徒の服装検査を厳格化した結果、服装の乱れの解消という目標を達成しても、生徒の自主性の喪失や、転出入時の経済的な負担増に至る可能性がある。ゴール・フリー評価は、この種の「意図せざる結果」や副次効果（副作用）を発見する契機となる。　（根津朋実）

コレージュ
collège

　時代によりその制度上の位置は異なるが、フランスの中等教育機関を指す名称。中世に学生の学寮として設けられたが、その後大学の学芸学部につながる独立の学校として発展した。16 世紀以降にはイエズス会やオラトリオ会などの修道会の学校としても設立され、めざましく発展した。絶対王政下のコレージュは、少数の貴族・ブルジョアジーの子弟に古典語を、とくにラテン語を教授する特権的な学校として隆盛をきわめた。フランス革命期に廃止されたが、ナポレオン学制以降コレージュ（公立）は、リセ（官立）、アンスティテュシオン（私立）とともに学部（＝大学）への準備教育を目的とするエリート養成の中等学校として復活し、確かな地歩を占め続けた。第二次世界大戦後のベルトワン改革（1959）により諸種の中等教育機関として、すなわち普通教育コレージュ（5 年）、中等教育コレージュ（4 ないし 5 年制の総合制中等学校）、技術教育コレージュ（2 年制の後期中等教育機関）として再編成された。現在は、4 年制（11 ～ 14 歳、適応期 1 年、中間期 2 年、進路指導期 1 年）のコレージュ（公立・私立）で前期中等教育が行われている。　　　　　　　（川瀬邦臣）

コンドルセ
Condorcet, M.J.A.N.,C. 1743 ～ 1794

　フランスの思想家、政治家。数学者。

　フランス革命時、ジロンド派の立法議会議員となり、公教育委員会のメンバーとして、「公教育設置法案」を提出した。同案は革命の動乱の中で成立することはなかったが、後世に大きな影響を与えた。その前に書いた『公教育に関する五つの覚書』は法案の基礎になっていて、そこには、公教育が国民に対する社会の義務であること、同時に、訓育を知育から分けて、それを公教育の外に置き、公権力が個人の道徳的価値に立ち入らないことなどが論及されている。また、政変によって獄中の身となったが、そこで書いた『人間精神進歩史素描』では、信仰の時代から理性の時代への道筋を大きく整理して、教育による人間の進歩の可能性を説いた。

　⇒**公教育**　　　　　　　（原　聡介）

コンピテンス
Conpetence

　能力を示すことばで、有能さ、有能感、効力感のことをいう。アビリティのように客観的に測定された能力でも発揮された能力でもなく、潜在的な可能性を意味することが多い。認知心理学においては「潜在的な能力」を意味し、発達心理学では「有能さを追求する潜在的な能力や動機づけ、有能さ、有能感」を意味している。自我心理学のホワイトが提示した概念で、達成された能力だけではなく「人間が環境と効果的に相互交渉する能力」であるとされた。そしてこの能力は「何かができる」という能力だけではなく、発見、変化を楽しむ探索行動へと動機づけられる側面と環境との相互交渉において自分の有能さを追求しようとする側面をも含むものとした。その後ハーターはコンピテンスを、「内発的-外発的方向づけ」「知覚された有能感」「統制感」の三つに分類しているが、有能感を「客観的な判断としての環境への働きかけのうまさ（有能さ）」ではなく、「自己認知された環境への働きかけのうまさ（有能さ）」、つまり自分に関する有能さの自己評価として定義した。　（原　裕視）

コンフリクト
conflict

　両立できないような二つの心理的要求が同時にあり、それらがともに同じ強さであった場合に生じる心理的葛藤をコンフリクトと呼ぶ。例えば、「希望通りの学校に合格したい」「勉強はしたくない」という要求は両立しない。この場合、いずれかの要求のほうが強ければ他方の要求は無視されることになるが、どちらも同じ程度に強ければどちらの要求に従うべきかわからなくなる。そのため、人はできるだけコンフリクトになりやすい状況を避ける。コンフリクトには、「した

いこと」同士が対立する「接近一接近コンフリクト」（ご飯も食べたいがパンも食べたい）、「したくないこと」同士が対立する「回避一回避コンフリクト」（受験勉強をしたくないが就職もいやだ）、「したいこと」と「したくないこと」が対立する「接近一回避コンフリクト」（合格したいが勉強したくない）がある。
　（今野裕之）

コンプリヘンシヴ・スクール
comprehensive school

　イギリスの総合制中等学校。第二次世界大戦後のイギリス（イングランドとウェールズ）の中等教育は、グラマー、モダン、テクニカルという3類型が並存する複線型学校制度のもとで行われていた。労働党は、この制度は階級を固定的に温存・再生産すると批判し（教育的、心理的、社会的に非合理的な11歳試験の廃止を訴えるとともに）、これに代わって中等教育の総合制化の実現を目指した。とくに1964年の労働党（ウィルソン）内閣の成立以降、教育における「平等」の実現のために中等教育の総合制化の諸施策が推進された。1976年1月には全生徒数に占めるコンプリヘンシヴ・スクール生徒の比率は76％（298万人）に達した。1976年11月には「コンプリヘンシヴ・スクール設置促進法」＝「1976年教育法」が成立し、中等教育の総合制化はますます推進された。1979年、政権が保守党（サッチャー）に交代されるや教育における「自由」を重視する観点（新自由主義）から中等教育の総合制化に制動がかけられた（1979年教育法）が、総合制化の動向は止まらなかった。1980年代以降今日まで中等学校生徒の約9割が総合制中等学校に在学している。
　（川瀬邦臣）

コンプレックス
complex

　ユング（Jung, J.G. 1875～1961）が用いはじめた精神分析的概念。自我の脅威となるために抑圧されて無意識にしまい込まれた記憶や願望が一つのまとまりをなしていると解釈されたとき、コンプレックスと呼ばれる。代表的なコンプレックスとして、フロイトのいうエディプス・コンプレックスがある。これは男児の母に対する性的関心と愛情、父に対する敵意と去勢される恐怖といったものが複合した無意識的観念の集合体である。このコンプレックスにより、母親の愛を獲得するため強く優れた男性になろうという強い動機づけが生じると考えることもできる。コンプレックスということばは、劣等感の意味で用いられることがあるが、劣等感コンプレックス（人より劣っているという意識がコンプレックス化したもの）の後半だけが用いられていると考えられる。⇒ユング、精神分析　　（今野裕之）

◆ さ ◆

在外教育施設

　海外在留の日本人の子どものために、日本における学校教育に準じた教育を施すことを目的に設置された海外の教育施設。2015（平成27）年現在、義務教育の対象となる海外在留邦人の子どもは約7万8,000人であるが、帰国を前提とした在留の場合、現地の正規学校に通学させるよりも日本の学校に近い環境で学習する方が望ましい場合もあろう。この在外教育施設について、文部科学省は全日制の教育を行う日本人学校（2015年現在、89校）、現地校やインターナショナル・スクールに通いながら土曜や放課後に教育を施す補習授業校（同年現在、205校程度）、私立在外教育施設（同年現在、8校）に分けて把握している。このような在外教育施設に対して、日本の小中高等学校の課程と同等の課程を有していることを認定する制度がある。この認定を受けた在外教育施設の中学校相当の課程の修了者、高等学校相当の課程の修了者は、それぞれ高校や大学入学の資格を得ることが可能となる。⇒インターナショナル・スクール　　　　　　　　　　　（大谷　奨）

在学青少年の社会教育

　小学校から大学までの学校に通う児童・生徒・学生・勤労青年といった青少年を対象とする学校外の教育活動。青少年期の学習機会と場を学校教育のみに限定するのではなく、学校では得がたい体験活動や社会参加の機会を提供している。在学青少年の社会教育は、「学校外教育」「青少年教育」という分野に発展し、青少年の発達において地域はどのような役割を果たすべきか、その学習支援の在り方が研究・実践されている。在学青少年の社会教育の形態として、青少年のための社会教育学級・講座、青少年を対象とする文化、芸術、科学、産業、体育、スポーツ・レクリエーション等に関する集会、子ども会やボーイスカウト・ガールスカウト、青年団、YMCA・YWCAといった青少年団体活動、社会通信教育などがある。また、青少年教育施設として国立オリンピック記念青少年総合センター、国立青少年交流の家、国立青少年自然の家、地方公共団体が設置する公立青年の家および公立少年自然の家などがあり、団体活動、宿泊訓練、野外活動、自然体験といった体験活動の機会を提供している。今後学校教育と社会教育がどのように連携・協働して青少年の学習支援にあたるのかが課題である。　　　（倉持伸江）

再任用職員

　公務員の任命権者が、定年退職者等を、従前の勤務実績等に基づく選考により、1年以内の任期を定めて常時勤務または短時間勤務で採用する職員。本格的な高齢社会に対応し、高齢者の知識・経験を活用するとともに、公的年金（定額部分）の支給開始年齢引き上げに合わせて定年退職後の生活を雇用と年金との連携により支えるための「新たな再任用制度」として2001（平成13）年度に導入された。公立小中学校教員については、地方公務員法第28条の4および同第28条の5に基づき、任命権者である都道府県教育委員会が再任用し、都道府県内の市町村に勤務させる。給与、勤務時間等の具体的な内容は条例で定められる。　（上原秀一）

サイバネティックス
cybernetics

　アメリカの数学者ウィーナー（Wiener, N. 1894〜1964）の提唱した研究領域。1948年にウィーナーの『サイバネティックス——動物と機械における制御と通信』が出版され、知られるようになった。サイバネティックスということばは、ギリシャ語で、風や海の潮流にもかかわらず船を目的地へ導く舵手の技術のことをいう。舵手は、目標と動作とのズレに関する情報により、動作を制御する。このような現象は、生物界に広くみられるものである。サイバネティックスは、人間を含めた生物一般から機械に至るまでの自動制御系をもつ組織体の通信と制御のシステムについて、その一般法則を研究するものであり、飛行機の自動着陸システムや人工臓器やロボットの研究に大きな影響を与えてきた。教授—学習過程は、ある学習目標を達成させるために、何らかの情報をフィードバックするシステムとして捉えることが可能であり、により

サイバネティックス的教育学が提唱されている。　（大川　洋）

作業学習

　知的障害児の中学校・高等学校段階（中・高等部）の教育における一つの学習形態。知的障害児の発達特性から、知的障害児の学習は、国語・数学のような教科によるものではなく、各教科・道徳などの領域や社会・理科などの教科を合わせた、具体的で総合的な学習に基づいて指導することがより合理的と考えられる。それゆえに、作業学習は領域・教科を合わせた指導の一つの形態であり、作業学習の過程にはいくつかの教科などが含まれることになる。作業種目の選定は、教育的価値の高いもの、地域性に立つもの、生徒の実態や障害の程度に合うもの、共同で取り組めるもの、成就感が味わえるもの、安全で健康的なもの、製品の利用価値の高いもの、などを参考として決める必要がある。具体的には、農耕・園芸・木工・織物・窯業・印刷など多種多様である。作業班の編成は、学年縦割り方式、学年横割り方式、学級別、男女別、能力別などがある。　（上原秀一）

作業学校

　原語はドイツ語のArbeitsschuleで、「労作学校」と訳すこともある。ルソーが、その著書『エミール』（1762）の中で、農夫のように働き、哲学者のように考える人間を理想として記述したことから、その影響を受けて、ペスタロッチは、頭（思考力）、手（労働）、胸（道徳性）が統一的に働く状態を人間形成の理想として掲げた。それは、単なることばだけの教育を否定すると同時に、単純労働の繰り返しをも退ける考え方で、ものづくりの活動を通して、知、徳、行を統一的に

発達せしめることを目的としている。20世紀初頭の教育学者ケルシェンシュタイナーは、子どもの実践活動やものづくりの活動を中心にした初等教育の改革を行い、作業学校運動の旗手と目された。
⇒ケルシェンシュタイナー　　（高橋　勝）

佐久間象山
さくま・しょうざん、1811～1864

幕末期の思想家、兵学者。信州松代藩の下級武士の家に生まれた。1833（天保4）年、江戸に遊学し林家（幕府儒官）佐藤一斎のもとで研鑽を積んだ。1839年、江戸において象山書院を開塾。藩主真田幸貫の老中海防掛就任に伴い、蘭学・兵学を学ぶことになったが、その過程で中国がイギリスに完敗したアヘン戦争の経緯を知るところとなり大きな衝撃を受け、西洋の学問・思想の研究に向かうことになった。日本が同じ道をたどることなく、独立を保つためには、内面の倫理性をきわめる「東洋道徳」と天地を貫く万物の理を解明する「西洋芸術」との統一によってこそ達成されるものと主張し、西洋認識の転換を求めた。門人に勝海舟、吉田松陰、坂本龍馬、加藤弘之などがいた。1864（元治元）年、京都で尊攘派により暗殺された。主著は『省諐録［せいけんろく］』。
（大戸安弘）

サポート校

不登校や学業不振、軽度発達障害などさまざまな理由で全日制・定時制の高校に通学できない生徒を受け入れて全日制スタイルの学習の場を提供する民間の教育機関。その多くが通信制高校と連携し、当該高校に在籍する生徒が高校を3年間で確実に卒業できるように学習面や生活面でのサポートをしている。通信制高校は自学自習が基本のため3年間で卒業するのは難しいが、連携するサポート校に毎日通うことで、きめ細かい支援を受けながら確実に卒業資格を取得できる、というのがサポート校の特色。多くは塾産業から立ち上がっているが、大手以外に個人経営塾もあり首都圏を中心に十数年前から急激にその数を増やしている。このほか、小・中学校の復習ができる基礎講座や高等学校卒業程度認定試験（旧大検）取得コースを置く学校も多い。
（藤井佐知子）

澤柳政太郎
さわやなぎ・まさたろう、1865～1927

長野県出身。東京帝国大学文科大学を卒業後、文部官僚となったが辞職。各地の中学校、高等学校、高等師範学校で校長を歴任した後、再度文部省に入省。普通学務局長や文部次官として、義務教育年限の延長や高等教育の整備、拡充などに取り組んだ。1911（明治44）年東北帝国大学の初代総長となり、初めて女子学生の入学を認めた。1913（大正2）年に総長となった京都帝国大学では、研究業績不足を理由に谷本富ら7名の教授に辞表の提出を求め、教授会の同意を欠いた行為であると非難を受けて辞職することとなる。1909年刊行の『実際的教育学』において、教育実践と没交渉のこれまでの教育学を批判し、「教育の事実」に基づく科学的な教育学建設の必要性を訴えた。実験学校として1917年に創設した成城小学校は、大正新教育運動をリードする代表的な私立小学校であった。同校では、低学年において修身科を廃止したほか、規定のない理科を設けるなど従来の教科課程にはない独自の取り組みが行われた。⇒大正新教育運動　　（遠座知恵）

参加型授業

わが国の授業は、伝統的に、教師が学習者へ教育内容を教授する形態で展開し

た。それに疑問を抱き、学習者を授業の主体の位置に置こうとする試みが、歴史の中で何度かあらわれている。教育思想のレベルでは、大正時代にみられた八大教育主張と第二次世界大戦後の問題解決学習論を挙げることができる。授業形態として実践されたのは、自発協同学習、集団学習、バズ学習、自主協同学習などである。それらはいずれも学習者が授業を主体的に運営するもので、学習課題の設定、授業の司会進行、質問、解答など協議を子ども中心に展開する。この授業理念をアメリカの実践をモデルとし、大学教育で実現しようとするのが学生参加型授業である。いま子どもたちは受容型から参加発信型に変容し、大学に入学してくる学生も参加発信型が増大する中で伝統的な講義を中心とする教育方法が疑問視され、FD 研修の一部として学生参加型の授業形態の開発研究が進められている。　　　　　　　　　　　　（髙旗正人）

産学連携

　産学連携とは、産業界と学校との間での研究や教育における協力、提携をいう。産学連携には、①大学の研究者と企業との人的交流や共同研究および大学への委託研究、②大学の施設設備の設置運営や学術奨励等への企業による財政援助、③大学生の現場実習や企業から大学への国内留学制度等があるが、さらに、④企業内教育と高等学校との連携、⑤高校生のインターンシップや就業体験も含まれる。これらのうち④は、1961（昭和36）年、学校教育法に追加された第 45 条の 2、いわゆる「連携法」がかかわる。これは、高等学校の定時制と通信制に在籍する生徒が、都道府県教育委員会の認めた企業内教育施設等で教育を受けている場合には、それを高等学校の教科の一部の履修とみなすことができるとする制度である。また

⑤は、近年急速に普及し、単位認定をする場合としない場合がある。子ども・青年が、労働現場を体験することは、教育的な意義をもつ可能性に富む。反面、産学連携は公教育を担う学校の意図と民間の営利企業の利害とを調整する必要があり、多くの問題を伴う。⇒インターンシップ
　　　　　　　　　　　　　　　　（田中喜美）

産業教育

　「産業教育」という語の使われ方は多様で、具体的には職業教育、技術教育、あるいは社会科や技術・家庭科といった教科や総合的な学習での産業についての教育等を含む。おおむね、産業の発展に貢献できる人間を育てる教育、産業への職業的自立を促すための教育という意味合いで、直接的な職業指導より広義で多面的に、対象も学校教育に限らず、企業内での教育や生涯学習も含んで使われる。これは、「産業」が直接的な職業を示すものではなく、産業構造は時代とともに変化すること、また、産業の在り方は、こと今日では地域社会の在り方、環境問題やグローバリゼーションといった人類的な地球規模での課題とかかわりが深いためである。制度上では、1951（昭和26）年産業教育振興法で、「中学校、高等学校、大学または高等専門学校が、生徒または学生に対して、農業、工業、商業、水産業その他の産業に従事するために必要な知識、技能及び態度を習得させる目的を持って行う教育」（第 2 条）と定義する。文部省は、1883（明治16）年農学校通則以来の実業教育を産業教育の始まりとし、戦後は高校の職業課程に加えて、小・中・高校の技術・家庭科での職業に関する教育、大学での産業にかかわる教育を含むとする。これは、戦前の実業教育が実務中心の教育で、中学校・高等学校、高等女学校のいわゆる普通教育の系統と

二分されていたのに対して、戦後は学校体系を一本化し、普通教育の一環として職業にかかわる教育を行うようになった経緯を背景としている。⇒職業教育

(飯塚希世)

3歳児神話

乳幼児期の子どもにはもっぱら母親の愛情が不可欠であり、3歳までは常時家庭において母親の手で育てないと子どものその後の発達に悪影響を及ぼすとする考え方は、合理的な根拠のない神話に過ぎないと評価する説。3歳児神話は、ボウルビー（Bowlby, J. 1907～1990）の「母性喪失」という考え方を背景に社会に定着した。この神話は、乳幼児期の生活の仕方がその後の発達に重大な影響を及ぼすということ、この時期に母親が母性を発揮して育児に専念しないと子どもの発達に望ましくない結果をもたらすに違いない、という社会通念によって成り立っている。1998（平成10）年度の厚生白書では、母親の育児不安を解消するためにも、父親を含むできる限り多くの人が子育てにかかわることが望ましいとして、3歳児神話は根拠のないものと断定された。ただし実地調査によると、むしろ3歳児神話が正しいとするデータが出てくることもあり、安易に神話だと決めつけることはできない。⇒ボウルビー　（大沢　裕）

三者面談

中学校や高等学校において進路指導の際に生徒・親・教師の三者で面談することをいう。進路を決める際に生徒自身の希望が最も重んじられなければならないが、それが父母との共通理解となっていない場合も多い。また父母や生徒の希望する進路がその生徒の学力等からみて教師としては「難しい」と判断せざるを得ない

ときがある。いずれの場合も三者面談で互いの意見を交換しながら、納得する方向を探求することが重要である。三者面談は生徒にとって教師という第三者が間に入ることで家庭ではいえない自分の気持ちを親に伝える場としても意味がある。また親にとっても子どもに直接いいにくい家庭の経済的な事情と親の気持ちを冷静に伝えることができる場になることもある。どちらにとっても三者面談は進路を真剣に考える一つの機会となる。大事なことは生徒も親も三者面談をしてよかった、何かあればまた「先生からアドバイスを受けたい」という感想がもたれるような面談にすることである。　（藏原三雪）

算数障害
mathematics disorder

医学的概念に基づく学習障害（LD learning disorder）の下位カテゴリーの一つ。算数障害以外には、読字障害、書字表出障害がある。アメリカ精神医学会のDSM－Ⅳによれば、その基本的特徴は、「算数能力が、その人の生活年齢、測定された知能、年齢相応の教育の程度に応じて期待される水準よりも十分に低いこと」、「算数の障害は、算数能力を必要とする学業成績や日常の活動を著明に妨害している」としている。また、算数障害では、「言語的技能」（算数用語、操作、概念の理解・命名、文章問題を数学的記号に解読する）、「認知的技能」（数学記号・計算記号を認識する、読む、物をグループ分けする）、「注意技能」（数字や図形を正しく写す、繰り上がった数字を忘れずに加算する、操作的記号に従う）、「算数的技能」（物を数える、掛け算を覚える）などの技能が障害されているといわれている。算数障害は読字障害、書字表出障害に合併して多くみられる。

⇒LD（学習障害）　　　（林　邦雄）

算数・数学科教育

　量と空間に関する科学としての数学は、自然や社会について知るための道具でもあることから、言語と並んで初等・中等教育において基礎的な教科と位置づけられる。数学教育の領域は伝統的には「算術」「代数」「幾何」に分けられる。初等教育では一般に文字を用いる以前の数学である「算術」が教えられる。わが国では明治から昭和初期まで「算術」を小学校の教科名としてきた。しかし、単なる計算術を教えるのではなく「数理思想」を育てることが重要であるとして、1941（昭和16）年の国民学校発足時に「算数」と改称され、現在に至る。

　諸外国では一般に初等教育においても「数学」の名称を用いる。初等教育と中等教育で教科名を異にするのは日本の数学教育の特徴であるが、これには上記のような歴史的背景がある。旧制中学では大正期の数学教育改造運動を経て、1931（昭和6）年の教授要目改正で、それまでの算術、代数、幾何、三角法の区分を廃止して、融合して教えることになった。この頃から関数やグラフが取り入れられ、戦時中には中等教育に微積分が導入された。戦後に発足した新制高校でも現在に至るまで「解析」が重要な領域とされているのは日本の数学教育の特徴である。計算力が「学力」とされ、数学は「公式を覚えて問題を解く」教科であるとの誤解が根深いが、これは従来の数学教育の在り方の反映でもある。一方「数学的な見方・考え方」すなわち「態度」の育成を数学教育の目標とする立場もあるが、数学教育の内容自体を学ぶ側の立場から、再編成していくことが必要であろう。⇒教授要目　　　　　（大田邦郎）

山村留学

　義務教育段階の小・中学生が、居住地を離れ、農山村で生活し、あるいは、現地の学校に通うこと。その期間は、長期休業などを利用した短期のものと、1年以上にわたる長期のものとがある。都市部の子どもに自然体験をさせる、地域集団への参加の機会を与える、そして親元を離れることによる自立心の育成などを目的としている。山村留学の形態としては、①山村留学センターなどの寮での生活、②農家への住み込み、③家族で移住、④これらの併用、といったものがある。実態としては、④が最も多いようである。山村留学は、1976（昭和51）年に長野県の八坂村が9人の子どもを受け入れたことに始まる。以後、参加者は年々増加した。全国山村留学協会の行った調査によると、2017（平成29）年度の参加者は、小学生374人、中学生188人となっている。この制度にかかわる問題点として、素行に問題のある子どもの押し付け、ホームシック、そして里親の高齢化などがある。　　　　　　　　　（舞田敏彦）

サンドイッチ・システム

　公的教育機関で学校での学習と企業での勤務を交互に取り組めるようにしているイギリスの制度。19世紀の後半グラスゴー大学で展開されたという。今日では理工系、その他医療系、芸術デザイン系、法律、経済、経営系など広く高等教育レベルで実施されている。1年間を丸ごと実習に充てる厚いサンドイッチ（Thick-sandwich）と実習を短期にして各学年にばらまく薄いサンドイッチ（thin-sandwich）とがある。実習中は学生は勤務手当てを受ける。日本では1871（明治4）年発足したお雇いイギリス人教師の指導による工学寮（のち工部大学校）での技術者養成教育が、工部省の展開する事業場を実習場とするサンドイッチ方式によって展

開された。この大学校では、最初の4年間は半年ごとに教室での学習と事業場での実習を繰り返し、最後の2年間はすべて事業場での実習と卒論が課され全6年間の理論と実践との調和を目指す教育が展開されていた。　　　　　　（大淀昇一）

産婆術（助産術）

　産婆術とは、プラトンがソクラテスの対話がもたらす知的な営みを称した比喩であり、今日の教育思想や指導方法にも影響を与え続けている。プラトンによれば、ソクラテスは相手の憶測・俗見（ドクサ）を論破して「陣痛」を起こさせ、新たな知の「助産」をして、そして真性の知だけを選り分ける「吟味」を行ったのである。つまり、ソクラテスは、産婆のように、対話の相手が抱いている無根拠な知識や信念を自発的に問い直すように手助けして、将来、自らの力で新たな思考（知識・判断等も）を更新できるように導いている、というこの考え方は、学習者が知を自ら創造できるようになるためには、教師が教え込みを排して、協同的な対話の中で手助けする必要があるという今日の主張に力を与えている。しかし、既述のように産婆術を捉えて教育に持ち込むと、指導する者が正しいこと（真理）を常に把握した上でなされる問答に陥りがちである。プラトンの啓蒙的な解釈（ソクラテスが相手の無知蒙昧を克服させた）については、研究者の間でも相違する意見が出されている。⇒対話　　　　　　（重松克也）

CAI

　CAIとは、Computer Assisted Instruction の略であり、文字通り、コンピュータを授業を支える手段として使う教授＝学習の意味である。CAIは、コンピュータを授業に活用するというその始まりから、鉛筆やノートに替わる手段として考えられていた。さらに進んで補助教材をソフトとしてプログラムをつくるというような試みがなされた時、教科書や問題集に替わるものが開発できるものと期待されることもあった。学習材のみならず、さらには、教師に代わるものとしての自動学習への期待もあった。しかし、実際には、その後の発展は、情報獲得や表現の手段としてのインターネットや自己の作品の発表機能の方向での活用が進み、自動学習的な側面よりも、情報獲得の道具としての機能が発展してきている。現在では、図書や雑誌の検索のみならず、情報そのものを獲得する手段として発展してきており、個々人の情報の加工する力と判断力の育成は、一層必要となっている。　　　　　　　（浅沼　茂）

ジェネリックスキル

　ジェネリックスキルとは、さまざまな仕事や生活状況において利用できる汎用的な能力のことであり、グローバルな情報基盤経済の出現に伴う労働力要請の変化を背景として1990年代以降、主に高等教育における学習成果と雇用の関連の問題として論じられてきた。この用語は、雇用する側にとっては、エンプロイアビリティ（雇用され得る能力）に密接に関連するスキルを示すことが多い。コアスキル、コンピテンシーなど世界で多様に提唱されるジェネリックスキルに共通の要素として、読み書き算を含む「基礎的／基本的スキル」「対人関係スキル」「概念／思考スキル」「個人のスキルと人格特性」「ビジネス社会に関係するスキル」「コミュニティに関連するスキル」が挙げられている（オーストラリア国立職業

教育研究センター［NCVER］）。ジェネリックスキルの概念は、日本の「社会人基礎力」（経済産業省）や「学士力」（文部科学省）等にも含まれている。　（小山英恵）

ジェルピ

Gelpi, E. 1933～2002

ユネスコの成人教育の責任者で、ラングランの後任。ジェルピは、適応や教養のための生涯教育を批判し、社会的に排除・抑圧されている人びとを視野に入れた、抑圧からの解放のための生涯教育論を主張した。彼は著書『生涯教育』の中で、発展途上国の人々や移民労働者、失業者、少数民族など、社会的に恵まれない立場にあり、社会的に排除されている人々の置かれている状況を変える変革の教育として生涯教育を位置づけている。ジェルピは、すべての人びとの人間的発達と社会参加を促すために生涯教育がどうあるべきかについて問い、教育者がすべての学習プロセスを管理・決定する学習から、自らの学習を自らが主体的に管理・決定していく「自己決定（型）学習（self-directed learning）」を提起した。

⇒生涯教育、ラングラン　（倉持伸江）

ジェンダーフリー

男女とも可能性を制限するような固定的な性別役割意識に縛られることのないように、一人ひとりの個性と能力の発揮を支えようとする考え方。社会的な性差別を解消することを目指す。生物学的性別をあらわす「セックス」に対して、「ジェンダー」（gender）は歴史的に形成された社会的・文化的性差をあらわす。男は仕事、女は家庭という性別役割分業や、男らしさ・女らしさという性別による性格や行動の特性は、社会的、文化的に形成されるものであって、生物学的性によって決定されるものではない。学校は、社会の縮図的側面を多分にもっており、ジェンダー再生産の機能を果たすことがある。男子には青や緑、女子には赤やピンクという設定を教師が繰り返せば、子どもはそれを自然なことだと学ぶ。教師のものの見方がジェンダーに縛られていて、「男だから泣かない」とか「女のくせに……」という言動を教師がしていると、性差別を再生産してしまう。男子の名簿を女子の名簿の前に位置づける男女別名簿を廃止して、男女混合名簿を採用する動きもある。しかし、一方では、「考えすぎ」とか、日本の伝統を破壊し、社会秩序を乱すという批判など、さまざまな議論が起きている。　（大川　洋）

自我

自我（ego）は、「私」を示すラテン語に由来する。「私」については、伝統的に哲学の領域において検討が重ねられてきたが、今日における学術用語としての自我概念は、心理学や精神分析の影響を強く受けている。例えば、社会心理学者のミードは、「私」を主体としての自我（I）と客体としての自己（me）に区分して人間を理解しようとした。フロイトは、衝動的なエスと規制的な機能を司る超自我を想定した上で、それらの作用を調整し、現実に適合する行動を選び取る働きを担うものとして、自我を位置づけている。教育の領域においては、そのような学術用語としての自我概念が用いられる場合もあるが、知覚・判断などの精神的な活動主体としての「私」という一般的な意味合いで自我ということばが使用されることも多い。自我の確立、すなわち、個人が責任のある判断の主体となることは、教育の領域では、被教育者が目指すべき状態として通常高く評価される。⇒フロイト　（山名　淳）

私学

私学とは一般に「私立学校」の略だが、それら私立学校の設置主体である学校法人まで含めて使われる場合もある。したがって、「私立学校」よりも「私学」のほうが広範囲な用語である。私学ということばに「私」という漢字が使われ、「公私」ということばも存在するが、私学はいわゆる「一条校」を設置できる一形態として、公教育の一翼を担っている。さらに、私学は公立学校や国立学校では不可能な多様な教育を提供できる利点をもつ。「私学のほうが保護者のニーズをつかんでいる」という意見が散見される。確かに保護者に限らずさまざまなニーズに応えることは重要ではあるが、公教育である以上はニーズを超えて果たさなければならない社会的責務も存在する。ニーズだけに大きく偏ることは私学といえでも許されるものではない。さらに私学助成によって税金が投入されている以上アカウンタビリティも求められる。この点については財務の公開などが現在進展中である。私学は日本において就学前教育および高等教育の段階で圧倒的なシェアをもつ。少子化が進展する中で私学の責任と努力が今後さらに求められるだろう。
⇒私学助成　　　　　　（池上　徹）

視覚障害教育
education for visual handicap

視覚障害児に対する特別支援教育のことをいう。視覚障害教育の対象となる者は、盲および弱視のある子どもであるが、特別支援を受ける教育の場としては、特別支援学校（盲学校）および小・中学校の特別支援学級がある。視覚障害学校は幼稚園・小学校・中学校・高等学校に準じて、幼稚部・小学部・中学部・高等部で組織されている。とくに、高等部にはあんま・マッサージ・指圧・鍼・灸の理療の職業コースが設けられている。盲学校小・中学部では、各教科・道徳・特別活動・総合的な学習のほか、自立活動として点字の指導や歩行の指導が行われる。また、幼稚部では環境認知を養う基礎能力の指導が行われる。一方、弱視学級は、小・中学校の中に弱視児のために特別に編成された学級（いわゆる特殊学級のこと）と、通級制弱視学級の2種類がある。通級制弱視学級には、その学校内の通常学級に在籍している者およびほかの学校の通常学級に在籍する弱視児も指導の対象となっている。そこでは、弱視レンズの使い方や読み書きの指導などが行われる。⇒特別支援教育　　　　　（林　邦雄）

私学助成

日本では例えば大学全体の学生数のおよそ8割を私学が占めるなど、私学が公教育の中で果たしている役割は大きい。そこで、私学であっても税金を投入して助成をすることが結果として国民の利益にかなう、という発想が出てくることになる。私学助成は、1976（昭和51）年施行の私立学校振興助成法で現在の形が始まったといえる。この時期は大学進学率が急上昇した時期であり、それはまさに私学の規模が飛躍的に拡大した時期であった。私学助成はとくに宗教系学校との関連で憲法89条からみて違憲かどうかが争点になるが、現実には私学側も公教育として公の支配を受ける立場にあるのが実態であろう。日本の私学は授業料に大きく依存しており、少子化が進展すれば財務上その衝撃を直接受けることになる。そのため私学助成の拡大を求める声がある。一方、国および地方公共団体の財政も危機的状況にあるためにむしろ少子化を理由として私学助成を削減する方向性も存在する。今後の私学助成の在り方は、私学にとどまらず国全体の教育

予算の在り方の議論の中で検討される必要がある。⇒私学 　　　　　（池上　徹）

識字教室

　識字(識字能力：literacy)とは、文字通り文字が読み書きできることであり、それは普通教育により養成される基本的な能力である。しかしながら、今日においても、世界中でさまざまな理由によりこの識字能力の獲得が保障されずに不利益を被っている人々が存在している。途上国や紛争地域だけでなく、先進国であり普通教育がすべての人に保障されているはずの日本においても、部落差別、在日コリアン差別によって、あるいは戦後の混乱に基づく戦争孤児や中国残留帰国者など、文字を奪われた人々は少なくない。こうした人々が、自発的に、またさまざまな人々との協力のもとに、文字を取り戻す運動を展開し、自主的に学ぶ場として多くの識字教室が設立され、識字運動が展開されてきた。その成果の一部として、公立の「夜間中学」が関東、関西地方を中心に設立されているが、その数はまだ十分とはいえないだろう。こうした人々の苦悩と学びへの意欲、その意義については、山田洋次監督の映画「学校」や、高野雅夫による『夜間中学生タカノマサオ』(解放出版社、1993)に見出すことができる。⇒夜間中学校　（吉谷武志）

指揮・命令

　地方公務員法第32条が「法令等及び上司の職務上の命令に従う義務」を規定しているように、組織的に職務を遂行するために、一元的な指揮命令系統が必要とされる。学校においては、「校長は、校務をつかさどり、所属職員を監督する」(学校教育法第37条第3項)とされ、指揮命令系統は校長に一元化されている(校長の校務掌理権)。教頭は校長の補佐・代理として事実上の監督を行っているが(同法第37条第4項、5項)、その指揮監督権を明文化した法律上の根拠は存在しないため、学校管理規則において教頭の指揮監督権を明文化する自治体もある。近年、東京都で中間管理職として新設された主幹も同様である。行政法上の命令は、内閣の政令や各省庁の省令、地方公共団体の機関の諸規則など、行政機関が法律に基づいて制定する法規である。議会の承認を経ないため、行政機関が制定できる法規の範囲や内容の正統性、あるいは命令への背反をどのように担保するかは、法的には難しい問題である。

（有働真太郎）

事業所内保育施設

　企業等が従業員の子どもを対象として事業所内、または、隣接地などに設置する保育施設である。児童福祉法に規定されない認可外保育施設であるため、自社の勤務時間に合わせた休日・深夜の保育の対応や産休・育児休業明けにすぐに対応できるような体制が整えられているなどの特徴がある。現在、事業所に設置されている保育所の約6割は、病院に勤務している職員のための院内保育施設であるが、2003(平成15)年7月に「次世代育成支援対策推進法」が成立してからは、企業による次世代育成支援策として仕事と家庭の両立が可能となる雇用環境整備の具体的取り組みの一つとなっている。事業所内保育所は、質を保ちながら安定的に運営する点や就労支援としての単なる託児施設ではなく子どもたちが育つ保育施設としての保育環境の整備など課題もある。　　　（井下原百合子）

事故

ふだんとは違ったよくない出来事をいう。事故が発生すると、自己反省やなぐさめの意味も含めて、「うっかりした」「うかつだった」「ついてなかった」「運がわるかった」などといったり、いわれたりする。このように、事故を思いもよらないものとして、宿命論的あるいは運命論的な捉え方をすることが少なくない。しかし、事故の原因をみてみると、それを発生させるいくつかの要因がより集まって、しかも起こるべくして起こっているのである。須藤春一は、事故の原因を潜在危険といい、四つに分類している(『小児保健』家政教育社、1969)。①環境の潜在危険:暗すぎる、明るすぎる、せますぎるなど、②服装の潜在危険:ドレッシーすぎる、スポーティすぎる、肌を露出しすぎるなど、③心身状態の潜在危険:意識の流れの乱れ、一事に熱中する、注意散漫など、④行動の潜在危険:粗暴、無知と機能未発達、仮空と現実の区別の無視などである。事故はこれらの原因一つでも発生するが、二つ三つと重なり合って発生することが多い。事故を防止するには、潜在危険を早期に発見し、それを除去するか避けることである。

(谷田貝公昭)

自己意識

客体化された自己に対する意識。自意識ともいう。注意が、自分の感情や考え、動機など、人からみえない自己の内的側面に向けられた場合を私的自己意識といい、自分の容姿や言動など、人にもみえる自己の外的側面に向けられた場合を公的自己意識という。私的自己意識は、内省や黙想など、自己の内面をみつめることによって高められ、公的自己意識は、観察者の存在などで高められる。自己意識が高まると、個人のもつ規範が顕在化される。私的自己意識が高まった状態で

は自己の信念などの個人的規範に、公的自己意識が高まった状態では社会的規範に一致した行動がとられやすくなる。私的自己意識が低く、公的自己意識が高い状態では、自己の内面に目を向けず、外面ばかり気にするので、人の目が気になり、対人恐怖の状態に陥ることもある。自己意識が低下し、周囲の他者に埋没した状態を没個性化という。この状態では、自己規制力が低下するため、同調行動や社会規範に反するような行動が出現しやすくなる。

(大川 洋)

自己概念

自己の身体的特徴、能力、性格などが、どのようなものであるかについての本人の認知。心的現象としての自己意識、すなわちある時点で自己に向けられている意識は変転きわまりないものであるが、その背後に自己に対する認識や態度の構造が一貫してあり、そのような変化しにくい比較的安定した認知を自己概念という。自己概念の形成には、生育環境が大きく影響し、とくに重要な他者(親、友人、教師など)からの評価や他者との人間関係が重要な意味をもつ。自己概念と行動とは、深く結びついている。問題行動を続ける生徒の主体的要因として、否定的な自己概念をもっていることが知られている。反対に、肯定的な自己概念をもっていると、将来に向けての努力ができるようになり、利他的な行動や寛大な行為が多くなる。学校教育は、現実的で肯定的な自己概念の形成を助け、将来にわたっての自己教育の基盤となる自己成長の態度や自信を育成するものでなくてはならない。⇒自己教育、問題行動 (大川 洋)

自己活動
self-activity

遊びであれ、ものづくりの作業であれ、

仲間づくりであれ、子どもが心身の力を総合的にはたらかせながら、ある目的を達成していく行為をいう。したがって、自己活動は子どもの遊び、学習、作業、仲間づくりなど、日常生活のあらゆる場面でみられる行為であって、教室における学習場面だけに限定されるものではない。

教育思想史において、子どもの自己活動に最も早く注目したのは、ロックの経験論とその系譜にあるコンディヤックなどの感覚論者たちである。彼らは、中世の原罪説的な子ども観と前成説的な発達観を疑問視し、視覚、触覚、聴覚などの五感こそが認識の確実な基礎をなすと考え、教育の基礎に五感の訓練を置いた。ことばの習得よりも、事物を感覚的に知覚することのほうが子どもの認識能力を促すという考え方は、子どもの自己活動を信頼することから学習が始まるという教育観を切りひらいた。子どもは、生まれながらにして善であり、活動の主体であるとみるルソーの消極教育論は、子どもの自己活動への信頼を一層強化する役割を果たし、その影響下で形成されたフレーベルに代表される19世紀のロマン主義的教育論においても、自己活動はゆるぎない教育の原理とされた。19世紀末から20世紀初頭において展開された世界的規模における新教育運動においても、自己活動は教育改革のためのキーワードとなった。アメリカの教育学者、デューイは、シカゴ大学附属実験学校において、子どもの作業活動（occupation）を中心とする教育実践を行ったが、その前提には、子どもには、探究の本能、構成的衝動、コミュニケーションの衝動、表現する衝動という四つの衝動がそなわっており、作業という自己活動は、そうした衝動を存分に生かす活動であることが述べられている。⇒デューイ　　　　（高橋　勝）

自己教育
self-education

「他者教育」に対する概念。他者教育の代表的なものは、学校における教師による教育であるが、自己教育は自己自らの努力によって自己を教育していくという意味のもので、学校卒業後の自己学習が、まずは念頭に浮かぶであろう。確かに自己教育ということばは、戦前の教育学においても使われてきた経緯はある。しかし、今日いわれている自己教育は、生涯学習の基盤として注目されるようになった概念である。

わが国の戦後の教育政策史を概観するならば、次のような経緯をみることができる。1971(昭和46)年に出された社会教育審議会の答申「急激な社会構造の変化に対応する社会教育のあり方」は、ユネスコによって提唱された生涯教育の概念を社会教育の原則として打ち出し、その基盤として自発的な学習意志を強調した。また1983年11月、中央教育審議会の教育内容等小委員会は、審議経過報告において、自己教育力を学校教育においても重視すべきことを提唱した。ここにいう自己教育力とは「主体的に学ぶ意志、態度、能力など」をいい、社会の急激な変化に主体的に対応できる能力のことをいう。自己教育力育成の提言は、その後1987年12月の教育課程審議会答申にも反映され、これを受けて1989(平成元)年の学習指導要領改訂の基本方針の一つの、しかしきわめて大きな眼目となった。戦後のわが国で自己教育が語られてきた経緯は以上の通りだが、自己教育力の育成という問題は、ともすれば社会的な要請からのみ論じられ、各個人の発達や趣向を軽んずる本末転倒の議論にも陥りかねない。自己教育力の育成の問題は、個人の発達や趣向の側からも論じられるべきであり、これからの課題である。　　　　（金田健司）

自己実現

内在する自己の能力を発揮し、実現したいという要求を充足させる活動。自己実現の概念を広く普及させたマズロー（Maslow, A.H. 1908～1970）は、欲求階層理論を唱え、人間の行動を動機づけるものとして、五つのレベルの欲求を挙げた。それは、①生理的欲求、②安全の欲求、③所属と愛の欲求、④承認の欲求、⑤自己実現の欲求である。これらの欲求は、より基本的な欲求から高次へと階層をなしていて、一般に人間は下位にある欲求が充足された後に、より高次の欲求を満たそうとする。①から④の基本的欲求が充足されると、成長動機としての自己実現の欲求が出現してくるが、それは自分によって満たされるものであり、また満たされることによって解消しないで、ますます成長へと向かうものである。学習や教育は、自己実現の欲求と深く結びついている。生涯学習の時代を迎えた今日、自己実現は、人間が一生をかけて追求し、自己教育を通して実現していくものともなっている。⇒自己教育、生涯学習、マズロー　　　　　　　　　　　（大川　洋）

自己中心性

幼児期の子どものもつ特徴の一つである。心理学者であるピアジェ（Piaget, J. 1896～1980）は、わがままや自分勝手という意味でなく、自分の見方、視点から離れることができず、他者が自分と異なる視点をもっていることが理解できない傾向を、自己中心性と呼んだ。この傾向は、「三つ山問題」と呼ばれる課題で確かめられた。三つの山の模型が用意され、ある面に子どもを座らせる。次に人形を子どもの反対側において、人形から山がどのようにみえるかを聞くと、自分と同じようにみえると答えた。このこと

は、自己中心性によるもので、自分がいるところと違う位置からものをみれば、みえ方も違うということに気づかない。幼児期の子どもが、他者の視点に立つことの難しさを示しているとした。⇒ピアジェ　　　　　　　　　　　（瀧口　綾）

自己評価

個人や集団が自分で自分を評価すること。主として児童生徒が自分の学習、行動、性格、態度などを反省し、自ら評価し、それによって得た情報によって自分を確認し、自分の今後の学習や行動を改善、調整すること。日本では、学習の自己評価が、点数として示される一元的尺度や、偏差値として示される他者との相対比較に縛られて、多くの子どもが否定的自己像を内面化している。そこにおいては、人間のかけがえのない個性や多面的な能力・可能性は捨象されてしまっている。学習の自己評価で最も大切なのは、学習した具体的内容を通して、自己の変容を可視的に知り、学ぶ意味を確認し、自己をさらに深くみつめ直すための契機とすることである。生涯学習時代に入った現在、教師などの手を離れても効果的な学習が続けられるよう自己教育力を育成することが課題となっているが、そのような能力の一部として、自己評価能力を育てなければならなくなっている。
⇒偏差値　　　　　　　　　　　（大川　洋）

自習（自学自習）

一般に自習は、教師の都合で授業ができず、子どもたちに、自分たちだけでできる漢字の書き取り、計算ドリルなどのようなものを与えて授業時間を確保するための学習という消極的な意味で使われる。複式授業において、いずれかの学年に教師がかかわっている間、別の学年は

与えられた教材や課題に各自が取り組むような場合がある。自習ではあるがこの場合は、教師の側では授業として計画し実施しているという意味で単なる授業時間の確保ではない。工夫の仕方では、そのような計画的な自習は、子どもたちに自分で学ぶ方法や態度を形成することになり、受け身の立場で注入される授業では得られない学習力を身につけさせることができる。自学自習は、他者から命令されてではなく自分の意志で学び自らを価値的に変容する自己教育の理念、教育の究極の姿としての自己教育を意味する。

⇒自己教育　　　　　　　　（髙旗正人）

私塾

　民間人が設立する中等・高等教育機関。江戸期から明治初期にかけて専門教育の主な供給源の役割を担う。江戸時代の私塾は、明治政府編纂の『日本教育史資料』に挙がっているだけでも約1,500カ所を数える。藩校や郷校に先行して発達し、それらの母体となる例もあった。幕府の昌平坂学問所や教諭所も私塾が母体である。有名な私塾には、江戸幕府儒者の林家の林家塾（儒学・朱子学派）、荻生徂徠の蘐園 [けんえん] 塾（儒学・古学派）、緒方洪庵の適塾（蘭学）、吉田松陰の松下村塾（儒学・兵学）、福沢諭吉の慶應義塾（洋学）等がある。私塾の特色は、学風の多様性と実力主義的な価値基準にある。多くは学習者の士庶の別を問わず、学識や才芸の厚薄を基準に学習者の成績評価が行われ、教師の評判が定まった。広瀬淡窓の咸宜 [かんぎ] 園（儒学・折衷学派）では身分・学歴・年齢を問わずに（三奪法）、毎月の成績によって等級を上下させ（月旦法）、緒方洪庵の適塾でも成績順で席が替えられるなど、革新的な教育法を採るところもあった。塾に対する評価は入門者の多少に表れたほか、都会では師匠番付や名録への掲載状況にも反映していた。社会に根づくほどに、幕府や藩の「異学の禁」や洋学を規制する政策の影響を受ける場面も増えたが、全国の藩校・藩庁はもちろん、専門職業の世界や地域に多くの人材を送り出し、幕藩社会のみならず明治維新以後の社会の発展を支えた。公教育の補完などともいわれるが、人々の教育需要に直接に取り組む組織として、独自の意義も大きい。
　　　　　　　　　　　　　（橋本昭彦）

自主性

　物事について主体的に考え、また行動する態度のこと。新旧の教育基本法や学校教育法にみられる通り、自主性の涵養は、学校教育の重要な目標であるとみなされている。教育基本法制定当時の文部大臣であった田中耕太郎は、自主性を「自律性」（Autonomie）と同義とみなし、ほかからの干渉による受動的な態度を拒否しつつも、同時に、ほかとの交渉をまったくもたない「独善主義」を戒めていた。このような理解のもとでは、自主性は、自己の外部との関係性の中で成立する態度であると考えられる。子どもたちが他律的な状態から自律的な状態へと移行する過程については、教育哲学・思想の領域において検討され、また心理学を基盤とする発達段階論などによっても解明が試みられてきた。自主・自律の状態へと子どもたちが移行していくことを妨害することのないように教育活動を営むことが重要である。　　　（山名　淳）

司書

　図書館に置かれる専門的職員。図書館法で「司書は、図書館の専門的事務に従事する」（図書館法第4条第2項）と規定されている。多種多様な資料や情報に

関する豊富な知識を備え、図書資料の貸し出しやレファレンス・サービスなど利用のための相談に応じ、資料と利用者を効果的に結びつけ、さまざまな住民の学習ニーズに応える広範な情報提供サービスを積極的に行うことが求められている。図書館法では公立図書館に、館長並びに当該図書館を設置する地方公共団体の教育委員会が必要と認める専門的職員を置くこととしているが（図書館法第13条）、必ず配置しなければならないという規定がないため、専門職員採用制度をもつ自治体は少ないのが実情であり課題が残る。
　⇒図書館　　　　　　　　　　（倉持伸江）

▍自傷

　自らの意志のもと、致死性の低い方法によって、自らの身体の一部を自分の行動によって傷つける行為をいう。痛みを伴う行動でありながら、同一の行動パターンが繰り返される。方法は、刃物によって「切る」ほかに、「引っかく」「殴る」「頭を壁にぶつける」「火傷させる」「頭髪・体毛を抜く」などがある。自分の要求が通らなかったとき、指示されたことをしたくないとき、周囲の人に自分の要求を伝えたいとき、こだわりが強いときに自傷行為は起こりやすい。自傷行為は自殺行為とは違い、すぐに生命の危機につながらないことも多く、自己刺激行動として見られたり、ストレスへの対処行動として肯定的な意味を付与できるとの指摘もある。重度の知的能力障害や自閉症スペクトラム障害における自傷行為は「頭をたたく」「頭突き」「かさぶたをはがす」「頭髪を抜く」などが中心で、こだわりが強いときに自傷行為は起こりやすい。　　　　　　　　　（福田真奈）

▍市場原理
market principles

　資本主義の経済法則の一つで、財貨やサービスの生産・消費の経済活動を市場の自由な需要と供給の原則に委ね、市場機構を通じて需給調節や価格調節を行おうとする経済原理。こうした市場原理を重要視し、「小さな政府」を唱える市場原理主義が潮流になるのは、1980年代以降である。アメリカのレーガン政権、イギリスのサッチャー政権、そして日本の中曽根（康弘）政権において経済不況からの脱出の切り札として導入された。
　施策的には財政再建、行政改革、市場開放の徹底などが推進され、市場原理主義は1990年代以降旧社会主義国を含めグローバリゼーションとして世界を覆うことになる。わが国では小泉（純一郎）内閣において、非効率な財政支出の削減と規制緩和・撤廃の構造改革が社会の諸部門で着手された。教育分野も例外とせず、「経済性」「効率性」「選択の自由と自己責任」といった新自由主義的な考えが公教育改革を主導した。教育における規制緩和は、教育特区の認定、学校選択の自由化、学区制の撤廃、民間人校長の登用などがすでに実施され、また競争による効率化や質の向上策では、教員免許更新制、能力実績主義による人事考課制度、上級教職教員の差別化、学校評価による予算の弾力的措置などの制度化が進められている。公教育における規制緩和と自由競争の促進は、競争原理による教育の市場化というまさに市場原理の導入である。
　こうした市場原理主義に対しては、弱肉強食的な格差社会の拡大、また地域間や学校間の教育格差の拡大、教育競争の熾烈化と人材選別の早期化、入学差別や教育弱者の切り捨てなど総じて公教育の根本的な在り方を問う問題状況も指摘され、格差是正の対応が大きな課題となっている。　　　　　　　　　（穂坂明徳）

司書教諭

学校図書館の専門的職務を行うためのもので、司書教諭の講習を修了した教諭を充てる。その講習は学校図書館司書教諭講習規程（文部科学省令）に基づき、大学などが文部科学大臣の委嘱を受けて行う。1953（昭和28）年制定の学校図書館法には、附則で当分の間置かないことができるとなっていたのを、その附則の改正により、2003年度以降12学級以上の学校に必置とされる。職務として、図書館経営の基本的業務（管理、図書の選択収集・整理、他の図書館との提携など）および、児童生徒への指導（読書指導、利用指導など）があるが、一般的には専任ではなく、学校全体の校務分掌の一つとして位置づけられており、これらの職務を一人で行うことには多くの困難があるのが実情である。高等学校段階では学校司書と呼ばれる司書教諭を補佐する立場の職員がいることが多いが、法的規定はなく、その配置や職務内容の在り方について検討課題となっている。

⇒学校図書館、読書指導　　　（原　聡介）

事前・事後指導

事前・事後指導という用語は、職場体験などの体験学習、修学旅行などの学校行事、教育実習などに、児童、生徒、学生を参加させる前後で行う指導を指して用いられる。事前指導は、学習活動に参加するためのオリエンテーション的な位置づけにあり、その内容としては、参加にあたっての心構えや学習の観点、実際的な知識・技能などが取り上げられる。事後指導では、学習活動を振り返り、検討することを通して、体験的に学習したことを、自己の内面において深く捉えさせるようにする。事前・事後指導とは、体験的な学習活動や実習を実りあるものにするために、欠くことの

できないものなのである。教育実習の事前・事後指導は、教育職員免許法施行規則によって、教育実習の単位数のうちの1単位であると規定されており、教職課程を設置している大学では、教育実習の事前・事後指導を行う授業を設けている。

⇒学校行事、教育実習　　　（中山博夫）

自然主義教育

一般に自然主義とは、道徳、芸術、法律、宗教などの文化的・社会的な諸事象の法則や規範を自然の概念に拠って説明、解釈しようとする思考態度をいう。この思考態度の根底には、存在する事象はすべからく自然的なものであり、文化的・社会的な事象も自然的なるものに還元され、自然的な因果法則によって認識され得る、という考え方がある。教育上の自然主義は、例えば、教師に医師と同様に自然の技術に従うことを求めたトマス・アクィナスや、さらには子どもの自然的素質の弁別を説くプラトンなどの中世・古代の教育思想にさかのぼることができる。だが、自然の原理が教育という現象を規定するものとしてあらわれてくるのは近代になってからである。身分制度や共同体の桎梏［しっこく］から脱出した個人を支えるため、また共同体から拡大した社会を道徳的に再編すべく、教育に要請された自然概念は、個人に内在する生存能力を承認し、かつそれを開発する役割、家族の愛情などの原初的な心情にさかのぼって文化や道徳を堕落から蘇生させる役割を担うものであった。教育理論についてみるならば、コメニウスやロックなどにおける、直観や観念連合の自然的学習原理を技術化することによる教育可能性の拡大、ルソー、ペスタロッチ、フレーベルなどが唱えるような、自然的発達に従う方法が目指された。　　（金田健司）

持続可能な開発のための教育（ESD）

　「持続可能な開発」とは、将来の世代のニーズを満たす能力を損なうことなく、現在の世代のニーズを満たすような社会づくりのことを意味している。それゆえ、持続可能な開発のための教育（ESD：education for sustainable development）の目標は、すべての人が質の高い教育の恩恵を享受し、また、持続可能な開発のために求められる原則、価値観及び行動が、あらゆる教育や学びの場に取り込まれ、結果として持続可能な社会への変革を実現することにある。

　社会・文化的視点、環境の視点、経済的視点から、より質の高い生活を次世代も含む全ての人々にもたらすことのできる状態の開発を目指したこの教育は、「持続可能な未来と社会の変革のために行動できる人」の育成を重要な課題としている。ESD の教育実践の指針は、国立教育政策研究所「学校における持続可能な発展のための教育（ESD）に関する研究」中間報告書（2010［平成22］年）に提示されている。同報告書は、持続可能な社会づくりを捉える視点として、相互、多様、有限、公平、責任、協調の6点を示し、さらに、ESD の視点に立った学習指導で重視する能力と態度として、①つながりを尊重する態度、②批判的に思考・判断する力、③未来像を予測して計画を立てる力、④コミュニケーションを行う力、⑤多面的、総合的に考える力、⑥責任を重んじる態度、⑦他者と協力する態度を提示している。2008 年、幼稚園教育要領及び小学校・中学校の学習指導要領が、2009 年、高等学校の学習指導要領の改訂において、持続可能な社会の構築の観点が盛り込まれた。このことによりグローバルな視野からの多様な教育実践研究が展開され始めている。　　　（多田孝志）

持続可能な開発目標（SDGs）

　「持続可能な開発目標」（SDGs：Sustainable Development Goals）とは、現状の世界を継続すれば、貧富の格差、地球環境の悪化、人権問題など地球規模の諸課題の深刻化により、世界は崩壊するとの危機感のもと、2015 年9月の国際連合の特別サミットで採択された2030年までに世界が達成すべき目標である。環境を守りつつ経済を持続的に発展させ、公平で安定した社会をつくるため、地球的課題を根本から解決することを目指し、次の17 の目標を設定された。

　1. 貧困をなくそう、2. 飢餓をゼロに、3. すべての人に健康と福祉を、4. 質の高い教育をみんなに、5. ジェンダー平等を実現しよう、6. 安全な水とトイレを世界中に、7. エネルギーをみんなに、そしてクリーンに、8. 働きがいも経済成長も、9. 産業と技術革新の基盤をつくろう、10. 人と国の不平等をなくそう、11. 住み続けられるまちづくりを、12. つくる責任、つかう責任、13. 気候変動に具体的な対策を、14. 海の豊かさを守ろう、15. 陸の豊かさも守ろう、16. 平和と公正をすべての人に、17. パートナーシップで目標を達成しよう。

　SDGs でもっとも重視されていることには、「だれ一人取り残さない」、「最後の一人まで貧困や暴力から解放され、人権が守られる社会を実現する」ことがある。

　SDGs の達成のためには、国、企業、地域コミュニティ、NGO、NPO などの協働が必要である。また、何よりも SDGs の重要性を認識し、その達成のために主体的に行動する人間の育成が重要な課題であり、学校教育において、主要な学習課題として位置づけ、日々実践していくことが望まれている。地球社会はいま、希望ある持続可能な社会を実現できるか、崩壊していくかの分岐点に直面している。SDGs の達成は未来まで続く地球社会を

実現するための緊要の課題である。
（多田孝志）

自尊感情

セルフ・エスティーム（self-esteem）の日本語訳であり、遠藤辰雄らによれば、「人が自分の自己概念と関連づける個人的価値及び能力の感覚」と定義される。しかし、一般的には、やはり遠藤の述べる「自分が価値のある、尊敬されるべき、すぐれた人間であるという感情」という説明のほうが受け入れやすいであろう。近年、わが国の子どもたちにみられるさまざまな問題行動の背景として、この自尊感情の低さが指摘されることが多い。したがって、自尊感情を高める指導・援助の在り方が学校教育における重要なテーマとなっている。とくに、発達障害のある子どもはその障害に由来するさまざまな困難によって自尊感情が傷つけられていることが多いため、自尊感情を育む支援は特別支援教育における重要な課題である。
（会沢信彦）

肢体不自由教育
education for physical handicap

肢体不自由児に対する特別支援教育をいう。肢体不自由教育の対象となる者の教育的判断は、「肢体不自由の状態が補装具の使用によっても歩行・筆記等日常生活における基本的な動作が不可能又は困難な程度のもの」その他とされる。肢体不自由児のための特別支援教育の場は、特別支援学校（肢体不自由養護学校）および肢体不自由特殊学級が用意されている。肢体不自由養護学校には、幼稚部・小学部・中学部・高等部があり、通常の幼稚園・小学校・中学校・高等学校に準じて教育が行われている。教育課程は、小・中学部では各教科・道徳・特別活動・総合的な学習のほか、障害に対応する自立

活動が付加されて編成されている。自立活動の中心は機能訓練である。肢体不自由特殊学級は小・中学校に設けられており、肢体不自由の程度が軽度の者が入級の対象であるが、近くには養護学校がないため、重度な肢体不自由児も入級している場合もある。⇒特別支援教育
（林　邦雄）

自治的能力

所属する集団を構成員が自主的に管理・運営する能力が、自治能力である。自治能力は個人レベルでのセルフコントロールの能力にとどまらない。個々人が、自らの身体と健康の自己管理に始まって身辺処理や自分にかかわる諸問題への対応を自らの判断で適切に行う必要はいうまでもないが、構成員同士が民主的な手続きと活発な意思疎通の努力によって合意を広げ固め合い、合意内容を構成員全体の自律的な努力において執行する能力が自治能力の要諦である。自治能力を育て訓練する問題としていえば、合意形成における民主主義の手法への習熟とともに、執行における民主主義の重要性の自覚に導くよう留意する必要があろう。学校教育段階で育むのは、近い将来の社会・経済・政治等への主権者としての参加に必須の自治能力の前段階ともいうべき自治的能力であるが、そうした自治的能力の形成を目的意識的に追求する教育課程の一領域として特別活動（extra-curricular activities）がある。とりわけ、特別活動のうちの生徒会活動は、上述の合意形成と執行の能力を生徒集団と各人の中に培う場として、クラブ（部）活動とともに重要な意義をもつ。自治的能力の発達のための指導で、児童・生徒集団および個々人の発達の状況に応じ留意する必要があろう。学級会活動など学級の諸活動の場合でも、小学校低学年などでは少数意見や反対意見への対応の仕方なども含めて

合意を固めるまでの手続きを丁寧に指導する必要があるし、高学年や中・高校生にあっては、大枠は学校側が定めるとしても、児童・生徒の"参加"がキーポイントとなろう。自治は、その元をたどれば、地域や職場など生活点での住民自治や市民・労働者による共同にたどりつく。支配的地位にある者への追従や安易な大勢順応を避け、自ら考え、力を合わせて共同を追求するところにこそ自治（的）能力が芽生え発達する。⇒特別活動

（水内　宏）

視聴覚教育

視覚や聴覚の感性的な器官を機能させてイメージ豊かな学習を保障する教育である。写真、絵図、ビデオ、音楽、CD、OHP、パワーポイント等を用いて、学習の動機づけや授業目的の達成を目指す点がその大きな特色である。視聴覚教育の源流として、コメニウスの『世界図絵』（1658）が挙げられる。わが国では戦前において直観教授の広まりによって視聴覚教材（教具）の重要性は認識されていた。しかし視聴覚教育が飛躍的な発展を遂げたのは戦後になってからである。スライド映写機や教育ラジオ・テレビ放送等の普及が大きな力になっていった。近年ではパソコンやその関連機器が急激に発展して双方向メディアを用いた遠隔地との協同学習やマルチメディアを活用したシミュレーション学習等が行われている。それらの学習は文字文化よりも映像文化・音楽文化に慣れ親しんだ子どもにとって興味を喚起させやすいことが大きな利点である。今日の視聴覚教育は視聴覚メディアだけではなく、メディア全般の特性や有効活用の仕方等も含めて、広範なメディア教育へとその広がりをみせている。⇒メディア教育　（重松克也）

市町村保健センター

1994（平成6）年の地域保健法の施行に伴い、市町村保健センターが法定化された。地域保健法第18条において、市町村が地域住民に身近な対人保健サービスを総合的に行う拠点として、市町村保健センターを設置することができるようになった（任意設置）。設置主体は、市町村、特別区等である。2000（平成12）年に地域保健対策の推進に関する検討が行われ、保健事業や福祉サービスが市町村の権限に移行されたことで市町村保健センターの役割が重要となった。市町村保健センターには、保健師、看護師、栄養士等の専門職員が配置され、主に、老人保健や母子保健など地域住民に密着したサービスが提供される。主な業務として健康相談、保健指導、健康診査、健康教育、その他の地域保健活動に関し必要な事業を行う。保健所は、広域的な医療・保健・環境にかかわる衛生業務を行い、市町村保健センターは多様化した地域住民の保健ニーズに対応し健康づくりを担う。　（舩越知行）

実学主義

realism［英］／realismus［独］／éalisme［仏］

現実生活へと結びつく具体的知識や経験的事物との接触を重視する教育上の立場。17世紀に生じた自然科学革命を背景として、古典を中心とする人文主義の教育の形骸化に対して現れてきた。文学的・古典的教育に対して、歴史・地理・政治・法律・自然科学を重視した。次の三つの類型がある。①人文的実学主義：これは古典研究自体を排するのではなく、その形式的訓練に代えて内容究明を行うことで、現実の社会生活に役立たせようとしたものである。代表者はヴィーヴェス、ラブレー、ミルトン。②社会的実学主義：これは社会生活における実際の経

験を教育の内容とすることを説き、生き
た事物と接触することを強調したもので
ある。代表者はモンテーニュ。③感覚的
実学主義：これは科学革命の成果と方法
を取り入れ、感覚によって捉えうる経験
的事物に依拠した教育を目指したもので
ある。代表者はラトケ、コメニウス。直
観や直接経験を重視する考え方は、ル
ソー、ペスタロッチといった近代教育思
想家へと継承されることとなった。
（古屋恵太）

実業学校令

　戦前の実業学校に関する基本的な制度
を定めた勅令。実業学校とは、戦前の実
業（農業、鉱工業、商業、水産、運輸等の分
野）に従事しようとする者のために教育を
行った学校であり、1899（明治32）年の実
業学校令によって、中学校、高等女学校
と並んで小学校尋常科から進学する中等
程度の学校として位置づけられた。高等
農林学校、高等工業学校、高等商業学校
等の実業学校は、専門学校令の適用も受け、
実業専門学校と称され高等教育機関の一
種であった。また、初等教育の補習を兼
ねた実業補習学校も実業学校制度体系の
一種であるが、実業専門学校と合わせて、
通常実業学校の分類から除外して考える。
1943（昭和18）年の中等学校令制定に伴い
本令は廃止され、農・工・商の中等教育
段階の実業学校は正規の中等学校の一種
として位置づけられた。戦後の教育改革
により、それらは、新制高等学校の職業
高校・学科に移行した。　（船寄俊雄）

実業教育

　工業、農業、商業、水産業、林業、牧畜業、
商船業などの産業で働く人々を育てる準
備的、基礎的、専門的内容の教育のこと。
こうした学校についての最初の法令上の

規程は、1872（明治5）年の学制にみられる。
中学校の一種としての工業学校、商業学
校、農業学校についての規程である。学
制の規程に基づいた学校は結局設立され
なかったが、当時こうしたレベルの学校
として府県レベルで農業・工業・商業に
関する学校が数校存在するという状況で
あった。1883年に農学校通則が、翌年に
は商業学校通則が定められているがなお
統一的な規程を欠いている状態が続いた。
1893年井上毅文相時代が始まると、尋常
中学校実科規程、実業補習学校規程、徒
弟学校規程、簡易農学校規程、実業教
育費国庫補助法、工業教員養成規定など
が制定されて、産業革命、日清戦争を目
前にするなどの状況に合わせて矢継ぎ早
に定められ、実業教育の拡充の時代へと
入った。1899年実業学校令が定められて
ようやく実業教育についての統一的法令
の時代となった。実業教育というのは戦
前の用法であり、戦後は産業教育や、職
業教育という表現を使っている。⇒井上毅、
産業教育、職業教育　　　（大淀昇一）

しつけ

　ある文化における作法や行動様式を身
につけさせること。しつけの内容は、文
化や時代によって異なり、変化する。また、
身につけさせる方法は、意識的に行う方
法だけではなく、日々の生活の中で無意
識のうちに身につけていく方法や、恥の
文化に代表されるように共同体の中での
ある行為に対する集団の反応によって身
につけていく方法がある。共同体によっ
て担われていたしつけは、現在では家庭
や地域や学校が担っている。このように、
生活全体の中で身体作法を身につける場
所が減ってきており、しつけは意識的に
行われる場が多くなってきている。しか
し、意識的に行われるしつけは、日々の
生活の中で無意識のうちに行われていた

文化とは異なり、身につきにくいという問題がある。核家族化と少子化が進行する中で、共同生活の場としての家庭の機能を回復していく必要があるといえる。

（藤井佳世）

実存的教育学

実存哲学からの影響を土台として構成された教育学を実存的教育学という。実存哲学は、20世紀初頭の不安定な時代状況において登場する。代表的な論者として、1930年代のドイツにおいて登場するヤスパース、ハイデッガーを挙げることができる。また、フランスでは、1940年代後半頃から自らを実存主義者と呼ぶサルトルが現われる。実存哲学の思想の源は、キルケゴールの思想に見出すことができる。「実存」（Existenz）とは、外にあらわれるという意味をもち、本質よりも先に現にそこにある事実としての存在を意味する。これらの実存哲学の特徴は、自己の存在を中心に思想を構成している点にある。ここでいう自己の存在とは、制度や合理性などに絡めとられない自己を意味する。このような視点から教育学において、人間の捉え方や営みを論じたものが実存的教育学である。実存哲学に強い関心を抱いたボルノーによれば、それまで教育学においてあまり注目されてこなかった人間形成における死や不安、危機といった実存的契機に着目する視点を実存哲学は提供したとされる。

（藤井佳世）

実物教授

実物を子どもに直接提示することで、知識や概念を習得させる教育方法のこと。実物教授の大きな思想的背景には近代的な認識論がある。つまり、対象は、まず感覚を通して把握されており、その上で知性や理性を作動させることで知識や概念が習得されるという認識論である。実物教授は近代教育学の祖とされるコメニウスが提唱したことで広範な浸透を示した。彼はそれまでの教育が言語能力と認識能力との同一視に基づく教育（いわばことばの詰め込み教育）であると批判して、絵や事物を多く提示することで知覚による事物の直観を起動させる必要性を主張したのである。そして直観を起動させた後に、知識・概念を通した事象・事物の本質的な認識を育成し、かつ習得した認識の反復や練習による記憶と応用へという教授原理を展開したのである。日本では、高嶺秀夫、伊沢修二らが古典の暗記主義や問答法から脱却する教育方法として実物教授の実践を東京師範学校附属小学校で展開した。しかし、ペスタロッチ等によって、多くの実物を示すことがただちに児童生徒の概念形成を保障することとはなりえないと批判されている。
⇒コメニウス、ペスタロッチ　　（重松克也）

質保証（CAP制）

日本の公教育の質保証のシステムは、高等教育を例に取ると、従来、設置基準とそれに基づく設置認可審査等の事前規制が主たるものであった。その一方で、事前規制だけでは、教育活動の質を保証することが難しいことから、1991（平成3）年の設置基準の大綱化や設置認可手続きの見直しにより、質保証システムの改善が行われてきた。そして、1998年の大学審議会答申「21世紀の大学像と今後の改革方策について──競争的環境の中で個性が輝く大学──」では、学生が一定期間に履修登録できる単位数の上限を各大学が定める必要があるとしてCAP制が提唱された。CAP制は、卒業要件となる履修科目の登録に一定の制限を加え、科目の過剰登録を防ぎ、単位の

実質化を図るものである。1999年の大学設置基準の改訂を受けて努力義務化され、学生の授業外の自主学習の時間の確保と教育方法の改善等とともに、質保証の機能を担っている。　　　　（末松裕基）

質問紙法

　ある対象者に対して、質問紙を用いて行う調査や検査の方法。調査としての質問紙法とは、実験法、観察法、面接法と並ぶ心理学研究の代表的な方法であり、調査票や質問紙を用いて回答者に質問を問い、得られた回答結果を数量化することによって、統計的推論のためのデータを収集する方法である。検査における質問紙法とは、性格・態度・行動・意見などの特性を性格特性論や精神病理的理論などに基づいて質問項目を設定し、自己評定する検査である。質問紙の実施にあたっては、質問項目に対する理解力が一定あることが条件となる。質問紙法のメリットとして、比較的短時間で多くの情報が得られること、結果の整理が簡単で数量化しやすいなどがあり、デメリットとしては、質問の意味の取り違いの修正がきかない、虚偽の回答が生じることなどがある。⇒**性格検査**、**面接法**　（丹　明彦）

シティズンシップ教育（市民性教育）
citizenship education

　市民性（市民としての資質・能力）を育てる教育。国民の政治的参加を可能にするための「公民教育」（civic education）とほぼ同義に用いられることもあるが、「市民」を近代国民国家における「国民」と区別して、政治的な知識にとどまらず、より広い資質・能力を形成することを「市民性教育」と呼ぶことが多い。国の教育課程基準がなかったアメリカやイギリスでは、1998年代末から教育スタンダード（米）やナショナル・カリキュラム（英）と呼ばれる全国教育課程基準の制定が進められ、その中で「市民性教育」も位置づけられるようになっている。フランスでは、国の教育課程基準に従って「公民教育」（éducation civique）が行われてきたが、1990年代にはこれを補う「市民性教育」（éducation à la citoyenneté）も導入され、主に児童生徒の態度に焦点を当てた教育活動が行われるようになっている。⇒**公民教育**
（上原秀一）

児童

　子ども。国際的には、「児童の権利条約」第1条において「児童とは、18歳未満のすべての者をいう」とされている。わが国においては、根拠法令により、定義されている年令が異なっている。学校教育法では、小学生を児童と呼び、幼児（幼稚園児）、生徒（中学生・高校生・中等教育学校生）、学生（大学生・高等専門学校生）と区別する。児童福祉法第4条は「児童とは、満18歳に満たない者」とし、さらに児童を乳児（満1歳に満たない者）、幼児（満1歳から、小学校就学の始期に達するまでの者）、少年（小学校就学の始期から、満18歳に達するまでの者）に分ける。近年、「児童」という用語が行政の客体としてのニュアンスをもつとして、また、小学校就学児童に限定されがちとの意見もあり、さらに子どもは一般に（とくに中学生以上の場合には）自らのことを「児童」とは呼ばないことから、「児童」ではなく「子ども」ということばを用いることが提唱されはじめている。⇒**「児童の権利条約」**　　　（大川　洋）

指導案

　教師が授業を行うに際して、何をどのような順序や方法で指導するか、どのよ

うに児童・生徒を評価するかについて、単元あるいは1単位時間の計画を一定の形式でまとめたものが学習指導案である。指導案は、それを簡略にした用語として多く用いられる。また、月案や週案なども、広義には学習指導案に含まれる。学習指導案の形式には、とくに定められたものはないが、一般的には、単元名（題材名）、単元（題材）設定の理由、単元の目標、単元の指導計画、準備、本時の学習指導（本時の目標、学習指導過程、評価計画）などが示されることが多い。学習指導案は、多くの場合、研究授業や授業参観などで、参観者に対して、授業のねらいや展開などを説明するために作成される。また、学習指導案には、単元（題材）設定の理由、単元の指導計画、本時の学習指導過程を事細かに書き込んだ細案と、簡略にまとめた略案とがある。

⇒研究授業　　　　　　　　　（中山博夫）

児童委員

　児童福祉を目的として厚生労働大臣から委嘱され、都道府県知事の指揮監督を受けて、市町村の区域に置かれる民間の奉仕者のことを指す。児童福祉法では、児童委員は民生委員を兼務することと規定されている。主な活動内容は、子育て、虐待、いじめ、不登校、非行など児童に関するあらゆる心配ごとの相談、担当地域内での児童および家庭の実態の把握、福祉サービスの情報提供、要保護児童などの個々の福祉ニーズに合わせた関係諸機関との連携、連絡通報活動、児童福祉司および社会福祉主事との協力活動、児童や家庭の健全育成および福祉増進への寄与等である。担当地区は、都市部で220〜440世帯ごとに1人が基準となっている。近年、地域担当児童委員は民生委員としての業務が増加する傾向にある。ちなみに1994（平成6）年からは、児童

に関する問題を専門的に担当する主任児童委員も委嘱されている。　（大沢　裕）

児童会（生徒会）活動

　自治的活動として、学校の全児童・全生徒をもって組織される活動のこと。小学校においては児童会活動、中学校・高等学校・中等教育学校においては生徒会活動として特別活動の一つに位置づけられている。児童会（生徒会）活動により共通の課題を達成するために学年やホームルーム（学級）を超えて交流する経験をすることができる。児童会（生徒会）は学校における児童（生徒）たちによって会長を選出し、そのもとでさまざまな委員会や部活動の運営が行われている。少子社会化傾向がますます進行する中で家庭できょうだいと遊んだり、地域社会で近所の友人や異年齢集団で遊ぶ機会に恵まれない児童・生徒も多い。こうした社会状況を考えると、今日の学校における児童会（生徒会）活動は異年齢の児童・生徒が集まり、集団活動の経験ができる貴重な場としての役割をもっているともいえる。児童会（生徒会）活動に積極的に参加する生徒は多くはないが、学級活動（ホームルーム活動）や委員会活動と併せて地域や学校の規模に応じた活動の工夫が求められる。一度参加して児童会（生徒会）活動に楽しさを感じることや、みんなのために力になったという体験をすると次にも積極的な参加をするようになる。こうした経験を積み上げることが児童・生徒の成長にとって大切である。またこれらの活動において教師には児童・生徒が「自発的、自治的」に力を発揮し、運営するように指導することが求められている。現代社会における若者のコミュニケーション能力やマネージメント能力の欠如が指摘されるが、小学校・中学校時代から児童・生徒自身の活動を

企画・運営する体験の充実が求められている。⇒委員会活動、特別活動　　（藏原三雪）

児童館

児童福祉法第40条に基づいて設置された、厚生労働省所轄の児童厚生施設である。その目的は、児童に健全な遊びを与えて、その健康を増進し、情操を豊かにすることである。また、「遊び」といった場合には、児童の一人遊びよりも、集団で遊ぶことのできるような機会を提供する役割を担っている。さらには、児童を対象にするだけではなく、子ども会・学童保育・サークル活動・クラブ活動といった地域の児童育成活動の拠点としても機能している。指導には、「児童の遊びを指導する者」（旧「児童厚生員」）の資格取得者が当たっている。発足当時は、各市町村が設置する小地域の児童を対象とした児童館が多かったが、近年では、都道府県全域の児童を対象とした大型の施設も設置されている。（布村育子）

児童期
childfood

子どもの時期。法令によって年齢区分に違いがある。児童の権利に関する条約、児童福祉法では18歳未満の者、母子及び寡婦福祉法では20歳未満の者、学校教育法では満6歳から12歳までの者を学齢児童という。心理学では、およそ6歳から12～13歳までを指すことが多い。わが国の学童期とほぼ一致している。児童期は、知性の獲得を中心とする時期であり、子どもの知的能力は著しい発達をとげる。発達の特徴として個人差の大きさが挙げられる。個人差は高学年になるほど大きくなり、かつ、個々の子どもにさまざまな影響を与えるようになる。例えば、体格の差、性差、運動能力の差などが著しくなってくる。知的面でも同様で

ある。児童期は、個人差が著しいだけに彼らの教育にはこの点における充分な配慮が必要である。この時期は、自発的社会参加が盛んになる時期でもある。子どもは、仲間集団や学校という社会に参加することにより、将来の社会成員としての資質を獲得していくのである。それだけに仲間関係が重要な位置を占めている。（谷田貝公昭）

児童虐待の防止等に関する法律

児童虐待の防止等に関する法律（児童虐待防止法）は、「児童虐待が児童の人権を著しく侵害し、その心身の成長及び人格の形成に重大な影響を与える（中略）ことにかんがみ、（中略）児童虐待の防止等に関する施策を促進し、もって児童の権利利益の擁護に資することを目的」（第1条）として、2000（平成12）年5月に公布された。

同法は、児童虐待を保護者による身体的虐待、性的虐待、保護の怠慢、心理的虐待の4種類と定義するとともに、その他すべて子どもに対する虐待を何人に対しても禁じた。また、教職員、福祉施設職員、医師、弁護士など児童虐待を発見しやすい立場にある者の早期発見義務を定め、児童福祉法の規定による国民の通告義務を定めるとともに、広報等啓発活動の実施など国および自治体の責務を明記した。さらに、子どもの適切な保護のために、虐待のおそれがある場合の児童相談所等による立入調査、警察への援助要請、虐待を行った保護者の指導義務、しつけに際する親権の適切な行使などについて規定している。

1933（昭和8）年に、わが国で最初となる旧児童虐待防止法が成立したが、1947年の児童福祉法制定により廃止され、子どもの虐待防止については児童福祉法が引き継ぐこととなった。その後、

わが国は1994年に「子どもの権利条約」を批准し、厚生省からは、「子ども虐待防止の手引き」（1996）、「子ども虐待対応の手引き」（1998）が発行され、また「児童虐待等に関する児童福祉法の適切な運用について」（1997）、「児童虐待に関し緊急に対応すべき事項について」（1998）の通知が出された。こうした経緯で成立した児童虐待防止法は、したがって、児童福祉法の規定をより積極的に具現化する内容となっており、従来ブラック・ボックスとされてきた家庭に対し積極的に法介入していくことが明示された。法制定の当初からその実効性などが課題とされてきたが、附則に基づきなされた最近の改正（2007年6月）により、裁判所の許可に基づく児童相談所の強制的な立ち入り、保護者による児童へのつきまといや徘徊の罰則つき禁止等が盛り込まれ、さらなる積極的（強制）介入の可能性が明記された。⇒虐待　　　　（朝日素明）

指導行政

　概念的には、①「教育に関する行政（＝教育行政）」、②指導主事の職務（地方教育行政の組織及び運営に関する法律第23条）、③教育行政の専門性に依拠した指導・助言・援助による「非権力的な行政」の三つに整理される。とりわけ上記③は、指示・命令によって相手方を法的に拘束する指揮監督行政と対比的に、教育行政の非権力的な作用を強調するものである。戦後日本の教育行政が法的拘束力をもたない指導・助言・援助を基軸として展開されてきたことは確かであるが、その結果として、全国的な画一性や各教育委員会の裁量の狭さが指摘されてきたことも事実である。

　1948（昭和23）年制定の旧教育委員会法では、指導・助言・援助は、その相手方となる教育委員会の求めに応じて行われるものと定められていた。1957年、地方教育行政の組織及び運営に関する法律（地教行法）は、国－都道府県－市町村の垂直的な関係、教育委員会－首長部局の水平的な関係の緊密化を図ることを主要な目的として制定された。したがって第48条では、国は都道府県や市町村に対し、都道府県教育委員会は市町村に対し、教育行政についての指導・助言・援助を「行うものとする」（必ず行う）と定められた。このように、国・都道府県教育委員会からの関与が前提化された状況においては、指導・助言・援助が微細な事項に至る傾向や、その相手方となる教育委員会の判断を実質的に制約するなどの弊害が指摘されてきたのである。

　1999（平成11）年の地方分権一括法が自治体に対する関与の縮減を図ったことにより地教行法についても「指導、助言、援助を行うことができる」と文言が改められた。常態化した指導・助言・援助に依拠せずに、いかに公教育システムを構築できるかという点に教育行政の専門性が存立するといえよう。　　　（有働真太郎）

児童憲章（1951年5月）

　児童憲章は、児童の人権保障（人として尊ばれ、社会の一員として重んじられ、適切な環境で育てられ、指導され、保護される権利）と、そのための社会の義務や責任を定めている。その背景には、戦前から続く子どもを大人の従者として捉える古い児童観を払拭し、増加する少年犯罪や浮浪児問題などを解決し、民主主義社会の人権意識をふまえた新たな児童観（「独立した人格主体としての子ども」）に立脚した、子どもの幸福の実現が求められたことがある。1951（昭和26）年5月5日（こどもの日）、前文と12の条文からなる児童憲章は、内閣に設置された児童憲章制定会議（両院議員、官庁また

は知事による被推薦者）によって承認された。同憲章は、国会により制定された法律ではないため法的拘束力をもたない。しかし、子どもの権利について、日本で初めて国が承認した条文である同憲章には、原理的な内容が規定されており、その後に立案された子どもに関する政策の根本を示したものとされる。（山田朋子）

「児童権利宣言」（国際連合、1959年）

「児童権利宣言」は、1959（昭和34）年11月20日の第14回国連総会で採択されたもので、前文と全10条からなる。同宣言は、「児童は、この宣言に掲げるすべての権利を有する。すべての児童は、いかなる例外もなく、自己又はその家族のいずれについても、その人種、皮膚の色、性、言語、宗教、政治上その他の意見、国民的若しくは社会的出身、財産、門地その他の地位のため差別を受けることなく、これらの権利を与えられなければならない」（第1条）と述べている。そして、「いかなる場合においても、愛情と道徳的及び物質的保障とのある環境の下で育てられなければならない」（第6条）ことや、社会保障の恩恵を受ける権利、教育を受ける権利、虐待や搾取からの保護、差別を助長するおそれのある慣行からの保護、などについても述べている。同宣言は、1924（大正13）年の「ジュネーブ宣言」の精神を受け継ぎ、児童が身体的、精神的に未熟であるために特別な保護が必要であることを明確にし、その有する権利と自由の享有のために、社会や親に対して立法措置等の努力をすることを要請している。⇒「児童の権利条約」　（臼井智美）

指導主事

教育委員会事務局に置かれる専門的教育職員。旧教育委員会法（1948年制定）により、学校視察や教員の監視・監督を目的とした戦前の視学官制度に代わって誕生した。「上司の命を受け、学校における教育課程、学習指導その他学校教育に関する専門的事項の指導に関する事務」（地方教育行政の組織及び運営に関する法律第19条第3項）に従事する。各指導主事は、学校訪問（学校側から要請されて訪問する要請訪問と教育委員会の計画に従って訪問する計画訪問の2種類がある）や、資料の作成、各種委員会への出席、研修の企画立案等に携わる。なお、指導主事には公立学校の教員を充てることができる（＝宛て指導主事）。現状は、とくに市町村において人数が不足しており、また指導行政事務に忙殺されて学校訪問等で教育内容・方法にかかわる専門的助言を行う時間が十分取れない、などの問題点がある。学校現場への指導助言機能の強化と研修体制の整備が課題とされている。　（藤井佐知子）

指導書（解説書）

学習指導要領を内容的に詳しく解説し現場教師の指導に活かされるよう意図して文部省（文部科学省）から発行される文書。学校種別に、各教科ごとに、道徳、特別活動などもそれぞれ、学習指導要領改訂のつど、改訂される。指導書は、1958（昭和33）年に学習指導要領が国家的基準性と法的拘束性を有する文書として性格が変更された際に初めて刊行された。以来、各教科等の目標、盛り込まれた内容の趣旨、指導上の留意点などに関して学習指導要領以上に立ち入った説明を展開し、教科書検定や教科書作成などにも影響を及ぼしてきた。1998（平成10）年の学習指導要領改訂時より「解説書」に、名称変更がなされた。⇒**学習指導要領**　（水内　宏）

児童自立支援施設

児童福祉法第44条に基づいて設置された、児童福祉施設である。その目的は、「不良行為をなし、又はなすおそれのある児童及び家庭環境その他の環境上の理由により生活指導等を要する児童を入所させ、又は保護者の下から通わせて、個々の児童の状況に応じて必要な指導を行い、その自立を支援」することである。児童自立支援施設という名称は、1997（平成9）年の児童福祉法改正からの名称であり、それ以前は「教護院」と呼ばれていた。当時は、「不良行為をなし、またはなすおそれのある児童」のみを対象としていたが、名称の変更とともに、対象者に「家庭環境その他の環境上の理由により生活指導等を要する児童」も含まれることになった。児童相談所を経て入所する場合が多いが、家庭裁判所の審判を経て送致される場合もある。児童自立支援専門員、児童生活支援員がその指導に当たっている。⇒児童福祉施設

（布村育子）

児童・生徒理解
understanding of child and student

児童・生徒指導の出発点である児童・生徒理解においてまず求められているのが、児童・生徒一人ひとりの現実状況を的確に把握するための情報収集である。

情報収集のポイントとしては、以下の4点が挙げられる。①外側からの理解だけでなく内側からの理解にも注目（行動観察等により客観的にみてとれる情報だけでなく、その子なりの見方・感じ方・考え方など客観的にみてとれない情報にも注目）、②マイナス要因だけでなくプラスの要因にも注目（問題行動を起こす児童生徒の理解においてはマイナス要因に関する情報収集に偏る傾向がみられる。その子なりのよさや持ち味・個性などの

プラス要因に関する情報にも注目）、③多面的でトータルな情報収集（特定の偏りのある情報収集では、児童生徒の全人的発達を支援することはできない）、④継時的でダイナミックな情報収集（児童生徒の状況は日々刻々と変化している。一地点からの静止した状態での情報収集だけでは的確な状況把握はできない。彼らの力動的な動きをキャッチするには、継時的な情報収集が必要となる）。

なお、児童生徒理解の方法としては、以下の4点が挙げられる。①観察（児童生徒の行動観察は外側からの理解の代表である）、②検査（児童生徒の多面的な情報を効率よく収集することができる）、③活動記録（内側からの理解と継時的情報収集に有効な方法であり、代表的なものとしては、生活記録帳・学級日誌・交換ノート・作文・描画・工作物などが挙げられる）、④面接（これも内側からの理解と継時的情報収集に有効な方法で、カウンセリングはその代表である）。いずれの方法をとるにしても、その前提として、児童生徒たちとのラポート（信頼関係）の質が問われることになる。

以上のポイントや方法をふまえて、バランスよく情報を収集し、総合的な状況把握を行っていくことが大事である。その上で、"何が問題か"の評価・診断を適切に行い、"具体的にどうしたらよいか"の対処につなげていく実践力が、今まさに求められている。⇒カウンセリング、ラポール

（犬塚文雄）

児童相談所

児童福祉法第12条に基づいて設置された、児童福祉の実施機関である。都道府県に設置義務がある。現在、全国に212ヶ所の児童相談所がある（2018年10月現在）。その業務は、児童福祉法第11条に規定されており、主として、児

童や家庭に対する相談業務を行っている。また、関連福祉施設との連絡調整や児童の一時保護も業務内容の一部である。児童相談所が相談を受けた場合には、医学的、心理学的、教育学的、社会学的、および精神保健上の判定を行い、判定に基づいて必要な指導を行っている。一般的な内容の相談に当たるのは、行政職員であるが、上記の判定については、医師、児童心理司、児童福祉司、保育士などの専門職員がかかわり、指導の内容も協議している。近年、児童虐待がマスメディアによって報道される機会が多いが、「児童虐待の防止等に関する法律」第5条では、虐待を発見した者すべてが児童相談所等に通報することが義務づけられている。⇒虐待、児童福祉法　　　　（布村育子）

児童中心主義

　教育の目的は、子どもが生まれながらにもっている自発的な創造性を尊重して発達させることだとする教育思想のこと。その思想的な先駆はルソーの『エミール』(1762)やフレーベルの幼稚園教育に見出せるが、世界的規模での流布を大きく後押ししたのはケイの『児童の世紀』(1900)である。

　児童中心主義は19世紀末の産業社会の変化に呼応して起こった新教育運動の主軸であった。従来の教科書の中身を暗記させる伝統的な教育を批判して、子どもが日々過ごしている生活に立脚した学習の必要性から出発しようとする教育運動でもあったといえる。また、カリキュラムは子どもの個性と発達段階とを配慮して構成され、その構成の主軸には自発的な学習活動を据える必要性が主張された。わが国では大正期に欧米の新教育の理念・実践が普及し児童中心主義は広まった。第二次世界大戦後では初期社会科やコア・カリキュラムにおける生活単元学

習にも影響を与えた。児童中心主義の教育は、民主主義国家・社会の一員を形成する教育を構想する際に、明治以来続いてきた国家主義に基づく権威主義、画一主義、詰め込み主義の教育を批判する上で、大きな指針となった。今日では児童中心主義ということばがさほど用いられなくなってきたのも、子どもの自発性を尊重する教育実践は当然だとみなされているためだといえよう。しかし、近代社会の問題性を考察したアーレント等が批判するように、過度な児童中心主義は子どもが刷新していく対象となる"大人社会における権威の在り方"を教授せず、また無根拠のままに想定された"子どもの世界"へ児童生徒を閉じ込めてしまい、子どもたちを"むき出しの暴力的な関係性"へと駆り立てているという批判もなされている。⇒コア・カリキュラム　（重松克也）

「児童の権利条約」(国際連合、1989年)

　「児童の権利条約」(児童の権利に関する条約、Convention on the Rights of the Child)は、18歳未満のすべての子どもがもつ普遍的な権利について定めた条約である。1989(平成元)年11月20日に第44回国際連合総会で採択され、日本は158番目の締約国として1994(平成6)年に批准した。本条約は前文と54条の条文からなり、「子どもの権利条約」とも訳される。本条約に規定される権利内容は、「生命に対する権利及び生存と発達の確保」(第6条)、「氏名と国籍を有する権利」(第7条)の他、「生存の権利」「発達の権利」「保護の権利」「参加の権利」という4種類に大別される諸権利から構成される。なお、締約国には条約に規定された権利内容の実現に関して、国際連合に設置された「児童の権利委員会」への報告義務がある(第44条)。日本は、1996年(第1回)、2001年(第2回)、

2008 年（第 3 回）、2017 年（第 4・5 回）と政府報告を提出している。国内でも、本条約の批准を受け、各地方公共団体が独自に「子どもの権利条約に関する条例」を制定する例がみられる。⇒「児童権利宣言」　　　　　　　　　　　　（柳澤良明）

児童の村小学校

　大正新教育運動の代表的な実践校。野口援太郎、下中弥三郎、志垣寛らが同人となって結成した「教育の世紀社」が設立の母体である。1924（大正 13）年東京府池袋にある野口校長の自宅を校舎として「池袋児童の村小学校」を設立。教材、時間割、場所、教師を選ぶ権利を児童に認め、児童、保護者、教師による共同自治を基本とした同校の実践は、大正新教育運動の到達点として高く評価されている。教育の世紀社は教育改革のための事業として雑誌『教育の世紀』を発行し、同校の訓導である野村芳兵衛、峰地光重、小林かねよ、戸塚廉などが多数寄稿した。野村、峰地や雑誌の編集を務めた小砂丘忠義らは、1930 年代に発展する生活綴方教育の礎を築き、新たな時代の青年教師たちを惹きつけていった。1925 年には「御影児童の村小学校」（「芦屋児童の村小学校」に改称）、「雲雀ヶ丘小学校」（神奈川県茅ヶ崎、「雲雀ヶ丘童の村」）も開校したが、いずれも財政難に陥った。⇒大正新教育運動　　　　　　　（逗座知恵）

児童発達支援センター

　地域における障害のある子どもを通所させ、日常生活における基本的動作を指導し、自活に必要な知識・技術を取得させ、集団生活に適応できるよう、本人と家族に対する支援を行う施設。学校の放課後や休業日のデイサービスや、当該児童が普段通う保育所等への訪問支援も行

う。医療機能を備えたセンターもある。
　従来の児童発達支援は、根拠法も複数あり、施設の種類も細分化されていたため、障害の種類（知的障害、難聴、肢体不自由等）に合致する遠方の施設をやむなく利用する児童も多かったが、誰もが住み慣れた地域で暮らせるよう、2012 年の児童福祉法改正により、同法の下で一元化された。児童発達支援には、児童福祉施設である「児童発達支援センター」と、それ以外の「児童発達支援事業」の 2 類型があるが、後者がもっぱら療育の場であるのに対し、前者はさらに相談援助や、障害児を預かる施設への援助・助言を行うなど、地域の療育支援の中核的役割を担う。人口 10 万人に対して 1 ヵ所以上、それより小規模な市町村や障害保健福祉圏域にも 1〜2 ヵ所、設置される。利用の可否は、障害者手帳の有無とは別に市区町村が調査して判断する。利用料は世帯の所得に応じて決まる。（堤　大輔）

児童票

　保育所に入所している乳幼児の家庭での生活状況、入所後の保育の経過記録、身体健康に関する個人記録の帳簿。児童福祉施設最低基準第 14 条に、「児童福祉施設には、職員、財産、収支及び入所している者の処遇の状況を明らかにする帳簿を整備しておかなければならない」と規定されている。これを受けて、在籍の記録や健康状態や保育経過などを記録した帳簿の作成が義務づけられている。児童票の形式については、各地域や各園によってさまざまなものがあり、その記入方法もそれぞれ工夫されている。しかし、記録が単に形式的になったり、監査時だけのために整えられたりするようなことは避けなければならない。また、個人の記録としてだけではなく、保育士が自らの保育を反省・評価し、次期の保育への

資料ともなる。その扱い方や記入の仕方については、幼稚園幼児指導要録に準じている。しかし、幼稚園幼児指導要録と異なり、就学先に抄本や写しを送付することは求められていない。　⇒保育所、幼稚園幼児指導要録　　　　　（谷田貝公昭）

児童福祉司

　児童福祉司は、都道府県に採用され各児童相談所に配置される地方公務員である。その職務は、「児童相談所長の命を受けて、児童の保護その他児童の福祉に関する事項について、相談に応じ、専門的技術に基いて必要な指導を行う等児童の福祉増進に努める」（第13条第3項）「政令の定めるところにより児童相談所長が定める担当区域により、前項の職務を行い、担当区域内の市町村長に協力を求めることができる」（第13条第4項）と児童福祉法に定められている。児童福祉司の資格については、児童福祉法第13条第2項に以下のように定められており、その規定の中には、「学校教育法に基づく大学又は旧大学令に基づく大学において、心理学、教育学若しくは社会学を専修する学科又はこれらに相当する課程を修めて卒業した者であつて、厚生労働省令で定める施設において1年以上児童その他の者の福祉に関する相談に応じ、助言、指導その他の援助を行う業務に従事したもの」も含まれている。
　⇒児童相談所　　　　　　　　（布村育子）

児童福祉施設

　児童福祉施設は、児童福祉法第7条に列記されている施設であり、児童福祉法に定められた児童福祉に関する事業を行っている。助産施設、乳児院、母子生活支援施設、保育所、児童厚生施設、児童養護施設、知的障害児施設、知的障害児通園施設、盲ろうあ児施設、肢体不自由児施設、重症心身障害児施設、情緒障害児短期治療施設、児童自立支援施設、児童家庭支援センターがそのすべてである。それぞれの事業については、児童福祉法の第36条から第44条の2に定められている。児童福祉施設は、国、都道府県、市町村が設置できるほか、社会福祉法人が設置することもできる。なお、2002（平成14）年、厚生労働省は、社会福祉基礎構造改革の一環として「児童福祉施設における福祉サービスの第三者評価基準等に関する報告書」を公表した。これには、福祉サービスの質の向上と利用者の選択に資するための第三者評価基準が定められている。⇒児童福祉法　　　　　（布村育子）

児童福祉法

　児童福祉法は、第二次世界大戦後の1947（昭和22）年に制定された法律である。当時国民の生活水準は劣悪であった。とくに、戦災孤児・浮浪児などの要保護児童の増加、不衛生な環境での子育てなど、児童をめぐる環境は最悪の状態であった。このような状況下において、児童の福祉についての基本原則を定めたのが、児童福祉法である。その後1997（平成9）年の改正では、児童の福祉とともに児童の権利が明確にされた。さらに2004年の改正では、児童相談所の役割が明確にされた。この法律において児童とは、満18歳未満の者を指し、第1条では「すべて国民は、児童が心身ともに健やかに生まれ、且つ、育成されるよう努めなければならない。2　すべて児童は、ひとしくその生活を保障され、愛護されなければならない」として、要保護児童の保護だけでなく、すべての児童を対象に健全育成、福祉の増進を定めている。⇒児童相談所　　　　　　（布村育子）

児童文化

子どもの心身の成長発達に関わる文化の総称のこと。衣食住含めた子どもの生活全てに関わる文化である。狭義には、子ども自身が主体的に創造するもの、大人が子どものために創り出した文化財のこと、子どもの文化施設や、地域などで子どもが参加できる文化活動のことである。児童文化の概念は、わが国独自であり定義に統一性はない。また、大人が子どものために創るものが「児童文化」、子ども自身が創るものが「子ども文化」という視点もある。言葉の誕生は、1922年の峰地光重の『文化中心綴方教授法』と言われているが、その頃の雑誌「赤い鳥」などの児童芸術運動により普及していった。1951年の「児童憲章」により子どもたちによい遊び場と文化財を用意することが定められ、1994年の子どもの権利条約で子どもたちに遊び、レクリエーション活動の文化的な生活、芸術への参加などの権利が認められたことにより児童文化が保障されていった。（大﨑利紀子）

児童養護施設

児童福祉法に基づいて設置されている児童福祉施設の一つである。同法第41条は、「児童養護施設は、保護者のない児童（乳児を除く。ただし、安定した生活環境の確保その他の理由により特に必要のある場合には、乳児を含む。以下この条において同じ。）、虐待されている児童その他環境上養護を要する児童を入所させて、これを養護し、あわせて退所した者に対する相談その他の自立のための援助を行うことを目的とする施設とする」と規定している。ここで「環境上養護を要する」とは、何らかの理由で家庭での養育が困難であると判断される場合だが、その具体的な状況は、両親の離婚、行方不明、死亡、拘留あるいは経済的な理由など、さまざまで、最近は虐待のケースが増えている。対象とする児童の年齢は原則として満1歳～満18歳である。施設は全国に約550あり、約30,000人の児童がそこで生活している。学齢期の児童は施設から近隣の学校へ通学することになる。⇒児童相談所、児童福祉法

（浜田博文）

指導要録

学校教育法施行規則で「児童等の学習及び健康の状況を記録した書類の原本」と規定された書類。進学・転学の際にはその抄本または写しを進学・転学先の学校長に送付しなければならない。また卒業後も「指導に関する記録」の部分は5年間、「学籍に関する記録」の部分は20年間の保存義務がある。指導要録の書式は、文部科学省から教育委員会等あての記載事項に関する通知に基づいて作成される。これは学習指導要領の改訂等に合わせて適宜改訂される。戦後しばらくの間は各教科の評定が「5段階相対評価」で記入されていたが、1991（平成3）年には併せて「関心・意欲・態度」などの「観点別学習状況」の評価をA、B、Cで記入することになり、2001年には各教科の総合評定も小学校3年生以上が3段階、中学校で5段階の「目標に準拠した評価」（いわゆる絶対評価）によることになった。また「総合的な学習の時間の記録」、「外国語活動の記録」、「特別の教科 道徳」の評価については、文章記述形式で行われることとなっている。⇒学籍　（大田邦郎）

指導力不足教員

いわゆる「指導力不足教員」について、文部科学省では、「『指導が不適切である』教諭等」として、「知識、技術、指導方

法その他教員として求められる資質、能力に課題があるため、日常的に児童等への指導を行わせることが適当ではない教諭等のうち、研修によって指導の改善が見込まれる者であって、直ちに分限処分等の対象とはならない者」と定義している（「指導が不適切な教員に対する人事管理システムのガイドライン」2008［平成20］年2月）。具体的には、「①教科に関する専門的知識、技術等が不足しているため、学習指導を適切に行うことができない場合（教える内容に誤りが多かったり、児童等の質問に正確に答え得ることができない等）」、「②指導方法が不適切であるため、学習指導を適切に行うことができない場合（ほとんど授業内容を板書するだけで、児童等の質問を受け付けない等）」、「③児童等の心を理解する能力や意欲に欠け、学級経営や生徒指導を適切に行うことができない場合（児童等の意見を全く聞かず、対話もしないなど、児童等とのコミュニケーションをとろうとしない等）」を挙げている（「教育職員免許法及び教育公務員特例法の一部を改正する法律について（通知）」2007年7月31日）。当該教諭等の認定については、各教育委員会が教育委員会規則で定める手続に従い、個々のケースに則して適切に判断することとしている（同通知）。認定された教諭等は、教育公務員特例法第25条で規定されている「指導改善研修」を受けることとされている。

（川口有美子）

篠原助市

しのはら・すけいち、1876～1957

愛媛県出身。戦前の日本を代表する教育学者の一人。愛媛県師範学校、東京高等師範学校を卒業し、福井県師範学校主事を務めた。その後、さらに京都帝国大学文学部、同大学院に進学し教育学を研究する傍ら、奈良女子高等師範学校講師を務めた。1919（大正8）年東京高等師範学校教授、欧米留学を経て1923年東北帝国大学教授、1930（昭和5）年東京文理科大学教授となる。新カント派の先験的な立場に立つ篠原は、教育の理念を「自然の理性化」（のちに「個性の歴史化」）として捉え、この理念のもとに体系づけられた教育学を構築しようとした。理性による自然の支配が人間を自由にするという解釈は、手塚岸衛の「自由教育」にも影響を与えている。主著に『批判的教育学の問題』（1922）、『理論的教育学』（1929）、『教育の本質と教育学』（1930）などがある。

（遠座知恵）

自発性

自発性とは、自らが何らかの行動を起こす際の根拠を自分自身の中に求める特性を指す。類似概念として主体性、自律性、自主性などがあるが、特に子どもの自発性という場合には、子どもの思考、選択、判断、行動の源泉を子ども自身の内側に見いだす点に特徴がある。心理学・精神分析学等の領域では主に外部からの抑圧との対比が強調されるのに対し、教育領域では、子ども自身が持ちうる興味や関心、あるいは感受性や感性との結びつきに焦点が当たることが多い。例えばルソー（Rousseau, J.-J., 1712～1778）は著書『エミール』において、子どもが自分自身の欲求や必要性に基づいて判断や行動をするときに、自分をとりまく事物や環境に対する最も適切的な働きかけが可能になると論じた。この考え方は、適切な活動を行うなかで子どもに必要な諸能力が形成されていくというペスタロッチ（Pestalozzi, J.H., 1746～1827）の「陶冶」（Bildung）の考え方へとつながっていく。すなわち、教育領域における自発性は、それに基づく活動を通して子どもの身体・精神・人間関係等の諸能力が適

切に発達する機能をもつ点に特徴をもつ。

教職にとっての自発性は、第一に、子ども自身の考え方や感じ方があるという前提に立つことを求める。その上で、自発性は、教師の配慮や働きかけを通して、子どもたちが自分をとりまく環境や他者などの諸条件との関係性をつくり上げる過程で活かされ・引き出される。第二に、教職における自発性の重視は、単に外的な力からの解放という点のみならず、子どもの内なる欲求や選択に基づく行動や活動が子ども自身の諸能力の成長・発達を促す点から強調される。それゆえ自発性の尊重は、子どもに対する過度な自由奔放や放任とは質的に異なる。教師が子ども自身の内なる思考や感性を丁寧に看取し、十全な配慮と準備による活動に対峙する機会を提示する際に、子どもの自主性の適切な伸長が始まるのである。

(尾崎博美)

師範学校

戦前の日本における教員養成を目的とした学校。学校体系について初めて定めた学制(1872 [明治 5])から規定されていたが、その後師範学校令(1886)の制定により、中等教員を養成する高等師範学校と小学校教員養成を担う尋常師範学校(その後 1897 年の師範教育令により師範学校と改称)に分けられ、尋常師範学校の設置義務は県に課せられた。師範学校の特色は修学に際し学費が不要であった(給費制)こと、その引き替えとして卒業後は一定期間教員として勤務する就職義務が課せられていたことである。師範学校令制定に尽力した森有礼は教師には「順良・信愛・威重」の精神が重要だと考え、師範学校はこの徳性を涵養する機関であると位置づけた。師範学校のカリキュラムは全国的に統一され、また原則全寮制であったため、均質な教員の養成に寄与した一方、画一的で従順な教員を輩出することで、戦前の国家主義的な学校教育を下支えした側面も見逃せない。戦後はこのような反省に立ち、教員を大学で養成するという原則のもと、師範学校の多くは学芸学部(大学)や教育学部(大学)として再出発することとなった。⇒教員養成、森有礼、高等師範学校

(大谷 奨)

師範タイプ

戦前は師範学校が初等教員を養成していたが、その師範学校におけるカリキュラムは全国的に統一されており、原則的に全寮制だったため、生徒は全人的で徹底した養成教育を受けた。そのため師範学校は、均質かつ画一的な教員を養成するように機能した。このように師範学校で養成される画一的な教師像を「師範タイプ」と通称することがある。また師範学校の整備に尽力した森有礼は、その教育理念として「順良、信愛、威重」の三気質を掲げたが、これは反面、上の命令には従順で、同じ師範出身者同士で排他的集団を形成し、子どもや親に対しては威圧的に振る舞うような教員を養成してしまう可能性もあった。また師範学校は給費制で学費が不要だったので、能力がありながら経済的な事情で中学校(旧制)や高等女学校に進めなかった者の進学先にもなっていた。そのため、必ずしも本意ではないまま教職に就くという屈折した状況を引き起こすことになり、服務義務期間が終了すると辞職するという離職率の高さもしばしば問題となった。

⇒高等女学校、森有礼 (大谷 奨)

自閉症
autism

広汎性発達障害の一つ。アメリカ精神医学会による DSM-Ⅳ では、「自閉症障

害」と呼び、世界保健機構（WHO）による ICD - 10 では、「小児自閉症」としている。自閉症の特徴は、DSM - Ⅳ および ICD - 10 のどちらも、①社会的相互作用の質的な障害（人見知りをしない、ひとり遊びを好む、共同注視しない、相手の気持ちを考えない言動など）、②コミュニケーション行動の質的な障害（会話がかみ合わない、一方的に話す、独り言が多い、おうむ返しが多い、話し方が単調で平板、平叙文でも語尾があがるなど）、③限定された興味関心や常同的・反復的な行動（こだわりや変化に弱い、著しい偏食など）、④3 歳までの発症、の四つであるとしている。自閉症の発生原因には単一の疾患はなく、遺伝的要因、遺伝的疾患、脳機能の障害などが関与しているとされる。発生率は 0.1〜0.2% と考えられており、男女比は圧倒的に男児に多い傾向がある。　（林　邦雄）

■ 自閉症スペクトラム
autistic spectrum

　広汎性発達障害に関して、ウイング（wing, L. 1966〜）が提唱した概念。ウイングは、自閉症を含めた広汎性発達障害の人々には、程度や状態の違いは認められても、「社会的な相互作用の質的な障害」「コミュニケーションの質的な障害」「想像力の障害」という三つの特徴は共通しており、それぞれの下位カテゴリーには連続性があると考え、それを「スペクトラム（連続体）」ということばで表現した。ちなみに、広汎性発達障害の下位カテゴリーは、アメリカ精神医学会による DSM - Ⅳ に基づいて述べると、「自閉症障害」「レット障害」「小児崩壊性障害」「アスペルガー障害」「特定不能の広汎性発達障害」を指している。自閉症スペクトラムとは、広汎性発達障害を指していることばでもあるといえる。　（林　邦雄）

■ 社会移動

　人間は、社会において、特定の地位を占めている。社会移動とは、個人の地位が変化（移動）することである。社会移動には、収入や威信の増減が伴う。それらが増加することを上昇移動、減少することを下降移動という。こうした上下の垂直的移動に加え、ほぼ同等の地位の間を移動する水平的移動もある。このほかに、世代間移動と世代内移動という区別がある。前者は、子が親とは異なる地位に移動することである。つまり、生まれた家族の地位とは別の地位に移動することである。後者は、個人が、生涯の間に、ある地位から他の地位へと移動することである。このように、社会移動といってもさまざまであるが、とりわけ、世代間における垂直移動の多寡に関心が寄せられる。それは、社会の開放性の度合い（近代化の程度）を示す指標であるからである。なお、社会移動は、収入や威信の源泉である職業上の移動で測定される。

　社会移動は、その原因の面から、強制移動と純粋移動に分けられる。前者は、職業構成など、社会構造の変化に由来する。都市化・産業化など、社会変動の激しい時期に、この種の移動は多くなる。後者は、こうした構造的要因によらないものであるが、この純粋移動の主要なルートになるのが教育である。学歴は職業上の地位獲得に大きな影響をもち、社会移動のための重要な手段となる。しかし、近年、高学歴化の進行により、高い学歴を得ることが、上昇移動を保証するものではなくなってきている。高学歴の獲得は、現状維持ないしは下降移動を免れるための手段としての性格を強めている。このような状況の中、世代間移動の減少がいわれている。例えば、上層ホワイトカラーの地位にあっては、世代間で再生産される傾向が強まっている、とい

う指摘がある。　　　　　　　（舞田敏彦）

社会化
socialization

　人類の幼児は、無力な存在としてこの世に生まれる。先行世代と一緒に社会的、文化的な生活を営み、共同と協働の生活が可能な意識や能力や態度をまったくもたずに生まれてくる。生物学的にも社会学的にも一個の無力な有機体に生まれる人間の子どもがやがて共同生活をする上で必須の規範や価値を獲得していく。これは社会を成立させていく基本条件である。社会化は人間生成の教育学的な意味が前提となる。出生による人間的世界の中での生活と発達、そして、人間としての成熟において教育を必要とすること、さらに人間として充実していくことは、人間にとって完結することのない生涯の課題でもある。社会化の課題はまた、第一次集団（家族）におけるソーシャライザーである親の生き方、在り方にある。

　今日、社会化の担い手がわが子をかばうために集団に対して無理難題をいうことが話題になる。この親子関係の中では子どもが「共属感情」を育むどころか一人身勝手な生き方を善とするようになりかねない。社会化が社会規範の同調を習得することにあるならば、社会化の担い手（ソーシャライザー）こそ社会規範の意味をたえず反芻しなければならない存在である。社会化は集団過程を重視する。学校教育は一人ないし複数の親の「教育注文」によって認知的、規範的な側面が欠けることになり、社会の成員になる上で必須な資質や集団規範を守る人間に育てるモラールを学校現場では喪失してしまう。今、社会化の現実が問われている。
　　　　　　　　　　　　　　（望月重信）

社会階層（階級）

　現実の社会では、人々は、職業、所得、学歴などによって、序列づけられている側面がある。社会階層とは、こうした序列構造の中で同じ位置を占める人々の集合を指す。社会階層は、量的なものさしで構成される概念ではあるが、同一の階層に属する者は、類似した意識や生活態度をもつといわれる。なお、関連概念の社会階級とは、生産手段の所有の有無によって区別される集団である。階層は、上層、中層、下層というように、一元的な尺度の上で序列づけられた集団であるが、階級は、資本家階級と労働者階級というように、質的に異なる集団である。国民の同質性が強い日本では、明瞭な階級は存在しないという。むしろ、その中で細かに区分けされる階層のほうが重要である。教育において問題となるのは、どの階層の子どもであるかで、学業成績、上級学校進学率などに著しい格差があることである。なお、学習意欲そのものにも階層差があることから、金銭的な就学援助をすれば済むという問題ではない。そこには、文化的な次元での格差が横たわっており、教育実践とのかかわりも大きい。　　　　　　　　（舞田敏彦）

社会科教育

　日本の社会科の授業は、1947（昭和22）年9月の2学期から始まった。社会科は、戦争中の修身・歴史・地理などの軍国主義教育を批判し、同年から施行された日本国憲法のもとで、民主主義社会の主権者を育てるための中心教科として出発した。1951年に発表された小学校学習指導要領 社会科編（試案）では、戦争中の従来の修身科・国史科・地理科の欠陥を、「伝統的な徳目の型に児童をはめようとしたり、地理や歴史に関する一応の知識を児童に与えようとしたりすることにとどまって、現実の問題を解決

するための能力や態度を養うことに重点を置いていなかった」と指摘した。その欠陥を克服するには、「児童がその生活において直面する問題の解決を中心とする学習のしかたにあらため」、「道徳的な判断力や態度も、地理的、歴史的な見方考え方も、それらが互いに結び合う問題解決の過程において養われるのが効果的である」とし、3教科の分立を批判した。

しかし、1952年にサンフランシスコ講和条約と日米安全保障条約が調印された頃から、政治と教育の保守化（逆コース）が始まると、歩みはじめたばかりの初期社会科の「問題解決学習」は、這い回る経験主義だとか、学力低下の元凶だとか批判され、「系統学習」に急速に傾いていった。1955年の社会科だけの学習指導要領の改訂で、中学社会科は地理、歴史、政治・経済・社会（後の公民）の3分野に分割され、歴史に神話・伝承が復活した。1969年の改訂では、社会科の生命とされた問題解決学習が、学習指導要領から消された。そして、1977年の改訂から、社会科の目標に、「わが国の国土と歴史に対する理解と愛情を育て」ることと並んで、「民主的、平和的な国家・社会の形成者として必要な公民的資質の基礎を養う」ことが掲げられた。1947年教育基本法第1条の「平和的な国家及び社会の形成者」という表現は残され、日本国憲法の理想を実現するための中心的な教科としての位置づけは続いていた。⇒問題解決学習　　　　　（宮原武夫）

社会教育

成人と学校外の青少年の自主的・組織的な教育活動。1949(昭和24)年に制定された社会教育法では、社会教育を「学校教育法に基き、学校の教育課程として行われる教育活動を除き、主として青少年及び成人に対して行われる組織的な教育活動（体育及びレクリエーションの活動を含む。）をいう」（第2条）と定義している。

社会教育が公用語になったのは1921(大正10)年のことであり、それ以前は通俗教育という用語が使われていた。戦前の社会教育は、官主導の国民強化体制のもとで行われ教化主義的色合いの強いものであった。戦後、社会教育は国民の自己教育であり相互教育であるという理念が掲げられ、国や地方公共団体は専ら条件整備を担当すべきことが原則であると考えられている。そのため、学校教育と異なり、学習者の自発的な意思を尊重することが特徴である。

社会教育ということばは日本独自のものであり、欧米においては主に成人教育という概念で、人々の生涯にわたる学習と捉えられてきた。国際的には成人教育に学校外の青少年教育を加えたものが社会教育にあたるといえ、英語で表すとadult and community educationとなる。

社会教育の対象として、青少年教育、成人教育、女性教育、高齢者教育が含まれ、方法としては、学級、講座、教室、行事、グループ・サークル・クラブ活動といった集合学習、社会通信教育、新聞、雑誌、図書の利用といった個人学習など多様な形態がある。社会教育施設として、公民館、図書館、博物館、青少年教育施設、女性教育施設、社会体育施設、文化会館、視聴覚センターなどがあり、また社会教育における専門的な職員として社会教育主事、図書館司書、博物館学芸員などがある。

1990(平成2)年には「生涯学習振興法」が施行され、社会教育を生涯学習の一環として捉える見方が示された。生涯学習社会の実現へ向けて、社会教育は中核的な役割を担うことが期待されている。⇒社会教育施設　　　　　（倉持伸江）

社会教育関係団体

社会教育法では、社会教育を「学校の教育課程として行われる教育活動を除き、主として青少年及び成人に対して行われる組織的な教育活動（体育及びレクリエーションの活動を含む。）」（第2条）として定義している。すなわち、このような活動を行う団体であり、「法人であると否とを問わず、公の支配に属しない団体で社会教育に関する事業を行うことを主たる目的とするもの」（第10条）である。社会教育を目的としない団体、つまり、営利事業、政治活動、宗教活動、企業・学校等の同好会またはクラブ活動、慈善・博愛のボランティア事業など、これらを行う団体は社会教育関係団体とは認められない。団体としては、子どもや青年を対象とする青少年団体やPTAや婦人会などの成人を対象とする団体が多い。また社会教育法に基づく助成の対象となり、さらに、社会教育法では、団体の求めに応じて指導助言や財政的な援助等を行うことを国や地方公共団体の役割としている（第11条、12条、13条）。
（加藤崇英）

社会教育施設

社会教育施設とは、人々の学習活動を推進するための施設である。公民館、図書館、博物館、青少年教育施設（国立オリンピック記念青少年総合センター、国立青少年交流の家、国立青少年自然の家、地方公共団体が設置する公立青年の家および公立少年自然の家など）、女性教育施設（婦人教育会館、女性センター、男女共同参画センターなど）、社会体育施設、文化会館などがある。また、社会教育法によって規定されている社会教育行政以外の管轄にある施設でも、人々の学習活動を援助したり、必要な情報・知識を提供したりするもの（例えば、児童館や福祉センターなど）については、社会教育関連施設や生涯学習関連施設と呼ばれている。2003（平成15）年に地方自治法の一部を改正する法律が施行され、公の施設の管理について指定管理者制度が導入されたことから、社会教育施設の管理・運営が民間企業やNPOなどに委託される事例も増えつつある。社会教育施設とは単に建物だけを指すのではなく、建物や設備の物的条件、専門的職員などの人的条件、事業、プログラム、情報などの機能的条件という人々の学習活動を支援するための三つの基本的条件を備えたものである。今後の社会教育施設は地域の人びとの生涯学習活動を支援するために、ボランティアの積極的な活用、学校教育活動との連携、施設相互のネットワークなどが求められる。⇒公民館、社会教育、図書館、博物館
（倉持伸江）

社会教育主事

社会教育主事は、社会教育法（第9条の2）に規定される、学校教育における指導主事と同等の専門的教育職員である。職務については、社会教育法で「社会教育を行う者に専門技術的な助言と指導を与える。但し、命令及び監督をしてはならない」（第9条の3）と定められ、都道府県および市町村の教育委員会事務局に置かれる。社会教育・生涯学習行政における施設、職員、事務、予算などの条件整備や社会教育計画、相談などにかかわる、人々の生涯学習を支援する専門的な力量をもつ。1996（平成8）年の生涯学習審議会社会教育分科審議会報告では、求められる社会教育主事の役割として、「地域における幅広い人々の自由で自主的な学習活動を側面から援助する行政サービスの提供者としての役割」「社会教育に関する専門的知識・技術を生かし、公民館等社会教育施設を中心に行われる社会教育事業と学校教育、文化、スポーツ、

さらには社会福祉や労働等のさまざまな分野の関連事業等との適切な連携・協力を図り、地域の生涯学習を推進するコーディネーターとしての役割」を担うことが一層期待されている。今後生涯学習社会における学習支援者として、ますますその役割が重視される。⇒社会教育

(倉持伸江)

社会教育法

「社会教育に関する国及び地方公共団体の任務を明らかにすること」（第1条）を目的として定められた法律。第3条では国及び地方公共団体が「すべての国民があらゆる機会、あらゆる場所を利用して、自ら実際生活に即する文化的教養を高め得るような環境を醸成するように努めなければならない」と規定している。総則、社会教育主事等、社会教育関係団体、社会教育委員、公民館、学校施設の利用、通信教育の7章で構成されている。

本法において公民館・博物館の設置や、社会教育主事・図書館司書・博物館学芸員などの専門職員の養成・設置を規定することを通じて、社会教育の充実を図ってきた。他方で、教育基本法改正（2006年）以降、学校教育との連携確保、授業終了後又は休業日における学習活動の機会の提供、地域住民による地域学校協働活動の機会の提供、地域学校協働活動推進員の委嘱など、地域と学校との連携・協働を強調する内容が本法に追加されている。

(福島正行)

社会性

「社会奉仕活動等の充実についての学校教育法及び社会教育法の一部改正」の趣旨（文部科学省、2001）に「児童生徒の社会性や豊かな人間性を育む」とある。児童生徒の発達の現状を考えるとき、都市化、郊外化、少子高齢化と人間関係の希薄化の進展は子どもたちの社会性や他人を思いやる心の育成にとってマイナス要因になっているという認識である。今、社会性の教育が課題となるのは、学校の規則や遊び仲間のルール、自治能力の獲得など、子どもの社会化過程で人間行為の規則を理解し共同性（他者性）を受け入れることが子ども社会の中でいかに困難であるかが背景にある。社会性の獲得の必須条件として、まず個性化の獲得があると思われる。つまり子ども独自の思考様式や行動のパターンを身につけることも同時に行われていなければならないということである。単に既存の社会に適応していく（コミュニケーション能力をつける）ことではなく、社会の既存価値を批判したり検討して創造する態度の形成、つまり行動する個性が求められているのである。

(望月重信)

社会体育

学校教育活動以外の一般社会における体育・スポーツ活動であるとともに、人々がより健康で豊かな生活を築くために、生涯の各時期、生活の各分野において体育・スポーツ活動に取り組めるよう、学習機会を提供したり環境を整備したりし、計画的に助成、援助することを含む。学校体育と異なり、自発的・自主的な参加を前提とする。また、社会体育は生涯を通じて行われるべきもので、その対象には地域・職場・団体・家庭で幼児から高齢者まですべての人が含まれる。社会体育の振興方策としては、スポーツ教室の開設、体育・スポーツグループの育成・援助、活動に必要な施設・設備の整備、指導者の養成、体育・スポーツ行事や情報の提供などがある。また社会体育（スポーツ）施設として、陸上競技場、運動場、野球場などの屋外施設、体育館や水

泳プールといった屋内施設、野外活動のための施設やキャンプ場がある。現在では、生涯を通じた体育・スポーツ活動の推進という視点から「生涯スポーツ」の推進が強調されるようになってきている。⇒生涯スポーツ　　　　　　　　（倉持伸江）

社会通信教育

　学校教育法による通信教育を除いた、社会教育の一環として行われる通信教育のこと。社会教育法では、「この法律において『通信教育』とは、通常の方法により一定の教育計画の下に、教材、補助教材等を受講者に送付し、これに基き、設問解答、添削指導、質疑応答等を行う教育をいう」(第50条)と規定されている。社会通信教育には、「社会教育上奨励すべき」ものとして文部科学大臣に認定される文部科学省認定社会通信教育とそれ以外の民間社会通信教育とがある。社会通信教育の特徴として、学歴・年齢などの資格制限がないこと、通学を前提としない通信による指導であること、いつからでも始められること、学習内容が多彩であることなどが挙げられる。時間的・地理的制約を受けることなく、だれでも、どこでも、いつでも学ぶことができる反面、学習が孤立化しやすく、学習の成果を評価しにくいという課題もある。このような学習を援助するために、修得した知識・技能を試験によって公的に証明する技能審査の制度が設けられている。
　　⇒e-Learning、社会教育、通信教育
　　　　　　　　　　　　　　　（倉持伸江）

社会的スキル
social skill

　対人関係を良好に形成し円滑に維持するための、また社会生活における目標を達成するためのスキル（知識、技術、コツなどを総合した技能）、つまり普通に人と交わり、ともに生活していくためのスキルをいう。ソーシャルスキル、社会的技能、社会技能ともいわれる。WHOの定義によれば「日常生活の中で出会うさまざまな問題や課題に、創造的かつ効果的に自分で対処できる能力」である。リバーマンは、社会的交流の段階により異なる技能が必要となり、(1) 状況に関連した社会的情報を正確に受け取ることができる受信技能、(2) その状況に最も効果的な技能を選ぶことができる処理技能、(3) 言語的内容とどのように伝えるかを決定する送信技能などが求められるとする。これらの技能が発揮されると、①その場の雰囲気、暗黙のルールがわかる、②自分の言動を相手がどのように受け取るかを想像できる、③自分の考えを上手に相手に伝えることができる、などが可能になる。これらのスキルは学習されるものなので、教育訓練（ソーシャルスキルトレーニング：SST）によって獲得することができる。精神科治療のみならず、学校教育領域においても実施されている。　　　　　　　　　　　　（原　裕視）

弱視

　視力、視野の機能が低下し、物がみにくい状態を指している。盲と並んで、視覚障害の一つとされる。視覚障害は、視力の程度によって盲(blindness)と弱視(partiall yseeing) に分類される。視覚障害とは、一般的には視力における機能の障害の総称を意味し、世界保健機関（WHO）の定義によると、両眼での矯正視力0.05未満を盲、0.05～0.3未満を弱視としている。弱視に対する支援の方法は、状態によって一人ひとりの個人差が大きいため、それぞれに合わせた支援が必要だが、一般的には、文字の拡大、弱視レンズなどの視覚代行機器の使用などがある。また視力、視野の低下により、

環境への働きかけが消極的になる可能性があり、対人関係などへの影響が考えられるため、ことばかけなど大人の側の配慮が必要である。⇒盲　　　　　（瀧口　綾）

自由遊び
free-flow play

　現在のところ自由遊びについての捉え方は、諸家によってまちまちで、統一された定義のようなものはないようである。遊び自体、本来自由で自発的なものであるから、自由遊びとはなんとも奇妙なことばではある。保育現場で実施されている自由遊びを大別すると三つの型がある。①園の生活全体が自由遊びで単元活動はその一部であるとする考え方、②自由遊びの時間は諸活動の一つであるとする考え方、③自由遊びを緊張からの解放、休み時間であるとする考え方、である。③が今日の保育現場で最も多くなされている自由遊びであろう。よって自由遊びとは、遊びの一つの種類としての名称ではなく、保育方法の一様式を指すと解することができる。1948(昭和23)年刊行の「保育要領」では、幼児の12の保育内容の一つとして自由遊びが取り上げられているが、現行の幼稚園教育要領ではこの用語は使用されていない。これに対して、現行の児童福祉施設最低基準第35条には、「保育所における保育の内容は、健康状態の観察、服装等の異常の有無についての検査、自由遊び及び昼寝のほか、第12条第1項に規定する健康診断を含むものとする」とされている。　　　（谷田貝公昭）

週案

　教師が一週間、児童・生徒の学習指導を進めていく上での、指導計画案のことを指す。広義の意味では、学習指導案に含められる。学校教育は、一週間ごとの単位で運営されている。そのため、各教科、道徳、特別活動などについて、相互の関連を図り、全体として調和のとれた1週間の指導計画を立てることは、学校教育推進にあたって重要事項である。週案は、年間指導計画や各月の指導計画および日案などとの関係をよく考えて作成する必要がある。　　　　　（中山博夫）

自由画教育（山本鼎）

　大正自由教育の高揚の中で、芸術教育運動の分野で山本鼎らにより推進された美術教育の新しい流れ。手本（臨本）を忠実に模写する明治以来の臨画教育ではなく、児童自由画教育を提唱し、児童画教育に新天地を開いた。山本鼎［かなえ］（1982～1946）は版画家、洋画家。東京美術学校（後の東京藝術大学）洋画科卒。1916（大正5）年、欧州留学の帰途にモスクワで児童創造美術展と農民美術に感銘を受け、帰国して長野県内の児童自由画の指導・展示・講演等。1919年、日本児童自由画協会を創設。また、同年、長野県小県郡神川小学校に日本農民美術練習所を開設、農村青年等への美術指導や農民美術展開催に尽力。羽仁もと子創設の自由学園美術科の教育にも携り、1921年に主任。鈴木三重吉『赤い鳥』の自由画選者も務める。長野県上田市の山本鼎記念館に作品と史資料が蒐集・公開されている。　　　　　（水内　宏）

就学援助義務

　国および地方公共団体は、能力があるにもかかわらず、経済的理由によって就学が困難な者に対して、奨学の措置を講じなければならない（教育基本法第4条第3項）。そして、市町村は、経済的理由によって就学困難と認められる学齢児童・生徒の保護者に対して、必要な援助を与えなければならない（学校教育法第

19 条）。この市町村の義務を、就学援助義務という。学齢児童の教育を受ける権利を保障し、教育の機会均等を実現するために課せられる義務である。就学援助の対象となるのは、生活保護法に定める要保護者と市町村教育委員会が要保護者に準じる程度に困窮していると認める準要保護者である。国は、市町村の就学奨励につき、学用品、通学費、修学旅行費について援助を行う（就学困難な児童及び生徒に係る就学奨励についての国の援助に関する法律第 2 条）。また、学校給食費、保健医療の援助、災害共済掛金の補助、特別支援学校についても、それぞれ関係法令により国の援助が定められている。⇒**義務教育**　　　　　（藤井穂高）

就学義務

　就学義務とは、保護者がその子を就学させる義務を指す。わが国では憲法第 26 条に明記された教育を受ける権利を保障するために、その保護者に就学義務を課すと解されている。学校教育法によると、保護者は、その子に 9 年の普通教育を受けさせる義務を負う（第 16 条）。具体的には、子の満 6 歳に達した日の翌日以後における最初の学年の初めから、満 12 歳に達した日の属する学年の終わりまで、小学校または特別支援学校の小学部に就学させる義務を負っており、また、子が小学校または特別支援学校の小学部の課程を修了した日の翌日以後における最初の学年の初めから満 15 歳に達した日の属する学年の終わりまで、中学校、中等教育学校の前期課程または特別支援学校の中学部に就学させる義務を負っている（第17条）。就学義務に違反する場合は罰金に処せられる（第144条）。なお、病弱、発育不全、その他やむを得ない事由により就学困難と認められる者の保護者が、就学義務を猶予・免除される例外規

定もある（第18条）。⇒**義務教育、就学免除**
　　　　　　　　　　　　　　（藤井穂高）

自由学芸（リベラル・アーツ）

　もとはヨーロッパの伝統的な教養内容を指す。リベラルは先入観や形式化した既定の人生の道程から自己を解放する自由な心を意味し、アーツは芸術的技能と実用的技能の両方を含んだ人間の技能を意味する。この両技能を含んで自己形成を目指す知的技能がリベラル・アーツである。中世の教育内容の中心であった七自由科に起源をもつ。これは、文法・修辞学・弁証法（論理学）の三科と、算術・幾何学・天文学・音楽の四科で構成されており、三科は言語表現の自由の促進と知性の訓練を扱う教科、四科は均衡と調和をもった事物の構造を扱い、世界に対する人間のかかわりを練磨するものとして考えられていた。中世の共通の世界観を築くための基礎教養として重視されたが、中世後期には大学の専門教育に進むための予備課程としての一般教育を意味するようになり、現代に至っている。
　⇒**七自由科**　　　　　　（荒井聡史）

就学奨励

　能力があるにもかかわらず、経済的理由によって就学が困難な者に対して就学を支援する教育政策。教育基本法では、「国及び地方公共団体は、能力があるにもかかわらず、経済的理由によって就学が困難な者に対して、奨学の処置を講じなければならない」（第 4 条第 3 項）と規定している。通常、経済的理由で就学困難な児童や生徒に対しては、主として生活保護により対処されていた。また学用品を買うことができないボーダーライン層については、市町村などが個別に援助を行ってきた。この事態を受けて、

1956（昭和31）年に「就学困難な児童及び生徒に係る就学奨励についての国の援助に関する法律」が制定された。この法律により、地方公共団体に対して国が援助することになり、地方公共団体において、義務教育期間の児童・生徒に対する就学奨励を行う財政的基盤が整えられた。

（大沢　裕）

就学督促

就学義務の履行を怠っていると認められる保護者に対して、子どもの出席を督促すること。明治期には「就学督励」とも呼ばれ、就学率を上昇させるために文部省をはじめ地方官・学区取締・教員ら教育関係者によって強力な督促が行われた。府県によって、学区取締・学校役員・教員らの督促業務を明らかにした規則が制定され、巡査に命じて不就学児童の取り締まりを行う例もみられた。このような方策は改正教育令により1881（明治14）年に制定された就学督責規則において全国的に整備された。現在では学校教育法施行令第21条により、市町村の教育委員会は、校長から長期欠席などの通知を受けたとき、および通知は受けないが保護者が就学義務の履行を怠っていると認められるときには、職権によって出席の督促を行わなければならない。就学督促は、子どもの教育を受ける権利を保障するためのものであり、就学督促にもかかわらず就学義務の不履行の場合には、学校教育法第144条の罰則規定が適用される。

（橋本美保）

就学前教育

就学前教育とは、一般に小学校入学までの教育を指す。したがって、幼児期の子どもを対象とした「幼児教育」や、幼児期の教育の特質をあらわす「保育」と基本的には同義であるが、就学前教育の場合は、小学校への就学を前提とし、そのための準備教育や幼小の連携を重視する場合に用いられる傾向がある。家庭は、子どもが生まれ育つ場であるから、幼児教育の最も原初的な形であるが、今日では幼稚園、保育所等において、保育の専門家により、意図的・計画的・組織的な保育が行われている。幼稚園は学校教育法に定める学校であり、保育所は児童福祉法の定める社会福祉施設である。近年では「就学前の子どもに関する教育、保育等の総合的な提供の推進に関する法律」（2006年10月1日施行）の成立に伴い、幼保一元的な「認定子ども園」も設置できるようになった。就学前教育の観点からは、とくに幼小の連携、接続が、1990年代後半以降のいわゆる「小1プロブレム」により、大きな課題となっている。⇒認定子ども園　　（藤井穂高）

就学免除

保護者（親権を行う者・未成年後見人）が負っている、子女を学校に就学させる義務を免除することを指す。学校教育法第18条では、学齢児童生徒が「病弱、発育不完全その他やむを得ない事由」のために就学が困難であると認められる場合、その保護者に対して、市町村の教育委員会が就学義務の免除を行うことができると規定している。「病弱、発育不全」の程度とは、特別支援学校での教育を受けることができない程度のものを指すが、法令上に特別な定めはない。実質的には、1979（昭和54）年の養護学校の義務教育化に伴い学校の受け入れ態勢が充実してきたため、「病弱・発育不全」の理由で許可されることは少なくなっている。「その他やむを得ない事由」としては、子どもの失踪・行方不明、少年院や児童自立支援施設に入っている場合などがあ

る。少年院や児童自立支援施設では学校教育に準ずる教育が行われているが．法律上の学校ではないので、就学の免除や猶予の措置を受けることとなる。ちなみに「その他やむを得ない事由」には．経済的事由は含まれない。⇒就学義務

（大沢　裕）

就学猶予

保護者（親権を行う者・未成年後見人）が負っている、子女を学校に就学させる義務を一時的に延期、猶予すること。「病弱、発育不完全その他やむを得ない事由」のために就学困難と認められる子女の保護者は、就学猶予の適用を受けることができる。その手続きは学校教育法施行規則第34条に定められている。それに従えば、保護者が就学義務の猶予を市町村の教育委員会に願い出る場合、当該市町村の教育委員会の指定する医師その他の者の証明書等その事由を証するに足る書類を添えなければならないことになっている。近年、超未熟児の救命率の増加により、十分に学校教育を受けられる状態まで発達しないまま入学時期を迎えるケースが増え、就学猶予手続きを望む声が高まっている。なお就学猶予の事由がなくなった場合、期間終了の場合、取り消された場合には、自動的に就学義務が生じてくることになる。⇒就学義務

（大沢　裕）

自由教育（リベラル・エデュケーション）
liberal education

西洋の教育の根底をなす理念である。古代ギリシャにおいて、奴隷のための職業教育に対して、公民として生活する自由人にふさわしい教養を形成する教育が自由教育と呼ばれた。中世には七自由科として具現され、世俗的な実用性や、神学の専門性にもとらわれない自由な心を

形成する教育を意味していたが、やがて専門教育に先行する準備教育とみなされるようになり、ルネッサンス期以降、学問の専門分化が進む過程でしだいに形式化していった。

日本では、戦後の新制大学における一般教育課程がリベラル・エデュケーションの伝統を引き継いでいると考えられているが、1991（平成3）年に改正された大学設置基準の大綱化によって授業科目の区分が廃止されており、個人の自由実現のための教養教育という理念が失われつつある。と同時に、職業分化と専門教育の孤立化が進む中で、人間性回復の契機として再評価しようとする動きもある。

⇒教養　　　　　　　　　　（荒井聡史）

宗教教育

宗教に関する教育。特定の宗教の信仰に基づく教育と、特定の宗教に基づかず、宗教に関する客観的知識を与え、諸宗教への理解を深めさせようとする教育とがある。日本では明治以来、天皇崇拝に基づいた国家神道の教育が国民道徳の名によって行われてきた。1899（明治32）年の文部省訓令第12号は、教育勅語の趣旨に基づく国民教育の貫徹を意図して、一切の宗教を学校教育から放逐する一方、国家神道は宗教にあらずとして、その教育が正当化され、実施されてきた。

戦後、憲法第20条で、信教の自由が保障され、また、公教育の宗教的中立性が保障された。2006（平成18）年に改正された教育基本法第15条は、宗教教育について規定している。1951（昭和26）年度から、私立学校のために「宗教」の教職免許状取得が制度的に可能となり、1958年の「道徳」の時間特設に際して、私立学校では、「道徳」の時間の代わりに「宗教」を置くことが可能となった。宗教的寛容の態度を育て、迷信

やオカルト宗教にはまらない宗教的判断力を培うためにも、公教育における宗教教育は、重要な課題である。⇒**教育勅語**、**道徳教育**、**特別の教科「道徳」**　　（大川　洋）

自由研究

"夏休みの自由研究"のように、自由研究は、まとまった休みなどに児童・生徒が自らテーマを決めて行う観察・製作・研究などを指す、と一般的には受け止められている。自由研究は、1947（昭和22）年の学習指導要領一般編（試案）において教科課程の一環として小学4年以上の各学年で週2～4時間、中学校で「外国語」や「職業」などと同様に選択科目扱いで各学年に週1～4時間の設置がなされた。設置理由は「児童や青年の自発的な活動のなされる余裕の時間として、個性の伸長に資し、教科の時間内では伸ばしがたい活動のため」で、活動形態はクラブ活動形式をとることもあるとされた。1951（昭和26）年の学習指導要領改訂まで続く。私立成城小学校での4～6年生への週2時間の「特別研究」の設置などの前史がある。　　（水内　宏）

自由時間

誰にも指図や拘束を受けない自由時間が子どもの発達には必要である。1970年代末から1980年代に「学校裁量の時間（ゆとりの時間）」が設けられた際に、大人の判断で次々に設けられた各種の行事や日程が子どもたちの行動を細部にわたってまで規制・管理する結果となり、子どもたちをかえって不自由にすることにならないかとの懸念と反省の中で論議されたことがある。そこでは、小学1年生であれば、学校生活の中でせめて1日90分の非拘束時間（nondirective time）は確保したいなどの声が共感を呼

んだ。現代では、塾や習い事の過密なスケジュールに追われる放課後や帰宅後の子どもの生活の在り方を問い直す意味でも、親や大人の労働時間の在り方を含めて自由時間が再度注目されている。⇒**学校裁量の時間（ゆとりの時間）**
　　（水内　宏）

習熟度別指導

生徒の学習の習熟度によってクラスを分け指導すること。最近では教科別に少人数指導と組み合わせて実施されることが多い。これは児童生徒が均質の集団のほうが指導しやすいという教員の意識が背景にあるが、テストの得点で習熟度の区分をしていいのか、習熟度別クラスは学習上均質の集団といえるのか等の問題がある。また習熟度が高いとされるクラスと低いとされるクラスでは同じ時間数で同じ教材の授業を行っても同じような学習成果を上げることが大変難しい、低いとされるクラスでは生徒が意欲的に学習を進めるのに困難であり、学習をリードできる生徒がいないうえに高いとされるクラスに移っていくものは実際にはほとんどいない、クラス別に編成されることで学習意欲が減退する生徒が出てくるなど、学習指導、生活指導の問題が多く、実施して数年でとりやめる場合が多い。習熟度別指導は習熟度の差への対応策であるから個人差が生まれる根本原因の克服には必ずしもつながっていない。⇒**個人差**
　　（藏原清人）

修身科

第二次世界大戦前の日本において、国民を育成するために設置された道徳教科のこと。初等教育・中等学校・師範学校、高等学校、大学予科にそれぞれに設けられた。初等教育における修身科は1872

（明治5）年の学制で、小学教科の一つとして設定された。そして1880年の改正教育令では最重要教科とされ、1891年の小学校教則大綱では、修身科の教育内容は1890年の教育勅語を絶対的な基準とすると定められた。戦後は修身科の非合理的な性格（国家主義、軍国主義）ゆえに、1945（昭和20）年末の連合国最高司令官総司令部（GHQ）指令によって、国史（日本歴史）、地理とともに授業の停止が命じられた。⇒教育勅語　　　　　　（重松克也）

自由大学

大正後期に土田杏村が指導者となって開設された民間の成人教育機関。文部省によって認可された大学とは異なる。長野県の上田自由大学が中心となり、群馬県、新潟県、福島県などにも設立された。「学問の中央集権的傾向」を批判し、地方の民衆が労働に従事しながら、自主的に学習することのできる新しい成人教育を目指した。第1回目の講座は1921（大正10）年11月に開講し、毎年農閑期（10月～3月）の夜間に講義が行われた。恒藤恭、高倉輝、出隆、世良寿二、大脇義一などの学者がこの取り組みに賛同し、講師を務めた。聴講者の内訳で多数を占めていたのは、比較的裕福な層の農家の青年と教員である。昭和に入ると、いずれも消滅したが、その要因としては、民衆の生活と教養主義とのギャップ、官憲による弾圧、不況による財政難や土田の病気などが指摘されている。（遠座知恵）

集団思考

主として授業場面での集団思考に対して用いられる。授業を学級で行うときには、子どもたちが同一の学習対象に取り組んだとしても、そこにはさまざまに異なる認識が生じる。これらの認識を話し合いの中で交流させながら、より高次の認識に到達させる過程を集団思考という。認識は、自分とは異なる認識をくぐり抜けることで、より高次なものへ発展する。そのため集団思考の過程で、自分の認識を仲間に訴え広げていくことは、その認識を深め、客観化していくことにもなる。学級の中で授業をすれば、自然に集団思考が成立するわけではない。集団思考の成立のためには、次の二つのことが教師に要求される。一つは、学級を優れた学習集団へと育て、そこで子ども相互の学び合いが成立するように指導しなければならないということである。もう一つは、多様な意見が子どもたちの間から出てくるような発問を準備するということである。一問一答型の発問では、集団思考を引き起こすことはできない。⇒学習集団　（岩垣摂）

集団主義教育

集団との強固な連帯感を重視しつつ、それを通して人格の全面発達を促進することを目指すような教育をいう。狭義には、マカレンコやクルプスカヤなどによって提唱された子どもたちの共同生活を重んじた教育の理論および実践を意味することが多い。狭義の集団主義教育は、旧ソビエト型の社会主義思想と密接に結びついていた。集団主義教育の範囲は、学校教育の領域のみならず、クルプスカヤが提唱したピオネールなどの学校外における広義の教育領域にも及ぶ。第二次世界大戦後、日本においても、旧ソビエト型の教育学が紹介される中で集団主義教育が注目され、「学級づくり」の実践などに影響を与えた。なお、大正期に生起した「生活綴方」運動は、日本における独特の集団主義教育の萌芽であるとみなされる場合がある。戦後、「生活綴方」運動に関する組織論が形成された際には、マカレンコらの集団主義教育の理論が参

照され、解釈の上で両者の接近がみられた。 ⇒生活綴方(的教育方法)、クルプスカヤ、マカレンコ　　　　　　　　　　（山名　淳）

重度・重複障害

　重複障害は、学校教育法施行令第22条の3の「視覚障害者・聴覚障害者・知的障害者・肢体不自由者・病弱者」のうち、二つ以上に該当する者である。広義の解釈では言語障害や情緒障害などを併せ有することも含める。重度・重複障害は、上記重複障害の定義に加えて、発達的側面からみて、「精神発達の遅れが著しく、ほとんど言語をもたず、自他の意思の交換及び環境への適応が著しく困難であって、日常生活において常時介護を必要とする程度の者」である。一方、重症心身障害児（重症児）は児童福祉法では重症児施設の規定の中で「重度の知的障害及び重度の肢体不自由が重複している者」と定義され、また障害児・者一貫して適用されている。重度・重複障害は文部科学省、重症児は厚生労働省で使用される用語であるが、それらの用語はほぼ同一語として扱われていることが多い。大島一良の作成した「大島分類」による狭義の重症児は、運動能力が寝たきりか座れる、知的能力がIQ35未満で、脳性麻痺児の半数が該当するといわれる。近年、咽頭前吸引、経鼻注入などの医療的ケアを継続して必要とする重度重複障害児（超重症児）が増え、教師の医療行為（三介助）の研修や看護師の配属で対応している。特別支援学校と医療・福祉機関の有機的な連携が重要課題である。　（矢島卓郎）

自由保育
free child care and education

　幼児の興味、自発性、自由な活動、創造性を尊重する幼児中心主義的な保育のことである。一斉保育と対照的な保育様式であって、一人ひとりの幼児がその幼児自らの要求によって、いろいろな活動を営み、彼らの自発的な活動にすべてが任されている。いわゆる自由遊びの形をとる。幼児に緊張からの解放感をもたせ、自主性・積極性・創造性・思考・判断・洞察・推理等の知的諸能力を伸ばすにはきわめて効果的であるといわれている。しかしながら、単に幼児の自主的活動に放任しておくならば、興味本位の刹那的な狭い経験や活動に限られてしまうから、保育者の意図的な指導助成を必要とする。自由保育か一斉保育かといった論争がしばしば行われてきたわけであるが、二者択一的なものではなく、それぞれの長所・短所をふまえ、幼児の実態、施設の物的環境、保育者一人当たりの子どもの数、施設全体の子どもの数、さらに保育者の資質、能力、技術等をふまえ、偏りのない調和した組み合わせで、1日の保育がなされるようにすることが望ましいといえる。また、個々の幼児をよく観察し、発達の遅れている幼児、進んでいる幼児に対する個別指導をも忘れないことが肝要である。⇒一斉保育　（谷田貝公昭）

住民参加

　住民参加という用語は、とくに行政が公共事業などにおける意志決定の場に住民が加わることでそれらの事業を適正かつ民主的に進めるようにするためのものである。同じように、学校の設置や運営にあたって地域住民が参加することにより、「学校任せ」ではない地域の育成を図るとともに、地域と学校の協力関係が生まれ、場合によっては学校を核に地域が形成されていくことになる。具体的には、まず2000（平成12）年の学校教育法施行規則の改正により学校評議員制度が導入された。この制度は、校長が学校運営にあたって学校評議員として選ばれ

た保護者や地域住民の意見を聞くとともに、学校における教育活動の理解と協力を得るためのものである。さらに「地方教育行政の組織及び運営に関する法律」の改正により、2004年から保護者や地域住民が一定の権限と責任をもって学校運営に直接参画する学校運営協議会の設置が可能となった。これはいわゆるコミュニティ・スクールの制度化であり、全国各地でさまざまな実践が展開中である。権限を有し、委員の任命を教育委員会が行う点が学校評議員制度とはまったく異なる点である。⇒学校運営協議会、学校評議員、コミュニティ・スクール　　（池上　徹）

主幹教諭

主幹教諭は、「校長、副校長及び教頭を助け、命を受けて校務の一部を整理し、並びに児童の教育等をつかさどること」を職務内容とし、2007（平成19）年6月の学校教育法改正により設置可能となった（2008年度より施行）。関連して指導教諭も同改正で「児童の教育をつかさどり、並びに教諭その他の職員に対して、教育指導の改善及び充実のために必要な指導及び助言を行う」と規定され設置可能になった。機動的な学校運営を行っていくために、管理職を補佐し担当する校務をつかさどるなど一定の権限をもつ「三幹」制は、2003年度より東京都ですでに導入されている。2006年10月現在、東京都と類似の制度を採用しているのは、神奈川県（総括教諭）や大阪府（首席）、横浜市（主幹教諭）などである。しかし、これらすべてが同様の制度とはなっておらず身分や給与体系や権限など、教育委員会によって異なり、多様性がみられている。これまで教務主任や学年主任等の「主任」は「職」としての設置ではなく、教職員に対する監督権限のない指導や助言、連絡・調整を行うことが職務とされ

てきた。主幹教諭・指導教諭ともに教諭等のリーダーとしての性格が強化されたものといえる。⇒主任　　　　（川口有美子）

授業

授業とは、教授・学習過程であると同時に、陶冶・訓育過程でもある。活動の面からみれば、授業は教授・学習の過程である。教師の活動である教授と子どもの活動である学習が相互にからまり合いながら展開していく過程が授業である。他方、子どもにどんな影響を及ぼすかという働きの面からみれば、授業は陶冶・訓育過程である。つまり授業は、陶冶の働きと同時に訓育の働きをもつということである。それぞれの過程についてみてみよう。授業は、教授・学習過程であり、教授か学習のいずれかに偏向することがあってはならない。教授主体と学習主体の知的対決の過程が授業なのである。そのため教師の教授活動は、子どもが学習主体として能動的に学習活動を展開するように誘うものでなくてはならない。新たな知識や技能を理解して学ぶためには、子どもがその知識や技能を自己の既有の知識や技能に関連させ、意味づけることが必要である。教師の指導は、この関連、意味づけを可能にするものでなくてはならない。さらに授業は、陶冶・訓育過程でもある。陶冶というのは、教育作用のうち知識や技能を習得させる働きを意味し、一方、訓育というのは、確信や行動の仕方、モラルなど、総じて生き方を形成する働きを意味する。確かに授業の主たる任務は、子どもに知識や技能を系統的に習得させることである。しかし知識や技能の習得は、同時に確信や行動の仕方、モラルなどの形成にもつながる。例えば環境問題に対して科学的な知識を習得することは、環境保護のための行動の仕方やモラルなどを育てることになる。

このように授業の中でも、生き方の指導は行われるのである。⇒訓育、陶冶

(岩垣　攝)

授業研究

　授業研究には、授業の実践を日々行っている現場の教師による研究と、授業を支配する法則を発見しようとしたり、新しい授業論を実践的に検証しようとしたりする研究者主導の授業研究とに一応分けることができる。しかし、実際の研究では研究者と実践家とが協同して行われる場合がほとんどである。まず、現場の授業研究についてみる。教職が専門職といえるためには、教師自身が自分の教育という営みを研究し改善することができなければならない。授業研究という行為はそのような教師の教育研究の中心に位置するものである。教師の仕事は、一定の教育内容（教科書）を学習指導要領で定められた一定の時間内に多様な学習者に教えることである。多様な学習者に対して効率的な授業をどのように行えばよいかは、学校始まって以来の教師の研究課題である。教材をヘルバルト学派の教授形式段階にいかに整理するかを授業研究とした時代があった。問題解決学習では、問題解決過程研究、カリキュラム研究、協同学習論のもとでは、グループ学習、学習課題、学習ノート、コミュニケーションの方法など、さらに、学習の個別化が主張されると、学習者の思考過程、認識過程などの研究が行われ授業の改善が図られた。他方、研究者主導による授業研究は、グループ・ダイナミックスの方法などを取り入れることによって統制群法による実験、その結果を測定するための、測定用具の開発などが行われる。アメリカにおいて開発された組織的観察法による授業過程の計量的な分析法が1960年代から1970年代に日本に導入され、授業研究の客観性を高めた。⇒グループ・ダイナミックス

(髙旗正人)

授業書

　仮説実験授業で使用される「教科書兼ノート兼読み物」としてのテキストを「授業書」という。しかし、必ずしも仮説実験授業ではなくても、授業プランを「問題」と「お話」を中心に作成し、授業プリント化することは可能である。これを「授業書」の名を援用して「授業書方式」と呼ぶことがある。授業のプロセスを「授業書」の形に客観化・対象化することで、誰もが使える授業プランとして共有化が可能になると同時に、「授業書」に沿った授業がうまくいかない場合は「授業書」の修正が課題となる。授業書方式はこのように授業の科学的な研究に有効であるが、多くの教師には他人と同じことはしたくない、誰かのつくった授業書を使うにしても自分の工夫を入れたいという願望が強く、なかなか広まらない。しかし、授業書に束縛されることで、より高い次元での自由が得られるのである。⇒仮説実験授業　　(大田邦郎)

授業の一単位時間

　一回の授業の時間の長さのこと。現代の学校教育は学習時間が等しいことで異なる教科でも同じ学習をしたという考えに基づいている。また実際の運営において、とくに教科担任制の場合は、授業の1単位時間を等しくすることが教員の交替に便利である。わが国においては、1単位時間の長さは、小学校は45分、中学校は50分とすることが学校教育法施行規則に、高校については50分とすることが高等学校学習指導要領に定められている。例えば定時制高校では1時間を45分とすることが多いなど、実際の授

業時間は学校によって異なる場合があるが、年間の必要な授業時間数はこの基準で計算して授業回数を確保している。最近の教育改革の中で1単位時間を52分とするなどのケースがある。逆に1回の授業を短い時間にして授業の回数を増やす方が効率的に学習できるとするモジュール・システムを採るところもある。なお、アメリカでは一般に1単位時間を54分とすることが多い。　　（藏原清人）

授業評価

　授業は、教師と生徒の教授—学習関係という協同的な活動による営みといえる。よってこの評価を、授業における教授—学習過程の評価と捉えて授業評価とすることが多くの見方を代表するといえるが、授業評価のもつダイナミズムはそういった見方にとどまらない。計画・実施・評価の視点からは、その授業に至るまでの過程としての計画や準備あるいは授業後の事後検討会や評価後の改善の方法までも含んでいる。また、授業を行う教室における教師・児童・生徒集団の日常的な人間関係は、学級経営や学級づくり、学校づくりとも深くかかわっている。さらに、個々の授業が位置づく教育課程は、学校における教育課程の点検・評価にかかわって、いわゆる教育課程評価となり、学校評価の問題とかかわってくる。つまり、授業評価は、いかなる目標や目的に照らして評価するのか、これらさまざまな見方から、その射程はさまざまであるといえる。よって授業評価は、教育評価や授業分析などと不可分の関係にあるし、砂沢喜代次、重松鷹泰、波多野完治らの実践や研究は授業の研究であり、それぞれに評価に関する優れた知見を学ぶことができるといえる。⇒**教育評価、授業分析**
（加藤崇英）

授業分析

　授業中に生起消滅する出来事を教授—学習の具体的な関連性として分析すること。授業分析の目的は論者によってさまざまであり、概括することは容易ではない。だが、学校現場では、授業目標が達成されているかどうか、また教師の指導が授業目標の達成にとって有効であったかどうか等を明らかにする目的でなされることが多く、一般的な教授方法を構築するためになされる場合も少なくない。しかし、日本における授業分析には、重松鷹泰らによって進展している"学びの個性的な動き"や"授業あるいは教育の実際的な機能"を解明する目的で、しかも既成の学問的な枠組みや仮説を排して、学校現場の教師たちによる自前の発達論や教授論を構築することも目的とされている。授業分析では主観的ないわば印象の語り合いに陥らないように、教師と児童生徒とがそれぞれ行った行為、しぐさ、身振り等をできるだけ客観的かつ詳細に記録することが必要である。（重松克也）

授業料

　公立義務教育の授業料の不徴収は、1900（明治33）年の小学校令改正でその原則が定められたのが始まりであるが、それはしだいに、義務教育費の国庫補助制度が構築されてきたことと軌を一にしている。日本国憲法第26条第2項には義務教育の無償が定められている。判例では、この無償の範囲を授業料とし、教科書、学用品など教育に要する一切の費用までは含まないものとされている（最高裁1964［昭和39］年2月26日）。国立・公立の小・中学校、これらに準ずる特別支援学校、中等教育学校の前期課程における義務教育については、授業料を徴収することができない（学校教育法第6条）。

これに対し、私立の小・中学校に子どもを通学させる保護者は、公立小中学校の経費を税負担しつつ、自分の子どもの授業料を支払っているため、在学期間中は無償で教育を受ける権利を放棄していると考えられる。また、1962（昭和37）年から無償化されている教科書は授業とおよそ不可分といえるが、財政当局からは有償化が求められている。⇒**義務教育制度、高等学校等就学支援金制度**

（有働真太郎）

塾

学校以外の私的な教育施設を指す。大別すると、ピアノ教室やスポーツクラブなどの技能を身につけることを目的とする塾と、補習塾や進学塾といった学業を伸ばすことを目的とする塾に分けることができる。一般的には「塾」という呼び名は後者を指す場合が多い。通塾は私的な教育活動であるために、「行く」「行かない」の判断は保護者に任されている。しかし、1999（平成11）年6月の生涯学習審議会答申「生活体験・自然体験が日本の子どもの心をはぐくむ」は、通塾について公の考え方を示した。そこでは、成績の向上や受験の合格から生まれる達成感や自己肯定感を認めながらも、塾通いが子どもの発達段階にふさわしい生活体験や自然体験を疎外する恐れがあると指摘している。さらに、小学生段階の過度の通塾については、このような状況をつくり出している学校教育の在り方への反省も含めて、改善策に緊急に取り組む必要があると強調している。子どもの人間関係が、学校だけではなく、塾を中心として構成されている場合もあるため、学校と塾を切り離して考えるのではなく、共存の方法を見出していくのが今後の課題であろう。⇒**生涯学習審議会**（布村育子）

宿題

宿題は普通には、授業前の予習と授業後の復習のために出されることが多く、主に個人学習として行われる。予習復習には授業を理解し知識を定着させる機能があり、小学校から大学まで学校教育の中で常にその重要性が強調される。宿題がどのような形式になるかは、授業観や授業の形態によって異なる。知識・理解を目的とする一斉教授の場合では先の述べたような予習・復習の宿題である場合が普通である。それに対して、主体的学習論や自主協同学習論では、予習課題が宿題になる。前時の終わりに次時の学習課題が提示される。それを、一人ひとりが考え検討して授業に臨む。授業過程を導入・展開・終結に分けると、予習課題の検討は授業の導入段階といえる。宿題が授業の導入で、次時の授業は展開から出発し終結へと向かう。授業前後の予習復習とはまったく異なる意味をもつ。宿題は授業時間外の個人学習であるが教師の授業観によって、その位置づけは違ってくる。

（髙旗正人）

綜芸種智院

しゅげいしゅちいん

空海（774 ～ 835）が自らの教育思想を具現化させるべく、828(天長5)年頃に京都九条に僧俗共学の学校として創設した。空海は、在唐中に継承した真言密教を体系化するのみならず、多面的な活動により9世紀の社会に多大な文化的影響を及ぼし続けた、同時代の代表的な教育思想家・実践家として屈指の存在であった。その創設趣意書というべき「綜藝種智院式并序」において、唐で見聞した民衆教育機関を念頭に置きつつ、古代社会では教育機関は貴族階級にのみ開かれているという現実を打破するために、貴僧俗の区別なく、民衆にも門戸を開いたことを明ら

かにしている。一切無差別の大乗仏教的立場が貫かれていたといえる。儒教・仏教・道教を中核に、古代東アジア世界に拡がるあらゆる学問・思想を学ぶことも構想されるなど、教育内容の面でも卓越した存在であったといえる。しかし、空海没後の 845 年には廃校とされた。（大戸安弘）

▌主権者教育

主権者としての教育。選挙権年齢が 2016（平成 28）年から 18 歳以上に引き下げられたことに伴い、若者の政治的リテラシーや政治参加への意識を育むことが強調され、社会参加に必要な知識、技能、価値観を習得することや、市民と政治とのかかわりを学習することの意義が注目された。1990 年代以降、欧米では、シティズンシップ教育、政治教育、民主主義教育という形で議論され、各国のカリキュラムの中で導入が試みられている。例えば、英国では、2002 年からキーステージ 3 と 4 の中等教育段階でシティズンシップの教科が必修とされた。シティズンシップ教育の議論の先鞭をつけたクリック報告では、それを「社会的道義的責任」「共同体への参加」「政治的リテラシー」の三つから捉えている。

日本でも政治に参加する意義や政治が自らに与える影響を生徒に理解させることや、違法な選挙運動を行うことがないように選挙制度を理解させることの重要性が主張され、主権者教育への期待が高まっている。その中で、具体的な政治事象やさまざまに利害が異なる複雑な政治問題について、生徒が議論したり合意形成したりする学習が行われている。主権者教育においては、一つの結論へと導くことよりも、理性的な議論のプロセスが重視され、ディベートや模擬議会、模擬選挙などがしばしば実施されている。一方で、「教育における政治的中立性」の

確保の観点からさまざまな課題や争点が形成されてもいる。すなわち、学校の指導においては、「中立・公正な教育」を行うことが求められ、党派的な政治教育が持ち込まれることは避けられる必要があるが、このことは思想・良心の自由の保障を前提にした教員の理解を拒否するものではない。そのような認識に基づいて、民主主義社会を担う主権者教育の実践が着手されている。　⇒シティズンシップ教育、公民教育、政治教育　　　　（上野正道）

▌受験浪人

一般に義務教育段階以上の学校の入学試験に不合格となり、次の受験機会を待ち、学籍をもたぬ者を指す。「浪人」は、かつての武士の浪人になぞらえた、わが国特有の呼称。入学試験では全受験者が志望校に全入進学できないため、高校受験の際に生ずる「高校受験浪人」、大学受験時に数多く出る「大学受験浪人」が、主に該当する。加えて、いずれかの学校に在籍しつつも受験勉強を続ける「仮面浪人」も少数ながら存在する。「浪人生」という語は、明治中期頃から使われはじめた。戦前の旧学制下では、進学希望がありながら進学できない旧制高校既卒者を、旧制高校の制帽横腹に白線が巻き付けられていたことから「白線浪人」と呼んだ。

戦後の学制改革で白線浪人は消滅したが、受験浪人問題は今日も解消されていない。高度経済成長期以降、少子化の進行と共に 2007 年には選り好みしなければ全員が進学できる「大学全入時代」を迎えると予測された。だが現実には、偏差値の高い特定銘柄大をめぐっての競争は続き、他方で定員割れを起こす私大が現出した。高校受験浪人の問題も、高校が特定銘柄大への合格者数などで評価されてきた世相にあっては、銘柄大への進学競争と無関係とはいえず、完全解消は

困難である。さらに現今では、大都市圏の富裕層を中心として、銘柄大進学に有利な附属校やエスカレーター校と呼ばれる小・中学校へ子女を「お受験」させる動きが一般化しつつある。これは、自らの子女を内部推薦などで系列の高校・大学へと進学させ、受験浪人になるリスクを小さくさせたい保護者の願望の表れと解される。だが、経済的余裕の無い保護者をもつ生徒の場合、一般入試で高校・大学受験に臨むことが前提となり、受験浪人リスクには階層格差が生起している可能性が疑われる。　　　　（腰越　滋）

手工教育

　手工は 1886（明治 19）年の小学校令で初めて設けられた教科である。その内容は眼と手の練習によって簡単な物品をつくる能力を養うとともに勤労を尊ぶ態度や習慣を養うことが求められていた。尋常小学校では、紙、糸、粘土、麦わらなどを材料とする簡易な細工が授けられ、高等小学校では、木・竹・銅線・鉄葉（ブリキのこと）・鉛などを材料としていた。当初文部省は一般陶冶を目的とする教科というわけでなく当時の産業と結びついた職業教育的な教科として考えており、この特徴が広く評価されて全国に広まった。その結果として手工はまったく職業教育の場となり、その非教育性が大きな問題となって一時衰退した。とくに高等小学校では、農業、商業の実業科目と併置されて実業科目とみなされたり、分離されて一般陶冶の教科目とみなされたりの繰り返しであった。高等小学校では 1926（大正 15）年に手工は実業科目の外に位置づけられて必須科目となり、実業に工業が含まれてこの問題に決着がついた。1941（昭和 16）年の国民学校令では、手工は工作と改称され、音楽、習字、図画、裁縫、家事とともに芸能科の一科目となって初等科でも必修となった。手工の理念、内容は戦後では部分的には小学校図画工作科として生かされ、また中学校の職業・家庭科や技術・家庭科へ生かされている。　（大淀昇一）

朱子学

　宋代に朱熹[しゅき]（1130～1200）が始めた儒学の学派の日本での呼称。内容が雑多で論理的矛盾も多かったそれまでの儒学を、理と気の二元論で森羅万象を説明できる体系性をもつ学問に再構成した。国家や社会の仕組み、人道や修養の在り方を理論的に説きながらも、道徳的実践を重んじる聖人の学として支配層を中心に支持された。日本には鎌倉時代に伝来し、江戸時代に広まった。幕府儒者で朱子学者の林羅山が経営する塾が幕府の庇護を受けて各地の藩校等の教師を輩出した。江戸中期には陽明学派・古学派・折衷学派などと覇を競ったが、幕府や一部の藩では学派争いを鎮めて家臣教育体制を安定させるため、いわゆる「異学の禁」の令を出して朱子学を「正学」に指定した。著名な朱子学者には貝原益軒、新井白石、室鳩巣、柴野栗山など。幕末～近代の尊皇論者の思想と行動にも影響を与えた。⇒藩校　　　　　（橋本昭彦）

主体性

　言動を自分の意志判断によって選択し、実行することを自らに課する態度や性向のこと。教育の領域において、主体性という語は、ほぼ肯定的な意味に用いられる。子どもたちが自らの言動に対して責任をもつようになる状態が、主体的な状態であるとされ、高く評価される。「自己活動」や「自治（自己統治）」などをキーワードに掲げた教育の理論と実践は、そのような子どもたちの主体性を

育むための工夫を盛り込んでいること
が多い。そのような場合の子どもにおけ
る主体性の確立は、集団や社会の維持・
発展と対立するものとはみなされてい
ない。むしろ、集団や社会が存立しうる
ための前提条件として、自らの主人であ
ると同時に自らの従者であるような責
任ある個人の確立が求められる。

⇒自己活動　　　　　　　（山名　淳）

シュタイナー教育

シュタイナー（Steiner, R. 1861〜1925）
が独自の人智学（Anthroposohie）の世界
観に基づいて1919年に創設した自由
ヴァルドルフ学校において始まった教
育を総称してシュタイナー教育と呼ぶ。
シュタイナー独自の発達段階論、12年
間の一貫教育、音楽・絵画・オイリュト
ミーなどの芸術体験の重視、エポック授
業（3〜4週間にわたり毎朝2時間一つ
の教育内容について集中的に学ぶ授業）
など、その教育観と実践は独特であるが、
従来の学校教育の閉塞性を打ち破る可能
性をもつ教育として、現在も世界各国に
シュタイナー教育を実践する学校が増え
つつある。日本においてはその独特の教
育実践のために学習指導要領との整合性
が問題となり、フリースクールの形で広
まってきたが、2004（平成16）年学校
法人シュタイナー学園が構造改革特別区
域法に基づいて正式に学校として認可さ
れた。⇒フリースクール　　（荒井聡史）

シュタイン

Stein, L. v. 1815〜1890

ドイツの国家学者・行政学者。ともに
ヘーゲリアンであるが、マルクスが社会
の矛盾を革命によって解決しようとした
のに比してシュタインは社会政策によっ
て漸進的に改革しようとした。シュタイ
ンが『行政学』（1865〜1884）と『行政学・

行政法綱要』（1870）で展開した教育行
政学は、その後の教育行政学研究に一つ
の範型を与えた。教育行政は、外務・軍
事・財政・司法と並ぶ内務行政のうちの
一領域である。シュタインは、身体的生
活・精神的生活・経済的生活・社会的生
活の4領域から成る内務行政のうち教育
行政は精神的生活の行政として論じ、精
神的生活と陶冶との関係を解明すること
を教育行政学の課題と捉えた。単に精神
的財を獲得して人間としての教養を身に
つけるのみではなく、物質的財を所有す
るための不可欠の条件としても陶冶の意
義を理解し、基本陶冶・職業陶冶・一般
陶冶という陶冶の3形式のうちでも、職
業陶冶をとくに重視した。彼の陶冶論が
個人的な観点からのみではなく社会的観
点からも論じられ、陶冶に社会上昇機能
を担わせた点に彼の教育行政学の先駆的
特質を見出すことができる。⇒陶冶

（川瀬邦臣）

出席停止

出席停止とは、学校への登校や学業な
ど学習活動への参加を停止することをい
う。これには、①学校教育法、②学校保
健安全法によるものがある。学校教育法
は、学齢児童または生徒が、性行不良に
よって他の生徒に不利益を与えることを
防止するものである。学校教育法第35
条（中学校へ準用）により、他の児童・
生徒・教員への傷害や苦痛、器物破損、
授業妨害などの事由をもって、教育委員
会が保護者に対して命ずることができる。
ただし、その前には保護者への意見を聴
取し、停止期間中の当該生徒への学習保
障がなされなければならないとする。学
校保健安全法は、感染症の予防を目的と
するもので、学校長が政令によって決定
する（学校保健安全法第19条）。その場合、
理由および期間を、義務教育機関に在学

する児童および生徒については保護者に、それ以外の生徒・学生には当該の者に指示し、学校の設置者に報告することが定められている（同施行令第6条、7条）。出席停止には、当該生徒に対する懲戒の意味合いはない。いずれの場合も、他生徒の学習権を保障するために取られる処置である。⇒感染症、停学　　　（山田朋子）

出席簿

　学校教育法施行規則第25条により定められた、児童生徒の出席状況を記録する公簿。同施行規則第28条は、出席簿を学校備付表簿の一つとして、指導要録や健康診断に関する表簿とともに備え付け、5年間保存することを義務づけている。法定の様式はないが、年間出席すべき日数、出席日数、欠席日数、欠席理由、出席停止・忌引きの日数、遅刻・早退の状況などについて記載するよう教育委員会の規定などによって定められている。歴史的には、江戸時代にはすでに昌平黌［しょうへいこう］や藩校などでも出欠記録が取られ、さまざまな記録簿が存在した。明治期になって設立された各種の学校においてもそのほとんどに必備されていたとみられるが、当初は法的根拠はなかった。教育令期になると、「学事表簿」に関する規定を制定する府県が増え、その形式は地域ごとに統一されていった。全国的には、1900（明治33）年の小学校令施行規則により校長の作成する「学籍簿」の形式が統一され、在学中の出席状況を記録する公簿として確立した。
（橋本美保）

シュテルン
Stern, W. 1871 ～ 1938

　ユダヤ系ドイツ人の心理学者であり、知能検査に初めて知能指数（IQ）の考え方を導入したことや、輻輳説、転導推理、一語文などの概念を提唱した人物として知られている。記憶の忘却研究で著名なエビングハウスのいたブレスラウ大学で教職につき、後にハンブルグ大学に移り、応用心理学、差異心理学、児童心理学、人格学的心理学などの分野で理論と実証の両面から従事し活躍した。しかし、ユダヤ人であることで大学から追放され、オランダからさらにアメリカへと亡命した。アメリカのデューク大学で職を得たが、アメリカの学会からは十分理解をされず、不遇のまま客死した。彼の児童心理学研究はウェルナーに、人格学的心理学はオルポートにそれぞれ影響を与えた。
（丹　明彦）

主任

　1975（昭和50）年に学校教育法施行規則の改正により、「調和のとれた学校運営が行われるためにふさわしい校務分掌の仕組みを整える」ことをねらいとして主任等の設置が定められた。小学校の場合は教務主任、学年主任、保健主事、事務主任、中学校はそれらの他に生徒指導主事、進路指導主事を置くものと規定されている。また、ほかにも必要に応じて校務を分担する主任等を置くことができることになっており、教科主任や研修（研究）主任などが置かれている。教務主任、学年主任、生徒指導主事、進路指導主事は教諭をもって充てられ、その職務は「連絡調整」と「指導、助言」とされている。また保健主事は教諭または養護教諭をもって充て、「保健に関する事項の管理」を行い、事務主任は事務職員をもって充て、「事務をつかさどる」ことになっている。⇒教務主任、主幹教諭　　（浜田博文）

守秘義務

　公立学校教員は、地方公務員として、

職務上知りえた秘密を漏らしてはならず、その職を退いた後もまた同様である（地方公務員法第34条第1項）。臨時的に任用された者も同様の規定を受ける。地方公務員は、一方では国民・住民の信託を受けて事務を行う以上、保有する行政情報は可能な限り公開すべきである。他方、公開することによって一定の公共の利益が著しく損なわれる場合がある。つまり守秘義務とは、民主主義に基づく行政情報公開の一般原則と、公共の利益の保護の要請との調和・調整の問題である。「秘密」とは、一般に了知されていない事実であって、それを一般に了知させることが一定の利益の侵害になると客観的に判断されるものをいう。「職務上知りえた秘密」とは、職員が職務の執行に関連して知りえた秘密のほか、担当外の事項であっても職務に関連して知りえたものも含まれる。教員が児童生徒の家庭訪問の際に了知した家庭の私的な事情は、これにあたる。なお、「漏らす」とは、一般に知らしめる行為およびその恐れのある行為の一切を指す。漏洩を黙認するという不作為は、義務違反として懲戒処分の対象になる（同法第60条第2号）。　　　（福島正行）

■ シュプランガー
Spranger, E. 1882～1963

　ドイツの哲学者であり、精神科学的教育学、文化教育学の代表的な教育学者である。ディルタイ、パウルゼンに学ぶ。ライプチヒ大学、ベルリン大学、チュービンゲン大学教授。ナチス政権に対して批判的な立場をとり続けたために一時不遇な立場に置かれたが、常にドイツ思想界をけん引し続けた。主著『生の形式』（1921）、『青年心理学』（1924）などを通じて自然科学的な心理学を批判し、精神科学としての心理学を基礎づけた。その後教育という営みを広範な文化現象とのかかわりにおいて捉え、学校論、大学教育論、教育政策論、学校制度論を展開して第二次世界大戦前後のドイツの教育改革に大きな影響を与えるとともに、陶冶理想の歴史と理論の研究に力を注ぎ、現在の陶冶論研究にも大きな影響を与えている。⇒精神科学的教育学、文化教育学、ディルタイ　　　　　　　　　　（荒井聡史）

■ 手話法
manual method

　聴覚障害者に使用されている主に手指を用いたコミュニケーション手段の一つ。手話は手の形・位置・動きを組み合わせた身振りを中心にしながら、ものごしやしぐさ、表情や指示、指文字、さらには音声言語まで併用して行われる視覚的な言語活動である。わが国の聴覚障害教育は、歴史的にはその教育手段として欧米の影響を受け、発話と読話（読唇）をコミュニケーションの基本とする口話法（音声言語活動）が用いられてきた。現在では、聴覚障害特別支援学校で用いられるコミュニケーション手段は、それぞれの学校によって事情が異なるが、一般的には、幼稚部では主に口話法中心の指導が、小学部・中学部・高等部になるにつれて指文字や手話が活用される傾向にある。これはコミュニケーションの豊かな広がりを図って口話法に加えて聴覚口話、手話、指文字などを組み合わせたトータルコミュニケーションの考え方によるものである。このことからコミュニケーション手段としての手話法の意義は大きいといえる。⇒口話法　　　（林　邦雄）

■ 準拠集団
reference group

　所属集団の対概念で、所属よりも影響という点を重視した集団の概念であり、人が自身の態度・判断・評価などを形成するに際して影響を受ける集団のことをいう。無論準拠集団は、個人が属する所

属集団と一致することも多い。だが、多くの集団が身近に存在する現在において、個々人は所属していない集団を主観的にかつ心理的に同一視する場合がある。準拠集団は、個人の態度形成に関して、個人的動機づけの側面と準拠集団の果たす機能的側面との二側面があり、おのおの二つずつに分けられるとされる。すなわち個人的動機づけの側面では、集団への所属を望んでいるか否かで肯定的準拠集団と否定的準拠集団とに分けられる。また機能的側面では、個人が集団内の規範を内面化することを期待している場合の規範的準拠集団と、個人が自己または他者を評価する際の準拠点となる場合の比較的準拠集団とに区分される。準拠集団論には、①集団規範の内面化——準拠枠の確立——態度形成といった準拠集団過程の研究、②個人の認識・感情などの内的要因や地位・役割、階層などの社会構造的要因との関連で準拠集団がいかに選ばれるのかという選択過程の研究、そして、③準拠集団が個人や集団にいかなる結果をもたらすのかという準拠集団の機能の研究、などがある。　　　　（腰越　滋）

準ずる教育

　特別支援学校（盲学校・聾学校・養護学校）は、幼稚園、小学校、中学校、高等学校に「準じて」教育を施すことをいう。学校教育法第72条に「特別支援学校は、視覚障害者、聴覚障害者、知的障害者、肢体不自由者又は病弱者（身体虚弱者を含む）に対して、幼稚園、小学校、中学校又は高等学校に準ずる教育を施す（以下略）」とある。特別支援学校には、小学部、中学部が置かれるほか、幼稚部または高等部を置くことができる（学校教育法第76条第2項）が、そこで、小学部、中学部の教科、高等部の学科および教科、幼稚部の保育内容はそれぞれ、小学校、

中学校、高等学校、幼稚園に準じて定められることになっている（学校教育法第77条）。このため、特別支援学校は修業年限、教育課程などすべては、幼・小・中・高と同様の教育が行われることになる。一方、障害による学習上・生活上の困難を克服し自立を図るための教育（自立活動）も併せて行うことになっている。教育課程については、小学部・中学部は各教科、道徳、特別活動、自立活動および総合的な学習の時間で編成するが、障害の多様性にかんがみて、教育課程の基準は弾力的なものになっている。とくに、知的障害特別支援学校では「総合的な学習の時間」は規定されていないこと、「各教科」は生活、国語、算数、音楽、図画工作および体育に限られること、などである。また、障害への配慮としては、重複障害者に対する教育課程上の特例が設けられている。⇒**特別支援学校、特別支援教育**　　　　　　　　　　（林　邦雄）

小1プロブレム
probrems in firstgradery

　入学したものの小学校生活にうまく適応できずに起こす問題行動をいう。例えば、「授業中に立ち歩く」「教員の話を聞かない」「暴力をふるう」などである。「小1プロブレム」ということが言われるようになったのは1998年ごろであり、幼児教育界で自由保育という言葉が流行となった時期でもある。しかし、幼児期から児童期にかけての子どもは、自制心や忍耐、規範意識が十分に育っていない。この時期の子どもにおいては、学習に集中できない、教員の話がうまく聞けないなどは当然のこととして起こりうることでもある。幼児期と児童期の教育との接続を円滑に進めるためにも、幼児期までに培われた学びや育ちを正当に評価し、さらに小学校ならではの高みを目指した児童期の円滑な小学校生活のスタートに

つながる取り組み、カリキュラム編成を進めていく必要がある。　　　（中島朋紀）

生涯学習
lifelong learning

　生涯学習とは、人間が生まれてから死ぬまでの、生涯を通じて行う学習行動のすべてを包括した概念である。教育・学習とは人生の初期段階である青少年に対し、学校という場で意図的・計画的に行われるというこれまでの考え方から、生涯を通じて、さまざまな場で行われるものであるという考え方へ転換を求める。そのような生涯の学習活動を促進する資源や学習機会を整備した社会は『学習社会』と呼ばれている。

　日本における生涯学習の考え方が公的に示されたのが 1981（昭和 56）年の中央教育審議会答申「生涯教育について」である。そこでは、「今日、変化の激しい社会にあっては、人々は、自己の充実・啓発や生活の向上のため、適切かつ豊かな学習の機会を求めている。これらの学習は、各人が自発的意思に基づいて行うことを基本とするものであり、必要に応じ、自己に適した手段・方法は、これを自ら選んで、生涯を通じて行うものである。その意味では、これを生涯学習と呼ぶのがふさわしい」と生涯学習の定義がされており、生涯教育は生涯学習を支援する仕組みとして位置づけられている。

　生活水準の向上、自由時間の増大、高齢化の進行など社会の成熟化に伴い、生涯を通じての生きがいや自己実現を求める人々の学習需要は増大してきている。また、情報化や国際化、科学技術の高度化などの進展により、絶えず新たな知識・技術を習得する必要が生じてきている。生涯学習は、強制や義務ではなく自発的・自主的意志を基本とし、生活の向上、職業上の能力の向上、自己の充実を目的として行われるものである。乳幼児期から青少年期、成人期を経て高齢期に至るまでのすべての年齢の人々を対象としている。社会教育・学校教育・家庭教育を包括し、家庭、学校、大学、職場、公民館や生涯学習センター、民間教育文化施設など多様な場所・機会で行われる。学校や社会の中で意図的、組織的な学習活動として行われるだけではなく、スポーツ活動、文化活動、趣味、リクリエーション活動、ボランティア活動などの中でも行われ、またフォーマル・ノンフォーマル・インフォーマルな教育のすべてを含むものが生涯学習である。⇒学習社会
　　　　　　　　　　　　　（倉持伸江）

生涯学習審議会

　1990（平成2）年に制定された生涯学習振興法（生涯学習の振興のための施策の推進体制等の整備に関する法律）により、生涯学習に関する重要事項等を調査審議する機関として設置された。国に必置、都道府県における設置は任意のものとされた。国の審議会は同年に廃止された社会教育審議会を引き継いで「学習の成果を幅広く生かす――生活学習の成果を生かすための方策について」（1993 年 6 月）などの答申を行ったが、2001 年審議会の統廃合により、中央教育審議会の生涯学習分科会となっている。なお、37 の都道府県でそれぞれの条例によって設置され（2005 年度）、ほかの府県では、同様の会議として社会教育委員会議などが置かれている。⇒社会教育、生涯学習
　　　　　　　　　　　　　（原　聡介）

生涯学習振興法

　1990（平成 2）年 6 月に制定された、わが国で最初の生涯学習に関する法律「生涯学習の振興のための施策の推進体制等の整備に関する法律」（通称「生涯

学習振興法」）のこと。1990年に、中央教育審議会が「生涯学習の基盤整備について」の中で、生涯学習体系形成に向けての具体的な施策の提言とともに法的な整備を答申し、それを受けて制定された。社会教育法が市町村を基盤とした、地域主義の理念をもつのに対し、この法律は、生涯学習審議会や生涯学習推進センターによる都道府県レベルの生涯学習推進体制の整備であり、広域的・総合的な生涯学習の機会を提供することを本旨とする。地域生涯学習振興基本構想の制定においては、文部大臣と通産大臣の承認を経るとされており、また学習機会提供の事業には関係団体、関係機関、関係部署との相互連携と協力することが求められるなど、教育行政と一般行政との関連や、行政と関連団体や関連事業者と連携・協力が強調されているところが、これまでの教育政策と異なるこの法律の特徴である。
⇒生涯学習審議会　　　　（倉持伸江）

生涯教育
lifelong education

　生まれてから死ぬまで、人々が生涯にわたって行う学習である「生涯学習」を援助し、推進するのが生涯教育である。生涯教育ということばは1965年ユネスコの成人教育国際推進委員会で、ラングランによって提唱された。日本において生涯教育の考え方が公的に位置づけられたのは1981（昭和56）年の中央教育審議会答申「生涯教育について」である。その中で生涯教育は、「生涯学習のために、自ら学習する意欲と能力を養い、社会のさまざまな教育機能を相互の関連性を考慮しつつ総合的に整備・充実しようとするのが生涯教育の考え方である。言い換えれば、生涯教育とは、国民の一人ひとりが充実した人生を送ることを目指して生涯にわたって行う学習を助けるために教育制度全体がその上に打ち立てら

れるべき基本的な理念である」と定義されている。生涯教育とは国、地方公共団体、その他の組織が人々の生涯学習を支援する仕組みのための基本的理念であり、社会教育・学校教育・家庭教育を有機的に統合するものである。ただし、その後「生涯教育」ということばは学校教育的な管理や指導をイメージさせることから答申等においても使われなくなり、学習する主体に視点を置く「生涯学習」という表現が一般的になってきている。生涯学習を振興する政策も、生涯教育政策から、生涯学習振興政策や生涯学習政策という名称に変わりつつある。⇒生涯学習、ラングラン　　　　　　　　（倉持伸江）

障害児学級

　心身に何らかの障害をもつ子どものために通常の学校内に設置された学級のこと。特殊学級と呼ばれることが多いが、自治体によって養護学級、身障学級などさまざまな呼称があり、障害児学級もそのバリエーションの一つである。障害児学級は、小学校、中学校、高等学校において、知的障害、肢体不自由、病弱、弱視、難聴、言語障害、情緒障害の各障害別に任意に設置することができる。

　対象者は、比較的軽度でこの学級での教育が適当なものとされる。設置数は、対象者の多い知的障害学級が圧倒的に多い。なお、制度としては高等学校においても特殊学級は設置できるが、現状では設置されていない。1993（平成5）年から小中学校の通常学級に在籍する知的障害を除く各障害に応じた「通級による指導」が制度化され、近年では情緒障害児学級の設置増加が著しい。知的障害学級は、戦前の学力不振児教育の性格を引き継ぎ、1960年代までは軽度の知的障害児の教育が中心であったが、1979（昭和54）年の養護学校教育の義務化後、しだ

いに重度化と多様化が進んでいったといわれる。障害児学級の教育課程は、設置されている小中学校の教育課程に準ずるが、子どもの障害の状態などにより、特別の教育課程を編成することができる。なお、2007 年からの特別支援教育完全実施により、「特別支援学級」へと統一される方向にある。⇒通級指導、特殊学級、特別支援教育　　　　　　　　　（丹　明彦）

障害児教育

　心身に何らかの障害を抱える子どもに対する教育を総称して障害児教育という。すなわち、盲・弱視・聾・難聴・言語障害・知的発達障害・肢体不自由・病弱・身体虚弱・情緒障害・重複障害などの子どもの教育を含んでいる。
　かつては、学校教育法において盲学校・聾学校・養護学校と特殊学級における教育を特殊教育と定められたこともあり、「特殊教育」と呼ばれることが多かったが、統合教育が叫ばれる中で特殊な場だけでの教育からの脱却を迫られたことや、1960 年代後半頃から、障害者の権利などの問題が提起され、「特殊」ということばの差別性が批判を受け、すべての障害児の学習権・教育権を保障しようという「権利としての障害児教育」という考え方が広がった。このような背景から、特殊教育よりも障害児教育という用語を使うことが一般的になった。なお、統合教育への対応として、1993（平成 5）年には比較的軽度の言語障害、情緒障害、弱視、難聴のある児童生徒を対象として、各教科等の指導を通常の学級で行いながら、生涯に基づく種々の困難の改善・克服に必要な特別の指導を特別の場で行う「通級による指導」が制度化された。1993 年からは、小中学校の通常学級に在籍する知的障害を除く各障害に応じた「通級による指導」も制度化された。また、

障害児教育は、障害の有無にかかわらず、一人ひとりの教育的ニーズに応じた教育を通常学級で行うインクルージョン教育の考え方を背景として、2007 年から「特別支援教育」へと発展を遂げることとなった。　　⇒通級指導、統合教育、特別支援教育　　　　　　　　　　（丹　明彦）

障害児教育対策事業

　障害児教育に関する法律の改正などに応じる形で、対策を講じ、必要な事業を行うことをいう。例えば、2004（平成 16）年 6 月、「障害者基本法の一部を改正する法律案」が公布・施行された。この改正によって、第 14 条の教育に関する項目に、「国及び地方公共団体は、障害のある児童及び生徒と障害のない児童及び生徒との交流及び共同学習を積極的に進めることによって、その相互理解を促進しなければならない」という条文が加えられた。これに対して、わが国では、盲学校、聾学校および養護学校はもとより、幼稚園、小学校、中学校及び高等学校の学習指導要領等において、交流および共同学習の機会を設けることを示したほか、地方自治体では、教員等を対象にして、障害のある子どもと障害のない子どもの交流および共同学習の推進に関する講習会を実施するなどその充実に努めている。　　　　　　　　　　（丹　明彦）

障害児保育

　障害をもつ乳幼児を家庭に代わる場所・施設において行う保育全般をいう。就学前の障害をもつ乳幼児が利用する保育所における特別保育サービスであり、児童福祉法に規定される障害児通園施設、児童デイサービスにおいても行われる。通常は、保育に欠ける障害児であって集団保育が可能で日々通所でき

る子どもを対象として行う保育事業を指して用いられる。保育所の環境に障害をもつ乳幼児を受け入れて健常な乳幼児との育ち合いを重視する統合保育の考え方が広がるに伴い1974（昭和49）年頃から、障害児特別保育事業、いわゆる「障害児枠」による受け入れが増加した。障害児保育を実施する上での課題として職員配置、施設整備、保育技術、保護者の理解などの保育環境の問題がある。障害児保育では、受け入れ可能な基準を集団保育が可能な障害程度（中程度）を基準とするところが多い。保育に欠けるという条件だけでなく医療的なケア、個別的な対応など多様な障害をもつ乳幼児の保育など多くの検討課題がある。 （舩越知行）

障害者基本法

　障害者基本法は、障害者のための施策に関する基本理念と国・地方公共団体等の責務、施策の基本事項を定めた法律である。本法は、1970（昭和45）年5月に施行された「心身障害者対策基本法」が改正され、1993（平成5）年12月に成立した。障害者基本法の目的は、障害者の自立と社会、経済、文化その他あらゆる分野の活動への参加を促進することとし、障害者の定義を「身体障害、知的障害又は精神障害があるため、継続的に日常生活又は社会生活に相当な制限を受ける者」（第2条）としている。また、国や地方公共団体に、障害者の福祉に関する基本計画の策定のほか、医療、教育、雇用促進等さまざまな分野における総合的施策の推進を義務づけている。本法は、2004年5月に改正され、この改正において、法律の目的規定に「障害者の自立及び社会参加の支援」の文言が新たに盛り込まれ、障害者施策の方向性が明確に位置づけられるとともに、基本的理念の規定には、障害者に対する差別や権利利益を侵害する行為を禁止する旨が追加された。また、都道府県・市町村における障害者計画の策定を義務化すること、内閣府に「中央障害者施策推進協議会」を設置すること、「障害者週間」（12月3日〜9日）を制定すること等の内容が新たに盛り込まれた。 （大崎広行）

障害者自立支援法

　障害者の地域生活と就労を進め自立を支援する観点から、2005（平成17）年に制定された。これまでの身体障害者福祉、知的障害者福祉、精神障害者福祉、児童福祉といった障害種別ごとに異なる法律に基づく縦割りのサービスを一元化し年齢と障害種別を超えてサービスを行うことがねらい。サービスの提供主体を市町村に一本化し、障害者に最も身近な自治体である市町村が障害者の自立に必要な給付や事業を総合的かつ計画的に行う。法に基づくサービスは、自立支援給付と地域生活支援事業に大別される。前者は、介護給付、訓練等給付、自立支援医療、補装具である。自立支援給付は、国または都道府県が責務を負う義務的経費である。後者の地域生活支援事業は補助金で賄われる。これまで33種類に分かれていた施設体系を六つの事業体系に再編し、客観的な尺度（障害程度区分）を導入し全国共通の利用ルールのもと、審査会による意見聴取など支給決定のプロセスを透明化した。実施にあたって障害福祉サービスの数値目標とサービス見込量を算出した障害福祉計画を義務づけた。利用者負担をサービス量に応じ定率1割とした。サービスの受給と負担が問題になる中、負担上限の設定や各種の軽減措置が行われている。 （舩越知行）

障害受容

障害受容とは、障害をもつ本人および家族の障害に対する価値の転換であり、障害をもっているという事実を受け入れること、またその過程である。障害受容の概念は、1951年、アメリカの精神科医グレイスンによって論じられたのが最初である。彼は医学的・心理的・社会的見地から障害受容を検討し、効果的なリハビリテーションを行う上での要因とした。また、1960年にはライトが、受容には価値観の転換が要求されることを示し、1961年にはコーンが、受容には段階的な変化があらわれることを示した。日本では、1956（昭和31）年に高瀬安貞が身体障害者の心理的問題に着目し、障害受容の概念を紹介したのが最初であるが、1980年、上田敏が論文の中で論じた障害受容の概念が広く浸透している。障害受容は、上田が述べている通り「あきらめ」ではなく、障害のある自己や家族と向き合いながら生きていく積極的なものであり、障害を是認し、障害への安住を意味するものではない。受容の本質は「価値の転換」であり、障害があることは、不便であり制約的なものであるが、障害が自分の人間としての価値を低めるものではないものと認識でき、そういうものとして障害を受け入れる（承認する）ことである。　　　　　　　（大崎広行）

生涯スポーツ

誰もが生涯の各時期にわたって、それぞれの体力や年齢、目的に応じて、いつでも、どこでもスポーツに親しむことであり、こころとからだの健全な発達を促すとともに、明るく豊かで、活力に満みた生きがいのある生活の実現が期待できる。今日のわが国では、年間労働時間の短縮や学校週5日制の実施等による自由時間の増大、平均寿命の伸長と出生率の低下による少子高齢化など社会環境の変化により、人々の生活様式も急激に変化している。また、公共交通機関の整備や車社会の進展、科学技術や情報化社会の高度化などにより精神的ストレスの増大、体力や運動能力の低下を招き、心身の健康に悪影響を与えていると考えられる。スポーツは「からだ」を動かすという、人間が本来もっている欲求に応え、爽快感、達成感、連帯感という精神的な充足を与えるとともに、健康の保持増進、体力の向上など心身の健康に大きく貢献し、明るく豊かで活力に満ちた、生きがいのある社会づくりに寄与する人類共通の素晴らしい文化の一つである。とくに学校体育では、人々の生涯にわたる生活でのスポーツの基本的、基礎的態度の形成を養うことが求められている。⇒スポーツ
　　　　　　　　　　　　　（本間玖美子）

奨学生制度

経済的理由など、修学の困難な学生に学資の給与や貸与などによる援助を行う制度。経済・金銭面の支援としての「奨学」、他方でエリート・英才の輩出に含意の強い「育英」の考え方がある。また授業料の減免、寄宿舎の貸与、アルバイトあっせんなど、広い意味で制度をとらえる場合もある。2004（平成16）年4月、日本育英会ほか、関連の公益法人を整理・統合し、独立行政法人日本学生支援機構が設立され、わが国における奨学生制度の中心的な役割を担っている。近年、貸与型奨学金を受けても卒業して社会に出てから返還の負担が重く、これが不可能となって自己破産するケースが出るなど、問題が指摘されてきた。2016年、政府は経済的に進学を断念せざるを得ない者の進学を後押しする観点から、住民税非課税世帯を家計基準とする給付型奨

学金制度の創設を提言した。日本学生支援機構は、2017年度からこの制度を先行実施し、2018年度には「給付奨学生」18,566人を採用決定した。⇒日本育英会

（加藤崇英）

小学校

「小学校は、心身の発達に応じて、義務教育として行われる普通教育のうち基礎的なものを施すことを目的とする」（学校教育法第29条）と定められ、同21条に「学校内外における社会的活動を促進し、自主、自律及び協同の精神、規範意識、公正な判断力並びに公共の精神に基づき主体的に社会の形成に参画し、その発展に寄与する態度を養うこと」など10の目標の達成に努めるべきことがうたわれている。満6歳を迎える子どもの保護者には就学義務が生じ、いずれかの小学校に通わせなければならない。また「市町村は、その区域内にある学齢児童を就学させるに必要な小学校を設置しなければならない」（同法38条）とされ、すべての市町村に公立小学校が置かれている。修業年限は6年、小学校の教育課程に関する事項は、第29条、第30条に従い、文部科学大臣が定める。学校統廃合や学校選択、保護者と学校との意思疎通、「基礎学力」の獲得と「総合的な学習の時間」の評価など、教育行政・学校経営から教育内容・方法に至るまで多くの論点がみられる。⇒学校選択制、学校統廃合

（榊原禎宏）

小学校「英語」

2020（令和2）年度の学習指導要領の施行から、小学5〜6年生では、外国語活動に替わり、新たに英語が教科となる。小学校の英語科は、おおむね次の3点から構成されている。①コミュニケーションに関する事項、②言語や文化に関する事項、③英語のスキルに関する事項である。学習推進の主体は学級担任とされているが、ALT（Assistant Language Teacher）との連携による授業も、その有用性から各学校で行われる。従前の総合的学習の一環として外国語活動では、「聞く」「話す」を主とする外国語に慣れ親しむことを主目的としていたが、教科化にともない、初歩的ではあるが、文字を読む、書くことも学習内容となった。グローバル時代の到来を視野に、具体的な英語のスキルを育てること、臆せず自己表現できるコミュニケーション能力や国際感覚の素地を培うこともねらいとなっている。また、教科化に対応して教科書ができ、一人ひとりついての成績をつけることともなる。現在は何も行われていない3〜4年生にも「外国語活動」が導入されることとなる。⇒外国語教育、英語教育

（多田孝志）

小学校教員心得

1881（明治14）年6月18日に公布された教員統制を目指す道徳律。同年公布の「小学校教員免許状授与方心得」「学校教員品行検定規則」とともに自由民権運動に対抗するために制定された。国家主義的立場から教師の職任が説かれた。その職任とは、「尊王愛国ノ志気ヲ振起シ風俗ヲシテ淳美ナラシメ民生ヲシテ富厚ナラシメ以[もっ]テ国家ノ安寧福祉ヲ増進スル」ことであり、それを前提として16項目の心得の「恪守[かくしゅ]実践」が要求された。その内容は二つの特質を有していた。第一は、徳育の知育に対する優先を示し、忠君愛国をはじめとする儒教的徳目を生徒に身につけさせることを教育目標とし、教師には生徒の模範としての実践躬行を求めたことである。第二は、本来教師が自律的に規定していくべき教師の品行的資質を国家が規定した

ことである。しかもその内容は①皇室への忠、愛国心、人倫の大道の体現者であること、②国家が定めた一定の枠内での「熟練」「忍耐」「勉励」といった修養的態度が必要であること、③政治的中立性を保持することであった。　（船寄俊雄）

小学校令

戦前の小学校に関する基本的な制度を定めた勅令。1886（明治19）年4月に公布された最初の小学校令（第一次小学校令）はわずか4年後の1890年10月に廃止され、新たに小学校令が制定された（第二次小学校令）。このとき、小学校教育の目的が明示された。「小学校ハ児童身体ノ発達ニ留意シテ道徳教育及国民教育ノ基礎並生活ニ必須ナル普通ノ知識技能ヲ授クルヲ以テ本旨トス」というこの規定は、国民学校令（1941）で改められるまで長く小学校教育の目的となった。その後1900年8月に全面改正され（第三次小学校令）、尋常小学校は4年となり、義務教育の4年制が確立した。1907年の一部改正で尋常小学校は6年、高等小学校は2年となり、義務年限も6年に延長された。その後部分的な改正は行われたものの、国民学校令と改称されるまで存続した。　（船寄俊雄）

商業教育

日本では西南戦争以後外国貿易が盛んになり、文書事務、商品知識、商業計算などを内容とする商業教育への関心が高まった。1884（明治17）年商業学校通則が定められた。商業学校には第一種と第二種があり、前者は中等学校レベルで学科目に簿記、商品、商業経済、商業実習などがあり商業に直接従事する者の教育を、後者の学科目は専門学校レベルで簿記、商業書信、経済、商業史、商業法規などがあり、商業を経営する者の教育を目指していた。日清戦争を境にして公私立の中等レベル実業系諸学校が膨張を続けたので、こうした学校についての統一的法令として1899（明治32）年に実業学校令が発布された。そして、ほぼ同時に商業学校規程も出された。これ以後中等レベルの職業準備教育としての商業学校教育が盛んとなった。戦後はこの学校は商業高等学校として発展している。また、商業、珠算、簿記、タイプライティングなどの商業教育に携わる各種学校も数多く全国の都市部に存在している。また実業学校令を根本法としている実業系専門学校として高等商業学校があり、商業地にあったこれらの高等商業学校は戦後の大学改革の中で大学経済学部として転身している。⇒実業学校令　（大淀昇一）

消極教育

ルソーが『エミール』（1762）において唱導した教育観を指す。ルソーによれば、教育とは一定の行動様式（知識・技能）を子どもに教え込んだり注入したりする作用（形成としての教育）ではない。大人から子どもへの積極的な働きかけとして教育を捉えるのではなく、子どもの本性の自然な展開を妨げる外的条件を除去したり子どもの潜在的能力の自然な展開が促進されるように適時に外的条件を整備したりする作用として教育を捉える見解（助成としての教育）である。ルソーの消極教育観の基礎をなしている思想は、人間の自然な善性への全幅の信頼と潜在的能力の発展法則性への信仰であった。『エミール』では青年期以降には積極的教育も必要に応じて論じられているが、幼児期・少年期には消極教育を原理とする教育の在り方が徹底的に追求されている。ルソーの消極教育論は、ペスタロッチの開発教育論やフレーベルの追随的教

育論として継承され、さらに 19 ／ 20 世紀転換期に国際的に展開された新教育の思想と実践（の一部）においてもその系譜をみることができる。⇒新教育、フレーベル、ペスタロッチ、ルソー　（川瀬邦臣）

条件附採用

　職員が採用された場合、直ちに正式採用となるのではなく、一定期間を勤務し、職務を良好な成績で遂行したときに正式採用となる。正式採用されるまでの期間、当該職員は条件附採用の身分となる。一般の地方公務員の場合、条件附採用期間は通常 6 ヶ月であるが（地方公務員法第22 条第 1 項）、公立の小・中・高等学校、中等教育学校、特別支援学校および幼稚園の教諭等については、職務の専門性・特殊性から 6 ヶ月では職務遂行能力の実証が困難であるとして、条件附採用期間は 1 年とされている（教育公務員特例法第 12 条第 1 項）。この期間中に初任者研修を実施することになっている。条件附採用期間中は、職員の身分保障に関する規定や行政不服審査法の規定が適用されない（地方公務員法第29条の2第1項）。したがって、任命権者は、引き続き任用しておくことが適当でないと認めた場合はいつでも当該職員を降任・免職させることができる。ここから、初任者研修制度の実施により教員の条件附採用期間が 1 年に延長されたことについて、試補制度的な不適格者排除機能をもつとの指摘がある。⇒初任者研修　　　（朝日素明）

上構型学校系統

　学校制度の展開過程に関して、初等教育から中等・高等教育へ、すなわち「下から上へ」と教育機関が整備・拡充されていったことを指す概念。これに対して、高等教育から中等・初等教育への展開過程が顕著な場合、下構型学校系統と称する。中世から近代社会における学校制度の展開は、貴族「上流」階級の子どもに対する教育と農民をはじめとした一般民衆の子どもに対する教育とに分けられる。前者が「紳士教育」など教養的な色彩が濃く、大学を頂点にして教育機会が整備されていった（「上から下へ」）のに対して、後者は庶民の生活に必要な 3R's と宗教教育からなる初等教育から始まり、それに接続する補習学校や職業学校として中等教育が制度化されていった点で対照的である。上構型学校系統は、産業革命の進展と軌を一にする近代国家の成立、国民教育の思想の誕生と国民皆学制度の普及過程として捉えられる。　（榊原禎宏）

少子化

　子どもの数が減少していくこと。それに伴って高齢化の進行があり、少子化は先進国が抱える共通の課題である。とりわけ日本は少子化・高齢化社会のほぼ最先端を歩んでいる。21 世紀半ばには人口が 2 割減り、高齢者人口が 3 割を超えるとされている。厚生労働省が 2019（令和元年）6 月に公表した結果では、2018（平成30）年の合計特殊出生率は 1.42 人であり、出生数は 918,397 人で過去最少、また死亡数は 1,362,482 人で戦後最少という。平気寿命の伸びから日本の人口は増加を続けていたが、2006 年には人口の減少が始まった。少子化がこのまま進めば社会福祉制度・経済・教育等の危機的状況を生み出していく。少子化の歯止めのため政府および各自治体等はさまざまな政策を打ち出しているが、まだ大きな効果は現れていない。⇒合計特殊出生率（村越　晃）

小中一貫教育

　義務教育 9 年間を通じた教育目標の設

定と教育課程の編成を通じて実施される、系統的な教育のこと。背景には、2006（平成18）年の教育基本法および2007年の学校教育法の改正において、義務教育の目的および目標が制定されたことがある。小中一貫教育を実現する制度的枠組みには、2015年の学校教育法の一部改正に伴って新設された義務教育学校と、中学校連携型小学校・小学校連携型中学校と呼ばれる、2以上の学校が連携しながら一貫教育を実施する類型とがある。とくに義務教育学校は、一人の校長の下で原則として小学校と中学校の教員免許状を併有する教員によって教育活動を展開していることもあり、従来の「6－3」にとらわれない柔軟な学年段階の区切りが設定可能である。学校種をまたいだ効果的な教員配置や中1ギャップの解消への期待なども指摘されるが、小学校と中学校の運営や文化の違いなど、乗り越えるべき課題も多い。⇒義務教育学校

（照屋翔大）

情緒障害

情緒的な原因に基づく障害全般を指していう。1961（昭和36）年に児童福祉法の一部改正により、情緒障害児短期治療施設が発足した際、用いられるようになった。情緒障害児は、「家庭、学校、近隣での人間関係のゆがみによって感情生活に支障をきたし、社会適応が困難となった児童」で、例えば「登校拒否、緘黙、引っ込み思案などの非社会的行動、また反抗、盗みなど反社会的行動、そして吃音、夜尿、チックなどの神経性習癖などを有する児童」をいう。したがって、自閉症、知的発達障害などは含まれない。さまざまな原因があるが、親の養育態度や友達との人間関係のもち方、それによるストレスなどが考えられる。治療や指導としては、親には育児の楽しさや、子育てに

対する考え方のゆがみを取り払うようなかかわりが必要であり、子どもには人とのかかわることの楽しさを味わうことができ、自分に自信がもてるようなかかわりを通して、情緒の安定を図ることが大切である。

（瀧口　綾）

情緒の発達

心理学でいわれる感情は、快―不快を基本とした主観的な気持ち全般を指し、気分なども含まれる。その中でもとくに喜び、怒り、恐れ、悲しみのような一時的に生じる感情を指して情緒と呼ぶ。また怖くて胸がどきどきするなどの生理的変化を伴う。乳児期の情緒の発達についていえば、1930年代にブリッジズなどの研究により、生後間もない頃はまだ興奮状態のような単純な情緒しかないと考えられていたが、現在では、新生児でも少なくとも快、不快、興味の三つの情緒があるとされている。その後は、生後8か月頃までに喜び、怒り、恐れ、悲しみ、驚きがみられるようになり、1歳後半までには基本的な情緒がすべてそろうとされている。さらに自分を意識するようになる時期を迎えると、1歳半過ぎで照れや共感など、2、3歳になると恥や誇り、罪悪感などの情緒がみられるようになる。　（瀧口　綾）

小児保健

子どもを身体的・精神的・社会的に健康な状態の成人に育てるための実践と発育発達を増進する保健活動である。多くの小児（出生前の胎児、出生後4週間未満の新生児、新生児を含み1年未満の乳児、1年以降就学時までの幼児など）は、生まれながらにして生存していく能力を身につけている。しかし、発育発達段階の低い時期においては、当然ながら自分で、その能力を発揮するには至って

いない。それを、周囲の大人が補ってやり、しだいに能力をそれぞれの段階で発揮できるようにしていく。その実践が育児であり、保育であり、養育である。その実践を、健康の維持増進という視点からみたものが小児保健である。将来、小児を育て、健康な社会人として、その能力を発揮させる役割に就く者にとって小児をいかに健康に育てるかが、最も大きな課題であり、重要なことである。その基本的な知識と実践を身につけることは、小児保健を学ぶことによって得られるものと考えられる。(本間玖美子)

少人数指導・少人数学級

少人数指導とは、学校が何らかの教育効果を図って、少人数の学習集団を編成し、個に応じたきめ細かい指導を目指す取り組みである。少人数指導は、2001(平成13)年3月「公立義務教育諸学校の学級編制及び教職員定数の標準に関する法律」の一部改正がなされ、少人数指導のために教職員の加配を図る措置がとられることで実施されてきた。少人数指導等のための加配教員の活用については、習熟度や興味・関心に応じて学級の中で少人数のグループ化を行ったり、あるいは複数の学級を横断的にして学級数よりも多い数の学習集団を編成して授業を行うなど、その運用の仕方は学校の裁量による場合が多い。それに対して少人数学級は、都道府県教育委員会が、児童生徒の実態を考慮してとくに必要があると認める場合、40人の「標準」を下回る数を「基準」として定めることで編制される学級である。よって、この場合、教員は学級担任として配置されることになり、その運用の仕方については各都道府県の教育施策や裁量に委ねられる場合が多いといえる。⇒学習集団 (加藤崇英)

少年院

少年院は、少年院法に規定された矯正教育を授ける施設であり、法務省が所管する国立の施設である。家庭裁判所から保護処分として送致された者と、少年法において刑の執行を受ける者(少年収容受刑者)を収容する。その種類には、初等少年院(おおむね12歳以上、16歳未満を収容)、中等少年院(16歳以上、20歳未満を収容)、特別少年院(犯罪傾向の進んだ16歳以上23歳未満を収容)および医療少年院(心身に故障のあるおおむね12歳以上26歳未満を収容)があり、医療少年院以外は、男女を別々に収容する施設が設けられている。その目的は矯正教育を授けることであり、収容者は、紀律に即した厳しい生活を送ることになる。少年院で受けた教育を修了した者については、証明書が発行され、各学校の教育課程の卒業証書と同様の効力を有することが認められている。少年院の指導を行うのは法務教官であるが、必要に応じて、警察官、児童福祉司、学識経験者などに矯正教育の援助を要請することもある。⇒少年法 (布村育子)

少年鑑別所

家庭裁判所が審判を行うために送致する施設であり、法務省の所管に属している。その送致は、少年法に規定された観護措置の一つである。少年の資質の鑑別を行うことが目的であり、少年は、非行の原因や今後の更生の方法などを、医学・心理学・教育学・社会学などの専門的な知識をもって鑑別される。その結果は、鑑別結果通知書として家庭裁判所に送付される。収容の期間は2週間であるが、とくに継続の必要がある場合には、4週間の延長が認められる。また2001(平成13)年の少年法改正では、少年を収容し

ていなければ、審判に著しい支障が生じる場合に限り、最長 8 週間の延長も認めている。さらに少年鑑別所は、家庭内暴力、いじめ、不登校など、一般の家庭や学校で起こっている問題についても無料で相談を行っている。⇒少年法　　（布村育子）

少年非行

わが国の少年法でいう「少年」は、20 歳に満たない者のことを指し（第 2 条）、性別は関係ない。社会の中で非道徳的・反社会的とみなされる行為すべてを非行と広義には捉えるが、一般的に未成年の法に反する行為を非行という（成人の同様の行為は犯罪という）。少年非行は、少年法で、① 14 歳以上 20 歳未満の少年による犯罪、② 14 歳未満の少年による触法行為、③ 20 歳未満の少年による虞犯行為と認められる行状を総称する概念である。そのほか、飲酒、喫煙、不良交友などの不良行為も補導の対象となることがある。これら非行の前兆とみうれる行為も非行に含めることがある。非行少年はこれらに対応する①犯罪少年、②触法少年、③虞犯少年の 3 種類の少年とされている。少年非行の様相は社会状況とともに変化している。少年非行への対応は、非行少年に対する措置・処遇と一般的な予防対策に分かれている。現在、14 歳未満の少年が法律違反を犯しても刑事的に罰せられないが、近年、少年犯罪の凶悪化や低年齢化により、少年院送致の対象年齢を現在の 14 歳以上から「おおむね 12 歳以上」に引き下げる改正少年法が既に可決・成立し、2007（平成 19）年 11 月 1 日より施行されている。
⇒少年法　　　　　　　　（宇田川香織）

少年法

現在の少年法は 1948（昭和 23）年 7 月、

「少年の健全な育成を期し、非行のある少年に対して性格の矯正及び環境の調整に関する保護処分を行うとともに、少年及び少年の福祉を害する成人の刑事事件について特別の措置を講ずることを目的」（第 1 条）として制定された。少年法では、未成年者には成人同様の刑事処分を下すのではなく、原則として家庭裁判所により保護更生のための処置を下すことを規定するほか、量刑の緩和などさまざまな配慮を規定している。少年法は従来、福祉的機能を優先してきたと解されるが、近年、少年非行の凶悪化が取り沙汰され、また少年事件における加害・被疑者の人権が保護され被害者の権利がおろそかにされているという批判があることから、その司法的機能が強調されるようになってきた。福祉的機能は、教育・保護を施し将来の自力改善・更生を促すという少年保護手続の直接の目的に実体化されている。一方、司法的機能は、非行少年を甘やかし、非行を増長させないよう、厳罰化を図るべきとする威嚇抑止論と、非行事実の認定に際しては弁解の聴取と十分な説明が必要であり、かつ、少年の弁解を無批判に受け入れず適切な認定資料に基づいて判断すべきという適正手続論の異なる二つの立場からなる。なお、2005（平成 17）年 5 月の改正では施行日から 5 年以内の再度見直しが定められた。　　　　　　　　　　（朝日素明）

消費者教育

生産者によって供給される商品やサービスに関する正しい知識を伝達し、合理的な判断に基づいてそれらを購入できる消費者の育成を目指す教育のこと。クーリングオフや賠償請求権といった、事後的な消費者保護とは概念上区別される。大衆消費社会にあっては、無知な消費者が、生産者のいわれるままに物財を

購入し、被害を被るケースが少なくない。こうした消費者問題が顕在化してきた1968（昭和43）年、消費者保護基本法が制定され、消費生活センターなどの機関によって、一般消費者や児童生徒向けの講座や研修会が開かれるようになった。これは啓発活動であるが、消費者教育は、学校教育の中でも行われており、社会科や家庭科の内容を構成するものとなっている。社会教育の分野では、婦人学級の内容の一つに位置づいている。今後、高齢化が進む中、高齢者も重要な対象になってくると思われる。その際、彼らに対し、いかにして体系的な教育機会を提供するかが問題になるであろう。

（舞田敏彦）

昌平坂学問所

江戸幕府直轄の学校。1630（寛永7）年に林羅山[はやし・らざん]（1583～1657）が、徳川将軍家の援助を得て、上野忍岡[しのぶがおか]に開いた私塾の林家塾が起源。1690（元禄3）年に将軍綱吉の命令で湯島に移転、孔子を祀る聖堂とした。1797（寛政9）年、その施設を幕府直轄の学問所として成立した。湯島移転の際、施設前の坂が孔子の生地にちなんで昌平坂と名付けられ、私塾時代から俗に「昌平黌[しょうへいこう]」とも称されていた。学問所は、主に旗本・御家人[ごけにん]を対象として、朱子学や歴史・詩文を教授した。その後、全国各藩からの遊学生が学ぶ書生寮も併設された。教育課程・試験・褒美の仕組みが整えられ、学歴の重みを幕府内部に認知させたほか、諸藩の藩校の教員（藩儒）を輩出して全国に近世武家学校のモデルを提供した。明治維新政府により接収されて昌平学校となったが、1870（明治3）年に廃された。

⇒孔子、朱子学、林羅山　（橋本昭彦）

情報教育
computer education

情報教育とは、コンピュータ・リテラシー教育とメディア・リテラシー教育を包含する概念として提案されたことばであり、その推進者グループにより広められてきた造語である。1991（平成3）年刊行の文部省「情報教育に関する手引」により用語の使用が普及した。2002年には文部科学省「情報教育の実践と学校の情報化——新『情報教育に関する手引』」が出された。新手引等では、「情報教育」は子どもの「情報活用能力」育成を目的とし、「情報活用の実践力」、「情報の科学的な理解」、「情報社会に参画する態度」の三つが教育の内容とされる。しかし、「情報」概念の多義性などのため、「情報教育」概念の理解に混乱もみられる。コンピュータを「人の学びを支援する道具」として利用すること、「情報化」を教育の内容として取り上げること、メディア・リテラシー教育はそれぞれ区別して考える必要があろう。　（丸山剛史）

情報公開制度

中央ないし地方の行政機関やその他の公的機関が保有する情報を外部に提供する制度。広義には、個人情報の開示に関する制度が含まれることもある。情報公開制度は民主主義社会の根幹をなす仕組みであり、知る権利を実現する仕組みでもある。日本では、1980年代初頭から各地の地方自治体が行政情報の公開請求を認める情報公開条例づくりを進めてきた。その後、2001（平成13）年に「行政機関の保有する情報の公開に関する法律」（行政機関情報公開法）が、2002年に「独立行政法人等の保有する情報の公開に関する法律」（独立行政法人等情報公開法）が施行された。公的情報を提供する具体的な仕組みとしては、国の場合

には上記情報公開法に基づいて当該行政機関に対して請求を行う。各地方公共団体の場合には、当該地方公共団体が定める情報公開条例に基づいて当該地方公共団体に対して請求を行う。教育に関しては、体罰やいじめの報告書、職員会議の議事録、内申書や指導要録の開示などに関する情報公開・開示の請求がなされている。⇒知る権利　　　　　　（柳澤良明）

情報セキュリティ

　一般的には、情報の「機密性」「完全性」「可用性」の3要素を確保することと定義されている。機密性とは、ある情報へのアクセスを認められた人だけがその情報にアクセスできる状態を確保することを指す。完全性とは、情報の破壊、改ざん、消去がなされていない状態を確保することを指す。可用性とは、情報へのアクセスを認められた人が、必要時に中断することなく情報にアクセスできる状態を確保することを指す。学校では、学籍情報、指導関連情報、成績情報、進路関連情報など、さまざまな個人情報を保有している。しかしこうした個人情報が、学内ネットワークへの不正アクセスや標的型メールによるウィルス感染によって、外部に流出する事例も生じている。持ち出し禁止のデータは家に持ち帰らない、パスワードの管理方法に留意する、学校でも離席の際には他の人がパソコンを操作できないようにしておくことなどの、細心の注意が必要とされている。　　　（伊藤秀樹）

情報リテラシー

　リテラシーとは、従来、文字や文章を読み解く能力の意味で使われてきた。今日の情報化社会の進展に伴い、リテラシーの本来の意味が拡大し、情報機器や情報媒体が発信する情報を「読み解く」個人の基本的な能力の意味として「情報リテラシー」という用語が使われるようになった。当初、多様化、高速化、膨大化した情報を受信・処理・発信するためには、コンピュータを中心とする多機能化した情報機器等を自在に操作できる能力が必要となり、その能力のことを指していた。しかし、情報機器等を上手に扱うことができても、個人や社会に対して有益な情報操作ができるとはいいがたい。そこで、有用な情報を選択して受信したり、情報を批判的に解釈したり、情報を適切に処理・発信したりする能力も含めて「情報リテラシー」というようになった。さらに、情報モラルへの配慮を含める必要性も指摘されている。　　（杉本　信）

助教法（ベル・ランカスター法）

　何百人もの学習集団を10人程度の小集団に分けた上で、各集団に助教（monitor）を置き、教師の指導のもと、助教が他の生徒への教授を行うという教授法。モニターを置くため、モニトリアル・システム（monitorial system）、あるいは19世紀初めにイギリスで実践し、体系的な教授法にまで高めたベル（Bell, A. 1753～1832）およびランカスター（Lancaster, J. 1778～1838）の名前をとって、ベル・ランカスター法とも呼ばれる。年長で優秀な生徒を助教とし、教師の教授が一区切りしたところで、助教が自分の担当する集団の生徒一人ひとりにその内容を復唱させ、理解度を確認するという方法を繰り返すことで授業が進行する。19世紀前半には、イギリスをはじめとして、アメリカやフランスなどへも広がった。生徒数が急増し、教師の補充が間に合わなかった時期には効率的であることから広く普及した。しかしその後、助教による教授が形式的になりやすいことや学習の個別化が進行したことなどにより衰退していった。⇒学習集団　　　　　（柳澤良明）

助教諭
assistant teacher

学校教育法第 37 条第 15 項では「助教諭は、教諭の職務を助ける」と規定されているとともに、同条第 18 項では、「特別の事情のあるときは、第一項の規定にかかわらず、教諭に代えて助教諭又は講師を、養護教諭に代えて養護助教諭を置くことができる」と規定されている。わが国の「免許状主義」にもとづき、助教諭として任用されるためには、臨時免許状が授与される必要がある（教育職員免許法第 4 条）。臨時免許状は、授与された都道府県において 3 年間の有効期間があり、普通免許状を有する者を採用できない場合に限り、都道府県教育委員会が行う教育職員検定に合格した者に授与される（同法第 5、6、9 条）。文部科学省によれば、2016（平成 28）年度の臨時免許状授与件数は、小学校で 3,130、中学校で 1,928、高等学校で 2,408 となっている。文部科学省は、免許外教科担任の許可とあわせて、「安易な臨時免許状の授与や免許外教科担任の許可を行わないように」と通知を出している（「教師の採用等の改善に係る取組について（通知）」2018 年 2 月 21 日）。　（川口有美子）

食育

「食」の現実を直視しつつ「食をめぐるさまざまな問題に対処し、解決を目指す取り組み」（2006 年『食育白書』）を通じて健康なからだと豊かな心を育てる食生活の確立を図ること。朝食抜きの人が 20、30 代男性の 3 割、朝食抜きの子どもも 2 割、家族そろっての夕食の減少や子どもだけでの食事（＝孤食）の増加、栄養の偏りや生活習慣病のひろがりなどの事態を前にして、2005（平成 17）年 5 月、食育基本法が成立した。同法に基づいて食育推進基本計画が定められ（2007 年 4 月）、地方自治体での取り組みも始動している。食育の推進にとって家庭および学校教育の果たす役割は大きい。食材や食の安全に対する知識の向上、健全な食習慣の確立などに資するべく栄養教諭の配置を検討する学校、朝食抜きの子どもに軽い朝食を用意する学校もあらわれはじめている。⇒栄養教諭　　（水内　宏）

食育基本法

食育に関する基本理念を定め、国、地方公共団体などの責務を明らかにするとともに、施策の基本事項を定めた法律である。2005 年 6 月に公布され、7 月に施行された。食育基本法の前文では、食育を、「生きる上での基本であって、知育、徳育及び体育の基礎ともなるべきものと位置づけるとともに、さまざまな経験を通じて『食』に関する知識と『食』を選択する力を習得し、健全な食生活を実践することができる人間を育てる食育を推進することが求められている。もとより、食育はあらゆる世代の国民に必要なものであるが、子どもたちに対する食育は、心身の成長及び人格の形成に大きな影響を及ぼし、生涯にわたって健全な心と身体を培い豊かな人間性をはぐくんでいく基礎となるものである」として家庭、学校、保育所、地域等が中心となり取り組んでいるが食育を具体的に進めるために食育推進基本計画が 2006 年 3 月に制定され 5 年ごとに見直されている。
（田中広美）

職員会議

教職員によって構成される会議体であり、学校において最も中心的な会議体といえる。職員会議は、学校全体の意思形成を図る意味で重要な機能を有する会議体である。それは、職員会議において直

接、教職員間で意見・情報の交換がなされ、さまざまな事案について議論されるというだけでなく、学校における他の組織とのつながり、例えば、運営委員会から提案事項が出されたり、各種委員会・部会から協議された事項が報告されるなど、学校における意思形成システムの集約的な役割を果たしている。また、校長からみれば、自らの経営方針を全教職員に伝える場である。さらに、例えば不審者対策など緊急的に入ってくる学校の安全および危機管理にかかわる連絡や通知等を伝達する意味でも機能する。これらの諸機能は、学校や地域・自治体によって大きく異なっている側面も強い。

つまり、学校現場における職員会議の運用は、慣習的に行われる側面も強く、そのことはとくに、校長の校務掌理権との間に論争を生じてきた。このことは、一方で、これまで職員会議については、実定法上の明文規定がなかったことも関係してきたといえる。よって職員会議の在り方については、議決機関説、諮問機関説、補助機関説など諸説が展開されてきた。しかし、2000（平成12）年1月、「小学校には、設置者の定めるところにより、校長の職務の円滑な執行に資するため、職員会議を置くことができる。2 職員会議は、校長が主宰する」（学校教育法施行規則第48条第1項、2項）。中学校・高等学校準用）とされた。これによって職員会議に法的根拠が与えられることとなり、補助機関としての性格が明確になった。だが、このように法的な位置づけは明確になったとはいえ、学校において教職員の意思疎通を図る場としての職員会議の重要性は変わりない。学校の自主性・自律性を確立し、また経営責任を明確化するためにも、適切な運営が求められる。　　　　　（加藤崇英）

職親
しょくおや

知的障害者のかかわる職親委託制度のこと。知的障害者福祉法第16条に基づく福祉的な措置。18歳以上の知的障害者の更生援護を職親に委託することである。職親とは、「知的障害者を自己の下に預かり、その更生に必要な指導訓練を行うことを希望する者であって、市町村長が適当と認めるもの」である。職親を希望する者は居住地の市町村長に申し出ることになっている。職親は知的障害者を一定期間預かり、生活指導や技能訓練などを行い、就職に必要な能力を与えるとともに、雇用の促進と職場における定着性を高めることを目的としている。知的障害者については、福祉事務所が知的障害者更生相談所に判定を依頼して措置される。職親が依託される知的障害者の期間は、1年以内であるが、更新も可能である。この制度の問題点は、依託目的の達成後、一般雇用に切り替えることなどが困難であることが指摘されている。なお、地域によって、職親同士が連絡調整を図る目的で「職親会」が組織されている。　　　　　　　　　（林　邦雄）

職業教育

「一定又は特定の職業に従事するために必要な知識、技能、能力や態度を育てる教育」が職業教育であるとされている（中央教育審議会答申「今後の学校におけるキャリア教育・職業教育の在り方について」[2011（平成23）年1月]）。職業教育がこのような定義で捉えられているのに対し、現在、幼児期から高等教育に至るまでのすべての発達段階においてキャリア教育が展開されているが、キャリア教育は、「一人一人の社会的・職業的自立に向け、必要な基盤となる能力や態度を育てる」ものとされ、当然、職業

教育も包含される（同答申）。学校における職業教育は、実践性が重視されなければならないとされ、特に技能については「実践がなければ身に付かないもの」とされ、「学校の種類によって程度の差はあるものの、実践性がより重視されなければならない」とされている（同答申）。職業教育は学校内だけで完結させることは不可能であり、企業や各種団体・組織等の地域社会と学校とが協働していかなければならない。⇒キャリア教育

(川口有美子)

職業訓練
vocational training

職業に必要な技能を習得または向上させるために行う訓練のことで、その制度として古くは徒弟制や授産場にまでさかのぼる。1958（昭和33）年に職業訓練法が制定され、公共職業訓練および事業内認定職業訓練として整備された。1985年には、その名称も「職業能力開発促進法」と装いも新たに発足し、それまでの「職業訓練」に代えて「職業能力開発」「職業能力開発促進」の語が使用されることになった。これにより、その施設名は最初の職業訓練法では「職業訓練所」と呼んでいたのが、その後「職業訓練校」（同法改正、1969）となり、さらに「職業能力開発校」「職業能力開発促進センター」とその呼び方を変えてきた。かつては、新規中卒者を主な対象にして営まれてきた養成訓練の必要性、需要が減って、転職に備えての職業能力開発、あるいは現在就業中の職業能力の向上が主要な課題になってきた社会的背景に対応する動きで、しごくもっともな対応ということができる。

(陣内靖彦)

職業資格
vocational qualification

医師、弁護士、教員など特定の職業行為を営むものに必要とされる条件のことである。人の生命にかかわったり、公共社会の秩序維持にかかわるこうした職業行為は、だれにでも自由に従事させるわけにはいかない。そこで近代社会では、ある職業に就くために必要とされる資質・能力を公的に審査し（資格試験、資格検定）、それを充たしていると認定されたものに限ってその職業行為を営むことを許可する制度を設けているのである。とくに専門的な知識、技術を必要とする専門職には、大学などの高等教育機関で専門の学問を修めることが求められ、大学卒の学歴が職業資格取得の基礎資格とされた。学歴が、必ずしも職業能力を証明するものでなくなったというのが「学歴社会」の問題であるが、その「学歴社会の弊害」を克服するものとして臨時教育審議会が提言した「生涯学習社会」における職業資格を重視する（「資格社会」の）方向も、大学受験競争が職業資格取得をめぐる競争に取って代わられるだけのものに終わる懸念もある。 (陣内靖彦)

職業指導
vocational guidance

職業指導とは、職業選択についての指導や職務遂行能力の向上ための指導のことである。わが国において職業指導を行う主な機関としては、学校と公共職業安定所がある。職業指導の起源は、20世紀初頭のアメリカにおける職業指導運動にあるとされ、1908（明治41）年にはパーソンズ（Parsons, F 1854～1908）によってボストン市に職業相談所が開設されている。職業指導はわが国にも、1915（大正4）年頃には紹介され、1920年の大阪市少年職業相談所開設など、実践が開始された。また、1925年に出された文部大臣訓令第20号「児童生徒ノ個性尊重及職業指導ニ関する件」などによって、学校教育にも職業指導が導入される。

第二次世界大戦後は、新制中学発足とともに、職業指導は職業科の中に位置づけられた。1958（昭和33）年の中学校学習指導要領の改訂以後は、職業指導と進学指導との区別が廃され、進路指導という用語が用いられるようになった。近年では、進路指導に代わって発達段階を重視したキャリア教育ということばが用いられ、中央教育審議会の答申などでも小学校段階からの実施が提唱されている。
⇒キャリア教育、進路指導　　（岩田　考）

職業適性検査
vocational aptitude test

職務を遂行するのに求められる能力を測定するための検査。広義には、職業興味検査、知能検査、人格検査なども含まれる。職業適性検査の種類を大別すると、特定の職務に対する適性を測定する特殊職業適性検査と、さまざまな職務の中から適合するものを選び出す一般職業適性検査に分けられる。

多くの検査が開発されているが、わが国で用いられている検査は、アメリカ労働省の一般職業適性検査（GATB: General Aptitude Test Battery）を翻案したものが多い。厚生労働省の一般適性検査もその一つで、知的能力、言語能力、数理能力、書記的知覚、空間判断力、形態知覚、運動共応、指先の器用さ、手腕の器用さという九つの適性能を測定する11種類の紙筆検査と4種類の器具検査からなる。職業適性検査が測定・評価しうる職業上の適応や成功の要因は一部でしかなく、採用選考や職場配置において、その結果を過大に評価することを問題視する議論もある。進路指導等においても、自己理解や進路選択の援助に有効に機能する可能性がある反面、同様な問題性がある。現在、社会のさまざまな領域において心理学的なものの比重の高まりが指摘されており、検査の結果が援助という

水準を超えて機能する危険性もある。
⇒進路指導　　　　　　　　（岩田　考）

職務専念義務

公立学校教職員の服務は、地方公務員としての服務に包摂される。すなわち、公務員としての身分を有することに伴う公務員として当然守るべき事柄の規律は、全体の奉仕者として公共の利益のために勤務し、職務の遂行にあたっては全力を挙げてこれに専念しなければならない義務があることにある。職務専念義務は公務員の職務上の義務の主要な義務の一つである。その内容は、地方公務員法第35条の定めにより、法律または条例の定めがある場合以外は、勤務時間中にあっては、その注意力のすべてを職務遂行のために用い、教職員が属する地方公共団体の職務のみに従事しなければならない、とされる。この職務に専念する義務は、法律による免除される場合を定めている。この職務専念義務免除（いわゆる職専免）は、教育公務員特例法第21条第2項による勤務地を離れて行う研修、地方公務員法第55条第8項の適法な交渉などである。職専免に該当するかどうかは公務への支障の有無を考慮の上決定される。県費負担教職員の職専免の承認は服務監督者である市町村教育委員会が行う。　　　　　　　　　　　（大坂　治）

職務命令

地方公務員法第32条は「職員は、その職務を遂行するに当って、法令、条例、地方公共団体の規則及び地方公共団体の機関の定める規程に従い、且つ、上司の職務上の命令に忠実に従わなければならない」として「法令等及び上司の職務上の命令に従う義務」を定めている。例えば異動命令など、身分上の上司となる教

育委員会が発する命令もあるが、職務命令とは職務上の上司（校長・教頭・主幹）が発する命令のことである。学校においては、「校長は、校務をつかさどり、所属職員を監督する」（学校教育法第37条第3項）。このほか、教頭や主幹も事実上ないし学校管理規則上の指揮監督権を有する。これに対して、「教諭は児童（生徒）の教育をつかさどる」（同法第37条第6項ほか）との規定から、校長の校務掌理権から教諭の教育活動を除外する見解もあるが、あまり一般的ではない。ただし、校務掌理権の行使が各教員の専門的判断に反する場合、その教育的な妥当性が留保される必要がある。（有働真太郎）

書字障害

腕や指、視覚機能、知的能力にとくに異常がないにもかかわらず、字を書くことに大きな困難を示す障害。書字能力がその人の年齢、知能、教育の程度から予測される水準よりも十分に低い、文章を書くことにかかわる学業や日常の活動を著明に妨害しているなどの場合に書字障害と診断される。字を読むことには困難はない場合も多いが、字を書くことがさまざまな水準で障害される。字の形が変形していたり、字が不揃いである、字を書く位置がわからない、字の書き順や形が覚えられない、今書いた字がどの字かわからないなどの症状も示す。さらに、人物画などが正確に書けない、作文がとても苦手である、考えながら書くことができない、黒板の字を写すのがきわめて遅いなどの症状もみられる。書字障害の原因としては、脳の先天的な機能的な障害（特異的発達障害：LD）や後天的、器質的な障害（脳卒中など）があり、治療は長期にわたり、また、その効果は限定的である。⇒LD（学習障害）　　　　（西方　毅）

書写書道教育

1958（昭和33）年版の「学習指導要領」によって、それまで「書き方」「書くこと（書き方）」「習字」「習字（芸能科）」などと混乱があったものを一括して「書写」とし、毛筆・硬筆を問わず、国語科教育の一環として、文字を正しく整え、読みやすく速く手書きすることのできる能力育成を目指した。一方、高等学校では選択教科「芸術科」の中で「書道」と位置づけられ、書のもつ美、芸術性を追求するものとなっている。すなわち「書道の創造的な諸活動を通して、書を愛好する心情を育てるとともに、感性を高め、書の文化や伝統についての理解を深め、個性豊かな表現と鑑賞の能力をのばす」（書道II）とある。小学校低学年では、とくに筆順や、点画などを「正しく書くこと」に力点が置かれ、中・高学年では、文字の組み立て、大小、配列など、「美しく整えて書くこと」に力点が置かれる。「毛筆」による書写は、小学校3学年から開始される。中学校では、目的や必要に応じて「文字を正しく整えて早く書く」ことを目指し、硬筆・毛筆両面の指導がなされる。硬筆では、形式を工夫し、用具を適切に使うこと、毛筆では、楷書の習熟と、基本的な行書の理解を目標とする。第3学年では、一部、鑑賞することも取り入れられ、高等学校での「書道」へとつなげている。近年、心理学や大脳生理学の方面から、大人向けの書写・書道による大脳のリハビリテーション効果が指摘されている。⇒国語科教育　　　　（岩下　均）

初等教育

教育体系において一般に国民の教育を受ける組織体系を区分する際に、初等教育、中等教育、高等教育という教育の程度による区分が設けられるが、初等教育

はその国民が基本的に受けるべき最初の基礎段階の教育を指す。わが国では、この最初の学校教育の対象としては、義務教育の対象段階以前の就学前の幼稚園教育と義務教育の最初の段階である小学校教育の両方を含む。初等教育は、憲法が保障している国民の教育を受ける権利を保障する教育の最初の段階であるだけに、その性格づけは職業的多様性へと結びつく前段階の普通教育の性格をもつとともに、知的・身体的・道徳的な人間として必要な調和的かつ全面的な発達を目指すものである。また、初等教育は、国民の生涯学習の観点から、生涯にわたる学習の基礎・基本、学びの習熟の基礎を培う役割を担っている。　　　（大坂　治）

初任者研修

教育公務員特例法第 23 条の規定に基づき、任命権者が国公立の小・中・高・特別支援学校、幼稚園の教諭、助教諭および講師の初任者を対象に行う最初の現職研修で、「その採用の日から 1 年間の教諭の職務の遂行に必要な事項に関する実践的な研修」を指す。その目的は、実践的指導力、教員としての使命感、幅広い知見等の修得にあるとされ、研修が行われる 1 年間は「条件附採用」期間に相当する。創設には、1986（昭和61）年の臨時教育審議会第 2 次答申および 1987 年 12 月の教育職員養成審議会答申が関係し、1989（平成元）年の小学校での導入、1992 年の全面実施を迎えて今日に至る。研修は主に、校内研修（週 10 時間以上、年間 300 時間以上）と校外研修（年間 25 日以上）とに大別され、実施方法に関しては、近年、「拠点校方式」が導入されているのが特徴である。つまり、初任者研修に専念する教員として初任者 4 人に 1 人の割合で「拠点校指導教員」が配置され、一方で、初任者が配属されている学校に「校内指導教員」を置く方式がと

られている。研修を実施する上では、学校全体による研修体制・サポート体制の確立や、拠点校指導教員、校内指導教員、校内のほかの教員間の協働が不可欠となる。また、2 年目以降の研修との有機的な関連性への配慮や、大学との連携の必要等も課題として指摘されている。⇒**教員研修**

（鞍馬裕美）

調べ学習

調べ学習とは、子ども自らがその内容や方法を決め、調査しながら進める学習のことである。この調べ学習が多くの学校で取り組まれるようになった背景の一つには、「新学力観」に立つ学習指導の提唱がある。そこでは、子どもたちが自ら考え、主体的に判断したり表現したりすることを重視した問題解決的な学習活動や体験的な学習活動が推奨された。そのため調べ学習は、多くの教科や領域で取り入れられるようになった。調べ学習では、子ども自身がその内容や方法を決めることになるが、しかし教師の指導を後退させてはならない。調べ学習が成功裡に行われるためには、まず調査内容が子どもにとって切実な問題でなくてはならない。そのための教師の指導が必要となる。さらに教師の指導によって、調査の方法・手段が調査内容にふさわしいものなのかどうか考えさせなくてはならない。また調査結果の発表の際にも、ただ単に調べた事柄を報告させるだけでなく、それに対する自分の意見を表明させ、ほかの子どもたちと対話ができるように指導しなくてはならない。⇒**新学力観**　（岩垣　攝）

自律

自分で自分を律すること。他人の圧力に押されて動くのではなく、自分で立てた規範や自らの判断や意志に従って自己の

行動を主体的に統制すること。功利的な行動は、自律とはいわない。自律は、カント哲学の中心概念であり、実践理性が自己に義務法則を課し、それに従うことを意味している。自律性の基礎は自己統制にあり、子どもが親のしつけといった外からの力を受け入れ、自分の欲求や衝動を制御し、親のしつけに従うことで芽生える。自律性の確立には、行動を統制しているのは、ほかならぬ自分自身であるという自律の感覚を学習することが大切である。自律性の基礎となる自立性や自主性を涵養するためには、子どもが十分に能動性を発揮し、自分自身で物事や行動を選択、決定する機会や環境を保障していく必要がある。過保護や過干渉、支配的な態度などは子どもの自律性の発達の妨げとなる。そのためには、できるだけ幼児期から子どもの意志や人格を尊重した対応が望まれる。⇒しつけ　（大川　洋）

自立活動

特別支援学校（盲学校・聾学校・養護学校）の学習指導要領における領域の一つ。特別支援教育学校の学習指導要領は、小学校・中学校・高等学校に準じて、各教科・道徳・特別活動・総合的な学習の時間に依存しているが、一方、障害に対応した特別な指導領域として「自立活動」が位置づけられている。小学部・中学部の学習指導要領に示されている自立活動の目標は、「個々の児童又は生徒が自立を目指し、障害に基づく種々の困難を主体的に改善・克服するために必要な知識、技能、態度及び習慣を養い、もって心身の調和的発達の基礎を培う」ことになっている。自立活動の内容については、「健康の保持」、「心理的な安定」、「環境の把握」、「身体の動き」、「コミュニケーション」の5分野に分かれている。自立活動の指導にあたっては、個別の指導計画

を作成すること、また、指導計画の作成にあたっては、各教科、道徳、特別活動および総合的な学習の時間の指導と密接な関連を図ることが必要不可欠とされる。⇒特別支援学校、特別支援教育　（林　邦雄）

視力検査

視力とは、目で物体を識別できる能力のことで、その能力を測定することを視力検査という。生後間もない赤ちゃんは明暗の識別ができる程度で、目を正しく使うことによって3歳までに視力が急速に発達し、6歳頃までに大人と同様の視力が完成する。一般的な視力検査の方法として、日本において最も広く用いられているものがランドルト環である。これは大きさの異なるC字型の環の開いている方向を識別することによって、2点が離れていることを見分けられる最小の視角を測定するものである。しかし、この方法を用いて測定できるようになるのは、せいぜい3歳以上であろう。幼児の視力検査を行う場合は、図形や絵を用いたり、回答の方法を工夫したり（サンプルから同じ物を選ぶなど）する必要がある。子どもの視力が発達する5～6歳までの間に、何らかの原因で弱視になる場合があるが、早期発見により治療が可能となることが多いので、定期的な視力検査が大切である。　　　　　　　　（髙橋弥生）

知る権利

情報の受け手が情報の保持者に対して情報の提供を要求できる権利。憲法第21条の「表現の自由」から導き出され、情報公開制度の根拠となる権利である。知る権利は抽象的な権利であるため、具体的な情報公開法や情報公開条例によって保障されることで、公的な機関が有する情報の公開・開示請求の権利と

して位置づくことになる。教育の分野では、子どもの知る権利および親の知る権利がどのように保障されるかが重要である。子どもの知る権利および親の知る権利は、憲法での「幸福追求権」（第 13 条）から導き出される「プライバシー権」を根拠としている。「プライバシー権」は、みだりに私生活を公開されないという消極的側面だけでなく、自己情報をコントロールするという積極的側面も有しているとされるためである。このことから、体罰やいじめの報告書、職員会議の議事録、内申書や指導要録の開示など、教育に関する公開・開示の請求が裁判で争われている。⇒情報公開制度　　　（栁澤良明）

事例研究法

　事例研究法とは、個人あるいは数人（集団、コミュニティーなどを含む）を対象として、実際の実践や事例を通して、一般的な理解や指導・援助の在り方などを導く帰納的な研究方法である。ケーススタディともいう。事例研究法には、事例の経過を時間的流れに沿って検討し、変化を可能にした要因や変化をたどる一般的道筋を明確にしていくことで、普遍的な事実を発見したり検討することを目的とした「縦断的研究」と、複数の事例を基にして共通する特徴を抽出していくことを目的とする「横断的研究」がある。事例研究法については、以前から客観性と代表性の欠如などの問題点が指摘されている。確かに、実際の実践や事例は、主観的に関与し合った出来事の結果であり、それを対象化することには困難が伴う。しかし、仮説発見や事例のもつ個別性を把握し、指導・援助に生かしていくためには欠かすことのできない方法である。研究対象者のプライバシーの保護については厳密な配慮を要する。（丹　明彦）

心学

　江戸中期の京都の呉服商・石田梅岩［いしだ・ばいがん］（1685 ～ 1744）に始まる人生哲学の一派。神・儒・仏の三教を混ぜた独自の内容で、梅岩亡き後「心に反省しつつ身に践［ふ］み行う」という意味でその教えを心学と呼んだらしい。陽明学と区別するために「石門心学」とも呼ばれる。梅岩は、経済発展とそれがもたらす社会矛盾の中で、自分の心を知るために学び、考え、1739（元文 4）年に『都鄙［とひ］問答』を著した。その中で、商人の商行為を「天下ノ相［たすけ］」として意義づけ、売利を「天下御免［おゆる］シノ禄」として正当化し、「正直」を最大の徳とする商人哲学を構築。読書・講釈・会輔（集会）などの方法によるわかりやすい学習は、町人にも学べる学問として最初は都市部に人気を博し、身分社会の現実をふまえつつも人間的尊厳の平等を希求する実践的な道徳の体系として、門弟を増やした。とくに手島堵庵や中沢道二らの後継者が活躍し、全国に心学講舎がつくられ、童話などの口演形態が工夫され、18 世紀末期には農民や武士にも浸透し、江戸後期には全国的な社会教育運動として流行した。　　（橋本昭彦）

人格
personality

　哲学的には、カント倫理学の中核をなす概念。神の被造物である人間は、ほかの動物とは異なって、利益や欲望に左右されない崇高で自律的な道徳意志をもつことができるとし、そうした道徳法則に準拠して行為する主体を人格（Person）として規定した。そのことから、ヘルバルト教育学においては、カント的意味における崇高な人格の形成が、すべての教育行為の目的とされた。世俗の利益や欲望に支配されず、超越神との内的対話の中

で、厳格な道徳法則に従って行為する主体が人格とみなされている。改正教育基本法（2006[平成18]年）でも、「第1条（教育の目的）に、「教育は人格の完成を目指し、……」とあるように、人格の概念は、あらゆる教育目標を束ねる上位概念（教育の目的）として規定されている。カントとヘルバルトは、いずれもキリスト教の強い影響下で、個人主義的で道徳主義的な「人格」の概念を構成した。

しかし、人格の概念には、もう一つ別の歴史的水脈が存在する。人格を意味するドイツ語の Person ということばは、ラテン語の persona（ペルソナ）に由来する。それは、もともとは役者が舞台で、ある役を演じる際にかぶるお面を意味している。舞台で役者がお面をかぶって、ある役割を演じるように、人は社会生活においても、必ずある文脈の中に置かれ、ある役割を振舞いつつ暮らしている。同一の人間でも、場面や状況が異なれば、別の顔（ペルソナ）を演じる。このことから、人格とは道徳法則の遵守によって、単独で生じる閉ざされた実体ではなく、他者との関係の中で、日々構築され、互いに編み上げられていく関係の束のごときものであるという見方が成立する。フッサールの影響を受けた現象学的倫理学、「人と人との間柄の学」として倫理学を基礎づけた和辻哲郎などの見方がこれにあたる。ここでは、関係や相互行為の中での人格形成の有様が問われる。

しかし、科学を志向する現代の心理学や社会学の一部では、人格の概念は、パーソナリティ（性格）という没価値的な操作概念として使用され、「人格」の概念から価値的、規範的意味合いが消去される傾向にある。⇒性格　　　（高橋　勝）

進学適性検査

戦後初の大学入学者選抜のための共通試験であり、「進適[しんてき]」と略称で呼ばれる。1947（昭和22）年度から1954年度までの8年度間実施された。一般に受験者の能力は、過去・現在・未来の3側面から診断されるが、各地点での測定指標としては、それぞれ内申書・学力試験・進学適性検査が対応する。つまり、戦後直後で受験者の試験準備がままならない状況の中、将来性の予診が進適には期待されていたのである。だが、経費や問題作成の大変さなどの公的な理由に加え、学力試験に比して努力の成果が反映されにくいことから、生徒・父母などから反発も出て、8回の実施で廃止された。進適のモデルは、アメリカで1926年から実施され続けているSAT（Scholastic Aptitude Test）である。アメリカのSATは、改変されながら制度として存続しているが、能力を巡る論争などもあり、SATのAの部分は、今日では適性（Aptitude）ということばではなく、評価（Assessment）という語が充てられ、SAT（Scholastic Assessment Test）プログラムと呼ばれている。　　（腰越　滋）

新学力観

新学力とは、1980年代の臨時教育審議会以降、第三次産業を中心とする脱産業化時代における個性的で創造的な能力を称揚する学力観を一般的に指している。しかし、個性に対応する教育という考え方自体は、すでに教育学や学校という観念が入ってきた時点においてすでに広まっており、日本では、大正新教育運動などにおいてその先駆がみられた。

第二次世界大戦を経て、新学力とは、戦後新教育運動の中のみならず、戦後の教育基本法体制において一貫していわれている原理である。このような新学力という観念が、とくに1980年代以降に強調されるようになったのは、高度に発展

した工業化社会を突き抜けた段階にある日本が脱工業化の時代を迎えるようになってからであるといわれている。それは、産業界における工業製品の付加価値を高めるという産業社会の人材育成のニーズからのみきているものではない。それは、新時代において、個人差に対応し、個々人のもつ潜在的な能力の違いを見極め、個々人の創造的な能力の発達を促すということを意味する。それは、「ものづくり」という視点を超えて、サービスやネット社会におけるヴァーチャルな現実がつくり出す世界において、物事の本質を見誤らない判断力、そして、自己の考えを発信する力など、従来の受け身的な態度から、自ら能動的に情報をつくり出し、それを加工する力を求めている。

このような新学力観は、2002（平成14）年に施行された学習指導要領が示しているような、自ら主体的に『生きる力』ということばや自ら判断する力、コミュニケーション能力というようなことばで語られるものであり、これまでの暗記中心の学力観とは区別されるものである。その評価の指導として、「関心・意欲・態度」などの評価基準が示され、その基準に沿った学習プランが一般化するようになった。⇒生きる力、大正新教育運動

（浅沼　茂）

進級

ある等級の課程を修了した児童生徒が、より上位の等級の課程へ進むこと。教育課程が学年に対応して編成される学年制の学校にみられるものである。これに対して、諸外国などでみられるのが、児童生徒の学力や学習速度の違いを認め、スモールステップの原則で教育課程の編成を行う無学年制である。進級の方法としては、通常の1年1回の1年進級制のほかに、仮進級制、飛び級制、原級留置制

がある。わが国の義務教育の進級は、1年単位で、飛び級を認めていない。また、中学校の卒業が年齢主義に基づいているため、15歳の学年の終わりを超える原級留置はできず、その数も少ない。一方で、高等学校では、学年制と並行して単位制を採っているため、原級留置が少なからず行われている。進級の時期は、各学年の終わりと定められているが、高等学校のみ、特別の必要があり教育上支障がない場合は、学期の区分に従い課程修了が認められる。進級の認定は、学級担任または教科担任が児童生徒の平素の成績を評価した上で、校長が最終的な課程修了の認定と進級の可否の決定を行う。

⇒飛び級　　　　　　　　　　（末松裕基）

新教育

new education

19世紀末から20世紀初頭のヨーロッパ、アメリカ、アジアの諸国で、「旧教育」を批判し、子どもの自由な自己活動による学習と学校改革を志向する運動が幅広く展開されたが、この時期の教育改革の運動を総称して、新教育という。

新教育の運動は、セシル・レディによるアボツホルムの学校（イギリス、1889）、リーツによる田園教育舎（ドイツ、1896）、ドモランによるロッシュの学校（フランス、1899）などの中等教育の改革を目指す私立学校の創設として開始される。デューイは、シカゴ大学附属実験学校を創設して（1896）、初等教育の改革を目指したが、ここでは、知識中心の学校から子どもの生活中心の学校へ、というコペルニクス的転換がはかられた。その影響を受けて、ドイツではケルシェンシュタイナーが、初等教育において子どもの生活と手作業を重視する作業学校の実践を展開した。ドイツにおける学校改革連盟の標語となった「子どもから」（vom Kinde aus）が、新教育の運動を共

通に主導する理念である。20世紀の転換期に新教育の運動が展開された背景には、国民国家の成立とともに整備され始めた先進国の国民教育制度が、19世紀末にはほぼ完成の域に達し、学校が効率的な人材育成システムとして機能するようになった現実がある。そこでは、ヘルバルトおよびヘルバルト学派の教授理論に典型的にみられるように、一斉教授法による知識教授と道徳的訓練、教室の画一的管理が重視され、子どもの自由な興味、関心、そして創造性や活動などが抑圧される事態を招いた。新教育の運動は、こうした事態の打開と公教育の効率的なシステム化からの脱却を目指したものということができる。　　　　（髙橋　勝）

新教育運動

19世紀末から1930年頃まで先進欧米諸国において多彩に展開された教育改革運動のための思想と実践の総体。1870年代から80年代に確立した先進欧米諸国の国民教育制度およびその教育内容・方法（ヘルバルト派の教授理論によって支えられていた）が当代に進展しつつあった社会的・経済的現実（帝国主義的な国際経済競争の出現および労働者の増大に伴う大衆民主主義の高揚）に十分に対応できず硬直化しているという批判運動から新教育運動は新たな時代の要求に的確に即応すべき国民形成運動として生起・展開したが、その思想的基盤や実際に実践された形態・様式はきわめて多様であり決して統一像を結ぶものではない。わが国の「大正自由教育」の展開もこの運動の一環に位置づけられる。多様である新教育運動の主要な特質を述べよう。
①子ども中心主義教育：教師や書物による〈教授〉内容の受動的な習得から子どもの主体的な活動・作業を中核とする〈学習〉への転換。②反知性主義：細分化・専門化する知識から知識の統一的・総合的な体系化、公民教育や作業教育にみられる知育より徳育・体育の重視、芸術教育運動や青年運動にみられる感性の教育の尊重など多様な様相を呈した。③集団が有する相互形成力を重視する生活共同体（Lebensgemeinschaft）としての学校における調和的な人間形成の試み。④旧来の集団一斉授業から子どもの個性・興味・能力に応じた分団・個別学習への転換。⑤教科相互間の関連性・系統性や生活と教育内容との有機的関連を重視するカリキュラムへの改造・再編成。⑥教育内容・方法の改革を根拠づけるための子どもやその能力に関する「科学的」研究の推進（生物学・医学・生理学・社会学・心理学などでの研究成果の援用）。⑦教育の機会均等理念を実現するための統一学校運動。　　　　　　　　（川瀬邦臣）

人権教育

人権教育とは、「人権尊重の精神の涵養を目的とする教育活動」であり（人権教育及び人権啓発の推進に関する法律第2条）、「国民が、その発達段階に応じ、人権尊重の理念に対する理解を深め、これを体得することができるよう」にすることを旨としている（同法第3条）。国連は1995年からの10年間を「人権教育のための国連10年」とした。それを受けて日本では1997（平成9）年に国内行動計画を策定、2000年に「人権教育及び人権啓発の推進に関する法律」を成立させ、2002年に「人権教育・啓発に関する基本計画」を閣議決定した。そして、かつての同和教育は包括的な人権教育に発展した。「基本計画」は人権教育の重要課題として、女性、子ども、高齢者、障害者、同和問題、アイヌの人々、外国人、HIV感染者・ハンセン病患者等、刑を終えて出所した人、犯罪被害者等、イン

ターネットによる人権侵害、その他の順に挙げている。これらは、日本国憲法（1947）、世界人権宣言（1948）に明記された基本的人権、さらには女性差別撤廃条約（1985年批准）や子どもの権利条約（1994年批准）など国際条約の人権規定に基づく。国連が新たにスタートさせた「人権教育のための世界計画」（2005～）では、日本も共同提案国になった。文部科学省「人権教育の指導方法等に関する調査研究会議」は、「人権教育の指導方法等の在り方について」（第二次とりまとめ、2006）を発表し、幼児教育から高校教育までの人権教育の指導の方法を示している。　　　　　　　　　（片岡洋子）

新興教育運動

　昭和初期におけるマルクス主義の立場に立つ階級的教育運動のこと。ロシア革命後、資本主義国での国民教育を「ブルジョア教育」と定義し、それへのアンチ・テーゼとして提起された「プロレタリア教育」運動と同義。教師の教育労働者としての自覚の高まりと天皇制教育（教育勅語）への批判の深化に伴って、また国際的な教育労働者運動の影響もあり、1930年代、日本にあっては新興教育運動として展開された。1924（大正13）年「教育労働者インターナショナル」（エドキンテルン）という教育労働者の国際的運動組織が発足、プロレタリア平和主義、反帝闘争の立場に基づく教育運動を主張。その影響も受け、1930（昭和5）年「日本教育労働者組合」（教労）が結成された。この「教労」の結成とともに合法的な「新興教育研究所」（新教）が、革命後のソビエト訪問を契機に、デューイ主義からマルクス主義に接近した山下徳治を所長に発足。それゆえ、新興教育運動を「新教・教労」の教育運動ともいう。1933年、「長野県教員赤化事件」と呼ば

れた長野支部への弾圧により組織的活動は消滅。後の教育科学の誕生に影響を与えることになる。　　　　　　（森川輝紀）

進行性筋ジストロフィー

　徐々に筋肉細胞が変性、萎縮し、それに伴い、筋力が低下していく疾患のことであり、運動障害の一つである。乳幼児期から青年期にかけて発症することが多い。例えば、歩行開始の遅れ、転びやすい、走れないなどの起立、歩行の障害などで発症し、しだいに進行していく。遺伝性の疾患であり、症状の違いによっていくつかに分類される。診断方法は、血液検査、筋電図、DNA解析などがある。筋ジストロフィーは、慢性の疾患であるため、日頃から無理のない運動、リハビリなどを行うことが必要である。起立、歩行が困難になっても、身の回りの動作で自分でできることは、できるだけ自分で行うように努めることが大切である。筋肉を使わないと、関節が固まり筋力が落ちることもある。自分の体を思うように動かすことが困難なことが多く、それによって、自身や自己効力感と呼ばれる、自分自身に対する有能感や信頼感などが感じにくいと考えられるため、自分でできたことはそのつどほめるなどの対応が必要である。　　　　　　　　　（瀧口　綾）

新構想大学

　文字通り、旧来の大学とは異なる理念ないし原理に依拠して設置された大学のことである。学生数が著しく増大し、大学紛争に遭遇した1960年代後半、伝統的な大学とは異なる新たな大学像（開かれた大学）が模索されていた。その後、1970年代から1980年代にかけて、一群の国立大学が新設される。新構想大学とは、具体的には、これらの大学を指す。

1973（昭和48）年に新設された筑波大学においては、学部に代わって学群・学系が置かれ、大学自治の基本単位とされていた学部教授会が廃止された。また、研究教育組織と切り離された管理組織には、副学長、学外者からなる参与会および人事委員会が置かれた。1978〜81年には、現職教員に対する2年間の研修機会を与える大学院を本体としつつ、初等教育の教員を養成する学部も併せもつ、上越、兵庫、鳴門の3教育大学が設置された。これらのほか、長岡、豊橋の技術科学大学、そして放送大学なども新構想大学に含まれる。⇒放送大学　　　　　　（舞田敏彦）

人工知能（AI）
Artificial Intelligence

　文字、画像、音声等の認識、言葉の理解、推論など、人間の知的活動に似た機能をコンピュータで実現したもの。また、それを推進する学際的研究分野を指すこともある。人工知能は近年、自動車の自動運転を行ったり、将棋や囲碁で人間の第一人者に勝つほどに進歩したが、その要因の一つは、物事を深く、つまり抽象的・直観的に把握する「ディープラーニング（深層学習）」である。例えば将棋では、従来は定跡の丸暗記やしらみつぶしの先読みといった、武骨な機械的能力に頼っていたが、近年ではさらに、強い人間同士の対局データを大量に記憶し、大量の自己対戦で試行錯誤を重ねる中で、人間でも気づかないような「勝ちにつながる指し手」の特徴を抽出することで、人間のもつ直観やコツに相当するものを獲得している。今後、人工知能があらゆる面で人間を凌駕する事態（いわゆる「シンギュラリティ」）の到来を懸念する論議もあるが、人間との違い（例えば人間は生身の体をもち、自ずと「生存」という目的をもち、そこから利害、快苦の判断、意思が生ずるが、人工知能はそうではな

い）を理解した上で人工知能との賢い付き合い方を見出すためのAIリテラシーが重要となろう。　　　　　　（堤　大輔）

新自由主義
neoliberalism

　主に1980年代以降の欧米や日本において広がった政治、経済、社会、教育などの分野での新しい自由主義の潮流である。個人の自由と平等を提唱する古典的な自由主義や、福祉国家の建設を目指す自由主義に対して、19世紀の自由放任主義を起源として、政府による市場への介入を最小限度にとどめる「小さな政府」を志向する。教育改革においては、教育の自由化、市場化、規制緩和を求め、市場原理と競争原理を基盤にした学校統制を進める傾向にある。アメリカのバウチャー制度とチャータースクールの推進や、テストとアカウンタビリティの過度な強調は、その代表的な取り組みともされる。日本では、1984（昭和59）年の中曽根（康弘）政権の際に設置された臨時教育審議会において、教育の自由化や公立学校の民営化の議論が行われ、その後、1990年代以降の公教育のスリム化の論点や、学校選択制の推進による競争原理の拡大へと展開している。個人の自由や規制緩和を推進する一方で、学校の市場化と競争重視の改革が、教育の格差と不平等の拡大を招くことも危惧されている。　（上野正道）

心身症
psychosomatic diseases

　心身症とは、身体疾患の中で、その発症や経過に心理社会的因子が密接に関与し、器質的ないし機能的障害が認められる病態をいう。ただし、神経症やうつ病など、他の精神障害に伴う身体症状は除外する、というのが日本心身医学会の1991（平成3）年の定義である。心身症の症状は、①声が出ない、目がみえな

いなどのヒステリー性の転換症状、②偏頭痛、過敏性腸症候群、過換気症候群などの病態生理的な機能性障害、③消化性潰瘍、アトピー性皮膚炎、円形脱毛症などの器質性病変を伴う障害に分類できる。治療は人間を生体・心理・社会的存在として捉え、薬物療法と心理療法および環境調整アプローチなどを有機的また総合的治療として目指す心身医学的治療が行われる。ただし、米国精神医学会の疾患分類・診断基準（1980～）や WHO の国際疾病分類（1992～）においては、心身症という病名、用語それ自体が存在しなくなっている。日本では心身症という概念のもとに、上記のように一連の疾患を分類した方が実用的であると考えられている。 　　　　　　　　　　　（原　裕視）

新生児期

　生まれてから生後 4 週間まで（28 日）までの期間にあたる乳児を新生児期という（WHO［世界保健機関］の定義）。出世時の体重は平均的に約 3,000 グラム、身長は約 50 センチであり、屈曲位といって、ひざ、ひじなどの股関節を曲げている状態であることが特徴である。新生児期は、外界で過ごすための準備段階であり、呼吸、栄養摂取、排泄など母親の胎内で胎盤を通じて行われていたことをすべて自力で行い、外界への急激な変化に適応していくための移行の時期である。一日の大半は寝て過ごし、泣くことによって要求を訴えるが、外界を認識するための五感（視・聴・触・嗅・味の五つの感覚）が備わっており、積極的に外界とかかわっていく力をもっていることが明らかになっている。しかし、体温調節など身体的な機能が不安定な時期であるため周囲の大人が環境など充分に注意を向けなければならない。 　　　　　　　　　（井下原百合子）

真正の学び・評価

　1980 年代の米国において、客観テスト批判や断片的網羅的な知識の習得に象徴される不自然で無意味な学力へアンチテーゼとして「真正性（authenticity）」という言葉が使われ始める。ニューマン（Newmann, F. M.）らによれば、意味と意義と価値のある「真正の学び（authentic achievement）」の条件は①新たな知識の構成、②鍛錬された探究（先行知識を踏まえ問題を深く理解し洗練された形式で表現する）、③学校を超える価値を持つことである。「真正の評価（authentic assessment）」論とは、①現実世界の真正な力、即ち知識やスキルの応用、メタ認知能力、問題解決や知識の生産、意味の構成といった質の高い教育目標の設定、②子どもや保護者等を含む評価関係者（ステイクホルダー）の評価への参加、③真正の文脈をもつ評価課題を重視するものであり、その代表的な方法にパフォーマンス評価やポートフォリオ評価法がある。 　　　　　　　　　　（小山英恵）

身体

　身体とは、私たちの「からだ」を指すことば・概念の一つであり、人間の生命や活動のよりどころの一つである。身体には伝統的に、いわゆる生物としての生命が宿る基盤としての見方と、自らによって操作が可能な対象としての二つの見方がある。それゆえ、身体を人間の成長・発達の過程でどのように位置づけるかという「身体観」の違いによって、教育のあり方は大きく異なる。例えば、プラトン（Plato, B.C.427～347）以来の西洋思想の伝統的な見方では、身体は精神に従属するものと扱われる。この場合の「体育」、つまり身体を鍛える訓練は、精神の命令によりよく従う物体としての有効性を高める営

みである。この見方の基盤には、精神と身体とを別個のものとして考える心身二元論的な人間観がある。教育領域において「知育・徳育・体育」がそれぞれ独立したものとして言及される場合には、この伝統的な身体観がなお採用され続けているといえよう。これに対して、例えばメルロ＝ポンティ（Merleau-Ponty, M., 1908～1961）は、「暗黙知」という、身体やその動きを基盤とする「知」の在り方を示した。それは「体を動かすこと」と「考えること」とが不可分であるような人間の知性であり、高度な専門性が求められる職業の遂行には不可欠であるとされる。この場合、「知育・徳育・体育」はそれぞれの独立性よりも、むしろその三つの教育をより関連づける包括的な教育の営みが求められる。

　教職における身体の問題は、一方では現代の高度なヴァーチャル社会、AI 等の普及に対して、体験や体感を重視する必要性を提示する。しかし他方では、そうした精神と身体とを分離させて捉える見方そのものを新しくとらえ直すことが、今後の教職における一つの課題である。社会のなかで仮想現実の拡大が進めば進むほど、身体を通して感じ、考え、判断するとは何かを教師一人ひとりが想定し、そうした機会を子どもたちに提供することの必要性はさらに増していくのである。
　⇒人工知能（AI）　　　　　　（尾崎博美）

身体表現

　身体の全体ないし特定部位の動きによって感情・意思・思想などを表現すること。話しことばや書きことばによる言語表現、形象（音・色・形）による表現とともに典型的な表現形態の一つ。目や顔の表情、手や指あるいは腰や体躯などの身振りで相手に思想や感情を伝える身体言語（body language）も身体表現の範疇に属するが、さらに広くは、体操など

の競技での選手の演ずるわざ（演技）、空手などの演武、演舞としてのダンス＝舞踏なども含まれよう。「からだが休息の必要を訴えている」、「口はいわずともからだが語っている」などとして、身体による表現に注目することが少なくない。自己のからだ、子どものからだの発するメッセージを聴き取り、からだと対話できることは、教師の重要な資質といえよう。
　⇒ダンス　　　　　　　　　　（水内　宏）

心的外傷（PTSD）

　PTSD は「Post Traumatic Stress Disorder」の略。自分自身や他人が実際に死に直面したり、または危うく死ぬ恐怖を感じたり、自己や他者への重篤な障害に至るおそれのある心的外傷的出来事を経験、目撃、繰り返し、または極端に暴露される体験をした後に、ストレス因への反応として、4週間以上続く持続的な陰性の感情状態（恐怖、戦慄、無力感）によって特徴づけられる。急性ストレス障害は障害の持続は3日～1ヶ月であり、心的外傷ストレス障害（PTSD）と区別される。乳幼児期にも心的外傷 PTSD が存在し、診断できることになった。具体的には戦争、地震、津波、火災、交通事故を経験したり、テロ、レイプなどの犠牲者になるといったことから発症する。症状としては、悪夢やフラッシュバックによって、心的外傷的出来事を繰り返し再体験する。心的外傷的出来事と関連した刺激を持続的に回避しようとするか、激しい怒りや、自己破壊的行動、過度の警戒心、集中困難、睡眠障害が挙げられる。　　　（福田真奈）

人的資本論

　第二次世界大戦後の世界を見渡したとき、例えば自然資源に恵まれている中国は、恵まれていない日本より経済成長に

おいて大きく遅れているところから、経済学において物的資本中心に立論することに疑問が生じ、日本の高い経済成長の所以を考えるところから人的資本の要素をも経済学に取り込むべきだとの考えが生じてきた。人間そのものを投資の対象と考えるのである。代表的な論者としてアメリカのシュルツ、ギンズバーグ、ベッカーらがいる。例えばギンズバーグは人間資源の浪費として、失業、不完全就業、不十分な職業訓練、雇用に対する人為的障害を取り上げ、これらの浪費をなくして、経済発展を遂げるための人的資源への投資が重要であると論じた。このように経済発展へ向けて活用が可能となった人的要素が人的資本と呼ばれるものなのである。この人的資本の形成と活用とその成果についての経済理論が人的資本論とよばれている。　　　　　（大淀昇一）

■ 進歩主義教育

　19世紀後半から20世紀中頃にかけてアメリカで勃興した教育革新運動のこと。狭義の進歩主義教育は1919年に設立された進歩主義教育協会（1955まで）が牽引した教育理論と実践を指す。広義にはパーカー、デューイ、シェルドン、エマソン等に影響された教育論や実践を指す。進歩主義教育は統一的な理念のもとに進展したのではなく、理念と実践との問い直し（進歩主義教育は果たして進歩的なのか等）つつ、教育運動的な側面を強めて展開した。そのため理論と実践とは多様であり、その共通性をあえて見出すなら、リベラリズムの立場から子どもの個性を尊重してその発達を保障する点に求められる。進歩主義教育は1920年代頃、進歩的な学校へ広範な浸透を示したが、その大きな要因はキルパトリックが開発したプロジェクト・メソッドのように比較的取り入れやすい単元構成の方法（同時に学習方法でもある）を提示したことである。1930年代頃より進歩主義教育の主な潮流はニューディール体制を支持する傾向を強めて、アメリカの近代化を推し進める人材づくりへと傾斜していった。進歩主義教育は今日の教育論や実践に示唆を与える課題をいくつか提示している。とりわけ重要なのは、個性尊重と社会改造の主体形成との関連性を把握し実現する教育実践の具体的な在り方を、方法として明確に示したことである。
　⇒キルパトリック、デューイ　（重松克也）

■ 心理劇（サイコドラマ）
psychodrama

　心理劇（サイコドラマ）とは、精神科医モレノ（Moreno, J.L. 1889 ～ 1974）が創始した集団精神療法である。これは、シナリオを定めず、参加者が即興で演技をすることにより、カタルシス、洞察の獲得、自発性の発揮などの治療効果をねらうものである。教育場面で用いる場合は、役割演技（ロールプレイ）による望ましい行動様式の獲得、役割交換（ロールリバース）による他者理解や他者からみた自己像理解、などが期待できる。心理劇は、監督、主役、観客、補助自我、舞台の五つの要素で構成されている。監督である治療者は、場面を設定し、演出し、劇を進行させる。補助自我は、主役（患者）の自発的な自己表現・自己探索を援助する。心理劇は①ウォーミング・アップ、②劇化、③シェアリング、の三つの相で進められる。観客は、主役の演技を通して得た自己の体験をシェアリングの相で語ることにより、個人の体験を集団のものへと普遍化していく。実施に際しては、参加者が監督や集団の圧力によって強制されたと感じることなく、自発的に劇やシェアリングを体験できることが重要である。⇒ロールプレイング（日高潤子）

心理的離乳
psychological weaning

児童期から青年期への移行は、生理的成熟とともに親からの心理的離乳によって実現する。心理的離乳とは、青年前期に自立・独立の欲求に目覚め、社会的承認の欲求も強くなり、親に対する精神的依存から脱して、情緒的心理的に自立し自己を確立しようとする状態のことをいう。乳児期の身体的離乳に対して心理的離乳といわれる。この時期は急激な発達変化の中で推移し、不安も大きく、不安定になるので、秘密をもち、むやみにいら立ち、干渉を嫌い、不満をぶつけ、反抗したりすることから、幼児期にみられる第一反抗期に対し第二反抗期といわれる。不登校、家庭内暴力、非行などの不適応行動として表現されることもある。心理的離乳は反抗で終わるのでなく、さらに離乳が進むと、親に対する接近、親和、同情などがあらわれ、一対一の人格的関係として親子関係が修正される。これを第二次心理的離乳という。また親の職業や結婚、生活、価値観、生き方などを批判し克服していく現象は第三次離乳といわれ、青年後期に観察される。
⇒反抗期　　　　　　　　　　（原　裕視）

心理療法
psychotherapy

悩みや問題を抱えて来談したクライエントに対して、専門的訓練を受けた治療者が心理学的な理論や技法を用いてその症状の除去、行動変容、心理的成長などのプロセスを援助することである。カウンセリングと同義に用いられ、精神医学領域では精神療法ともいう。心理療法には、問題理解の枠組み、パーソナリティの捉え方、治療技法、治療目標などの違いにより、精神分析的心理療法、来談者中心療法、行動療法、家族療法など、さまざまな流派が存在する。一方、流派の違いを超えて治療の成否に影響する要因として、セラピスト―クライエント間の信頼関係が挙げられる。これは、クライエントの利益を最優先とするセラピストの利他の姿勢を基盤とする。同時に、クライエントが心理療法に期待を抱き、回復への希望をもつことも重要な要因である。一般に、治療は、初回面接での両者の出会い、治療初期におけるクライエント理解、治療目標の設定、治療契約、治療中期における問題解決への取り組み、治療目標の達成による治療終結という経過をたどる。⇒カウンセリング　（日高潤子）

進路指導

中学生や高校生の進路選択に対する支援と指導のこと。学習指導要領上は「特別活動」中の「学級活動」（中学）ないし「ホームルーム活動」（高校）に位置づけられている。その内容は、高校でいえば「将来の生き方と進路の適切な選択決定に関すること」として「進路適性の理解、進路情報の理解と活用、望ましい職業観の形成、将来の生活の設計、適切な進路の選択決定、進路先への適応など」となっている。進路指導の具体的な中身は進学指導と就職指導であるが、予備校など教育産業の「偏差値」をもとに「スライス」に"押し込む"ことで終わってはならない。労働をめぐる社会的環境や労働基本権の学習をはじめとして全教育活動・学習活動の結果としての進路指導となることが肝要である。そして、どう生きるかという生き方の自己選択を生徒とともに考えることが究極の進路選択指導であろう。⇒特別活動、キャリア教育（水内　宏）

神話教材

小学校学習指導要領は、6年社会科の内容として、大和朝廷による国土の統一の様子に関連して、「神話・伝承を調べ、

国の形成に関する考え方などに関心をもつこと」とし、内容の取り扱いでは、「古事記、日本書紀、風土記などの中から適切なものを取り上げること」と規定している。中学校社会科の歴史でも、内容の取り扱いで、「神話・伝承などの学習を通して、当時の人々の信仰やものの見方などに気付かせるように」留意させている。神話教材は、中学校は1955(昭和30)年から、小学校は1968年から学習指導要領に規定された。日本の神話の特色は、①縄文・弥生時代に日本列島に伝わったと思われる東南アジア・オセアニアなどの南方系の話や、シベリア・朝鮮などの北方系の話と類似するものが多いこと、②民間の伝承と共通する話が多く含まれていること、③それらの話が、6、7世紀頃、天照大神[あまてらすおおみかみ]の意思によってその子孫である天皇が代々日本を統治すべきであるという筋書きにまとめられたことである。　(宮原武夫)

推薦入学

大学入学者選抜方法の一形態。大学・短期大学の場合、1967(昭和42)年の「大学入学者選抜実施要項」で認められ、現在では国公私立大学・短期大学で広く実施されている。推薦入学の場合、出身学校長の推薦が必要要件とされ、学力試験を免除する代わりに調査書を主たる選抜資料として入学者選抜を行う。推薦入試は、志願者の個性や学習歴にも着目しようとした選抜方法であり、学力試験で選抜される一般選抜の志願者とは異なる多様な能力をもつ学生を受け入れるための制度である。当初は単に学科試験免除の例外的な入学者選抜方法とみられていたが、1980年代以降は急速に普及し、

大衆化した大学入試の典型として定着した。ただし、とくに学力優秀者の確保を狙う大学の場合には、特定の高校からの推薦しか認めない指定校制を採るところもある。また、入学定員確保のために学力評価を軽視し推薦入試を利用して学生数を確保しようとする大学もみられる。こうした事態は、学力試験偏重の是正という趣旨で始まった推薦入学の本来の理念が形骸化していると捉えることもできる。推薦選抜プロセスの中で、基礎学力評価の要素を組み入れるなどの創意工夫が求められている。　(腰越　滋)

水道方式

筆算の計算体系として考案されたもの。1958(昭和33)年に数学教育協議会の遠山啓[とおやま・ひらく](1909～1979)らが検定教科書を編集しているうちに、筆算の指導順序は暗算の場合とは違うはずだという考えに至り、編み出した方式である。例えば「2桁のたし算(くりあがりなし)」ではすべての要素(素過程)を含んだ「22+22型」を典型的複合過程(水源地)とする。これを最初に教えてから、22+20、20+20、22+2、20+2のような要素を欠いた型(退化型複合過程)を教えていくと、水源地から水道管を伝って水が流れるようにスムーズに教えることができる。現在では教具として「タイル」を用いることと合わせて「水道方式」と呼ばれることが多い。最近では検定教科書で部分的に採用するものもみられる。計算体系のくくり方にはまだ検討の余地があり、中学校、高校での文字を含む計算への適用はあまり実践されていない。
　(大田邦郎)

図画工作教育

図画工作科は、本来図画および工作を

扱う教科である。図画とは、「図」および「画」である。図画は、絵画による芸術的な表現だけではなく、図（製図）による技術的な表現を含むべきものである。工作についても同様に、造形活動だけではなく、工学・技術的な製作活動や手の労働も含まれるべきである。図画工作科が設立された当初は、こうした考え方に立脚していたが、学習指導要領が改訂になる度に、美術教育としての様相が濃くなっている。現在、学習指導要領上では、図画工作科は豊かな情操を養う芸術教科として位置づけられている。その内容はA表現、B鑑賞に整理されている。指導上は、工作に配当時数と絵や立体にあらわす内容に関する配当時数がおよそ等しくなるように計画するとされている。近年、子どもたちにとって、ものをつくることや直接ものにふれる機会が少ないことによる発達・成長のゆがみが問題視されている。知識はあっても、その知識を実生活に活かして考えることができないなどの問題が挙げられている。その中で、実際にものをつくる機会を保障する図画工作科の役割は大きい。自分の手を使って実際にものをつくり出す経験や喜びを味わうことは、子どもたちの情緒面の発達・成長のみならず、そこで得た知識や技能を確かなものにすることができる。一方、授業時間数が削減されたり、鑑賞活動面がなくなったり、材料等を購入する予算が少ないなど教科運営上の問題がある。　　　　　　　　　　　　　（鈴木隆司）

スキナー
Skinner, B. F. 1904～1990

　アメリカの行動主義心理学者。スキナー箱と呼ばれる動物用の実験装置を開発して数多くの実験を行った。スキナー箱は、動物（ラットやハト）が箱内部のレバーを押すと餌や水などの報酬が与えられるようになったものであり、自発的行動に対して報酬が与えられることでその行動が生起しやすくなるというオペラント条件づけの実験を行うものである。この装置を用いてスキナーは実験的行動分析という学問分野を確立し、人間の行動の分析と修正を目的とした応用行動分析という臨床手法の基礎となった。また、スキナーはプログラム学習という教育方法を提唱したことでも知られる。プログラム学習とは、学習内容をできる限り小刻みの段階に分け、学習者のレベルに応じた個別の学習プログラムに基づいて行う学習のことである。その際、学習素材はティーチングマシンと呼ばれる教育用機器によって呈示される。⇒オペラント条件づけ、**行動主義**、**ティーチングマシン**、**プログラム学習**　　　（今野裕之）

スクール・カウンセラー
school counselor

　わが国でスクール・カウンセラー（以下、SCと略）という名称が一般的になったのは、1995（平成7）年、文部省（当時）によって実施されたSC活用調査研究委託事業による。これは、不登校やいじめなどの問題の拡大、深刻化に対する施策の一つであった。この事業においてSCの適格者とされたのは、主に臨床心理士であり、その専門性と外部性を期待された。一方、従来、教育相談などの名称で校務分掌としての学校カウンセリング機能を担ってきたのは、研修を積んだ教師である。これをスクール・カウンセラーと区別して教師カウンセラーと呼ぶ場合もある。さらに、学会認定による「学校カウンセラー」「学校心理士」などの資格もあり、名称の混乱がみられる。アメリカのスクールカウンセリングを紹介した石隈利紀によれば、SCの役割は、①生徒への援助、②教師・保護者への援助、③学校組織への援助、④心理・教育アセスメントとされる。また、黒沢幸子

は、わが国での実践に基づき、SC の活動をコンサルテーション、システム構築、カウンセリング、危機介入、PR の5本柱とした。いずれにせよ、SC の役割は、あくまでも学校コミュニティの援助であり、教育活動の一部である。一般に SC の主な役割と誤解されがちな個人カウンセリングは、役割の一部に過ぎない。SC には、個人援助からコミュニティ援助への発想の転換が必要であり、実践に際しては治療モデルよりも成長モデルがふさわしい。また、学校コミュニティ・ネットワークの一員として教職員と情報を共有し、連携していく姿勢が不可欠である。⇒学校カウンセリング、チームとしての学校　　　　　　　　（日高潤子）

スクール・ソーシャル・ワーカー

児童生徒の家庭環境に端を発する問題に対応し支援をするため、学校に配置される社会福祉の専門家。従来のいじめや不登校などの問題に加えて、近年は児童虐待や貧困の拡大をはじめ、児童生徒が家庭環境や日常生活の中で直面する課題への対応が求められていることを背景に導入が進められている。歴史的には、1906 年にニューヨーク市のセツルメント・ハウスでの取り組みに起源があるとされる。日本でも、児童相談所などの機関において児童生徒が抱える課題に対する支援が展開されてきた。スクールソーシャルワークでは、「人間の尊重」という理念が重視され、児童生徒、保護者、学校関係者、児童相談所や福祉担当などの関係機関の協働による問題解決が図られている。特に、児童生徒の問題を病理として考えて、個人に働きかけるのではなく、人、社会システム、自然を含む環境との不整合という観点から、児童生徒を取り巻く環境に働きかけることを基本とする。それによって、児童生徒のもつ

潜在力から自発的な問題解決をおこなうことが目指される。スクールソーシャルワーカーという資格はないが、社会福祉士や精神保健福祉士、教育や福祉分野での活動経験のある専門家がなることが多い。⇒チームとしての学校　　（上野正道）

スコラ哲学

中世のキリスト教に関する諸学校（スコラ）において発達した哲学の総称。神の啓示を、ギリシャの哲学、とりわけアリストテレスの哲学を援用しつつ解明しようとした。9世紀頃に始まり、トマス・アクィナスが活躍した 13 世紀あたりで最盛期を迎えたとされる。人文主義の隆盛と宗教改革の影響によって、一時は衰退し、「煩瑣[はんさ]哲学」と揶揄[やゆ]される時代が続いたが、19 世紀後半以降に中世思想研究の成果が蓄積されるにつれて再評価が高まった。スコラ哲学は、神学領域のみならず、倫理学、認識論、学問論、人間論、教育論など幅広い領域に関連しており、教育学研究の領域、とりわけ教育哲学・思想研究の領域において重要な研究対象である。⇒アリストテレス　　　　　　　　（山名　淳）

鈴木三重吉
すずき・みえきち、1882 ～ 1936

広島県出身の小説家・童話作家。東京帝国大学英文科に進学し、学生時代に夏目漱石に認められて門下生となる。当初は小説家としての道を歩んでいたが、長女の誕生を契機に童話の創作に取り組むようになった。1916（大正5）年に童話集『湖水の女』を出版し、1917 年から『世界童話集』を発行した。大正期に、従来の学校教育の批判に立ち、児童のための芸術という観点から芸術教育運動が展開されたが、鈴木はそのうち文学分野における教育改革に大きな役割を果たした。従

来の児童向け雑誌の商業主義的な傾向を憂慮し、1918年に雑誌『赤い鳥』を創刊。『赤い鳥』に賛同した人物には、小川未明、芥川龍之介、島崎藤村、北原白秋など当時の一流作家たちがおり、芸術性の高い童話、童謡などを提供し児童詩や児童の作文指導などにも取り組んだ。(遠座知恵)

スタートカリキュラム
start curriculum

　小学校へ入学した子どもが、幼稚園・保育所・認定こども園などの遊びや生活を通した学びと育ちを基礎として、主体的に自己を発揮し、新しい学校生活を創り出していくためのカリキュラムである。幼児教育との連携や接続を意識したスタートカリキュラムは、幼児教育において育成された資質・能力(「幼児期の終わりまでに育ってほしい姿」)を存分に発揮し、各教科等で期待される資質・能力を育成する低学年教育として滑らかに連続、発展させることである。幼児期に育みたい資質・能力と小学校低学年で育成する資質・能力とのつながりを明確にし、スタートカリキュラムの中核となる生活科の役割を考える必要がある。幼児期において自発的な活動としての遊びを通して育まれてきたことが、各教科における学習に円滑に接続されるよう生活科を中心に合科的・関連的な指導や弾力的な時間割の設定など、指導の工夫や指導計画の作成を行うことが期待される。　　　　　　　　　　(中島朋紀)

ストリート・チルドレン
Street children

　ストリート・チルドレンとは、住む家をもたず、路上で物売りや物乞いをして生活する子どもたちをいう。その存在は、今日、発展途上国を中心に大きな社会問題となっている。彼らは発達に欠かせない教育や保健・医療などのケアがな

されないだけでなく、生存の権利さえ脅かされ、肉親や社会集団、国家など、誰からも保護されない状態で自らの生存のために働かざるを得ない子どもたちである。彼らは、戦乱や自然災害、極度の貧困、さらには親の育児放棄や犯罪の犠牲となって、受動的に、そしてときには自ら選んでその境遇に至っている。ユニセフの『世界子ども白書2006』は、「姿の見えない子どもたち」として今日の子どもの危機的な状況についてリポートし、子どもを取り巻く問題に警鐘を鳴らしている。そこでは数千万人に達するストリート・チルドレンの存在が推定されており、この明瞭に見える子どもたちが、社会的には何ら保護されず、搾取、偏見、敵意の対象とされている問題状況を指摘している。　　　　　　　　　　(吉谷武志)

ストレス耐性
stress tolerance

　ストレスに対する抵抗力つまり耐える力、耐えられる強さをいう。この耐性が高いか低いかによって、ストレスを感じやすいか、ストレスから影響を受けやすいか、とくにマイナスの影響を受けやすいか(負けやすいか)、ストレス症状を出しやすいか(病気になりやすいか)などが大きく違ってくる。ストレスは物理的概念から生理学的・医学的概念となり、今日では日常生活の過剰な刺激が引き起こす、心身の緊張状態を示す概念となっている。ストレッサーとしてはあらゆるものがある(物理的、化学的、生理的、心理社会的など)が、大きく環境的な要因と心理的要因に分けられる。

　ストレス耐性には一般的な耐性の高低という個人差と、個人内でそれぞれ異なるストレッサーに対しては耐性が異なるという特徴がある。この耐性の高低を規定するのは複雑な要因があるが、①ストレスの感知能力(気づけるかどうか)、②

対処能力(避ける・弱める・方向を変える・バネにするなどのストレスコーピング)、③過去のストレス体験、④ストレス容量(どのくらい貯められるか)などが認められている。ストレス耐性を高めるための方法(ストレス免疫療法、ストレスマネジメントなど)もいろいろ準備されている。
(原　裕視)

ストレンジ・シチュエーション法

　ボウルビー(Bowlby, J. 1907～1990)は、アタッチメント(愛着)の理論に基づき、エインスワース(Ainsworth,M.D.S. 1913~1999)が研究を進めた母子間における愛着の質を実験的に測定する方法として、ストレンジ・シチュエーション法(SSP：strange situation pocedure)が考案した。この方法は、乳児が母親と見知らぬ実験室に入室し、見知らぬ人物(実験者)に会い、母親が子どもを一人残して短時間部屋から出て行き、また戻ってくる場面の8場面から成り立っている。アタッチメント(愛着)の質を測定し、子どもの愛着を4タイプに分類する。母親との分離に抵抗を示さず、再会時にも喜びを示さない不安定な愛着の型とされるAタイプ(回避型)、母親との分離に抵抗と混乱を示すが、再会に喜び、母親の存在が「安全基地」として機能しており、安定している愛着の型であるBタイプ(安定型)、母親との分離に抵抗と混乱を示し、再会時にしばらく機嫌が直らない不安定な愛着の型とされるCタイプ(アンビバレント型)、近接や回避という葛藤を示すDタイプ(無秩序・無方向型)が存在する。　⇒愛着、ボウルビー
(福日真奈)

スーパー・グローバル・ハイスクール(SGH)

　将来、国際的に活躍することが期待されるグローバルリーダーを育成するための実践的試行を促進するため、教育課程の研究開発を先導的に実施する学校を指定する制度、及びその事業の指定を受けている学校のこと。2014(平成26)年1月14日付文部科学大臣決定は、事業の趣旨を、「高等学校及び中高一貫教育校(中等教育学校、併設型及び連携型中学校・高等学校)(以下「高等学校等」という。)におけるグローバル・リーダー育成に資する教育を通して、生徒の社会課題に対する関心と深い教養、コミュニケーション能力、問題解決力等の国際的素養を身に付け、もって、将来、国際的に活躍できるグローバル・リーダーの育成を図ることとする。」としている。

　指定期間は最大5年間で、指定は公募に基づく審査・選考を経て行われる。指定校は国内外の大学や企業、国際機関等と連携しながらグローバルな社会課題やビジネス課題等について横断的・総合的な学習、探究的な学習、国内外のフィールドワークを展開する。

　初年度の平成26年度は245の国・公・私立学校から応募があり、56校が指定された。同様に平成27年度は190校の応募のうち56校、平成28年度は114校の応募のうち11校が指定された。これらの学校では社会のグローバル化に関連した多種多様な課題を生徒自身によって追究する実践が積み重ねられ、情報共有がなされている。
(浜田博文)

スーパー・サイエンス・ハイスクール
Super Science High School

　文部科学省は、2002(平成14)年度以降、科学技術・理科、数学教育を重点的に行い、理数系教育に関する教育課程改善のための研究開発を行う高等学校として「スーパー・サイエンス・ハイスクール」の指定を行ってきた。初年度には全国から77校の応募があり、そのうち26校が指定(3年間)を受けたが、2005年度に

は指定期間が5年間とされ、国際化や高大連携を重視することとされて22校、2006年度には31校が指定された。2018年度の指定校は204校である。研究内容は各学校によって多様であるが、観察・実験等を通じた体験的学習、問題解決的な学習、課題学習の推進、大学・研究機関・民間企業等との連携による先進的な理数教育の実施、国際性を育てるために必要な語学力の強化（英語での理数授業、講義、プレゼンテーション演習等）などが行われている。青少年の「理科離れ」や「学力低下」を危惧する中で文部科学省が展開する「科学技術・理科大好きプラン」の施策の一環である。　（浜田博文）

スパルタの教育

スパルタは、古代ギリシャ時代にギリシャ半島南部において建設されたポリスである。強力な軍事力を誇り、ポリスとしては広大な土地を治め、多くの非抑圧民（奴隷）を従えた。スパルタでは、治世のために、パンクラティオン（格闘技）を含む軍事訓練が中心で厳格な教育が行われたことでよく知られている。子どもは、6〜7歳くらいから親元を離れて共同生活に入り、12歳から軍事訓練を積み、服従と忍耐を覚えるための教育を受け、優秀な兵士となるように養成された。厳しいスパルタの教育は、アテナイにおいて自由の中で技芸を尊重する教育が行われたこととの対比において、教育のタイプを論じる際の一つの図式を形成してきた。現代において、「スパルタ教育」は、厳格で、強制的な教育の代名詞となっており、子ども固有の特性を尊重しない教育を批判する際に用いられることが多い。
　（山名　淳）

スプートニク・ショック

1957年10月、旧ソ連はロシア語で「旅の道連れ」（転じて「衛星」）を意味する無人の人工衛星スプートニク1号の打ち上げに、人類史上初めて成功した。このことが、科学技術やその教育において旧ソ連よりも優越していると思い込んでいた自由主義陣営に与えた衝撃のことをいう。この衝撃を契機に、世界的に教育改革の機運が急速に高まった。例えば、1959年には、イギリスではクラウザー報告が、フランスではベルトワン改革、ドイツではラーメン・プランなど、科学・技術教育の急務を説いた教育改革案や報告書が各国で相次いで出された。とくに、人工衛星打ち上げで先を越されたアメリカでは、1958年に「国家防衛教育法」（国防教育法）を成立させ、国防上の観点から必要とされる科学技術の質的向上と科学技術エリートの養成を目的として、教育分野に対する連邦補助金の配分を定めた。さらに、初等中等教育の教科内容を、科学・技術革新の時代の要請に応じた内容に再編成することを目指すカリキュラム改造運動が展開されることになった。
　（日暮トモ子）

すべての者に中等教育を
Secondary Education for All

第一次世界大戦後のイギリスの労働党の中等教育改革構想をあらわす標語で、20世紀の世界の中等教育改革に指針を与えた。労働者教育協会委員（のち会長）で労働党の政策立案ブレインでもあった経済史学者トーニー（Tawney, R.H. 1880〜1962）が1922年に著した『すべての者に中等教育を』に由来する。1918年のフィッシャー法によって義務教育年限は14歳までに延長されたが、トーニーはこれをさらに16歳までに拡張することによって教育機会の均等のさらなる保障の実現を提言するとともに、中等教育における多様化の諸施策（制度、学校内組

織、カリキュラム等）の実施をも要求した。トーニーによって構想された労働党のこのような中等教育政策は、1944年に成立したバトラー法に基づいて第二次世界大戦後に導入された中等学校の3分岐型制度（グラマー、モダン、テクニカルの3学校が並存するトライパータイト・システム）の実現によって形式的には陽の目をみたが、階級間格差の温存・再生産という状況を生み、次なる改革課題となった。⇒バトラー法 　　　　　　（川瀬邦臣）

スペンサー
Spencer, H. 1820〜1903

イギリスの教育学者、社会学者、哲学者。教育者を父に、牧師を叔父にもつ家庭に生まれ育った。鉄道技師として勤めた後、雑誌『エコノミスト』の副編集長となり、著作活動に入った。1861年の『教育論』は雑誌に発表していた論文をまとめたものだが、この中で彼は、古典偏重の教育を批判し、個人の諸能力が開花する「完全な生活」を準備する教育を唱えた。また教育内容としては、生活の諸領域を切り開くために有用な科学が重視された。社会観についていえば、彼は社会を一つの有機体と考え、進化論を社会現象に応用した。また彼は、一貫して個人主義・功利主義の立場に立ち、教育の目的は個人の完全な生活すなわち幸福な生活への準備にあるとし、科学こそ最も価値のある知識であると主張した。〈知育〉においては従来の暗記に頼る教授法を排し、ペスタロッチの開発教授法を支持し、単純から複雑へ、具体から抽象へ、経験から理論へと唱え、子どもの自己活動の奨励、子どもの興味の尊重を提唱した。〈徳育〉においては人為的な罰よりも自然の罰を重視し、合自然的に、自律的な道徳に徐々に導いていくべきであると主張した。〈体育〉においては、成功の第一条件は健康な動物であることであると捉え、自然主義に則り、衣・食ともに自然の欲求に任せ、子ども自身に自然からの教訓を体得させるべきであるとし、自然遊戯を重視した。教育思想に限らず、スペンサーの社会思想は、幕末から明治にかけてのわが国の学界に少なからぬ影響を及ぼしたが、とりわけその功利主義的な思想は、福沢諭吉の国家論・政治論・社会論のみならず教育思想にも多大な影響を及ぼしている。 　　　　　　（金田健司）

スポーツ

「気晴らし」「余暇」「あそび」を意味するdesporterが語源であり、カイヨワの「あそび」の分類においてアゴーン（競争）に位置づけられている。19世紀、イギリスでの近代スポーツ発祥以後、組織的に構造化され、ルールに則って行う身体活動の総称としてスポーツという用語が使われた。わが国では、初め「運動競技」の意味で使われ、自己鍛錬（自己記録の向上等）や競争を重視して実施する卓越性の強い競技スポーツを意味していたが、近年、楽しみ、娯楽、気晴らし等のために実施する比較的遊戯性の強いレクリエーションや、健康の保持増進のために実施される健康スポーツ、生涯にわたってスポーツと親しむことを趣旨として実施される生涯スポーツもスポーツとして定着した。さらに、スポーツをみて（観戦して）、その醍醐味や楽しさを味わうことができるという意味で「みるスポーツ」もスポーツの一つとして位置づけられるようになった。

⇒遊び、生涯スポーツ 　　　　　（杉本　信）

スポーツ心理学

従来、わが国では、身体活動に関連する心理学的な事象を研究する領域は、体育学の中で「運動心理学」「体育心理学」

として扱われ、欧米におけるスポーツ心理学と同義に使われていた。しかしながら、スポーツ活動、体育、健康のための身体活動、余暇活動等、一部研究内容が重複するものの、とくに競技スポーツとして実施される身体活動に関連する心理学的事象を扱う領域をスポーツ心理学と位置づけるようになった。つまり、競技スポーツにおけるパフォーマンスの向上やスポーツ経験の質を高めるための研究を取り扱う学問といえる。日本における代表的な研究者として、松井三雄、松田岩男らが挙げられる。対象として、運動技能（スキル）の向上を扱う「運動学習」、スポーツにおける意欲（やる気）や"あがり"を扱う「動機づけ」、スポーツマン的性格、スポーツとジェンダー、攻撃性、スポーツ集団等、スポーツと社会性の関連を扱う「スポーツ社会心理」、競技力向上を目的とするメンタルトレーニングや、燃え尽き症候群等を扱う「適応理解」などが挙げられる。　（杉本　信）

スマートフォン
smartphone／cell phone、mobile phone

2010年代後半まで普及していたボタン式の高機能携帯電話（フィーチャー・フォン）に代わり、爆発的に普及した携帯端末。従来の携帯電話に比べ、きわめてパーソナルコンピュータに近い性格を持ち、さまざまなプログラム（アプリケーションソフト）を入れ替えることで、多種多様な機能を持たせることができる。2013年に従来までの携帯電話との使用比率が入れ替わって以来、携帯電話の80％以上がスマートフォンとなった。OS（オペレーティングシステム）の違いによって大きく分けると、iOSを使用するアップル社のiPhoneと、Google社のAndroidに対応した各社の端末等に区別される。いずれも電話の通話やメールだけでなく、さまざまなSNSのコミュニケーションツールとして、また、ゲーム・音楽・映像を楽しむガジェットとして、生活の中で欠かせないものとなりつつある。今後は、電子マネーなどの通貨利用、さまざまな鍵（家・自動車等）、さらには身分証明等の端末としての利用も加速するだろう。スマートフォンは便利な反面、常に携帯していないと不安な気持ちになる傾向や、歩きながら使用することの危険性なども指摘されており、便利な反面、依存しすぎることには注意すべきである。　⇒SNS　　　（野末晃秀）

スリー・アールズ
3R's

読・書・算のこと。該当する英語のreading,writing,およびarithmetic（または reckoning）の各語のRを指して3R'sとしたといわれる。最も基礎的基本的な教育内容として日本の寺子屋の庶民教育は読み・書き・そろばんを挙げていたが、欧米諸国でも、自然科学や社会科学など発展しつつある近代科学の成果の教育内容への導入が本格化する19世紀半ばまでは3R'sが大衆教育の主要な内容であった。産業革命期にあっても、大量の労働力に安く速く3R'sの知識を附与する試みがなされた。近代教育学は、人間主体が事物を認識していく基礎的基本的手段として3R'sに積極的意味づけを与え、今日に至っている。なお、21世紀初頭頃から、読・書・算を"読み・書き・コンピュータ"といい変えたり、3R'sにhuman relationsを加えて4R'sとする見解が散見される。4R'sについていえば、3R'sには認識の基礎的手段としての共通性があるが、human relationsは異質な基準に拠ることになるゆえ、3R'sに附加することには無理があろう（水内　宏）

刷り込み（インプリンティング）
imprinting

アヒル、カモ、ニワトリなどのように、

孵化［ふか］直後から開眼し、歩行可能な離巣性（早生性）の鳥類の雛は、孵化後の特定の時期に目にした「動くもの」に追尾行動を示す。通常、雛が最初に接するのは親鳥であるが、この親は同種でなくても、人間や、点滅光、動くおもちゃであっても追尾行動をする。動物行動学者のローレンツ（Lorenz, K.Z.1903〜1989）によって初めて詳しく報告され、「刷り込み（インプリンティング）」と名付けられた。「刻印づけ」とも訳される。刷り込みには、以下の特徴がある。

①孵化後の、かなり早期の感受性の高い時期にのみ生じる。②練習や経験が不要で、条件が満たされたときに極めて短い時間のうちに成立する。③通常の学習で必要とされる報酬を必ずしも必要としない。④特定の対象に刷り込みが生じた際に対象を変更することは困難である。⑤性成熟に達した後に生じる求愛行動は、刷り込みされた対象と同種の動物に向けられる。⇒親子関係　　　　　　　（福田真奈）

◆ せ ◆

世阿弥元清
ぜあみ・もときよ、1363?〜1443?

室町時代の能役者、能作者。能役者観阿弥の子として生まれ、父の死後2代観世太夫として猿楽能の芸術的洗練化を進めた。1374（応安7）年、京都今熊野で父とともに演能したことにより、将軍足利義満の保護を受けることとなり、高雅な幽玄能を大成していった。義満死後には、長男元雅の死、1434（永享6）年の佐渡配流など、波乱の後半生を送った。世阿弥の作品は、50曲近く残されているが、現在も上演される傑作が多い。また、観世座に伝えられる芸の質の維持、向上に尽力し、成長段階に応じた稽古の在り方を具体的、詳細に述べている『風姿花

伝』をはじめ23部に及ぶ教育論ともいうべき能楽稽古論をまとめている。いずれも秘伝として成立しているが、芸能者の義務は、血縁にかかわりなく真に実力ある人物に相伝することにありとする主張がそれらの底流にある。　（大戸安弘）

性格

他者と異なった個人に固有の思考・行動形式を決定づける心身統一的な体制。それは先天的な気質と後天的な影響によってつくられるもので、持続性・一貫性をもつが、決して固定的なものでなく、絶えず発展しつつあるものである。欧米では性格に相当する用語としては character と personality の二つがあり、かつては前者を「性格」、後者を「人格」と訳したこともあった。しかし、character の語源は、ギリシャ語の Kharacter で、彫り刻むことを意味する。そのため、character は、個人を特徴づける性質のうち、比較的深層部にある基礎的で変わりにくいものという意味合いが強い。これは、とくに人格・品位などを意識した「性格」で、日本語の「人格」に近い価値的概念である。それゆえ、今日では性格としてパーソナリティ（personality）を用いることが多い。個人の性格形成に影響を与える最も重要な社会的（環境的）要因は家庭である。とくに乳幼児期における親子関係は重要である。この時期に親の愛を十分に受けたか否かということが、後年の性格形成に重大な影響を与える。⇒人格　　（大川　洋）

性格検査

個人の性格を把握するために実施される心理検査。性格検査は、質問紙法、作業検査法、投影法に分類される。質問紙法とは、質問項目に被検査者が答え、回

答を点数化し、その結果から性格を把握する検査法であり、検査の施行と結果の整理が簡単であるという利点があるが、被検者の意識的側面しか捉えられないことや、虚偽の回答の可能性があるなどの問題点がある。質問紙検査にはY-G性格検査、MMPI、MPI、エゴグラムなどがある。作業検査法とは、一定の単純な作業過程の分析を通して性格特性をみていくものである。作業検査として内田・クレペリン精神作業検査がある。投影法とは、あいまいで多義的な刺激を用いて、その刺激に対して投影される内容や表現を通して、被検査者の性格や無意識的内的世界を把握する方法である。被検者の無意識的側面が把握でき、回答を意図的に操作することが難しいという利点がある一方、被検査者への心理的負担が大きく、また検査結果の整理分析が困難であり、検査の妥当性において問題がある。投影法検査としては、ロールシャッハテスト、TAT、SCT、P-Fスタディ、バウムテストなどがある。⇒質問紙法、ロールシャッハテスト　　　　　　　（丹　明彦）

生活

　「生活」は教育の分野において多義的に用いられており、包括的な定義は難しい。しかし、一般的には、児童生徒の思考・判断・態度に統一性をもたせている背景を「生活」と呼び、「生活」と結びつきにくい、抽象的で、脱文脈的な教育内容に対し、批判の立脚点として用いられる場合が多い。つまり、児童生徒の日常的な時空間とかけ離れた知識・技能・態度を形成しようとする画一的な教育に対する批判的な文脈の中で「生活」が用いられている。生活に着目する教育はこれまでもルソー、ペスタロッチあるいはアメリカの新教育運動、ケルシェンシュタイナー等にもみられ、日本でも戦前の生活綴方教育や郷土教育そして生活教

育等、多様な教育論や実践を生み出した。近代化は生産労働と家庭と教育とを空間的に分断させる傾向性をもち、社会機能の多元化を推し進めてきたが、その中で子どもは大量生産の一層の拡大を担う消費者としての役割を背負わされるようになった。消費文化は、少子化・地域コミュニティの解体・家族の教育的機能の衰退に伴って、日常生活へも大幅に浸透しており、一人でも退屈せずに過ごせることを可能とした。子どもたちは共に自立していく群れ・集団を形成しにくくなっているのである。1989（平成元）年改訂の学習指導要領によって発足した生活科が人・自然との直接的な体験を重視しているのも、子どもが自立的な生活の創造者となることを目指していると解釈できる。そのように、今、学校・地域社会は個別化された生活が進行する中で、どのように共同的な生活を取り戻すのかが問われている。⇒生活綴方（的教育方法）、ケルシェンシュタイナー、ペスタロッチ、ルソー

（重松克也）

生活科教育

　生活科は、1989（平成元）年改訂の学習指導要領に基づき、1992（平成4）年に設置された教科である。同時に低学年の社会科と理科が廃止されているので、生活科は低学年社会科と理科を合わせて一つにしたものと捉えられがちであるが、生活科は新しく設置された教科であり、社会科＋理科＝生活科という単純な図式はあてはまらない。生活科は特定の事象を対象とするのではなく、子どもの生きる生活そのものを対象・主題として展開する総合的な性格を有する。そうした教科の在り方は、認識が未分化である低年齢児にふさわしいとされ、小学校低学年にのみ設置された。また、これまでの「教師主導」傾向にある指導観・授業観を

転換し、子どもの学びから授業をつくり出すという新しい学習観をつくり出した。直接的な体験を重視した学習活動を展開し、そこから生まれる「知的な気づき」を大切にする。

生活科の学習は、学習指導要領では「1)学校生活、2) 家庭生活、3) 地域との関わり、4) 公共物・施設、5) 身近な自然、行事、6) 遊び、7) 飼育・栽培、8) 自分の成長」が挙げられている。これまでの教科教育のように教えるべき内容が先にあり、子どもはその内容を知識として覚え込むという受け身の学習から、子どもが不思議だな、知りたいなと思ったことから学習が起こるという授業の在り方は、学校の教育課程の閉塞性を打破するという意味があった。子ども自らが自分自身の「生活」について批判的にみつめ、生活について実践的に追究する主人公・未来の主権者となっていく生活科教育の捉え方がある一方で、子どもの意欲や態度に依拠して、情緒的な側面の成長を強調する観念的な捉え方もある。(鈴木隆司)

生活教育

教育における権威主義、形式主義、注入主義を排除して、子どもを生活主体と位置づけて、その生活的な課題や要求、行為に対する指導を通して、子どもが能動的に生活改善していくように促す教育のこと。生活によって生活を教える教育だといえる。生活教育の直接的な系譜は、ペスタロッチの著名なモットー（"生活が陶冶する"）やデューイの教育目的論（"子どもの生活経験の連続的な再構成"）に代表されよう。つまり、子どもの生活の問題改善やその対処に対する指導を通して、急激な社会変化に対応していくための生活技術の習得や市民生活・民主主義社会での技法等を習得させる教育である。日本では明治半ばにペスタロッチの

生活教育が受容されて、大正から昭和初期に生活学校運動が展開していった。

また、生活綴方運動もいわば日本的な生活教育の展開であり、現実的生活認識と生活意欲を形成させて、子どもの解放を目指した。戦後の生活教育の動向を大きく二つに区分すると、①生活改善の中軸にマルクス主義的な労働の意義（外界に働きかけるプロセスを通した能力や人格の発達を促す）を重視する流れがあり、この立場は生産労働や作業学習を取り込んで全面発達を志向する傾向にある。また、②経験主義的な学習論（とくに児童中心主義的な学習論）に影響を受けて、子ども自身の興味や意欲等の自発性を最大限に尊重する流れがある。

⇒生活綴方運動、デューイ、ペスタロッチ
(重松克也)

生活経験カリキュラム

20世紀初頭の欧米の新教育運動は、伝統的な注入主義の教育に反対して子どもの自発性を尊重し、生活経験から学ぶことを重視した。日本でもその影響を受けた大正自由教育期に、生活と教育の結合が試みられた。さらにカリキュラム自体を子どもの生活経験を中心に編成した「生活単元学習」が1947 (昭和22) 年頃から台頭し、1951年版学習指導要領にも採用されたが、数計算などを体系的に指導することは困難であり、学力低下をもたらしたと批判された。一方、生活経験カリキュラムの推進者は計算力よりも問題解決能力のほうが学力として重要と主張し、議論が噛み合わないまま1958年の学習指導要領改訂で「生活単元学習」は消えた。しかし、生活と教育の結合をという主張は生き続け、1989 (平成元) 年の学習指導要領改訂で「生活科」が、そして1998 (平成10) 年の改訂では「総合的な学習の時間」が導入された。生活

経験カリキュラムは復活しつつある。
⇒生活単元学習　　　　　　　（大田邦郎）

生活指導と生徒指導

　生活指導は、看護やリハビリテーションの場でも重要な位置を占めるが、教育の世界でのそれは、個々の子どもおよび子どもたちの現実生活の質を高め、人格形成に資するための教師や学校による働きかけを指す。認識や技能の獲得を主たる任務とする学習指導と相対的に異なる点は、子ども・子どもたちの現実生活の中で示す行為・行動に関する働きかけであること、個々の子どもに思想・信条の自由に慎重に配慮しつつ、必要に応じてその内面にも働きかけながらものの見方や生き方をともに考えることにある。生活指導の機能する領域は、主として教科外の学級・学年の生活と活動、学年を越えた全校的規模での活動、さらには校外地域生活など広範にわたる。

　選別と差別、排他的な競争社会の現代にあっては、生活信条をはじめとした互いの違いを認めつつ、力を合わせて何事かを成し遂げる中で、連帯と団結を感じとり身につけるチャンスを子どもたちに確保することが、生活指導実践に期待されている。教育用語「生活指導」の文献的初見が鳥取の綴方教師峰地光重著『文化中心綴方新教授法』（1922）であることからもわかるように、生活指導は綴方の表現指導から発してしだいに描かれる生活それ自体の多様な指導に発展するという展開をみせる。

　他方、生徒指導は、民間の土着の実践に胚胎・発展した生活指導との区別も意識して、1960（昭和35）年前後から文部省（当時）サイドより使用されるようになった。当初は、支配的な秩序への適応の指導と生徒の生活行動の細部まで規制した校則・生徒心得に基づく管理主義的指導とがい

わば"アメとムチ"のように共存していたが、しだいに理論的にも実践的にも整備され、それなりに体系立てられてくる。今日では、指導の方法別には教育相談・カウンセリングを含む個別的指導と集団的指導が、指導のテーマ・内容別には進路指導、学業生活や道徳性にかかわる指導などが重視されるようになってきている。　⇒校則・生徒心得　　　　（水内　宏）

生活単元学習

　子どもの体験や実際の生活の中から出てくる興味・関心、疑問等を中心に、まとまった活動を一つの単位として構成していく学習の在り方。生活上の課題処理や課題解決のための一連の目的活動を組織的に経験させることによって、自立的な生活に必要な事柄を実際的・総合的に学習することを目指す。歴史的には、生活単元学習の基本原理はアメリカの影響を受けており、戦後にわが国に普及した学習の在り方である。しかし活動や体験を重視し、社会的態度の育成に傾倒しがちになり、知的学習能力を軽視する傾向を生み出すことになった。もっとも幼児教育や特別支援教育においては、現代においても生活単元学習的手法は支持されている。また昨今では小中高で総合的な学習の時間、小学校低学年において生活科が設置され、生活単元学習の在り方が再度見直されるようになっている。
⇒総合的な学習の時間　　　　（大沢　裕）

生活綴方（的教育方法）

　自分が見たり、感じたり、行動したこと（生活）をありのままに綴り、それを他者と読みときながら、自分の感情や認識を意識化し、他者や世界への見方とつながりを形成していく教育方法である。戦前の「綴方科」には教科書がなく、子ど

もの生活事実こそが教材だと考えた教師たちが、生活綴方教育運動を広げた。治安維持法下で弾圧されたが、戦後の教育の民主化の中で復活した。山形県の中学の社会科教師だった無着成恭[むちゃく・せいきょう]が指導した文集『山びこ学校』は、大きな反響を呼び、映画にもなった。当時は学校だけでなく、村や工場の青年たちにも「生活記録運動」として広がり、生活を綴ることを通して自分たちが生きることと学ぶこととをつなげていた。子どもや青年の生活が変化した現在、かつてほどの広がりはないが、「せんせいあのね」など今日の作文教育に影響を与えている。

(片岡洋子)

生活綴方運動

綴方科の革新運動であると同時に、綴方の教育を核として教育全体の革新を意図した民間の教育運動。生活綴方とは、子どもたちが生活の中でみたり、聞いたり、感じたりしたことについて作文を書き、それを集団の中で検討しあうことである。狭義には作品そのものを指し、生活綴方を通して自己や他者、社会認識を形成させることを意図した教育実践を生活綴方教育という。その歴史的源流は、課題主義を批判した芦田恵之助の随意選題綴方や、子どもたちにありのままを書かせた鈴木三重吉の『赤い鳥』の投稿綴方運動に見出せる。1930年代になると、これらの影響を受けた教師たちは、子どもに地域の生活の現実を描き出す作文を書かせ、文集を編集する運動をつくり出した。小砂丘忠義が発行した雑誌『綴方生活』は全国的な生活綴方運動を支え、これに刺激されて同人誌をつくり、交換し合う団体が各地に生まれた。運動の主体は農村の小学校の若い教師たちに広がり、中でも北方性教育運動は質量ともに大きなものであった。生活綴方

運動は、1940年頃から戦時色が濃くなると弾圧されて姿を消すが、戦後は無着成恭の『山びこ学校』などに受け継がれた。⇒『山びこ学校』、鈴木三重吉 (橋本美保)

正規分布
normal distribution

現代の統計学で最も頻繁に用いられる確率分布であり、左右対称の釣り鐘型の分布曲線となる。多くの統計手法は確率分布を利用しているが、正規分布はそのままでZ検定等に用いられるだけでなく、T検定のT分布や分散分析のF分布なども正規分布をもとにしている。学力偏差値は、試験の得点が正規分布すると仮定した上で、その人(生徒)が平均から標準偏差いくつ分離れているかをあらわす数値である。⇒偏差値 (今野裕之)

政治教育
political education

政治教育の法的根拠は、教育基本法に求められる。同法第14条は、「良識ある公民として必要な政治的教養は、教育上尊重されなければならない」と定めている。ここにいう「政治的教養」とは、民主政治、政党、憲法、地方自治など各種制度についての知識、現実の政治の理解力及びこれに対する公正な批判力、民主国家の公民として必要な政治道徳、政治的信念であると解される。一方、同条第2項は「法律に定める学校は、特定の政党を支持し、又はこれに反対するための政治教育その他政治的活動をしてはならない」とも定めている。これは、教育が政治的権力から中立であることを求めており、とくにわが国では、戦前の教育が政治に利用された苦い経験を踏まえての規定である。なお、公職選挙法の一部を改正する法律により、2016(平成28)年以降、満18歳以上の者、つまり高校生の一部が選挙権を有することとなり、こ

せいしゆ　318

れに伴うより実際的な学習が求められている。⇒主権者教育　　　　　（藤井穂高）

成熟
maturation

成熟とは学習とともに発達を構成し規定している要因で、遺伝的に規定された内部要因によって自然的に発現する身体、精神の発達的変化である。これに対して学習は環境の影響を受け、経験に基づいて知識を獲得し、行動や態度を変化させていく発達プロセスであるとされる。しかし現実には、成熟と無関係な学習はあり得ないし、環境条件や経験の影響をまったく受けない成熟はあり得ない。したがって人間のある形質・行動・機能が出現、発達するのに、「成熟か学習か」「遺伝か環境か」というような理解は非現実的である。成熟の今日的な現象として、体が年々大きくなり、急速に成熟する成熟加速現象（発達加速現象）がみられる。とくに身体的・生理的成熟が世代とともに量的な増加傾向（身長、体重など）と低年齢化傾向（初潮、精通などの性的成熟）を示す成熟前傾現象があり、これは世界的傾向といえる。⇒学習　（原　裕視）

青少年交流の家

青少年交流の家は、2006（平成 18）年4月に発足した「独立行政法人国立青少年教育振興機構」の管轄する青少年教育施設の一つである。全国 13 箇所（大雪、岩手山、磐梯、赤城、能登、乗鞍、中央、淡路、三瓶、江田島、大洲、阿蘇、沖縄）に設置されている。交流体験を中心とした教育プログラムの企画実施が主な目的であるが、例えば、国立中央青少年交流の家では、ニート・フリーター対策・奉仕活動・教師のスキルアップセミナーなど、多様な企画が立案されており、現代的な課題を盛り込んだプログラムが企画・実施されている。施設の宿泊料は無料であり、指導内容を守れば、家族でも利用可能である。従来、青少年の教育施設としては、「国立青年の家」「国立少年自然の家」が、自然体験・集団宿泊体験を基盤とした青年育成の教育機関として位置づけられていた。これらの施設は、2001年4月に「独立行政法人国立青年の家」「独立行政法人国立少年自然の家」となり、2006年4月に「独立行政法人国立オリンピック記念青少年総合センター」とともに、「独立行政法人青少年教育振興機構」に統合された。　　　　　（布村育子）

精神科学的教育学

ディルタイの影響を強く受けたノール、リット、シュプランガーらに代表される教育学の大きな流れを指す総称であるが、彼らが全体的に一つの明確な学派を形成したわけではない。事実を「説明」しようとする自然科学に対して、人間の心的な生を「理解」しようとするディルタイの精神科学の方向性を共有する教育学と考えることができる。精神科学的教育学と呼ばれる教育思想に共通する特徴は、教育の理論や実践を歴史的文脈の中で考察しようとする姿勢、解釈学的方法を用いる点、教育実践に萌芽的に含まれている理論的思考を手掛かりとして教育における理論と実践の連関の究明を重視する点、教育と教育学の相対的自立を主張する点などが挙げられる。実証主義、批判合理主義などの立場から強い批判を受けたが、解釈学の今日的な刷新の中で再評価されつつある。　　⇒シュプランガー、ディルタイ　　　　　（荒井聡史）

成人教育
adult education

成人教育は、わが国で社会教育と呼ばれる活動に対し、諸外国で最も広く通用

する呼び名。生涯学習の主な担い手である一般成人を対象とし、基礎教育、職業教育、一般的教養などを含む組織的な教育活動である。成人とは、年齢によって定められるというよりも、身体的、精神的、社会的、経済的に成熟した人、すなわち自らの文化やサブカルチャーの中での成人期の社会的役割を引き受けるようになった者のことを指す。青少年期の教育とは異なる、学習者としての成人独自の特徴を生かした学習支援の在り方を研究・実践する学問として、成人教育学がある。アメリカの成人教育学者ノールズ（Knowles, M. 1913～1997）は、成人の特性を活かした教育の学問体系を、アンドラゴジー（andragogy）と名づけ、「成人の学習を援助する技術（art）と科学」と定義してその体系化を図ったことで有名である。このモデルにおいては自己決定（型）学習（self-directed learning）が中心概念として位置づけられており、成人学習においては自己決定性を支援するという考え方が広がった。　　　　（倉持伸江）

精神分析
psychoanalysis

　フロイト（Freud, S. 1856～1939）の創始した人格理論およびそれに基づく心理療法。フロイトは、催眠暗示によってヒステリー症状が消失する事例から、人には意識されない願望や欲求が存在すると考え、精神分析理論の着想を得た。精神分析の人格理論では、人の心を意識（現在心の中にある情報）・前意識（すぐに意識に取り出し得る情報）・無意識（忘れられた記憶や意識されない衝動・願望）という三つの領域に分け、とくに無意識が人の行動や思考に与える影響について注目する。また人格は、イド（原始的で快楽原則に従う部分）・自我（現実原則に従いながら外界とイド・超自我の意向を調整する存在）・超自我（道徳原則に従い行動の善悪判断をする部分）の三層構造をなし、これらの人格構造間の葛藤と調整結果によって行動が定まるとした。また、ヒステリーなどの精神症状は抑圧され無意識へと閉じこめられた記憶や願望が変形してあらわれたものと解釈される。そして精神分析療法の基本的な考え方は、抑圧された無意識下の記憶や願望を自由連想法を用いて意識化することによって症状が消失するというものである。フロイト後は、ユング、フロム、アドラーなどがそれぞれ精神分析理論を独自に発展させ、現在ではフロイト流の古典的精神分析の範囲に収まらない、きわめて多様な理論へと展開している。精神分析は心理学にとどまらず文化人類学など周辺領域に多大な影響を及ぼす理論でもある。
　⇒フロイト　　　　　　　　（今野裕之）

成長
growth

　人間の成長とは、生物学や医学においては、大きさ、重さ、数などの増加によって大人に近づいていく量的変化を指し、機能の獲得や高度化といった質的前進としての発達（development）と対置される概念である。しかし心理学や教育学では成長と発達とをとくに区別しないことも多く、その場合には、どちらも人間の変化のうち何らかの望ましい方向への変化を指す。遺伝的なプログラムに沿って大人の心身状態に近づいていくプロセスとしての成熟（maturation）も、生後の経験によって行動パターンが比較的永続的に変化するプロセスとしての学習（learning）も、成長ないし発達の要因となりうる。また成長は、デューイの教育理論の鍵概念としても重要である。デューイによれば教育とは、学習者が自分の環境との相互作用の仕方のパターンを不断に改造していくことであり、成長も教育と同義である。そして、教育も成長も、それ自身

を超える目的をもたないとされる。この考え方は、教育目的の考究を放棄するものだとしてしばしば批判される反面、生きることや機能することの無条件の肯定ともなりえ、学ぶということそれ自体の喜びをよく説明するものだともいえる。

⇒学習、成熟、発達　　　　　　（堤　大輔）

性的虐待

自分や他人が性的刺激を得る手段として、子どもよりも年長の人が力関係を乱用し、子どもに性的に接触したり関係をもったりすること。児童虐待の防止等に関する法律では、児童虐待とは、「保護者が児童にわいせつな行為をすること又は児童をしてわいせつな行為をさせること」（第2条）と定義している。性的虐待は主に男性による犯罪であり、加害者として最も多いのは、実父や養父・継父である。少年よりも少女のほうが性的虐待を受けやすい。性的虐待を受けている少女の家庭には、夫婦間の不和・別居・離婚が多くみられる。性的虐待は、強姦や性交だけをいうのではなく、指やモノを子どものからだ（性器・口・肛門）に挿入することや、子どもの性器をさわったり愛撫すること、子どもに大人の性器をさわらせること、性器の露出、ポルノをみせること、性的なからかいのほか、子どもポルノや子ども買春などの商業的性的搾取も含まれる。日本の刑法では、13歳をもって性的な自己決定の力をもつ最低年齢と定めており、13歳未満の子どもとの性的な関係はすべて性的虐待となる。

⇒虐待、児童虐待の防止等に関する法律
　　　　　　　　　　　　　　　（大川　洋）

性同一性障害／LGBT／性的マイノリティ

性同一性障害、LGBT、性的マイノリティはそれぞれ、人間の性（ジェンダー／セックス）において分類される諸性質、呼称、事象である。性同一性障害は、いわゆる生物学的な性（遺伝子やからだの形・構造）と、本人自身の性に対する意識・感覚との間に齟齬がある事象を指す。LGBTは性的指向性・志向性・性自認などが包括的に含まれる呼称であり、その起源には性的行動や活動の多様性を求めるメッセージ性をもつ。性的マイノリティは性に関する数と量に基づく分類名称である。教育領域におけるこれらのことばは、子どもたちが成長・発達の過程で形成される自己や他者の「性」への向き合い方のさまざまな指標として検討されつつある。アイデンティティ形成・表現、ライフデザイン、社会的コミュニティの構築といったさまざまな文脈において、「性」をいかに認識し表現しうるかという視点が、現代の教職に求められている。
　　　　　　　　　　　　　　（尾崎博美）

生徒指導主事

校長の監督を受け、生徒指導に関する事項をつかさどり、当該事項について連絡調整および指導、助言にあたる職を指す。中学校、高等学校、中等教育学校、特別支援学校の中等部および高等部に原則として置くものとされる主任の一種に相当し（小学校においても必要に応じて置くことができる）、学校によっては、生活指導主任、生活指導主事、生徒指導部長などと呼ばれることもある。制度化は、主任等の省令化が行われた1976（昭和51）年にさかのぼり、ほかの主任等と同様に、教諭をもって充てるものとされている。各学校における生徒指導は、一般には、さまざまな形態で生徒指導部が組織されて行われており、その統括を生徒指導主事が担っている。その役割は、①生徒指導の全体の掌握と組織的・計画的推進、②学校全体を見通した上での各分掌間の連絡・

調整、③児童生徒、教職員、保護者等への助言や指導・援助、④専門知識や技術の修得、⑤生徒指導に関する資料の整備・提供、⑥家庭や地域、関係機関等との連携など、多岐に及ぶ。すなわち、生徒指導主事は、学校の生徒指導推進の要として、生徒指導部をいかに組織して統括するか、学校全体、あるいは地域全体の問題としていかに生徒指導を展開するかが問われる職責である。従って、教職員や児童生徒のみならず、保護者や地域住民の信頼をも得られるような優れた識見と力量を備えた者がその職責にあたることが期待されている。⇒主任　　　　　　（鞍馬裕美）

生徒の懲戒

懲戒は、法的意味を伴う処分と日常の教育行為の延長上に行われる叱責等とに区分される。このうち前者は「校長及び教員は、教育上必要があると認めるときは、文部科学大臣の定めるところにより、児童、生徒及び学生に懲戒を加えることができる。ただし、体罰を加えることはできない」（学校教育法第11条）、懲戒に際しては「児童等の心身の発達に応ずる等教育上必要な配慮をしなければならない」（同法施行規則第26条第1項）とされる。これらは、学校の秩序維持や児童・生徒の反省を促すためのやむを得ない措置として位置づけられるが、事実確認の徹底や当人と保護者への通知、事後のサポートなどが求められる。また「指導」の一環として生じるため「体罰」との違いを見出すことが難しい。教育再生会議では、教員が毅然とした指導のできるよう、昭和20年代の「体罰の範囲等について」など、関連する通知等の見直しについて述べており（2007[平成19]年1月）、これからの懲戒の捉え方にも影響を及ぼすことが考えられる。（榊原禎宏）

青年学級

青年学級は、「勤労に従事し、又は従事しようとする青年〔以下「勤労青年」という。〕に対し、実際生活に必要な職業又は家事に関する知識及び技能を習得させ、並びにその一般的教養を向上させることを目的として、この法律の定めるところにより市（特別区を含む。以下同じ。）町村が開設する事業をいう」と青年学級振興法第2条に定義されている。青年学級振興法は、1949（昭和24）年に制定された社会教育法の精神に基づいて、1953年に制定された法律であるが、1999（平成11）年に廃止され、その廃止に伴い社会教育法の「青年学級」に関する規定も削除された。青年学級振興法の廃止の主な理由は、進学率が上がり、学級者が減少したという状況的な理由と、地方分権を推進する国の方策の一環として廃止されたという経緯がある。しかし青年学級の理念は、現代的課題であるキャリア教育にも引き継がれているといってよいだろう。　　　　（布村育子）

青年学校

1935（昭和10）年の青年学校令によって発足した勤労青年のための教育機関である。このような教育機関としては、実業補習学校と、青年訓練校が存在していたが、青年学校令により二つが合併し青年学校となった。つまり青年学校の目的とは、この二つの学校がそれぞれ目的としていた実業訓練と軍事訓練を施すことにあった。青年学校には、尋常小学校卒業者を対象とする普通科2年、普通科修了者と高等小学校卒業者を対象とする本科5年（女子3年）があり、その上に研究科、専修科が置かれた。この制度改革によって、同年代の学生に、中等教育機関への進学者と、青年学校への進学者が

存在することになったため、この状況を複線型学校制度として考えることができる。その後青年学校は、国家総動員体制のもと、義務制となり、軍事訓練校としての機能を担わされるようになった。戦後、学校教育法の施行に伴い廃止された。

(布村育子)

青年期

人間の発達段階においてもともとは児童期と成人期の間に位置する、子どもから大人への移行期のことをいった。移行期とはいえ実際にはかなりの長い期間であり、社会の変化とともに遷延化してきているので（今日では10歳から30歳までとする見方もある）、現在では間に思春期（青年前期）およびヤングアダルト期（青年後期）を置く考え方もある。この時期を特徴づける表現として、心理的離乳期、第二反抗期、矛盾の時代、理想主義の時代、第二の誕生、自我に目覚める時期、モラトリアムの時期、境界人などさまざまに表現されてきた。大人への準備期間であり、人生の新しい局面へと踏み込む時期であるため強い不安、動揺、激越を根拠に疾風怒濤の時代といわれ青年期危機として理解されてきた。身体的、心理的、社会的なあらゆる側面に急激な変化が起こる時期であり、この時期に達成しなくてはならないさまざまな発達課題が存在する。例えば、親からの自立、性的同一性の確立、主体的価値観の確立、職業選択などを経て、最終的には、自我同一性（アイデンティティ）の確立と人間関係における親密さの獲得が最も重要だとするエリクソンの考えは多く受け入れられているものである。

⇒心理的離乳、反抗期 (原 裕視)

青年団

青年団は、若者組を原型とする青年の集団であり、地域社会を基盤として組織されていた。その成立は1877（明治10）年頃であり、社会教育家山本瀧之介が広島で青年会を起こし、これがきっかけとなって全国へ広まっていった。青年団の団員は20歳代から30歳代であり、青年の訓練や修養を目的としていた。しかし、日清戦争・日露戦争以後は、戦時体制化の一組織としての役割を担わされ、大日本連合青年団、大日本青少年団に組み込まれていった。戦後は、社会教育法の施行により、社会教育関連団体として位置づけられるようになったが、近年、農村青年の人口減少により団員数は減少している。明治神宮外苑内にある日本青年館は、当時の青年団による拠金活動により1924（大正13）年に建てられたものである。現在、青年団の全国組織である日本青年団協議会の事務局はこの日本青年館の中にあり、ここを拠点にして、各種文化・奉仕活動が行われている。

⇒若者組 (布村育子)

性の教育

学校における性の教育は、「純潔教育」と称して女子のみに限定した教育を推進してきた歴史がある。その後、生徒指導の一環として「性」の問題が取り上げられるようになってきたが、今日では「性教育」と称して、人間教育の一環としての位置づけとなっている。近年は、児童生徒の体格が向上し、性的な成熟も早まっている。そしてその一方で、性に関する誤った情報が氾濫し、子どもまでをも巻き込む性産業が繁盛している社会環境にある。さらに、若年層の性感染症や人口妊娠中絶は増加の一途をたどっている。これらのことから、学校における性教育への期待は大きい。人間の性は、生理的側面、心理的側面、社会的側面など

から総合的に捉えるものである。それゆえ、指導の内容は、思春期のからだの変化（初経など）だけを扱うものではない。体育・保健体育科、理科、家庭科などの教科や道徳、特別活動および総合的な学習の時間、あるいは、個別やグループを対象にした指導など、多様に、学校全体の指導計画に従って行う必要がある。その基本的な目標は、①男性あるいは女性としての自己認識を確かなものにさせる、②人間尊重、男女平等の精神に基づく男女の人間関係を築くことができるようにする、③家庭やさまざまな社会集団の一員として直面する性の諸問題を適切に判断し対処する能力や資質を育てることである。指導にあたっては、保護者や地域の理解を得られるようにしていく配慮が必要となる。　　　　　　　（大谷尚子）

■ 生命倫理教育

　人間の尊厳や「いのち」の在り方にかかわる諸問題をめぐる教育。生命科学や医療技術の急激な発展は、例えば出生前診断や脳死者からの臓器移植の是非といった、これまでになかった新しい深刻な倫理問題を私たちにもたらしている。これらはいずれも、個々の具体的状況における実存的な意思決定と同時に、社会的システムを変革する公共的な意思決定を必要とする問題である。それを担うことができる主体を育てることが生命倫理教育の一つの課題である。また、生命倫理に関する諸問題は社会科教育、道徳教育、総合的な学習の時間などの題材としても、しばしば取り上げられる。それらは生と死をめぐる、容易に答えの得られないラディカルな問いを突きつけることによって、子どもたちが自らの生命や身体、そして社会の在り方と深く向き合う契機となるのである。取り上げられるテーマは、クローン技術、遺伝子診断、代理出産、中絶、優生学、自殺、殺人、死刑制度、動物の権利、病気と差別、医療資源の偏り、老いと高齢化社会、脳死と臓器移植、尊厳死、ターミナルケアなど、さらには性教育、環境教育、平和教育、人権教育等と重なり合う諸テーマも含んで、多岐にわたる。これらのテーマに関する先駆的な実践事例について知るためには、筑波大学のダリル＝メイサーが主導した「学校における生命倫理教育ネットワーク」の出版物やホームページが有益である。　⇒総合的な学習の時間、道徳教育　　　　　　　　　　　　（西村拓生）

■ 世界人権宣言（国際連合、1948年）

　世界人権宣言は、1948年12月10日の第3回国連総会で採択されたもので、人権および自由を尊重し確保するために、「すべての人民とすべての国とが達成すべき共通の基準」を定めたものである。全30条からなる。同宣言は、「すべて人は、人種、皮膚の色、性、言語、宗教、政治上その他の意見、国民的若しくは社会的出身、財産、門地その他の地位又はこれに類するいかなる事由による差別をも受けることなく、この宣言に掲げるすべての権利と自由とを享有することができる」（第2条第1項）と述べている。また、第26条第1項では、「すべて人は、教育を受ける権利を有する」と述べている。このほか、法の下の平等、思想・良心の自由、表現の自由、政治に参与する権利、労働の権利などについても述べている。この宣言に法的効力をもたせるために採択されたものが、国際人権規約（1966）である。また、1950年の第5回国連総会では、毎年12月10日を「人権デー」とすることが決議され、世界中で人権意識の向上に努めることが確認されている。　　　　　　　　　（臼井智美）

セガン

Séguin, É. O. 1812～1880

　フランス生まれの医師。知的障害児教育の始祖といわれフランスとアメリカで活躍した。セガンの教育法は、精神機能の改善のために、まず感覚訓練から開始し、実物による教育と体育・音楽・美術を重視する教育法によるプログラムからなる、「生理学的教育法」として知られている。パリのビセートル病院での組織的な治療成果をまとめた『重度知的障害児の道徳的治療、衛生、および教育』（1846）は、彼の名を世界に知らしめることになった。この著は、いまでは知的障害児の教育を切り開いた古典的名著と評価されている。1948年アメリカに渡り、ペンシルバニア州立養護学校の設立、全米精神薄弱者施設医療職員協会（現在の全米精神遅滞学会）の初代会長（1876）を務めた。1880年ニューヨークにて、知的障害児と身体虚弱児のための学校を設立してその年にこの世を去った。彼の教育研究は、アヴェロンの野生児で有名なイタールのもとでスタートし、モンテッソーリへと引き継がれている。

（原　裕視）

摂食障害（過食症・拒食症）

　摂食障害とは、食行動の重篤な障害であり、神経性無食欲症（アノレキシア・ネルヴォーザ：拒食症）と神経性大食症（ブリミア・ネルヴォーザ：過食症）に大別できる。思春期のダイエットに端を発することが多く、はじめのうちは見過ごされがちであるが、極端な体重コントロールの結果、飢餓によって死に至る場合（拒食症）もあり、早期発見・早期治療が必要である。かつては下垂体障害による内分泌疾患説が唱えられたが、その後否定された。要因として、女性性や成熟の拒否、機能不全家族による適応障害、自律性の障害などがいわれてきているが、どれか一つが決定因とされているわけではない。文化圏による発症率の違いがあることから、痩身を美とする現代社会の価値観がその発症に大きく影響していると考えられている。症状の背景には、外見のみを重視し、身体や自己の内的世界を軽視する生き方、自己否定的で未熟なパーソナリティがある。治療の当面の目標は体重の安定と生命維持であるとしても、長期的目標は、身体の発する声に耳を傾け、自己を肯定できる生き方を身につけることであろう。　　　（日高潤子）

絶対評価と相対評価

　学習成果の評価にあたって、教育の目標に対してどこまで達成しているかを明らかにする評価が「絶対評価」であり、児童生徒の集団の中の位置によって示す評価が「相対評価」である。

　例えば、あるテストをして採点をすると、その点数自体は満点を基準とする絶対評価であるがそれをもとに順位をつけるならば相対評価となる。これまでわが国では5段階相対評価が行われてきた。これは、成績は集団の規模にかかわらず標準正規分布をするという仮説に基づき、5と1をそれぞれ7%、4と2を24%、3を38%とする。教員の立場からすると評価をつけやすいが、児童生徒の立場からは順位が入れ替わらなければ成績は上がらない。つまり皆が同じように学力をつけても、順位が変わらないならば成績は変化しない。すなわち競争的な評価であり、努力が必ずしも評価されないのである。教育活動は教育目標を実現するために行うものであるから、本来その評価は絶対評価によるものとかんがえられよう。しかし絶対評価はしばしば教員個人の価値判断に基づいて行われることがあり、そのことによって主観的な評価であると

の批判がなされ客観テストに基づく相対評価が推奨されてきた。しかし相対評価は学習者の集団の中の位置を示すものである以上、児童生徒の学習が満足に行われているかを明らかにするものではない。こうした点から到達度評価など、到達目標をあらかじめ提示して評価する方法が研究されている。到達目標については大きなくくりで示すか、個々の学習内容や教材ごとに、観点を分けて提示するかなどいくつものレベルで提示する必要があろう。評価方法についても客観テストのほか論述試験や作品評価などの研究開発が必要である。⇒正規分布　　（藏京清人）

設置者管理主義

　学校教育法第 5 条に「学校の設置者は、その設置する学校を管理し、法令に特別の定めある場合を除いては、その学校の経費を負担する」と規定しており、この前段の原則を設置者管理主義と呼ぶ。戦前は公立学校の管理権限は国に属していたが、戦後の地方分権化の方針のもとで規定された。教育委員会はこの原則に基づき、学校の教育活動のための条件を整え、学校に対する指導や規制を行いながら公立学校を管理している。具体的な学校の管理権限は地方教育行政の組織及び運営に関する法律第 23 条に列挙され、教職員の任免・服務監督・研修などの人的管理、施設・設備・教材などの物的管理（それらの維持・修繕・使用許可・届出などを含む）、ならびに運営管理の 3 種類がある。運営管理とは学校教育活動の管理であり、児童生徒の入学・転学・退学、学校の組織編制、教育課程、学習指導、生徒指導、職業指導、児童生徒の保険・安全・厚生などが含まれる。私立学校の管理権者は学校法人である。

（藤井佐知子）

セツルメント
settlement

　資本主義経済の発展の中に生じた特定地域の貧困問題などの社会問題の解決のために、保護・慈善の立場からでなく、貧困者の自己変革を導き、社会参加を促しつつ解決の道を探ろうとする教育的活動を含んだ歴史的には知識人による事業のこと。日本では隣保事業といわれることもある。ロンドンの下層労働者たちの居住区にオックスフォード大学の学生たちが住みついて貧民たちの生活の改善と教育に取り組み、そのためのセツルメント・ハウスであるトインビー・ホールを1884 年に建設したのが起源とされている。これは大学拡張運動の一種でもある。黒人問題、移民問題を抱えるアメリカでもこの運動は進展し、1889 年アダムズらがシカゴに開設したセツルメント・ハウスであるハル・ハウスが有名である。日本でも産業革命の進展の中で都市の貧困問題が大きくなるにつれて、キリスト教系団体の社会事業として展開した。また大学拡張運動としてのセツルメント活動は、関東大震災後の東京帝国大学学生による救護活動を起点として展開され、戦後の一時期活発であったが今日では国の福祉社会づくりに吸収された形になっている。

（大淀昇一）

ゼロトレランス
zero tolerance

　国立教育政策研究所は、2006（平成18）年に児童生徒の規範意識の醸成を目指した生徒指導体制の在り方に関する報告書をまとめている。その中で、子どもたちの問題行動に対しては、あらかじめ定められている規則や罰則に基づき、毅然とした粘り強い指導をしていくことが肝要であり、その指導方法の一つとして、アメリカで広く実践されているゼロトレランス（zero tolerance）に注目している。

これは、直訳すると「寛容度ゼロ」だが、「毅然とした対応」などとも訳されている。学校での銃乱射事件などを背景に、1997（平成9）年にクリントン大統領（当時）が全米に呼びかけ、学校が明確な罰則規定を定めた行動規範を生徒や保護者に示し、それに違反した生徒には直ちに責任をとらせるものである。ゼロトレランスを行使する前提としては、普段からのラポート形成（信頼関係づくり）やアカウンタビリティ（説明責任）の姿勢が求められている。⇒ラポール、アカウンタビリティ　　　　　　　　　　　（犬塚文雄）

専科担任

専科担任ということばは、中学校や高等学校では使われない。小学校で、特定の1教科を担当する教員のことを専科担任ないしは専科教員と呼ぶ。小学校は学級担任制かつ全教科担当を原則とするが、9教科のうち、音楽、図画工作、体育家庭科などの専科担任を置くことができた。それは、特定の教科を指定し専科教員を規定し1900（明治33）年の小学校令、1947（昭和22）年の学校教育法施行規則第23条に依拠したものである。学校選択制の導入等により、より高い専門性で授業を進めようとする場合、表現系教科に止まらず、国語科、算数科、理科、社会科等にも専科担任を置くケースもみられる。学校教育法施行規則第23条は2003（平成15）年以降削除されたので、学校現場では、一応学級担任として配置した上で、複数の他学級の特定教科を担任する専科担任をつくるなどして対応している。授業の荒れなどによる全教科担当の負担軽減の観点からも加配による専科担任の増加要請がある。　（髙旗正人）

専攻科

専攻科とは、義務教育後の学校において、卒業後さまざまな事由からさらにその学校で学びを深める課程のことである。形態によって1年制ないし2年制となる。学校体系はできる限り複雑なものとならないことが望ましく、ある校種での学びの発展はさらに上級の校種に入学することが一般的には求められる。しかし科学技術の急速な発展、社会の変化に伴うさまざまな資格の創設および高度化の要求、さらには複雑化した高等教育機関同士の接続の問題、といったさまざまな要素が絡み合い、それぞれの校種に応じた専攻科が学校教育法で規定されてできあがることになった。高校では専門学科に設置された専攻科や、看護師や介護福祉士といった資格のための専攻科などがある。短期大学や高等専門学校では学位授与機構により学士の学位を授与するための専攻科や同じく資格のための専攻科がある。大学では特別支援学校教諭免許状など教員免許にかかわる専攻科が多い。また特別支援諸学校でもそれぞれの特色に応じた専攻科が設けられている。卒業後の課程である専攻科をどのように活用し、または整理統合するのかは今後の課題である。　　　　　　　　　（池上　徹）

全校集会

多くの学校では週1回決まった時間に全校集会（全校朝会）が開かれている。それは校長や生徒指導担当教員の講話をはじめとしてその時々の学校の課題を児童・生徒に伝える場として大きな役割をもっている。学校の児童・生徒全体が一つの場所に集まることによって、日常の授業では把握しきれない児童・生徒のよさや「問題行動」に気づき、評価したり指導する機会とすることもできる。近年では全校集会を児童・生徒に「いのちの大切さを教える」機会として、「死に直面

した校長先生」によるいのちの授業や児童・生徒自身の体験の発表の場としているところもある。全校集会は学年・学級を超えて生徒と教師が一同に会し、一つの課題を考えたり、取り組んだりする場として大きな意味をもつ。したがって一方的に教師の話を聞くだけでなく、自己をみつめ将来のことまで多方面から考える機会とし、毎回心に残るような課題に絞って行うことが大切である。　　（藏原三雪）

全国学力・学習状況調査

　2007（平成19）年から文部科学省が全国規模で実施している、小・中学生の学力と学習状況の調査である。主な調査の目的は、教育施策の成果や課題の検証と、学校での教育指導の充実や学習状況の改善への活用である。原則として国・公・私立学校の小学校6年生と中学校3年生の全児童生徒を調査対象とし、教科に関する調査と、生活習慣や学習環境等に関する質問紙調査を実施している。

　教科に関する調査では、開始当初より「国語」「算数・数学」それぞれについて、主に知識の定着を問うA問題と、主に知識の活用を問うB問題を実施してきた。2018年からはそれらに加えて「理科」の調査も実施され、2019年には中学校での「英語」の調査も予定されている。

　2013年には標本抽出による保護者調査も実施され、学力と家庭背景との関連について、全国規模での分析結果が初めて公表されることとなった。　（伊藤秀樹）

全国保育士会倫理綱領

　保育士等の職業倫理を行動規範として文章にまとめたもの。全国保育士会が策定し、2003（平成15）年に採択された。保育士という職業が専門職であることを保育士等自身が自覚し、職業に誇りと責任

を持つためのものでもある。前文には、「私たちは、子どもの育ちを支えます」、「私たちは、保護者の子育てを支えます」、「私たちは、子どもと子育てにやさしい社会をつくります」とあり、保育士という職業が単に子どもの保育をするだけではなく、保護者を支え、子どもや保護者の代弁者となり社会に働きかける専門職であることを示している。本文は、子どもの最善の利益の尊重、子どもの発達保障、保護者との協力、プライバシーの保護、チームワークと自己評価、利用者の代弁、地域の子育て支援、専門職の責務、の8項目からなっている。短い文ではあるが、現代の子育て社会を専門職として支える心構えが的確に記載され、保育士等が常に意識しているべき内容である。（高橋弥生）

潜在的カリキュラム
latent curriculum

　学校が計画・編成して目にみえる形で示した「顕在的」なカリキュラムとは別に、目にみえない形ではあるが、子どもたちに影響を及ぼし、その発達を方向づけていく一連の働きのこと。「隠れたカリキュラム（hidden curriculem）」ともいう。学校教育は、意図的・計画的な営みによってのみならず、その学校のさまざまな慣行や子ども同士の人間関係、授業以外の場などでの教師との人間関係や交流、教師の価値意識、学校内外の生活の中での各種の行動規範などが、児童・生徒の人格形成を左右する。潜在的カリキュラムは、1970年代以降、教育社会学研究の進展の中で注目されるようになった。学校教育における教師と生徒、生徒同士の関係も含めて経験の総体が生徒に大きな影響を与えるという自明のことに改めて気づかされる中で生まれた。潜在的カリキュラムを考慮することにより、学校の地域的な特性や文化的な背景等も活かした顕在的カリキュラム

（visible curriculum）の編成も可能となろう。⇒顕在的カリキュラム　　（藏原三雪）

専修学校

1975（昭和50）年の学校教育法改正によって制度化され、1976年度より発足した新しい教育機関である。この制度改正により、従来各種学校に含められていた学校の中で、一定の基準（修業年限1年以上、生徒数40人以上など）を充たし、組織的な教育を行っていると認定された各種学校が専修学校へ移行していった。専修学校には、3種類の課程がある。中学校卒業程度の学力に対応する高等課程（この課程を置く学校を高等専修学校と称することができる）、高校卒業程度の学力に対応する専門課程（この課程を置く学校を専門学校と称することができる）、および学歴を問わない一般課程である。専修学校の目的は「職業若しくは実際生活に必要な能力を育成し、又は教養の向上を図ること」（学校教育法第124条）とされ、わが国における職業教育の重要な機関としての役割を負っている。関連する職業、職種に対応する学科の数は多数に及ぶが、大きくは工業、農業、医療、衛生、教育・社会福祉、商業・実務、家政、文化・教養の8分野に区分されている。なお、1985年度から、3年制高等専修学校卒業生に大学受験資格が、また1999（平成11）年度より、専門課程修了者に大学への編入機会が認められている。⇒専門学校　　　　（陣内靖彦）

専修免許状

普通免許状の一種で、大学院修士課程修了程度を基礎資格とする免許状を指す。1988（昭和63）年の免許法の改正によって新たに創設された免許状であり、他の普通免許状、すなわち、二種免許状（基礎資格は短大卒業程度）および一種（大学学部卒業程度）に比べて、専門性を身に付けたことを公証する免許状として位置づけられる。

専修免許状を取得する方法としては、大学等における直接養成と、現職教育による専修免許状への上進との二通りの方法がある。前者は、一種免許状を有する者が修士号等の基礎資格を得るとともに、文部科学大臣の認定を受けた大学院又は四年制大学専攻科の課程で24単位以上を修得して取得する方法である。後者は、一種免許状又は特別免許状を有する者が、最低在職年数（3年）以上を良好な勤務成績で勤務するとともに、所定の単位を修得し、教育職員検定に合格して取得する方法である。

専修免許状は、大学院修士課程修了レベルの高い資質能力を有する教員を確保することと、現職教員の研究意欲の助長を企図して創設され、以後、大学院修士課程を活用した教員養成・現職研修の拡充・充実が図られてきた。また、近年では、大学院修学休業制度や教職大学院の設立の動向など、専修免許状の取得者の拡大を推進する政策が打ち出されている。

しかし、専修免許状をめぐっては、給与等の処遇面を含めて、その位置づけが必ずしも明確ではないことや、高い実践力を有する教員の養成・研修にはつながっていないとの指摘がある。さらに、現在の学校種及び教科種別の区分の方法を改めて、より専門性を明確にする区分に変更する必要があるとの指摘も存在する。これらは、大学院のさらなる組織改革を必要とする問題でもあり、今後の動向が注目される。⇒大学院　　（鞍馬裕美）

全人教育

鹿児島に生まれ、新教育運動（大正自由教育）の推進者で、玉川学園を創立

した小原國芳［おばら・くによし］（1887～1977）の教育理想。玉川学園を創立する前、小原は沢柳政太郎に招かれ成城小学校の主事となっているが、小原はここで人間尊重・個性尊重を主軸とする自由教育すなわち「真実の教育」を追求する。全人教育という概念をひと言で説明するならば、人間の能力が全面的・調和的に発達していく過程を教育する側から言い換えたものとなろう。だが小原國芳のいう「真実の教育」とは、学問（真）、道徳（善）、芸術（美）、宗教（聖）、身体（健）、生活（富）のさまざまな面からみた諸価値を具現化する理想的な人間すなわち「全人」を形成することにあった。この考えは、新教育運動の絶頂期を示した1921（大正10）年の「八大教育主張講演会」以降、「全人教育論」の名称で知られるようになった。この教育論は1929（昭和4）年に創設された玉川学園にも継承され、労作教育・個性の尊重・自然の尊重・自学自律・塾教育・国際教育などの諸原則とともに、今日もなお、玉川学園の教育信条となっている。（金田健司）

全体的な計画

　幼稚園、保育所、幼保連携型認定こども園において、教育課程や保育課程のみならず、保健指導の計画、食育計画、安全指導計画等の園生活のすべてを含む計画のことを指す。2014（平成26）年告示の幼保連携型認定こども園教育・保育要領で教育・保育のすべてを含む計画、という意味で使用されたのが最初である。保育所保育指針は、2008（平成20）年告示の際にそれまでの「保育計画」を「保育課程」とし、各園での編成を義務付けたが、2018（平成30）年の改定では「保育課程」が「全体的な計画」に変更されている。ただし、この「全体的な計画」はそれまでの「保育課程」と同義ではなく、「保

育課程」を含むものであると捉えられる。2018（平成30）年改訂の幼稚園教育要領にも、教育課程を中心に預かり保育、保健や安全の計画などを関連させた「全体的な計画」を作成するように記されている。どの施設においても園生活が計画的に見通しをもって展開され、子どもの育ちを保障するためのものである。　（髙橋弥生）

専門学校

　専修学校の中でも、「専門課程を置く専修学校は、専門学校と称することができる」（学校教育法第126条第2項）とされている。専修学校の中でも最大の学校数、生徒数を占め、専修学校のほとんどは専門学校といってよい。専修学校制度発足の頃から1980年代にかけて大学等進学者数を抑制する措置がとられたこともあり、高卒現役卒業生の「第3の進路」としてブームを呼んだ。今日では短期大学よりも多い進学者を数え、ポスト後期中等教育機関として、大学・短大に匹敵する地位を占めている。また、これに加えて注目すべきことは、大学に在学しながら専門学校に学ぶ学生たち（ダブルスクール）の存在や、大学・大学院を修了した後に専門学校に入学するものが近年増加傾向にあることである。なお、同じ「専門学校」という呼び方でも、戦前の「専門学校」は戦後そのほとんどが国立大学の各学部になったもので、まったく別のものである。⇒専修学校、ダブルスクール　　　　　　　　　　（陣内靖彦）

専門教育
professional education
　基礎的・一般的な教育として国民が誰でも学ぶことが望ましい普通教育に対して、専門教育は、特定の専門的に必要な知識・技能を授ける教育と考えられるが、両者の境界はそれほど明確ではない。普

通教育は一般教育と、専門教育は職業教育と重なり合う。学校教育法では、高等学校の目的に「普通教育及び専門教育」（第50条）が掲げられ、また、大学の目的に「深く専門の学芸を教授研究」（第83条）するとある。大学設置基準（1956［昭和31］年）では、大学の授業科目について、人文・社会・自然科学の3分野から開設すべき一般教育科目と、学部学科の特性による専門教育科目とを、各々最低履修単位数とともに定めていた。ところが、1991（平成3）年、設置基準の大綱化により、授業科目区分や履修単位数が廃止となったため、各大学が創意工夫により科目を自由に設定できるようになった。⇒職業教育　　　　　（田中敬文）

専門高校

　高等学校には、普通教育を主とする学科（普通科）、専門教育を主とする学科、普通教育および専門教育を選択履修を旨として総合的に施す学科（総合学科）、の3種類の学科があり、第2の専門教育を主とする学科を置く高校を専門高校と呼ぶ。専門高校の学科は、農業、水産、工業、商業、家庭、厚生、商船、外国語、美術、音楽となっている（高等学校設置基準第5条、6条）。企業における中堅技術者などわが国の産業経済の発展を担う人材育成に大きな役割を果たしている。専門高校の数は、約2,000校、生徒数は約75万人であり、高等学校の生徒数全体の約2割を占めている（2005［平成17］年）。卒業生の進路をみると、2005年3月卒業者のうち大学などへの進学者約19％、専修学校などへの進学者約26％、就職者約46％と多様である。近年は、地域を担う人材の育成に重点が置かれるようになっており、「スーパー専門高校」（先端的な技術・技能を取り入れた高校や伝統的な産業に関する学習活動を行っている高校）を指定してカリキュラム開発を行わせるなどして、地域産業界と連携した将来の専門的職業人の育成を図っている。　　（藤井佐知子）

専門職学位

　専門職大学院を修了することで得られる学位である。学位規則第5条の2によると、専門職大学院を修了した者に、修士（専門職）の学位を、また専門職大学院設置基準第18条第1項に規定する法科大学院の修了者には、法務博士（専門職）の学位を授与するとある。前者の場合、専門分野の名称を冠して、正式名称とされる。例えば、会計修士（専門職）などである。この専門職学位は、学術上の学位（修士、博士）とは区別される。法務博士の学位が、従来の博士号と同等の評価を受けるわけでは必ずしもない。アメリカにおいて、研究学位と職業学位が区別されているのと似ている。日本の法務博士（専門職）の学位は、アメリカのロー・スクールが授与するジュリスト・ドクター（J.D.）にほぼ相当する。専門職学位は、高度専門職業人としての能力を証明するものであるが、それに対する社会的な評価が定着するには、まだしばらく時間がかかりそうである。⇒専門職大学院
（舞田敏彦）

専門職大学

　2019（令和元）年度より新たに設置される専門職大学・専門職短期大学は、大学制度の中で「深く専門の学芸を教授研究し、専門性が求められる職業を担うための実践的かつ応用的な能力を展開させる」（学校教育法83条：専門職大学）、「育成する」（学校教育法第108条：専門職短期大学）ことを目的（学校教育法の一部を改正する法律／平成29［2017］年公布・

令和元［2019］年施行）とする高等教育機関である。その背景には、産業構造や就業形態の変化、大学教育と産業界が求める人材とのズレ等が指摘されている。専門職大学設置基準・専門職短期大学設置基準によれば、実践力と創造力を備えた専門職業人材の育成が目指され、産業界との連携や実習が強化（卒業単位の約1/3）された教育課程を特色とし、「学士（専門職）」「短期大学士（専門職）」が授与される。また、専任教員数の40％以上を実務家教員とし、専門高校卒業者や社会人を積極的に受け入れる等、多様な人材の育成が目指されている。　（山田朋子）

専門職大学院

　専門大学院は、高度専門職業人の養成を目的とする修士課程の一類型として1999（平成11）年に設けられたが、2003（平成15）年に専門職大学院が創設されるとともにその中の分野として含められた。専門職大学院は、同じく高度専門職業人の養成を目的とするが、その課程は専門職学位課程と呼ばれる。法曹養成のための大学院として注目されている法科大学院も専門職大学院である。また教育の分野では、専門性の高い教員を養成する**教職大学院**が2008（平成20）年度より設置された。専門職大学院の標準修業年限は通常2年であり、課程を修了すると、法務博士（専門職）、会計修士（専門職）といった専門職学位が授与される。専門職大学院の教育内容は実践志向であり、事例研究、現地調査、そして双方向の討論などが重視されている。学位論文の作成は修了要件とされていない。2006年現在、136の専門職学位課程があるが、うち87（64％）は私立である。名称は、法務研究科、会計研究科、技術経営研究科、といったものである。2006年度の入試状況をみると、入学志願者数を入学者数で除した入試倍率は5.2倍と、かなり高くなっている。⇒**教職大学院**

（舞田敏彦）

相関カリキュラム
correlated curriculum

　教科の区分を残したまま、複数の教科の間に共通性を見出し、それらの内容を相互に関連づけて指導するために構成されたカリキュラムの形態。カリキュラムは、教科の統合の度合いにより、一般に、「教科カリキュラム」「相関カリキュラム」「融合カリキュラム」「広（領）域カリキュラム」「コア・カリキュラム」「経験カリキュラム」などに類型化されるが、相関カリキュラムは、教科の区分を残している点で、教科カリキュラムの範疇［はんちゅう］に属する。相関カリキュラムは、個々の教科を関連づけて指導することで、児童生徒の学習効果を高めるところにねらいがある。その場合、類似の教科間の関連にとどまらず、教科と教科外課程との間の関連も考えられる。指導の方法としては、一人の教師が関連する教科を関連的に指導する場合や、複数の教師が協同で相互に関連する教科を指導する場合（ティーム・ティーチング）などがある。1998（平成10）年改訂の学習指導要領では、小学校の全学年において、複数の教科を組み合わせて指導する「合科的・関連的な指導」が推進されている。

⇒**コア・カリキュラム、広領域カリキュラム、生活経験カリキュラム、ティーム・ティーチング、融合カリキュラム**　　　（日暮トモ子）

早期教育
early education

　人生の早期、学齢前、就学前の幼児期に、一般にすべての幼児を対象に行われ

る教育をいう。これに対して、優秀児や天才児のような特殊な知能、技術について優れた才能をもっている幼児に対して、普通考えられているより早めに行う教育を早教育という。わが子の幸福を願うのは、人の親の常でもある。高学歴社会といわれる現代、競争のスタートからわが子を他の子より優位に立たせようという親の考えが、今日の早期教育ブームをつくり出した大きな要因である。幼児教育が早教育という観点から重要視されてきたことは、早期教育論の果たした積極的功績として評価できる。

しかし、一方で、昔よりも幼児の体が大きくなってきたから、以前には教育できなかったことも今の幼児には教育可能である、などという主張もみられる。しかしながら、果たしてどんな教育内容を、これまでより早めに教育すればよいのかについては、現在までのところ、確固たる見解が示されていない。したがって幼児期は、心身の全面的な調和的発達を図る教育を重視すべきであるといえる。

(谷田貝公昭)

造形教育

造形とは、色や形、材料などの造形要素をもとにものをつくり出すこと。造形教育には、造形にかかわる知識、技術などを教える教育と、造形活動を通して人間性を育む教育の両面があり、学校教育においては前者から後者へ重点を移してきた。美術教育、芸術教育と類似語であるが、工作的活動を含むより広い概念をあらわす。

学校教育に造形教育が登場したのは19世紀末のイギリス(小学校図画が必修)やフィンランド(同手工が必修)であり、日本では1872(明治5)年の学制発布時に罫画や画学など、手本を写す臨画教育が始まり、大正期に手工科が加わっ

た。小学校の教科名「図画工作」のゆえんでもある。大正時代に西欧から帰った画家山本鼎[かなえ]により自由画教育運動が唱えられ、造形主体が子どもであることがはっきりと認識された。創造主義と呼ばれるこの運動は、戦後の民間教育運動で主に絵画領域を中心に大きく広がった。また、色や形を使って自由にイメージしたものを表現していく造形方法として造形主義が、1920年代にドイツのバウハウスなどの専門教育の影響を受け、構成教育運動となり、デザイン教育を発生させた。

日本においてもこれらの世界の流れを受け、学習指導要領の改訂の度に領域や内容の編成統合が行われてきた。とくに1989(平成元)年の改訂では、小学校の低学年に材料をもとにした楽しい活動(造形遊び)が加わった。これは、領域ごとに研究を重ね専門性を高めてきたが作品主義などの弊害も生まれた教師主導の教育から、子ども主体の学習への転換であり、現場に少なからぬ困惑も招いた。その後、造形遊びは高学年にまで広がり、環境への働きかけを含めたダイナミックな活動も生まれた。

また、表現活動と同じ比重で鑑賞教育の重要性が高まり、美術館やアーティストとの協働なども生まれている。作品の出来栄えや技術の伝授よりも、創造主体である子ども一人ひとりが造形活動を通して生き生きとした人間形成を図る教科としての重要性が改めて示唆されている。しかし、表現そのものが子ども主体になったことで生まれた表現の稚拙さや、道具使用の未熟さなどと教師の指導の問題、造形活動と美術教育との関係など、造形教育をめぐる問題や論争はまだ続いている。⇒自由画教育(山本鼎)　(山嵜早苗)

総合学習

各教科等を羅列的に学習しただけにとどまるのではなく、学ぶべき内容が全体として総合され構造化されるように意図して進められる学習。

近代科学の発展・分化とともに教育内容が膨張すると、それを各教科等に分配して提示するだけではなく、各教科間や学習事項間に関連づけを図ったり、何らかの中心を定めて統合したり、一定時間を確保した上での合科学習や総合学習の授業展開などが登場する。合科的総合的扱いは、日本では、大正新教育期さらには戦時下国民学校でみられ、戦後初期のコア・カリキュラム運動下の生活経験学習・生活単元学習の中で広く採用された。1970年代に入って、日本教職員組合の委嘱を受けた教育制度検討委員会（1970［昭和45］年12月〜74年5月、梅根悟委員長）と、ついで設置された中央教育課程検討委員会の「教育課程改革試案」（1976）が「総合学習」の新設を主唱している。

1990年代には、教科や学問領域の枠を越えた学際的な課題などへの取り組みの必要もあって、第15期中央教育審議会が「横断的・総合的な学習」の時間を提唱。以後、総合学習への模索と試行の機運が盛り上がり、1998（平成10）年の学習指導要領改訂において「総合的な学習の時間」が設置されることとなる。

現代において総合学習が有効的に機能するためにはいくつかの課題がある。例えば、①歴史との断絶においてではなく、これまでの議論と実践の批判的・発展的継承の姿勢が必要であり、②認識発達の未分化な低学年段階の「総合」と高学年以上における総合の混同などを避け、視点を明確にしての議論が必要であろう。③総合学習という形式の確立のみが先行することを避け、"総合学習（総合的学習の時間）の精神"をもって、既存教科の内容の見直しを図りたい。そのことが、教科間の垣根を低くし、学校現場からの教育課程づくりに結実するであろう。
⇒コア・カリキュラム　　　　（水内　宏）

総合学科

普通科・専門学科に続く第3の学科として制度化された学科。1994（平成6）年度から実施、2006年度に全国で298校が設置され、そのすべてが単位制を導入している。特徴は、従来の学科やコース制といった枠組みにとらわれない「系列（選択科目群の中に設置されている科目を一定の分野別に分類した群）」を設置し、生徒が個々人の必要に応じて自由に科目を選択できる点にある。従来の固定的な学科では、高校入学後の進路変更が困難であり、それが中途退学の要因ともなっていた。総合学科では進学者像に、高校入学後に幅広く学習し、将来の進路を考えたいと希望する生徒を想定し、柔軟に対応できる教育を目指している。また、必履修科目「産業社会と人間」では将来の進路決定に向けた指導が行われている。しかし、多様な教育要求に応えられる分野・科目を設置するための諸条件整備や生徒が目的意識を明確にするために必要な科目選択の助言・指導、将来を具体的にイメージできる力を育成する指導をどのように展開すべきかなどは、今後の課題である。⇒高校多様化　　　（山田朋子）

総合技術教育（ポリテクニズム）

ソビエト社会主義の建設とも結びついて唱えられた生産教育の原理である。ソビエト共産党綱領（1919）に基づいていえば、生産に関するあらゆる主要部門についての知識を、理論および実践の両面において教授する教育のことをいう。オーエンなど、いわゆる「空想的社会主義者」たちによって準備され、マルクス

とエンゲルスによってその理論的基礎が固められ、レーニンに至って明確に定義されたとされている。総合技術教育は、旧ソビエト連邦を中心とする旧東欧体制における教育の重要な柱であった。広義には、理論と実践とを結合させて、人間の全面発達を促す改革志向の教育活動としても理解され、労働（労作）と教育とを関連づける理論と実践の歴史的な系譜の中の重要な要素として位置づけられてきた。　　　　　　　　　（山名　淳）

総合教育会議

2014（平成26）年の地方教育行政の組織および運営に関する法律の改正に伴って新設された、地方公共団体の長（以下、首長）が地方教育行政にかかわって招集する会議のこと。国による教育振興基本計画を参酌しながら、各地方公共団体が独自に定めた「教育、学術及び文化の振興に関する総合的な施策について、その目標や施策の根本となる方針」である「大綱」の策定の他に、重点施策や緊急措置について話し合う。これまで戦後日本の地方教育行政は、一般行政からの独立という理念の下で、首長から相対的独立性を確保された行政委員会としての教育委員会が担ってきたため、首長がもつ教育行政上の権限は限定的であった。しかし、総合教育会議が首長主宰であることや、大綱の策定に関与するという制度特性を踏まえると、地方教育行政における首長の影響力は強化されると考えられており、教育委員会制度との関係性をめぐり、いまだ議論は絶えない。
　⇒教育委員会　　　　　　（照屋翔大）

綜合教授

第二次世界大戦下の義務教育学校＝国民学校の教科課程編成と教育方法の原理

であり、また低学年を中心に実際に適用された教授方法をいう。大正自由教育以来の合科学習や総合的扱いを形式面では想起・継承しつつも、自由教育のエキス＝児童中心主義思想は皇国民練成に入れ替えている。名称には「総合」ではなく「綜合」をあてている。国民学校は、「皇国ニ生マレタル喜ヲ感ゼシメ敬神、奉公ノ真義ヲ体得セシム」ために修身・国語・国史・地理の一体化・融合を図って国民科とするなど、独特の大教科主義・合科主義を採っていた。これは、「各教科並ニ科目ハ其ノ特色ヲ発揮セシムルト共ニ相互ノ関連ヲ緊密ナラシメ之ヲ国民練成ノ一途ニ帰セシムベシ」との基本方針を具体化したものであった（国民学校令施行規則第1条）。綜合教授は、当初は1、2年生に予定されていたが、最終的には「第1学年ニ在リテハ……全部又ハ一部ノ教科及科目ニ付綜合授業ヲ為スコトヲ得」（同施行規則第27条）として1年生に導入された。　⇒国民学校令（水内　宏）

総合制高等学校

単一の学校で、普通教育およびさまざまな専門（職業）教育科目を設置し、生徒が個々人の興味や関心、進路などに応じて科目を選択し履修することができる高校。欧米では19世紀以降、複線型であった中等教育の統一化を目指して導入された。日本の場合、戦後教育改革によって成立した新制高校に「総合制・共学制・小学区制（いわゆる高校三原則）」として導入された。新制高校は、希望すれば誰もが無試験で入学できる国民的教育機関とされた。そこで一つの高校において、すべての者の教育要求に応じるため、共通教養としての普通教育と多様な分野の専門（職業）教育を学ぶことができる「総合制」が設置されたのである。しかし、旧制度のさまざまな中等学校を統合・発

足した新制高校「総合制」の実態は、多くの場合、旧制度下の姿を残した複数学科課程の併置にとどまった。そして、数年後には、職業教育肯定法などの流れの中で、統合前の学校を母体とする職業学科が分離独立し、単独校となるケースが増加し、「総合制」は事実上崩壊するに至った。　　　　　　　　　（山田朋子）

総合的な学習の時間

「生きる力」を育むことを掲げた1998（平成10）年の学習指導要領改訂時に、各学校が地域の実態や児童生徒の興味・関心等に応じ、教科横断的で総合的な教育活動を行うことにより「自ら学び自ら考える力を育成する」ことを目的として小学校の第3学年以上に設置された。この改訂では同時に、授業の1単位時間や授業時数の運用の弾力化、教科の目標や内容の大綱化により学校が創意工夫を活かして特色ある学校づくりを展開することも求められ、学習指導要領で目標や内容を規定しない総合的な学習の時間は、学校の特色ある教育活動を展開する鍵とされた。しかし、導入後には、一過性の体験的な活動に留まり教師の適切な指導の下で目標を明確にした学習活動が展開されていないこと、学校の教員間で目標の理解が十分共有されていないこと、教科との関連が意識されていないといった批判を受け、2003年の学習指導要領の一部改訂では各教科や領域で習得した知識や技能等を相互に関連付けることや、目標や内容、学習活動と適切な指導方法・指導体制などを示す「全体計画」（グランドデザイン）を作成することといった文言が追加され、全教職員が一丸となり、総合的な学習の時間を核とした教育課程の計画化と実施に関わることが強調された。
2008年の学習指導要領の改訂時には授業時数は減った一方、児童生徒が習得

した知識や技能の活用を図る上での重要性が強調され、それまで第1章の総則の中の一部としての位置づけから、各教科と同列に独立した章として設けられた。教科で習得した知識や技能を活かして課題や問題の解決を図る探究活動としての充実を目指したこの時の改訂の趣旨は、2017年の改訂にも引き継がれ、高校では総合的な探究の時間と名称を変えることにもつながっている。子どもの主体性に基づく探究的な学習を展開する時間として、日本の教育課程上、その果たす役割は大きい。⇒生きる力　　（冨士原紀絵）

ソクラテス

Sokrates, B.C.470または469〜B.C.399

古代ギリシャの哲学者・教育者。自らの思想を文字に残さなかったが、プラトン（Platon, B.C.427〜B.C.347）らの著作からその思想を窺い知ることができる。己が無知であること自覚すること（「無知の知」）を思索の出発点とすることによって憶見を排し、知を愛し求めることを人間性の根本と捉える点に彼の思想の特徴がある。教育の場面においては、ソクラテスは弟子たちに何かを教えることはせずに対話の中で問いかけ、学ぶ者が自ら答えを見出すよう促す。この教育方法は対話術（産婆術）と呼ばれ、その後の歴史の中で絶えず再評価され、今日も研究され続けている。彼のもとには多くの青年たちが集まったが、それを快く思わない人々が虚偽の訴えを起こし死刑の判決が下された。ソクラテスは逃げることもできたが、自身の活動の倫理的正当性を証明するために自ら死を受け入れ、一生を終えた。⇒プラトン　　　　（荒井聡史）

ソシオメトリー

sociometry

ソシオメトリーとは、精神医学者のモレノ（Moreno, J.L. 1889〜1974）によっ

て提唱された社会測定法で、集団構造の特徴を明らかにするための理論である。その中で一般に用いられているのは、ソシオメトリック・テストである。これは、ある成員が集団の中で、誰を好み（選択）、誰を嫌う（排斥）のかを調査することによって、集団内の人間関係の特徴を描き出すものである。学級では、子どもの人間関係を把握したりするために用いられ、例えば、「席替えをするときに、誰の近くに座りたいですか（座りたくないですか）」という質問に答えさせることによって、子ども同士の選択－排斥関係を調べる。この調査結果を円や実線、点線などで図示したものはソシオグラム、表で示したものはソシオマトリックスと呼ばれる。

ソシオメトリック・テストは、集団内の人間関係の特徴を描くだけでなく、明らかになった人間関係を手がかりにして、集団の中での個人の位置や適応状況、下位集団間の葛藤や対立の様子を知り、集団内に存在する心理的緊張の緩和や好ましい相互作用の促進に向けた方策を講じるための手段としての活用が期待されている。　　　　　　　　　　（臼井智美）

組織文化
organizational culture

一つの組織を構成するメンバーの間で形成され、共有・保持されている、一定の価値・規範・思考・行動様式の体系のこと。組織文化は、組織メンバー各自の判断や行動に重要な影響を及ぼし、組織活動のありようや成果に重大な影響力をもつものと捉えられている。そのため、近年の組織論において注目されている。組織文化は、いくつかの層からなるといわれる。表層にあってみえやすいものは「人工物」（施設設備や制服など）、次の層は「価値」（行動規範や価値基準）、そして最も深層にあるのが、個々の成員が無意識的に抱いている認識とし

ての「基本的仮定」（「教員は～である」「この学校の生徒は～である」など）である。同じ業種の会社や商店であっても、会社やお店によって雰囲気や印象が異なる。学校の場合でも、例えば転校したり転勤で異動して他の学校へ行くと、さまざまな点で「違い」を感じることがあるだろう。表面的には、校舎の色や制服の違いなどがあるし、児童生徒理解の仕方や教職員同士の関係性の在り方も微妙に異なる。学校ごとに教育活動の内容やその成果が異なることの原因の一つとして、組織文化は重要であるが、学校の改善に取り組む教員にとって重要なことは、「組織文化は変えられる」と考えることである。　　　　　　　　　　（浜田博文）

組織マネジメント
organizational management

組織の目的を達成するために、人的資源、物的資源、財的資源をより効果的・効率的に活用するためのさまざまな営為を指す。近代産業社会が発展するにしたがって、組織の活動をいかにして効果的に行うかという課題が重要性を増した。学校教育は近代社会とともに発展し拡大したのであり、学校教育を組織的・効率的に運営する必要性から、学校における組織マネジメントは重要な課題となった。近年、学校に組織マネジメントの発想を取り入れるべきだとする議論が活発化している。学校は組織として教育活動に取り組んでいるはずなのに、そのような経営理論に無頓着で、組織に不可欠な共通目的の明確化や活動の計画性、あるいは活動の評価などが十分になされず、組織が脆弱だったというのである。学校組織の特性と独自性をふまえたマネジメントの在り方を追求する必要がある。
　　　　　　　　　　（浜田博文）

卒業

卒業とは、当該学校の全課程の単位を取得し修了することを示す。卒業の認定については「児童の平素の成績を評価して、これを定めなければならない」(学校教育法施行規則第 57 条。中学校にも準用)とし、学校長が「卒業証書を授与しなければならない」(同規則第 58 条。中学校にも準用)とされる。これらは、中等教育学校前期課程および特別支援学校小学部・中学部においても同様である。ところで、義務教育期間の終了と卒業との関係については、当該児童生徒が義務教育期間中に原級留置となり、就学義務年齢である満 15 歳を越えた場合、全課程を修了し卒業することなく、学籍を離れることが可能である。高等学校では、「学習指導要領の定めるところにより、74 単位以上を修得した者について」(同規則第 96 条、中等教育学校後期課程に準用)、学校長が全課程の修了を認め卒業とする。また、特別支援学校高等部については、学校長が同校高等部の「学習指導要領に定めるところにより行う」(同規則第 133 条)と規定されている。高等教育機関においては、教授会の議を経て学長が定めることとされる(同規則第 144 条)。⇒原級留置　　　(山田朋子)

ソフィスト

古代ギリシャにおいて高度な知識を青少年に付与するために紀元前 5 世紀に登場した職業教師たちの総称。ギリシャ語の英知(sophia)に由来する。代表的な人物としては「人間は万物の尺度である」という主張によって知られるプロタゴラスやゴルギアスなどが知られている。古代ギリシャにおける啓蒙活動に貢献したが、しだいに自らの利益を得るための詭弁的な方法の伝達者とみなされるようになり、ソ

クラテスやプラトンといった哲学者たちによって厳しく批判された。ソフィストを悪しき「実用主義者」「相対主義者」とみなして低く評価する伝統は、西欧の哲学領域では、19 世紀にいたるまで根強くみられた。だが、20 世紀に入ると、ソクラテスらの見解を脱して、ソフィストを西洋のヒューマニズム教育の源泉として解釈しようとする立場も現れており、教育領域におけるソフィストの評価についてのさらなる検討が求められるところである。(山名　淳)

ソーンダイク
Thorndike, E. L. 1874～1949

アメリカの教育心理学者。問題箱と呼ばれる実験装置を用い、動物(猫)による試行錯誤学習の実験を行った。試行錯誤学習とは、解決の方法がみつけにくい困難な課題の場合に、さまざまな解決方法を試すことによって解決方法にたどり着くことができるというものである。ソーンダイクは効果の法則、すなわち、環境に対して何らかの効果をもたらす行動が学習されるという学習の法則を提唱し、これは後にスキナーのオペラント学習の理論に影響を与えた。また、ソーンダイクは 1900 年前後に展開された教育測定運動の主導者でもあった。論文と口頭試験によって行われていたそれまでの入学試験にかわって、より客観性の高い検査法や、適性検査の必要性といった彼の主張は、現在の教育測定の最も中心的な考え方の一つといえる。⇒教育測定　　　(今野裕之)

◆ た ◆

体育科教育

学校の教科として営まれる体育活動を指す。第二次世界大戦後の学校体育改革の中で、教科名がそれまでの体操科(小

学校令）や体錬科（国民学校令）から体育科（1947［昭和22］）に変わり、このうち中学・高等学校が保健体育科（1949）と変わった。体育科は、「運動と衛生の実践を通して人間性の発展を企画する教育である」（学校体育指導要綱）とあるように、教科の存立要件としては、①教授・学習されるべき文化的内容（スポーツ、体操、舞踊、武道などの運動文化）、②身体そのものおよびその機能としての身体感覚・体力・運動能力、さらには科学的認識能力やモラルなどが挙げられる。戦後の「体育科」や「保健体育科」では、主要教材としてスポーツが導入され、また、スポーツや体操、舞踊などの身体運動を単に発達刺激としてではなく社会的文化として捉える視点が成立したところに特徴がある。したがって、教科の本質を考えるにあたっても「教えるべきもの」と「育てるべきもの」の双方からのさまざまな議論が行われるようになった。
（本間玖美子）

退学

　生徒や学生が修業年限や必要な卒業単位数を取得せず、学校を辞めることを退学（中途退学・中退）とし、生徒・学生が自主的に辞める場合と、懲戒としての退学処分がある（学校教育法施行規則第26条）。高等学校の場合、同規則第94条によって校長が許可し、大学では同規則第144条で教授会の議を経て学長が定めるとされる。なお、公立の小学校・中学校・中等教育学校前期課程・特別支援学校小学部・中学部に在学する学齢児童又は学齢生徒に対しては行うことができないとされる（同規則第26条）。高校進学率が九十数％に至る中で、中途退学は高校教育の大きな問題となっている。過去25年間をみると、若干の高低はあるものの、退学率は2％前後で推移し、

2004（平成16）年度は約2.1％であった。その事由として「学校生活・学業不適応」（約40％）、「進路変更」（約34％）が全体の7割強を占めている。社会生活を営む上で、高校卒業資格が必要不可欠となっている日本の現状と、中退事由の内容をふまえ、高校改革では、不本意入学や高校入学後の進路変更に柔軟に対応できる制度の導入を進めることで、退学者の減少を目指している。　　　（山田朋子）

大学
university

　大学は、短期大学や大学院、高等専門学校・専門学校とともに高等教育機関の一翼をなす。2018（平成30）年5月1日現在、782校のうち、国立86校、公立93校、私立603校あり、前年度より2校増加した。学部学生は2,599,684人（男子1,427,514人、女子1,172,170人）と、前年度比17,014人増となり、短大学生は119,035人（男子13,505人、女子105,530人）と、前年度比、4,914人減となった。大学・短大の学生数の約8割は私立大学が占めている。大学・短大進学率は57.9％（前年度比0.6ポイント増）、専門学校を含む高等教育機関への進学率は81.5％（同0.9ポイント増）と、いずれも過去最高となった。2006（平成18）年教育基本法が改正され、第三者評価の義務化、国公立大学の法人化や株式会社立大学の登場など、その実情は様変わりした。2019（令和元）年度より、実践的な職業教育を行う新たな高等教育機関として「専門職大学」「専門職短期大学」「専門職学科」が創設された。

　1992年の205万人をピークに18歳人口が減少し始めた。近年は120万人程度で推移していたが、2018年以降、減少が続く見通しである。定員割れの私大数は229校と約39％にも達する（2017年）。中央教育審議会大学分科会将来構想部会

「今後の高等教育の将来像の提示に向けた中間まとめ」（平成30年6月28日）によれば、2040年には、18歳人口は約88万人に減少し、大学進学者数は約51万人となると予想される。高大接続への対応、大学入試の公正な実施、新しい大学入試共通テストの2020年からの導入、留学生・社会人学生への対応等、大学には直面する課題が多い。政府による資金支援が乏しい中、社会からの多様な要求に応えるためにも安定した大学経営や、経営の一層の自主性・自律性の向上が求められている。　⇒インターンシップ、**教育格差、上構型学校系統、専門職大学、短期大学、知識基盤社会、帝国大学**　　　（田中敬文）

大学院
graduate school, professional school

　大学院は、高等教育機関の一つで、大学の学部等の卒業者向けにより高度な専門教育を行う。大学院を置く大学636校の内訳は、国立86、公立83、私立467である（このほか、放送大学がある）。学生数は254,013人（修士課程163,100人、博士課程74,367人、専門職学位課程16,546人）である。大学院には修士課程（2年）と博士課程（3年）があり、審査に合格すれば修士と博士の学位が授与される。1976（昭和51）年学校教育法の改正により、独立大学院や連合大学院等の新構想大学院が認められることとなった。2003（平成15）年専門職大学院制度が発足し、翌年法科大学院が学生受け入れを開始した。2005年の中央教育審議会答申により「大学院教育振興施策要綱」が定められ、教育課程と研究指導の確立等大学院教育の実質化、グローバルCOEプログラムの推進等が行われた。「グローバル化社会の大学院教育〜世界の多様な分野で大学院修了者が活躍するために〜」（2011）では、学位プログラムとしての大学院教育の確立、グローバルに活躍する博士の

養成が柱とされ、「第2次大学院教育振興施策要綱」により、2011年度より「博士課程教育リーディングプログラム」が実施された。2019年中央教育審議会大学分科会「2040年を見据えた大学院教育のあるべき姿〜社会を先導する人材の育成に向けた体質改善の方策〜」によれば、Society 5.0等に向けた社会の変化の中で、大学院は知の生産、価値創造を先導する「知のプロフェッショナル」の育成を中心的に担うことが期待されている。定員割れ等により法科大学院の学生募集停止も行われており、教育内容等について早急に改善を図る必要がある。⇒**認証評価機関、連合大学院**　　（田中敬文）

大学改革支援・学位授与機構
National Institution for Academic Degrees and Quality Enhancement of Higher Education (NIAD-QE), Japan

　独立行政法人大学改革支援・学位授与機構（以下、機構）は、学位授与機構として1991（平成3）年に設置後、2016年に国立大学財務・経営センターを統合して、大学改革支援・学位授与機構と改称された。機構は学位授与事業、評価事業、施設費貸付・交付事業、質保証連携及びこれらの事業に関連する調査研究を実施している。機構は、大学以外の機関で学位を授与することのできる唯一の機関であり、授与する学位には、短期大学や高等専門学校卒業者等へ授与する学位（学士）と、機構が大学の学部、大学院の修士課程および博士課程に相当すると認定した各省庁大学校修了者へ授与する学位（学士、修士、博士）がある。評価事業については、2005年に大学、短期大学および法科大学院と高等専門学校の評価を行う認証評価機関として申請のあった大学等に対して認証評価を実施し、2006年に当機構の認証評価として初めての評価結果を公表した。機構は、大学ポートレートという大学・短期大学検索サイトを運営し

ており、国公私立大学・短期大学の教育情報のほか、教育課程や進路、学費等に関する情報を掲載している。　（田中敬文）

大学開放

　大学で仕事に必要な能力を身につけたい、広く教養を学びたいとの需要に応えるため、さまざまな大学開放を進めている。大学開放には、図書館や体育館等施設の開放や社会人のための公開講座にとどまらず、学部や大学院への社会人学生の受け入れ等さまざまある。学ぶ意欲のある者が学びやすい環境も整えられつつある。例えば、短期大学・高等専門学校卒業者等が大学で科目等履修生として必要な単位を取得し、大学改革・学位授与機構に申請して審査に合格すると学士の学位が授与される。2007（平成19）年6月、学校教育法の改正により、社会人等を対象とした特別の教育プログラムを履修した者に対して、大学等が証明書を交付できるようになった。さらに、激変する社会経済状況に対応するため、社会人の学び直しが大学に求められるようになってきた。例えば、政府の「AI（人工知能）戦略」（2019年3月）によれば、AI教育充実のため、専門コースを設置し、社会人の学び直しも進めることになっている。⇒科目等履修生、人工知能（AI）

（田中敬文）

大学コンソーシアム

　近年、18歳人口の減少により大学等の経営が厳しくなっており、学生ニーズの多様化や社会からの期待も増加している。大学等が「象牙の塔」にとどまるのではなく、地域社会や経済界など社会と積極的に連携することが強く求められている。現在、大学コンソーシアムと呼ばれる大学等と自治体や経済界との連合体が各地に誕生している。その嚆矢となった（財団法人）大学コンソーシアム京都は、「京都・大学センター」を前身として1998（平成10）年に財団法人化され、2006年6月現在、京都大、京都府立大、同志社大、池坊短大など国公私立の大学・短期大学の他、京都市や京都商工会議所など経済団体合わせて50数団体が加盟している。大学生向け、社会人向け、高校生・教師向けの講座や事業を積極的に推進しており、内容も単位互換制度、インターンシップ、国際交流事業、芸術系大学作品展、「京都学生祭典」など多岐にわたる。京都駅前にある「キャンパスプラザ京都」は活動拠点として広く利用されている。2004年、大学コンソーシアム協議会が組織され、研究交流フォーラムを開催している。2007年5月現在、37団体が加盟している。　（田中敬文）

大学審議会

　大学審議会は、わが国の高等教育の在り方を審議するために、臨時教育審議会第二次答申後、1988（昭和62）年の学校教育法改正により設置された。委員には大学関係者や経済人など20人が任命され、基本構想部会やマルチメディア教育部会、入試に関する専門委員会などが置かれていた。2000（平成12）年まで、7期にわたる審議を重ね、「21世紀の大学像と今後の改革方策について（答申）」（1998年10月）など多数の答申・報告を行った。大学審議会は2000年11月に「大学設置基準等の改正について（答申）」、「大学入試の改善について（答申）」、「グローバル化時代に求められる高等教育の在り方について（答申）」を提出して大学審議会としての役割を終えた。その機能は、中央教育審議会大学分科会に引き継がれている。　（田中敬文）

大学における教員養成

　初等・中等教育の教員をすべて大学において養成するという、戦後の教員養成制度の二大原則の一つ。もう一つの原則は、「開放制」で、それは所定の条件を満たす大学であればどの大学でも教員免許状の授与が可能だということである。戦後の教育改革では、戦前の公教育の在り方を根本的に反省し、民主主義の精神に基づいて国民の教育を受ける権利を保障するための新たな教育制度が構想された。公教育の担い手である教員の養成をどのような内容と方法で行うべきかが重要な改革課題となった。その際、新たな教員養成制度の原則として広く合意されたのが、「大学における教員養成」である。戦前の小学校教員養成を担った師範学校が中等教育機関であったことを考えると、初等・中等教育の教員をすべて大学で養成するというこの原則は画期的であった。その意義は多様な側面をもっているが、とくに次の2点は重要である。第一は、教員の知識・教養水準をすべて大学卒業程度に引き上げたことである。高等教育進学率が75％にまで達している現状をみると、小学校段階の教育を大学卒業の教養水準をもつ教員が担当することの意義は明らかである。第二は、大学で学問を追究した者がすべての子どもの教育に携わるということである。「学問の自由」（憲法第23条）の保障は、このことに媒介されることによって実現されるのだといえよう。⇒教員養成、教職課程（浜田博文）

大学入学者選抜制度

　大学入学者の選抜方法には、学力試験による選抜や推薦入学制などさまざまなものがあるが、それらを総称してこう呼ぶ。大学・短期大学の推薦入学制については、1967（昭和42）年の「大学入学

者選抜実施要項」ですでに認められている。日本では、伝統的に学力試験による入学者選抜が重視されてきたが、近年では自己推薦を含むAO（アドミッション・オフィス）入試などを採り入れる大学が増えてきた。この傾向は、多面的な能力評価軸で多様な人材を迎え入れようとする動きと解され、背景には高等教育の大衆化に伴う大学全入時代の到来という現実が横たわる。つまり、学力試験による選抜だけでは入学者定員を充足できない大学が出てきたのである。だが、一部の特定銘柄大学においては、依然として学力試験に比重を置いた入学者選抜が実施されており、その競争は激しい。こうした社会的威信の高い大学に合格するには、初中等教育段階から進学校に通うことが有利とされ、それを支える塾や予備校などの受験産業は隆盛をきわめてきた。1990年代中葉以降は社会の二極化が喧伝され出し、大学においても一部の難関大学と定員確保が危ぶまれる大学との格差が問題視されており、大学入学者選抜制度の抜本的改革が期待されている。

　⇒アドミッション・オフィス　　（腰越　滋）

大学入試センター試験

　共通一次試験（1979〜1989年）に代わり1990（平成2）年から実施されている、大学入学志願者のための全国共通の試験。独立行政法人である大学入試センターと当試験を利用する国立・公立・私立大学が協力し、同一の日程に同一の試験問題（マークシート方式）で実施している。各大学・学部は、当試験の結果と2、3月に各自で実施する学力試験、面接、小論文、実技試験等の結果を総合して、入学者を選抜する。2018年に実施された当試験では、697大学が試験を利用し、受験者は554,212人であった。

　大学入試センター試験は2020年を最

後に廃止され、2021年からは新しい共通試験である大学入学共通テストに移行する。大学入学共通テストでは、マークシート式問題における知識の深い理解と思考力・判断力・表現力を重視した作問への見直し、国語・数学への記述式問題の導入、英語4技能評価のための民間の資格・検定試験の活用などが方針として示され、波紋を呼んでいる。　（伊藤秀樹）

大学評価

2004（平成16）年4月、国立大学法人法により国立大学等が法人化された。18歳人口の減少や家計所得の低迷など、高等教育を取り巻く環境は大きく変化しており、わが国の高等教育の質を国際的に保証することが不可欠となっている。2004年度から、すべての大学・短期大学・高等専門学校は、文部科学大臣が認証する評価機関から認証評価を受けることが義務づけられた。

大学評価には、大学の総合的な状況の評価と専門職大学院の評価がある。前者は、大学の教育研究・組織運営および施設設備の総合的な状況についての評価で、7年以内ごとに評価を受けなければならない。後者は、専門職大学院の教育課程・教員組織その他教育研究活動の状況についての評価で、5年以内ごとに評価を受けなければならない。評価を受けた大学等が、教育研究水準をより向上させ、学生等の満足度が高まるような評価が望まれる。大学等の負担が軽減されるよう、記入すべき書式等の簡素化や共通化も必要であろう。⇒認証評価機関　（田中敬文）

大学紛争

大学と学生との間に、あるいは政治や宗教など外部権力との間に起きる争いによって大学の通常の運営が困難にな

る状態。争いの内容には、学費問題、カリキュラムや指導方法、管理運営の在り方、人事、学問の自由などをめぐる問題があり、大きくは大学のもつ知識体系の在り方などをめぐる争いもある。中世以来、大学には自治権抗争など多くの紛争があり、それは大学の苦難とともに変革の歴史でもあり、それを通じて大学の自治や学問の自由などの理念が形成されてきた。それは大学は知的特権集団としての組織を守るための争いであったが、一方、その集団の特権的特質のゆえに学生や外部の批判の対象ともなる。近年では、とくに1960年代に欧米および日本で大学と学生との間に起きた対立抗争を指すことが多い。

わが国では1960（昭和35）年の日米安全保障条約改定に反対する争いを主たる契機として、それに多くの学内問題が重なりながら抗争が拡大し、大学のもつ帝国主義的システムに対する批判にまで至った。運動を担った立場からは、多く大学闘争と呼ばれる。1969年に、大学紛争を「学生の正常でない行為により、教育、研究その他の運営が阻害されている状態」であるとして、教育研究機能の停止規定を含む「大学の運営に関する臨時措置法」が制定されたが、実際の発動はなかった。　（原　聡介）

大学寮

大宝令の中の学令によって、都に設置された官人養成機関。人事一般を司った式部省の管轄下にあった。670年頃に設置された学識が母体であり、後に大学寮と改称された。唐の学制を基本モデルにし、朝鮮の学制をも参考にし、大宝令公布とともに本格的に整備され、律令国家を支える官人を計画的に養成しようとした。総じて儒学的教養の程度を問う任官試験である貢挙に対応した教育がなされ

た。入学資格は 13 歳から 16 歳までの貴族の子弟と、史部の子弟とに制限され、学科構成は本科としての儒学科に加えて数学科も置かれていたが、注入主義が徹底された。8 世紀から 9 世紀にかけて、改革が進められたが、任官制の変化や特定有力氏族のための大学別曹の出現などの状況もあり、その存在意義はしだいに薄れていった。1177（安元 3）年の火災による施設焼失後、再建されることはなかった。⇒注入主義　　　　　　　（大戸安弘）

大学令

戦前の大学に関する基本的な制度を定めた勅令。1918（大正 7）年 12 月 6 日に公布され、翌年 4 月 1 日より施行された。1947（昭和 22）年 4 月 1 日、学校教育法の施行により廃止された。従来の帝国大学だけに限られていた大学制度を改め、①帝国大学以外に官立、公立、私立の大学の設置を認めたこと、②複数の学部からなる総合大学のほかに一学部からなる単科大学を認めたこと、③従来の帝国大学に設けられていた分科大学制度を改め、学部を置くこととしたこと、④学部の名称を基本的に法学、医学、工学、文学、理学、農学、経済学、商学の八つに限定したこと、などが本令の骨子である。本令の施行により、大学拡張の制度的条件が整い、当時の高等教育機関拡張政策と相まって、大学数・学生数が飛躍的に増大した。　　　　　　（船寄俊雄）

待機児童

保護者が認定保育所に申請を行い、入所要件を満たしているが、入所できない子どものことである。厚生労働省は、2017（平成 29）年 10 月に全国の待機児童数を 5 万 5433 人と発表した。東京が最も多く 1 万 2000 人超、神奈川、埼玉と続き、とくに首都圏や近畿圏の都市部に集中している。また、2017 年 4 月に自治体ごとに異なっていた待機児童の定義を統一し、隠れ待機児童と言われる子どもも待機児童に含まれたので、さらに増加した。年齢では 0 ～ 2 歳児を受け入れる施設がとくに足りない。子どもが減少しているなか解消できない理由は、就労女性が増え、保育のニーズが高まっていることが背景にある。他にも保育士不足、一人親家庭の増加、核家族化、都市部の土地の確保などの問題がある。国も「待機児童解消加速化プラン」の施策を行い、受け皿を増やしているが、利用者の増加に追いつかないのが現状である。また、学童待機児童も過去最多となっている。　⇒学童保育　　　　　（大﨑利紀子）

大検

→高等学校卒業程度認定試験（旧・大学入学資格検定）

退行現象

現在の段階よりも以前の状態へ、あるいはより未成熟な段階へと逆戻りする現象を退行現象という。フロイト（Freud, S. 1856 ～ 1939）は神経症の背景に退行があると考えたが、退行は広く正常発達においてもみられる。不安が高まったとき、病気のとき、就寝時などに、より幼い時代の生活習慣を行うことがあり、「赤ちゃん返り」「子ども返り」とも呼ばれる。われわれは、一時的に退行することで安定を得て、自分を取り戻し、次の段階へと進むことができる。弟や妹が生まれた子どもが、哺乳瓶をほしがったり、おねしょをするようになる現象は、非常によくみられる退行の例である。一般に母親の関心が弟や妹に移ったことで不安になり、親の注目を引きつけるために行って

いると考えられている。叱ったりせず、そうしないではいられない子どもの気持ちを大切に受け止め、満足させてあげることでこのような行動はみられなくなる。また、レクリエーションや遊び、芸術活動の中でも退行が働き、リフレッシュを促し、創造の原動力にもなっている。

⇒フロイト　　　　　　　　　（丹　明彦）

大正新教育運動

大正デモクラシーの社会的風潮を背景として、スウェーデンの女性思想家ケイの『児童の世紀』等が紹介されるなど、大正期には「児童中心主義」の教育思想が注目されるようになった。すでに明治末期には、樋口勘治郎が「活動主義」を提唱していたが、大正期には従来の画一的、注入的な学校教育への反省がなされ、児童の自発性や自己活動に根ざした実践が目指されるようになった。このような状況の中で、現場の教師たちが中心となって進めた教育活動を大正新教育運動という。

各地の師範学校附属小学校や成城小学校、児童の村小学校のような私立小学校が運動の指導的役割を果たしたが、公立小学校にもしだいに広がった。この運動は19世紀末から20世紀初頭に起源をもつ欧米の新教育運動の影響が強い。大正新教育の推進者たちは、アメリカのプラグマティズム、ドイツの新カント派や文化教育学に哲学的基礎を求め、科学的な児童研究や教育測定法、ドルトン・プラン、プロジェクト・メソッド、ドクロリー・メソッドなどを学び、教育現場に導入しようとした。しかし、運動の盛り上がりとともに、新教育は法令違反であるとの批判や文部省や行政当局からの弾圧も行われるようになった。1930年代には衰退・停滞の傾向をたどり、新たに生活綴方や郷土教育に取り組んでいく実践家たちも多かった。⇒児童中心主義、児童の村小学校

（遠座知恵）

胎生期

卵子と精子が合体し受精卵になった時から出産までの期間を指す。卵体期（細胞期）、胎芽期、胎児期の三つの時期に分かれる。卵体期（細胞期）は、受精から2週目までの期間である。受精卵は細胞分裂を繰り返し、卵管から子宮内に移動し、胞胚となり子宮壁に着床する時期である。胎芽期は、受精後3週目から8週目までの期間である。胞胚は分裂を繰り返すことで器官が分化し各臓器が形成される時期である。3つの胚葉である外胚葉（中枢神経、皮膚、下垂体、羊膜など）、中胚葉（筋組織、骨・軟骨、心・血管系、血球、性腺など）、内胚葉（消化器、呼吸器、膀胱など）を形成していく。そのため、催奇形物質や感染、胎内の異常な環境等によって、臓器の形成を阻害し、先天奇形の原因となる。胎児期は、胎芽期の終わりの9週頃から40週の出生までの期間である。形態と機能が発達し、12～14週頃に胎動が出現してくる。母親が胎動を認識するのは胎齢20週頃からである。　　　　　　　　　（糸井志津乃）

第二次性徴

人ホルモンの影響で思春期に発現する性器以外の身体の各部分にみられる男女の特徴をいう。間脳－下垂体－性腺の機能により調節される。間脳の視床下部から下垂体に性腺刺激ホルモン放出ホルモンが分泌され、下垂体から性腺刺激ホルモンである黄体形成ホルモンと卵胞刺激ホルモンが分泌される。それらの刺激によって、男性は精巣、女性は卵巣が発育し、精巣から男性ホルモンのテステステロン、卵巣から女性ホルモンのエストラジオー

ルが放出され二次性徴が発現する。男性は、骨格・筋肉の発達、ひげ・腋毛の発生、皮脂腺の発達、赤血球数の増加などの発現を促進する。女性は、乳腺の発達、骨格の女性化、皮下脂肪の沈着（胸部、腹部、大腿部）の発現が促進され、初経や外性器・内性器（子宮・卵巣・腟・外陰部）なども発達する。男性は男性器の発達から、女性は乳房の発達から始まり、年齢的には、男性は9歳頃、女性は7歳頃から発現し13歳頃の間に著明になる。

(糸井志津乃)

体罰

　身体的性質の懲戒。学校教育法第11条は、「校長及び教員は、教育上必要があると認めるときは、文部科学大臣の定めるところにより、児童、生徒及び学生に懲戒を加えることができる。ただし、体罰を加えることはできない」として体罰を禁止している。ここにいう体罰には、なぐる・けるの類はいうまでもなく、肉体的苦痛を与えるような懲戒（端座直立等、特定の姿勢を長時間にわたって保持させるというような懲戒）も含まれる。ここでいう肉体的苦痛の有無は、被罰者の年齢・健康状態や場所・時間等の条件に応じて判断される（「児童懲戒権の限界について」1948［昭和23］年12月22日法務庁法務調査意見長官回答）。

　教員が体罰を加えた場合には、教員は、公務員法上の懲戒処分を受けることがある（私立学校の場合は、就業規則違反として懲戒の対象となる）。校長は、自ら行った懲戒でない場合でも、監督上の責任を問われることがある。　(上原秀一)

タイラーの原理

　アメリカの教育学者であるタイラー(Tyler, R.W.1902〜1994)によって提唱さ

れたカリキュラム開発の基本原理。タイラーは、主著『カリキュラムと教授の基礎原理（*Basic Principles of Curriculum and Instruction*）』（1949年）のなかで、次の四つの問いを考慮してカリキュラムを開発する必要性を提示した。(1)学校はどのような教育目標を達成しようとするべきか。(2)その目標を達成するためには、いかなる教育的経験を付与するべきか。(3)どうすれば、その教育的経験を効果的に組織できるのか。(4)その目標が達成されたかどうかを、どのようにして判断するのか。とりわけ、教師が具体的な行動変容のレベルで子どもの成長をみとることを重視した点に特徴がある（行動目標論）。タイラーの原理は目標に準拠した評価方法を提示し、その後のカリキュラム評価研究の土台を築いた一方で、「目標にとらわれない評価」などの立場から批判を受けてきたことを指摘しておきたい。　⇒カリキュラム　　(宮野　尚)

体力・運動能力テスト

　体力は、一般的に外界から身体に及ぼされるストレス（細菌やウイルス、温度や湿度、衝突や転倒、精神的プレッシャーなど）に対する防衛力を指す「防衛体力」と、積極的に運動や仕事をするときに必要となる行動（筋力、瞬発力、持久力など）を指す「行動体力」に分けて考えられる。行動体力はある程度測定可能であり、鍛えることができるが、防衛体力は鍛えることが難しい。運動能力は、広義には、自分の身体運動を支配したり、外界に働きかけ事物を操作したりする基本的な身体行動能力をいい、狭義には、走・跳・投・捕・打・蹴・押・引などの基本的能力をいう。運動能力テストとは、こうした運動能力を客観的に評価するためのもので、一般的には狭義の運動能力の測定をいう。標準化された代表的な体力・運動能力テ

ストとしては、文部科学省体育局が「スポーツテスト実施要項」で定めた「体力診断テスト」と「運動能力テスト」があり、中学生以上および勤労青少年を対象に1964（昭和39）年度から全国的に実施してきた。このほか、「小学校のスポーツテスト」と「壮年体力テスト」も定めてある。その後、テスト項目が改変され、1999（平成11）年から「新体力テスト」として実施されてきている。　　　　（本間玖美子）

体力づくり

　現在の健康状態と体力レベルを維持することが健康づくりとすると、体力づくりは、現在の体力レベルをさらに向上させることをいう。つまり、体力づくりは非日常的な強度で運動することが必要となる。文部科学省体育局から毎年公表されている「体力・運動能力調査報告書」の調査結果によると、学校で週3回体育の授業がある小・中・高等学校では体力は向上していくが、大学で週1回の体育の授業になると体力は現状維持となり、そして体育の授業がなくなると低下していくことが明らかになっている。また現状は、敏捷性、瞬発力、持久性は高い水準にあるが、柔軟性は低い水準にあり、筋力も低下傾向にあることもわかっている。これらは学校での「体力づくり」の内容に偏りがあること、また、それ以上に低下させる生活環境の変化の進行が原因である。

　わが国の青少年の体力水準は、「体力づくり」の取り組みを含む学校の体育授業によって維持、向上してきたといえる。ところが、学校での取り組みは、これまで体力の中でも「行動体力」に限定されて、一方の「防衛体力」は取り組みの目標・内容から除外されてきたため、自然に発達していかないことが最近明らかになりつつある。現代生活の中で、身体資質を全面的に発達させる「体力づくり」への取り組みが必要とされている。

　　　　（本間玖美子）

対話
Dialogue

　対話は、一人芝居や独白を意味するモノローグ（Monologue）に対置され、自分以外の誰かと語り合うという行為を意味する。対話・ダイアローグ（Dialogue）ということばが、方向性や異なりを意味するdiaと話されたことばや原理を意味するロゴス（logos）から成り立っていることから考えると、対話とは異なった理論や相手に向かってことばを話すこと、という意味が強い。対話といえば、二人が向き合って語り合うというイメージが強いかもしれないが、三人でも四人でも対話は可能である。すなわち、対話は、必ず自分以外の誰かの存在があり、話された内容の異なりによって展開するといえる。異なった理論が出会う場所としての対話は、意味を構築する場所でもある。したがって、対話は、自分がどのように考えているかを伝えるだけではなく、相手がどのような道徳的価値に基づいているか、どのように考えているかを自分に知らせる。　　　　（藤井佳世）

ダウン症候群
Down syndrome

　知的障害、発育不良、免疫不全など多様な疾患を起こす染色体異常。1866年にイギリスの眼科医ダウン（Down, J.L.H. 1828～1896）によって発見された。20世紀中頃、ダウン症の原因が染色体の異常（2本ずつ23対ある人間の染色体の内21番目が3本になる異常：21トリソミーと呼ばれる）であることが解明された。かつては「蒙古症」とも呼ばれたが、差別的な表現であるために、現在では発見者の名前をとってダウン症と呼ばれる。

遺伝的な障害ではなく、どの親からでも生まれる可能性がある。最近の調査では出生頻度は1000人に1人となっている。起伏が少ない顔だち、目と目の間の部分が広い、眼が切れ上がっているなどの容貌的特徴をもつ。また、合併症も多く、とくに先天性の心疾患が多い。発育は遅れがちであるが、丁寧な指導や世話、周囲の積極的かかわりによってかなりの程度改善される。性格は明るくて人なつこく、社会的適応はよい。　　　（西方　毅）

他者

他者とは、自分とは異なる存在を指し、人間、事物、事象などのすべてが含まれる。他者において強調されるのは自分自身がそれを理解可能かどうか、共感可能かどうかといった差異に対する受け止め方である。

教育領域における他者は、第一に共感可能な他者、第二に排除されるものとしての他者、第三に多様性の基盤となる他者、の三つに分類することができる。第一の他者は、それぞれに違いはあるが最終的には理解・共感しあえる存在として認識される。これは、成長の過程における変容や異文化理解などの文脈で、近代教育が前提とする人間観の一つである。この他者は最終的には自己にとって理解・共感可能な存在になりうるという展望を提供する一方で、すべての人々やモノ・コトを理解可能性のなかに限定するという一種の暴力性をもつ点に注意が必要である。第二の他者は、それがもつ違い／差異によって、自分とは最終的に切り離されるべき存在としてみなされる。これは、さまざまな差別やいじめ、分離主義・過度な相対主義などの温床となる人間観であり、違い／差異を認めないという非寛容性へとつながる危険性を有する。とくに、他者を排除することで、自己が自己の世界に閉じこもってしまうという二重の危険性をもつことに注意が必要である。第三の他者は、他者の違い／差異が最終的には自分とは異なることを前提したうえで、それに対するかかわり方を要求される存在である。多様性の確保や共生社会が前提とする他者であり、ここでは他者がもつ違い／差異とかかわることが、自己の世界の変容や拡大につながるとみなされる。

教職にとって、子どもたちの成長過程は他者と遭遇が不可避であると認識することの意義は大きい。その上で、共感や排除ではなく、子ども自身の自己変容へつながる他者とのかかわり（出会い）を、いかに提供しうるかに教職の力量が問われている。
　　　　　　　　　　　　（尾崎博美）

脱学校論
deschooling theory

オリジナルはイリッチ（Illich, I. 1926～2002）の The Deschooling Society（Harper & Rowe, 1970, 1971）である。邦訳は『脱学校の社会』（東洋・小澤周三訳、東京創元社、1977）で、近代教育学に対する批判論として読むことができる。近代の学校教育は個人と社会の進歩を実現できるかと疑問を提起し、また近代人は、その人生価値を創出し続ける学校や病院などの近代的整備の諸制度に依存するだけでなく拘束されているとしてこの制度を相対化し、新しい学びの形態を提示する。イリッチはこう述べる。「脱学校とは、特定の人が他の人に対してする集会への出席を義務づけることができるような権限をもつことを廃止することである。それはまた、年齢、性別にかかわりなく、すべての人が会合を開く権利をもつことを認めることである」。高度に発達した産業社会では、この非正規的カリキュラムによる学びは現実的なものではないかもしれない。しかし近代教育システムの

編成原理を反省し、学校形態の新しい在り方を模索する上で示唆的である。

（望月重信）

縦割り集団

クラブ活動や部活動を例外として、学校の教育活動は多くの場面で同年齢児童・生徒によって行われる。その典型的なものは学級編成である。近年、きょうだい数の減少、地域の仲間集団の衰退などの結果、子どもたちは成長過程で異年齢の集団活動の機会を著しく縮小している。そのような背景を受けて、学校教育の場で意図的に異年齢の児童生徒を集団編成していろいろな活動を組織することによって、年齢差から生じる豊かな経験を与えようとする教育活動が生まれている。そのための集団編成が縦割り集団と呼ばれる。縦割り集団による活動は、就学前教育の段階から中学校までみられるが、最も多いのは小学校とりわけへき地校など小規模校で盛んである。遠足、清掃活動、仲良し班遊び、農園での活動、運動会などを学級を解体して異年齢集団を編成して行うことによって、上級生への尊敬、下級生へのいたわり、協同的関係など豊かな教育環境を育てることができる。

（髙旗正人）

多動

じっと座っていられない、すぐ走り出してどこかに行ってしまう、気が散りやすいなどの落ち着きのなさをいう。原因としては、①保育所、幼稚園などの新しい環境に慣れない、家庭環境の変化で落ち着かないなどの環境的要因、②軽度の難聴で人のいうことが聞こえない、アレルギー症状があり不快感から落ち着けないなど身体的要因、③発達障害、精神遅滞など心理的要因が考えられる。

①は、環境への慣れや環境的問題の改善によって、②は、身体的原因への配慮ないし改善によって問題は軽減する。しかし、③の場合は、専門的な治療指導や訓練が必要であり、状況によっては薬物の使用も有効である。多動の子どもは、周囲から「落ち着きのない困った子」、「勝手な子」ととられやすく、人とのかかわりが困難で、集団生活に不適応を起こすことが多い。親や教師などがその子の特性をよく理解し、環境の調整を行うこと、場合によっては医学的対処を行うことが重要である。⇒ADHD、不適応（西方　毅）

田中不二麿

たなか・ふじまろ、1845～1909

尾張藩出身。勤王運動に参加、維新政府に出仕。文教行政家として草創期の国民教育制度の確立に参画。1873（明治6）年3月、岩倉使節団の文部担当理事官として欧米教育制度の視察から帰国。以後、1880年3月、司法卿として転出するまでの7年間、実質上の文部省責任者の地位を占める。その後、参事院副議長、外交官、司法大臣、枢密顧問官等を歴任。田中文政の特色は、中央集権的・画一的な「学制」政策の修正と自由主義的な教育令政策の展開にあった。彼の自由主義的教育観は、国民教育の普及は「民衆自奮」「人民自為」によらねばならないとするものであった。教則の自由化、学務委員の公選制、私立学校設立の自由化を推進。国民教育制度の確立を停滞させたとの批判を浴びたが、田中の地方分権的、自由主義的施策の再検討が求められている。未開拓であった音楽教育、体操教育、幼児教育、女子教育の振興、学士会院、書籍館の開設に尽力した。⇒教育令（森川輝紀）

谷本 富

たにもと・とめり、1867～1946

香川県出身の教育学者。帝国大学文科

大学卒業後、約1年余り同大学の教育学科特約生として、ドイツ人ハウスクネヒトからヘルバルト主義教育学を学んだ。その後、山口高等中学校教師、東京高等師範学校教授を務め、東京博物館主事、文部省視学官などを兼任。1899（明治32）年ヨーロッパに留学し、1902年に帰国。帰国後は、京都帝国大学文科大学講師を経て教授となり、教育学講座を担当したが、総長である澤柳政太郎から辞職を命じられる。留学後の谷本は、フランスのドモランの影響を受けて「活人物」の育成を掲げ、ヘルバルト主義からの脱却を図った。忠孝や武士道精神を批判して、日本帝国主義を担う国際的視野の持ち主を養成する必要性を説いた。主著には、『将来の教育学』（1898）、『新教育講義』（1906）などがある。

⇒澤柳政太郎　　　　　　　　（遠座知恵）

ダブル・スクール

二つの学校に同時に籍を置くことを指す。中でも、大学と専門学校の両方に学籍を置くことを意味する場合が多い。大学卒業が必要な管理栄養士の資格と専門学校で取得できる調理師の資格を一度に得ようとするのは一例である。これは、一方で大学卒業という学歴を求め、他方で大学卒業を要しない職業的知識・技術の習得や関係する資格を取得しようとすることから生じるといえる。近年では、大学校や短期大学と専門学校、高校と専門学校などダブル・スクールが拡大しており、さらにこれらの教育機関が提携して、学生が履修しやすいように便宜を図るといったことも進められている。こうした動向は、修学年限という概念が従来の意味から離れてきたことを示すと同時に、「何のための大学」かの再検討を求めるものだろう。⇒専門学校　（榊原禎宏）

ダブルバインド
double bind

ベイトソン（Bateson, G. 1904～1980）が『精神分裂病の理論化に向けて』（1956）で提案した二重拘束という意味である。今村仁司はダブルバインド状況を禅師と弟子との関係を例にして次のように説明している。「もしこの棒が実在のものだと言うならこれでおまえを打つ、実在のものでないと言うならおまえを打つ、何も言わないならおまえを打つ」。また「この状況に囚われた者は何をやっても処罰または脅迫され、打つ手もなくお手上げになる」と述べているが、ポイントは「矛盾しあうメッセージ」を字義通りに受けとってしまうのか否かにある。そのことによって拘束状況を何なく脱出することも可能である。弟子がその棒を師から奪いとるとか、「ことば遊びでしょう」とかわすことも可能である。ダブルバインド状況は日常、どこでも起こり得る。教師は生徒たちに授業をちゃんと聞くように指示するが、生徒はそれに従うとなれば、生徒らの主体的な授業への参加を妨げることになる。しかし過剰な授業参加も授業の成立を危うくする。教育のパラドクスも教師―生徒関係のダブルバインドといえなくもない。

（望月重信）

多文化教育

多民族国家にあって多種多様な文化的、民族的背景をもつ子ども、とくに少数民族や移民など、社会的に不遇な立場にある集団の子どもたちに対して平等に教育機会を提供するために、民族性や文化的特質を尊重して行われる教育のことを指す。多文化教育はいまでは人種や民族だけでなく、さまざまな文化集団の共生を模索する実践・運動として展開されている。多文化教育は、多くの国や地域で政策として展開されているが、社会的公正さと

いう視点がなかったり、民族的少数者の言語対策であったりする例もある。日本においても多文化教育の議論がなされるようになってきたが、単なる欧米の紹介や特別な子どものための教育といった狭い視点で取り上げられることが多い。多文化教育は、現状の教育の枠組みを前提にするのではなく、社会的公正さの視点から、権力構造や意志決定のプロセスの改革を視野に入れた教育改革を求めるものである。日本においても、欧米を中心としたこれまでの多文化教育に学びつつも、日本の歴史的・社会的状況をふまえた独自の多文化教育の理論・実践を展開していくことが課題である。　(佐藤郡衛)

TALIS（国際教員指導環境調査）

TALIS［タリス］は Teaching and Learning International Survey の略。OECD による学校における教員の労働条件と子どもの学習環境に焦点を当てた国際比較調査のこと。日本語では「国際教員指導環境調査」と訳されている。5 年に一度実施されており、2008 年に第 1 回調査には 24 か国が、2013 年に第 2 回調査には日本を含む 34 か国が参加した。効果的な学習環境づくりを各国の政策担当者に促すことを目的とする同調査は、研修への参加率など教員の職務上の環境、学校での指導状況、教員への評価、教員の自己効力感等について前期中等教育の教員や校長を対象に質問紙調査を行い、その結果から質の高い教育と指導環境や労働環境との関連を分析している。第 2 回調査の結果、日本の教員の現状について、職能開発（研修）の参加意欲は高く、校内研修も盛んに行われているものの、多忙のために研修への参加が困難になっている状況や、週当たりの勤務時間が参加国最長で、とりわけ部活動など課外活動の指導の時間や事務業務の時間が、とくに長いこと

などが明らかになった。この結果を受け、教員の勤務環境改善が進められることになった。なお 2018 年には第 3 回調査が実施された。　(日暮トモ子)

単位制高等学校

一般的に高校では、学年ごとに教育課程の区分を設け単位認定を行う学年制の単位制を取る場合が多い。これに対して、単位制高校は、学年ごとの区分をなくし（無学年制）、設定された単位を取得することで卒業できるものである。生徒は、原級留置がないため個々のペースに応じて学習できる。単位制高校は、1988（昭和 63）年、定時制・通信制課程に、その後全日制課程に導入された。現在、すべての総合学科、特色ある教育を目指す普通科や専門学科で採用され、さらに増加しつつある。（設置初年度：4 校→ 2006 年度：国公私株式会社立 738 校、文部科学省調査）。とくに、昼夜間定時制（多部制：Ⅰ部午前・Ⅱ部午後・Ⅲ部夜間に授業が開講され履修可能）や、定時制と通信制の併用によって、社会人入学、学び直し、不登校経験者など多様な教育要求をもつ学習者個々に応じる柔軟な制度となっている。一方、集団活動の場が少ないため、学校への帰属意識が低く、人間関係が希薄になりがちで、精神的な居場所の確保が難しいこと、さらには、高い中退率などへの有効な対応が今後の課題である。⇒高校多様化、無学年制　(山田朋子)

短期記憶
short-term memory

短い情報を、意識している間だけ覚えているような状態の記憶をいう。人数や枚数を数える場合、今数えた数は、次の数を言うまでのほんの短時間は覚えていないと、次の数に進むことができない。その 10 〜 15 秒といった短い時間で保

持される記憶を担っているのが短期記憶である。短期記憶にある情報は、繰り返し声に出したり、頭の中で唱えたり（リハーサル）、他の情報と結びついたり（精緻化）、グループ化したりまとめたりする（チャンク化）することで、よりよく記憶に留めることができる。短期記憶に入った情報はリハーサルしている限り短期記憶に保持され、その一部は精緻化やチャンク化などの処理を経て長期記憶へと転送される。短期記憶の働きが失われてしまうと、ほんの数秒前のことが思い出せなくなってしまい、人は大きく混乱をきたしてしまう。短期記憶が同時に保持する容量は、数字やアルファベッドなどは7個程度である。 （口島朋紀）

短期大学

戦後教育改革の礎となる議論を行った教育刷新委員会では、4年よりも短い大学を設置できるようにすることにはかなり強い異論があった。にもかかわらず、戦後復興の中で条件が整わないままにスタートした新制大学、委員会で議論された理想とは裏腹に修業年限が伸びたことで教員養成に学生が集まらない現実、男子よりも短い教育年数でよしとする女子教育についての考え方、といった要素から、2年制の大学の在り方を検討せざるをえなくなり、結果的に「暫定的な機関として」短期大学が成立することとなった。短期大学は初期は男子学生のほうが多かった。

高度経済成長期には短期大学は良妻賢母型に代表される「女子のための高等教育機関」としての色彩を濃くしていき、ついには短期大学は学校教育法の大学を扱う章の中で、2年ないし3年を修業年限とする恒久的な高等教育機関として認められることになる。さらにはこれが契機となって短期大学は増加の一途をたどり、1990年前後すなわちバブル経済が絶頂を迎える頃まで「男子は大学、女子は短大」というジェンダー・トラッキングを支えることになった。

1990年代半ばになって少子化の影響が高等教育機関に及びはじめると、女子大離れや不況による資格人気、産業構造の変容などから短期大学の魅力は急速に色あせてしまった。その対策として最も多いのは短期大学を4年制大学に転換することであり、短期大学の数は減り続けることになる。さらに数だけではなく定員割れも深刻な状況にある。日本私立学校振興・共済事業団の調査によると、2006（平成18）年度には定員を満たしていない私立短期大学は全体の50％を超えた。とはいえ、社会が複雑化し、また生涯学習を中心とする社会を目指すにあたって、高等教育機関の多様な在り方の一つとしてこれまでとはまったく違う短期大学独自の存立根拠を模索することが今後重要であろう。 （池上　徹）

単級学校
one-room school

全校の学年が単一の学級で編成され、一人の教師で運営される学校。かつては過疎地や離島など児童生徒数の少ない地域にみられたが、現在は解消されている。単級学校は、一般に自然環境に恵まれているが、通学の利便性や登下校の安全性が問題である。教育行財政面においても、非効率的で学校統廃合の促進の結果、単級学校は激減し、1970（昭和45）年の「学級編成・教員定数」の法改正で、一教師一学校は消滅した。教育的には、一人の教師が全学年の授業を同時展開的に指導するため、教育指導や学習進度の面で教師に高度な指導技術が要請され、負担も大きい。異年齢の対面的活動が組まれやすい利点はあるが、他方で多人数による集団活動ができず、多様な個性や異文化接触が少なく、社会性の発達には不利な

条件を認めざるを得ない。なお、現在の小学校編制における学級数の標準は「12学級以上18学級以下」(学校教育法施行規則第41条)とされている。　(穂坂明徳)

単元

　学習する内容のひとまとまりをいう。何を基準にしてひとまとまりを設定するか、基準の如何によって単元の性格や内容が異なってくる。単元を教育学の概念として提起したヘルバルト学派にあっては、それは、各教科の背後にある個別の科学や技術に固有の論理性・系統性に即したひとまとまり＝教科単元を意味したが、ヘルバルト学派の理論がアメリカにわたり、20世紀に入ってデューイを経ると、教科にこだわらず、実生活の中に機能したり解決を求められたりしている事柄のひとまとまり＝生活単元が注目されるようになった。授業計画や学習指導案の作成時、教科書編集時などに単元をどう設定・配列するかが重要な関心事になる。日本では、第二次世界大戦後初期に、「ゆうびん」という単元を設定して、社会の中での郵便の機能を疑似体験的に確かめる授業などが生活単元学習として脚光を浴びたことがある。　(水内　宏)

単式学級・複式学級

　小・中学校において単一学年の児童生徒で編制される学級を「単式学級」、それに対し複数学年で編制される学級を「複式学級」という。複式学級は過疎地などの小規模校でみられ、1・2年を合わせて1クラスに編制したり、さらに小さくなると3学年で1クラスの複々式学級などがある。学級数は法令では(小学校)「12学級以上18学級以下を標準とする。」(学校教育法施行規則第41条)と規定され、1学級は40人以下、同学年の児童・生徒で編制されるのが基準である。複式学級は、「地域の実態その他により特別の事情があるとき」の特例的な場合である。戦後各地で教室不足から、複式学級を余儀なくされたが、復興期を経てからは山間へき地や離島など過疎化の地域に多い。現在、少子化で児童数の減少が著しい都市部では、複式学級を避け学校の統廃合が進んでいる。複式学級には長短あり、異学年の子どもが協力しながら学習を行うので、上級生が下級生の面倒をみたり、自学自習的な学習習慣が身につく一方、発達段階や生活経験の差を十分に配慮した指導が難しく、また少人数で人間関係が親密になるあまり葛藤を経験する機会が少なく、社会性を育む条件には恵まれない。⇒学校統廃合
　(穂坂明徳)

男女共同参画社会基本法

　あらゆる分野で男女が対等に参画する社会の実現に向け、基本理念や施策方針を定めた法律。1999(平成11)年6月に公布・施行。前文および3章28条からなる。「男女共同参画社会」とは、同法第2条において、「男女が、社会の対等な構成員として、自らの意思によって社会のあらゆる分野における活動に参画する機会が確保され、もって男女が均等に政治的、経済的、社会的及び文化的利益を享受することができ、かつ、共に責任を担うべき社会」と定義される。同法は、男女共同参画社会の実現を21世紀のわが国の最重要課題と位置づけ、「男女の人権の尊重」など五つの基本理念を示すとともに、男女共同参画社会の実現において国および地方公共団体と国民が果たすべき責務を定めている。また同法13条では、男女共同参画社会の形成促進に関する施策の総合的かつ計画的な推進を図るために「男女共同参画基本計画」

を策定することを定め、2000(平成12)年に第一次基本計画を策定後、現在までで第四次基本計画(2015)を策定している。計画では、学校や家庭などでの男女平等を推進する教育・学習の充実が重点事項の一つになっている。(日暮トモ子)

男女雇用機会均等法

1985(昭和60)年、労働省(現厚生労働省)が、性別の違いにより雇用において差別を受けることなく、機会の均等と待遇の実現を目指して制定した法律。女子差別撤廃条約批准のための条件整備として、1972年制定の「勤労婦人福祉法」を抜本的に改正し制定した。「男女雇用機会均等法」は通称で、正式名称は「雇用の分野における男女の均等な機会及び待遇の確保等に関する法律」。同法は、事業主が労働者の募集・採用、配置・昇進において男女差をつけることの禁止、妊娠・出産等を理由とした解雇の禁止、セクシュアル・ハラスメントの防止、事業主のポジティブ・アクション(男女間の格差解消のための積極的な取り組み)の推奨などを定めている。今日の複雑化した差別の実態をふまえ、2006(平成18)年の改正では、男女双方への差別の禁止、男性も対象としたセクシュアル・ハラスメントの防止など、両性の保護の視点に立つ規定が加えられた。また、合理性のない間接的な差別(性別と直接関係なくみえても、結果として一方の性に不利となる措置)の禁止などの規定も盛り込まれた。さらに、2016(平成28)年の改正では、事業主に対する妊娠・出産等に関するハラスメント防止義務が追加された。学校でも、職業指導や進路指導において、均等法の趣旨を生徒に理解させることが求められている。

⇒ハラスメント　　　　　(日暮トモ子)

ダンス

イメージ・感情・思想などをリズミカルな身体運動で表現するもので、個人や集団で踊り、表現したり交流したりすることができる運動である。学校体育におけるダンスは、イメージを自由に表現して踊る「創作ダンス」、伝承された踊りの踊り方を身につけて踊る「フォークダンス」、現代的なリズムに乗って動きを工夫して自由に踊る「現代的なリズムのダンス」などがある。小学校学習指導要領では、基本の運動として表現リズム遊び、表現運動を内容とし、中学校学習指導要領では、「創作ダンス」、「フォークダンス」、「現代的なリズムダンス」、高等学校学習指導要領では、中学校の内容に「社交ダンス」を加えて内容としている。ダンスでは、自己の感じ方や工夫を率直に表現し、互いの違いやよさを認め合って練習することによって課題を解決し、感じを込めて踊ったりするなど、ダンスの楽しさや喜びを味わうことができるようにすることが大切である。　　　　(本間玖美子)

単線型学校体系

学校制度論の主要概念である学校体系の一類型である。学校体系は、段階と系統という二つの次元から構成される。学校段階は、年齢あるいは教育内容の水準による学校の種類の上下の区分であり、学校系統は、教育の目的や役割の違いに応じた学校の種類の縦の系列のことである。単線型学校体系とは、もっぱら学校段階を主要原理として構築され、全学校段階が単一の学校系統に統合された学校体系である。教育の機会均等の理念を徹底させるならば、複線型でも分岐型でもない、この単線型学校体系になる。単線型学校体系が性別や社会的階層を問わず、等しく教育を受ける権利を保障するとい

う重要な機能を果たしていることは、十分に意識される必要がある。アメリカは典型的な単線型学校体系をとっており、階級・階層社会の色濃いヨーロッパ諸国の中には現在も分岐型学校体系が残っている国もある。日本では、第二次世界大戦前・戦中は分岐型学校体系をとっていたが、戦後になると6-3-3制を採用し、単線型学校体系に移行した。もっとも日本では、戦前・戦中・戦後を通じて単線型学校体系への志向があった。例えば1939（昭和14）年9月の教育審議会「中等教育ニ関スル要綱」の作成の経緯から、中等教育を一部の人々の特権とすることを否定し、初等教育との接続を強調する流れがみてとれる。戦後も、財政上の理由等から義務教育とはならなかった新制高校について、男女共学・総合制・希望者全入制のいわゆる高校三原則を適用することで、機会均等理念の具現化を図ろうとした。しかし、高校三原則は有名無実と化し、その後、高等専門学校、専修学校、そして中等教育学校が制度化されてきた。これについては、中等教育段階を複線化するものだとの批判がある。

⇒複線型学校体系　　　　　（朝日素明）

◆ ち ◆

地域学校協働活動

地域学校協働活動とは、幅広い地域住民等の参画を得て、地域全体で子どもたちの学びや成長を支えるとともに、「学校を核とした地域づくり」を目指して地域と学校が連携・協働して行う活動の総称である。従来の学校支援地域本部等を基盤として設けられた地域学校協働本部とコミュニティスクールに置かれる学校運営協議会によって取り組まれる。2015（平成27）年12月の中央教育審議会答申「新しい時代の教育や地方創生の実現に向けた学校と地域の連携・協働の在り方と今後の推進方策について」で構想が示され、2017年3月に社会教育法で規定された。本活動では①コーディネート機能、②多様な活動、③継続的な活動が重視され、地域による学校への「支援」から地域と学校の双方向の「連携・協働」へ、「個別」の活動から「総合化・ネットワーク化」への発展が目ざされる。2017（平成29）年4月には「地域学校協働活動の推進に向けたガイドライン」が策定されている。　⇒学校支援地域本部、コミュニティ・スクール　　（柳澤良明）

地域教育計画

地域の実情に応じて、教育の内容、組織、予算、施設、人員などの計画を立てること。戦後、教育委員会制度に示されるように、教育の地方分権が図られ、各地域が自地域の実情に応じて教育を設計することが可能になった。また、アメリカから伝えられた地域社会学校論も、これを後押しする思想的根拠となった。わが国の地域教育計画の実践例として、埼玉県川口市の「川口プラン」がある。そこでは、地域の実情調査をもとに、社会科の指導計画が組み立てられた。そのほか、類似した実践事例として、広島の「本郷プラン」や兵庫の「明石プラン」などが有名である。しかし、これらは、地域社会での生活を学校の教育課程に組み入れることを重視している。総じて、これまでのわが国の地域教育計画は、学校のカリキュラム編成の域に偏るきらいがあった。今後は、地域社会を生きた教育の場にするという視点から、地域教育を担う主体（学校教育、社会教育、家庭教育）の協働関係を視野に入れた、より総合的な地域教育計画の立案が求められる。　（舞田敏彦）

地域子育て支援センター（事業）

「地域全体で子育てを支援する基盤の形成を図る」ことを目的に地域における子育て家庭に対してその支援を行う事業。具体的な事業内容として、①育児不安などについての相談指導、②子育てサークル等の育成支援、③特別保育事業の積極的実施、普及の促進努力、④ベビーシッターなどの地域の保育資源の情報提供等、⑤家庭的保育を行う者への支援などがある。1993（平成5）年に創設された事業だが、エンゼルプランにおいても特別保育事業として位置づけられ、さらに、新エンゼルプランによっても推進された。2003年までの10年間で全国、約2500ヶ所で実施されるに至った。事業創設当時は、特別保育事業における「保育所地域活動事業」の一環として保育所内に併設される形で行われていたが、近年は、独立した設置形態の施設も増え、子育てのサポートや親と子どもたちのネットワークづくりの拠点となっている。

（井下原百合子）

地域社会

地域とは、一定の空間的広がりをもった範域であるが、地域社会とは、強い帰属意識としての「われわれ感情」をもった人々が共同生活を営むところの範域である。それは、一つの社会集団であり、全体社会に対する部分社会としての性格をもつ。かつては、こうした地域社会が村落といった形で存在した。しかし、人口の流動性が高まり、グローバル化が進行した今日、地域社会を実態として把握することは甚だ困難である。ある特定の地域社会を他と分かつ境界線は、著しくあいまいになっている。しかるに、人々の日常生活が一定の地域の中で営まれていることに変わりはない。今日では、行政的市町村が、人々の生活上の必要や欲求を充足するための諸制度・施設を有し、住民の共同生活を具現せしめる条件を備えている。その意味で、こうした行政的地域社会を地域社会の操作的概念にすえても間違いではない。とくに子どもは、生まれ落ちた行政的地域社会の成員としての性格を強く備えている。

地域社会は、子どもの発達や教育にとって、重要な意義をもっている。地域社会は、家庭や学校と並んで、子どもの重要な生活の場を構成する。子どもは、放課後や休日など、少なからぬ時間を地域社会で過ごす。地域社会は、家庭や学校とは違った教育力を備えている。そこには、近隣関係に象徴される多様な人間関係がある。また、子どもが独自に形成する仲間集団の活動の舞台となっている。この仲間集団では、対等なヨコの人間関係が支配的であり、子どもは、そこで、自治や自律の精神を学習する。最後に学校との関連でいえば、地域社会は、社会認識を育むための生きた教材の宝庫である。子どもの社会性の欠如がいわれるが、その一因は、こうした地域社会の教育力の衰退、あるいは、それが上手く活かされていないことに求められる。家庭・学校・地域社会の協働（分業）関係を視野に入れて、子どもの教育を考えていく必要がある。

（舞田敏彦）

地域の教育力

地域社会の諸資源が有している教育作用の総体である。子どもは、家庭や学校だけではなく、地域社会においても多様な形で教育作用を受けている。広義には、地域社会が有している自然環境や人工的な環境から地域住民の人間関係や子どもの対する教育作用に至るまでを含む。狭義には、地域住民の子どもに対する教育作用を指して用いられる。いずれの意味

ちいく 356

においても、家庭の教育力の低下とともに、都市化あるいは過疎化にともなう地域の教育力の低下が指摘されてきた。しかし他方、学校支援ボランティアとして学校の教育活動に地域住民が参加するケース、学校の登下校時の安全確保のために子どもをもつ保護者だけでなく広く地域住民が協力するケース、あるいは学校を拠点とした町づくりや地域おこしのために保護者や地域住民が協力するケース、等の取り組みがみられ、地域の教育力が新たな形で形成されてきている。近年、学校支援地域本部を発展させた地域学校協働本部により、地域の教育力を総合化、ネットワーク化していく動きもみられる。⇒地域社会、学校支援地域本部、地域学校協働活動　　　　　（柳澤良明）

知育

　教育の領域は一般的に、知育・徳育・体育と分類される。そのうち知育は、知識習得とともに知的な認識能力や思考能力の育成を通して、論理的な思考方法を生活習慣化させて、さらには人格形成を促す教育のことである。知育と人格形成とを関係づけた学説を提唱したヘルバルトは、自然や社会、人間に関するさまざまな知識・ものの見方・考え方を通して多面的な興味を育成し、かつ主体的に行動していく態度および道徳的品性の発達を重視した。知育を重視する授業は一般的に次のような段階をふむ。子どもにとって興味があり、かつ不明確な問題を提示する。子どもは知識や概念を用いて論理的合理的に思考・判断して（あるいは実験的に立証して）、事象や事物の本質を洞察する。そして知識・概念を繰り返し使う訓練によって理性的な人格を形成していくのである。そうしたいわば系統学習的な立場とは異なる、経験主義的学習論の見地から知育を重視したのが、

デューイである。彼は子どもの生活問題を題材にした知的な探求と解決、すなわち、反省的思考を通した知育論を提唱した。今日、知育偏重として批判されている教育は、暗記中心の教育や生きてはたらかない知識・技能を詰め込む教育であるが、それと本来の知育とは区別して考える必要がある。⇒デューイ、ヘルバルト
（重松克也）

地球市民的資質

　地球市民的資質は、もともとは、「日本人の育成」「国際社会で活躍できる日本人の育成」といった国民的資質の対抗的な概念として主張されてきた。しかし、グローバル化の進行とともに、一国家のみに限定された資質や自分の国家の利害のみを優先させる人間を育成することが見直されるようになってきた。そこで、改めて、地球市民という概念が有効性をもつようなっている。とくに、基本的人権の尊重、地球環境の保全、文化的アイデンティティの尊重の上に立って、より公正な地球社会の実現を目指して、さまざまな問題の解決に向けて参加する態度を指すことばである。国際理解教育は、こうした地球的視野に立ち、地域で行動できる人材の育成を目指す教育として位置づけられる。　⇒グローバル教育、国際理解教育　　　　　（佐藤郡衛）

知識基盤社会

　知識基盤社会ということばは、「21世紀は『知識基盤社会』（knowledge-based society）の時代である」という文言から始まる2005（平成17）年の中央教育審議会による答申「わが国の高等教育の将来像」によって、広く教育界に知られるようになった。この答申では、知識基盤社会は「新しい知識・情報・技術が政治・

経済・文化をはじめ社会のあらゆる領域での活動の基盤として飛躍的に重要性を増す」社会であると定義されている。

その後、知識基盤社会という用語は、高等教育だけでなく幼児教育や初等・中等教育の改革の根拠としても用いられるようになった。2008年の中央教育審議会による答申「幼稚園、小学校、中学校、高等学校及び特別支援学校の学習指導要領等の改善について」では、「知識の進展は旧来のパラダイムの転換を伴うことが多く、幅広い知識と柔軟な思考力に基づく判断が一層重要になる」などの知識基盤社会の特性に基づき、「生きる力」をはぐくむという理念の重要性が主張された。 (伊藤秀樹)

知的障害教育

知的な働きに障害のある子どものための特別な教育のこと。知的障害教育では、通常の教育課程では学習が困難な児童生徒に対して、個々の子どもの知的特性に応じた教育を行っている。知的障害のある子どもの就学は、学校教育法施行令に規定されているが、知的障害の程度やその子どもの行動特性によっては、学校の通常学級で教育を受けるだけでなく、特別支援学校・教室などの専門的教育が組み合わされて指導が行われる。また、知的障害だけではなく、自閉症などの発達障害や運動の障害などを合併していることもあるために、専門家による判定、熟練した教員によるきめ細かい、注意深い、専門的な指導が必要とされる。なお対象となる障害について、アメリカ精神遅滞学会などの作成した専門誌などの定義を受け、「精神遅滞」と呼ばれてもいるが、差別的な意味合いがあるとして、「知的能力障害」の用語がつかわれることもある。⇒ AAMR、特別支援教育 (西方 毅)

知能

intelligence

知能を、実証的な研究の対象となるように客観的に定義するなら、「知能テストで測定される能力である」ということになる。しかし、「では、より適切な知能テストとは、どのような内容のものか」と問えば、「どんな力を『知能』として想定するのが適切か」という問題になる。結局は、「知的であるとは、いかなることか」という問題とも大きくかかわるものであろう。アングルや強調点の違いに応じて、次に列挙するようなさまざまな見解がある。学習能力、すなわち、行動とその結果を反映させて、新しい知識や新たな行動パターンを獲得する能力。言語や記号などを用いて、抽象的に思考を進める能力。既存の知識体系や洞察を用いて、頭の中で外界の成り行きのシミュレーションを行い、今後の出来事を適切に予期する能力。新奇な場面や困難な問題に直面したとき、本能や習慣に固執することなく、推理や洞察によって新たに有効な適応法や解決法を発想する能力。なお、スピアマン、サーストン、ギルフォードらのように、知能が単一の力ではなく、複数の力からなると考えるならば、上記のような諸見解のうちから唯一の"正答"を定める必要もないことになろう。 (堤 大輔)

知能検査

知的能力を科学的、客観的に測定するための検査。検査結果は基準に照らし、精神年齢・知能指数・知能偏差値などであらわされる。フランスのビネー（Binet, A. 1857 ～ 1911）によって、就学適性検査として1905年に開発された。この検査は、各年齢級に複数の問題を割り当て、解けた問題の水準を「精神年齢」としてあらわすものであった。これに対し

て、1936 年にウェクスラー（Wechsler, D. 1896 ～ 1981）が開発した知能検査は、言語性、動作性の 2 領域とそれぞれの下位領域を測定する検査で構成され、知能の診断的な利用が可能なものであった。この検査は広く利用され、WAIS（成人向）、WISC（児童向）、WPPSI（幼児向）などが作成されている。知能検査は上記以外にも数多くつくられているが、大まかに集団式検査・個別式検査、言語性検査・非言語性検査などに分けられる。わが国では田中寛一の作成した田中ビネー式知能検査、鈴木治太郎の作成した鈴木ビネー式知能検査が有名である。⇒ウェクスラー式知能検査、ビネー　　（西方　毅）

知能偏差値
intelligence standard score

ある人物の知能が平均から標準偏差いくつ分乖離しているかを示す数値。計算方法は学力偏差値と同様であり、知能偏差値 ＝｛10 ×（その人物の得点 － 母集団における平均値）／母集団における標準偏差｝＋ 50 で求めることができる。知能偏差値が 50 であれば平均と同じであり、知能偏差値が 60 であれば平均よりも標準偏差 1 つ分高い得点をとっていることになる。　　　　　　　　（今野裕之）

千葉命吉
ちば・めいきち、1887 ～ 1959

秋田県出身。秋田県師範学校を卒業し、奈良女子高等師範学校などの教諭を務め、1920（大正 9）年広島師範学校附属小学校主事となる。「創造教育」、「独創教育」を唱えたが、その中心は「八大教育主張」の一つとされる「一切衝動皆満足論」。あらゆる観念や行動の根底には「衝動」があり、それを徹底的に満足させることが真の善につながるというのが千葉の主張である。この主張に基づき発表した論考「正行久松同善論」が問題と

なり、広島県師範学校長、広島県知事らが訂正を求めたものの、要求に応じず主事を辞職した。1922 年から欧米に留学し、1925 年帰国後は、立正大学の講師を務めた。1928（昭和 3）年、大日本独創学会を設立し、雑誌『独創』を発行。主著に『創造教育の理論及実際』（1919）、『一切衝動皆満足』（1921）などがある。
　⇒八大教育主張　　　　　　　（遠座知恵）

▌地方教育行政の組織及び運営に関する法律

1948（昭和 23）年に制定された旧教育委員会法は、公教育の在り方を地方自治にゆだねつつ、それを教育委員会事務局の教育長や指導主事などの専門職がサポートし、これらの求めに応じて、旧文部省が指導・助言・援助を行うという、地方分権的なシステムが構想されて い た（layman control & professional leadership）。ここでは教育委員の公選制のほか、教育委員会から首長に対して条例と予算の原案提出権が規定されていた。

1957 年、旧教育委員会法を廃し、「地方教育行政の組織及び運営に関する法律」（地教行法）は、国―都道府県―市町村の垂直的な関係、教育委員会―首長部局の水平的な関係の緊密化を主要な目的として制定された。首長部局との間で十全に機能しなかった教育委員会の原案提出権に削除され、教育委員は首長の任命制に変更された。さらに教育長の任命について、都道府県においては国、市町村においては都道府県教育委員会の承認が必要とされ、中央―地方、首長部局―教育委員会の緊密化が図られた。1999（平成 11）年の地方分権一括法で、教育長の任命承認制廃止、都道府県・指定都市の教育委員の定数の弾力化など、一定の改正が実現した。

2014（平成 26）年改正では、①教育長を教育委員長と一本化、教育委員会の代

表責任者として首長による任命制とした
こと、②首長は、教育委員会と協議する
場として、新しく設置した総合教育会議
を招集できること、③首長は、自治体の
教育の大綱を決定できることなど、首長
の関与が大幅に増大されている。

⇒教育行政、教育委員会　　（有勤真太郎）

地方公務員
local government officials

　地方公共団体が任命し、公務に従事す
る者。戦後、日本国憲法が制定され、地
方自治制度の確立に向け「地方公務員
法」（1950［昭和25］）が公布されて初め
て、「地方公務員」の身分や服務等に関
する基本的な制度の保証がなされた。戦
前の明治憲法下では、天皇の勅令による
官吏制度が敷かれ、都道府県職員や公立
学校教員などはすべて「官吏」として国
家職員とみなされた。戦後、公立学校教
員は地方公務員となった。地方公務員は
一般職と特別職に区分され、特別職には
首長、議会の議長、副知事・助役など公
選または議会の同意を必要とするものが
含まれる。一般職の公務員の任用、職階
制、給与、勤務時間や条件、分限や懲戒、
服務、研修などについてはすべて「地方
公務員法」に定められている。戦後の民
主主義理念のもとで地方公務員は、「全
体の奉仕者として公共の利益のために勤
務し、且つ、職務の遂行に当っては、全
力を挙げてこれに専念しなければならな
い」（同法第30条）とされ、国民全体の
奉仕者と職務専念義務を基本原則に課し
ている。なお教職員に関しては、その特
殊性から一般公務員と異なる扱いが必要
とされるために、教育公務員特例法が規
定されている。　　　　　　（穂坂明徳）

地方自治
local government

　地方公共団体が、地域の諸問題を地方

住民の意思に基づいて、自らの責任と判
断で自主的に処理すること、また、その
ための政治行政の制度をいう。歴史的に
は、中央から相対的に独立する地方公共
団体が、国家権力の授権として地方の事
務処理をするという仏・独型の「団体自
治」と、住民自らの意思と参加を基本に
処理を行う英米型の「住民自治」の2要
素が形成されてきた。わが国では戦前に
は憲法上地方自治の規定はみられず、中
央集権的に強権的な統制をもって国の事
務を委任し、国家主義・官僚主義的な地
方行政が展開された。戦後、日本国憲法
で「地方公共団体の組織及び運営に関す
る事項は、地方自治の本旨に基いて、法
律でこれを定める」（第8章第92条）と
され、地方自治制度が保障された。地
方自治の本旨には「団体自治」「住民自
治」の両要素が統合されている。戦後の
地方自治の理念は現実には十分に定着せ
ず、今日中央政府（国家）依存の体質が
問われ、地方分権の推進が叫ばれている。
教育行政面においても、「地方分権一括
法」（1999［平成11］）により従来の都道
府県の教育長の任命承認制は廃止され、
2005（平成17）年には国と地方の税財
政改革として義務教育費国庫負担制度の
存廃が政治問題化した。　　　（穂坂明徳）

地方分権
decentralization of power

　統治権力や権限が地域的・地方的に分
散分与されていること。対極に中央集権
がある。一般にわが国の戦前の統治機構
は天皇を頂点に中央集権体制であった。
戦後、日本国憲法第8章において「地方
自治」の原則が定められ、地方分権の基
礎が固まった。教育委員会制度（1948［昭
和23］）が生まれ、教育委員の公選制や
予算編成権の一部付与などはその端緒で
ある。しかし、民主的な諸改革が十分定
着する前に修正の動きが出て、教育行政

でも「地方教育行政の組織及び運営に関する法律」（1956）が制定され、教育委員は任命制に切り替えられた。さらに学習指導要領に法的拘束力をもたせるなど、再び中央集権化の傾向が強まった。地方自治は全般に3割自治と皮肉られる中で、新たに地方分権の機運が高まるのは90年代以降である。国と地方の役割関係を見直す「地方分権一括法」（1999）が制定され、国から地方へは、国の機関委任事務の廃止、教育長の任命承認制の廃止、教育委員の数の弾力化、弾力的学級編制の実施（以上2000年）などが、また、学校現場では教職員人事に校長の意見を反映（2002）させたり「学校運営協議会制度」の創設（2004）などが実施された。今後の分権改革は、市町村レベルの税源・権限委譲が次の課題となる。

⇒教育委員会、教育行政、地方教育行政の組織及び運営に関する法律　　　（穂坂明徳）

▌チームとしての学校（チーム学校）

「チーム学校」とは、2015［平成27］年12月、中央教育審議会「チームとしての学校の在り方と今後の改善方策について(答申)」によって提示された、学校の新たな協働体制の在り方である。そのねらいは、2017年告示の学習指導要領に示される「社会に開かれた教育課程」を実現し、学校の複雑化・多様化した課題を解決するとともに、多くの業務を抱えることで多忙化する教員が子供と向き合う時間を確保できるように体制を整備することにある。そして、教職員・スタッフの専門性に基づくチーム体制の構築、組織のマネジメント機能の強化、教職員一人ひとりが力を発揮できる環境の整備といった点を重要な視点としている。実現された具体的な施策としては、スクールカウンセラー及びスクールソーシャルワーカーを増員して教育相談機能を強化したこと、

学校事務職員の役割を強化し、事務支援機能を強化したこと、部活動指導員を新たに制度化し、部活動の負担を軽減したことなどが挙げられる。　　（加藤崇英）

▌着衣水泳

日本は海に囲まれた島国ということもあり、海水浴、釣り、サーフィン、ダイビング等海に接する機会が非常に多い。このように水辺に接する時間が多くなるにしたがって、水辺での事故も多くなっているのが現状である。水辺での事故を行為別にみると、約7割が衣服を身につけたまま水に落ちた（入った）ことによる事故であり、着衣で泳ぐ場合の指導がなされ、十分な知識をもっていれば事前に防ぐことができる事故である。運河の多いオランダでは、早くから着衣水泳の指導が行われてきたが、日本では、1998（平成10）年改訂の学習指導要領に「着衣のまま水に落ちた場合の対処の仕方については、各学校の実態に応じて取り扱うことができる」という形で取り込まれた。着衣水泳の指導の目的は、着衣で水に落ちた場合にどのような状態になるかを体験させること、着衣での泳力を知ること、泳ぎの未熟な人でも助かる方法を学ばせることにある。また、着衣水泳のポイントとして、「服も靴も脱ごうとしない」、「一番近くの岸に戻る」、「浮くものがあればつかまる（HELP姿勢）」、「どうしても泳ぐならクロールより平泳ぎ」、「飛び込まないで助ける方法がある」の五つがある。このようなポイントを押さえて活動を行うことによって、水辺での安全教育全般について理解させることができる。⇒安全教育　　（下永田修二）

▌チャーター・スクール
charter school

1990年代以降のアメリカで制度化さ

れた学校存立形態の一つ。チャーター（charter）は契約を意味し、一般市民や親、教員、地域団体等の有志が教育理念や目標を掲げて学校の設立を州や学区教育委員会に対して申請し、一定の審査条件を満たす内容を備えていれば公費によって設立・運営する契約を結ぶことができる。ただし、一定年限以内に所定の目標を達成することが契約更新の条件とされ、条件が満たされなければ廃校となるというかたちで、厳しいアカウンタビリティ（結果責任）が問われる。1991年にミネソタ州で最初に法制化され、翌年カリフォルニア州がそれに続いたが、合衆国政府のてこ入れもあって急激に広がり、2003年までに40州が法制化し、2007年時点で全米に3,500校以上が存在していたが、2015年には7,000校を超え、300万人以上の児童生徒が在籍している。こうした学校の形態は、親や子どもが受けたいと考える教育を自ら提案して公費によって実現するものであり、多様なニーズに対応した学校制度として画期的である。だが一方で、教育内容における恣意性や教育の継続性における不安定性など、問題点も多く指摘されている。⇒アカウンタビリティ　　　　　　　　　　（浜田博文）

中央教育審議会

　通称、中教審。文部科学大臣の諮問機関。1946（昭和21）年設置の教育刷新委員会を前身とし、「中教審」としては1952年に設置された。現在の中教審は、旧中央教育審議会、生涯学習審議会、理科教育及び産業教育審議会、教育課程審議会、教育職員養成審議会、大学審議会、保健体育審議会の機能を整理・統合したものである（2001［平成13］）。その後、スポーツ庁創設（2015）に伴いスポーツ振興等に関する機能は除かれている。

　任務は、文部科学大臣の諮問に応じ、教育の振興及び生涯学習の推進に関する重要事項について調査審議し、意見を述べること等である（文部科学省組織令第76条第1項）。委員は30人以内で、学識経験のある者のうちから文部科学大臣が任命。任期は2年（中央教育審議会令第1条、第2条、第3条）。審議会のもとに4つの分科会（教育制度分科会、生涯学習分科会、初等中等教育分科会、大学分科会）が置かれている。

　中教審答申は、その時々の教育政策の在り方に大きく影響を及ぼしてきた。例えば、「後期中等教育の拡充整備について」（1966）、「今後における学校教育の総合的な拡充整備のための基本的施策について」（1971）、「生涯教育について」（1981）、「21世紀を展望したわが国の教育の在り方について」（第1次：1996、第2次：1997）、「今後の地方教育行政の在り方について」（1998）がそれである。「国の行政機関には……重要事項に関する調査審議、不服審査その他学識経験を有する者等の合議により処理することが適当な事務をつかさどらせるための合議制の機関を置くことができる」（国家行政組織法第8条）というのが中教審設置の法的根拠である。これに対し、答申は当時の政府・与党の教育政策を単に追認することが多い、ともされる。また、中教審と首相が設置・主催する審議会等（臨時教育審議会、教育改革国民会議、教育再生会議、教育再生実行会議）との政策過程における位置づけの差異について明確ではなく、審議会の在り方をめぐる問題となっている。⇒教育刷新委員会（福島正行）

中学校

　新制中学校は1947〔昭和22〕年4月、旧学制の国民学校高等科（2年制）と青年学校を統合再編しこれを母体として発足した。これらの旧制学校は、旧制中学

校とは系統の異なる教育機関である。新制中学校は、中等普通教育を施す3年制の前期中等教育機関であり、6年制の小学校に続く、全国民を対象とした義務制の教育機関である。中等普通教育は、小学校の初等普通教育を基礎として施され、義務教育の完成を期すと同時に、高等学校における高等普通教育および専門教育の基礎を形成するものである。小学校を卒業した者、または特別支援学校の小学部を修了した者が入学し、同等学校には特別支援学校の中学部のほか、6年制の中等教育学校の前期課程がある。中学校の教育課程は現在、必修・選択教科、道徳、特別活動、総合的な学習の4領域から編成され、必修・選択教科は9教科で構成される。教育組織は教科担任制をとり、中学校教諭免許状も教科ごとに分かれている。中学校の就学率は99%を超え、世界トップレベルである一方で、約10万人（2017年度）が不登校者であるなど、課題もある。　　　　　　（朝日素明）

中学校令

　1886（明治19）年4月、森有礼文相の立案に基づき公布された。中学校は「実業ニ就カント欲シ又ハ高等ノ学校ニ入ラントスルモノ」に必要な教育を行うところと規定された。高等中学校（2年制）は官立として全国に5校を設置し、そこには「法科医科工科文科理科農業商業等ノ分科」を設けられるとした。つまり、低度の大学あるいは専門学校を地方に設立しようとするものであった。森は、高等中学校は「社会上流の仲間」に入るべき人材を養成する場であると説明している。尋常中学校（5年制）は地方税によるものは各府県一校と定めている。ここは「之ヲ卒業シテ直チニ実業ニ就ク者」＝「社会中流の仲間」を養成する学校であると述べている。森は小学校・尋常中学校・

高等中学校の3段階の学校制度を国民の上・中・下の3層に対応した合理的な人材養成のシステムとして構成した。しかし、実態は、各中学校はより上位の学校を目指す普通教育中心の学校として展開していくことになる。1894（明治27）年、高等中学校は高等学校令の制定に伴い専門教育機関の高等学校となり、それに対応して、男子高等普通教育機関としての尋常中学校は、1899年の中学校令で定められることになった。⇒森有礼
（森川輝紀）

中堅教諭等資質向上研修

　公立の小学校、中学校、義務教育学校、高等学校、中等教育学校、特別支援学校、幼稚園、幼保連携型認定こども園の教諭等を対象に任命権者が行う現職研修で、「中堅教諭等としての職務を遂行する上で必要とされる資質の向上を図るために必要な事項に関する研修」を指す。この研修は、教育公務員特例法第24条の規定（2016年改正）に基づく法定研修である。
　これまでのいわゆる「10年研」を見直し、力点をミドルリーダー育成にシフトさせることと、「10年研」とほぼ同時期に実施されてきた教員免許更新講習との差別化を図ることをねらいとしている（2015年中教審答申「これからの学校教育を担う教員の資質能力の向上について」）。こうしたねらいを実現するために、教諭等に必要な資質能力の指標や、研修計画などの検討に加え、「研修そのものの在り方や手法も見直し、主体的・協働的な学びの要素を含んだ研修への転換」（同答申）が任命権者の課題になっている。
⇒教員研修、教職大学院　　　　（福島正行）

中高一貫教育

　中学校と高等学校の学校段階区分をな

くす制度、あるいはカリキュラム編成や教員間の協力等において中学と高校の連携が図られた制度を指す。日本では一部の私立学校で中学校と高等学校を併設して中高一貫教育を行ってきたが、1998（平成10）年の学校教育法改正により、公立学校にも中高一貫教育を行う「新たな学校種として」の中等教育学校が制度化された。中高一貫教育校には、①6年間の課程を一つの学校で一体的に教育する中等教育学校、②同一の設置者によって中学校と高等学校を入試を行わずに接続する併設型中学校・高等学校、③既存の市町村立中学校と都道府県立高等学校の連携を強める連携型中学校・高等学校、の3類型がある。中等教育学校の入学の際には学力検査を行わないなどの配慮がなされているが、エリート校化や受験競争の低年齢化などが危惧されている。2006年度までに国公立学校に197校設置された。　　　　　　　（藤井佐知子）

中心統合法

　カリキュラム全体の中に中核となる教科・科目などを定めて、そこに、ほかの教科・科目を関連づけ、全体として脈絡と統一性のあるカリキュラムを編成しようとした19世紀後半から20世紀初頭の教育界の試み。具体的には、アメリカでパーカーが、フレーベルの幼児教育実践に学びつつ、新たに初等教育において、子どもの自己活動を刺激・発展させながら、地理ないし理科を中心に据えてカリキュラム全体の統合を図ろうとした。ドイツでは、ヘルバルト学派のツィラーやラインが、3年生以上について宗教、または歴史を中核として統合の実現を目指した。

　1930年代以降のコア・カリキュラム運動も中心統合の発想と通じる面があるが、そこでは、社会科あるいは遊び、作業などを中心に据える志向などもみられた。日本では、パーカーの影響を受けた樋口勘次郎が、1899（明治32）年の著書『統合主義新教授法』において子どもの自発活動重視と中心統合の主張を展開している。⇒コア・カリキュラム　　（水内　宏）

中等教育

　中等教育とは、初等教育と高等教育の中間に位置する教育段階を示す。11歳頃〜18歳頃までの青年期を対象とし、前期中等教育と後期中等教育に区分される場合が多い。その起源はヨーロッパにあり、大学進学に継続するエリート教育機関としての役割をもった。第二次世界大戦後の先進諸国では、教育の機会均等と平等化を保障するため、学校制度が分岐型から単線型に移行する中で、中等教育の大衆化・多様化が実現する。わが国では、旧制度下、限られた者の教育機関として中学校・高等女学校・実業学校が中等教育を担った。しかし、戦後教育改革により、これらの学校が統合され、誰もが学べる後期中等教育機関としての新制高校が発足した。また、初等教育から継続する義務制の前期中等教育機関として新制中学校が設置された。中等教育の課題は、初等と高等教育の間で生じるあいまいさにある。今日、子どもの発達状況の変化をふまえた中等教育段階の再区分や、中等教育学校の設置などによる前期義務教育段階の複線化、高校における個人の選択の拡大など、中等教育の在り方が問い直されている。⇒中学校

　　　　　　　　　　　　（山田朋子）

中等教育学校

　臨時教育審議会および第14期中央教育審議会の答申によって「6年制中等学校」が構想され、1997（平成9）年に

は、公立中高一貫教育の導入が提言された。そして、学校教育法一部改正（1998）によって、「中高一貫教育」および「中等教育学校」が規定される。中等教育学校は、中高一貫教育制度にある3種類の実施形態（他に併設型、連携型）のうちの一つである。他の2形態と比べ、小学校後の義務教育期間3年間とそれ以降の3年間を6年間一貫して「義務教育として行われる普通教育並びに高度な普通教育及び専門教育」（学校教育法第63条）を施すとした点が特徴である。課程の区分を前期と後期それぞれ3年間としているが、両者間の移動時に試験や制限はない。また、公立校では受験エリート校化を防ぐため、入学者の決定に学力試験を行わず（学校教育法施行規則第110条）、適性検査や作文、面接などによっている。しかし、義務教育である前期中等教育制度の複線化や、学校数が少ない（2018年度、国立4校、公立31校、私立18校）ため教育の機会均等が充分保障されていないことなど、今後の検討課題は多い。

⇒中高一貫教育　　　　　　　　（山田朋子）

中途退学

校長（大学では学長または学部長）が児童・生徒・学生に対する懲戒として学校をやめさせることや、生徒・学生が懲戒以外の理由で自ら高等学校や大学をやめることを「退学」といい、一般に「中途退学（中退）」ともいう。ただし、公立の小学校、中学校（併設型で中高一貫教育を行う中学校を除く）、特別支援学校においては、児童・生徒を退学させることができない（学校教育法施行規則第26条）。高校生が自主的に退学するときは、校長の許可を受けなければならない（同第94条）。2004（平成16）年度の公私立高等学校における中退者数は7万7,897人、年度当初の在学者数に占める割合（中退率）は2.1％で、いずれも減少傾向にある。中退事由については、「学校生活・学業不適応」が38.4％で最も多く、次いで「進路変更」が34.3％、「学業不振」が6.5％の順となっている。⇒退学

（上原秀一）

注入教育

かつて、パーカーやデューイなどのアメリカ合衆国の進歩主義教育者は、大衆を巻き込んだ世界規模の戦争の時代を迎えた諸国家が、特定の思想を無理に教え込む教育を行っているとして、それを「indoctrination（インドクトリネーション）」と呼んで批判した。このindoctrination の訳語の一つが「注入教育」である。ほかには「教え込み」「教化」とも訳される。注入教育の特徴に関しては諸説あるが、列挙するなら、まず、学習者自身の興味を無視し、自発的な活動を勘案せず、自主性を圧殺するような教え方である。また、特定の見解を説明抜きに反復したり、畏怖心や熱狂などの情緒面に訴えて印象づけたり、別の見解が浮上しないように情報や問答を操作したりすることで、学習者が自分自身で証拠等を批判的・反省的にチェックしたり、諸見解を比較考量したりせずに、特定の見解だけを絶対的に信じてしまうようにする（しばしばプロパガンダの手法となるような）教え方である。さらに、誤った（ないしは偏った）教育内容や、学習者に（証拠がどうであれ）特定の信念をもたせようという教育者の意図である。

いずれにせよ、注入教育の是非の問題は、何かを絶対的に信じて生きるか、誤謬と修正の可能性を含みおきながら生きるかという、生き方の問題にも行き着くだろう。その意味では、宗教、科学的探究、民主主義といったテーマと絡めて論じられてきたのも当然といえる。

⇒インドクトリネーション　　（堤　大輔）

中立確保法

　正式には「義務教育諸学校における教育の政治的な中立の確保に関する臨時措置法」（1954［昭和29］年制定）である。旧教育基本法（第8条）において「法律の定める学校は、特定の政党を支持し又はこれに反対するための政治教育その他政治的活動をしてはならない」と定められていた規定は、新教育基本法第14条においても同一の内容で規定されている。戦後の民主的な憲法体制のもとで、憲法の目指す民主主義を徹底・普及させるために教員の組合運動が当時の革新政党との共闘体制の中で組まれていた状況を排除することが、この臨時措置法の歴史背景としてあった。そのためにこの中立確保法とともに、教育公務員特例法の一部改正を行い、地方公務員である教員の政治活動の範囲・態様を事項的にも地域的にも国家公務員並みに制約し、処罰の仕方は地方公務員法によるとした。中立確保法と教特法の一部改正を合わせて「教育二法」と呼ばれた。中立確保法は「特定の政党を支持させる等の教育の教唆及びせん動の禁止」を定めている。しかし、ここで禁止されている「教唆及びせん動」の概念はあいまいである。このあいまいさが教員の市民としての政治活動を自己抑制させているという結果をもたらしているともいえる。⇒公教育の中立性

　　　　　　　　　　　　　　（大坂　治）

聴覚障害教育

　聴覚障害児に対する教育は、1878（明治11）年に古河太四郎による京都盲唖院設立に始まり、1948〜56年の盲学校、聾学校教育の義務化、1965（昭和40）年頃から小・中学校の難聴学級増加、1993（平

成5）年に小・中学校における通級による指導の開始と展開されてきた。聴覚障害児の就学には、学校教育法施行令第22条の3に基づいて聴力レベルの数値に基づく就学指導から、2002年の同法改正で聴覚活用の状況や話し声の理解等をもとに、総合的な判断基準で就学先を決められるようになった。その背景は障害の早期発見に伴い、聾学校の幼稚部や難聴幼児通園施設で早期の専門療育・教育と医療機関で補聴器や人工内耳などの聴覚補償の発展がある。近年に、通常学級で教育を受ける児童生徒が多くなった。2004年全国で106校ある聾学校は、学校教育法の一部改正で2007年4月より障害種別を超えた特別支援学校になったが、その特殊性は維持される。聾学校は聴覚口話法を利用しているが、年少期の言語獲得期には聴覚口話法が重視され、基礎的な言語獲得の後は手指など視覚的手段もまじえたトータルコミュニケーションに移行している。教授法の議論は今後も続くであろう。また、聾教育の特徴に高等部の職業教育（理容科・印刷科、歯科技工科等）もある。近年、大学への進学者も増えつつある。⇒通級指導、特別支援学校

　　　　　　　　　　　　　　（矢島卓郎）

長期記憶
long-term memory

　情報がより長い期間保持される記憶である。知識、経験などはすべて、長期記憶に保存されている。日常的に当然のこととして、人は長期記憶から情報を呼び出している。膨大な長期記憶の中から、必要な情報を瞬時に取り出し、長期記憶が非常に巧みな仕方で情報を整理している。長期記憶の記憶容量は無限、保持は半永久的であり、「顕在記憶」と「潜在記憶」の2種類に大別される。顕在記憶は、意識化や事実に基づく叙述、言語的伝達が可能な記憶であり、エピソード記憶と

意味記憶に分類される。前者は、個人的体験や出来事（親や教師に褒められる、叱られる、行事など）、特定の日時や場所などの自己に関する記憶である。後者は、一般的な知識や知識・情報に関する辞書的な役割を果たし、言葉の意味が説明可能になる。潜在記憶は、運動や認知に関わり、体で覚えるという日常動作（服の着脱など）やその技能（簡単な暗算方法など）を忘れることのない手続き記憶である。　　　　　　　　　　　（中島朋紀）

調査書（内申書）

　就職や進学にあたって、就職先・進学先が求める場合に提出する、在学中の学習や行動の記録を記載する文書。求める側は一般に選考・選抜のための資料として用いる。内申書は俗称。1960 年代の後半から公立高校の入学者選抜を学力検査のみで行うことに批判が高まり、中学校 3 年間の学習の記録を合わせて評価することになった。これが「調査書重視の高校入試」の始まりである。具体的には中学校 3 年間の各教科の 5 段階相対評価の評定を、各都道府県ごとの方式で点数化し（内申点）、学力検査の点数と総合して合否判定が行われることになった。その後、教科の評定だけではなく「行動の記録」に関する記載も重視するようになり、内申書を気にしてのびのびとした中学校生活が送れないとの批判も強まった。最近では 5 段階相対評価が廃止され、高校入試の多様化もあって調査書の比重は薄まりつつある。大学入試では従来から推薦入試以外には調査書をあまり利用していない。　　　　　　　　（大田邦郎）

超自我
super ego
　フロイト（Freud, S. 1856～1939）の精神分析理論によれば、心の働きは超自我、自我、イドの三つから構成される。超自我は「自我」に対して、生物としての本能的な欲求を意味する「イド」の働きに制限を加え、抑制するように命ずる機能を担う。社会適応上の実際的な超自我の働きは、人間の良心や道徳性、個人内の客観的な眼による自己観察などに見出される。超自我の形成は、異性の親への愛着、同性の親への敵意などの複合的な観念を指す「エディプス・コンプレックス」の消滅に由来する。幼児期に異性の親に対して抱いた性愛を、同性の親から罰せられるという不安により断念する。その際、処罰する者としての親の特性が子どもの内面に取り込まれ、両親への同一化が生じる。ここに超自我の初期的な核が形成される。その後、宗教、道徳性、教育といった社会的文化的な要請が個人に加わることにより、超自我は揺ぎないより強固なものとなる。　⇒エディプス・コンプレックス、精神分析、フロイト　（村上凡子）

聴力検査
audiometry
　聞くことのできる音の大きさや高さを聴力といい、普通人間が聞こえる音の大きさは 120dB まで、音の聞こえる高さは 20Hz～20kHz の範囲であるといわれる。この聴力を客観的に測定することを聴力検査、聴力測定という。聴力検査には 2 種類の方法が用いられている。一つは純音聴力測定といわれるもので、一定の周波数の純音（7 種類）を用いて認知・弁別閾（正常な聴力者が聞き取れる限界の大きさを基準にして、そこからの最小可聴閾値）を測定する方法である。これを聴力レベル（dBHL）であらわし、オージオグラムというグラフで表現する。この検査法には鼓膜の振動を介して測定する気導聴力検査と皮膚、頭蓋の振動を介して測定する骨導聴力検査とがある。また二つめは語音聴力測定といわれるもの

で、検査音に語音ないしことばを用いて、弁別閾ではなく、聞こえの状態を検査する方法である。この検査法は、社会生活への適応状況に関連した情報を提供することができ、語音聴取閾値検査と語音弁別能力（明瞭度）検査の2種類からなる。

（京　裕視）

著作権
copyright

　人間が自らの思想や感情などを表現して文芸、学問、美術、音楽と呼ばれる分野で文化的な創作物をつくった場合、その著作者に発生する権利を著作権という。それは、特許権、実用新案権等を含む「工業所有権」とともに「知的財産権（知的所有権）」の一つをなすものである。工業所有権は、創作物を登録する手続を経て初めて権利が発生するが、著作権は創作と同時に自動的に発生し、著作者の死後50年間は保護される。著作者の権利は「著作者人格権」と「著作権（財産権）」に分類され、詳細は著作権法に定められている。学校関係者に身近な『複製権：無断で複製されない権利」「上映権：無断で公衆に上映されない権利」等は、後者に含まれる。著作権法では、学校の教員が授業の教材や入学試験等で用いるために複製する場合など、著作権者の了解を必要としない例外措置を認める規定を設けている。　（浜日博文）

直観教授

　学習者の感性的直観を素材にして、そこから概念形成へと学習を進めていく教育の方法であり、17世紀ラトケやコメニウスから18世紀末のペスタロッチへ至る理論的系譜で語られることが多い。暗記に頼ることば中心的な教育を克服するものとして定式化され、近代教育原理の大きな柱の一つとなった。具体的事実に基づく感性的認識、直接的経験を起点として、概念形成へ導く方法であり、アメリカの教育では object lessons（実物教育）と呼ばれることが多い。教育技術として教育可能性を大きく広げるとともに、教育内容としては観察や実験に基づく近代的知識の習得に対応するものであった。事物の写像を受け取る受動的な直観と事物に働きかけていく能動的な直観の考え方がある。また、教科内容の選択原理か、教科にかかわらず広く方法原理か、という考え方の違いがあるが、しだいに後者の考え方に傾いた。⇒**概念形成、近代教育**

（原　聡介）

直観的思考

　論理的、分析的な思考の手順をとらずに、直接的かつ全体的に、事象自体や問題自体の意味や構造等を捉える思考のこと。直観的思考が教育で重視されるようになったのは、主としてピアジェやブルーナーの知見が大きく影響している。ピアジェは、約4歳から8歳ぐらいの子どもの特徴を知覚に大きく規定されている直観的思考に求めた。この時期の思考は論理性が未発達であり、かつ自己中心性の強い傾向にあるとも述べている。

　ピアジェが直観的思考から論理的思考へという、やや単線的な発達の筋道を示したのに対して、異論を唱えたのがブルーナーである。ブルーナーは、認識には直観的思考と論理的分析思考との相補的な連関が必要だと考えた。つまり、直観的思考を通して形成された認知、あるいは問題解決を論理的思考によって吟味して再構成するという相補的な関連があってこそ認識の発達が可能となると指摘したのである。⇒ピアジェ、ブルーナー

（重松克也）

◆ つ ◆

追体験

　他者の体験を、後に自己のものとして生き生きと体験し直すこと。このことの意味を最も原理的に追究したのが、ディルタイ（Dilthey, W. 1833〜1911）以来の解釈学的哲学である。この学派の理論は教育学のメタ理論的基礎づけとして重要であるが、のみならず、教育や学習という営みの基礎的構造を明らかにするものとしても注目に値する。すなわちディルタイによれば、他者や自己の生の「理解」は、自然科学的な対象の理解とは異なり、生の「表現」に自己移入し、その背後にある「体験」を追体験することにより可能になる、という。そのとき追体験は、先立つ体験を単に受動的になぞるのでもなければ、逆に自らの枠組みに一方的に合わせるのでもなく、先立つ表現の地平と自らの地平とを行き来してそれらを融合させる、対話的で創造的な過程である。このような追体験の「解釈学的」構造は、教師が子どもを理解する際にも、子どもが既存の文化を学習する際にも妥当するのである。⇒ディルタイ　　　（西村拓生）

通級指導

　小学校・中学校段階の普通学級（通常の学級）に在籍する児童生徒で、通常学級での学習に参加できるが、一部心身の障害に応じた特別の指導を行う必要がある者を、特別の教育課程において指導すること。法的根拠は、学校教育法施行規則に定められ、1993（平成5）年から通級による指導が開始された。発足当初の対象児童生徒数は約1万2,000人であったが、2017年には約10万9,000人と年々増加している。通級による指導の対象となる児童生徒の障害の種類は、言語障害、自閉症、情緒障害、弱視、難聴、その他心身に故障のある者（肢体不自由、病弱者、身体虚弱者等）である。なお2006年3月、「学校教育法施行規則の一部を改正する省令」の公布、および「学校教育法施行規則第73条の21第1項の規定による特別教育課程について定める件の一部を改正する件」の告示により、同年4月より、通級指導対象者に、学習障害（LD）、注意欠陥多動性障害（ADHD）が加わることとなる。「平成29（2017）年度通級による指導実施状況調査」によると、指導時間割児童生徒数は、週1単位時間が53.3％、週2単位時間が33.2％である。設置学校数は2017年度では5,283校と、前年度より増加している。⇒ADHD、LD　（高玉和子）

通信教育

　通信教育は、一般に教育というと想像するような教える側と学ぶ側が同一の時空間にいるのとは異なり、教える側と学ぶ側が直接その場に居合わせずとも成立する教育の在り方である。通信教育の形態としてまず挙げられるのは、高校および大学における通信制の課程である。学校やキャンパスに通うことなく、自宅などで添削指導を中心に学習を進め、試験によって単位を修得し、一部の単位はスクーリングによって修得し、卒業要件を満たして卒業することができる。現在では高校の通信課程は不登校になった生徒にとって重要な存在であることも見過ごせない。大学の通信課程には特別に放送大学もある。通信教育の利点は、場所と時間を限定されずに学習者のペースによって学習を進めることができる点にある。そのため生涯学習の手法として適合的で、企業によるさまざまな通信教育の形態がある。また受験を目的とした新教育産業

による通信教育も存在する。現在ではインターネット上にバーチャルキャンパスを設ける大学が出現しており、今後通信教育はe-Learning などの導入によって飛躍的な発展の可能性を秘めている。

⇒e-Learning　　　　　　（池上　徹）

通信制高等学校

　通信制高等学校とは、学校教育法第4条（1947 年）に「通信による教育を行う課程」と規定された高等学校通信制課程のことを示す。当初、勤労等にある青少年に対する高校教育の保障が目的とされた。その後、全日制・定時制課程を中途退学した生徒の編入学先として、あるいは高校教科科目の範囲を越えた生徒の興味関心に応じる場としても注目されている。例えば、「全日型（週1〜5日間の中で生徒が通学回数を選択）」の通学形態を採用することで、全日制に類似した日常生活の場を保障しつつ、不登校経験者や学校外での積極的な活動を希望する生徒等の多様なニーズに応じている。また、「広域の通信制の課程（学校教育法第 54 条）」では、全国的に設置される協力校（サポート校）での支援を得ながら、制度を柔軟に活用した教育を提供している。しかしその一方で、どのように高校教育の質を確保するかという点で課題が指摘され、その対応が求められている。⇒定時制高等学校　　　（山田朋子）

通俗教育

　明治期に行われた、現在の社会教育にあたるもの。内容的には教化色が強かった。「通俗教育」という用語が最初に公的に取り上げられたのは、1886（明治19）年の文部省官制が定められたときで、学務局第三課の所管事項に甄定されている。ことばとしては一般の人々に国が与える通俗平易な教育という意味だが、「思想の善導」や上からの「教化的統制」など国民に対する体制的秩序への同化政策として組織され制度化されたものであり、戦時下には思想的動員だけではなく、徴兵、徴用、供出に進んで応じる「総動員」活動として存在した。通俗図書館、展覧会、博物館、講演会、幻灯・活動写真・読み物などを含めた教育活動となっていた。1921（大正 10）年に文部省官制が改正され、行政の上で「通俗教育」は「社会教育」という公用語に改められた。戦前の教化主義の要素をもつ社会教育への反省から、戦後制定された社会教育法では「国民の自己教育」を理念とし、社会教育行政の及ぶ範囲は限定された。

⇒社会教育　　　　　　（倉持伸江）

通知表

　「通信簿」、「あゆみ」などの名前で呼ばれることもある、学期末に教師が生徒を評価し、保護者に報告する成績や学習状況の一覧表を指す。原簿となる指導要録は法令上の規定があるが通知表は学校の裁量であり、いろいろな工夫がある。その報告書は、教科の成績や出席状況、行動の記録というような学習態度や意欲に関する教師の所信など、生徒が学校でどのような評価や記録をされているかがわかるような内容になっている。通知表の意味は、第一に学校に教育を委託している保護者に対して、教師による生徒評価を報告するという意味をもつ。しかし、第二にそれは、教師からの一方的な通知ということではなく、自分たちの実践の説明責任を保護者に対して果たすというような意味合いをもつようになってきている。また、通知表は、単に個人の位置を確認する総括的な評価としてではなく、個々の子どもの進度を見極め、次の指導にどう生かすかというようなフィード

バック機能を求められるようになっており、評価項目の細目化、規準の明確化というようなことが求められるようになっている。　⇒指導要録　　　　　　（浅沼　茂）

◆ て ◆

TIMSS（国際教育到達度評価）

国際教育到達度評価学会（IEA）による国際数学・理科教育動向調査（Trends in International Mathematics and Science Study）のことで、1964年より継続的に行われているが、TIMSSとなったのは1995年からで4年ごとに調査している。これは第4学年と第8学年（中学2年）の児童生徒の数学および理科の教育到達度を国際的な尺度によって測定し学習条件等の関係を研究するものであるが、児童生徒の調査だけでなく教師や学校に対する質問紙調査も行っている。2003年度調査には46カ国・地域が参加した。わが国の結果は1999年の調査と比べて成績の順位ではおおむね変わらず国際的に上位を占めている。しかし、中学生の数学あるいは理科の学習について積極的な姿勢を示すものの、割合が多くの質問項目で国際平均と比べて20ポイント以上下回って、調査国・地域の中で最下位グループに属しているという、わが国理数教育の深刻な状況が明らかにされた。　⇒PISA　　　　　　　　（藏原清人）

DSM-5

DSM-5（Diagnostic and Statistical Manual of Mental Disorders,Fifth Edition）は、アメリカ精神医学会（APA）の精神疾患診断・統計マニュアルである。DSM-Ⅰ（1952）、DSM-Ⅱ（1968）、DSM-Ⅲ（1980）、DSM-Ⅳ（1994）、DSM-5（2013）と改訂を重ね、現在は19年ぶりに全面改訂された、DSM-5（2013）が用いられている。DSM-Ⅲ（1980）にて、操作的診断基準が設定され、多軸評定システムが採用されたことにより、アメリカ合衆国のみならず、世界的に非常に広く用いられるようになった。

操作的診断とは記された複数の症状の特徴に当てはまるかどうかで診断を下すことができる方法で診断の客観性、信頼性を高めることが利点である。DSM-5（2013）では多軸評定システムが廃止され、精神症状に影響している身体疾患も併せて記載され、ICD-CMコードを使用することが変更事項である。DSM-5（2013）における大きな変更点の一つが、広汎性発達障害から、自閉症スペクトラム／自閉症スペクトラム障害に変更したことであり、下位分類の廃止（アスペルガー障害等の呼称を廃止）し、自閉症スペクトラム／自閉症スペクトラム障害に統一した。また支援のレベルに応じた重症度水準（levei1~3）が新設された。　（福田真奈）

停学

停学とは、定められた期間学校への登校や授業など学習活動への参加を停止されることをいう。学校教育法施行規則第26条第2項により、生徒・学生に対して校長（大学では学長及び学長の委任を受けた学部長）が懲戒として行う。ただし、義務教育期間の学齢児童または学齢生徒には行うことができない。高校では、喫煙や飲酒、暴力行為、過度の校則違反、素行不良などにおいて、必要と判断される場合、懲戒としての停学処分がなされてきた。従来、その多くは自宅謹慎（自宅学習）とする方法が取られていたが、教員の目が届かない自宅での謹慎の有効性が疑問視されるに至った。その結果、近年では学校内謹慎（他の生徒に

接触しない時間帯に登校し、別室での自主学習や個別指導による学習）による停学処分がなされる場合も多い。処分内容については、生徒や学生への教育上の配慮をもって、適切な期間、有効性の高い方法が決定されるよう、可能な限り最大の判断材料をもってなされなければならない。⇒出席停止、退学　　　（山田朋子）

帝国大学

　第二次世界大戦以前の官立総合大学の総称。1886（明治19）年3月2日公布の帝国大学令によって創設された。創設にあたっては、司法省の法学校、工部省の工部大学校、農商務省の駒場農学校等、各省が有していた高等教育機関が文部省に移管された。帝国大学令では、目的は「国家ノ須要ニ応スル学術技芸ヲ教授シ及其蘊奥ヲ攻究スル」と規定され、国家との有機的な結合が企図されていた。1897年6月、京都に第2の帝国大学が設置され、以後、東北（1907）、九州（1910）、北海道（1918）、大阪（1931）、名古屋（1939）と増設された。なお、植民地の朝鮮および台湾に、京城帝国大学、台北帝国大学が設置された。帝国大学令は1947（昭和22）年9月に国立総合大学令と改称され、大学名称から帝国の文字が外された。国立総合大学令は1949年5月の国立学校設置法の制定に伴い廃止され、ここに戦前の学校体系の頂点に君臨した帝国大学は消滅した。（船寄俊雄）

定時制高等学校

　学校教育法第53条第1項は、「高等学校には、全日制の課程のほか、定時制の課程を置くことができる」と定めている。全日制は平日の昼間に通常の課程で授業が行われるのに対し、定時制は夜間もしくは昼間特別の時期・時間に授業を行う

ことが多い。近年では、両者を組み合わせた多部制の定時制課程も誕生している。修業年限は4年以上となっていたが、1988（昭和63）年に3年以上と改正された。両課程の教育内容および程度は法律上まったく同じであり、単位数も80単位以上と同一である。全高等学校数4,897校のうち全日制が4,258校、定時制が167校、併置校（全日制と定時制の両方の課程を設置している学校）が472校である（2018年度）。生徒数は約8万5,000人で全日制生徒との割合はおよそ37対1となっている。定時制高等学校は、戦後、勤労青年に全日制高等学校と同一の高校教育を保障するという機会均等の理念に基づいて成立したが、現在では、全日制に進学できなかった者や全日制中退者が入学者の大半を占めている。技能連携制度や定通併修制度（通信制課程で習得した単位を卒業に必要な単位に含めることが出来る制度）など生徒の負担軽減のための制度が設けられている。

　⇒通信制高等学校　　　（藤井佐知子）

ティーチング・マシン

　プログラム化された教材を学習者の個別の反応に従って連続的に提示できるようなシステムをもった学習機器のこと。1950年代に心理学者スキナーがオペラント条件づけの原理をもとに試作品をつくり、画期的な教授教具として注目された。一斉授業は児童生徒の受身的な学習を促しかつ個々の能力や知識に応じないという批判の高まりの中で、わが国でも導入されて研究が進められた。ティーチングマシンは、学習のつまずきを考慮したアルゴリズムに基づいて学習内容がスモールステップに分けられて配列されており（簡単な項目から難しい項目へ）、児童生徒が自分のペースでそれらに一つひとつ答えていき、正しい答えや考え方へ

と促されていくことが特徴である。最近のコンピュータの発達に伴って、ティーチングマシンの有効性を生かした CAI（computer assisted instruction）の開発が進められている。⇒オペラント条件づけ、CAI、スキナー　　　　　　　　　　（重松克也）

ディベート
debate

　特定のテーマに関する肯定、否定の立場をとり、その是非について討論をする形式のことをいう。肯定・否定のいずれの論理をも経験することにより、相手の立場や考え方をより深く理解することを目指すものである。この方法は、人間の心理として、一つの意見や考え方をさまざまな要因を考慮することなく信奉し、一方的に他者を排斥するようなドグマに陥るような傾向に対して、自己の考え方を反省的に客観的にみつめ、より深いレベルから自己の判断を引き出すことを目指している。その形は、グループによって甲乙を競う場合もあるし、一対一の個人戦もあり、時間の長さ配分も多様である。このような肯定・否定の役割をとることにより、また、自分の意見とは異なる立場や役割をとることにより、相手の立場をより深く理解し、さらに、自分の考え方を客観的にみつめることも可能にする。したがって、勝ち負けを競うことが目的ではなく、自己への気づきが大切である。　　　　　　　　　　（浅沼　茂）

ティーム・ティーチング

　通称 TT とも呼ばれ、教師が複数のチームとなって個別化した学習を推進するための組織運営として、定着しつつある。ティーム・ティーチングの多くの形は、同じ教科での習熟度別の個人差に対応し、二つから四つのレベルに分けてそれぞれの個人差に対応して指導の方法を変えるやり方である。とくに、数学や算数においてこのやり方がとられる場合が多く、個人差に対応し、成果を挙げているという報告は多い。また、習熟度のレベル分けをすることなく、同じ教科で教師が一斉に話をする役割と個別の子どもの変化を確認するというような分業体制をとる場合もある。また、教科を合わせて、例えば、律令体制の政治制度とその中で生きる平安時代の人々の生き方を文学から学ぶというような合科型のティーム・ティーチングもある。このようなやり方は、教室がオープン型の新時代の学校建築様式においてさらに支えられるようになっている。　　　　　　　（浅沼　茂）

ディルタイ
Dilthey, W. 1833～1911

　ドイツの哲学者。ライン河畔ビーブリヒに生まれる。ハイデルベルグ大学、ベルリン大学で学び、バーゼル、キール、ブレスラウ、ベルリン各大学の教授を務めた。ドイツの精神史についての研究から始まり、精神科学の方法論的基礎づけを目指し、解釈学を方法論的基盤とする「生の哲学」を展開した。ディルタイの生の哲学は人間の生きる現実に内包された意味の連関の「理解」を解釈学的方法によって遂行するものであり、それゆえに教育学は人間形成の学としてディルタイにとって最も重要な研究課題であった。既成の普遍妥当性をうたう学問や原理、規範などから教育学を演繹的に理論化するのではなく、理論に先行する教育実践から理論形成を行おうとする彼の教育思想はノール、リット、シュプランガーらによって発展され、現在もなお、大きな影響を与え続けている。⇒シュプランガー　　　　　　　　　　　　（荒井聡史）

適応・不適応

生活体が周囲の環境に合うようにバランスをとること、またその状態のことを適応という。生活体のもつホメオスタシスのような生理的機能を重視する場合は、生物学的適応といい、社会や環境との中で欲求が満足され、円滑な関係を築いている状態は社会的適応という。一方、環境と生活体とのバランス関係が乱れた状態のことは不適応と呼ばれ非行や犯罪といった社会秩序を乱すものや疾病といった形であらわれる。適応・不適応という概念は、社会や個人にとっての望ましさという価値観を含むため、歴史・文化的に規定される要素も多い。また、適応・不適応は、環境と生活体とが相互に影響を及ぼしあった結果起こる状態であるため、不適応状態から適応状態に移行するには生活体自体に働きかけていくと同時に、環境の調整を行うことも必要となる。
（宇田川香織）

テクニカル・スクール

イギリスにおいては、1944年教育法に基づき、戦後、中等学校が三つに分岐するが、その中の職業・技術系の学校である。1938年に、普通教育中心のグラマー・スクールとは違う、普通教育と職業教育を併せて行う中等教育機関が提案され、その後のテクニカル・スクール誕生を方向づけた。その多くは、ジュニアテクニカル・スクールやセントラルスクールを前身とする。正式には中等テクニカル・スクールといい、普通教育を中心に、中等職業・技術教育を提供した。名称にテクニカルが用いられるが、教育内容は技術だけでなく、商業、農業などを含んでおり実態は学校によってさまざまであった。グラマー・スクールが主として大学進学準備をするのに対して、テクニカル・スクールは、卒業後に就職を望む者から、継続教育機関でより上級

の教育を望む者、大学進学準備を希望する者までを対象にした多様な教育を担ってきた。1960年代半ばの中等学校の総合制化によって、そのほとんどが総合制中等学校に統合された。（末松裕基）

デジタル教材

学校や家庭で時間・空間の制約なく、既存の教科書、参考書、問題集、辞書辞典などの内容を含み、これらをデジタルデータで表現された静止画、動画、コンピュータ・グラフィクス、シミュレーションなどを使用して表現し、多様な相互作用機能と、学習者の特性や能力水準にあった学習ができるようにした教材のことを指す。教師が学習指導したり、学習者が自身で学習したりするために、電子黒板やコンピュータなどを通して利用する。一般的には、従来の図書教材や視聴覚・放送教材等（いわゆるアナログ教材）に対して、コンピュータなどの電子機器（デジタル機器）を通して利用するコンテンツを指して用いられている。
⇒視聴覚教育　　　　　　　（村松遼太）

デス・エデュケーション（死の教育）

英語でいう"death education"の定訳はないため、「デス・エデュケーション」、「死の教育」、「死の準備教育」と表記されることが多い。この概念は、日本では、上智大学教授のアルフォンス・デーケンによって提唱された。健全な死生観を与え、死を知ることで命の重みを理解し、死を学ぶことで限りある「生」を充実させることの大切さに気づく生の教育ともいえる。近代医療の進歩による病院内での死の急増、生命維持装置の開発や脳死の問題など死の定義の曖昧化、高齢化社会による老人の死に対する関心の高まりなどを背景に、この概念に関心がも

たれはじめてきた。わが国でも、デス・エデュケーションの必要性は高まっており、生涯教育の一つの学問領域として発展する可能性は高いが、一方でデス・エデュケーションの本来の意義が理解されない場合、単に死を身近なものにすること、死に対するハードルを低くすることだけが広まってしまう危険性もある。また、欧米で生まれたデス・エデュケーションの方法を日本の文化、感情にあったものに変化させていくことも重要である。

⇒生涯教育　　　　　　　　　　（宇田川香織）

手塚岸衛
てつか・きしえ、1880～1936

栃木県出身の実践家であり、大正新教育運動の指導者の一人。栃木県師範学校、東京高等師範学校を卒業後、各地の師範学校に赴任し、1919（大正8）年千葉県師範学校附属小学校主事となる。親交のあった教育学者篠原助市の影響もあり、新カント派の教育学に依拠して、「自治」や「自学」を理念とする「自由教育」の実践に取り組んだ。「八大教育主張」の一つとして、「自由教育論」を唱えた。1924年、千葉県を拠点に全国的な教育運動団体として白楊会を組織。雑誌『自由教育』を創刊して新教育運動をリードしたが、茨城県で講演活動が妨害されるなど、自由教育への弾圧も厳しくなった。1926年大多喜中学校長として転出した後も、排斥運動などに遭い、1年2ヶ月で辞職。1928（昭和3）年、自由ヶ丘学園（東京）を創設したが、財政難と病気を抱え、回復に至らず死去するに至った。主著に『自由教育真義』（1922）がある。
⇒大正新教育運動、八大教育主張、篠原助市
　　　　　　　　　　　　　　　（遠座知恵）

丁稚奉公

江戸時代頃に商家で行われていた経営の才をもった商人を養成する修行のこと。「他人の飯を食う」「可愛い子には旅をさせ」という考えに基づいたもので、立派な商家の子でも丁稚［でっち］奉公に出された。商家ではまず親類・縁者、取引先からの推薦で雇い入れる雇人を丁稚といった。だいたい10歳前後にお目見えということで入る。雇主が気に入ればその子どもについて一切責任を負うという請状[うけじょう]を出す。その子の給金は親に渡すのである。丁稚になれば最初は子守、拭き掃除、主人のお供などさまざまな雑用をさせられる。この期間はタバコは禁止、羽織は着られず、足袋もはけなかった。15～16歳になると半人前扱いになり幼名が改められる。18～19歳になると元服となって一家一族に披露される。このとき手代となる。この頃になると番頭の手伝いで仕入れや売り捌きの仕事にかかわるようになる。ときには商売の駆け引きも覚えさせられ、何をしても大きな失敗もなくできるようになると番頭に昇格する。それは30歳の頃である。番頭としてしばらく勤めたあと主家から暖簾分けをしてもらって別家としての店を出すに至るのである。　　　　　（大淀昇一）

デューイ
Dewey, J. 1859～1952

アメリカにおけるプラグマティズムの哲学を創始した哲学者の一人であり、進歩主義教育運動を理論的にリードした教育学者でもある。1894年にシカゴ大学で、哲学・心理学科の主任として招かれたが、2年後の1896年に同大学附属実験学校を開設し、子どもの作業活動と社会的生活経験の広がりを中心とする教育実践を行った。この実践によって、デューイは、アメリカにおける新教育運動の理論的指導者としての地位を確立した。実験学校は1903年まで続いたが、その成果は、1899年に出版された『学

校と社会』で詳細に報告されている。そこでは、科学技術の進歩と産業社会の発展を見据えながら、伝統的な共同体の生活に密着していた子どもの'作業活動（occupation）を、新しい時代の学校にどう生かすかという視点からカリキュラムが構成され、作業活動は社会的、科学的側面にまで発展すべきものとして位置づけられている。『学校と社会』では、これからは子どもが太陽となるべきだという趣旨のコペルニクス的転換が述べられているが、それは必ず'も児童中心という意味ではなく、伝統的な共同体を引き継ぐ新しい都市型のコミュニティ形成という文脈の中で、子どもが興味や関心に基づく社会的、科学的諸活動を行うという意味である点に留意しておきたい。1904年に、デューイはコロンビア大学に移るが、プラグマティズムの立場から幅広い社会的活動を行いながら、『民主主義と教育』（1916）．『人間性と行為』（1922）、『経験と自然』（1925）など数多くの著作を残した。

⇒新教育運動、プラグマティズム（高橋　勝）

■ デュルケーム
Durkheim, É. 1858 ~ 1917

フランスの哲学者、社会学者。父とその家系は代々ラビ（ユダヤ教の法律学者）で、デュルケーム自身も当初は家の伝統を受け継ごうとしていた。ラビになることへの思いは早くも捨て去られるが、ラビの家系に育ったことは後の彼の社会学的思索に大きな影響を与えた。彼はコント（Comte, A.1798 ~ 1857）の実証主義を受け継ぎ客観主義の社会学を発展させ、「社会学の父」と呼ばれる。

デュルケームの社会学者としての業績は『社会分業論』（1893）や『社会学的方法の基準』（1895）等に明らかであるが、とくに後者では社会的事実を「物」として考察することを特徴とする。デュ

ルケームは社会学者として研究を進める傍ら、教育学の講義を 1887 年から 5 年間、ボルドー大学で担当した。また 1902 年にパリ大学文学部に移ってからは、14 年間にわたり「教育の科学」の講義を担当した。今日知られている『教育と社会学』『道徳教育論』『フランス教育思想史』などは、いずれも彼がパリ大学在職中の講義であり、彼の死後、弟子たちの手によってまとめられたものである。ちなみに『道徳教育論』は初等教員を対象にしたものであり、また『フランス教育思想史』は中等教育以上の高度の教授資格を目指す者を対象にした講義録であった。

デュルケームが目指したもの、それは、それまで哲学の一分野として位置づけられていた教育学を、社会学を支えにして科学化することであった。パリ大学時代以来の「教育の科学化」は、社会学に依拠した研究である。デュルケームは、現実の教育実践は、教育の科学的な研究によって評価されるべきではないとし、「教育の科学」を「教育学」から明確に区別した。しかし「教育の科学」と、教育実践に反省の契機を促すような手だてを提供する「教育学」は、教育学をめぐる理論と実践の問題として、表面的には二項対立的な関係をなしてはいるが、デュルケーム自身においては密接に結びついていたのである。　（金田健司）

■ 寺子屋

江戸時代に普及した初等教育機関。手習塾・手習所とも呼ぶ。室町時代の寺院での俗人教育を起源とし、庶民や武士の子どもに読み書き算の基礎教育を授けた。戦国時代以来の経済の発展と、江戸幕府が全国に浸透させた文書主義の統治などにより、庶民層でも証文・文書・書状を取り扱い計算を行う必要が増え、教育要求も増大した。幕末までに全国で 5 ~ 6 万

以上といわれる寺子屋が開業した。寺子（生徒）の入退学は随時で、5〜6歳から13〜14歳ないし18歳ぐらいまで在籍する例が多く、往来物や習字手本を用いた個別指導が授けられた。師匠は1〜2名のところが多く、武士・僧侶・神官・富裕層などが主で、都市の一部地区を除いて大多数は男性であった。無償で教える例もあったが、多くは束脩［そくしゅう］と呼ぶ礼物・礼金や季節の金品を集めて経費や師匠の生活費などに充てた。（橋本昭彦）

■ 転移
transfer

前に行った学習が後に行う学習に影響を与えること。前に行った学習が後の学習を促進する場合、例えば計算方法の習得によって算数の文章題の学習が促進される場合を正の転移と呼ぶ。一方、前に行った学習が後の学習を抑制する場合もある。例えば、間違った漢字の書き順に習熟してしまうと、あとから正しい書き順を覚えようとしてもうまくいかない。このようなケースを負の転移と呼ぶ。さらに、左手で習熟した技能が右手でもできたり、右足で習熟した技能が左足でもできるようになることがあり、これを両側性転移という。ちなみに、過去の体験が現在の人間関係に持ち越されることを転移と呼ぶ場合もあるが、これは精神分析学の用語であり、学習における転移とは異なる。（今野裕之）

■ 田園教育舎
Landerziehungsheim

古典語教育を重視する伝統的中等学校の硬直性が19世紀末に西欧諸国で厳しく批判されるようになった。この批判を受けてレディ（Reddie, C. 1858〜1932）、ドモラン（Demolins, E. 1852〜1907）、リーツ（Lietz, H. 1868〜1919）等によって設立された新学校である。①退廃した悪環境である都市を忌避し田園で生活させる。②知識・技術の伝授である教授ではなく、調和的な人格形成を目指す教育の機関である。③昼間のみではなく夜間をも教育時間とする寄宿制共同生活の機関である。これら三つの特徴が名称の由来である。午前の理論的・実際的な授業、午後の作業教育、競技、芸術活動、夕方の討議、礼拝、寄宿舎での共同生活（プリーフェクト制、ファミリー制、僚友制）などを通して「鋭く思考し、温かく感じ、強く意欲する」調和的に発達した人間の形成を目指した。学校運営の諸問題、生徒自治、男女共（別）学、国家観、民族観等の点で指導者の見解は家父長制的復古主義から民主主義までまちまちであり、このことが数度の分裂・離反の原因となった。現在も、田園教育舎の系譜をひく学校がドイツ各地で特色ある教育活動を展開している。（川瀬邦臣）

■ 点字

点字とは、視覚障害者が触覚で読む字で、盛り上がった縦6ミリ横4ミリの長方形の空間である枡に2行3段、計6個の半球状の点の組み合わせによってあらわされる音標文字である。1個の枡の中に6点の組み合わせで国語の50音を、2枡を使って拗音、濁音、促音などを表記できる。また、アルファベット、数字、楽譜などすべての表記が可能である。この点字は、1825年ブライユにより音譜の表記として点字が考案され、後にアルファベットの6点式点字として普及した。日本では、1890（明治23）年に石川倉次の考案した日本語の6点式点字が、東京盲唖学校（現筑波大学附属視覚特別支援学校）で採用され、視覚障害児教育に利用されるようになった。その後、日本式点字は1901年から官報、1926（昭和元）年から衆議院選挙に使用されはじめた。

1940年には日本盲人図書館(現日本点字図書館)が開設、1966年には点字表記法の制定機関として「日本点字委員会」が発足し、点字にかかわる公的な環境が整えられた。現在、視覚障害児教育以外に、点字新聞、歩道や公共施設の点字ブロックや缶ビール、シャンプー、券売機、紙幣に併記されている。また、パソコンの周辺機器として点字プリンタや点字ディスプレイも普及している。　　　(矢島卓郎)

電子黒板

電子黒板とは、プロジェクタやディスプレイなどでパソコンの画面を表示し、表示された画面をペンや指で触れることによってパソコンを操作したり、文字や図形を電子的に書き込んだりすることができる装置のことを指す。教材を拡大表示することが最も基本の機能であり、提示した教材にマーキングや補足説明などを直接画面に書き込むことができる、タッチ操作などにより提示されたある部分を拡大する・移動することができる、提示されたものを保存・再表示することができる、などの機能がある。設置・投映方法で分類すると、移動式の電子黒板スクリーンの前にプロジェクタを設置する移動式・前面投影型、電子黒板スクリーンを壁に設置してプロジェクタを天井から吊り下げる壁・天井固定型、キャスター付きテレビのように教室への移動が可能である一体型の、三つのタイプがある。　　　　　　　　　(村松遼太)

電子メール
e-mail

インターネット回線を利用して、パーソナルコンピュータ、スマートフォン、タブレット端末、携帯電話を使用し、文章や写真、データなどをやり取りする通信方法。発端は1990年代にアメリカにおいてすべてのコンピュータを、高速通信回線で結ぶ「情報スーパーハイウエイ構想」だが、その後民間によって整備されたインターネット回線の普及により、飛躍的に普及した。文字、写真、さまざまな添付データだけではなく、音声や動画などによる、いわゆるテレビ電話のような利用方法も可能である。電子メールの普及により、国内だけではなく海外へも時間差なく、瞬時に文字や写真、データなどを送信することが可能になり、それにより通信販売なども飛躍的に普及した。しかし電子メールの特性を悪用し、さまざまなウイルスメールや、悪質ないたずらメールなども発生しているため、便利な反面、その使用には十分な対策が必要である。　　　　　　　　(野末晃秀)

伝統音楽の教育

教育課程審議会の1996(平成8)年の答申事項の一つ、「わが国や諸外国の音楽文化についての関心や理解を一層深める表現活動及び鑑賞活動の充実を図る(後略)」を受けて、音楽科教育における伝統音楽の教育の充実は、今日的教育課題の一つとなっている。これからの国際社会を生きる子どもたちにとって、わが国で長い間人々に親しまれてきた伝統音楽にふれる機会は、音楽観の拡大を促し、豊かな音楽性の育成に資するものと捉えられる。伝統音楽という用語にどんな音楽ジャンルを含めるかは、論者によりさまざまであるが、音楽科教育の教材として小学校では、わらべ歌、地域の民謡や和太鼓などお囃子の音楽、箏曲、尺八音楽など、中学校では雅楽、能楽、歌舞伎の音楽などが取り上げられることが多い。1998年告示の中学校学習指導要領に、「和楽器については、3学年間を通じて1種類以上の楽器を用いること」の一文が入り、和楽器の指導がにわかに脚光を

浴びつつあるが、学校現場における楽器の整備や教員の伝統音楽に対する意識改革など課題は多い。子どもたちの柔軟な音楽的感性に訴える、伝統音楽の本質を捉えた授業づくりが望まれる。

⇒音楽科教育　　　　　　　（本多佐保美）

転入学

種類や程度の同じほかの学校の相当学年に学籍を移すことを転学といい、これを受け入れる学校からみたとき転入学という。種類や程度が異なる学校等に学籍を移す場合は編入学という。児童生徒の住所変更に伴う公立小中学校への転入学の場合には、住所変更の届出を受けた市町村長が当該市町村の教育委員会に通知し、同委員会が市町村内の就学校を指定して、保護者に転入学の期日を通知する（学校教育法施行令第4〜6条）。また、住所変更による転入学のほか、地理的・身体的な理由やいじめの対応など児童生徒の具体的な事情に即して、保護者の申立により市町村教育委員会が就学校の指定を変更する場合がある（同令第8条）。高等学校の転入学については、「転学先の校長は、教育上支障がない場合には、転学を許可することができる」（学校教育法施行規則第92条）ことと定められている。⇒編入学　　（上原秀一）

◆ と ◆

統一学校運動

宗派、階級、性、教育内容などの差異に応じて設けられていた複線型学校体系をすべての国民子弟に等しく教育機会を与える単線型学校体系に変革することを要求する運動。西欧諸国の学校制度は、19世紀末まで被支配階級のための初等教育系統と支配階級のための中等教育系統とが分立する複線型学校制度であった。19世紀末から第一次世界大戦後にかけてこの制度の階級的・非民主的な性格が批判され、両系統を接続させて単線型学校体系の実現を目指す統一学校運動が推し進められた。ドイツではドイツ教員組合などがすべての国民に共通の初等教育の実現を要求した。ワイマール憲法（1919）において宗派や社会的地位にかかわりなくすべての国民に共通の基礎学校（翌年の基礎学校法で4年制と規定）が法制化されはしたが、不徹底性を残した。フランスでは第一次世界大戦終結直後に結成（1919）されたコンパニヨン協会が8年制の統一学校とその教育内容・方法のプランを構想したが、カトリック団体や伝統的中等学校教師など保守勢力からの強い抵抗を受け、その実現は第二次世界大戦後を待たなければならなかった。⇒単線型学校体系、複線型学校体系　　　　　　　　　　　　（川瀬邦臣）

同化教育

同化とは多くの場合、多数者に少数である他者（マイノリティ）が、その性質、態度や思想を変質させられることにより、その社会や集団と同様な性質を獲得させられることである。また多くの場合、同化される側は自らの特性を半ば強制的に放棄させられることになる。したがって同化教育は、征服された国家や地域、植民地での先住者に対して行われるものから、今日では移民として他国に入ってきた人々に対して、その社会で生存し、仲間入りするために与えられるものとなる。移住者である他者は、移住地での安全な生存と社会的な成功のためには、その地の社会習慣に馴染まねばならないし、ときに成功が得られるということから、むしろ自ら積極的にその地の社会習慣や行動原

理を受け入れる場合もある。しかし、そのような場合においても、当事者が本来有していた、言語、宗教そして生活習慣などを放棄せざるを得ないがゆえに葛藤を経験し、強い反発を招くことになる。戦前の朝鮮半島で行われた皇民化教育(皇民化政策)はもちろん同化教育であるが、今日、ヨーロッパ諸国でみられるような、移民への社会参加を目指した統合(化)教育も、その出身文化を否定するような場合には、同化教育となっている、と考えられねばならないだろう。　　　　　　(吉谷武志)

動機づけ
motivation

　人が何か行動を起こすとき、そこには行動を起こさせる心理的な推進力があると考えることができる。このような推進力を動機と呼び、動機によって行動が開始され、継続される一連の過程を動機づけという。動機づけに関してはマクドゥーガルによる古典的な本能論やローレンツの生物学的動機づけ論などがあるが、教育実践との関連でいえば、内発的動機づけについての理論と、マズロー(Maslow, A.H. 1908〜1970)による自己実現の理論が重要と考えられる。①内発的動機づけ:ある活動そのものが目的となったり、活動から直接もたらされる快感情が目的となって行動が引き起こされる場合、その行動は内発的動機づけによって引き起こされているとみなせる。例えば、勉強が面白くて勉強している場合は内発的に動機づけられているといえるが、志望校に合格するために勉強する場合は内発的とはいえない。ディシの自己決定の理論では、内発的に動機づけられているほうが心理的適応状態がよいとされている。その一方で、何らかの外的報酬によって動機づけられることを外発的動機づけという。おこづかいをもらうために家事の手伝いをしたりすることがこれにあたる。

②マズローの自己実現論:マズローによれば、ありのままの自己でありたい、本当の自己を表現したいという欲求が人間にとって最高の欲求である。そのためには、より低次の欲求(生理的欲求、安全の欲求、所属の欲求、自尊欲求)が順に満たされる必要があるという。
　⇒自己実現、マズロー　　　　(今野裕之)

討議法

　討議法とはディベートやパネルディスカッションなど形式の決まったものを含む多様な話し合いの方法を指す。学校教育においては、討議法を身につけること自体を学習の目的とする場合と学習の手段として使われる場合とがある。目的としての討議法は、特別活動の領域で集団決定のための議題の決め方、司会進行の仕方、質問の仕方、意見の出し方、発言のまとめ方などを身につけさせるために、学級会活動や児童生徒会の委員会などで、実際に即して指導する場合である。それに対して、各教科の授業過程で全員参加による学習を展開するために、学級を小集団に分けて話し合いをさせる学習法をとる。その典型的なものはバズ学習方式で色々な話し合いの内容形式によって多様なバズ形式を授業に導入する。そのほかにも、小集団学習、協同学習、集団学集、自主協同学習などと呼ばれる学習指導には学習の効率化や人間関係づくり、学習者の自発性の育成などの目的で討議法が導入される。　　　　　　　　　(髙旗正人)

統合学習

　教科学習で得た知識・技術を統合し、生活の中で生きた力として発揮させる学びの手法。学校教育において教科が細分化されればされるほど、そこで得られる学力はますます特化したものになってい

く。そこで、教科学習で得た学力を統合する生活の場面を積極的に提供する機会が必要になる。統合学習は、子どもが学習活動を自ら企画し、その実現のために、それまで得てきた体験や教科学習で獲得した知識・技能を学校生活の中で行動として実際に生かしていくことを目指す。形態としては、個々人の個別的な学習と、仲間と共同で課題を設定する集団的学習の二つがあり、その双方を調和的に位置づけていくことが必要である。統合学習は、教科学習と二律背反の関係ではなく、また目的と手段との関係でもなく、相互補完的な関係にある。考え方としては、現在の「総合的な学習の時間」に相当する。「総合的な学習の時間」は学習指導要領が適用されるすべての学校で行われるカリキュラム上での自発的・横断的・総合的な課題学習の時間を指すが、統合学習はより広義の名称であり、学校生活全般に及ぶ。個々の学校独自の教育の目玉として用いられることも多い。

⇒総合的な学習の時間　　　　　（大沢　裕）

統合教育

　障害をもつ子どもと障害のない子どもを同じ場所で教育しようとするものであり、通常学級で同じように教育を受ける形態をいう。インテグレーションとも呼ばれる。1970年代に障害者と健常者とがお互いが特別に区別されることなく、社会生活をともにするというノーマライゼーションの理念と実践が世界的に浸透したことを背景に、日本でも障害児を通常の子どもたちから分離せず、通常の子どもの中で教育するという統合教育の必要性が叫ばれる風潮へとつながり、しだいに実践が増加していった。しかし、通常学級における障害児が特別に配慮された教育が実施されているとはいえず、場の統合だけによる教育の弊害が指摘され

てきた。このような問題を解決する考え方として、1990年代から、インクルージョン（包括的教育）が提唱されるようになった。インクルージョンは、障害の有無にかかわらず、通常学級の中で一人ひとりの教育的ニーズに応じた教育（特別ニーズ教育）を実施するものであり、日本でも2007（平成19）年から「特別支援教育」が完全実施されることとなった。

　⇒インクルージョン、インテグレーション、特別支援教育、ノーマライゼーション（丹　明彦）

動作法

　動作を基礎においた心理学的な指導法のこと。1960年代後半、成瀬悟策により開発された、脳性麻痺児のための訓練法、当時は動作訓練と称された。動作の定義は成瀬によれば、「動作とは、人が主体的に意図し、その実現のために努力して発現する身体運動である」とし、身体運動で、「意図→努力→身体運動」というプロセス全体を動作というのである。動作という心理的なプロセスがスムーズにいくときは問題にならないが、意図した通りに身体運動が実現しない場合、それを動作不自由と呼ぶ。動作不自由は脳性麻痺児に最も顕著に認められる。そこで、弛緩を中心とした弛緩動作訓練、関節の動きを中心とした単位動作訓練、立位、歩行、発声、発語、手、書字の基本動作訓練の3段階の技法によって体系づけられて、脳性麻痺児に実施された。その後、腕上げ動作コントロール法が開発され、自閉症や多動児などに適用され効果を挙げている。近年は「タテ系動作法」が指導の中心となっている。（林　邦雄）

到達度評価

　教育目標を学習の到達目標として示し、それに達しているか否かを基準に行う評

価法。これは絶対評価の一つであるが、教育目標に対する達成度を客観的に示すだけでなく、児童生徒の学習を目標に到達させるという意志を強く含んだ考えであり、1974（昭和49）年から京都府教育委員会と京都府教育研究所が10年の間研究を進め、到達目標案を提示したことが大きな反響を呼んだ。これはそれまで行われていた相対評価が学力の状況や学習の努力を正しく示すものではなく、かえって児童生徒の競争を強めかねないものであるという強い批判を背景として提案された。到達度評価を実際に行うためには、到達目標をどう提示するか、それが社会的合意として認められるにはどうするか、到達目標は学校やクラス単位で設けるのか、もっと広い地域を対象とするのか、学習実態の把握をどう行うか等の問題がある。また、教育実践を基本に考えるとき、評価が教師にとって過大な負担とならない配慮も重要である。　　　（藏原清人）

道徳

道徳（Moral）は、習俗や習慣を意味するラテン語の mores に由来する。そのため、道徳とは、共同体の規範という意味をもつ。共同体の規範とは、ある共同体の中で世代を超えて認められている善い行いや品性を指す。ここでいう善さとは、自分にとって善いかどうかではなく、より多くの人にとって善いかどうかという意味であることに注意する必要がある。このような共同体における善いは、善いことをそのまま言語化することによって伝達されるというよりむしろ、悪いと考えられていることを行ったときに罰することによって、伝達されてきた。もちろん、共同体が異なれば、異なった道徳が存在する。このように考えると、道徳とは、私たちの生活を成り立たせている一つの規則やルールとして理解することができる。しかし、人間は常に既存のルールや規則に従ってのみ生きているわけではない。現にあるルールや規範を捉え直し、新たに創造することも必要である。

このように道徳は、時代や状況によって、具体的内容は変化する。その意味で、道徳は、すでに社会の中で規範や習俗として存在しているものと、新たに創造されるものがあるといえる。道徳は、人間が人と人との間に生きている限り、必要なものである。言い換えれば、道徳は社会的・共同的存在である人間の生に対する保護ネットの役割を担っているということである。このようにみると、道徳は人と人とをつなげ、その関係を補償するものであるといえる。　　　（藤井佳世）

道徳教育

道徳教育は、社会、家庭、学校において行われる。子どもたちは、社会の中で、自然や他者とかかわり、自己を知る。また、約束を守ることの大切さを知り、誰かを信頼することの意味を知り、尊敬や感謝の気持ちを育む。このように社会における道徳教育は、子どもたちが身体を通した経験によって、道徳性を養っていくことに特徴がある。家庭における道徳教育は、しつけといわれるようなことから、親との会話や志向性から道徳的観点を学ぶことになる。

学校における道徳教育は、「特別の教科　道徳」を要として学校の教育活動全体を通じて行われ、その目標は「自己の生き方を考え、主体的な判断の下に行動し、自立した一人の人間として他者と共によりよく生きるための基盤となる道徳性を養うこと」(2017［平成29］年「小学校学習指導要領」)である。「特別の教科　道徳」は、①主として自分自身に関すること、②主として人との関わりに関すること、③主として集団や社会との関わ

りに関すること、④主として生命や自然、崇高なものとの関わりに関すること、という四つの視点から内容が構成されている。内容項目は、低学年は19項目、中学年は20項目、高学年は22項目あり、学年の発展性を考慮した内容となっている。学校では、生活指導や児童・生徒指導からさまざまな教科の中で、また「特別の教科　道徳」において、あらゆる教育活動において道徳教育はなされる。大切なことは、一人ひとりの子どもたちが高い道徳性への志向をもち続けることができることであり、社会、家庭、学校のつながりのある道徳教育である。そのためには、身近な大人にそのような人物を見出すことも大切な契機になるだろう。

⇒修身科、道徳性、「特別の教科 道徳」

（藤井佳世）

道徳性
morality

学校教育における道徳教育の目標は、道徳性を養うことである。道徳性とは、「人間としての本来的な在り方やよりよい生き方を目指して行われる道徳的行為を可能にする人格的特性であり、人格の基盤をなすものである」とされる（『小学校学習指導要領［平成29年告示］解説　総則編』参照）。このような道徳性は、道徳的な心情や判断力、実践意欲などを総称することばとして使用されている。また、心理学において、道徳性の発達段階という場合、道徳性を道徳的動機に重きを置いて捉える場合、良心として捉える場合などがあり、論者によって重点が異なる。例えば、ピアジェやコールバーグは、道徳性の発達を、ある場面における他律的行為から自律的行為へ向かう発達の段階であると捉えたのに対し、ギリガンは、道徳性の発達を他者への共感性という側面から論じている。　（藤井佳世）

道徳的価値

価値には、美に関する価値、善に関する価値、聖に関する価値、真に関する価値があり、道徳的価値は、善に関する価値にあてはまる。価値は、実体概念ではないため、判断主体との関係によって変化する可能性がある。価値は真かどうかが問われるのではなく、ある文脈において妥当するかどうかが問われる。したがって、人が何らかの道徳的価値に基づいて判断し、行動した場合、道徳的価値を問うということは、その価値判断が妥当かどうかを問うことになる。道徳的価値は、他者のふるまいや考え方から暗黙のうちに学ぶ場合と、価値葛藤によって意識的に学ぶ場合がある。いずれにしても、道徳的価値は、他者との相互行為や人と人との関係の中で、吸収したり、葛藤したりすることによって明確になるため、道徳的価値の習得には他者とのかかわりにおける多様性に満ちた環境が重要である。

（藤井佳世）

道徳的規範

規範とは、当該社会における一定の規則の体系を意味する。道徳的規範には、法や慣習、制度などが含まれる。道徳的規範は、当該社会において生活する中で、ある行為に対して制裁や賞罰を行うことによって、外側にある規範を内面化し、獲得していく。このように、道徳的規範は、ある社会における決まりごととして制限機能をもつ。しかし、行為する側からみると、規範は内面化するだけではなく、当該社会における規範を修正する必要がある場合がある。その場合、道徳的規範は討議によって改められる可能性がある。例えば、法の改正などがそうである。このように、道徳的規範は、恒常的に変化しないものではなく、時代状況に

応じて変化するのであり、ある規範に基づいた制裁や賞罰もまた、時代に応じて変化する。 （藤井佳世）

道徳的実践力

　道徳的実践力とは、観念と行動を結びつける力である。とくに、プラグマティズムの思想にみられる。われわれの日常では、知っているけど行動できないということが多くある。例えば、苦しんでいる隣人に手をさしのべる必要があると知りながら、手をさしのべることができない場合がある。このことは、知っていることと実際の文脈において行動することが結びついていないことを示す。この知っていることと行動することをが、道徳的実践力である。そのため、道徳的実践力は、知っていることを現実のさまざまな文脈において行動することや実際の他者とのかかわりにおいて、自ら行動することによって相手の考えや気持ちを知ることによって、身につくものである。2017（平成29）年改訂の小学校学習指導要領において、「特別の教科　道徳」では、「道徳の時間」における目標であった「道徳的実践力を育成する」から、「道徳的な判断力、心情、実践意欲と態度を育てる」へ改められている（『小学校学習指導要領[平成29年告示]解説 総則編』参照）。
　⇒「特別の教科 道徳」 （藤井佳世）

道徳の科学

　道徳の科学とは、道徳を社会における一つの事実として捉え、観察し、分析することである。代表的な論者として、社会学者であるデュルケーム（Durkheim, É.1858～1917）を挙げることができる。デュルケームは、道徳を個人の心情の問題として捉えるのではなく、社会における出来事として捉えた。そのことによっ

て、道徳は社会的事実として分析可能な対象となる。デュルケームによれば、道徳的行為はある一定の基準に従っており、道徳はその行為を決める規則の体系とされる。すなわち、諸々の規則の総体が道徳であり、その道徳は、社会において実際に使用されている規則を考察することによって明らかになる。この方法で考察したデュルケームは、道徳性の要素として規律、社会集団への愛着、意志の自律性という3段階を論じる。最後の意志の自律性において、私たちは、外側から与えられた諸規則としての道徳について分析し、探求し、その意義を見出すことができる。このことが、道徳の科学と呼ばれる。⇒デュルケーム （藤井佳世）

道徳の指導資料

　広い意味では、道徳教育にかかわる資料のすべてを指す。狭い意味では、道徳授業に使用される資料を指す。「特別の教科　道徳」で使用する教科書には、ノートが付いている場合もある。道徳の指導資料は、既成のものから自主制作のものまで幅広く対象となる。例えば、小説や童話や漫画などを使用することや地域や季節に沿った自作の物語を使用することが可能である。対立する道徳的価値が織り込まれた資料やストーリーのある資料を用いた場合、それぞれの立場になって考えることができ、自分だったらどうするかを考えることにつながりやすく、多様な視点に基づき状況を多面的に捉え議論することができる。その意味では、資料をどのように活用するかということとどのような資料を選択するかということは、セットで考えなければならない。また、映画や体験活動などを題材に取り上げることも可能であり、多彩な資料の開発・研究が望まれる。 （藤井佳世）

陶冶

Bildung［独］

　主に人間形成のプロセスそのものを意味する。「陶冶［とうや］」という訳語は、人間形成を陶磁器づくりや冶金作業と同じように、外部から理想的な形を定め、不定形の流体物をその形に沿って捏［こ］ね上げ、鍛え上げていくというイメージに由来する。鍛え上げられた結果、身につくものが人文主義的教養（Bildung）である。この陶冶の概念は、18世紀ドイツの新人文主義の時代に、ゲーテやフンボルトなどによって重視され、各々の個人という小宇宙の中に調和的な人間性の理念（大宇宙）を培う営みとして人間形成が理解されるに至る。人間は生まれながらにして陶冶可能性（Bildsamkeit）、つまり可塑性を有するものであり、身分や階層などによってあらかじめ能力が確定されたものではないことが主張される。したがって、陶冶の概念には、外部からの可塑性ばかりでなく、その内部からの人間性の自己展開が予定され、前提とされている。Bildung の訳語の「陶冶」は、その語感から、どうしても外部からの形成プロセスというイメージが強くなるが、新人文主義以降の Bildung の概念には、そうした粘土細工的な形づくり（Machen）の要素に偏らず、人間の内発的な自己発展の意味が十分に盛り込まれている。20世紀前半のドイツの教育学者であるシュプランガーやケルシェンシュタイナーにおける陶冶の概念も、決して陶磁器や冶金モデルではなく、人間の内発的な自己展開を大前提とした陶冶理論が展開されている。⇒可塑性　　（高橋　勝）

同和教育

　同和教育の中心的課題は、1965（昭和40）年同和対策審議会答申で述べられているが、同和教育とは、部落差別を解消するためのすべての教育活動を指す。したがって、同和教育は同和地区での教育という意味にとどまるものではない。2002年の国連による人種差別撤廃条約批准国に対する勧告で間接的に指摘されたように、同和問題が日本全体の課題である以上は、国民一人ひとりがこの問題にどのように向かい合い、行動するかを考えるきっかけとなる同和教育も推進されなければならない。

　2002（平成14）年に時限立法による同和対策特別事業は終了しているが、同和教育を含む人権教育は1996年制定の人権教育啓発推進法およびその後策定された基本計画に基づいて今後も行われる。同和問題は40年前からみれば大きく改善されているものの、依然同和地区の子どもたちに学力保障が必要であることも多くの調査から明らかになっている。日本で最も人権教育の蓄積がある分野は同和教育であり、今後もその経験がさまざまな形で生かされることは間違いない。とくに学校における人権教育の実施にあたっては、教師自身の正しい理解が必要である。⇒人権教育　　　（池上　徹）

同和対策事業特別措置法

　同和問題解決のために、国と地方公共団体が行うべき対策事業について定めた法律。そこには、同和地区（被差別部落）を「歴史的社会的理由により生活環境等の安定向上が阻害されている地域」として、その環境改善などのための事業が定められている。憲法のいう基本的人権の原則に基づいて、同和問題の解決を国の責務であると同時に国民的課題であるとする同和対策審議会答申を受け、1969（昭和44）年に10年間の時限立法として制定され、3年延長された。その後、残事業を継続するために地域改善対策特別措置法が1982年に5年間の時限立法

として制定された。さらに同法の失効後、「地域改善対策特定事業に係る国の財政上の特別措置に関する法律」（1987年、5年間の時限立法、5年ごとに延長され、2002年最終的に失効）に受け継がれた。現在、同和問題解決のための法的措置は終了している。これらの経緯において基本的な事業の一つとして位置づけられていた同和教育は、多く人権教育として再編され、自治体や学校の課題として残っている。⇒人権教育　　　　　　　（原　聡介）

読字障害

dyslexia／reading disorder

　学習障害の一種であり、ディスレクシア、読字困難、失読症、難読症、識字障害などいろいろな言い方がされる。書字困難とともに視覚性言語障害の一つであり、知的能力や一般的な学習能力には問題がないにもかかわらず、書かれた文字を読むことができない、読めてもその意味がわからないなどの症状を示す。具体的には、似ている文字を混同したり（bとd、pとbなど）、単語を逆から反対方向に読んでしまう、文中の簡単な単語や文字を抜かして読んでしまうなどが代表的な症状。原因はよくわかっていないが、脳損傷に求めるよりも、発達過程での知覚（視覚・聴覚）の欠陥と時間・空間観念の組織化における欠陥ではないかといわれる。言語の違いで発症率が異なるようで、アメリカでは10〜15％、フランスでは20％、ドイツ語圏は英語圏の半分であるが、日本は1％以下で少ないといわれている。読字障害は治癒できないが、視覚・聴覚能力の訓練や神経学的アプローチにより障害を克服し、高等教育の場での教育を無事終え、社会で活躍している人もいる。逆に重大な知的障害や精神病と誤解されて不当な扱いを受けている場合もある。　　　（原　裕視）

特殊学級

　心身に何らかの障害をもつ子どものために通常の学校内に設置された学級のこと。特殊学級は、小学校、中学校、高等学校において、知的障害、肢体不自由、病弱、弱視、難聴、言語障害、情緒障害の各障害別に任意に設置することができる。対象者は、比較的軽度で特殊学級での教育が適当なものとされる。設置数は、対象者の多い知的障害特殊学級が圧倒的に多い。なお、制度としては高等学校においても特殊学級は設置できるが、現状では設置されていない。知的障害特殊学級は、戦前の学力不振児教育の性格を引き継ぎ、1960年代までは軽度の知的障害児の教育が中心であったが、1979（昭和54）年の養護学校教育の義務化後は、重度化と多様化が進んでいった。特殊学級の教育課程は、設置されている小中学校の教育課程に準ずるが、子どもの障害の状態などにより、特別の教育課程を編成することができる。なお、2007（平成19）年からの特別支援教育完全実施により、これまでの特殊学級に代わって、「特別支援学級」へと変更された。⇒特別支援教育　　　　（丹　明彦）

特殊教育

　心身に何らかの障害のある子どもに対する盲学校・聾学校・養護学校および特殊学級における教育のことをいう。1947（昭和22）年に制定された学校教育法第6章では、特殊教育諸学校における教育と小学校・中学校の特殊学級における教育を特殊教育と定めている。かつて特殊教育は特殊な場での教育を中心に行われてきたが、統合教育の風潮の中で特殊な場だけでの教育からの脱却を迫られた。その一環として、1993（平成5）年には比較的軽度の言語障害、情緒障害、弱視、難聴のある児童生徒を対象と

して、各教科等の指導を通常の学級で行いながら、障害に基づく種々の困難の改善・克服に必要な特別の指導を特別の場で行う「通級による指導」が制度化された。また1960年代後半頃から、障害者の権利などの問題が提起されるようになり、「特殊」ということばの差別性が指摘され、すべての障害児の学習権・教育権を保障しようという「権利としての障害児教育」という考え方が広がった。このような背景から、「特殊教育」よりも「障害児教育」という用語を使うことが一般的になっていった。さらに、2007年からは、子どもの障害の重複化や多様化に伴い、一人ひとりの教育的ニーズに応じた適切な教育を実施する「特別支援教育」へと発展を遂げた。⇒障害児教育、特別支援教育　　　　　　　　　　（丹　明彦）

▌読書指導

　読書は、読む人に楽しみを与えたり情報を与えたりする。それが、楽しみ読み（娯楽読書）と調べ読み（情報読書）の働きである。その働きを活用する力を高める指導が読書指導である。近年では、本・新聞・雑誌・電子情報媒体を含めて、書かれたもの全般が読書指導の対象として捉えられるようになってきている。また、名作文学だけでなく、さまざまな種類の文章が読書の対象として受け止められてきている。読んで理解するという意味の読解は、読書に不可欠の要素である。読書指導は、読む対象を探したり選んだり活用したりする指導の中に読解指導も含んで、その全体を包むものである。読書指導の方法としては、楽しみ読みや調べ読みの場をつくって個に即して指導をすることが基本である。具体的な場としては、テーマや目的をもって読書活動をする場、読み聞かせやブックトークの場、読書案内集づくりの場、図書館利用の場

など、いろいろある。自由読書の時間を確保することも読書指導の一つである。
　読んだら必ず感想文を書かなければならないということにするとかえって逆効果になることがあるので、感想文を書かない場合も含めて、多様な方法を工夫する必要がある。近年では、学習漫画や名作漫画が学校図書館に配架されるようになるなど、漫画読書再評価の方向も出てきている。読書の機会は、国語科の授業時間にあるだけでなく、国語科以外の教科・領域の授業および授業以外の学校生活、さらに学校外の生活全体にある。それらすべての機会における読書経験を生かすような読書指導を工夫することが必要である。　　　　　　　　　（首藤久義）

▌特別活動
extra curricular activities

　教科外活動（課外活動）のこと。学習指導要領上は、「特別教育活動」の名で教育課程の一領域を構成していたが、1968～1970年の小中高校学習指導要領改訂で「特別活動」に名称変更した。「特活」と略称される。
　特別活動は、学級活動（高校はホームルーム活動）、児童会・生徒会活動、クラブ活動、学校行事の4本柱で構成されてきたが、1998（平成10）年の学習指導要領改訂において、中学・高校に関しては、放課後等の部活動や学校外活動との関連などを考慮してクラブ活動（必修）を廃止し、3本柱の構成となった。
　教科外活動としての特別活動の基調となりエッセンスとなるべきものは、自主・自律・自治の精神と能力である。子ども・生徒の発達の現実如何によっては教師・学校の主導性がときには強く求められるし、個別の相談や指導の重要度も増しているとはいえ、仲間意識を育み、自主的集団的活動の活発な展開のための教育的な配慮と援助が特別活動には依然として

重要である。

その意味で一つの重要な課題は、クラブ活動・部活動を学校全体の教育活動と教育課程の中に明確に位置づけることが重要である。クラブ活動の本旨になじまない必修クラブ活動時間の廃止は当然としても、部活動を教育活動の一環として学校の教育課程に然るべく位置づける課題が未解決である。この問題に関して、岐阜県立中津商高陸上部顧問教師の女子生徒への体罰と自殺をめぐる岐阜地裁判決（1993年9月6日）のもつ意味が今日でも重要である。判決は、体罰も自殺も学校の教育活動外の出来事とする主張を斥け、部活動を「クラブ活動と密接不可分の学校教育活動であって、単なる同好会ではない」と結論づけて顧問教師と学校設置者を問うた。この判決への控訴はなく、確定判決となっている。

クラブ活動（部活動）や児童会・生徒会活動のない「特活」はありえない。児童・生徒一人ひとりと学校全体が、望ましい人間関係を育み、生気にあふれているために特別活動は教育課程の不可欠の一領域である。⇒**クラブ活動（部活動）、児童会（生徒会）活動**　　　　（水内　宏）

▌特別支援学校

2007（平成19）年4月1日より、従来の盲学校、聾学校および養護学校を「特別支援学校」に一本化する法律（「学校教育法等の一部を改正する法律（平成18年法律第80号）」）が施行された。この改正は、児童生徒等の障害の重複化や多様化に伴う一人ひとりの教育的ニーズに応じた適切な教育の実施や、学校と福祉、医療、労働等の関係機関との連携がこれまで以上に求められているという状況に鑑み、児童生徒等の個々のニーズに柔軟に対応し、適切な指導および支援を行う観点から、複数の障害種別に対応した教育を実施するためとされている。しかし、当面は、盲部門、聾部門、肢体不自由部門など、学校ごとに主として教育を行う障害種が決められる方向である。また、特別支援学校は、幼稚園、小学校、中学校、高等学校または中等教育学校の要請に応じて、教育上特別の支援を必要とする児童、生徒または幼児の教育に関し必要な助言または援助を行う役割も担うこととなった。⇒**特別支援教育**　（丹　明彦）

▌特別支援学校教諭免許状

特別支援教育を担当する教員が有する資格であり、基礎となる小学校・中学校・高等学校または幼稚園教諭の免許状のほかに、大学等における特別支援教育の教職課程において必要な単位を修得して取得できる免許状である。特別支援学校教員の養成カリキュラムでは、特別支援教育の基礎理論に関する科目、障害のある幼児、児童または生徒の心理、生理および病理に関する科目、障害のある幼児、児童または生徒の教育課程および指導法（各障害別に関する自立活動を含む）に関する科目、障害のある幼児、児童または生徒についての教育実習（3単位）、選択必修科目（8単位）を修得しなければならない。法令で規定される「特別支援教育領域」とは、学校教育法に定められている視覚障害者、聴覚障害者、知的障害者、肢体不自由者、病弱者の五つである。特別支援学校教諭の免許状のほかに、相当する学校の教員免許状を有していることが必要となる。大学学部卒の学士が取得できる一種免許状を標準的な免許状とし、すべての障害種別に共通する基礎的知識や指導法、心理、生理、病理や教育課程等を基礎にし、5種類の障害別から1障害種別を選択した上でその他の言語障害、情緒障害、LD・ADHD・高機能自閉症等の障害種別についての専門的知識・指

導法を身につけることが求められている。

(髙玉和子)

特別支援教育

1947(昭和22)年の学校教育法制定以来、心身に障害のある児童生徒に対する教育は、公的に「特殊教育」と呼ばれてきた。2006(平成18)年の法改正により、2007年4月から「特別支援教育」と名称変更した。同法では、特別支援学校の目的を「視覚障害者、聴覚障害者、知的障害者、肢体不自由者又は病弱者(身体虚弱者を含む。以下同じ。)に対して、幼稚園、小学校、中学校又は高等学校に準ずる教育を施すとともに、障害による学習上又は生活上の困難を克服し自立を図るために必要な知識技能を授けること」(第72条)とする。その上で、対象となる心身の障害の程度は、政令で定めること(第75条)、寄宿舎を設け(第78条)、寄宿舎指導員を置く(第79条)とした。また法改正により、「特殊教育」から「特別支援教育」と名称が変更することに伴い、「小学校、中学校、高等学校及び中等教育学校には(中略)特別支援学級を置くことができる」(第81条第2項)とし、知的障害者、肢体不自由者、身体虚弱者、弱視者、難聴者、その他の障害のある者を、特別支援学級で教育するとしている。(髙玉和子)

「特別の教科　道徳」

2014(平成26)年10月に「道徳に係る教育課程の改善等について」答申の中で、「道徳の時間」を「特別の教科　道徳」として教育課程に位置づける方向が示され、2015年に学校教育法施行規則が改正された。小学校では2015年4月1日からの移行期間を経て、2018年4月から全面実施され、中学校では2019年4月から全面実施となる。1958年に設置された「道徳の時間」から大きく変化したことは、「考える道徳」「議論する道徳」として、道徳を論争的に捉える点にある。「特別の教科　道徳」の目的は、「道徳的諸価値についての理解を基に、自己を見つめ、物事を多面的・多角的に考え、自己の生き方についての考えを深める学習を通して、道徳的な判断力、心情、実践意欲と態度を育てる」(平成29[2017]年改訂『『小学校学習指導要領』第3章　特別の教科　道徳」を参照)ことにある。すなわち、「特別の教科　道徳」は、読み物資料の心情理解を中心とするのではなく、一人ひとりの子どもが道徳の問題を自分ごととして捉え、それに向き合い、他者と議論することを中心にする。また「特別の教科　道徳」で使用する本は、副読本ではなく、教科書である。⇒道徳教育　　(藤井佳世)

特別非常勤講師

学校で教科の指導に従事する者は、その資格を証明する免許状を必要とする(免許状主義)が、特定の科目で免許状がない者でこれに携わる者を特別非常勤講師という。学校教育の多様化への対応やその活性化を図ることを目的として、教員免許状を有しない地域の人材や多様な専門分野の社会人を教科の領域の一部を担任する非常勤講師として学校に迎え入れるために1988(昭和63)年に導入された制度である。従来は許可制であったが、1998(平成10)年7月からは、任命・雇用しようとする者から授与権者(都道府県教育委員会)への届出制となった。発足当初は、高校の特殊専門分野や小学校の総合的な学習の時間の一部に活用する例が見られたが、1998年には対象教科が拡大された。小学校、中学校、高等学校、特別支援学校における全教科、道徳、総合的な学習の時間の領域の一部、小学校及び特別支援学校小学部・中学部のク

ラブ活動を担当することができるように
なった。例えば、小学校では、書道家(国
語)、農家(生活科)、手話通訳者(クラ
ブ活動)、英会話教室講師(外国語活動)、
中学校では、剣道指導者(保健体育)、画
家(美術)、大工(技術)、栄養士(家庭)、
高校では、アナウンサー(国語)、建築設
計士(工業)、税理士(商業)、特別支援学
校では、ダンス講師(保健体育)、音楽療
法士(音楽)などが活躍している。⇒教育
職員免許法　　　　　　　　　(末松裕基)

徳目主義

　道徳的価値を項目として挙げたものを
徳目という。例えば、孝行、忍耐、勤勉、
正直、忠義、友愛、親切、博愛などがある。
徳目主義とは、これらの項目が普遍的価
値を有しており、いつの時代も守らなけ
ればならないものであるとする立場であ
る。歴史的にみると、1909年から1911
年にかけて改訂された国定修身書は、典
型的な徳目主義といえる。目次には「信
義を重んぜよ」「うそをいうな」「勤勉」「礼
儀」「忠孝」といった項目が挙がっており、
命令と禁止の形で記されている。このよ
うに道徳教育における徳目主義は、道徳
的価値が徳目としてあらかじめ設定され
ている点に特徴がある。徳目主義の立場
に立つと、徳目は最高の道徳的価値であ
り、すべての人が必ず学び、習得しなけ
ればならないものと捉えられる。それゆ
え、道徳的価値について議論したり、話
し合ったりすることは必要ではないとさ
れる。⇒道徳的価値　　　　　(藤井佳世)

独立行政法人教職員支援機構

　2017(平成29)年4月、独立行政法人
教職員支援機構法に基づき、「校長、教
員その他の学校教育関係職員に対し、研
修の実施、職務を行うに当たり必要な資

質に関する調査研究及びその成果の普及
その他の支援を行うことにより、これら
の者の資質の向上を図ることを目的」(第
3条)として設置された。教育関係者が
宿泊により長期研修を行う施設としては
国立教育会館筑波分館設置(1974年)から
の歴史をもち、それを母体にして2001
年に設立された独立行政法人教員研修セ
ンターを直接の前身とする。2015(平成
27)年12月の中教審答申が「研修の充実
のみにとどまらず、養成・採用・研修を
通じた一体的な改革」を進めるため「各
地域における教員研修施設や教職大学院
などの大学等とのネットワークを構築し
つつ、各段階を通じた教員の資質能力の
向上に関する調査、分析、研究開発や情
報の整理・収集・提供等を担う全国的な
拠点」を整備する必要性について提言し
たのを受けて設置された。各地方の教育
をリードする中核教員や学校管理職等の
長期研修の企画・実施のほか、教職大学
院間のネットワーク構築、教員育成指標
や研修計画の策定に資する調査研究等の
機能を期待されている。⇒教員育成指標、
教員研修　　　　　　　　　　(浜田博文)

独立行政法人日本学生支援機構

　学資の貸与、支給を主とした学生の修
学支援と留学生交流の推進を図ること
を主な事業とする独立行政法人。2004
(平成16)年4月1日に、国の行政改革
の一環として、「特殊法人等整理合理化
計画」(2001年12月閣議決定)に基づ
き、日本育英会ほか4法人(日本国際
教育協会、内外学生センター、国際学友
会、関西国際学友会)の業務を統合・改
組し、設立された。21世紀に入ってか
らの留学生受入数の急増、国際化におけ
る日本の役割重視から、留学生関係の4
法人を一本化することで、管理の徹底、
支援体制の強化等留学生対策の総合的な

とくろり 390

対応を図った。主たる事業である学資の貸与、支給に関しては、1943（昭和18）年に設立された財団法人大日本育英会まで遡る。戦後1953年に日本育英会と改称、長く国の育英事業、国家資金による学資の貸与を行ってきた。育英とは義務教育以上を対象とした「英才育成」のための経済的支援を意味したが、高等教育進学率が増加した1984年に大学、短期大学生を対象とした利息付学資金の設置、1999（平成11）年に大学、高等専門学校で貸与を受けた者への返還免除職の削減、2004年の同機構への改組以降、高等学校の学資金貸与の都道府県移管、大学院生返還免除職制度を廃止し在学中の業績評価を行うなど、「優れた学生」への支援をより明確にし、事業の「合理化」を図っている。貸与金の返還滞納が問題となる中、2017年度に給付型の奨学金事業を開始したが、対象者が限定されているなど課題は大きい。　　　（飯塚希世）

ドクロリー（メソッド）
Decroly method

ベルギーの精神医学者、教育者であるドクロリー（Decroly, O. 1871 ～ 1932）によって提唱された教育方法。ドクロリーは、障害を持つ子どもたちの教育支援に取り組んだ後、1907年にその知見を普通教育へと応用する形で実験学校を創設した。このドクロリーの学校は、「生活による生活のための学校」と呼称され、生活教育の実践校として広く注目を集めた。ドクロリー・メソッドの特徴は、同校で実践されていた「観念連合プログラム」という生活教育のカリキュラムに見出される。それは、子どもの「興味の中心」に即して単元題材を選択したり、幼少年期の認知的特性を踏まえて学習を「観察」「連合」「表現」という三つの活動から構成していくものである。ドクロリー・メソッドは、同時代のヨーロッパ

諸国のみならず、北米や南米にまで普及していたことが知られており、大正・昭和期の日本においてもその影響がみられた。また現代でも、フランス語圏の地域には、ドクロリー・メソッドを実践している学校が存在する。　　　（宮野　尚）

図書館
library

図書館とは、図書、記録、その他必要な資料（メディア）を収集、整理、保存し、資料並びに資料に記録されている情報を人々に提供し、教養、調査研究、レクリエーション等に資することを基本的な目的・機能としている社会教育施設である。一般に「図書館」というときは、図書館法に定められている地方自治体が公共のために設置している公共図書館（都道府県立図書館および市区町村立図書館）を指している。公共図書館以外に、日本赤十字社や公益法人が設置主体となる私立図書館や、図書館法の対象ではない各種の図書館として、学校図書館（図書室）、大学図書館、専門図書館、国立図書館がある。現在約3,000の図書館（図書館法の範囲内）がある（平成17年度社会教育調査）。情報化社会における図書館の新しい役割として、流通する多様な情報を市民が得ることができるようにする地域の情報拠点機能と、情報リテラシーとしての図書館利用教育も含めた地域住民の情報活用能力の育成支援などが求められている。⇒社会教育施設　　　（倉持伸江）

図書館利用教育

図書館の利用の仕方についての指導および、広く教育一般において図書館を活用することの指導である。文書記録の保存や学術的調査研究といった従来の図書館の機能に加えて、教養や娯楽を求める多様な利用者の利用目的に対応するため

に、その利用方法の指導が求められており、また、総合的教育や課題学習などの展開の中で図書館利用による学習の活性化が工夫されてきている。指導の内容としては、図書館の利用手続きに始まり、課題に対応した資料検索の仕組み、視聴覚資料や電子メディアなどを含む多様化された情報形態と処理の方法、さらに図書館活動への参加、また、読書指導など図書に親しませるための活動もある。初等・中等の学校図書館では司書教諭の役割が大きい。また、大学では、図書館と教育スタッフとの連携が重要となる。さらに、公共図書館においても、社会教育の観点からこの機能の一層の充実が求められている。⇒学校図書館、読書指導　　　（原　聡介）

徒弟制

　工業化社会以前の社会において日常生活や戦争のための什器および武器などを製作する大工、鍛冶などの優れた技能を基本的には父から子へ、あるいは父が養子に伝えることも許される方向に発展し、ついに親方から弟子へ伝えていく慣行へと発展した仕組み。年季奉公ともいう。ギリシャ時代からすでにそうした慣行は存在し、ローマ時代の発展を経て手工業ギルドという同業組合が形成された14世紀頃に、各種技能的職業人の希少性を守るために制度的に確立したといわれる。徒弟の数、期間、教育のやり方について厳格な取り決めをしていたとされる。徒弟は職の種類にもよるが、だいたい12〜13歳頃に親方のもとに弟子入りして約20歳まで修行を積む。この後親方のもとで職人となるのであるが、各地を遍歴するjourneymanとなってさらに技能の向上に努めることも奨励された。この遍歴の後親方のもとで親方作品（masterpiece）をつくり、ギルド組合員の審査を経て親方の資格を得るという

ことなっていた。産業革命が起こり機械による生産がもっぱらとなると未熟練労働力の雇用が一般化して、こうした熟練技能を守り育てる徒弟制度は崩壊した。
　　　　　　　　　　　　　（大淀昇一）

飛び級

　学力が達していればある学年を飛び越えて次の学年に進むことのできる制度である。日本では戦前は入学年齢とそれぞれの学校階梯の修業年限は決められていたが、課程主義をとっていたために、飛び級は行われていた。しかし現在の学校制度は年齢主義に基づく学年制をとっているために原則としては飛び級は認められていない。1997（平成9）年6月に出された中央教育審議会第二次答申で「大学入学年齢の特例」として「当面、数学と物理分野に限」り、「高等学校2年以上在学した17歳以上の者」に対して大学の「早期入学」を認めることが示された。この考え方を運用し飛び入学を制度化した大学もある。しかし、一方で、飛び級や飛び入学のメリットは見極めが難しいという議論がある。ある一つの分野に秀でていてもその能力に特化し伸ばしていくと決めることがその者のこれからの能力の開花にとってふさわしいかどうかの判断が難しいからである。この点では全面的な導入には各方面からの検討が必要であろう。　　　　　　（藏原三雪）

ドリル

　ドリルとは、繰り返しの動作を指し、学習においては、計算や漢字や単語などの反復練習によって習得される技能や知識を指す。反復練習は、歴史的に読み書き算という言い方によって学習の基礎とされてきたものである。しかし、近年、例えば百ます計算などが一世を風靡

している。しかし、それは、教師自身がわかりやすいという理由だけで、基礎が培われるという誤解と思いこみに基づいている。単語の暗記や計算はそれだけで基礎となるのではなく、多様な文脈においてそれを使い、関係性についての概念を養うことから基礎的な力になるのものである。実際ドリルだけで授業や学習が終始するならば、発達上多くの弊害を招き、学習への意欲や動機づけという観点から、学習が後退するという弊害も指摘されている。多様な学習活動の中で訓練的な学習の一つの形としてあるということにとどめるべきもので、それが学習のすべてであるかのように論じるべきではない。　　　　　　　　　　　（浅沼　茂）

ドルトン・プラン

　1920年にアメリカのマサチューセッツ州ドルトン市のハイスクールで、パーカースト女史（Parkhurst, H. 1887～1973）が実践した「自由」と「協同」を原理とする個別学習の方法のこと。正確な名称は、「ドルトン実験室案」（Dalton Laboratory Plan）。彼女は、学校を一つのコミュニティとして「社会的実験室」と呼んだ。この実験室において生徒の自発性や主体性を育成するための方法として、学級や一斉教授を廃止して個別指導を採用した。その指導は、生徒に興味に応じて教科を選ばせ、教科別の「実験室」で教科担任の指導を受けながら個別に学習を進めさせ、その進度に応じて個別に進級させるというものである。同プランは、当時の新教育運動の中にあって、多くの国で紹介された。日本では、澤柳政太郎による成城学園の実施で注目を集めた。だが、「自由」と「協同」を基本原理とする同プランでは、「自由」の原理に基づく個人差や個別学習が極端に強調され、「協同」の原理に基づく生徒相互の学習過程が軽視されているといった、二つの原理の関係性や矛盾についての批判が当時からあった。日本でも、1930年代には実践されなくなった。⇒新教育運動、澤柳政太郎　　　（日暮トモ子）

◆ **な** ◆

仲間集団

　関心・社会的地位・年齢・居住地等の近い成員で構成される集団である。クーリー（Cooly, C. H. 1864～1929）の集団類型では、第一次集団に分類できる。幼児期・児童期・少年期において個人は、第一次集団で育ち、青年期以降はさまざまな第二次集団の中に所属していく。しかし、第一次集団は、第二次集団の中にも、自然発生的に生まれることがある。例えば、職場の中の親密な仲間集団、集合住宅の中でのサークルを通じた仲間集団などである。つまり、仲間集団は固定した成員の集団ではなく、流動的・偶発的に集合している場合が多い。したがって仲間集団は、高い凝集性をもつ反面、家族ほどの受容性はなく、成員間の対立や葛藤の結果、ある個人がその集団から孤立し、疎外されることもある。幼児期・児童期・少年期においては、仲間集団の中で社会化されるという側面があり、孤立や疎外の経験もその社会化を促す要因となる場合がある。

　近年、学校内外におけるいじめが問題化している。仲間集団を社会化の側面から考えるならば、いじめも個人の成長を促す場合がある。しかし、学校でつくられる仲間集団には、そこから離れると生きていけないかのような、固定的な印象を子どもたちがもつ場合が多い。またある特定の個人が権力者となり、他の成員を支配する場合もある。その度合いが強

い場合、このような集団はもはや仲間集団ではありえず、個人の社会化もあらゆる局面で阻害されることになる。教師には、このような集団を見極め、いじめについては早期に発見し対処するよう求められている。文部科学省も、2006（平成18）年、「いじめの問題への取組の徹底について」を各都道府県に通知し、併せて「学校におけるいじめ問題に関する基本的認識と取組のポイント」を示したが、学校の中の児童・生徒の集団が、社会化を促す集団であるのか、社会化を阻害する集団であるのかを判断することは非常に難しい。⇒いじめ　　　　（布村育子）

▌七自由科

　ローマ時代末期において「自由人」（＝非奴隷）にとって必要とみなされた学術領域を指し、三学（文法学、論理学、修辞学・弁証法）と四科（幾何学、算術、天文学、音楽）からなっていた。それらは哲学の基礎とみなされ、さらに哲学は神学の予備学とされた。七自由科は、中世におけるヨーロッパの大学において学問の中心的な科目として位置づけられるなど、その後の教育と学術の在り方に大きな影響を及ぼした。七科、自由七科、三学四術、三学四科と呼ばれることもある。七自由科を本来意味する英語の「リベラル・アーツ」は、今日においては、人文・社会・自然科学を網羅する包括的な学問領域およびそこで扱われるより幅広い教養を指すことが多く、専門的な知識と技能に特化した教育に対置される。⇒自由学芸（リベラル・アーツ）
　　　　　　　　　　　　　（山名　淳）

▌難聴
defective hearing／hardness of hearing
　聴覚障害（聴覚ハンディキャップ）のうち、比較的聴覚感度の低下が小さく、

補聴器をかければ日常生活に大きな支障がないものをいう。聴力レベルが100までの状態をいい、このレベルを超えると全聾とされる。WHOでは軽度（20〜40dB）から最重度（90〜100dB）までの5段階に分けている。原因は聴覚経路、外耳、中耳、内耳、聴神経、大脳などのどこかに異常があることによって起こる障害である。機能障害が起きている部位によって難聴の種類が分類されている。①伝音声難聴といわれるのは外耳から中耳に機能障害がある場合で、軽度から中程度の段階が多い。医学治療により改善が期待できる種類である。②感音性難聴は内耳に機能障害が認められ、難聴の度合いは軽度から全聾までわたる。③突発性難聴というのは感音性難聴の一種で、明らかな原因がないまま、ある日突然聞こえなくなるタイプである。原因不明またはストレス性と理解されている。④混合性難聴は文字通り伝音声と感音性の両方の機能障害がみられる難聴である。難聴と言語発達や知的発達一般、とくに抽象的概念の理解やパーソナリティとの関係などが研究されている。（原　裕視）

◆ に ◆

▌ニイル
Neill, A. S. 1883〜1973
　イギリスの教育者。父親が校長を務める小学校で、厳格な教育を受けて育つ。エディンバラ大学卒業後、出版業を経て、小学校の臨時校長となる。臨時校長の経験は、それまで彼が抱いてきた権威的な教育に対し、疑問を抱かせるものとなった。1921年になると、ニイルはドイツのドレスデン郊外で新しい学園づくりに参画し、国際学校を設立する。学園はその後オーストリアに移るが、財政難のため、1924年、イギリスのサマーヒルで

再出発をする。この時、学園の名を「サマーヒル・スクール」とした。サマーヒル・スクールでは、日常生活に関する大抵のことは、子どもも大人も同等の一票をもつ自治会で決定され、授業の出欠の判断も個々の子どもに委ねられるという自由主義に基づく教育が半世紀近くにわたって実践された。学園はニイル亡き後も、妻や娘によって運営され、今日に至っている。

通常ニイルは新教育運動の教育者のひとりとして数えられる。だが1921年の世界新教育連盟第1回大会でなされたニイルの講演「権威を捨てよ」は、その極端な自由主義的発想から、新教育運動に携わる少なからぬ教育学者や教育者によって危険視されたという。サマーヒル・スクール創設前後の彼の思想は、自由を絶対視し、大人の権威を全面的に否定したという点において、新教育運動の中でも特異な位置を占めているといえよう。しかしその後、ニイルの自由観は自制を伴った自由へと発展していく。当初は絶対的な自由を希求していたニイルも、サマーヒルでの共同生活を通して、自由は制約を伴うことを認識し、自由と放縦とを区別するに至ったのである。最終的にニイルがたどり着いたのは、他者の権利をも考慮した上での個人の自由であった。この自由観は、現在のサマーヒル・スクールにおいても「黄金律」として機能している。　　　　　　　　　　（金田健司）

ニート

職業にも学業にも職業訓練にも就いていない若者。ニート（NEET）は、Not in Education, Employment, or Training の略称である。イギリスの内閣府が作成した「Bridging the Gap」（1999）という調査報告書で使われたことに由来する。そのデータによると、16歳から18歳の青年に限っても9％もみられる。ニートには、将来見通しについての限りない希望のなさと、状況を転換することの困難さがあるという。厚生労働省の『労働経済白書』によると、いわゆるニートに近い概念として、若年無業者を「年齢を15〜34歳に限定し、非労働力人口のうち家事も通学もしていない者」と定義して集計すると、2005（平成17）年には64万人に達するという。ニートは、フリーターや失業者とは区別される。フリーターは、アルバイトやパートタイム労働で不安定ながらも生計を立てており、労働者として扱われるが、ニートは働いていない。失業者は、就業に向けた活動を行っているが、ニートは求職活動もしていない。
⇒フリーター　　　　　　　　　（大川　洋）

二宮尊徳
にのみや・そんとく、1787〜1856

江戸後期の農政家、思想家。通称、金次郎。相模国足柄上郡栢山[かやま]村の農家に生まれたが、少年期に災害と両親の死により家は没落。刻苦勉励し家の再興を果たした後、1812（文化9）年、小田原藩士老服部家に奉公したことにより、本格的な儒学習の機会を得た。この間に、天地人三才の徳に対して己の徳行をもって報いようとする報徳思想の根幹が、また、信用組合に相当する五常講の活動により、道徳と経済の合一を経て富国安民への道に至ろうとする、後年の彼の思想の基盤が形成された。1822（文政5）年、小田原藩に登用され、以後、下野・常陸・相馬など関東周辺の各地で復興仕法に取り組む最中で生涯を終えた。高弟・福住正兄が筆録した『二宮翁夜話』が尊徳の思想を純粋に伝えるものとされる。なお、戦前の修身教育では、勤勉力行する天皇制教育の模範生としての金次郎が教材とされた。
　　　　　　　　　　　　　　（大戸安弘）

日本育英会

国の育英事業を行う団体で、1943（昭和18）年に設立された財団法人大日本育英会が前身。国家資金による学資の貸与は、戦後も引き継がれ、1953年に日本育英会と改称した。1984年の日本育英会法全面改正では、高等教育進学率が増加したこともあり、大学・短期大学生を対象とした利息付学資金が設けられた。その後、1999（平成11）年に大学、高等専門学校で貸与を受けた者への返還免除職の削除、2004年3月31日に国の行政改革の一環で日本育英会を廃止。4月1日よりほか4法人（日本国際教育協会、内外学生センター、国際学友会、関西国際学友会）の業務を統合し独立行政法人日本学生支援機構へと改組された。この改組で、高等学校の学資金貸与は都道府県へ移管された。なお、育英事業は「英才を育成する」ための経済的支援を意味し、義務教育以上を対象とする。経済的理由で義務教育段階での就学困難な児童、生徒への援助を主目的とする就学奨励とは区別される。大日本育英会、日本育英会とも貸与の対象を「優れた学生」とし、その根拠法での目的規程で、改正によって表現は異なるものの国家や社会に「有為な人材の育成」である旨を掲げていた。
（飯塚希世）

日本学術会議

日本学術会議（以下、会議）は、科学が文化国家の基礎であるという確信のもと、行政、産業および国民生活に科学を反映、浸透させることを目的として、1949（昭和24）年1月、内閣総理大臣の所轄のもと、政府から独立して職務を行う「特別の機関」として設立された。科学に関する重要事項を審議し、その実現を図ることと、科学に関する研究の連絡を図り、その能率を向上させることを職務とする。会議は、わが国の人文・社会科学、自然科学の全分野約79万人の科学者を代表する機関であり、会員210人と連携会員約2000人によって職務が担われている。会議の役割は、主に、政策提言、科学に関する審議、科学者コミュニティーの連携、科学に関する国際交流、社会とのコミュニケーションである。会議には、総会、役員（会長と3人の副会長）、幹事会、三つの部（人文、生命、理工）、五つの機能別委員会（企画、選考、科学者、科学と社会、国際）、30の学術分野別の委員会、臨時の課題別委員会、および事務局が置かれている。（田中敬文）

日本語教育

一般的には、日本語を母語とする人の「国語教育」に対し、外国語あるいは第二言語としての日本語の教育を「日本語教育」という。国際化に伴い、日本語学習者数は国の内外で急増している。しかし、海外帰国子女や日系人子女に対する日本語教師の不足、日本語教材の不足など問題も多い。1983（昭和58）年に日本国際教育協会の実施した「外国人日本語能力試験」（文字・語彙・聴解・読解・文法について、1級～4級までのレベルで合否判定）は、翌年には国際交流基金との共催で海外においても実施されるようになり、1級（日本語学習時間900時間程度）の成績を日本の大学入学者選抜試験資料として活用する大学も多い。なお、近年は、日本人の国語力不足への危機感を背景に、生涯学習としての「日本語力」という意味で取り組む「日本語学研究所」や、「日本語検定委員会」もつくられ、しだいに「日本語教育」と「国語教育」との統合が図られる傾向にある。
（岩下　均）

にほんこ 396

日本国憲法

　国の統治の在り方を定めた法体系上わが国で最高の地位を占める。明治の帝国憲法が天皇主権を基本としていたのに対して、第二次世界大戦後にアメリカ占領下で1946（昭和21）年に国会で制定された日本国憲法は、戦前・戦中の反省をふまえ、国家の在り方を根本的に転換させた。その転換点の特徴は、国民主権、平和主義、基本的人権の尊重の三つの原則にある。まず国民主権は国の統治の在り方を決める権力、権威は、国民の主権にその法源を置くものである。平和主義は、戦前・戦中の国家主義・軍国主義の反省から恒久平和への願いに立ち、戦争の放棄を定めている。基本的人権の尊重は、国家権力との関係で国民一人ひとりの自由かつ平等の権利の保障を定めている。

　教育に関する憲法条項は、基本的人権の性質と国民の基本的人権享有（第11条）、自由及び権利の保持責任（第12条）、法の下の平等（第14条）、学問の自由（第23条）、生存権、最低限度の社会的生活を受ける権利（第25条）と関連しつつ、直接には第26条第1項で「すべて国民は、法律の定めるところに従い、その能力に応じて、ひとしく教育を受ける権利を有する」と定め、第2項で義務教育として「すべて国民は、法律の定めるところにより、その保護する子女に普通教育を受けさせる義務を負ふ。義務教育は、これを無償とする」と定めている。教育を受ける国民の権利を「学習する権利」と捉え直して、学習権と表現されることもある。国民の学習権を生涯にわたって保障することが課題となっている。

　また、およそ公務員には憲法第99条の規定で、「憲法尊重擁護の義務」が課されている。この規定は、昨今の憲法改正の議論の中で教育公務員としての教員が、中立確保法との関連で、憲法改正の議論や行動の面でどのような制約を受けるのかの丁寧な分析を求めることになる。
　⇒教育基本法　　　　　　　　　（大坂　治）

日本人学校

　日本人学校は、海外に在留する日本人のために学校教育法に規定する日本国内の学校と同等の教育を行うことを目的とした全日制の教育施設であり、世界50カ国に89校開校（2015）されている。日本政府から派遣された教員により学習指導要領に準拠した教育が行われている。日本人学校は、主として現地の日本人会などが中心になり設立されたもので、その運営は、日本人会、商工会、進出企業代表、在外公館代表、学校長などにより構成される。運営経費は、授業料などの保護者の負担金、企業の寄付金、そして国庫補助などによってまかなわれており、日本の私立学校に近い運営形態をとっている。近年では、国際結婚の増加により、アジア地域の日本人学校を中心にして「ダブル」といわれる子どもたちが増加しており、日本語教育が必要になっている。さらに、海外勤務者の若年化とともに、就学前の子どもが増加しており、就学前教育と小学校教育とをどう接続させるかが新しい課題になっている。　（佐藤郡衛）

乳児期
early infancy

　乳児の時期。児童福祉法第4条では、満1歳に満たない子をいう。一般的には新生児期を含めた生後1年間を指す。新生児期とは、育児学では乳児期の中で、とくに生後1〜4週間、ただし心理学的には1ヶ月までを呼んでいる。乳児期とは、母乳を飲んで育つことからこの名称が出た。この時期の心身は急速に発達する。スイスの生物学者ポルトマン（Portmann, A. 1897〜1982）は、「人間は生後1歳に

なって、真の哺乳類が生まれた時に実現している発育常態に、やっとたどりつく」と言って、人間は1年早産だとし、そのことに人間の本質的意味が隠されていると指摘している。生理的早産の影響が回復するには生後1ヶ年を要する。いわば乳児期の1年間は「子宮外胎児期」ともいえる時期である。保育者の積極的な支援・介助のもとに急速な成長をとげる。一般的に身長は誕生時は男女とも50cm程度であるが、1年間で1.5倍になり、体重は約3倍になる。また、感覚、運動、ことばなども急速に発達する。歩行も1歳3ヶ月頃までに獲得する。(谷田貝公昭)

乳児保育

　児童福祉法の定義にある「満1歳に満たない者」に対する保育のことである。言い換えれば0歳児保育である。しかし広義では、3歳以上児を対象とした幼児保育に対応することばとして、3歳未満児保育を乳児保育という場合も多い。乳児保育に対するニーズは、高度経済成長期の女性の社会進出に伴い増加してきた。しかし、乳児は疾病などに対する抵抗力が弱く、保育者との親密な関係の上に保育が成り立つといった特性があるため、これらの点を考慮して受け入れることのできる保育所の整備が必要であった。そのため、乳児指定保育所制度を設けて入所できる施設を限定していたが、0歳児の待機児童の増加に伴い1998(平成10)年に保育所における0歳児保育が一般化された。だが待機児童の解消には至っていない。1999(平成11)年改訂の保育所保育指針においては、6ヶ月未満児の保育内容では低月齢児保育の充実が図られたり、その他乳児保育に関する新しい事項が加えられたりしている。⇒幼児理解
(髙橋弥生)

乳幼児突然死症候群 (SIDS)
Sudden Infant Death Syndrome

　過去の健康状態や既往歴から死亡が予測できず、死亡状況の調査や解剖検査によっても原因が同定されない1歳未満の子どもの突然死をもたらす症候群を指す。主に睡眠中に発症し、生後2ヶ月から6ヶ月に多く、まれに1歳以上で発症する。明確な原因が特定できず、病理学的所見が認められないことから、厚生労働省の研究班では、診断には解剖による精査、正確なSIDS診断や死因の究明を図る必要性を解き、診断ガイドラインを作成している。鑑別診断は、窒息や虐待などの死亡とは区別し、診断分類は、日本SIDS・乳幼児突然死予防学会の分類を参照する。また予防法は確立してはいないが、三つのポイントを守ることで発症率が低くなるとして推奨している。①睡眠時は仰向けにすること、②母乳でなるべく育てること、③妊娠中の喫煙や妊婦および子ども周辺での喫煙を避けること。保育施設では、窒息予防、ベビーセンサーの導入、定期的な呼吸観察などで早期発見を心掛けている。　(糸井志津乃)

認可保育所

　知事の認可を得て設置できる児童福祉施設。設置主体によって、市町村立などの公立と社会福祉法人立や個人立などの私立がある。認可に際しては児童福祉施設最低基準第5章により、設備の基準、職員、保育時間、保育の内容、保護者との連絡等が定められており、それに適合する条件確保と運営が義務づけられている。中でも設備の基準については具体的に細かく規定されている。しかし、その基準は設立認可を得るための最低基準であるから、多様な保育所の機能が十分発揮されるためには、それに必要な設備や運営の充実を図ることが大切である。

この点、児童福祉施設最低基準第4条に、「児童福祉施設は、最低基準を超えて、常に、その設備及び運営を向上させなければならない」とあり、さらにその第2項には、「最低基準を超えて、設備を有し、又は運営をしている児童福祉施設においては、最低基準を理由として、その設備又は運営を低下させてはならない」とある。このことからもわかるように、この基準を下回ることは許されず、この基準を超えて設備や運営を向上させなければならない。　　　　　　　（谷田貝公昭）

■人間関係の指導

従来まで教師の指導といえば、各教科の学習指導と教科外の学級・クラブ（部活動）・児童会や生徒会の指導などの説明でこと足りた。ところが、20世紀末頃から、これらの各分野・領域にわたって、あるいはとくに学級の指導や生活指導・生徒指導などにおいて、強化の必要がいわれるようになったのが、人間関係の指導である。子どもたちの間にみられる近年の特徴的な傾向として、対立や矛盾への対処の仕方がわからない、自己主張や相手の説得のことばや働きかけ方がわからない、いじめやけんかなどの場面で力の行使の限度がわからないなど、人間関係をめぐる問題がしばしば指摘される。少子化・核家族化や受験競争の過熱化などの中にあって、家庭や地域社会での切磋琢磨の機会の減少も一因として挙げられている。幼児期の保育、学校生活や地域生活などの場で、子ども同士、子どもと大人などの多様なネットワークをつくり活用することが重要になってきている。　　　　　　　　　　（水内　宏）

■人間形成
Menschenbildung［独］

「教育」と同じ意味で使用されることが多いが、その差異を強調する場合には、次のように説明される。誕生から死に至るまでのライフサイクルにおいて、子どもがどのような環境下で、意図的教育や無意図的影響・感化を受けて育ち、大人になり、老いて死を迎えるか、その人間の意識変容を内外において形づくるプロセスの全体を人間形成という。「教育」が、主に子ども期・青年期に焦点をあて、意図的、計画的な働きかけを意味するのに対して、人間形成の概念は、社会化・文化化・影響・感化・出会いなど偶然的で、無意識的な形成要素をも含み込む。「教育」（education）の概念が、そのラテン語（educo：引き出す）の語源からも明らかなように、開発する・引き出すという外部からの開発行為に傾きがちであるのに対して、人間形成の概念は、ドイツ語のMenschenbildung（人間形成）にみられるように、18世紀ドイツの新人文主義が強調した自己形成、自己生成の要素が多分に含まれている。それは、ゲーテの生命思想に典型的にみられるように、植物が地下の水分や養分を吸収して自己成長を遂げ、葉や茎を広げ、その形を自己増殖していくと考えるドイツロマン主義に流れ込む思想潮流を背景にもつ概念であるといえる。さらに「教育」が、どちらかといえば、開発、発達、達成といった直線的もしくは螺旋的向上のイメージが強いのに対して、人間形成の概念は、病、挫折、老い、死といった人生における非連続的で、崩壊と再生的要素をも含み込める概念としても使用されることが多い。
⇒教育　　　　　　　　　（高橋　勝）

■人間工学

器具や機械の開発に際して、人間の諸能力・特性と適合するように設計する工学（Human Factor ／ Ergonomics）のこと。例えば、高さを調節できる椅子や作

業台には、心理的な快適さや作業能率の向上を図る等の人間工学を用いた開発等があった。また今日ではパソコンの高性能化に伴って急速にその研究成果や領域が拡大している。自動車の追突事故は、従来、運転手の注意ミスが大きな原因とされていたが、人間工学に基づく自動車制作では追突事故を起こした人間がとる行動や認知のありようを調査研究して事故を未然に回避したり被害を最小限に食い止めたりする自動制御システム等の開発が進んでいる。今後、学校教育・社会教育の分野にも人間工学に基づいた学習機器・教材や教育施設の建築デザイン等が開発されていくものと思われる。 (重松克也)

認証評価機関

2004 年 4 月から、すべての大学・短期大学・高等専門学校が、国の認証を受けた「認証評価機関」の評価を受け、その結果が公表される制度（認証評価制度）が導入された。評価の目的は、評価結果をふまえ大学自ら改善を図ることにある。大学は、教育研究、組織運営及び施設設備の総合的な状況について 7 年以内ごとに、専門職大学院は、教育課程、教員組織その他教育研究活動の状況について 5 年以内ごとに評価を受ける。2019 年現在、大学の評価を行う認証評価機関には、公益財団法人大学基準協会、独立行政法人大学改革支援・学位授与機構、短期大学には、一般財団法人短期大学基準協会と独立行政法人大学改革支援・学位授与機構、がある。また、専門職大学院の分野別認証評価機関が 17 分野にある。例えば、法科大学院の評価を行う機関には、公益財団法人日弁連法務研究財団、独立行政法人大学改革支援・学位授与機構等がある。経営分野では公益財団法人大学基準協会、教職大学院について

は一般財団法人教員養成評価機構がある。
⇒大学、大学改革支援・学位授与機構
(田中敬文)

認知
cognition

生体の情報処理過程を指すことばとしての「感覚」「知覚」「認知」は、意味が互いに重なっていて、はっきりと区別することは難しい。ただし前二者は主として、感覚器官を通じての入力から何かを感じ、そして（今のその感じの原因としての）何が在る（あるいは起きている）のか等を判断する過程を指す。それに対して「認知」は、その時々の関心や既存の知識に応じて外界の情報を選択的に取り入れたり、取り入れられた情報と既存の知識をもとに情報を加工したり、情報を貯蔵したり引き出したり、生体から外界への働きかけ方を決定したりする過程をも含む、情報処理過程全般を指す。したがって、概念形成、記憶、学習、推論、言語的処理などの過程もすべて含むことになる。 (堤　大輔)

認知障害

認知における障害の総称で、多様な症状を示す。高年齢者にみられる記憶の低下、判断力の低下、見当識（周囲を正しく理解する能力）の低下などは認知症と呼ばれることが多い。認知障害は、上記の記憶や判断力の低下以外にも、失認と呼ばれる症状や注意統制困難などの症状を示すこともある。例えば、視覚失認（目の前に人がいることはわかるがそれが誰かわからない）、音声失認（生活の中のさまざまな音や話されている人のことばが何であるかわからない）、触覚失認（物にふれても、触っていることはわかるが、重さや形などが認識できず、それが何であるかわからない）、注意障害（注意を

コントロールできず、気が散りやすい一方、何かに注意が引きつけられて、ほかに注意を向けることができない）などである。認知障害の原因としては、老化に伴う脳の諸機能低下のほか、脳卒中や外傷などによる脳損傷、神経系の機能障害などが挙げられる。　　　　　（西方　毅）

認定子ども園

認定子ども園とは、幼稚園および保育所等のうち、就学前の子どもに対する教育および保育を一体的に提供するとともに、地域における子育て支援事業を行うもので、認定を受けた施設をいう。認定の基準は文部科学大臣と厚生労働大臣が協議して定める基準をもとに、都道府県の条例により定められる。これまで就学前教育は、文部科学省所管の教育施設である幼稚園と厚生労働省所管の社会福祉施設である保育所に分かれていたが、「就学前の子どもに関する教育、保育等の総合的な提供の推進に関する法律」(2006 [平成18]年10月1日施行）の成立に伴い、幼保一体的な認定子ども園の設置が可能になった。その趣旨は、わが国における急速な少子化の進行、家庭・地域を取り巻く環境の変化、就学前の需要の多様化に対応して、総合的な教育および保育の提供を推進するための措置を講じることにある。認定子ども園は、①幼保連携型、②幼稚園型、③保育所型、④地域裁量型の4類型があり、地域の実情に応じて選択することができる。　　　（藤井穂高）

◆ ね・の ◆

年間授業時数

学校教育における年間の標準授業時数は、学校教育法施行規則で定められている。2017（平成29）年改訂の新学習指導要領では、小・中学校の年間総授業時数が、以下のように示されている（なお小学校では時数に変更がみられるため、括弧内に現在［2018年度］の年間総授業時数を記載した）。

小学校では、第1学年850 (850)、第2学年910 (910)、第3学年980 (960)、第4学年1015 (995)、第5学年1015 (995)、第6学年1015 (995) 単位時間であり、1単位時間は45分である。中学校では、第1学年から第3学年まで1015単位時間であり、1単位時間は50分である。この他、2016年に新設された義務教育学校の年間総授業時数は、小学校と中学校の時数と同じである。学習指導要領に拠れば、これらはあくまでも標準であり、弾力的に運用していくことが望まれる。つまり、学校や教師は、定められた各教科等の年間授業時数を確保する必要があるものの、児童・生徒の発達状況や経験，各教科目の特質を考慮して、授業（1単位）時間や単元時数を柔軟に設定・変更し、学習活動をデザインできる裁量権を有している。（宮野　尚）

農業教育

広く農業一般、林業、養蚕、牧畜、園芸、そして水産業に関する職業教育を指す。日本では近代化の初期において西洋型の大農法の導入がもくろまれて、高いレベルの高等専門教育としての農業教育が重視されたが、1880年代以降地主制の確立とともに小農制の維持という方向となり、1883（明治16）年農学校通則が定められたが、3年後急に廃止となっている。1893年には実業補習学校規程が出され農業補習学校が全国的に広まった。翌年には簡易農学校規程が出されたが、これは1899年廃止され、同年公布の実業学校令を基とする農業学校規程が制定されて

中等レベルの農業教育の基礎が固まった。とくに高等小学校卒業で入学する甲種農業学校は地域の地主の長男が多く入学し、地域名望家層を育てる学校としての意義が歴史的に確認されている。これらの伝統を受け継ぐ学校は、戦後日本では1951（昭和26）年制定の産業教育振興法以後農業高等学校として地域の農業指導者となる人材を生み出していたが、大学進学率の上昇とともに一部の園芸科などは人気があるものの、入学希望者の減少とともに総合高等学校へ解消されるケースが目立っている。また、実業学校を根本法とする実業系専門学校として高等農林学校があり、これが戦後の大学改革の中で大学農学部として変化した。大学進学ブームの中で農学部の人気が低落したが、今日の環境教育ブームの中で新しい人気をとりもどしつつある。　　　　　　（大淀昇一）

脳性麻痺
cerebral palsy

　脳機能障害に基づく運動機能障害をいう。わが国の定義は、「発達期（受胎から生後4週まで）に脳に障害を受け、その結果、運動や姿勢に異常を来した状態」とされている。原因としては、胎児期では染色体異常や遺伝性疾患が推定され、周産期では虚血性脳障害や核黄疸など、新生児期では髄膜炎などの感染症や外傷などが挙げられる。麻痺には特徴があり、痙直型［けいちょくがた］（硬くつっぱって動きが少ない）、アテトーゼ型（不随意運動によりからだがゆれ動く）などがある。また、からだの部位による、四肢麻痺［ししまひ］（上肢・下肢の両方の麻痺）、片麻痺（上肢・下肢の片方の麻痺）などの分類もある。脳性麻痺は運動機能障害だけでなくそのほかに、随伴症状として、視覚や聴覚の問題や言語障害、てんかんなどを有する場合が多い。また、知的障害の合併もある。脳性麻痺に対す

る治療としては早期療育が適用され、肢体不自由児施設などでの機能訓練や言語訓練が早期から行われる。　（林　邦雄）

能力主義教育

　広義には、単に個人の能力の違いに応じて行われる教育を意味するが、エリート主義的な含意をもつものとして用いられることも多い。つまり知能などの能力を生得的なものとみなし、将来社会や経済に貢献する度合いに応じて人々の教育程度は決められるべきという観点から、エリートの地位につくものを早期に選び出すような教育を指すこともある。典型的な例として、早期入学による英才教育や飛び級などがある。わが国において、能力主義教育の理念が明確に打ち出されたのは、1963（昭和38）年の経済審議会の答申「経済発展における人的能力開発の課題と対策」である。この答申は、高等教育における「ハイタレント」の供給、および中等教育における能力に応じた「多様化」とハイタレント選別の強化を求めた。このような能力主義教育に対しては、日教組から委託を受けた教育制度検討委員会の報告書を典型として、差別感や過度の競争を生み出す差別・選別教育として多くの批判がなされた。このような批判にみられる、能力による差異的な処遇を「能力主義的差別」とする見方は、日本に特有のものとされる。多くの社会において、能力による差異化が問題となるのは、階級や、人種、民族などの社会的なカテゴリーと結びついたときである。能力による差異的な処遇を情緒的に問題とするような能力主義―差別教育観によって、教育における階層と不平等への視線が弱められたとの指摘もある。　（岩田　考）

能力と人格

　教育では人格概念をさまざまな意味合

いで使っているが、二つの点で一定の共通理解がなされているといえる。第一に、人格を教育の目的それ自体に関する概念と把握する点である。それは2006（平成18）年に改定された教育基本法でも旧教育基本法と同様に、「教育の目的」として「人格の完成」を掲げ続けているように、戦後一貫して人格は教育の方向性を指し示す概念である。第二に、戦後教育は戦前の教養主義や主知主義に対する批判に基づいており、人格を思想と行動能力との統一体であると捉えるようになった。言い換えると、人格の中核である思想は行動・活動を通して主観的なものから間主観的ものへ高まるのであり、行動は高次の思想に支えられなければ独りよがりなものとなる。能力（とりわけ行動能力）と人格との関係を戦後教育は重視してきたのである。児童生徒の人格形成を促すためには、当然のことながら、教科教育や教科外教育を結合させることが必要である。例えば教科指導では知識理解・思考力・判断力とともに人間観・社会観・自然観を養い、教科外教育では友達やクラスとともに話し合い行動する集団的な計画能力・行動能力の育成を図る。その際に子どもがそれぞれの場面で自らの思想と行動能力とを研磨していくように指導するのである。　　　　（重松克也）

ノーマライゼーション
normalization

障害者が一般社会の中でノーマルな状態で生きていくという考え方。日本語訳では普通化または常態化となるが、原語のまま用いられる。一般に、障害のあるなしにかかわらず人がそれぞれの地域で、ごく普通の生活を営んでいけるような社会の実現を目指していくという考え方である。ノーマライゼーションの理念は、デンマークが発祥の地である。1959年のデンマークの知的障害者法において、知的障害者をノーマルな人と同じように平等な存在として受け入れることがその理念とされ、知的障害者の生活を可能な限り普通に近い生活とすることを目指して始まった。その後、この理念は全世界に伝わり、知的障害者に限定しないで、障害のあるすべての人々の共通理念として受け入れられるようになった。この思想は、「障害者の権利宣言」（1975）の底流となり、「完全参加と平等」をテーマとした国際障害者年（1981）にも反映された。わが国でも、共生の社会の実現を目指した福祉施策に取り入れられて展開されている。この理念は、障害児の教育にも影響を与えた。すなわち、障害児が小・中学校から分離された教育から、統合教育への方向を目指した一つとして交流教育が推進されている。⇒インクルージョン、**国際障害者年、統合教育**　　　　（林　邦雄）

◆ は ◆

バイリンガル教育

一般的には「すべてまたは一部の授業について二つの言語を用いる教授法をとり子どもの母語と一体となっている歴史・文化の学習もその一部とされる」と定義できる。その基本的な考え方は「移行型バイリンガル教育」であり、これは、子どもの母語を使用しながら第二言語の習得を目指す教育であり、あくまでも移行的なプログラムである。この他、第二言語の習得と同時に母語の保持を目指す「母語保持型バイリンガル教育」や両言語の習得を目指す「双方向型バイリンガル教育」という形態もある。日本でも、日本語の力が十分でない外国人の子どもの増加とともに、教科の学習にあたり、母語を使う例も報告されている。ただし、アメリカでは、このバイリンガル教育の効果を

めぐって論争になっており、カリフォルニア州では、バイリンガル教育が廃止されるようになっている。　　　　（佐藤郡衛）

バウチャー・システム
voucher system

バウチャー（voucher）とは取引証票／引換券の意味で、教育において用いられる場合、それは子ども一人あたりに要する学校運営の経費を額面とした証票を指す。教育委員会はこれを各家庭に配り、保護者はわが子を通わせたいと思う学校を選んでその学校にバウチャーをもっていく。より多くの子どもを引き寄せることのできる学校には多くの財源が集まるという合理的なシステムのもとで、競争原理が働いて学校の改善が促される。また、経済的に不利な家庭の子どもであっても私立学校への就学が容易になるなどの利点も語られる。そのアイデアは、経済学者フリードマン（Friedman, M. 1912〜2006）によって1962年の著書『資本主義と自由』で提起され、多くの国々で議論や試行がなされてきているが、導入されている国においてもその目的や形態は多様である。いずれにしても、バウチャー・システムに伴う完全な競争原理の導入と学校選択の自由化が全体としての学校教育の質的改善に効果をもつというデータは得られていない。⇒アカウンタビリティ　　　　　　　　（浜田博文）

博物館
museum

博物館法に定められた社会教育施設であり、実物資料の「もの」を通した人々の生涯学習の場。歴史、芸術、民俗、産業、自然科学等に関する資料の「収集」「管理・保管」「調査研究」「展示・教育」という四つの基本的機能をもつ。設置主体別には公立と私立があり、社会教育法では登録博物館、博物館相当施設、博物館

類似施設と分類されている。種類としては、総合博物館、科学博物館、歴史博物館、美術博物館、野外博物館、動物園、植物園、動植物園、水族館などがある。わが国には現在約5,600施設の博物館がある（平成17［2015］年度社会教育調査）。地域の生涯学習施設の拠点としての役割を果たすために、実物にさわったり、実験できたりする「ハンズ・オン」型の展示やマルチメディアの利用によるわかりやすい展示などの開発、体験学習のプログラムや観察会、講座、講演会、青少年向けの教室の実施、学校教育との連携・融合、市民の社会参加としてのボランティア活動の促進、友の会活動の支援など、展示や学習活動などの創意工夫が取り組まれている。⇒学芸員、社会教育施設
　　　　　　　　　　　　　（倉持伸江）

バゼドウ
Basedow, J. B. 1724〜1790

ドイツ啓蒙主義時代を代表する教育学者。貧しいかつらづくり職人の子として生まれた。ギムナジウム時代には啓蒙主義にふれ、1746年にはライプツィッヒ大学の神学部に入ったものの途中で辞め、1748年には名門貴族の家庭教師となり、独特の教育方法で成果を挙げていった。この教授法をまとめ、1752年にはキール大学より、直観教授によるラテン語教授法に関する研究で学位を得た。その後、各地のリッター・アカデミーやギムナジウムで教師を務め、主として道徳、雄弁術、神学を教えたが、『エミール』の影響を色濃く受けたバゼドウの教育論と教育方法は、教会権力と対立し、1768年には教会権力によって教職を追放された。これ以後、バゼドウは自己の教育改革論を発展させていくことになる。学校制度改革論者として、バゼドウは、『博愛家および資産家に対する提言——学校と学問機関ならびにそれらの公共の福祉に与える

影響について』（1768）を公刊し、人々の熱狂的な支持を得た。この『提言』の中で約束していた通り、彼は教育方法についての書や教科書を次々に著し、1774年にはデッサウに「汎愛学舎」を設立した。「汎愛学舎」において、バゼドウは彼の教育理念を具体的な実践に移すのみならず、学校改革のモデルとした。「汎愛学舎」は寄宿制で生活を重んじ、心情の陶冶、身体教育、実科の重視、手工や遊戯的な学習などをその特徴とした。「汎愛学舎」においてはさまざまな個性的な教師が活躍したが、中でもカンペ、トラップ、ザルツマン、グーツムーツなど、教育史にその名を残す錚々たる人物たちが教え、汎愛派の教育を形成した。しかし、「汎愛学舎」自体はそれほどの発展をみせず、約20年で終わりを告げた。

（金田健司）

▋パーソナリティ
personality

個人に固有の思考・行動形式を決定づける心身統一的な体制であり、知情意の三側面を包括する総合体として、統一的な姿としてあるもの。それは遺伝と環境との相互作用の結果、形成されるもので、持続性・一貫性をもつが、決して固定的なものではなく、青年期以降には自己形成という能動的・自己統制的な取り組みが可能なものである。ほぼ同じ意味のことばに性格がある。パーソナリティの語源は、ラテン語の persona で、劇で用いられる仮面を意味していたが、人が人生で演じる役割、さらに人の内的諸性質をも意味するようになった。そのため、パーソナリティの用語は、個人を特徴づける性質でも行動にあらわれたもの、表面的性質、したがって後天的に発達によって変わり得るものといった意味合いが強い。

⇒遺伝と環境、性格　　　　（大川　洋）

▋八大教育主張

1921（大正10）年8月1日から8日間にわたり、大日本学術協会主催の教育学術研究大会が東京高等師範学校の講堂で開催された。この時講演を行った8人の主張を「八大教育主張」という。講演者と演題は、樋口長市「自学教育論」、河野清丸「自動教育論」、手塚岸衛「自由教育論」、千葉命吉「一切衝動皆満足論」、稲毛金七「創造教育論」、及川平治「動的教育論」、小原國芳「全人教育論」、片上伸「文芸教育論」であった。講演者の思想的・理論的立場はさまざまであるが、画一的、注入的な従来の学校教育を批判し、児童の自発性、自律性に教育的価値を置く主張が基本にあった。会場収容定員が2,000名のところ、この大会には全国から約5,500名にのぼる参加申し込みがあり、大正新教育運動の盛り上がりを象徴する出来事であった。翌1922年に『八大教育主張』として、その講演内容をまとめたものが出版された。

⇒大正新教育運動、及川平治、小原國芳、千葉命吉、手塚岸衛　　　（遠座知恵）

▋発見学習
discovery learning

アメリカで1960年代にブルーナー（Bruner, J. S. 1915〜）によって提唱された学習指導法。発見には二つの意味が込められている。一つは、学問的知識を学者が生成するように、学習を児童・生徒が知識の生成に参加し、直観や想像を働かせ、知識の構造を自ら発見する過程とすることである。もう一つは、知識の構造を発見する普段の学習を通して、児童・生徒が学習の仕方そのものを発見すること、すなわち、科学的探究の態度を身につけることである。ブルーナーは教育の現代化運動、とくに自然科学教育のカリキュラム改訂運動に大きな役割を果たし、

その中で経験主義を批判したことから、学問中心主義の学習法を提示したと見なされることも多い。だが、発見学習は教え込みという意味での学問中心とは学習指導法上対立しており、ブルーナー自身も心理学者として、発見の促進力となる児童・生徒の内発的動機づけを重視した。⇒ブルーナー　　　　　　　　（古屋恵太）

発生的認識論

　科学的認識が発生し形成されていく過程を、個体発生と系統発生との両面から実証的に研究する科学。ピアジェ（Piaget, J. 1896～1980）によって創始された。認識の個体発生は、子どもの認知発達を取り扱う発達心理学によって捉えられ、また認識の系統発生は、科学思想史の成果を参照することによって解明されるとする。発生的認識論は、認識の個体発生と系統発生とでは、概念形成の道筋やその条件となっている基本的な心理的メカニズムには共通のものがあるという。そして、実験と論理とを重んじつつ、人間の自然発生的概念、例えば、数、量、空間、時間、因果、力などの概念の形成の道筋、並びにその条件となっている最も基本的な心理的メカニズム（学習、知覚、記憶、表象など）を分析しようとする。しかし、現代科学の認識の問題に取り組むには、多くの分野の専門家の協力が必要で、後に学際的な認識論の研究へと進展した。⇒ピアジェ　　　（大川　洋）

発達
development

　発達を意味する英語の development、ドイツ語の Entwicklung は、いずれも内に包まれているものが徐々に表にあらわれ出るという意味を含んでいる。このことからも明らかなように、発達とは、子どもの天賦の素質が、活動の広がりや外部からの刺激に応じて自己展開することを意味している。それでは、この自己展開は何を契機としてなされるのか。そこには二つの相異なった考え方が存在する。一つは、素質はあらかじめ子どもにインプットされており、生後の自己展開は、刷り込まれていた素質が量的、機械的に拡大していく過程に過ぎないとみる前成説の考え方である。もう一つは、有機体の胚は、生後、次々と新しい器官を増殖させ、後天的な経験を媒介にして自己展開が促されるとみる後成説の考え方である。古代、中世思想は、前成説が支配的であり、近代に至って後成説の考え方が徐々に力を増してくる。その力はダーウィン（Darwin, C. R. 1809～1882）の進化論に至って頂点に達する。彼は、あらゆる生命体の種の保存を環境適応という一元的視点で説明し、下等の生命体から進化した生命体に至るまで、後天的で経験的な学習の可能性こそが、素質を展開させる決定的動因であることを科学的に説明した。「前成説〈対〉後成説」という対立図式で行われてきた発達の問題は、19世紀半ばにおいて、「遺伝〈対〉環境」という新しい対立図式に大きく転換する。

　その後、19世紀末からの新教育運動においても進化論の考え方が底流を貫き、その影響下で、ピアジェ（Piaget, J. 1896～1980）の主体と環境との相互作用説が形成されるに至る。しかし、1980年代以降、人間を生物という種を越えた文化構造や認知世界を生きる存在として理解し、状況の文脈の中に参加し、活動することで、素質が自己展開するとみる構築主義の発達観が提示され、広がりをみせている。　　　　　　　　　（高橋　勝）

発達加速現象
developmental acceleration

　人間の発達の速度が、年々加速的に前傾化し、大人に早く近づくようになって

いる現象をいう。成長加速現象と成熟前傾現象の二側面がある。具体的には、身体面、とりわけ身長、体重、胸囲の成長加速と性機能の成熟前傾である。加速現象は、発達の速度を促すだけでなく、発達の最終値を高めている。また、歯牙発生や初潮や精通の初発年齢が前傾する傾向にあり、初潮年齢の低下は、この成熟現象の最も顕著なものである。発達加速現象は、今日ではすべての先進諸国に共通してみられるものである。原因については、栄養や生活水準の向上による生活様式の変化、情報化社会における刺激の拡大など、諸説があるが定説はない。従来は、スローペースで幼児を保育すればよかったが、より早い時期から速いスピードで成長発達を遂げており、保育の内容や方法もこれに対応して、いかに変化に適応するかが問題となってきている。また、発達加速現象が年々進む一方で、体位と体力や性的成熟と精神的成熟のアンバランスなど教育に大きな課題を投げかけている。 　　　　　　　　　（谷田貝公昭）

▌発達課題

ハヴィガースト（Havighurst, R. J. 1900～1991）によって導入された概念で、さまざまな年齢段階で達成されることが必要とされる発達の内容。ハヴィガーストは、人の生涯を乳幼児期、早期児童期、中期児童期、青年期、早期成人期、中年期、老年期に分け、それぞれの段階に見合った発達課題を達成することにより、人は幸福になり、その後の発達課題も成功しやすくなるとした。発達課題の内容は、社会的・文化的要請にかかわる課題、身体的・心理的発達にかかわる課題、自我の欲求から生じる課題などである。

乳幼児期には「歩行」、「固形食摂取」、「会話」、「排泄」、「性の相違の理解、性に対するつつしみ」、「生理的安定」、「社会や事物についての単純な概念」、「両親、兄弟、他の人々と情緒的に結びつくこと」、「善悪の区別、良心」などの学習や発達が上げられる。また、児童期には、「日常の遊びに必要な身体技能」、「自分に対する健全な態度」、「集団生活」、「性役割」、「読み、書き、算の基本的技能」、「日常生活に必要な概念」、「良心・道徳性・価値判断の基本」、「個人的独立の達成」、「社会集団や制度に対する態度」などの学習や発達が挙げられている。

また、エリクソン（Erikson, E. H. 1902～1994）は、パーソナリティの発達を心理社会的な危機の克服の過程と捉え、人生を八つの時期に分けて、それぞれの時期における発達課題を挙げている。例えば、乳幼児期には順調な母子関係を元に社会に対する「基本的信頼」が形成されるが、それに失敗した場合「不信」が形成される、すなわち「基本的信頼 vs 不信」が心理社会的な危機であり、発達の課題となる。同様に、幼児前期は「自律 vs 恥・疑惑」、幼児後期は「自発性・良心 vs 罪悪感」、児童期は「勤勉 vs 劣等感」、青年期は「同一性 vs 同一性拡散」、成人期は「親密さ vs 孤独」、壮年期は「生殖性 vs 停滞」、老人期は「自我の統合 vs 絶望」がそれぞれの時期の発達課題とされる。 　　　　　　　　（西方　毅）

▌発達権

人間として心身ともに健全に成長・発達する権利。子どもの権利を説明するための基本的概念の一つとなっている。人間の発達は、適切な学習と教育によって初めて可能となる。日本国憲法第26条の「教育を受ける権利」は、第13条の「個人の尊重、生命・自由・幸福追求の権利の尊重」の視点を加味して、一人ひとりの発達のために必要な学習への権利として理解されるべきものである。人間は、一

個の人間として尊厳をもって遇され、健やかに成長し発達していくことが尊重されなければならない。児童の権利条約は、第6条で「児童の生存及び発達」を確保することを規定し、第27条で「児童の身体的、精神的、道徳的及び社会的な発達のための相当な生活水準についてのすべての児童の権利」を、そして第28条で「教育についての児童の権利」を認めている。今日においては、発達への権利の国際的な合意が進む中で、子どもが発達するにふさわしい環境の整備が課題となっている。⇒児童の権利条約　（大川　洋）

発達障害者支援法

発達障害者の自立および社会参加に資するよう地域での生活支援、権利擁護などの生活全般にわたる支援を図り、福祉の増進に寄与することを目的として2005（平成17）年4月に施行された。発達障害を「自閉症、アスペルガー症候群その他の広汎性発達障害、学習障害、注意欠陥多動性障害その他これに類する脳機能の障害であって、その症状が通常低年齢において発現するものとして政令で定めるもの」とした。具体的には、①発達障害の早期発見、②就学前や学校、その他における適切な発達支援、③就労支援や生活等の支援、④家族に対する支援、⑤保護者の意思の尊重、⑥医療、保健、福祉、教育、労働に関する業務を担当する部局などの関連機関の密接な連携、などに国および地方公共団体の責務を明記した。都道府県に発達障害者支援センターを設置して発達障害者本人やその家族への専門的な相談や情報提供、就労支援などを行うことが定められている。
（舩越知行）

発達心理学
developmental psychology

成長に伴う心理的変化について研究する心理学の一分野。かつては、発達変化が最も大きな乳幼児期～児童期の心理的特徴についての研究が圧倒的に多く、発達心理学と幼児・児童心理学がほぼ同義であったこともある。しかし今日では、成人期や老年期に焦点をあてた研究も増加しており、人の一生涯に亘る心理的変化を研究する学問になりつつある。年齢の段階によって乳幼児心理学、児童心理学、青年心理学、老年心理学など、細分化した呼称を用いることもある。各発達段階における主要な研究領域は次の通りである。①乳児期：遺伝と環境の影響について、愛着の発達、認知機能の特徴、②幼児期：記憶および言語の発達、社会性およびパーソナリティの発達、③児童期：学校適応、友人関係、④青年期：自我同一性の確立について、対人不安や自己嫌悪など心理的不適応について、⑤成人期：職業生活、キャリア発達について、結婚と家庭について、⑥老年期：知的能力の変化、パーソナリティの変化、死の受容など。
（今野裕之）

発達段階

時間の経過に伴う個体の変化を理論に依拠して区分した成長・発達の各段階およびその総体をいう。人間の成長・発達については、前成説と後成説に関する論争をはじめとして、伝統的には、主として哲学の領域において検討されてきた。教育学の領域では、ルソーが『エミール』において、子ども存在の固有性を強調しつつ、その成長過程を段階づけ、各段階に合致した教育を構想した。19世紀に入るとロマン主義的な子ども観に基づいた発達の過程も思い描かれるようになり、それに適合した教育的働きかけが提唱されるようになった。有名なフレーベルの「恩物」は、そのような働きかけの

ための媒介物として考案された。19世紀末以降は、哲学から自律しはじめた心理学を基幹とする児童心理学とその周辺の諸科学が発達論を主導するようになり、発達段階についての理論を展開していった。例えばピアジェは、認知構造が主体的に構成されていく過程に注目し、思考の発達段階論を提示した。また、エリクソンは、人間の心理社会的側面に注目し、発達を各人生段階において経験する危機とその克服の過程として捉えた。コールバーグは、子どもたちが道徳性を獲得していく過程を発達段階論的に把握した。発達段階の図式は、教育者が被教育者に対してどのように働きかけるべきかを判断する際の強力な拠り所となりうる。その一方で、発達段階論には、成長に関する特定の価値観や規範を人々に暗黙のうちに与えてしまい、個人が有するさまざまな可能性を制約してしまうという批判も提起されている。そのようなこれまでの発達理論に対する批判点を克服するために、J・レイヴらは、構築主義の立場から、人間が環境から影響を受けつつ環境をつくり変えていく主体的な過程として発達を捉え直そうとしている。　　　（山名　淳）

発達の最近接領域
zone of proximal development

　ヴィゴツキー（Vygotsky, L. S. 1896～1934）が教育と心的機能の発達の相互作用について、すなわち教授・学習の有効性と学習者の発達レベルとの関係を論じたときに主張した概念である。この関係を論じるには、発達に二つの水準を区別する必要がある。子どもの知的水準は自力で問題解決できる「すでに完成した発達水準」と、自力ではまだ問題解決に至らず、大人の援助や指導があれば解決が可能になる「成熟しつつある発達水準」とに分けられる。ヴィゴツキーはこの二つの水準のずれの範囲を「発達の最近接領域」ないし「発達の潜在的可能性の領域」と呼んで重視した。教育的働きかけはこの範囲に対してなされないと、子どもの発達には貢献できない。教育はこの発達の最近接領域を切り開き、つくり出すような働きかけをしなくてはならない。教育的働きかけをする前に、子どもの発達の最近接領域を知る必要があり、模倣の役割と教師の教育経験が大切であるとした。この考え方はレディネスの成立を待ってから教育を行うといった発達の後追いでなく、発達の一歩先回りをすることが教育において必要であることを示したものである。発達における教育の主導的役割を指摘して大きな影響を与えた。

　⇒ヴィゴツキー、発達、模倣　　（原　裕視）

ハッチンス
Hutchins, R. M. 1899～1977

　弱冠28歳でエール大学法学部長、さらに1929年に29歳でシカゴ大学の総長に就任して、その名が一躍有名になったアメリカの思想家。1945年までシカゴ大学の総長を務めたが、その間「グレート・ブックス」（古典）による大学教育を推進し、アメリカ教育の世俗性を批判して、ヨーロッパの大学の伝統を受け継ぐのが、大学本来の在り方であると唱えた。彼の教育思想は、教育が何かに従属するのではなく、それ自体が独自の価値をもち、それ自体が目的となるものであると考えた。このような考え方をもとに、今われわれが求めるべきは「学習する社会」（The Learning Society:「学ぶこと、充実した人生を送ること、そして人間らしくなることが教育の目標となり、すべての機関がこの目的の達成に努力するような社会」）であると主張し、その後の生涯学習社会論の一つの流れをつくった。

　　　　　　　　　　　　　（陣内靖彦）

発問

　発問とは、教科内容の習得に向けて子どもの思考を引き起こし、方向づけるための教師の問いかけを指す。発問は、質問と異なる。質問は、知らない者が問うという特徴をもっている。例えば道路がわからないので、問うという場合である。一方、発問は、すでに知っている者(教師)が知らない者(子ども)に投げかける問いかけである。しかもその問いかけによって子どもの中に「なぜだろう？」という問いを生じさせ、思考に導くものでなくてはならない。優れた発問を行うためには、まず教師がこの授業で子どもに習得させるものは何かという教科の内容を明確に把握しておかなくてはならない。この教科内容の習得に向けて、子どもに何を考えさせるかという視点から、問いかけの中身をしぼる必要がある。しかししぼりすぎて、一問一答式の問いかけにならないようにしなくてはならない。子どもから多様な意見を引き出すことも優れた発問の条件なのである。多様な意見が出て、話し合いが行われるときに、教科内容をより深く学ぶことができるからである。　　　　　　　　　　　(岩垣　播)

バトラー法
Butler Act

　第二次世界大戦後のイギリスの教育を方向づけた、1944 年に成立した教育法で、教育庁総裁の名前に因んでバトラー法と呼称される。その主要な骨子は、1943 年教育庁が発表した白書「教育改造」に提示されていた。本法の主要な内容として以下の諸点を挙げることができる。①中央教育行政当局の権限強化（その象徴的改正が教育庁の教育省への昇格）による教育への国家関与の増強。②初等教育・中等教育・継続教育の 3 段階から編成される公教育制度の実現による教育機会の拡充を図ること。③義務教育年限の 15 歳（近い将来には 16 歳）への延長。④子の年齢（age)・能力（ability)・適性（aptitude)のいわゆる 3A's に応じて就学させる親の義務の規定。⑤公立学校での宗教教育実施の強調。バトラー法は、戦後のイギリス教育を規定する教育法であったが、あらゆる形態の学校の教員の供給と給与、公教育制度から「独立」したパブリック・スクールの存続、中等学校の類型については実効ある解決条項を設けておらず、これらの課題は戦後のイギリス教育に重く課されることになった。　　　　(川瀬邦臣)

塙保己一
はなわ・ほきいち、1746～1821

　江戸時代の国学者。盲人が学問を究めるという先駆的業績を残し、後年にわたる視覚障害者の学業、職業観を変革した人物である。武蔵国児玉郡保木野村(現埼玉県本庄市)の農家出身。7 歳で失明し、12 歳のときに母親が死去、15 歳で江戸に出て雨富須賀一検校［けんぎょう］に入門した。当時盲人が職業とした按摩、音曲などを習ったが、いずれも上達せず困惑していたところ、雨富検校は、保己一が聞いたことはすぐに覚えるという優れた記憶力を見抜き学問の道に進ませた。国学、歌学、神道、歴史、漢学、医学などをこの時代の諸家から学んだ。勉強方法は盲のため人に書を音読してもらい暗記する方法をとっていた。1783(天明3)年に検校となり、1793(寛政5)年、幕府に願い出て、国学研究の場として「和学講談所」を創設、多くの弟子を育てた。1819(文政2)年、古代から江戸時代初期までの記録、書簡、日記、歌集、物語などさまざまな資料を収集し分類編纂した、530 巻に及ぶ貴重な『群書類従』が完成する。和学講談所の資料は東京大学資料編纂所に所蔵されている。　　(髙玉和子)

パニック障害

不安障害の一種である。予期しないパニック発作が、繰り返し起こる。パニック発作とは、突然激しい恐怖、または強烈な不快感の高まりが数分以内でピークに達し、その時間内に動悸、発汗、震え、息切れ感、窒息感、胸痛、めまい、腹部の不快感、寒気、感覚麻痺、現実感喪失、死ぬことに対する恐怖等が起こる。パニック発作またはその結果について、持続的な懸念、パニック発作を避けるような行動が1ヶ月以上続いている。この障害は物質の生理学的作用（例：乱用薬物、医薬品）、または他の医学的疾患（例：甲状腺線機能亢進症、心肺疾患）によるものではない。患者はしばしば死んでしまうのではないかと思いこむ。何度かパニック発作を経験すると、また同じようなことが起きるのではないかと予期不安を絶えず抱くようになる。さらには、発作が起きたときに逃れられないか助けが得られないような場所に行くことを回避する空間恐怖を伴うようになる例も多い。

（福田真奈）

羽仁もと子
はに・もとこ、1873～1957

明治末期から昭和期にかけて婦人運動・新教育運動の分野で活躍した実践的思想家。わが国最初の女性記者。青森県に生まれ、東京府立第一高等女学校在学中にキリスト教の洗礼を受ける。報知新聞社を退職後、1903（明治36）年、夫の羽仁吉一とともに『家庭の友』（のち『婦人の友』）を創刊。主筆となり、「思想しつつ生活しつつ」の標語を掲げて、妻や母の立場の独自性を主張し、生活の改善や合理化を訴えた。1921（大正10）年、東京雑司ヶ谷に高等女学校令によらない異色の女子教育機関、自由学園女子部を創設した。学園では、礼拝、実物や自然にふれる学習活動、生徒自身による「自労自治」を取り入れたキリスト教的自由主義教育を実践した。1927（昭和2）年に初等部、1935年に男子部を開設、1934年に東久留米に移転した。主著に『思想しつつ生活しつつ』、『生活即教育』などがある。

（橋本美保）

パネルディスカッション
panel discussion

パネルディスカッションは公開討論会と訳される。通常、ホールのような公開の場所を舞台に3人以上の異なった立場の論者（パネリスト）と司会（コーディネーター）が並び、一つのテーマについて出席者の前で話し合う。コメンテーターが入る場合もある。司会の役割が重要で、事前に論者とともに打ち合わせを行い、ある程度の筋道を立てた上で開始する。論者がそれぞれの立場を説明したあとは、議論がしっかりかみ合うように、会場の出席者からの質問もまじえながら進行していかなければならない。パネルディスカッションは出席者が考えたり議論したりするきっかけとなることが目的なので、学校教育などでも応用可能である。コミュニケーション能力の育成に役立つ面もある。公開討論会として訳される語には他にシンポジウムがある。シンポジウムは本来もう少し意味が広く、よく用いられるが、しかしその中身は、実はパネルディスカッションであることが多い。パネルディスカッションは結論を導き出すことが目的ではないことを理解しておかないと、シンポジウムの出席者が誤解したまま不満を抱えて帰途につく、という危険がある。

（池上　徹）

ハビトゥス
habitus

原語から想像して、単純に習慣、習性という意味ではない。フランスの社会学

者ブルデュー（Bourdieu, P. 1930〜2002）は『構造と実践』（1987）の中で、次のように定義している。「絶えず変わっていく状況への即興的な対処の中に明確に姿を現わす生成的自発性」。この定義の中の「生成的自発性」に注目しよう。この生成は無意図的で身体化された志向性を指している。人は不断に生起する新しい状況に応じて変容し、自己を修正しながらアイデンティティを形成する。このアイデンティティ形成と社会化は関連が深い。社会化において獲得された行動様式は簡単には変容しない習性と持続性があるのに気づく。身体を動かす、物事の好き嫌い、芸術的な趣味など、日常、意識されることのない傾向を社会化を通して獲得する。学校でも生徒は、「学校的ハビトゥス」を身につける。教師の権威に対して受容したり、反発したりする。半ば強制される学びの要求に応じながらハビトゥスが形成されるが、自発性や主体性が求められる学校で、生徒は、意識にのぼらない身体知を獲得しているのである。⇒アイデンティティ　　　（望月重信）

パフォーマンス評価、ルーブリック

　パフォーマンス評価とは、知識や技能を活用して行われるパフォーマンスに基づく評価のことである。具体的には観察や対話による評価、自由記述問題、実演や作品の評価等さまざまな方法があり、とくに知識や技能の複雑な活用を求めるものをパフォーマンス課題という。この評価の背景には、知識や技能を再生する力だけではなく、それらを活用する力を育成すべきであるという目標観と、知識や技能を使いこなす力を評価するためには断片的な知識を問う客観テストとは異なる評価方法を必要とするという評価観がある。

　正誤では判断できないパフォーマンス評価の採点のツールとして、ルーブリック（rubric）がある。ルーブリックとは、質の変化を示す各レベルのパフォーマンスの特徴が記述された評価指標である。複数の評価者間でこの指標を討議するモデレーションを継続し、評価の一貫性を確保することが肝要である。　（小山英恵）

パブリック・スクール
public school

　古典語教育を中核にして教養ある紳士を育成するグラマー・スクールとしての性格を有し、主として寄宿制で高い授業料を徴収するイギリスの私立中等学校。ウィンチェスター校（1382年創立）やイートン校（1440年創立）に端を発するパブリック・スクールは当初は下層階級の子弟をも入学させたが、しだいに中・上層階級の子弟が独占するエリート養成学校としての特質を確立した。アーノルド校長によって改革されたラグビー校をはじめとする名門パブリック・スクールは、教養教育、自治（プリーフェクト制）による寄宿制生活、スポーツを通した規律性を結合させた教育を受けた卒業生を多数オックスフォード、ケンブリッジ両大学に進学させ、もってイギリス各界のリーダーを輩出した。階級社会を再生産する特権的中等学校であるとする批判があるにもかかわらず、他方でその存続を熱烈に支持する社会層の存在を否定することもできない。今日では「校長会議」（1869年アピンガム校長スリングの提唱によって設立）加盟校がパブリック・スクールと称され、233校（生徒数5万5954人）を数える（1991）。⇒グラマー・スクール（川瀬邦臣）

パブロフ
Pavlov, I. P. 1849〜1936

　帝政ロシア（後にソビエト連邦）の生理学者。消化に関する神経系の研究でノーベル賞（1904）を受賞した。消化

の実験中、食器をみただけで被験体のイヌが唾液を分泌することに気づき、この現象に関する各種の実験から条件反射の理論をつくり上げた。彼の理論は、のちにアメリカ等で隆盛した行動主義心理学に対して大きな影響を与えた。パブロフによる条件反射は古典的条件づけとも呼ばれ、スキナーらの道具的条件づけ（オペラント条件づけ）と区別される。

⇒レスポンデント条件づけ　　（今野裕之）

■林羅山

はやし・らざん、1583〜1657

　江戸前期の儒者。京都の町人の家に生まれ、建仁寺にて儒学と仏教を学ぶものの、しだいに朱子学に傾倒し、藤原惺窩の門に入った。1607（慶長12）年、徳川家康に出仕し、秀忠・家光・家綱の代まで文書行政を担当することとなった。1630（寛永7）年、江戸忍岡[しのぶがおか]に林家塾を開いた。林家塾にはしだいに幕府が関与するところとなり、後に幕府直轄の昌平坂学問所となった。羅山は朱子学を信奉し、仁義礼智信の五常の自覚を各個人に求め、そこから君臣・父子・夫婦・兄弟・朋友の五倫の実践に至る過程に教育の意義を認めていたが、同時に、社会的倫理規範と上下定分の道徳とを一致して捉えていた。その主張は、幕藩体制下の身分制秩序を正当化するものであったといえる。主著に治国平天下を論ずる『三徳抄』がある。⇒朱子学、昌平坂学問所

（大戸安弘）

■ハラスメント

Harassment

　いじめ、嫌がらせ、妨害行為等、相手に肉体的・精神的に苦痛や不快を感じさせる言動および行動を示す。その基準は、他者への言動や行動で、相手が不快を感じたことにより判断される。セクシャル・ハラスメント、アカデミック・ハラスメント、パ

ワー・ハラスメント、モラル・ハラスメント、ジェンダー・ハラスメント等、ハラスメントの範囲は多岐にわたる。中でも、大学あるいは小中高校等の学校で発生する各種のハラスメントは、キャンパス・ハラスメント、スクール・ハラスメントとして総合的に称される。教職員と学生・生徒・児童の間、同期や先輩と後輩といった学生同士の関係性の中で、上位の立場にある者から下位にある者へのハラスメントだけでなく、下位にある者から上位にある者への事案も発生している。このような現状に対応するため、教職員・学生向けに各種ハラスメントを防止するための研修の実施やガイドラインの整備、事案が発生した場合に相談できる部署や適切に対処するための委員会の設置等、必要とされる体制の整備に取り組む学校が増加している。⇒いじめ

（山田朋子）

■バリアフリー

　障害者や高齢者等が社会生活を送る上で、支障となる物理的な障害や精神的な障壁を取り除くための施策や具体的にその障害を取り除いた状態のことをバリアフリーという。もともとは建築用語として登場し、建物内の段差の解消等物理的障壁の除去という意味合いが強いが、より広く障害のある人の社会参加を困難にしているすべての障壁の除去という意味で用いられ、バリアとなるものとして、物理的バリア、制度的バリア、文化・情報的バリア、意識的・心理的バリアの四つが想定されている。バリアフリーの具体的な例として、車椅子利用者向けの段差の解消やノンステップバス、スロープの設置、車椅子対応エレベータ、スペースの広いトイレなどがある。視覚障害者向けには、点字の併記、点字ブロック、音響式信号機などがある。文字放送や手話通訳・手話放送などは聴覚障害者のためのバリア

フリーの一例である。また、物理的な場へのアクセス、官公庁の広報などをはじめとする各種情報サービスへのアクセスへの円滑なコミュニケーションの促進等もバリアフリーの例であるが、これについてはアクセシビリティーという用語が用いられることが多い。　　　　　（丹　明彦）

ハロー効果

後光効果、光背効果ともいわれる。ハロー（halo）は「後光」のことである。これは、人を評価する際に、ある特定の項目が際立っていると、それに引きずられて他の項目にもその評価が影響することをいう。つまりハロー効果は、評価者がある人の特定の項目を高く評価すると別の項目も高く評価してしまう現象である。例えば、教師がある生徒の容姿を美しいと感じると、その印象に引きずられて性格もよいと評価してしまう現象や、社会的地位が高い人物が述べた見解は、それだけで信頼されてしまうことなどがその例である。1920 年、ソーンダイク（Thorndike, E. L. 1874～1949）によって紹介された。⇒ソーンダイク　（日高潤子）

藩校

江戸期、諸藩が主に藩士やその子弟のために設けた学校。藩学とも呼ぶ。一部の藩では、庶民の出席をも許した。好学で知られた岡山藩主・池田光政が設立した 1641（寛永 18）年の花畠教場や、同じく 1666（寛文 6）年の石山仮学館が最初のものである。全国的に設立されるのは、宝暦期（1751～1764）以降であるが、これは諸藩で藩政改革のための人材を育成する必要が高まったためで、1871（明治 4）年までに二百数十校が建てられた。代表的な藩校に、会津・日新館、米沢・興譲館、水戸・弘道館、佐賀・弘道館、熊本・時

習館などがある。儒学・詩文・漢方医学・武術などを教えたが、幕末には物理・化学・西洋医学・洋式調練等を教える総合大学的な藩校も現れた。維新後、多くは廃校となるが、旧制中学校等の母胎となった例もみられる。　　（橋本昭彦）

反抗期

親や周りの大人などに対して、激しい自己主張や反抗的な行動が高まる時期をいい、その行動が顕著な時期を、第一反抗期（2～3 歳）、第二反抗期（思春期）と呼ぶ。第一反抗期は、自我の発達と深く関連する。この時期は、自分でできることが増えてくると同時に、自分でなんでもしたいという気持ちも旺盛になり「じぶんでやる！」というような自己主張としてあらわれる。自分の力を試しながら親から自立しようとするのである。第二反抗期は、一般的に 12～13 歳頃の思春期にみられ、自我の目覚めや自己意識の高まりにより、親や周りの大人、社会などの「こうあるべきだ」という枠組みに対して、反抗や批判、拒否的な態度などであらわれる。周囲に対するこのような行動を通して、自分自身を客観的にみつめ、大人として自立していく大事な時期である。また第二次性徴を迎え、自分の身体の急激な変化に不安を覚えやすく、些細なことで腹を立てたりすることもある。⇒自我、第二次性徴　　　（瀧口　綾）

板書

黒板は子どもたちに最も影響力をもつ教具の一つであり、板書はその影響力の内容をなすものといえる。日々の板書は子どもたちの漢字の筆順、計算式の書き方、ノートのまとめ方、さらに筆跡までつくり上げる。したがって、教育実習の際にも板書指導は重要な課題となる。板

書計画を立てて授業に臨むことが求められるのは「黒板は教室のスクリーン」という認識が学校教育の伝統の中にあるからである。しかし、板書の方法は、よって立つ授業の形態によってその様式や考え方は異なる。一斉教授（指導）と呼ばれる教師の説話と問答によって進められる授業形態では、板書は授業の整理された要約である。しかし、問題解決的な学習指導の場合は、板書は教師の側の問題であると同時に、子どもたちが学級全体にわかりやすく説明するための手段であり、そのための指導が重要になる。（高旗正人）

◆ **ひ** ◆

ピアジェ
Piaget, J. 1896 ~ 1980

　発達心理学者であり、とくに児童の認識発達を研究対象とした。スイスに生まれる。道徳性の発達とともに、子どもたちが数の概念をどのように把握していくのかなど幅広い研究を行っている。ピアジェが子どもたちの認識発達を、感覚運動期、前操作期、具体的操作期、形式的操作期の4段階に分類したことは有名である。ピアジェの考え方の中心にあるのは、脱中心化という概念である。ピアジェが行った道徳性の発達段階に関する研究は、3歳から11歳までの子どもたちがマーブルゲームという遊びの中で規則をどのように捉えているかを探求している。それによると、子どもたちが集団で行う遊びのルールを変更する際、規則だから守らなければいけないという他律的な判断の基準から参加者の合意があれば規則を変更することもできるという自律的な段階が明らかになった。⇒**道徳性**　（藤井佳世）

PISA（ピザ）

　経済協力開発機構（OECD）が、2000年より3年ごとに行っている生徒の学習到達度調査（Programme for International Student Assessment）のこと。これはOECD参加国が中心となり、主に読解力、数学リテラシー、科学リテラシーの分野について15歳児を対象に行うもので、学校での教育がどの程度定着したかではなく、生徒のもっている知識や技術が生活の中でどの程度活用できるかを調査するものとされる。これまで3回行われ、1回目は読解力を中心に32カ国、2回目は数学的リテラシーを中心に41カ国、3回目は科学リテラシーを中心に57カ国の参加があった。この調査では、わが国は必ずしもトップレベルの成績を示すことができず、とくに読解力では2000年には8位だったのが2003年には14位となって日本の教育の在り方に多くの問題を投げかけることとなった。反面、フィンランドが世界のトップとして評価されて多くの注目を集めることとなった。⇒**アチーブメント・テスト、TIMMS**　（藏原清人）

PTA
Parent-Teacher Association

　PTA（父母と教師の会）は、幼稚園、小学校、中学校、高等学校などにおいて、当該学校の教員および保護者によって、学校での教育活動について話し合うとともに、その教育活動を支援するために組織された任意の社会教育団体である。法律上、明確な根拠はない。しかし実際には大半の園や学校において設けられている組織である。PTAは戦後、1947（昭和22）年に米国教育使節団報告書の中で提起されたのを契機として、日本の各学校において短期間のうちに急速に設置された。その際、戦前からあった学校後援会等を母体として設置されたこともあり、PTAの活動は学校の財政的な支援を中心として行われてきた。そのため、必ずしも本来のPTAが有する、教育の在り方につ

いて論議するという理念を実現している
とはいえないのが実態である。しかしな
がら、各種行事の実施、広報活動、子
どもの安全確保など、学校と家庭・地域
との連携がより一層強く求められる中で
PTAが果たす役割は大きい。〔柳澤良明〕

PDCA サイクル
PDCA cycle

　一般に日本では、企業や行政の組織に
限らず学校を含むあらゆる組織で事業を
目的に即して円滑に展開し、その成果を
絶えず生み出していくためには、Plan（計
画）−Do（実施）−Check（評価）−Action
（改善への行動）を円環的に続けることが
望ましいという主張が大勢を占めている。
こうした主張では、その頭文字を並べた
「PDCAサイクルを回すこと」こそが望ま
しい経営管理プロセスとされる。以前の
教育界では、Plan（計画）−Do（実施）−See
（評価）のPDSサイクルがそれとして望ま
しいとされていた。ところが、1990年代半
ば以降、それはPDCAに取って代わられた。
その際、PDSではSからPへのつながりが
難しいので、そこにA（Action）を挿入する
ことで、計画の修正という改善行動を見
えやすくするため、という理由も論じられ
た。実は、日本の産業界で「PDCAのサ
イクルを回すこと」が普及したのは、工場
で生産の品質管理を行うためのツールと
してである。さらに近年では、国家の政策
をトップダウンで実施するツールとして
も定着している。つまりこのサイクルの前
提には、確定されたモノや事柄を効率的
に生産したり確実に実施することがある。
　以上を踏まえると、多種多様な組織に
おける経営管理の理論として、PDCAサ
イクルは万能とは言えないと考えるべき
である。実際、近年ではさまざまな疑問が
提起されてもいる。今後益々現場や実践
者自身の創意が要請される学校のマネジ
メントを考える場合、単に「サイクルを回
す」という思考に囚われず、むしろ従来の
サイクル自体を相対化して検討し直す必
要性が増すに違いない。品質管理を続け
る上でのPDCAサイクルと、組織活動の
創造性発揮を見据えた経営管理の方策と
は、分けて考えるべきである。⇒**学校経営、
組織マネジメント** 　　　　　　　（浜田博文）

ひきこもり
withdrawal

　他者や社会とのかかわりがもてず、自
分の世界に閉じこもり孤立した生活を
送っている人と状態をいう。国立精神神
経センター精神保健研究所社会復帰部の
定義によれば「さまざまな要因によって
社会的な参加の場面がせばまり、就労や
就学などの自宅以外での生活の場が長期
にわたって失われている状態」である。
これは単一の疾患や障害ではなく、症状
または状態像をいっており、実態は多彩
である。多くの場合複数の原因が存在し、
生物学的要因が強く関与している場合も
あれば、明確な疾患や障害の存在が考え
られない場合もある。必ずしも学齢期に
ある者が起こすとは限らず、いったん社
会人として自立した者が起こすこともあ
る。また学齢期に引きこもりを起こした
者が、立ち直るきっかけを見出せないま
ま中年期に至ることもある。長期化する
のも一つの特徴であり、生物学的、心
理学的、社会的側面から総合的に理解
し、対応する必要がある。学生の場合も
社会人の場合も社会復帰はなかなか難し
い。現在日本には160万から300万人（準
ひきこもりを含む）以上存在するとされ、
他の先進諸国においてもみられる現象で
ある。　　　　　　　　　　（原　裕視）

ピグマリオン効果（教師期待効果）
pygmalion effect

　教師が、ある生徒に対して先入観を抱
いて接していると、それが教師の意識的・

無意識的言動にあらわれ、生徒がその先入観に沿った変化をみせる。このような、人が他者から期待された通りの成果を出す傾向のことを、ピグマリオン効果、または教師期待効果といい、肯定的にも否定的にもあらわれる。これは、ローゼンタール（Rosenthal, R. 1933～）らによって説明された仮説であり、ギリシャ神話のピグマリオンにちなんで命名された。ピグマリオンは、自らがつくった女性の彫像に恋をし、その思いの強さゆえに生身の女性となった彫像と結婚したとされる。ローゼンタールらは、学校現場における実験（1968）として、小学生に知能テストをし、その結果として、これから成績が伸びると期待される児童の名前を教師に伝えた。実際には、その児童は無作為に選ばれたものであったが、教師から期待された生徒は、期待されなかった生徒よりも数ヶ月後の再テストにおいて成績が向上したとされた。後にこの実験の方法論に批判が提出されたが、教師が抱く期待の影響力を指摘した点で、重要な意義をもつ仮説であるといえる。　　　　（日高潤子）

非行

　非行は、広義にはその社会で非道徳的、反社会的とみなされる行為すべてを指し、成人が法に反した場合に犯罪と呼び、未成年が同様の罪を犯した場合に非行という用語を用いる。少年法では、20歳未満の者を少年と呼び、14歳以上で罪を犯した者を「犯罪少年」、14歳未満で、刑罰法令にふれる行為をした者を「触法少年」、20歳未満で将来罪を犯す恐れのある者を「虞犯[ぐはん]少年」と区別している。行政的にこれらを総称して「非行少年」と呼んでいる。近年の少年犯罪の狂悪化への対応として、2007（平成19）年5月に少年法改正法案が可決され、これまで14歳以上であった少年院送致が、おおむね12歳以上へと引き下げられた。また、非行と関連して行為障害という医学用語が用いられることがある。行為障害とは、他者の基本的人権または年齢相応の主要な社会的規範または規則を侵害する行動様式が繰り返し持続的にみられるもので、攻撃性と反社会性によって特徴づけられる。非行と行為障害を同じ意味に用いられることもあるが同一ではない。行為障害であっても触法行為に及ばなければ非行とはみなされないし、触法行為に及ぶ者がすべて行為障害を抱える者とは限らない。⇒少年法　　　　　（丹　明彦）

避止義務

　2007（平成19）年改正の学校教育法は「学齢児童又は学齢生徒を使用する者は、その使用によって、当該学齢児童又は学齢生徒が、義務教育を受けることを妨げてはならない」（第20条）と定めている。このように児童労働などによって就学が妨げられる事態を防ぐ義務は、避止義務と呼ばれている。義務教育の歴史においては、子どもを児童労働から守るために就学させる、という考え方があったが、避止義務は、就学（させる）義務、学校設置義務などとともに義務教育の趣旨を徹底させるための規定といえよう。なお労働基準法が中学校卒業以前の児童生徒の使用を禁止し、この避止義務を実質化している。同法は例外として軽易な労働（新聞配達など）の場合は13歳以上であれば可能、またそれ以下であっても映画制作や演劇事業については可能としているが、「修学時間外」という限定がつけられている。制定当初の避止義務は、農業商業といった家業手伝いなどが想定されていたが、子どもの芸能活動を考えると現在でもなお重要な考え方であるといえよう。⇒義務教育制度　　（大谷　奨）

ビジネススクール

　第二次世界大戦以後顕著に発展してきた欧米の経営学大学院のこと。アメリカなどではとくにビジネス・エリートになるためこの大学院を出て MBA（Master of Business Administration）の称号を得ることが求められている。企業管理の仕事がかつてのように利益を求めるだけでなく、基礎的知識、実践家の観点、環境への適応、社会的責任の倫理などが求められるプロフェッションとしての仕事になったことが大きい。教育の方法に特徴があり、企業経営の事例（case）をもとにディスカッションで理解を深めるケースメソッド方式を採用していることが多い。これは20世紀初頭に開設されたハーバード・ビジネス・スクールでの教育から始まった。日本では今日経営学の大学院は各地の大学に多く存在するが、欧米流の経営マネージメントのエキスパートを育てる場となっているものはほとんど無きに等しい。例外的に1962（昭和37）年創設された慶応ビジネス・スクールがそれに近い。　　　　（大淀昇一）

美術科教育

　美術科教育は、小学校では図画工作、中学校では美術、高等学校では芸術（美術もしくは工芸）といった教科を通して、また保育所や幼稚園では表現という領域で行われる。美術科教育が対象とする基本的な内容は、美術を包括する概念である芸術や美といった領域の一部であり、技術や機能を想起する造形とは一線を画するが、近年は造形領域のデザインや工作といった内容も広く含む表現的なものともいえる。美術科教育の目的としては、鑑賞による趣味的要素の養成や表現・創作活動を通じた創造性の育成等が着目されるが、最終的には美術による教育を通した人間形成への寄与が重要である。美術科教育の内容構成は、他教科が教える内容で区分することに対し、創作、鑑賞、理論といった美術活動により区分される。それらの区分をふまえ、絵画や彫刻のジャンル、題材やテーマ、技法や材料という内容構成の基準が設けられる。ジャンルにおいては、造形あそび、絵画、彫刻、デザイン、工作・工芸といった美術分野が主となる。　　　　（松川秀樹）

美術館

　博物館法に定められた博物館の一種で美術博物館ともいう。歴史博物館、科学博物館と並び、博物館の中で重要な位置を占める。絵画、彫刻、彫塑、工芸等の美術に関する資料を収集、管理・保管、調査研究、展示・教育する機能をもち、学芸員という専門的職員がこうした事業を担当する。美術品の展示のみを行う画廊のようなものは含まれない。日本で近代的な意味での美術館が誕生したのは明治以降である。第二次世界大戦後、都道府県や市区町村など地方自治体による公立美術館や民間による美術館が次々と設立された。美術・工芸を広く一般に開放し、美術資料を通して人々の生涯学習を支援する施設である。　　　　（倉持伸江）

美術教育

　美術教育は、学校等で制度的に設置され、美術科教育と学校以外の場で行われる美術教育の両方を指す。学校以外の場での美術教育とは、美術館や公開講座等の社会教育の場、家庭での趣味的活動、個人教授や修行などを通じて行われる。学校等における美術科教育は、教育計画に基づく意図のもとに、教育対象や方法、評価などが計画準備される。これに対して社会や家庭での教育は、計画性

が希薄である場合や、画家やデザイナーなどの専門家を目指す場合がある。美術教育は芸術教育の一領域であるが、さらに包括する概念として美的教育が存在する。美術教育はこれらの包括概念の一領域であり、美術科教育はそういった大きな機会のもとにある美術教育を学校教育の目的に沿って規定されたものといえる。美術教育が対象とする美術は、絵画や彫刻、工芸等の権威化された分野に留まらず、現代美術やデザインを含めた包括的概念としての表現的なものすべてを指し示すことが多いのが現状である。　（松川秀樹）

■ 左利き
left handedness

　一般的には、人間の左右の手のうち、利き手が左手であることをいう。それにとどまらず、左手や左足など身体の左半分が、右半分よりも器用さや運動能力でまさっていることをいう。大脳の左半球が右半身を制御し、右半球が左半身を制御していることから、右半球が優位になったときに左利きの現象が生じる。しかし、左利きの人の脳はすべて右半球優位というわけではなく、右利きの人の脳とあまり変わらない人、左右の脳が反対になっている人、言語能力や空間能力が左右両方にある人がいる。文字を書く方が利き腕、利き手とされることが多いが、実際には右手で書いても右利きとは限らず、他の能力は左優位で左利きであるということがある。また、利き腕と利き足は一致するとは限らない。

　世界規模で左利きは少数派であり、10％前後の存在は変動しないところから、後天的要因によるものではないと考えられる。ただし利き腕は遺伝しないので、なぜなのかはまだわかっていない。かつては障害として考えられ、矯正の対象になってきたが、今日では個性として理解されるようになってきた。矯正の悪影響は、うつ病、鏡文字、吃音、不安障害、発達障害などに及び、後遺症として出てしまう。　　　　　（原　裕視）

■ 必修教科・選択教科（科目）

　主として中等教育における教科目配置の在り方をいう。中等教育では、全ての生徒が共通に履修する必修教科と、学校の裁量や生徒の選択の幅を確保するための選択教科が設定されている。必修・選択教科は時代や社会の状況に合わせて変化してきた。その設置のバランスは、共通性の確保と多様性への対応という観点から常に問われ続けている。中学校における必修教科等は国語、社会、数学、理科、音楽、美術、保健体育、技術・家庭、外国語と特別の教科である道徳、その他総合的な学習の時間並びに特別活動である。

　2015（平成27）年の中学校学習指導要領の一部改正により、道徳が特別の教科となった後、教科構成に変化はない。選択教科については、生徒や学校、地域の実態を考慮して、生徒の特性等に応じた多様な学習活動が行えるよう選択教科を開設し、生徒に履修させることができるとされている。しかし、2008（平成20）年の学習指導要領以降、必修教科の内容や授業時間数を増加することにより、教育課程の共通性を高める方向性が示されており、2017（平成29）年の新要領においてもそれは踏襲されている。

　高等学校においては、2018（平成30）年の学習指導要領改訂により大きな変化が生じた。必履修教科等は国語、地理歴史、公民、数学、理科、保健体育、芸術、外国語、家庭、情報、総合的な探求の時間（総合的な学習の時間から名称変更）であり、選択的に履修することができる教科として理数が新設された。理数の導入により「理科」教科の理科課題研究が廃止されたほか、科目レベルでは名

称等の大幅な変更が行われた。現在、高等学校へは中学校卒業者のほとんどの者が進学するため、生徒の能力・適性、進路等がさまざまであることから、より多様性への対応が求められている。そのため、選択履修においては学校選択という形だけでなく生徒選択も重視されている。いずれにせよ生徒の実態を把握し、選択教科・科目の内容が生徒の負担過重とならないよう配慮しなければならない。

（永井優美）

非認知能力

　忍耐力や自己制御、自尊心と言った特性を指す。非認知能力は情動のコントロールにかかわる社会的な力ということで、社会情動的スキルということがある。非認知能力を幼児期に身につけることによって、大人になって生活に大きな差が出てくることが、研究によって示されている。例えば、ペリー就学前プロジェクト、アベセダリアンプロジェクトという二つの研究は、無作為割り当てを使用し、子どもが成人するまで追跡調査した。また、恵まれない子どもの幼少期の環境を充実させる上記の研究では、家庭環境の強化が子どもの成長ぶりを改善することを示し、改善の経路として非認知能力の役割が重要であることが示している。これらの研究では、幼少期の環境を豊かにすることが、認知的能力（IQテストや学力検査などによって測定される能力）と非認知能力の両方に影響を与え、学業や働きぶりや社会的行動に肯定的な結果をもたらし、成人後の成功にも効果が継続していた。

（福田真奈）

ビネー

Binet, A. 1857～1911

　フランスの心理学者。もともとは法律家であったが、後に心理学者となった。思考能力の個人差に関心をもち、世界最初の知能検査であるビネー式知能検査を開発した。ビネー式知能検査では、発達の程度ごとに問題が設定されており、どの程度の難易度の設問まで回答できたかによって精神年齢（MA）が測定される。その際、知能指数（IQ）は、精神年齢の暦年齢（CA）に対する百分率、すなわち $IQ=MA/CA×100$ で求められる。ビネー式の検査は暦年齢を用いて IQ を算出するという考え方から、成人以降の知能を測るには不向きであるといわれる。そのため今日ではウェクスラー式の知能検査のほうがよく用いられる。（今野裕之）

表現教育

　子どもの表現・コミュニケーション能力を育む教育。幼稚園段階ではそもそも教科目が設定されていないこともあり、幼児のさまざまな情動や身体動作をともなう「遊び」を表現教育の中心として位置づける考え方がみられる。小中学校や高等学校の段階になると、表現教育がしばしば芸術系科目において取り組まれる「芸術表現」として捉えられることがある。例えば、児童・生徒が演劇や合唱、ダンス、体操、図画などを通して、自己を表現する活動が挙げられる。無論、これらの考え方は対立・矛盾するものではなく、子どもの発達により表現方法が専門分化していく過程とみることができる。いずれにしても表現教育のねらいは、子どもが表現を通じて自己と他者、あるいは事物との関係性を意味づけていくことにある。こうしたねらいを達成するために、教師は、子どもが本心から自身の考えや感情を他者と共有しようとする（共有せざるを得ない）状況をつくり出し、その表現を助け導いていく役割を担う必要があるだろう。（宮野　尚）

表現指導

表現指導とは生徒の表現・コミュニケーション能力を育てる教師の意図的な働きかけである。表現についての捉え方として、表現とは「オモテニアラワス」行為であり、表面化された結果としてのオモテがあるならば、それを生み出す源としての内面（ウチ）があるとする考え方がある。表現を自分の心の中にある願いや誰かに伝えたいと思うことを、ある技術（描く、書く、話す、動く等）を用いて外化させることだとすると、表現指導で課題とすべきことの一つは、いかにして生徒の内面を充実させていくかということになる。もちろん、表現するためには技術や技法についての学習も重要な要素であることに違いはない。しかし、それよりも内面にあるイメージや感情を豊かにするために感性や知性などを育み、研ぎ澄ませることが重要であり、自分の内面にあるものを誰かに伝えたいと思うような意欲や関心をもたせることが大切である。このような指導を行うためには、教師自身が表現経験を通して内面を磨いておく必要がある。また、幼児教育にあって「表現」は、保育内容の柱の一つである。とくに幼児の表現は、無意識的な「表出」のレベルであることが多く、指導の際には発達段階に応じた表現の特質に配慮する必要がある。　　　　　（山本直樹）

病児保育（所）

病気にかかった児童に対する保育のことをいうが、正確には病後児保育を指す。「乳幼児健康支援一時預かり事業」として、1994（平成6）年から実施されている。対象となる児童は、病気回復期にあり、医療機関による入院の必要はないが、安静の確保に配慮する必要がある集団保育が困難な保育所に通所している児童、このほか小学校低学年の児童も含まれる。対象疾患の範囲は、感冒や消化不良などの日常的に児童がかかる病気、麻疹、水痘、風疹などの感染性疾患、喘息などの慢性疾患、骨折などの外傷性疾患などとなっている。実施施設は指定基準に合った保育所のほか、派遣方式の実施場所として、児童福祉施設や医療機関等の余裕スペース、児童宅や保育士宅なども認められている。ただし、事故防止および衛生面に配慮されている等病気回復期の乳幼児の養育に適していることが条件となっている。　　　　　（林　邦雄）

病弱教育
education for health handicap

病弱児に対する特別支援教育のことをいう。病弱教育の対象となる者は、病弱児および身体虚弱児である。病弱児および身体虚弱児が特別支援教育を受ける教育の場は、特別支援学校（病弱養護学校）および病弱・身体虚弱特殊学級がある。病弱養護学校への就学対象となる病弱児の就学基準は、「慢性の呼吸器系疾患、腎臓疾患および神経疾患、悪性新生物その他の疾患の状態が継続して医療又は生活規制を必要とする程度のもの」「身体虚弱の状態が継続して生活の規制を必要とする程度のもの」である。特殊学級についても「間欠的に医療または生活の管理を必要とする程度のもの」とされる。病弱養護学校では、小学校・中学校・高等学校に準じた教育課程のもとで教育を行うが、病弱という障害に対しては、自立活動という特別な指導領域を設定して指導する。また、特殊学級は小・中学校や病院内にあり、小・中学校に準ずる教育課程を編成して指導が行われる。（林　邦雄）

病弱・虚弱
sick and weak

慢性の病気にかかっていること、病気

にかかりやすいこと、身体の弱いことを示すことば。学校教育法施行令（第22条の3）では、「慢性の呼吸器疾患、腎臓疾患および神経疾患、悪性新生物その他の疾患の状態が継続して医療又は生活規制を必要とする程度のもの」「身体虚弱の状態が継続して生活規制を必要とする程度のもの」と規定されている。病弱・虚弱の病類は多岐にわたるが、大まかに示すと、長期間一定の症状が持続し、継続的な治療が必要な慢性型（糖尿病、腎炎・ネフローゼなど）、しだいに症状が悪くなり、多くは予後も不良な進行型（進行性筋ジストロフィー、小児がんなど）、普段は症状が軽いが、一時的に急激に症状が悪化する発作方（気管支ぜんそく、てんかんなど）、明確な病名はつけられないが、病気にかかりやすく、治りにくい虚弱型（身体虚弱、肥満など）、心理的な原因による精神型（神経症、心身症など）などがある。　　　　　（林　邦雄）

標準学力検査

　標準化の手続きを踏んだ学力検査。標準検査の一種。学力を測定する方法として教師作成のものと標準化されたものがある。いずれも知的な教科についての検査であるが、前者は教師の授業進度や内容に沿って自由に作成でき、学級内などの子どもを対象に教師が意図する側面の学力を測定できる。これに対し、ある学年に共通した教育内容の達成度を、全国レベルで調べることができるのが標準学力検査である。ある学年に共通した教育内容は、わが国では学習指導要領の内容に準じている。標準学力検査は、厳密な標準化手続きで作成されており、検査の問題内容、検査の実施、採点および解釈について十分吟味され、その妥当性、信頼性が検証されている。検査の結果は、学力偏差値で示されることが多い。学力偏差値は 50 を基準にそれ以上は優れ、それ以下は劣る学力と判断される。また、当該教科に含まれる下位領域の学力も知ることができ、それにより指導のための参考資料にすることができる。（村越　晃）

開かれた学校

　「開かれた学校」ということばは、多様な意味で用いられる。最近では、保護者・地域や社会に対して「学校を開く」ことは当然なされるべきだと広く受けとめられるようになったが、そのような認識の広がりに影響を及ぼした要因の一つとして、1980 年代半ばの臨時教育審議会での議論があった。1987（昭和 62）年 4 月に公表された臨時教育審議会第 3 次答申は、初等中等教育の改革の柱の一つに、「開かれた学校と管理・運営の確立」を掲げて、「生涯学習体系への移行の観点」から、「学校を地域社会の共同財産としての観点から見直し、学校・家庭・地域社会の協力関係を確立する」と提言した。そこでは、「これからの『開かれた学校』の在り方は、単なる学校施設の開放という範囲をこえて、学校施設の社会教育事業等への開放、学校の管理・運営への地域・保護者の意見の反映等をはじめとする開かれた学校経営への努力、学校のインテリジェント化の推進など」を幅広く含むものであるべきだと明記した。
　こうした内容は最終答申となった第 4 次答申にも記され、「家庭・学校・社会の諸機能の活性化と連携」、生涯学習の観点からの学校機能の捉え直しのほか、学校・家庭・地域の協力関係の確立と、「開かれた学校」の観点から管理・運営の在り方を見直すことなどが提言された。1990 年代以降、各地で展開されている、学校と家庭・地域との連携・協力づくりと、それによる教育活動の改善の試みはそのような議論の蓄積を背景としている。ま

た、保護者・地域住民による学校運営への参画をねらいとして学校評議員制度や学校運営協議会制度も、臨時教育審議会が提起した「開かれた学校経営」の考え方に連なるものだと理解できよう。

⇒学校運営協議会、コミュニティ・スクール、地域学校協働活動　　　　　　　（浜田博文）

◆ ふ ◆

副校長

副校長は、「校長を助け、命を受けて校務をつかさどる」ことを職務内容とし、2007（平成19）年6月の学校教育法改正により「置くことができる」ようになった（2008年度より施行）。必置の職ではない。これまで多くの学校には教頭が置かれ「校長を助け、校務を整理」するなどの役割を担ってきた（幼稚園、小・中学校は必置ではない）。2004年4月、東京都が、教頭の名称を副校長と改称すると同時に教頭権限の拡充を図った。この目的は、校長とともに学校経営を担う管理職としての立場の明確化やトップマネジメントの強化、さらには教頭自身の学校経営層としての自覚やモラールアップなどを図ることであった。教育再生会議第一次報告（2007年1月）や中央教育審議会答申（同年3月）などを通じ、副校長の創設は、学校の責任あるマネジメント体制の確立や組織運営・指導体制の強化実現のために必要であると提言されてきた。校長を補佐し一定の職務権限が付与された副校長は、校長と教頭の間に置かれる（教頭の上司になる）職であり、教頭に比べ、管理者・経営層としての位置づけが強まったものといえる。

⇒教頭、校長　　　　　　　　（川口有美子）

福沢諭吉

ふくざわ・ゆきち、1835～1901

中津藩出身、蘭学を修め、1860（万延元）年1回目の渡米、1862（文久2）年渡欧、1868（明治元）年2回目の渡米を経て、欧米近代文明を摂取。「封建制度は親の仇」として、封建教学（儒教）の観念性と現実を「有様」として受容する消極性を批判、実学（サイエンス）と「権利通義」（原理）に基づく文明化（啓蒙）を主張。『学問のすゝめ』などの著書と、自ら創設した慶応義塾での教育活動によって、「数理学」と「独立心」を内実とする「一身独立」の近代人の社会・国家を展望した。「学制」の教育理念（功利主義、実学主義、個人主義）にその啓蒙思想が反映している。福沢の啓蒙主義には「愚民」観が横たわっている。その民衆観とあいまって、1881（明治14）年の政変による欽定憲法体制の明確化に伴い、福沢は天皇制国家の枠内での「合理性」に、その啓蒙性・進歩性を後退させていくことになる。福沢の教育論の啓蒙性は、『文明教育論』で、記憶中心・注入主義の「教育」を批判し、学習主体に視点を置く「発育」の用語に変えるべきと述べている点に集約できる。

（森川輝紀）

福祉教育

福祉教育とは、生存権・個人の尊重など「人権」に基づいた社会福祉の理念、内容、方法、それに実態などについて、主として体験を通して学び、社会福祉への参加と協働とそれを支えていくことをすすめる実践教育活動のことである。したがって、その実践教育の場は学校教育にとどまらず、社会福祉協議会や福祉施設などのボランティア活動育成事業、ワークキャンプ事業、ボランティア活動推進事業、福祉啓発にかかわる講演事業などがある。その目的は、あらゆる

人が安心して住める地域・社会環境をつくり、ともに生きていける正常な社会の構築、つまりノーマライゼーション思想とインクルージョン思想の実現を目指し、国民が日常的に社会福祉問題へ関心と理解を深めることにある。その背景には、1996（平成8）年の第15期中央教育審議会第一次答申において、自分で課題をみつけ、自ら学び、自ら考え、主体的に判断し、行動し、思いやる心と感動する心など豊かな人間性に基づく「福祉のこころ」を育むことを求めていることにある。また、福祉教育の充実は1998年から「総合的な学習の時間」や道徳などの授業、高校教育では2003年新設の教科「福祉」、大学教育では福祉学科および大学院の増設などによって図られている。これらは福祉従事者の育成のほかに、福祉を生涯教育体系の観点から国民的教養とすることも目指している。　⇒インクルージョン、ノーマライゼーション　　　　（矢島卓郎）

複数担任制

　通常一学級を一人の教師が担任するが複数の教師で担当する制度である。小学校では学級担任が学級指導に加えて担当学級の多くの授業を受け持つがその授業を複数で担当していく。中・高等学校でも副担任を置き学級指導における複数担任制をとっているが授業は通常一人で行っている。生活規律や学習習慣が身についていない小学校の低学年の学級で二人の教師で授業を実施しているケースが多い。一人の教師が授業をリードし、もう一人の教師が学習に集中するよう促したり、つまずきを指摘したり、励ましたりしながらきめ細かい指導が行われる。個に応じた指導を重視することから全学年二人担任制を実施している学校もある。教育効果は大きいが人件費がかさむため、担任を増やすよりも少人数学級を選択す

る自治体が増える傾向にある。（村越　晃）

複線型学校体系

　複数の学校系統が互いに関係することなく並立している学校体系は複線型と呼ばれている。ヨーロッパでは19世紀まで、一部の特権階層を対象にした、大学を頂点としてその準備教育をする予備学校がその下に発生して形成された下構型学校系統と、その他の民衆を対象に基礎的な国民教育を施す初等学校の上に職業・補習教育を行う学校が積み上げられることで形成された上構型学校系統が並立しており、典型的な複線型学校体系が確認される。
　このように、複線型学校体系は歴史的には階級によって異なる学校系統が用意されていたことに由来しているため、学校系統間の移動は原則的には認められていない。したがって社会階級や階層が固定化され再生産されることから階級的学校体系と呼ばれる場合もある。また複数の学校系統が並立する状態は、階級別だけではなく、男女別に学校を設ける場合や、障害児教育を独立して実施する際にも認められる。日本の学校体系は6−3−3制という言い方からも理解できるように、複線型の対義である単線型学校体系としてひとまず押さえることができる。しかし特別支援学校が小学校や中学校に併置されており、これを上述のように独立して障害児教育を施していると考えると、日本の学校体系に複線型の要素を見出すことも可能である。このように単線型であっても、より詳細に検討することで複線的性格を指摘できる場合がある。学校段階ごとにみてみると、高等学校と高等専門学校が並立しており、また中学校・高等学校の横に中等教育学校が設けられている。これらの相互関係を考える際に複線型学校体系という考え方は有力な概念となる。さらに微視的にいうならば、高校間格差の問題なども複線型

の問題として捉えることもできるであろう。

⇒高等専門学校、単線型学校体系、中等教育学校、特別支援学校　　　　　（大谷　奨）

副読本

　学校教育法では「教科用図書以外の図書その他の教材で、有益適切なもの」の使用を認めている。この中で冊子の形をとるものが一般に「副読本」と呼ばれる。もともと教科書のない道徳では読み物資料集が用いられたり、社会科では教科書と併用で地域学習のための冊子が用いられたりするが、これらは副読本の代表的な例である。副読本として用いられるものは文部科学省や教科書会社などが作成したものがほとんどであるが、1960～70年代には民間教育団体が編集した国語や算数などの「非検定教科書」も使用された。しかし、これらは学習指導要領に準拠していないことから摩擦が起こり、最近では授業プリント化して用いられることが多い。また、学習指導要領が最低基準とされたことから、これを補う方向で愛知県犬山市や千葉県野田市などでは算数科などの「副教本」づくりに取り組んでいる。　　　（大田邦郎）

武士道

　武士として守るべき道徳や慣行。平安・鎌倉以来「弓矢取り」として主家に仕える身分の武士は、忠誠・武勇・質実・剛健などを美徳とする素朴な道徳観を理想とした。江戸前期に山鹿素行が『武家事紀』等を著し、士道の観念が確立された。一方、主君に対する情緒的・絶対的な一体感が「武士道と云ふは死ぬ事と見付けたり」（山本常朝口述『葉隠』）と語られたが、これは思想上の話であって、現実ではない。山鹿らの士道は、武士が儒学的な「士」、すなわち支配的身分としての自覚と責任意識に基づいて形成する道徳・生き方をいい、旧来の武士道の素朴さに比べて理論的・体系的である。明治以降、新渡戸稲造が英文で "Bushido"(1900)を刊行したこと等によって欧米にも知られることばとなった「武士道」だが、幕末以来の日本人が自らのアイデンティティを求める活動の中で再創造された面もあり、用語と歴史的現実とが一致しない場合も多い。　（橋本昭彦）

不適応
maladjustment

　個体が環境に適した行動を充分とることができず、その個体にとって何らかの不都合並びに不利益が生じている状態を指す。心理的、行動的といった二つの側面から捉えることができる。前者はうまくいっていないという不適応感に悩み、不安や抑うつ気分などが生じている状態である。後者は、人が家庭、学校、職場などの環境に対して適切な行動がとれず、学業、職業、家庭生活などに困難が生じている状態である。人は環境を自身の適応能力に合うようにつくり変えることができ、他方で、環境に対して自身の行動を修正し、変化させていく能力もそなえている。しかし、ストレスが増大し、もともとそなわっているこれらの能力では対応できなくなった場合に、不適応状態に至ると考えられる。そのストレスがもたらされる要因は、人生における重大な出来事と日常生活な体験に大別される。
　　　　　　　　　　　　　　（村上凡子）

武道

　武技、武術などから発生したわが国固有の文化として伝統的な行動の仕方が重視される運動である。相手の動きに対応した攻防ができるようにすることを狙いとし、自己の能力に応じて課題の解決に取り組んだり、競い合ったりする運動で

ある。また、礼儀作法を尊重して練習や試合ができることを重視する運動である。したがって、武道では、相手の動きや「技」に対して、自己の能力に応じて自ら工夫して攻防する技を習得した喜びや競い合う楽しさを味わうことができるようにするとともに、武道に対する伝統的な考え方を理解し、それに基づく行動の仕方を身につけることが大切である。嘉納治五郎が初めて武道とした柔道は、試合や演武競技を行うが、合気道は誰しも武道と認めるが、試合はない。試合・競技を見据えて稽古するほうが熱が入りやすいという面があるため、試合・競技がないよりも有るほうが望ましいという意見がある。その一方で、稽古を中心とし、試合にはこだわらないという意見もある。また、武術家や修行者の中には、現代の武道は完全にスポーツ化しており、武術的な要素が欠落していると述べる声も少なくない。　　　　　　　　　　（本間玖美子）

不登校

　文部科学省は、「不登校児童生徒」を、「何らかの心理的、情緒的、身体的あるいは社会的な要因・背景により、登校しないあるいはしたくともできない状況にあるため年間30日以上欠席した者のうち、病気や経済的な理由による者を除いたもの」と定義している（同省HP「児童生徒の問題行動・不登校等生徒指導上の諸課題に関する調－用語の解説」など）。
　1940年代、欧米では、学校に行かない子どものうち神経症的症状をもつ子どもたちを怠学と区別して「学校恐怖症」と呼び、母親との分離不安が基調にあるとした。日本でも1960年前後に「学校恐怖症」の精神医学的実態調査が行われたが、低年齢の子どもだけでなく小学校高学年以上の例も多いことなどから、分離不安よりも広義の心理的理由を含んだ

「登校拒否」という用語が使われた。「登校拒否」の定義は必ずしも一致したものではなかったが、身体的精神的症状を伴って学校に行けない状態を「登校拒否」、それらに「非行」「怠学」など、ドロップアウト型も含めて「不登校」とするという整理（高垣忠一郎）などを経て、1990年代以降は「不登校」という呼称が一般化した。1992（平成4）年、文部省は、いじめ問題の検討のための協力者会議の報告を受け、不登校は「どの子にも起こりうる」という見解を示した。以後、適応指導教室の開設、保健室や相談室など教室以外の居場所の確保、通学定期使用や出席扱いによる民間フリースクールの一定の承認が行われ、不登校の子どもを受け入れる高校も増加した。その後、不登校が長期化すると引きこもりにつながるという危惧の声などがあがる中で、2003年、協力者会議は「今後の不登校への対応の在り方について（報告）」において、不登校を容認しすぎてはならないと、学校復帰を促すかかわり方を求めるようになった。「不登校」（1999年度までは「学校ぎらい」）を理由に学校を欠席した小中学生の数は、毎年8月「学校基本調査」速報で報道発表されている。
　⇒保健室登校　　　　　　　　　（片岡洋子）

プラグマティズム

　現実の生活世界における行為・経験を通して作動する精神的な活動・認識を重視して、その立脚点から理性主義的な存在論・価値論・科学論を問い直す哲学的立場。また認識を環境と人格形成の連続的な再構成のプロセスに位置づけている点には、アメリカの近代化を促した実験的な精神を強く反映しているとの指摘もなされている。プラグマティズムは19世紀末から20世紀前半にかけて、アメリカでパースやジェイムズそしてデュー

イ等によって確立された。とくにデューイの思想はそれ以後の哲学、教育学、論理学、社会心理学等の広範な領域に大きな影響を与えた。最近ではローティがポストモダンとの関連性で、デューイの思想を再評価し関心を呼んでいる。日本ではデューイの実験主義的な教育論が大正初期から今日に至るまで、その影響を与え続けている（例えば、生活科、総合的な学習の時間、そして今日の体験的な学習の多くは、プラグマティズムの影響を色濃く受けている）。プラグマティズムにおいて真理・知識はその時々の目的遂行に関して有効である限りにおいて、それは真なのだと主張する。「真理は動くものである」（パース）に象徴されるように、ある知識がどれほど事物・事象そのものと整合性（妥当性）をもつのかと問うよりも、その知識が私たちの相互主体的な社会的行為を通して目的をどれほど実現させ得るのかと問い続けながら連続的に認識を再構成して次の段階につなげていく、そのような営みを重視するのである。⇒経験、デューイ　　（重松克也）

フラストレーション
frustration

　目標を達する際に、何らかの要因によって、欲求充足を阻まれたときに生じる不快な情動状態のことを指し、欲求不満あるいは欲求阻止と訳される。フラストレーションの芽生えは、生後1～2週の授乳中断によるフラストレーション泣きや生後1～2ヶ月の母親消失への反応、1～2歳では、駄々こねやかんしゃくなどに伺うことができる。フラストレーションによって生じる不適応反応としては、退行、攻撃、異常固着などがある。しかし、同じ条件下においても不適応的反応が起こる者と起こらない者がいる。ローゼンツヴァイクは、個人の欲求不満状況に耐える力が不適応反応は生起に影響を

与えると考え、欲求不満に耐え、理性的・合理的に対処して積極的に問題解決を図ることができる力をフラストレーション耐性（欲求不満耐性）と呼んだ。フラストレーション耐性は、子どもが成長過程で理性的に取り組める程度の過度に強くないフラストレーションを適度に経験することによって習得される。　　（丹　明彦）

プラトン
Platon B.C.427～347

　古代ギリシャの哲学者、教育者。アテネの名家の生まれ。ソクラテスの弟子。イデア論を大成し、西洋哲学の源流となる。著作は対話篇の形をとっているが、わけても『国家篇』『プロタゴラス』『饗宴』は有名。ソクラテスの影響を強く受け、哲学的研究に身を捧げるに至ったが、ソクラテスが毒杯をあおいで処刑された後は現実の国家に失望し、理想国家の理念を抱いた。理想国家は、権力の座に就くことを欲しない、永遠のイデアの認識に到達した哲人によって治められる理想の世界である。プラトンの教育論は主として『国家篇』にあらわれているが、その目的は個人を理想国家を担う一員とし、個人がその本分を尽くすことによって国家全体のために尽くすようになることであり、最終的にはいかにして哲人支配者を育成していくかを主題としている。

　またプラトンの理想国家は、統治者、防衛者、生産者の三階級によって構成されており、正義、節制、知恵、勇気の四徳性が重視されている。理想国家は善のイデアを国家に実現したものであるが、これら四つの徳性の実現は、善のイデアを認識した統治者に拠るほかはない。また、プラトンが考えた教育の過程では、男女は原則的に平等とされ、同じ教育を受けるとされる。子どもは生まれた時から国家の統制下に置かれ、まずは音楽と文芸の教育、ついで17～18歳までは算

術、幾何、天文の学習および体育、17〜18歳から20歳まではもっぱら体育の訓練、20歳代は選ばれた者にのみ数学的諸学科の学習、30代前半は哲学問答、30代後半と40代は公務に従事して実務経験を積むこと、50代以降、最も優れた者は哲学的思索と政治の任務、というように統治者のための生涯教育計画が示されている。このような教育の過程で、そこまで達し得ない者は防衛者として、あるいは生産者としてそれぞれの分を守ることが要求された。ちなみに、プラトンは男女を平等に扱っているが、ここでいう男女とは、あくまでも支配階級に属する哲人と武人の子どもを指していることに注意する必要がある。なおプラトンは B.C.387 年、ギリシャ神話の英雄アカデモスを祭るアテネ郊外の聖域に、学園アカデメイアを設立し、学者や政治家を育成した。アリストテレスの手によるリュケイオン（B.C.355 設立）ともども記憶する必要があろう。　　（金田健司）

ブランディズム
blindism

　視覚を欠くためにみられる視覚障害児（とくに盲幼児）特有の癖のこと。三つの特徴があり、一つは視覚的なものとして、視力がかすかに残っている視覚障害児は眼前で手や指を振って明かりや影の動きをみる。二つは触覚的なもので、目を押したり、鼻口へ指を入れる、耳・唇・頭髪などをいじる。三つ目は運動的なものとして、身体をゆする、振る、頭を回す・傾ける、肩をすくめる・ゆする、腕を動かす、部屋をぐるぐる回るなどがある。このような行動を引き起こす要因には、一つは適切な刺激が欠けていたり、経験の乏しい環境から起こる場合、二つは成長発達途上での適応不全から生ずる場合、三つは親子関係の問題による場合が指摘されている。このほかに、自動的自己刺激の影響も考えられる。ブランディズムは成長するにつれて徐々に影を潜める。興味関心が外界に広がり、行動の範囲が豊かになることがその理由である。無理やりに止めさせる必要はない。
　　　　　　　　　　　　　（林　邦雄）

振替授業

　休業日を授業日とし、ほかの授業日を休業日にして行う授業を一般に振替授業と呼ぶ。公立学校の休業日は、国民の祝日、日曜日、土曜日および教育委員会が定める日（夏季、冬季、学年末、農繁期等）と定められており（学校教育法施行規則第61条）、これら休業日における振替授業は、学校において特別の必要がある場合に教育委員会の規則に従って行われる。私立学校の休業日は、当該学校の学則で定めることとされている（同第62条）。一般に、振替授業には、授業参観や運動会、学芸会などを保護者の参加しやすい休日に行ったり、修学旅行等を休業日をまたぐ日程で行ったりする場合などが含まれる。
　　　　　　　　　　　　（上原秀一）

フリースクール
free school

　最近の日本では、不登校の児童生徒が通うことのできる施設・機関・スペース等を指して、「フリースクール（フリースペース）」ということばが用いられることが多い。しかしもともとは、1960年代後半〜1970年代のアメリカで、従来の学校概念にとらわれない新しい学校の在り方を求めて展開されたオルタナティブ・スクール運動にみられた試みの呼称である。その源流はイギリスでニイルがつくった寄宿舎制のサマーヒル・スクールで、そこでは子ども自身の意志・要求を尊重し、柔軟なカリキュラムのもとで教育が行われた。アメリカでは、1967年にモン

ゴメリーがそのような考え方を基礎において、クロンララ(Clonlara)を創設したが、1983年には500校を超えるフリースクールが全米各地につくられていたといわれる。こうした運動は、従来の学校がもつ画一的で形式主義的な側面に対する批判・疑問を背景としていたといえよう。
　⇒オルタナティブ・スクール　　（浜田博文）

フリーター

　日本で正社員以外の就労形態で生計を立てている人のことで、1987(昭和62)年に求人情報誌「フロムエー」の編集長・道下裕史によってつくられた造語。現在では辞書に記載されるほどに一般化している。1980年代後半、日本経済が好調であった上に24時間営業のチェーン店の急増などにより慢性的な人手不足になり若い労働力が求められた。そしてバブル経済の崩壊以後、約10年間続いた正社員の採用が抑制され、労働力を非正規雇用に置き換えコスト削減を図ったことがフリーター増加の最大の要因といわれている。フリーターは、アルバイトなどに従業しているため、無職やニートとは異なる。フリーターの問題点として、社会保障制度の問題や階層の固定化、少子化への影響などが挙げられており、現在政府がフリーター対策として検討・推進しているものには、インターンシップやジョブカフェなどの就業支援、また教育分野ではキャリア教育や職場体験を導入するなどして、フリーターの減少に尽力している。⇒ニート　　　　　　（宇田川香織）

ブルーナー
Bruner, J.S. 1915～2016

　アメリカの認知心理学者。認識や適応における個体の内的要因を軽視していた行動主義心理学を批判し、欲求や価値観などの人格的・社会的要因の重要性およ
び個体と環境との相互作用の重要性を実験心理学的手法を駆使して明らかにした。議長を務めたウッズ・ホール会議の成果を『教育の過程』(1960)として公刊した。本書でブルーナーは「どの教科でも、知的性格をそのままに保って、発達のどの段階のどの子どもにでも効果的に教授することができる」ことを論証している。さらに、科学の基本的概念を中核として教科内容を構造化すること、構造化された教科内容を学習者の認知発達に適合させて提示すること、学習者の内発的動機づけを確固にした上で教科内容を「発見」的に学ぶべきこと、同構造の学習内容の間には転移の可能性があることなどを提唱し、これらの見解はスプートニク・ショック(1957)を受けた全世界の教育界に大きな影響を与え、「教育の現代化運動」と呼ばれた新しい動向を方向づけるものであった。⇒転移　　（川瀬邦臣）

ブルーム
Bloom, B.S. 1913～1999

　アメリカの教育心理学者で評価論の研究者。教育目標の分類学(タクソノミー)に基づく完全習得学習を提唱した。ブルームはこれまでの教育が生徒の3分の1程度の者しか十分な理解ができないということを前提に行われ、評価も学習者の差を捉えることに力点が置かれていたことを批判し、高度に発達した国々では多くのものにしっかりとした学力をつけることが求められているのだという認識を前提としている。こうして個々の生徒の学習状況を把握し、適切な指導を行うために診断的評価、形成的評価、総括的評価を提唱した。また教育目標の分類学において学習目標を認知だけでなく情意を含めて取り上げたことは注目される。わが国の近年の教育評価はその影響を大きく受けているが、大多数の児童生徒に確実に学習させるというブルームの評価

の目的を理解することなく、評価の手法だけを取り入れる傾向もあり、注意が必要である。⇒形成的評価　　　（藏原清人）

フレイレ
Freire, P. 1921〜1997

ブラジル人の教育学者。1960年代初頭にブラジル北東部で土地をもたない貧農に対して識字教育を展開した。フレイレは次のように述べる。「識字というのは、日常の生活世界とは切れている生命のない対象物である文章、単語、音節を記憶することではない。むしろそれは、創造と再創造の態度を身につけ、各自が現実にかかわる姿勢を生みだす自己変革の力を獲得することなのである」。教育者の役割と具体的現実に関する非識字者との対話に重きを置くフレイレの思想は、今日のマイノリティ・グループの識字教育の実践方法に有益である。また、マジョリティの教育課題である「銀行型教育」、つまり人間相互の交流を否定する教育に対する批判でもある。銀行型教育は、人間を再創造者でなく、傍観者とみなし、人間は世界や他者とともに存在するのではなく、世界の中にあるに過ぎない、とみる。これに対してコミュニケーションを重視する課題提起教育が対置される。
（望月重信）

フレネ学校

フランスの小学校教師フレネ（Freinet, C. 1896〜1966）が1935年に南フランスのニース近郊ヴァンスに設立した私立小学校。第一次世界大戦に従軍・復員後、1920年から小学校教師であったフレネは、新教育運動の指導者フェリエール（Ferrière, A. 1879〜1960）の『活動学校』（1920）によって強い思想的影響を受け、小学校に印刷機を導入し、子どもの自主的な学習を試みた。フレネを偏向教師として排斥する騒動（サン・ポール事件、1932-33）を契機にして私立小学校＝フレネ学校を創設（1935）。第二次世界大戦中フレネ学校は閉校を余儀なくされたが、戦後再開され、今日まで存続している。1991年に経営難により国立学校に移管された。フレネ学校では一斉授業も行われるが、子ども自身が決定した「学習計画表」に従って進められる個別学習が中核的な活動である。個別学習を支える思想は、子どもの主体性と興味および子ども間の共同作業の徹底的な尊重である。個別学習は、作業（労作）と知的活動とを結合した創造的で総合学習的な活動といえよう。
（川瀬邦臣）

フレーベル
Fröbel, F.W.A. 1782〜1852

ドイツの幼児教育思想家・実践家。また幼稚園の創設者。ルター派牧師の6番目の息子としてオーバーヴァイスバッハに生まれ、母と死別後、孤独な少年期を送る。色々な職業に就いた後、1805年小学校教師となった。その後、ゲッティンゲン大学とベルリン大学での研究の後にペスタロッチ主義の学園を創設した。幼児の遊具として「恩物」（Gabe）を考案し、1840年に「一般ドイツ幼稚園」を設立した。彼にとって教育の目的は、万物の統一者である神によってすべての調和が保たれているという観点から子どもの知的、心情的、身体的な力を育てていくことであった。それは子どもの神性を展開させるということである。このための教育活動が遊びと労作であり、発達の衝動を活発化させる遊具が恩物である。幼児教育は受動的・追随的であり、干渉的・命令的であってはならないというのが彼の基本的な原理であった。この思想は彼の著作『人間の教育』（1826）によくあらわれている。⇒恩物　（大沢　裕）

フロイト
Freud, S. 1856～1939

　精神分析を創始したオーストリアの精神科医。ウィーン大学で医学を学び臨床医となった後、フランスのシャルコーのもとで催眠を学んだ。ウィーンに戻った後は神経症患者の治療を数多く行い、晩年にナチスのユダヤ人迫害に追われロンドンに亡命するまで旺盛な研究・執筆活動を行った。フロイトの精神分析では、知覚されない意識すなわち無意識を仮定し、ヒステリーなどの精神症状は抑圧され無意識へと閉じこめられた記憶や願望が変形してあらわれたものと考える。そして無意識下の記憶や願望を自由連想法を用いて意識化することによって症状が消失する、というのが精神分析療法の基本的な考え方である。フロイトの理論は精神科医・心理学者に多大な影響を与え、力動的精神療法という領域を開いたのみならず、文学や哲学などにも大きな影響を与えた。⇒精神分析　　　　　（今野裕之）

プログラミング教育
education for computer programming

　プログラミング教育は、一般にコンピュータを稼働させるための処理内容を記述するコンピュータ・プログラムの作成手順や考え方を教えることを指す。2016（平成28）年12月の中央教育審議会答申において小学校段階への導入が図られた「プログラミング教育」は「自分が意図する一連の活動を実現するために」「動きの組合せ」と「一つ一つの動きに対応した記号」との組合せを論理的に考える力である「プログラミング的思考」を主な内容とした。2017年版小学校学習指導要領では「情報活用能力」育成のために「児童がプログラミングを体験しながら、コンピュータに意図した処理を行わせるために必要な論理的思考力を身に付けるための学習活動」等が掲げられている。2018年には文部科学省「小学校プログラミング教育の手引（第一版）」も出され、普及が図られている。これに対し、前記の「プログラミング的思考」は諸外国のComputational Thinkingを矮小化したもの等の批判がある。（丸山剛史）

プログラム学習

　コンピュータのプログラム作成は、認知プロセスの論理的分析を前提としているが、その考えを学習指導の過程に応用した学習をいう。初期にはコンピュータの利用は高価であったために、紙の上に学習プロセスを示した。学習者は途中に提示される少しずつ進行する（スモールステップ）設問に答えることで自ら学習を進める仕組みになっている。当初は、正答した場合のみ次の設問に進む形であったが、誤答に対しても設問を設け、それに答えることで学習者が自ら誤りを自覚し、間違った設問に立ち戻って正しい学習プロセスに進むことができるようにした枝分かれプログラムが開発された。現在では、パソコンの普及により、キーボードの操作によってコンピュータ上で学習が進められるようになってきた。しかし、この学習法は論理的に理解を積み上げていく学習やドリルなど反復練習をする学習には向くものの、学習者のひらめきや感性への対応は困難であることに留意すべきである。　　　　　（藏原清人）

プロジェクト・メソッド
project method

　プロジェクト・メソッドは、経験主義の単元学習の典型とされ、教育過程における生活経験および自発的で合目的的な活動を重視するものである。アメリカの教育学者キルパトリック（Kilpatrick, W. H. 1871～1965）、とくに彼の論文"The Project Method"(1918)による定式化が

知られている。デューイらに学んだキルパトリックは、従来、手工教育等で限定的に使用されてきた「プロジェクト」概念を拡張し、「全精神を打ち込んだ目的をもった活動」（wholehearted purposeful activity）と定義した。そして、こうした学習活動は、①目的立て（purposing）、②計画立て（planning）、③実行（executing）、④判断（judging）の4段階を経るものとした。こうした定式化もあって、その後、国内外に急速に広まった。しかし、キルパトリックの単元論への評価や教科と活動との関係等に関して見解の相違もある。⇒キルパトリック

（丸山剛史）

文化遺産

「耕作」の意から転じ「個人を陶冶するもの」「心を耕すもの」として捉えられる文化（culture）は、およそ人類が過去から受け継ぎ、未来に引き継いでいくべき遺産といえる。とりわけ文化遺産は、「顕著で普遍的な」「価値のある自然や文化財」（ユネスコ）として、未来に伝えていくべきものである。文化人類学では、①科学・技術文化、②社会制度文化、③精神文化、に分類している。日本では1950（昭和25）年、①有形文化財、②無形文化財、③民俗文化財、④記念物、⑤伝統的建造物群の5類型に分けた「文化財保護法」が公布された。1989（平成元）年改訂の小学校学習指導要領社会科では、第6学年の目標に「優れた文化遺産についての関心と理解を深める」、中学校社会科歴史的分野の目標に「現在に伝わる文化遺産」を「理解させ、尊重する態度を育てる」とあり、高等学校地理歴史科の日本史Ｂでも同様のことが明記されている。また文化遺産は、同時に環境・景観保護など、国民全体の協力と努力が不可欠であることを理解させる必要がある。

（岩下　均）

文化教育学

人間と文化の関係を教育について考察する際の根本的な視点とする教育理論の総称である。精神科学的教育学とほぼ同義で用いられることが多いが、それはディルタイの影響を受けたノール、リット、シュプランガーらが中心的な人物として挙げられるためである。文化を人間の精神が外化された客観的精神と捉える。文化の中に生まれてくる個人は既存の文化価値の世界に導き入れられるとともに、新たな文化をつくり出す。つまり、個人は教育を通じて客観的精神を習得することによって主観的精神となり、新たな文化創造をなすのである。この文化の循環関係に基づいて教育理論を展開する点に文化教育学の特徴がある。⇒**精神科学的教育学、シュプランガー、ディルタイ**

（荒井聡史）

文学教育

芸術教育の一環として、文学作品に親しみ、感動することよって感受性、想像力、言語感覚を養成し、人間形成を目指す教育をいう。文学はそれだけで優れた「教育性」をもつが、文学教育は、創作をも含めた文章表現、音声表現、身体表現をも含む概念である。昔話や童話の読み聞かせなど、幼児期からの日本人の人間形成に果たしてきた意義は大きい。日本では、文学を国語科教材として、あるいは作文・読書指導などを通じて行ってきた。そのため、国語科教材としての文学作品は、指導する教員の好みによって、省略・削除されることも多かった。また逆に、書き手の意図を読み取ることに主眼が置かれすぎて、国語のコミュニケーション機能や、社会生活における実用的

な国語能力育成がおろそかになるケースもみられた。結局、このことが「文学教育」と「国語教育」との指導双方をあいまいにしてきたともいえる。　（岩下　均）

文化資本
capital cultural

　広義には、「人間の資質価値」を意味するが、これを身につけ、発展させるために教育制度が介在して蓄積の再生産が行われるフィルターでもある。フランスの社会学者ブルデュー（Bourdieu, P. 1930～2002）は学校の文化がその正当な文化、言い換えればエリート層、中間階級の文化を反映するとみる。学校の教師は高等教育の出身者で教養と専門性を身につけている。教師はエリート層に属する。使用する言語は、教科書の言語のように普遍的でかつ意味の両義性を許さない。この言語は学校に浸透していて文化資本の内実をつくっているともいえる。日常生活の中で私たちは人間の資質価値をもっているか否かによってその文化資本力が問われる。さらにこの資本力の濃淡によってその人の地位や資格の指標価値にもなる。文化資本の一側面として資格や学歴があるが、どの時代にもこの側面が子どもの成長にとって重要なものと親は考える。　（望月重信）

文化相対主義
cultural relativism

　多様に存在する文化は、その文化をもつそれぞれの社会の文脈で最もよく理解されるとする立場をいう。普遍的なものと想定された自文化の価値観によって異文化を判断する自文化中心主義への批判から登場した。20世紀初頭のアメリカで、人類学者のボアズが、知能には人種により生得的な差異があるとする当時の人種差別的な遺伝決定論を厳しく批判して環境論に立ち、文化相対主義を唱えた

ことから普及した。同時代にアメリカを「人種の坩堝［るつぼ］」とたとえることを批判したカレンが推奨した文化多元主義（cultural pluralism）とともに、今日の多文化主義（multiculturalism）に影響を与えてきた。今日では、文化の差異の承認がきわめて大きな政治的問題となっているが、それはヨーロッパ中心の近代という時代が批判されているためでもある。ただし、自文化の価値観を一時停止して異文化とかかわることは可能なのか、また、それぞれの文化の多様性を認めることが結局は人種や民族の分離主義的傾向を生み出すのではないかといった問題もそのまま今日まで残されている。　（古屋恵太）

文化的再生産（論）

　ブルデュー（Bourdieu, P. 1930～2002）の理論がとくに有名。近代以降の社会では、地位や身分の世襲が禁止され、私有財産相続についても法律に基づく一定の規制が加えられるようになった。しかし、それにもかかわらず社会的特権は文化を媒体に継承され、社会的不平等は再生産される。この現象を指して、ブルデューは文化的再生産と呼んだ。彼は、裕福な家庭の子弟が単に進学で有利になるというだけでなく、文化資本（洗練された正統的文化や教養や習慣等）の保有率が高い者ほど高学歴であることを統計的に証明したのである。そればかりか、その子弟も親の文化資本を相続して同様に高学歴になっていくことをも論証した。そもそも社会的不平等は、金銭的富を保有するか否かの経済資本、人脈などのソーシャル・ネットワークをどれだけ保持しているかの社会関係資本、加えて文化資本の三つによって再生産されるという。このうちブルデューは、文化資本にとくに注目し、これをさらに客体化されたもの（家の蔵書など）、制度化されたもの（学

歴・学校歴など）、身体化されたもの（趣味や挙措動作など）の三つに区分した。

文化的資本のうち、客体化されたもの・制度化されたものについては、物象化されたものであり本人の努力しだいで獲得可能であるが、身体化されたものについては獲得がきわめて困難である。ブルデューは、これをハビトゥス（habitus）と呼び、定位家族での初期社会化の段階から涵養されていくものであると考えた。その意味でハビトゥスは、年輪のように行為者に刻みつけられ、それぞれのハビトゥスは不可逆的となる。最初のハビトゥスは次の知覚や行為を決定づけ、それらは新たなハビトゥスを生み、それに応じた慣習行為（pratique）を決定づけるので、ハビトゥスは性向の体系であると同時に「身体化された歴史」であるということもできる。現今の日本社会では、格差社会の問題が盛んに取り沙汰され議論されている。これは上流階層のもつ文化資本、わけてもハビトゥスの存在がより強固なものとして機能し、文化的再生産が繰り返された結果、階層の固定化が進行するのではないかとの危惧から出てきたものとも解せられよう。⇒ハビトゥス、**文化資本**　　　　　　　　（腰越　滋）

文化伝達

文化伝達とは、文化が、ある世代から別の世代へと伝わることをいう。文化とは、その時代に生きた人々の精神的な形象である。このような文化は、時代や属する社会が異なれば当然異なったものになる。世代から世代へ伝わる文化は、当該社会の中で知らず知らずのうちに長い年月をかけて伝わる。例えば、生活の知恵や季節との付き合い方や風習の伝達などを挙げることができる。子どもたちが、大人の振る舞いや話し方を真似ることによって、文化は伝達されてきた。また、

意図的教育によっても、文化伝達は行われてきた。とくに、学校は意図的な文化伝達機関の一つである。例えば、学校で学ぶことばは、当該社会における文化を背負ったことばであり、ことばの学習を通して、あるいは、ことばの学習そのものが文化伝達の機能を果たすという側面がある。　　　　　　　　（藤井佳世）

分岐型学校体系

初等教育段階あるいは義務教育段階の学校系統は共通だが、中等教育段階で学校系統が分化する学校体系のことであり、フォーク型学校体系と呼ばれることもある。どの子どもたちも最初は共通の学校系統で学ぶが、中等教育段階で異なる学校系統へと進学し、どの学校系統を選ぶかによって上位の学校への進学機会が開かれたり閉ざされたりすることになる。日本では、第二次世界大戦前や戦中は分岐型学校体系を採用していたが、戦後の6-3-3制は単線型学校体系として捉えられてきた。しかし、戦後においても実際には、前期中等教育段階には中学校だけでなく中等教育学校が、後期中等教育段階には高等学校だけでなく高等専門学校や専修学校高等課程が存在するように、分岐型の性格を見出すことができる。なお、ヨーロッパ諸国においては、ドイツに代表されるように、現在も分岐型学校体系が残っている国が、少なからずみられる。⇒単線型学校体系、複線型学校体系　　　　　　　　（伊藤秀樹）

分限処分

分限とは公務員の身分のことである。分限処分とはその公務員の身分にかかわる降任、免職、求職、降給の処分をいう。公立学校の教員は地方公務員としての身分を有することから、まず地方公務員法

第 27 条によって法律や条令によらない不当な処分からは保護されている。しかし一方で公務員制度は効率性原理に基づき運営されることが求められるため、本人の意に反して分限処分が行われる場合がある。同法 28 条には降任・免職ができる場合として、①勤務実績の不良、②心身故障により職務遂行の支障がある場合、③その職に必要な適格性を欠く場合、④職制や定数の改廃または予算減少で廃職又は過員が生じた場合、の四つを挙げている。また、休職させることができるのは、①心身故障による長期休養、②刑事件に関し起訴された場合、である。実際に行われる分限処分の多くは疾病による休職、免職である。分限処分は公務の効率性を確保するためのいわばやむを得ない処分であり、懲罰として行われる懲戒処分とは異なる。しかし近年教員としての適格性の欠如を理由として、教育公務員を一般職に配置換えするためにこの分限処分を用いる動きがある。

⇒地方公務員　　　　　　　　（大谷　奨）

フンボルト
Humboldt, W. v. 1767 ～ 1835

　プロイセンの政治家、教育行政官、言語学研究者。プロイセン内政改革（シュタイン・ハルデンベルク改革）の一環として首相シュタインの要請を受け内務省公教育局長に就任し、教育改革に敏腕をふるった。在任中の主な功績は、新人文主義的教育理念に基づく教育制度改革の基礎固めとベルリン大学の創設であった。前者は、いかなる職業人にもあまねく不可欠な一般的・形式的諸能力の展開を説く「一般的人間陶冶」論を論拠として基礎学校—古典語学校（ギムナジウム）—大学という統一的単線型学校体系の構想である。言語的・歴史的・数学的な教育内容を通して形式的諸能力を訓練するという彼の新人文主義的中等教育観は、基本的に 19 世紀プロイセンの中等学校史の性格を規定し続けることになった。後者は、哲学的・形式的な学問の研究・創造（伝授ではない）を媒介とする教授と学生との共同体として構想された彼の大学観の実現を図ろうとするものであった。彼の大学観が一定の評価を受ける時期もあったとはいえ、産業化社会の進展に即応する実用主義的学問観に依拠する大学観によって激しく批判を招くことにもなった。　（川瀬邦臣）

分離不安

　特定の他者との間に情緒的結びつき・絆をいったん形成した個人が、その緊密な関係から切り離された状態で感じる恐れや警戒によって生じる不安をいう。母親と愛着関係が成立した子どもが、安全基地としての愛着対象者（主に母親）から引き離されるときなどにみられる。年齢によって不安のあらわれ方やその意味合いは変化し、気質などの個人差も大きい。8 ヶ月不安といわれる人見知りもその一つであり、乳児は泣き・しがみつき・後追いなどで不安を示すが、3 歳頃までには、母親代わりの人や愛着物（移行対象）に接することで不安に耐える力を身につけて分離不安を乗り越えていく。分離不安は、状況の変化は認知できても自力では対処不能な場合に生じ、愛着をもつ人の出現によって解消され、情緒的安定と探索行動の活性化がもたらされるから、子どもの認知的発達段階や愛着関係を判断する重要な手がかりの一つとなる。

⇒愛着、母子分離　　　　　（中野由美子）

◆ へ ◆

米国教育使節団報告書

　戦後日本は 1952（昭和 27）年まで、連

合国総司令部（GHQ）の占領下に置かれた。GHQはさまざまな社会制度改革を行ったが、日本を戦争に駆り立てた軍国主義、国家主義を一掃するためには教育改革も重要かつ不可欠と考え、1946（昭和21）年の春に教育の専門家27名をアメリカから招いた。この使節団がまとめた、日本の教育の実態の指摘とその改善に向けての勧告が米国教育使節団報告書（第一次）である。9年間の義務教育の実施、後期中等教育の大衆化（小学区、男女共学での総合制高等学校）、大学における教員養成、地方教育委員会制度など、報告書には戦後教育改革の大要がほぼ尽くされており、同年夏に発足し教育基本法や学校教育法の制定を論議した教育刷新委員会の論議にも大きな影響を与えた。その後1950年秋に再び使節団が来日し、再度報告書を示している（第二次）。こちらは朝鮮戦争の勃発や冷戦構造の深刻化に伴う占領政策の転換により、反共主義的記述があることから第一次報告書より低く評価をされる場合もある。

⇒教育刷新委員会　　　　　（大谷　奨）

兵式体操

1886（明治19）年に公布された学校令のもとで正課となった体操の一科として導入され、普通体操と並んで戦前の学校体育の内実を構成した。兵式体操導入の意図は、忠君愛国のための精神的、身体的基礎を養うとともに、将来の兵士たる基礎をも培う点にあった。内容としては、軍隊（陸軍）における教練の一部を学校において教授するものであり、軍の教育に対する要求と文部省の教育政策との接点に位置し、兵式体操導入の当初よりその在り方をめぐって論議が続けられた。1913（大正2）年制定の学校体操教授要目によって、体操科はスウェーデン式体操を基調に進められることになり、兵式

体操は教練と称されるようになった。その後、1925年の陸軍現役将校学校配属令によって、師範学校や官公立の中学校、実業学校、さらには高等学校や専門学校などの教練は、学校に配属された陸軍現役将校が担当することとなった。1939（昭和14）年には大学の学部の教練が必修化されたが、1945年8月の終戦とともに廃止された。　　　　　（船寄俊雄）

へき地教育

語源上は、地理的に隔絶された山間離島地域における教育のことであるが、実際には、その地域における学校教育のことである。へき（僻）地学校とは、「交通条件および自然的、経済的、文化的諸条件に恵まれない山間地、離島その他の地域に所在する公立の小学校及び中学校」（へき地教育振興法第2条）のことである。2000（平成12）年の統計でみると、へき地等指定学校は小・中学校合わせて5,108校、全学校に占める比率は15％である。北海道では、この比率は52％にもなる。へき地の学校は、教育上、諸々の困難を抱えている。極端な小人数教育、複式学級、教具・教材の不備、遠距離通学、教員の免許外教科担当、研修機会の不足、などである。しかし、外的な教育条件には乏しいものの、豊かな自然環境、生き生きとした地域教材、異年齢集団での学習など、教育を実りあるものにしてくれる潜在的条件が備わっている。山村留学などは、へき地教育のこうした利点に着目したものといえる。今後の課題として、義務教育段階のみならず、へき地における高校教育、大学教育の機会、さらには、あらゆる年齢層を対象とした社会教育の在り方についても議論しなければならない。⇒山村留学　　　　（舞田敏彦）

ペスタロッチ

Pestalozzi, J. H. 1746～1827

　近代教育と教育思想の基礎を築いた教育実践家であり、教育思想家である。スイスのチューリッヒに生まれる。若い頃から政治活動・社会活動に参加し社会問題に大きな関心をもつ。1775 年にノイホーフに貧民学校を開いたのを手はじめに、シュタンツの孤児院、ブルグドルフ、イヴェルドンの学校などで挫折と失敗を繰り返しながらもそれにめげずに教育活動に献身した。ペスタロッチが教育活動に取り組んだのは、商品経済が浸透していく時代で、農村の子どもたちは読み、書き、計算という新しい能力を必要としていた。彼の教育的努力は、子どもたちが貧しい生活から抜け出すために必要なこれらの基礎能力を陶冶することに向けられた（開発主義）。そのために人間の認識の根底にある直観の三要素（数・形・語：「直観の ABC」とも呼ばれる）に着目した教授法（直観教授法）を考案し、その中で開発される子どもの知性的能力・感情的能力・技術的能力の調和的な発達を目指した（「頭・心・手の教育」）。とくに実生活に即した、生産労働を通した技術的能力の教育（「労作教育」）は、ほかの二つを統合する媒介として、重要な意味を有する。ペスタロッチは、これを「生活圏」からの教育と呼ぶ。注目すべきなのは、彼がそれらの思想とそれに基づく教授法を、現実の実践の中で試行錯誤して練り上げた点である。ヘルバルト、フレーベルらが彼のもとを訪れ、影響を受けていることからも明らかなように後世に大きな影響を与えた。　⇒直観教授、フレーベル、ヘルバルト　　　　（荒井聡史）

ヘッド・スタート計画

Head Starter

　経済的・社会的に恵まれない家庭の幼児に対して教育、医療、保健などを含む総合的な援助を提供する、米国連邦政府による支援事業。経済的・社会的に恵まれない家庭の幼児に読み書きなどの技能を高める教育を行い、あらかじめ文化的格差を解消しておくことで、学齢に達して入学したときに通常の家庭出身の児童と共通のスタート・ラインに立てるようにするものである。ヘッド・スタート計画は、米国の補償教育の一環として 1965 年から始まり、さまざまな形態をとりながら今日まで継続している。テレビ番組「セサミ・ストリート」もこの計画において開発、制作されたものである。同計画については必ずしも期待された効果が認められないとする声もあったが、連邦政府は教育支援プログラムとして予算を計上し、計画を継続している。⇒補償教育　（日暮トモ子）

ベビーシッター

　「ベビーシッター業自主基準」によると、ベビーシッターとは、保護者の依頼を受け、保護者の居宅などにおいて直接児童を保育する者の総称である。また、1991（平成 3）年に認可された「全国ベビーシッター協会」では、ベビーシッターとは、育児の支援者であり、あくまで在宅保育を基本とする、と定義している。国家資格ではなく、ベビーシッター協会が独自に資格認定制度を設けた認定資格である。しかし協会に加入していないベビーシッター会社も多く、また個人契約の場合もあるので、料金やシステムなどは統一されてはいない。全国ベビーシッター協会では、独自の基準を設け、研修や研究活動を行い、より質の高いサービスの実施に努めている。歴史的には、イギリスのビクトリア王朝時代に新生児の世話をするために若い女性を雇ったことから始まったとされているが、現代の日本では、保育所の送迎や保護者が帰宅するまでの保育や、親の急病時の保育と

いった利用が多い。　　　　（高橋弥生）

ベビーホテル

認可外保育施設のうち、①夜8時以降の保育、②宿泊を伴う保育、③一時預かり保育、のいずれかを常時運営しているものをいう。ベビーホテルという用語が使われ出したのは1970年代半ば頃といわれている。近年では、待機児童となってしまった場合に、やむなくベビーホテルを利用する保護者も少なくない。しかし、営利を優先するばかりに、設備面の不備や無資格保育者のみの保育、保育者の人数の不足といった劣悪な環境下で保育をするベビーホテルも生じ、死亡事故をはじめとした事故が多発することとなった。そのため1981（昭和56）年、児童福祉法の一部を改正し、認可外保育施設への立ち入り調査の権限が規定され、指導監督が行われるようになった。とくにベビーホテルについては重点的に調査が行われるようになったのである。さらに2002（平成14）年の児童福祉法一部改正で、ベビーホテルを含む認可外保育施設の届出が義務づけられ、改善勧告や移転勧告に応じない場合の行政処分も強化されている。　　　　　　　　（高橋弥生）

ベルトワン改革

フランス第五共和政の文相ベルトワンの主導のもとで発令された「公教育の改革に関する大統領令」と「義務教育に関する布告」（ともに1959）によって行われた教育改革。この改革の要点は、①義務教育年限を2年延長し16歳までの10年とする、②義務教育を基礎課程（5年、初等普通教育）、観察課程（2年）、完結課程（3年）の3期に区分する、③生徒の「意欲と適性」に応ずる進路指導のための観察課程の新設と指導委員会の設置、④後期中等教育の多様化、⑤職業教育の分化と多様性である。ベルトワン改革の実施後種々の問題点があらわれたので、1960年代前半に下記のいくつかの修正施策がとられた。学業遅進の生徒が観察課程に進めないため推移課程を設けた（1962）。「共通の幹」として新設された観察課程で専門分化や振り分けが行われるという矛盾が露呈したので、観察課程を4年に延長してすべての基礎課程修了生を進級させた（1963）。観察課程用の学校を新設せずに既存の中等教育機関を用いたことが新たな格差を生じさせたので、観察課程用の機関として一種の総合制中等学校的性格をもつ中等教育コレージュを新設した（1963）。（川瀬邦臣）

ヘルバルト
Herbart, J. Fr. 1776～1841

ドイツの教育学者、数学者、哲学者、心理学者。ドイツ北部のオルデンブルクに法律顧問官の子として生まれる。ギムナジウムの頃よりカントに傾倒し、イエナ大学ではフィヒテの教えを受けて哲学を学ぶが、しだいにその非合理的・主観的な傾向に対して批判的となる。1797年から1799年までシュタイガー家で家庭教師を務めるが、この経験がヘルバルトをして教育学の道を歩ませることになった。1799年にはブルクドルフにペスタロッチを訪ね、強い刺激を受ける。ヘルバルトの教育学研究は、ゲッティンゲン大学で教授資格を取得し、教育学を講じたことに始まる。1802年には『ペスタロッチの直観のABCの理念』を、また1804年には『教育の主要任務としての世界の美的表現について』を著し、そして1806年には教師向けの手引書の性格をもつ『教育の目的から演繹された一般教育学』（通常『一般教育学』と略される）を著した。

ヘルバルトは『一般教育学』において、教育学の実践科学としての在り方を最初

に提起したのであり、同書は〈科学としての教育学〉を成立させた書といえる（ヘルバルトが「科学的教育学の祖」といわれている事実は、同書が教育界にいかに大きな影響を与えたかを物語っている）。カントの講座を引き継ぐべくケーニヒスベルク大学に移ってからは、ヘルバルトは大学に教育学ゼミナールを新設したり、教員養成のための実習校を開設したりと、大学改革にも取り組んだ。そして、ゲッティンゲン大学に戻った後は、1835年に『教育学講義要綱』を著し、自らの教育学を集大成する。

ヘルバルトは、教育学を実践科学として最初に基礎づけた人物である。しかし教育学を科学にするためには、単に教育の目的を考えるだけではなく、その実現にあたっての方法論を示さなければならない。この課題を乗り越えるべく、ヘルバルトは自らの教育学体系を、教育目的を考察する倫理学と、子どもの発達や教育方法に関する知見を与える心理学から捉えた。ヘルバルトの教育学説は「教授段階説」や「教育的教授」（教授なき教育はありえず、教育なき教授もありえないとする考え）によって代表される。このうち「教授段階説」についていうならば、ヘルバルトは、子どもが認識に至る段階を専心（学習者が一定の対象に没入し、他の対象を意識の外に排除している状態）と致思（専心によって得られたものを相互に位置づけ、体系化されたものにすること）に区別した。さらに、これらを静的専心（明瞭：あるものの中に入り込むこと）⇒動的専心（連合：ほかのものの中に入り込み連合させること）⇒静的致思（系統：関係づけて体系化すること）⇒動的致思（方法：応用・活用すること）の四段階に示した。しかし、この四段階は、後にツィラーによって分析⇒総合⇒連合⇒系統⇒方法の五段階に分けられ、さらにはラインによって、予備⇒提示⇒比較

⇒概括⇒応用に変形され、形式的教授段階説として教育現場に適用されていった。ヘルバルトの「教授段階説」は、確かにツィラーやラインによって変形されてはいったが、19世紀後半のドイツをはじめとするヨーロッパ諸国はもちろんのこと、アメリカや日本の教育実践や教育理論の構築にも多大な影響を及ぼしたのである。
⇒教授段階論、ペスタロッチ　（金田健司）

■ ヘレン・ケラー
Keller, H. 1880～1968

教育と福祉の改革のために国際的に貢献したアメリカの女性。本人自身、視覚・聴覚・言語に障害を有するうえ、その生涯は波瀾に満ちていたが、現代の障害者の生活・教育・福祉に関し大きな足跡を残した。20世紀最大の人物と称されることがある。ヘレン・ケラーの残した功績は、彼女の教師サリバン（Sullivan, A. M. 1866～1936）の存在なしにはありえなかった。とくに「奇跡の人」や聖女としてではなく、自らの意思と人格を有する社会的存在としてヘレン・ケラーが生涯を送ることができたのは、サリバンの最大の貢献であった。ヘレン・ケラーはわが国とも関係が深く、戦前、戦後にわたり、3度来日している。1回目は1937（昭和12）年、2回目は1948年、3回目は1955年である。来日目的は平和の使者として、また、2回目の来日は、盲学校の義務制および身体障害者福祉法制定への道を開くことに大きな影響を与えた。　　　　　（林　邦雄）

■ 偏差値

成績は標準正規分布にしたがって分布するという仮説に基づいて、学習集団の中の位置を標準偏差をもとに示す計算値。N個の点数の平均をMとするとき、ある点数Xの偏差値Vは次の式によって計算される。

$$V = \frac{(x - m)}{標準偏差} \times 10 + 50$$

これは相対評価のための一つの計算手段であり、偏差値の65以上は5段階相対評価の5、65から55までが4、55から45までが3、45から35までが2、35以下は1にあてられる。標準正規分布ではそれぞれ全体の7％、24％、38％、24％、7％となる。テストの点数は問題の難易度によって大きく左右されるが、偏差値では問題の難易度にかかわらず受験者の相対的な学力差（順位）が明らかになるとされ、入学試験の合格可能性を予知するための模擬試験の結果の処理などに利用されている。しかしセンター入試などの結果をみると10万人以上の受験者でも成績分布は標準正規分布をとらないことは明らかである。⇒正規分布　（藏原清人）

編入学

当該の学校に在籍していない者が、始期からではなく学年の中途から入学すること。編入学にあたっては、編入学試験が課される場合が多い。高等学校以上の場合、編入学に際しては取得単位が必要となる。短期大学から大学への編入者も数多くみられる。実際の編入学の事例としては、短期大学卒業者（准学士号取得者）および卒業見込み者が4年制大学の3年次に編入学試験を受け、当該の大学に編入学した後に卒業して学士号を取得する場合が、まずは考えられる。また、高等専門学校や専修学校専門課程（専門学校）の卒業者および卒業見込み者が、大学3年次に編入学するケースなども今日では珍しくない。編入学と類似する概念としては、ある学校に在籍している児童・生徒がそのまま別の学校に学籍を移動する転学や、学校内で学籍を移動する転籍などがある。ちなみに転学による入学は、転入学ともいわれる。わが国では、校種が同一の学校間を移るときには転学の手続きが必要とされるのが一般的であり、校種が異なる学校間を移るときには退学および編入学の二つの手続きが必要となる。例えば、外国の現地学校に通っていた者が帰国して日本の学校に通うときなどは、退学および編入学の手続きが必要となる。　（腰越　滋）

◆ ほ ◆

保育

保育という用語は、1876（明治9）年11月のわが国最初の幼稚園である東京女子師範学校附属幼稚園（お茶の水女子大学附属幼稚園の前身）の創設に伴って、幼稚園の教育を表すものとして使用され、同園規則の中で用いられたのが最初だといわれている。規則の中で複合語ではあるが、「園中ニ在テハ保姆〔ほぼ〕小児保育ノ責ニ任ス」「小児保育ノ時間ハ毎日四時間トス」などとある。これは、心身とも脆弱な幼児を対象に教育するには、特別な保護や世話を必要とする意味であろう。また、附属幼稚園の幼稚園教育の基盤づくりに尽力した関信三（1843〜1880）は、幼稚園は「学齢未満ノ軟弱ナル稚児ヲ保育スル楽園」とし、幼稚園は幼児を保育する楽園だといった。1900年代に中村五六〔ごろく〕（1860〜1946）や和田実（1876〜1954）を中心に、幼児を対象とする教育全般を「保育」とした見方が提示された。その一方で「託児所」や「保育所」が誕生し、その施設でも「保育」という用語が用いられるようになった。

保育という用語は、幼稚園のような学校教育法の適用を受ける幼児の社会集団で使われてきたが、現在では児童福祉法の適用を受ける保育所などにおいて多く

用いられている。また、乳幼児はすべて
が未熟である。自分から環境を変えたり、
調整したり、円滑に生活を進めることが
できない。ゆえに、乳幼児の十分な発達
をより効果的に進めるためには、保護育
成を含む教育のための施設と専門性の高
い保育者による計画と実践が必要といえ
る。保育は、「幼稚園教育要領」「保育所
保育指針」「幼保連携型認定こども園教育・
保育要領」に基づき、日々の子どもの連
続される生活を保障するものだといえる。
　⇒幼児教育　　　　　　　　（谷田貝円）

保育教諭

　「幼保連携型認定こども園」の保育者。
就学前の子どもに関する教育、保育等の
総合的な提供の推進に関する法律（認定
こども園法）第14条第1項に「幼保連
携型認定こども園には、園長及び保育教
諭を置かなければならない」とある。こ
の保育教諭の職務について、同じく第
14条第9項において「保育教諭は、園
児の教育及び保育をつかさどる」とある。
保育教諭になるためには、現行の「幼稚
園教諭免許」と「保育士資格」の両方の
資格を有する必要がある。「幼保連携型
認定こども園」は、学校教育と保育を一
体的に提供する施設であるため、その職
員である「保育教諭」については、「幼
稚園教諭免許状」と「保育士資格」の両
方の免許・資格を有していることを原則
としている。
　2015（平成27）年度から子ども・子育
て支援新制度が導入され、新たな「幼保
連携型認定こども園」への円滑な移行を
進めるため、改正認定こども園法では、
「幼稚園教諭免許状」または「保育士資
格」のいずれかを有し、3年以上の実務
経験と所定の単位取得が必要とされてい
る。保育教諭は、園児が主体的に活動で
きるように環境に配慮し、さまざまな役

割を果たしその活動を豊かにしなければ
ならない。また、乳児から幼児の発達の
連続性の理解を踏まえた教育・保育の展
開、保護者の生活形態の違いによる在園
時間の長短や入園時期の違いやよりよい
指導計画の作成、小学校への円滑な接続
への取り組みなど、個人差を理解し、多
岐にわたる高い資質が求められている。
　⇒子ども・子育て支援新制度　（谷田貝円）

保育士・保育士試験

　児童福祉施設児童の保育にあたる者を
いう。児童福祉法第18条の4において、
「この法律で、保育士とは、第18条の18
第1項の登録を受け、保育士の名称を用
いて、専門的知識及び技術をもって、児
童の保育及び児童の保護者に対する保育
に関する指導を行うことを業とする者を
いう」とある。2001（平成13）年の児童福
祉法改定より国家資格となり、保育士登
録が必要となった。
　保育士登録については次のように示さ
れている。「保育士となる資格を有する
者が保育士となるには、保育士登録簿
に、氏名、生年月日その他厚生労働省令
で定める事項の登録を受けなければなら
ない」（児童福祉法第18条の18）、「保育
士登録簿は、都道府県に備える」（同条
第2項）、「都道府県知事は、保育士の登
録をしたときは、申請者に第一項に規定
する事項を記載した保育士登録証を交付
する」（同条第3項）とある。保育士の資
格を取得するためには、厚生労働大臣の
指定する保育士を養成する学校、その他
施設（「指定保育士養成施設」という）を
卒業する、または、保育士試験に合格し
なければならない。保育士試験とは、児
童福祉法第18条の8において「保育士
試験は、厚生労働大臣の定める基準によ
り、保育士として必要な知識及び技能に
ついて行う」試験であり、児童福祉法第

18条の9おいて「指定試験機関の指定」をされた機関によって行われる。試験内容は、筆記試験と実技試験からなり、筆記試験がすべて合格しないと実技試験を受けることができない。保育士試験には、幼稚園教諭免許状所有者特例制度や地域限定保育士試験があり、受験の方法はさまざまである。保育士として、保育所だけなく、乳児院や児童養護施設、障害児入所施設といった児童福祉施設で職務に従事することができる。　　　（谷田貝円）

保育所

　児童福祉法第39条に定められた「保育所」とは、「日日保護者の委託を受けて、保育に欠けるその乳児又は幼児を保育することを目的とする施設」である。児童福祉の対象である保育児は、保護者が労働している、疾病や心身障害者である、同居親族を常時介護している、災害などの復旧時であるなど、家庭保育が困難な状態の乳幼児であり、保護者の申請によって市町村が決定する。保育所の運営は、児童福祉施設最低基準第32条によって、設備や保育環境（保育室・遊戯室・屋外遊技場）・職員配置（園長・保育士・嘱託医）・保育時間（1日8時間を原則）・保育内容などが決められている。保育内容は、「保育所保育指針」に基づいて実施され、生命維持と情緒安定、健康と安全、愛情と信頼関係形成、自然・社会への関心、ことばの発達、豊かな感性・創造性の育成などが中心になる。最近では、幼稚園と統合され、「子ども園」として運営される保育所も出てきた。⇒**児童福祉法、認定子ども園、保育所保育指針**（中野由美子）

保育所児童保育要録

　保育所入所児の就学に際して、保育所での育ちを小学校に伝えることを目的と して小学校に送付される資料で、「入所に関する記録」と「保育に関する記録」から構成されている。2008（平成20）年改定の保育所保育指針以降、書類を作成し小学校に送付することとされている。子どもの育ちや生活の連続性を保障し、保育所と小学校の連携を助けるために活用されることが望まれている。そのためには、読み手が小学校の教諭であることを意識し、具体的な表現で記載することも大切である。内容としては、五領域に関する保育の展開と子どもの育ち、最終年度の姿だけではなく最終年度に至るまでの育ち、などについて記載する。

　また、2018（平成30）年改定の保育所保育指針には「幼児期の終わりまでに育ってほしい姿」10項目が明確に示されたことにより、保育所児童保育要録にもこの10項目に関してどのような育ちがあるのか、総合的に捉えて記載することが求められる。⇒**五領域**　　（高橋弥生）

保育所保育指針

　保育所における保育内容と保育所運営の充実・向上を図るために、厚生労働省より告示された基準。全国の認可保育所は、この基準を遵守しなければならない。1965（昭和40）年の各都道府県知事および各指定都市の市長への通達が最初であり、その後1990（平成2）年から、ほぼ10年ごとに改定されている。2017（平成29）年の改定では、満3歳以上の幼児に関する保育内容が幼稚園教育要領、幼保連携型認定こども園教育・保育要領と同一になった。保育所保育指針の全体は5章からなり、第1章「総則」（保育所保育に関する基本原則、養護に関する基本的事項、保育の計画及び評価、幼児教育を行う施設として共有すべき事項）、第2章「保育の内容」（乳児、1歳以上3歳未満児、3歳以上児の内容、保育の実施に関して留意すべき

事項)、第3章「健康及び安全」、第4章「子育て支援」、第5章「職員の資質向上」、からなる。幼児教育施設として、幼稚園や幼保連携型認定こども園と共有すべき事項として、新たに、育みたい資質・能力、また幼児期までに育ってほしい10の姿が示された。　　　　　　　　　　（大沢　裕）

保育ママ

　自治体から保育を委託され、自宅の一部を開放するなどして数人の子どもを保育する人たちのことで、「家庭保育福祉員（家庭福祉員）」とも呼ぶ。自治体によって対象となる子どもの条件は違うが、生後5週間から3歳までの子どもが主である。また、一人の保育ママに対して、子ども2～3人を定員としている。保育ママの要件も自治体によって違いはあるが、おおむね、①25歳～60歳の健康な人、②保育士、教員、看護師、などの資格をもっている人、子育ての経験がある人、③6歳未満の子どもがいない人、④家庭環境が健全で保育に専念できる人、⑤保育スペースが確保できる人、といったことである。保育ママ制度を利用するメリットには、小人数で家庭的な保育ができること、保護者と保育ママの関係が親密になり保護者の精神的な支えになること、保育時間に柔軟な対応を望めること、といったことが挙げられる。ただし、保育ママが病気になったときに代替者がいない、などの問題点もある。⇒家庭的保育　　　　　　　　　　（髙橋弥生）

保育を必要とする

　保育所入所の条件である。2015（平成27）年度施行の「子ども・子育て支援新制度」により、児童福祉法の第39条「保育所」の定義が変わった。それまでは、保育所は、「日日保護者の委託を受けて、保育に欠けるその乳児又は幼児を保育することを目的とする施設」とあったが、改正後は、「保育を必要とする乳児・幼児を日々保護者の下から通わせて保育を行うことを目的とする施設（利用定員が20人以上であるものに限り、幼保連携型認定こども園を除く。）」と明記された。「保育を必要とする」事由は、①就労、②、妊娠・出産、③保護者の疾病・障害、④同居又は長期入院等している親族の介護・看護⑤災害復旧、⑥求職活動、⑦就学、⑧虐待やDVのおそれがあること、⑨育児休業取得時に、既に保育を利用している子どもがいて継続利用が必要であること⑩その他、上記に類する状態として市町村が認める場合、である。⇒子ども・子育て支援新制度育　　　　　（谷田貝円）

ホイジンガ
Huizinga, J. 1872～1945

　歴史家。オランダに生まれた。代表的な著書に『中世の秋』(1919)、『ホモ・ルーデンス』(1938) がある。1933年にライデン大学学長就任演説「文化における遊びと真面目の限界について」から始まる文化と遊びの研究成果が、『ホモ・ルーデンス』に収められている。ホイジンガによれば、遊びは真面目なものであり、自由なものであり、仮の世界を構築する性質をもつ。重要なことは、遊びが、精神的創造として論じられていることであり、遊びは文化を形づくり、同時に遊びは文化そのものであることを指摘している点である。このように、遊びを文化現象として捉え、それを手がかりに時代を描き出すホイジンガは、祭りなどの儀式にみられる遊びの要素に着目している。⇒遊び　　　　　　　　　　（藤井佳世）

ボーイスカウト
Boy Scouts

青少年の健全育成を目指す国際的な青

少年団体運動である。ロバート・スティンブンソン・スミス・ベーデン＝パウエル卿（Robert Stephenson Smyth Baden-Powell, 1857～1941）が、1907年にイギリスで行ったキャンプがその始まりとされる。日本には、明治末期に少年義勇団の名で紹介された。第二次世界大戦中は大日本青少年団に統合され、1949（昭和24）年にボーイスカウト日本連盟として再発足した。現在の組織は、年齢によって、ビーバースカウト、カブスカウト、ボーイスカウト、ベンチャースカウト、ローバースカウトの5部門に分かれている。また、ボーイスカウトの指導者は20歳以上の経験者で構成されている。ボーイスカウトには三つの誓いと八つの掟があり、「備えよ常に」をモットーとしている。なお、ボーイスカウト日本連盟の英語表記は、Scout Association of Japanである。「ボーイ」（boy）がつかないのは、女子の加盟登録を認めているからである。　　　　　　　（布村育子）

防衛機制
defense mechanisms

　他者から身体的・精神的に傷つけられたときに、強い攻撃衝動が生じることがあるが、これを攻撃行動として表出してしまうことは好ましくない。そのため、強い衝動と社会的制約の間で、人は葛藤することになる。このようなときに、衝動を抑えたり葛藤から生じる不安を軽減したりする心理的な働きを、防衛機制と呼ぶ。攻撃衝動に限らず、性衝動やその他の望ましくない衝動に起因する葛藤の際にも防衛機制は働く。
　代表的な防衛機制は次の通りである。①抑圧：意識したくない願望や記憶を無意識下に封じること。②置き換え：親への怒りを友人に向けるなど衝動の対象を置き換えること。③反動形成：本当は嫌っている相手に極端に優しくするなど衝

動を否定するために逆の行動をとること。④昇華：暴力衝動をスポーツで発散させるなど望ましくない衝動を社会的に望ましい行動で発散すること。　（今野裕之）

放課後子供教室

　放課後子供教室は、すべての児童を対象に、地域住民や大学生、企業OB、民間教育事業者等の多様な人材の参画を得て行う、放課後等の学習支援活動である。宿題指導や読み聞かせなどの学習支援、スポーツや文化活動などの体験活動、昔遊びや地域行事への参加などの交流活動といった多様なプログラムを提供する。次代の人材育成を趣旨とし、文部科学省が所管する。一方、類似の制度に、厚生労働省が所管する放課後児童健全育成事業（＝放課後児童クラブ）がある。これは、共働き家庭等の児童に、適切な遊びや生活の場を提供する事業で、放課後を安心・安全に過ごすことができる居場所づくりを趣旨としている。両事業は、文部科学省と厚生労働省が共同で進める「放課後子ども総合プラン」（2014［平成26］年策定）の中核をなし、全小学校区で一体的ないし連携しての実施が目指されている。こうした放課後対策が加速する背景には、女性の活躍推進という働き方改革がある。
　　　　　　　　　　　　　（臼井智美）

忘却曲線
forgetting curve

　ある事柄を記憶した際の、時間経過に応じた忘却具合をグラフ化したものを忘却曲線と呼ぶ。保持曲線と呼ぶこともある。最も著名な忘却曲線は、19世紀ドイツの心理学者エビングハウス（Ebbinghaus, H. 1850～1909）によるものである。彼は、無意味な語を記憶した後の忘却過程について、横軸に経過時間、縦軸に再学習法によって測られる記憶保持量（節約

率）をとって忘却曲線を作成した。記憶後1日で記憶保持量は急激に低下するが、その後は保持量の減衰具合は緩やかになる。この研究で用いられた再学習法とは、最初に記憶するのに要した時間に対する、再度記憶し直した際に短縮された時間の比（節約率）を記憶保持量の間接的推定値とする方法である。⇒記憶　（今野裕之）

放送教育

education by broadcasting

　当初の狭い意味では、テレビやラジオなどの放送を、放送と同時に学校で視聴し、教育の一環とすること。広範な地域で、同時に同一内容の教材で教育が行えるため、経済性も含めた効率性において利点があるとされた。僻地や発展途上国においてはとくに、通学困難な者に対する通信教育の一手段としての意義も大きい。また、予備校の衛星授業がしているように、「一流」とされる講義を流したり、一般には入手や作成が困難な良質の映像等を用いたりすれば、そうした意義はなおのこと大きいと言えよう。さらに、番組の内容次第では、視聴覚教育が一般的に持つ利点を享受しうる。例えば、その臨場感のゆえに学習者の興味を喚起しやすいし、アニメーション化された図解の助けによって難解な教育内容が直感的に理解される場合もある。また、放送そのものがもつ利点である速報性を享受することも可能である。一方、授業実施を放送時間に合わせるという不便は、放送がVTRやDVDなどに容易に保存できる現在では解消された。情報の流れが一方向的であるという欠点は、放送大学も行っているように、対面授業（スクーリング）を併用することで補える。とはいえ、インターネットが普及し、双方向型のe-Learningなどが行われる今日では、放送教育の利便性は、とくに突出したものではなくなってきている。

⇒e-Learning、視聴覚教育　　（堤　大輔）

放送大学

the university of the air

　放送大学とは、放送等によって大学教育の機会を広く国民に保障することを目的として設立された放送大学学園（旧・放送大学学園法、1981年）が、1983（昭和58）年に設置し1985年から学生の受け入れを開始した通信制の私立大学である。2002年に大学院修士課程、2014年には博士後期課程が設置された。学部は「教養学部教養学科」に、6コース（「生活と福祉、心理と教育、社会と産業、人間と文化、情報、自然と環境」）が設置されている。また、修士課程（文化科学研究科文化科学専攻）には「生活健康科学、人間発達科学、臨床心理学、社会経営科学、人文学、情報学、自然環境科学」が、博士後期課程（文化科学研究科文化科学専攻）では、「生活健康科学、人間科学、社会経営科学、人文学、情報学、自然科学」の各プログラムが設置されている。

　学部に際しては、学力試験等の選考がなく、書類審査によって入学資格（専科履修生、科目履修生：満15歳以上、全科履修生：満18歳以上大学入学資格を有する者）を満たせば合格となる。学生の履修には、全科履修生（最長10年間在学）、選科履修生（1年間在学）、科目履修生（6ヶ月間在学）、集中科目履修生（3ヶ月間在学）の形態があり、多様な教育要求に応じている。学習方法の特色は、300科目以上の授業をテレビ・ラジオ・インターネット、最寄りの学習センター、面接授業等により、個人のペースで受講できることである。全科履修生、修士・博士全科生の場合、卒業・修了の所定の在学期間と単位数を修得することで、「学士（教養）」、「修士（学術）」、「博士（学術）」の学位をそれぞれ取得することが可能となる。また、社会人等キャリアアップを目指す者を対象として、教員、

看護師、心理学、学芸員等の資格に関連する科目も開講されている。　　（山田朋子）

法定表簿

法定表簿とは、学校が備えておくべき表簿（学校備付表簿）のうち、学校教育法施行規則第 28 条で定められている、「学校において備えなければならない表簿」のことである。それらは、①学校に関係のある法令、②学則、日課表、教科用図書配当表、学校医・学校歯科医・学校薬剤師の執務記録簿、学校日誌、③職員の名簿、履歴書、出勤簿、担任学級・担任教科または科目、時間表、④指導要録とその写し、抄本、出席簿、健康診断に関する表簿、⑤入学者の選抜・成績考査に関する表簿、⑥資産原簿、出納簿、予算決算帳簿、図書機械器具・標本・模型等の教具の目録、⑦往復文書処理簿、である。これらは、入学・卒業等の学籍に関する記録については 20 年間、それ以外のものは 5 年間、保存する必要がある。これらの法定表簿のほか、学校には、教育委員会の学校管理規則等の定めによって保存が求められている表簿がある。それらは、学校沿革誌、卒業証書授与台帳、旧職員履歴書綴、辞令交付簿などで、その保存期間は 2 年から永年までとさまざまである。このほか、学校がその教育効果を高めるために必要と定めた表簿もある。
　⇒指導要録　　　　　　　　（臼井智美）

訪問教育

重い障害や病気・入院のために学校に通学して教育を受けることが困難な児童生徒に対して、家庭や病院、社会福祉施設等に教員を派遣して教育指導を行うこと。訪問教育の契機となったのは、1960年代後期の「就学猶予・免除の子どもたちをなくそう」という運動が全国的に展開されたことによる。1979（昭和54）年、養護学校義務制が国の教育制度に位置づけられたことで、全国的に「訪問教育」が行われるようになったが、学校教育法やその他の法律、政令等に「訪問教育」という名称はない。訪問教育の形態には、「在宅訪問教育」と「病院・施設内訪問学級」があり、各都道府県の教育委員会で「訪問教育実施要領」を作成している。発足当初は、小学校、中学校のみの実施であったが、2000（平成12）年より、養護学校高等部の訪問教育も行われるようになった。教育課程は学校教育法施行規則や学習指導要領に追記されているが、重複生涯学級に準ずるとし、授業時数は実情に応じて適切に定めるとしている。年間 35 週以上、授業時数・日数にすると在宅訪問で週当たり 6 時間程度（週3日、1回2時間程度）である。病院・施設内訪問では週 5〜6 日程度である。（高玉和子）

法律主義

行政行為の根拠ないし規範を主権者である国民の代表者である立法府による「法律」に基礎を置くことを指す。これは旧帝国憲法時代に、教育に関する大権は、主権者である天皇にあるとされた時代では、天皇の命令に基づく行政（勅令主義）が展開された。第二次世界大戦後は、主権在民への転換、三権分立の確立によって、主権者の代表たる立法府による立法行為によって、行政施策を遂行することを原則とする。日本国憲法は、国を代表とする公権力と国民との関係性を定めるものであり、第26条で教育を受ける権利と義務教育を定めているが、その保障規定の適用は「法律に基づき」と定め、それを受けて教育基本法以下、学校教育法、地方教育行政の組織及び運営に関する法律、社会教育法、私立学校法、教員免許法、教育公務員特例法などの各領域

の法律が定められている。法律主義の現代的な意味は、中央集権的で全国統一の一義的な行政行為から、地方分権化の方向で裁量権が地方(教育委員会や学校)に与えられる方向にあるものの、公教育としての国や社会がその責任を負う教育事業の施行にあたっては、全国共通の最低限度のプログラムとなることになり、多くの場合、行政施策には財政措置を伴うことから、財政負担を法律の中に明示することが必要なことにある。　　　(大坂　治)

ボウルビー
Bowlby, J. 1907～1990

愛着理論や母性剥奪の考え方などを提唱し、母子関係の重要性や母性的養育の喪失が人格形成に及ぼす多大な影響について考察したイギリスの児童精神医学者。ボウルビーはロンドンの病院で児童精神医学を専攻したが、精神分析学に関心を抱き、メラニー・クラインやアンナ・フロイトに師事し精神分析学の発展にも貢献した。1951年にWHO(世界保健機構)の依頼による研究をまとめた『乳幼児の精神衛生』は13カ国語に訳され、一時はバイブル視されるほどに世界的に反響を得た。この中でボウルビーは、乳幼児と母親(母親代理者)との親密で継続的な関係が精神的健康の根源にあり、生後3年間における母性的養育の喪失が精神的不健康の最大の原因となると述べ、それを「母性剥奪」と呼んだ。その後、批判や反論にさらされながら研究を重ね、批判に対する反論として、集大成となる『母子関係の理論Ⅰ～Ⅲ』(1969～1980)を発表した。この中で、母子間の情愛的な絆[きずな]である愛着の重要性とその形成プロセスを詳述した。ボウルビーの研究が、その後の心理学研究に及ぼした影響は計り知れないものがある。⇒愛着、母子分離　　　(丹　明彦)

保健室

学校教育法施行規則第1条には「学校には、その学校の目的を実現するために必要な校地、校舎、校具、運動場、図書館又は図書室、保健室その他の設備を設けなければならない」とある。すなわち、保健室は、学校の目的遂行のために欠かせない場所として設置が義務づけられている。そして、「学校には、健康診断、健康相談、救急処置等を行うため、保健室を設けるものとする」(学校保健安全法第7条)と規定され、保健室は学校における保健活動の拠点(学校保健センター)になっている。

保健室の機能としては、①健康診断、発育測定などを行う場、②個人および集団の健康問題を把握する場(健康観察・欠席調査結果の集約など)、③健康情報センター(保健管理上・保健教育上の情報)、④救急処置や休養の場、⑤保健教育(保健指導など)、健康相談、健康相談活動を行う場、⑥疾病(感染症・食中毒を含む)予防と管理を行う場、⑦資料等の活用と保管、⑧組織活動のセンター(児童生徒保健委員会の活動の場など)がある。傷病者が安心して休養したり、相談できるよう、適切な広さや明るさ、温かさ、静かさが必要である。また、近年ではアレルギー対策がなされた保健室環境が望まれる。

保健室の経営については、養護教諭が目標を作成し、計画を立てていくが、教職員全員の理解を得て実行に移されるものである。その内容は、学校の教育目標に即して作成された学校保健目標に基づくものである。すなわち、保健室も学校における教育の場として子どもにかかわり、学校の教育活動を支える役割を担っている。⇒学校保健安全法、養護教諭
　　　(大谷尚子)

保健室登校

登校はできるが、心身の不調等の理由で級友たちとともに過ごすことが困難な子どもたちが、主たる滞在場所として保健室を選択し、学校生活を送ることを「保健室登校」という。保健室は、子どもたちにとって安心して過ごせる「居場所」としての機能をもつ。保健室以外の相談室等で過ごすことは「別室登校」と呼ばれる。保健室登校は「不登校」からの回復の過程、あるいは通常の登校からの移行のどちらかの段階としてみることができる。どちらの場合も、保健室での過ごし方が重要な鍵となる。したがって、保健室を運営する養護教諭の役割は重大である。関係者は個人内の変化の過程や状態に合わせ、過ごし方や活動を計画するのである。アプローチの基本として、心理的援助を重視するものから教育的指導までの範囲で柔軟に最適な方法を選択することが求められる。とくに、ある程度現実の原則に従い、時間を含めたルールに沿って過ごすよう働きかけをすることが求められる。どの程度原則に従って過ごすことができるようになるかは、回復への指標となる。⇒不登校、養護教諭

(村上凡子)

保健主事

保健主事は、学校における保健活動の企画や実施にあたる教員のことを指す。教職員や子どもの健康の保持増進を図り、学校教育の円滑な実施と成果の確保のために、学校における保健管理や安全管理に万全の用意が必要であり、保健主事は教員の立場でその主たる責任を担うのである。その役割は「保健主事は、校長の監督を受け、小学校における保健に関する事項の管理に当る」が、「管理」の中身は「保健主事は、学校保健委員会の運営にあたるとともに、養護教諭の協力のもとに学校保健計画の策定の中心となり、また、計画に基づく活動の推進にあたっては、一般教員はもとより、体育主任、学校給食主任、学校医……等すべての職員による活動が組織的かつ円滑に展開されるよう、その調整にあたる役割を持つものである」（1972［昭和47］年、文部省保健体育審議会答申）と理解されている。また、学校においては、教職員や子どもの健康診断、環境衛生検査、安全点検その他の保健または安全に関する事項について計画・実施すること（学校保健安全計画）、換気、採光、照明および保温を適切に行い、清潔を保つ等、環境衛生の維持に努め、必要に応じてその改善をはかること（学校環境衛生）、施設や設備の点検を適切に行い、必要に応じて修繕する等の危険を防止するための措置を講じ、安全な環境の維持を図ること（学校環境の安全）が「学校保健安全法」に規定されている。

(本間玖美子)

保健所

地域住民の健康の保持および増進を図る行政機関であり、各都道府県、政令で定める市および特別区（東京都23区）に設置されている。近年における市町村、自治体の合併などにより保健所の数が年々減少し、1994（平成6）年度末で全国に847ヶ所設置されていたが、その後2018年6月現在では全国で469ヶ所となっている。保健所にかかわる主な法律は地域保健法であり、それまでの保健所法から1994年に改正された。児童福祉にかかわる業務としては、児童の保健に関する衛生知識の普及活動、児童の健康相談、健康審査、保健指導の実施、また身体障害児および疾病により長期療養が必要な児童に対する療育相談業務などがある。急速な高齢化や出生率の低下など

に伴い、保健医療を取り巻く環境の変化や地域住民のニーズの多様化への対応が求められている。さまざまな社会福祉等の施策とも連携して対応できるよう、保健所のより専門的で広範囲にわたる業務の在り方が検討されている。　（瀧口　綾）

保護観察

　犯罪者を施設に収容せず、保護監察官と保護司が指導監督することを通じて、更生を促す方法である。現在、①少年に対する保護観察、②少年院からの仮退院者に対する保護観察、③刑務所からの仮釈放者に対する保護観察、④執行猶予付者の保護観察、⑤婦人補導院からの仮退院者に対する保護観察の5種類の保護観察がある。指導監督に当たる保護監察官は、国家公務員であるが、保護司は無給、無報酬のボランティアとして指導監督に当たっている。保護観察中には、一定の住居に居住し、正業に従事すること、善行を保持すること、犯罪性のある者または素行不良の者と交際しないこと、住居を転じ、または長期の旅行をするときは、あらかじめ、保護観察を行う者の許可を求めること（犯罪者予防更生法第34条第2項）といった遵守事項が決められている。近年、保護観察となった者が再犯をする事件も起きており、保護観察中の指導監督の内容には、課題が多く残されている。　　　　　　　　（布村育子）

保護者懇談会

　教師と保護者が、子どもの学習状況や生活面等に関する情報や意見を交換し、課題を整理してその後の指導に生かすことを目的に各学校が設定している話し合いの機会を指す。実施形態としては、①学年懇談（一つの学年の子どもの保護者と学年の教師との話し合い）、②学級懇談（一つの学級の子どもの保護者と担任教師との話し合い）、③個人懇談（一人の子どもの保護者と担任教師との話し合いで、個人面談と呼ばれることもある）の三つがある。学年懇談と学級懇談は、授業参観との組み合わせで1日の日程で行っている学校が多い。そこでは、教師から保護者に対して、教育方針、年間計画、学年行事や学級経営等に関する説明がなされ、同時に保護者から教師に対して要望等が伝えられるのが一般的である。また、学年や学級の諸問題の検討も行われる。一方、個人懇談は、個別の子どもの教育問題や進路について検討する機会として位置づくもので、子どもをまじえた三者懇談（三者面談）となる場合もある。個人懇談は、学級の全員の保護者を対象に数日間にわたって計画的に行われる場合と、特別に指導が必要となった特定の子どもの保護者に対して、臨時に行われる場合とがある。家庭との連携強化がうたわれる中で、懇談会の内容および実施方法の工夫の改善や、子どもの学習状況・生活状況等を示す資料の日々の蓄積の重要性が指摘されている。　（鞍馬裕美）

母子生活支援施設

　母子生活支援施設は、児童福祉法に規定された児童福祉施設であり、「配偶者のない女子又はこれに準ずる事情にある女子及びその者の監督すべき児童を入所させて、これらの者を保護するとともに、これらの者の自立の促進のためにその生活を支援し、あわせて退所した者について相談その他の援助を行うことを目的とする施設」（第38条）である。1998（平成10）年の児童福祉法改正によって、それまでの「母子寮」を改称したものである。この改正によって、母子生活支援施設は、母子の保護だけでなく、生活の支援も目的とする施設であることが明確に

された。また、2004年の同法改正によって、さらに、退所者への相談や援助業務も行うこととなった。かつて「母子寮」は、死別などによって生じた母子家庭の生活の安定という役割を主に担っていたが、昨今の社会構造や家庭環境の変化を受けて、母子生活支援施設については、離婚の増加などによって生じた母子家庭への子育て支援や就労支援のほか、DVや児童虐待などからの一時保護施設としての役割も担うようになってきている。

⇒児童福祉法　　　　　　　（臼井智美）

母子分離

　母親と子どもが施設保育などで物理的距離を隔てて存在し、身体的・心理的接触ができない状態を指す。スピッツ（Spitz, R. A .1887〜1974）は、生後1年以内の長期にわたる母子分離によって母子関係が剥奪される現象を「施設病」（ホスピタリズム）と名づけ、乳児のあきらめや依存性うつなどを招くことを示した。ボウルビー（Bowlby, J. 1907〜1990）も、初期の母子分離を「母親剥奪」（マターナル・デプリベーション）と呼び、母子の愛着関係の不成立につながることを危惧した。母子の愛着関係成立後に母親から分離されると、最初は泣き叫んで抵抗し絶望するが、母親以外の拠り所が得られると心理的分離が促進され、安定する場合も多い。母子分離の影響に、子どもの年齢、分離の状況、子どもの気質などによってその影響は異なるが、極度の情緒的な混乱や分離不安は、不登校や引きこもりを生み出す原因の一つにもなる。

⇒愛着、分離不安、ボウルビー、ホスピタリズム
　　　　　　　　　　　　　（中野由美子）

補償教育

　補償教育という用語には、「補償」という「足りないものを補う」という意味で現在三つの異なった内容がある。内容の一つめは、夜間中学に代表されるように、何らかの事情で義務教育を受けることが年できなかった、あるいはできていない人に対して行われる補償教育である。この場合は、足りなかった義務教育の補償という意味合いとともに、例えば戦後補償といった枠組みから使われることもある。二つめは、不平等や格差の議論からの補償教育である。1960年代以降、アメリカを中心に教育の機会均等を保障する政策がとられ、補償教育（compensatory education）が実施された。最後は近年大きく話題になっている補償教育で、リメディアル教育といわれるものである。これは大学で必要な知識などを実際には学習しないまま、あるいはわからないまま入学してきた学生に対し、入学後に行われる教育である。とくにe-Learningを使う場合が多く、高校での学習内容など大学で学問を学ぶ前の段階の学習が進められる。この三つのいずれにしても「学力を補償する」という観点では共通している。したがって、補償教育は学力保障の問題である。

⇒e-Learning、ヘッド・スタート計画　（池上　徹）

補助教材

　学校において「使用しなければならない」とされる教科用図書（教科書）を補うために「使用することができる」教科書以外の図書、そのほかの教材を指す。具体的には、学習帳、問題帳、解説書、学習参考書、地図等の印刷教材のほかに、スライドやビデオ等の視聴覚教材、テレビ等の放送教材、コンピュータのソフトウェアのプログラム教材等が含まれる。補助教材の選定と使用は、教師の専門的判断を必要とする行為であるといえるが、「教育委員会は、学校における教科

書以外の教材の使用について、あらかじめ、教育委員会に届け出させ、又は教育委員会の承認を受けさせることとする定を設ける」（「地方教育行政の組織及び運営に関する法律」第33条第2項）とされている。そしてこの規定に基づき、各教育委員会は学校管理規則において届け出や承認を要する補助教材の種類と内容を示しており、一般に、教師や教師集団（学校）が選定した補助教材は、校長が教育委員会に届け出る仕組みがとられている。児童生徒の個性や適性、さらには、地域の特性を最大限生かした教育を展開する上では、学習指導要領や各種の法令等に準拠して市販の補助教材の適切な選定と使用に努めるだけではなく、自作の補助教材をいかに開発し、充実させていくか、その課題が教師や学校に課されている。　　　　　　　　　　（鞍馬裕美）

ポストモダン

モダン（近代あるいは近代的なること）の後、という意味であり、モダンの限界を指摘し、モダンを乗り越え、その後の世界を構想する考え方、あるいは論争上の態度をいう。西洋近代の思想的枠組みとそれがもつ政治的覇権に対する疑念、すなわち、近代理念としての自由とか合理性に対し、それがもつとされる普遍性、脱権力性は、本当にそうかという疑い、あるいは、西欧中心主義的な価値や文化の支配的体系を相対化しようとする主張に発するが、「モダン」をどのように定義するかによって理解が分かれる。大きくは、個人的自由や競争的社会関係の在り方をモダンとするか、官僚的合理的な形式化された組織をモダンとするか、攻撃の対象をどちらに向けるかに異なりがある。一方、そのいずれにしても、近代的価値（自由、平等、権利など）の否定からではなく、近代的価値を前提

とする立論に発することが多いから、その場合は、近代的価値追求の一つの在り方、方法に過ぎず、結局は堂々巡りになり、自己矛盾に陥ることになる。　（原　聡介）

ホスピタリズム
hospitalism

乳幼児が生後まもなく、長期にわたって親から離され、施設に入所した場合にあらわれる情緒的な障害や身体的な発育の遅れなどを総称していう。「施設病」とも呼ばれる。スピッツ（Spitz, R. A .1887～1974）らは、生後6ヶ月～12ヶ月の乳幼児の観察を行い、過去に6ヶ月以上の良好な母子関係を体験した子どもたちが、乳児院や孤児院などに入所し、母親と3ヶ月以上分離されたときに深刻な身体的・情緒的影響を受けることを発見し、これを依存抑うつ（アナクリティック抑うつ）と呼び、対象喪失による乳幼児の抑うつ状態という観点からホスピタリズムを理解した。施設において乳幼児に対して、一定の大人による十分な関係をもつことがホスピタリズムの発生を起こりにくくすることも指摘している。また、入院や療養生活が長期に及ぶことによって生じる患者の人格的変化についてもホスピタリズムと呼ばれる。⇒母子分離（丹　明彦）

母性神話

一般的には女性に備わった、子育てにかかわる本能と考えられている。母性神話とは、女性は子どもを出産すると、自然と母性的な行動をとり、母親として子育てができる、という考え方を科学的根拠のない神話だと批判することばである。この批判の基礎には母性は生得的なものでなく、母親自身の生育の過程を通してつくられるものとする考えがある。すなわち、母親として子どもに愛情をもったり、子どもを保護したり、養育するといっ

た行動は、その母親自身の子どもの頃の異年齢の子どもとのかかわりや、身近で子育てをしている人を観察した経験、自分自身の実際の妊娠、出産、子育ての体験など、その人を取り巻く環境や人間関係、また文化的な背景などにより、学習されるものとされる。　　　　（瀧口　綾）

ボーダレス社会

　国境があたかもなくなった状態をボーダレス社会と呼ぶが、「国際化」の一側面を指している。「国際化」ということばは、おおよそ次の三つの意味合いをもって使われる。第一は、「インターナショナリズム」（internationalism）であり、国民国家、国民社会同士の相互依存関係の強まりを指す。第二は、「トランスナショナリズム」（transnationalism）である。これは、「脱国家・超国家」と訳されるが、人の国境を越えた国際移動が急速に進行しており、一つの社会の内部で異なった言語・文化をもつ人々が同じ地域に住み、同じ職場で働き、そして同じ学校で机を並べるという現象が日常化している状況を指して使われる。そして、第三が「グローバリズム」（globalism）である。これは、世界の相互依存関係が強まり、世界全体が一体化した状況を指すことばであり、「地球社会」と表現される。現在、環境、人権、開発、飢餓、難民など、一国だけでは解決できない人類共通の諸課題に直面しており、この諸課題を世界が一丸となって解決することが急務になっている。こうした状況を総称してボーダレス化と呼ぶ。⇒グローバル教育　（佐藤郡衛）

補聴器
hearing aid
　電気的に音響を増幅して、音や話しことばを増幅拡大する機能をもった装置。聴覚障害者は、補聴器を装着することに

よって聞こえなかった音や話しことばがかなりの程度まで聞きとれるようになる。また、聴覚障害があると聞きとりにくさのほかに、音や話しことばの聞こえに健聴の人とは異なった歪が生ずる。補聴器はこのような歪もできるだけ少なくし、音が聞きやすくなるようになっている。補聴器の種類は主に携帯用で、箱型、耳掛け型、めがね型、耳穴型などがある。箱型は 5 × 7cm 程度の大きさで操作がしやすい特徴がある。耳掛け型はイヤホンがケース内に入っているもの。めがね型はめがねのつるに補聴器が入っているもの。耳穴型は小型で耳の穴の中に収まるものである。補聴器の装着には訓練が必要で、着用当初は違和感があるので、初めは片耳で訓練し、しだいに両耳で慣れるように訓練する。補聴器は身体障害者手帳を有する人は、交付の対象となる。特別支援教育においては、特別支援学校の小学部・中学部および高等部の学習指導要領において「補聴器の利用により、児童生徒の保有する聴覚を最大限に活用し、効果的な学習活動が展開できるようにすること」と規定している。　（林　邦雄）

北方性教育運動

　1930 年代後半、東北の生活綴方教師が東北の地域性の文化的・経済的構造を北方性と概念規定し、その地域性に根ざした教育改革運動＝生活綴方教育運動を展開したことをいう。鈴木三重吉の『赤い鳥』（1918［大正 7］年創刊）を契機とした童心主義の綴方を子どもの生活の視点からの綴方へと方向づけを転換し、1930（昭和5）年、秋田で成田忠久、滑川道夫らが北方教育社（『北方教育』）を結成。「北方的環境に根柢を置く綴方教育」の創造を課題とした。地域の現実生活に教育の基盤を置き、綴方教育による創造的な教育を追求した点に北方性の始源を

みることができる。1934年、東北の生活綴方教師たちは、北日本国語教育連盟（『教育・国語教育』1935年1月創刊）を結成。そこで「北方性」が行動指標として提起された。その後、北方性の概念をめぐって論争が展開される。それを北方性論争という。1930年代後半の、生活綴方教師の歴史観・社会観をめぐる論争としての性格をもっていた。⇒鈴木三重吉、生活綴方（的教育方法）　（森川輝紀）

ポートフォリオ評価

　児童生徒の学習記録や作品、感想などを時間の経過に沿ってファイルなどに整理保管して評価に利用する方法。個人内評価の一つであるが、この整理保管などを児童生徒が行うことで評価に参加させ、自らの学習の到達や課題を客観的に捉えさせることになり、学習意欲を高め自発的に学習を進めていくことにつながる。このファイルにはテストの答案なども含まれるので点数による評価を否定することではないが、点数による評価だけでなく学習活動の全体をふまえた評価を目指すものである。適当なときにポートフォリオを整理し直すなど見直しを行ったり、児童生徒同士であるいは教員とともに感想を述べ合ったりすることで、学習の進展や課題を見い出すことができるだろう。保護者などを招いての発表会を行うこともある。大切なことは作成したポートフォリオを手がかりとして教育と学習の目的・目標を常に見直し、児童生徒の学習の達成を一層豊かにしていくことである。　　　　　　　　　（藏原清人）

ホーム・スクーリング
home schooling

　学校へ通わないで、家庭で親等から教育を受けること、あるいは、そのようにして教育を受けることを公認するシステムのことをいう。そのような子どもたちは「ホームスクーラー」と呼ばれている。1960年代〜1970年代にかけて、アメリカでは従来の学校の在り方に多くの疑問が提起された。そこでは、既存の学校システムに子どもを合わせるのではなく、子どもの興味・関心や個性を尊重した柔軟で多様な学校教育の在り方を求めてさまざまな試みが行われた。そうした動きの一部は、学校を変えるのではなく、学校へ通わない教育を追求するように展開した。現在では、アメリカ全州において、ホームスクールが法令上認められている。つまり、学校へ通わないで家庭で教育を受けることが、学校の卒業と同様の意味をもつものとして公認されている。アメリカ政府の統計によれば、ホームスクーラーの数は、2016年現在、約170万人いるといわれている。日本でも不登校数の増大に伴い、ホームスクールということばはよく知られるようになったが、アメリカのホームスクーラーの4割近くが、宗教上の理由である点など、「ホームスクール」と不登校とを単純に同一視することは難しいという点に留意すべきである。⇒不登校　　　（浜田博文）

ホームルーム
home room：HR

　ホームルームは、「学校における生徒の基礎的な生活集団」（高等学校学習指導要領）として編成されている。中学校は「学級を単位」（中学校学習指導要領）としている。ホームルームは第二次世界大戦後の教育改革の折、アメリカのガイダンス運動の紹介の中で取り入れられた概念である。当時アメリカの中等学校においては科目選択制が進んでいたので、生徒が集団としてまとまる生活の場として教科の教室ではなく、まさに「home room」が必要であった。現在の高等学校のように選択科目が増加し、共通の科目を学習する時間としての必修教科・科

目が少ない場合は、まさに生徒たちの学校生活の場であるホームルームとして、教室が機能することが重要である。そのためには、1週間に1時間のホームルームの時間の使い方の工夫が大きな課題となる。学校組織の基礎単位であるホームルームで、生徒たちが自己の思いを語り合えるような人間関係づくりが求められる。　　　　　　　　　　　　　（藏原三雪）

ボランティア活動・奉仕活動

　自由意思に基づいて行われる、営利を目的としない、公共のための自発的活動を意味する。教育界では、当初は生涯学習の分野で導入が志向され、1992（平成4）年の生涯学習審議会答申「今後の社会の動向に対応した生涯学習の振興方策について」で取り上げられた。学校教育への広がりは、「子供に『生きる力』と『ゆとり』を」を副題に掲げた第15期中央教育審議会答申「21世紀を展望したわが国の在り方について」（1996）を契機として顕著になり、1998年の改訂学習指導要領以降は道徳、特別活動、総合的な学習の時間などへの積極的な導入が示唆されるようになった。奉仕活動は、権利の自己規制につながる滅私奉公的色彩で受け止められたり、戦時下の勤労奉仕を想起させるとして懸念をもってみられる向きもあった。だが、1970年代後半、神戸や奈良の経済同友会などが「奉仕活動の制度化・義務化」と「福祉徴用制度の実施」を主唱し、当時の総理府青少年問題審議会意見具申「青少年と社会参加」が「授業時間数の削減によって生じた『ゆとりの時間』」に「児童・生徒を進んで校外の各種団体活動に参加させることによって、学校ぐるみで社会参加の一翼を担うこと」を主張して学校教育への奉仕活動の導入に道を広げた。今日では、学習指導要領の特別活動の中に小項目「勤労生産・奉仕的行事」が設けられ、「ボランティア活動など社会奉仕の精神を養う体験」の必要が述べられている。

　⇒生涯学習審議会　　　　　　（水内　宏）

ホリスティック教育

　特定の教育の在り方を意味するというより、私たちの社会において主流となっている近代的な学校教育に対するオルターナティブ（別の在り方）を志向する多様な実践や思想を包括することばとして近年、しばしば用いられるようになっている。「ホリスティック」（holistic）とは、語源的に「全体」「癒し」「ケア」「聖なるもの」といった意味を含み込んだ多義的な概念であり、それは、さまざまな教育的要素—例えば吉田敦彦によれば、「意志と感情と思考と直観」、「さまざまな教科や領域」、「家庭と地域と学校」、「個人と人類共同体」、「自然と人間と文化」、「自我と〈自己〉と〈いのち〉」—の間に「つながり」を見出すためのキーワードである。これらの重層的な「つながり」を具体的にイメージさせる事例として有名なのが、新潟県の公立小学校長・山之内義一郎を中心とした、校庭での森づくりの実践である。　　　　　　　　（西村拓生）

ボルノー
Bollnow, O. F. 1903～1991

　ドイツの哲学者、教育学者。当初数学と物理学を学んだが、教師経験を経て、ベルリン、マールブルク、フライブルク、ゲッティンゲン各大学で哲学、教育学を学んだ。ギーセン、マインツ、チュービンゲン各大学教授。退官後はチュービンゲン大学名誉教授となった。彼の教育思想は実存主義ないし実存哲学の影響を強く受け、人間の連続的な面にのみ着目する従来の教育に対して人間の非連続的な面に応じた教育形式（出会い、危機、覚

醒など）の意義を説くとともに、時間、死、不安という感情を強調する実存主義に対して、「安らぎの空間」や「希望の哲学」を対置することによってその乗り越えを目指した。また、精神科学的教育学の流れを引き継ぎ、解釈学的研究手法の新たな可能性を論じ、現在の哲学および教育学に大きな影響を与えている。⇒精神科学的教育学　　　　　　　　　　（荒井聡史）

ホール・ランゲージ
whole language

　全体としてのまとまりをもった言語を重視する教育論とその実践。1980 年代にアメリカやカナダで草の根的に広がり、1990 年にはその国際組織であるホール・ランゲージ・アンブレラの第 1 回大会開催。全体は部分の単純な総和ではないと考え、言語を部分に分けて場面や文脈から切り離して扱う方法が学習を困難にしているとし、実際の場面で使われる意味ある自然な言語のまとまりを大事にする。

　部分をみないのではなく、全体の中で部分もみる。言語要素の集中練習を主眼とする技術論的な方法（スキルの系統指導や完全習得学習）に反対する。一律の到達水準を目指すのではなく、各自が自分のペースで成長することを目指す。個々人が自分の潜在能力に気づいて自らを信頼して学習に励むよう支援する。支援最適化のために学習者の実情を見極める。ペーパーテストによる評価法よりも観察評価法を重視する。間違う危険を恐れないで挑戦することを奨励する。子どもが書いた単語の綴りに誤りがあってもそれを全否定せず、子どもが創意工夫して発明した綴りとみなし、誤りの中に発達の跡を見出す。個性を重視すると同時に、社会に通じる共通の言語を獲得することも重視し、その方法としてコミュニケーションの場を活用する。その場で、通じるかどうかが試されるわけであ

る。言語を通して種々の教科内容が学ばれ、同時に言語力が伸び言語認識も深まるという二重カリキュラム観・教育課程を貫く言語観を採用し、教科横断的な方法を重視する。学校内外の言語経験を重視し、学校の内と外との学習を一体化させる。教科書だけでなく、本・雑誌・新聞等、社会にある種々の素材を学習材として利用する。総合的なテーマ単元を重視し、調べる活動、話し合う活動、本づくりの活動、資料を作成したり発表したりする活動を重視する。　　（首藤久義）

本質主義

　エッセンシャリズム（essentialism）とも呼ばれており、教育の目的は文化遺産の継承であり、社会生活のミニマム・エッセンシャルズの習得を重視する立場のこと。エッセンシャルズとは、先人たちの労苦によって成立した政治体制・思想や文化遺産の中核となるスリー・アールズ（3R's）の能力、基本的な社会生活を営む技能、民族・国民の歴史等を指す。また、本質主義が提唱する授業方法の大きな特徴として、人間は客観的に存在する文化や価値を習得してそれを実行することで初めて人間形成が可能となるという思想的な立場をとり、教え込みを否定しない点が挙げられる。教師主導のもとに児童生徒が知識・技能を吸収していく教育活動を提唱するのである。本質主義は近代の多くの教育思想の中に散見できるが、本格的に展開したのは 20 世紀のアメリカにおける教育学者バグリー、デミアスケビッチである。彼らは当時、隆盛をきわめていた進歩主義教育の児童中心主義的な側面が文化遺産の軽視および教師や大人の権威を失墜させるとして、1938 年に「アメリカ教育の前進のためのエッセンシャリストの委員会」を結成した。彼らが単なる復古主義ではないのは、エッ

センシャルズとして民族が多大な犠牲を払って獲得した民主主義の理想を掲げていることからも了解される。日本でも戦後の新教育のいきすぎに対する批判的な文脈を通して紹介されたが、今日の教育を巡る議論の中でも本質主義的な見解は多く見受けられる。⇒エッセンシャリズム、ミニマム・エッセンシャルズ　　（重松克也）

◆ ま ◆

マイクロ・ティーチング

　マイクロ・ティーチングとは、授業を少人数の生徒に見立てた学習状況によって、模擬的に授業をシミュレーションし、授業の技術の改善に生かすことを目的とした実験的な授業である。授業を小さくシミュレーション化することにより、授業での発問、予想される反応など理想的な変数によって単純化することが可能になる。そのような変数の単純化により授業のシミュレーションが可能になり、授業計画の立て方、発問の仕方、評価の在り方、そして授業の再編の方法など、一連の作業をより明確な形で描き、全体のプロセスをより効果的にモデル化し、教師にとってイメージ化がしやすくなる。もともとは、1963年にスタンフォード大学で発案されたものといわれているが、日本の教員養成大学でも、模擬授業のシミュレーションは、大小さまざまな形で実践されていた。それをさらに、5～6人の少人数で5～15分ぐらいの短い時間にミニチュア化したものである。
　⇒模擬授業　　　　　　　　（浅沼　茂）

マカレンコ
Makarenko, A. S. 1888 ～ 1939

　ソヴィエト連邦の教育家、作家。ウクライナの生まれ。中学校卒業後に教師と

なるが、その後1914年、師範学校に入学する。社会主義革命が起きた1917年、師範学校卒業と同時に高等小学校の校長となる。彼は早くからゴーリキーの作品に惹かれ、師範学校在学中にはゴーリキーと文通するなど、生涯ゴーリキーとの交際を通して社会的ヒューマニズムの影響を受けた。また1920年には、ゴーリキーの名を冠した犯罪未成年者更生施設「ゴーリキー・コローニャ」を設立し、8年間、犯罪未成年者の更生に尽力した。しかし1928年、ウクライナの教育人民委員部との間に意見の相違をきたし、新たに「ジェルジンスキー・コムーナ」を創設し、1935年まで主任として勤務した。その後マカレンコは、コローニャやコムーナでの経験をふまえ、多くの教育的著作を書き上げている。例えば、ゴーリキー・コローニャの記録『教育詩』（1933／35）、ジェルジンスキー・コムーナの記録『塔の上の旗』（1938）は文学作品としても評価が高い。マカレンコが教育活動や執筆活動のテーマにしたのは、社会主義社会を創造していく能力とモラルを備えた人間像である。それゆえ彼の教育観においては、労働能力と社会主義者としての資質が重視されている。戦後のわが国の教育界に及ぼした影響も少なくない。とくに両親の愛情と、それに基づく規律の重要性を論じた家庭教育の書『親のための本』（1937）は、多くの読者に愛読された。ちなみにマカレンコの全集（ロシア語版全7巻）はすべて邦訳されている。　　（金田健司）

マスタリーラーニング（完全習得学習）

　ブルーム（Benjamin, S. B., 1913～1999）らが展開した教授理論である。個々の学習者に適切な授業の質と十分な習得時間が保障されるなら、ほとんどの学習者は教科内容の完全習得が可能であることを主張するキャロル（Carrol, J.）の『学校学習

のモデル』（1963）から影響を受けたブルームは、子どもの能力の個人差ではなく教育自体に目を向けることによってすべての子どもたちの学力保障を目ざした。マスタリーラーニングの主な特徴は、①「教育目標の分類学」に基づく到達目標と授業内容の具体化および評価法の準備、②形成的評価の実施とその情報に基づく教育活動の軌道修正にある。ブルームは、完全習得した子どもは学習意欲をもつようになることも報告している。この理論は、1970年代以降の日本における形成的評価や回復学習の導入等に影響した。⇒形成的評価、ブルーム　（小山英恵）

マズロー
Maslow, A. H. 1908～1970

欲求階層説を唱えたアメリカの心理学者。欲求階層説によると、欲求には順序性があり、低次のものが満たされて初めて次の欲求が生じる。それらは低次のものから順に、生理的欲求、安全と安定の欲求、所属と愛情の欲求、承認と自尊の欲求、そして自己実現の欲求である。人間にとって究極の欲求は、自分の可能性を実現し人格を統合しようとする自己実現の欲求であり、人間の人格的成長や創造性をもたらすものであるという。
　⇒自己実現　　　　　　　（今野裕之）

学び方学習

学び方学習とは、学習において重要な原理は、内容を教えることにあるのではなく、学習内容にたどり着くためのスキルや学習態度が必要であるとのことから強調されるようなった原理である。それは、古くはルソーが、内容についてすべて知る必要はない、それに至る方法や技能を習得することが大切であると主張していたことからも、この原理は昔から存在していた。それはまた、学習すべき内容が時代の変遷とともに変容する中で、常に陳腐化するような知識ではなく、学習内容を常に自らの力で更新することを求められている人類の経験的な学習法則であり、人間が生涯において学習し、自らの知識を再生し、新たな時代状況において生きるための基本的な技能として改めて強調されるようになった。ブルーナーなどによって学び方を学ぶという原理は再度強調され、構造主義的な学習論の一つの重要な柱となっている。
　⇒ブルーナー　　　　　　（浅沼　茂）

「学び続ける教員」像

直接には、2012（平成24）年の中央教育審議会答申「教職生活の全体を通じた教員の資質能力の総合的な向上方策について」において鍵となる用語である。時代の変化が激しく、既存の知識や技能がすぐに陳腐化していくなかで、教師も絶えず学び続ける必要がある、ということである。しかし、それ以前から教師が最新の科学や理論、教材などを学び続ける存在であることは自明の理である。教師にとって大学院修業制度などのリカレント教育が重要であることも論をまたない。にもかかわらず、あらためて強調しているのには理由がある。一つには教師の養成・採用・研修の一体化が叫ばれ、教師のキャリア形成が重視されるようになったこと。また教師の年齢構成や多忙の問題などから、OJTに困難を抱えるようになったこともある。一方で教師の成長を定式化することには問題点もあり、教師たち自身の自発的な学びこそが真に重視される必要がある。　⇒OJT、リカレント教育
　　　　　　　　　　　　　（池上　徹）

学びの共同体

学びの共同体という用語は、学校を学

びの共同体として再構築しようとする試みの中で用いられている。学校を学びの共同体として再構築するということは、学校という場所を子ども、教師そして親が共同で学び、成長し連帯し合う空間に変えるということである。そのため、そこでは子どもが学び育ち合うだけでなく、教師も互いに同僚として学び育ち合うことであり、親もまた学習参加をしながら共に学び育ち合うことである。教師や親の共同の学びがあって、子どもの共同の学びは成立する。共同の学びというのは、従来のように子どもが受容し記憶するいわば勉強ではなく、共同的で探究的な学びを指す。教師や仲間と共同して、真理の探究が行われるためには、何よりも学級が学びの共同体として機能しなくてはならない。学びの共同体の中では、一人ひとりの尊厳が認められるので、子どもと教師、子ども同士の間で学び合いが生じ、共同的で探究的な学びが可能となるからである。　　　　　　　　（岩垣　攝）

マンパワー政策（人的能力政策）

　1950年代半ばから1960年代にかけて、先進工業国を中心に世界各国で行われた経済発展を目的とした教育・訓練政策をいう。経済成長に不可欠な知識・技能をもった労働力（マンパワー）を計画的に養成しなければならない、とされ、わが国では1960（昭和35）年の「国民所得倍増計画」において高度経済成長と労働力需給の必要に見合って人材の養成・配分を行う教育計画の必要がうたわれ、1963年に設けられた経済審議会の人的能力部会が具体的政策を出した。そこでは、経済成長で重要な役割を果たすハイタレントの選抜が重視され、「能力主義」が教育政策の原理とされた。これを受けた中央教育審議会答申「後期中等教育の拡充整備について」（1966年10月）では、後期中等教育の多様化がうたわれ、とくに、中堅技術者を養成する職業高校の増設が図られるとともに、学科数は1964年の89種から1974年には254種にまで拡充された。能力主義の徹底は、塾通いの増加、受験競争の激化を生み、また「落ちこぼれ」が発生するなど多くの教育問題が発生し、1970年代に入るとこうした経済に従属した教育政策は見直されることとなった。　　　（藤井佐知子）

◆ み ◆

ミニマム・エッセンシャルズ
minimum essentials

　教育において、例えば小学校の卒業の時点でどのような学力を身につけていることが必要であるか、その最低限度の内容とレベルのこと。20世紀初めのアメリカでは、進歩主義（児童中心主義）の教育が普及していく中で、それは経験主義であり、子どもたちに必要な力をつけていないという批判がなされ、ミニマム・エッセンシャルズの議論が起こった。その内容については、スリー・アールズ（3R's）等、具体的な知識や技能を中心とする考えと、さまざまな経験や実行力といった能力を主として考える立場がある。ここから社会の中で必要とされる知識について調査などが行われた。これについても、その結果をふまえて社会に出たときに必要とされる内容を中心としたカリキュラムを編成すべきとする意見と、広く教養を重視すべきとする意見がある。わが国で戦後行われた学力論争はこうした流れを受け継ぐものであったが、学力という捉え方は教材の検討から学習者の問題へ視点が変化する場合が少なくないことに注意が必要である。⇒3R's
　　　　　　　　　　　　（藏原清人）

未分化性

　分化していない状態・性質のこと。乳児は、6ヶ月頃には積み木を手全体でつかむことができるが、まだ指でつかむことはできない。指でつかむことができるようになるのは1歳頃である。このように、身体の運動や精神的な機能がしだいに細かく分かれていくことを「分化」と呼ぶ。6ヶ月頃の幼児の手の動きは未分化であり、このような状態を「未分化性」と呼ぶ。発達途上にある子どもはさまざまな点で未分化性を残している。発達段階、発達課題とは、見方を変えれば分化の水準の区分、分化に応じた教育内容の分類ともいうことができよう。教育にあたっては、子どものこのような未分化性を十分に考慮した指導が重要である。とくに、小学生や中学生では心身の機能の未分化性による精神的なストレスがさまざまな不適応行動（嫌な授業でお腹が痛くなるなど）となってあらわれることも多く、精神の健康も含めた総合的な教育的配慮が必要とされる。　　　（西方　毅）

民間人校長

　2000（平成12）年1月、校長の資格要件を定めた学校教育法施行規則の一部が改正され、教員免許状をもっていない者であっても国公立学校の校長に登用できる道が開かれた。教員免許状がなくても校長資格を認められるのは、二つのケースである。一つは、「教育に関する職に十年以上あつたこと」（第20条第2項）という条件を満たすこと。その場合、「教育に関する職」の概念は従来より広げられて、専修学校の教員、学校栄養職員などをも含む。もう一つのケースとして、「学校の運営上特に必要がある場合には、第20条各号に掲げる資格を有する者と同等の資質を有すると認める者を校長として任命し又は採用することができる」（第22条）とされた。いわゆる「民間人校長」は、この後者のケースとして、任命権者の判断に基づいて登用されている。制度化以降、年々その任用数は増大し、2005年4月に全国38都道府県市で92名の任用数に達したが、現在では増大傾向は収まったとみられる。この制度発足当初は、企業経営をそのままの形で学校経営に持ち込むことの是非が問われたり、校長の職務に教育経験を必要とするか否かという議論も交わされた。しかし、その任用数が落ち着いたところをみると、民間人校長は校長のすべてにひろがるような性質のものではない。むしろそのインパクトは、学校経営の在り方に新しい刺激を持ち込み、旧態依然とした経営手法を見直す試みを提示したことに認められるべきであろう。⇒校長　　　　　　　　（浜田博文）

民族学校

　日本には、在日外国人の子どもの教育をする場として、外国人学校が設立されている。この外国人学校は、大きく民族性を保持するための民族系の学校と、母国の国民教育を目的とした学校に大別できる。前者の学校は、日本に永住権をもつか、長期滞在している外国籍の子どもが、その民族性を保持することを目的とした学校であり、朝鮮学校、中華学校、韓国学校などがそれにあたる。最近急増しているブラジル人学校もこの形態に近い。こうした学校のカリキュラムには、「母国語」で授業が行われ、民族性を保持するため、その国の地理や歴史などを中核的な教科として位置づけている。ただし、最近では、就学者の多様化に伴い、「民族性と国際性」を標榜し、日本語や日本文化の学習が位置づけられ、さらに英語学習なども行われている。また、日本の学校との交流なども行われるようになってき

た。ただし日本の制度からすると正規の「学校」ではないため、さまざまな問題も抱えている。⇒外国人学校　　（佐藤郡衛）

民舞

　民舞は、民族あるいはその民族によって形成される国家を単位にした舞踊の総称である。民舞には、民族舞踊と民俗舞踊とがあり、重複する部分も多く厳密な区別はしにくいが、一般的に歌舞伎など日本民族によって踊られるのが民族舞踊と呼ぶのに対して、各地方の土俗的な舞踊を民俗舞踊というのが妥当と思われる。民舞の歴史は人間の歴史とともに始まったといってよいほど古く、社会を支えてきた民衆がつくり出し、さまざまな思いを込めて踊り継いできた、生活に欠かせない文化として受け継がれ、発展してきた。また、舞踊は、音楽や美術などと同様に、身体運動による自己表現であるとともに、他者への働きかけであり、そのことを通して相互に心を通じ合っていく文化である。学習指導要領では、民舞としての位置づけは明確にはされておらず、地域の伝統芸能である民族舞踊、盆踊りなどを学習内容に取り入れることもある。
　　　　　　　　　　　　（本間玖美子）

◆ **む** ◆

無学年制

　学校の卒業に必要な教育課程と最低修学年限が定められるのみで、学年ごとの教育課程の区分が設けられていない制度。日本の場合、義務教育である小・中学校の教育課程は学年ごとに履修すべき内容と時間数が決められており、学年制が敷かれているが、高校については、各学年で履修すべき科目をすべて修めない場合でも次の学年に進級できる点で、広義の無学年制である。これを拡大したのが単位制高校であり、3年間を通じて所定の単位数の修得が求められるのみで、学年を単位とする原級留置が存在しない。もっとも生徒指導の関係などから単位制をうたっていても実際の履修は限りなく学年制に近いとみなせる場合は少なくない。一方、カナダなど外国の学校の中には、最低修学年限の規定も緩やかな無学年制が初等教育段階から採用されている例もある。無学年制という発想は、「教えられる」ことと「学ぶ」ことの関係を考える上で大きなヒントといえるだろう。
　⇒原級留置　　　　　　　（榊原禎宏）

無認可園

　法的認可を受けないで一般の幼稚園、保育所と類似の機能を営んでいる施設。すなわち学校教育法、児童福祉法に基づいて、認可権者の認可を受けていない園である。無認可幼稚園、無認可保育所と呼ばれ、基本的には好ましくないとされている。幼稚園と類似した事業を行っている園は、学校教育法第1条により、幼稚園という名称をつけてはならないと禁止されている。無認可保育所には、企業内保育所のように特定の乳幼児を入所させ、地域のそれを対象外とするため認可を受けられなかったり、施設設備や職員が保育所の最低基準に達していないものなどがある。具体的には、共同保育所、病院内保育所、企業内保育所、ベビーホテル、家庭育児室等、多様な形態がある。こうした施設が望ましくない主な理由として、施設設備や人的環境面で劣悪な条件が多く、事故が発生しやすく、ときには子どもの生命を失う場合すらあり、また、施設によっては、子どもの福祉よりも営利を目的とするケースさえみられることなどがある。このために、「認可外保育施設

に対する指導監督の強化について」(2000)が策定された。さらに2001（平成13）年の児童福祉法改正で、「事業停止命令・閉鎖命令」に加え「勧告・公表」が規定された。　　　　　　　　　　（谷田貝公昭）

◆ め ◆

メタ認知

　メタ認知の概念は、まだ不明確な部分が残っているが、自らの記憶や思考といった認知過程についての知識という「メタ認知的知識」と、「認知的プロセスや状態のモニタリングやコントロールといった「認知的活動」に大きく分かれる点では合意を得ている。「メタ認知的活動」には目標を達成するために、自分の遂行している認知過程の状態や方略を評価し、行動の調節、制御を行う過程からなるモニタリング、モニタリングに伴う感覚、感情の「メタ認知的活動」ないしは「メタ認知的経験」を含んでいる。心理学の中でメタ認知という言葉の使用が開始されたのは1970年代であり、その後さまざまな認知的行為について研究が行われている。メタ認知は自己評価自体がメタ認知的な活動であり、自己評価や自己制御学習に対して重要な役割を担っており、メタ認知は認知発達や特定領域の行為の熟達化に伴い発現することが示されている。　　　　　　　　　（福田真奈）

メディア教育

　IT技術の発達により、多種多様化した情報を高速に処理したり、膨大な量の情報を活用したり保存したりできるようになり、メディアを通して情報の受容、加工、配信・発信、保持等が便利に行われるようになった。一方、インターネットにおける自殺サイトなどの悪質サイトの多発や不正アクセス、著作権侵害、個人情報流失といった情報犯罪等、メディアにおける弊害が多発してきた。メディア教育とは、メディアからの情報を正しく理解し、有用なメディアを選択できる能力・態度、メディアが社会に対して及ぼしている影響の大きさを理解、認識できる能力・態度、セキュリティ・ポリシーや情報モラル等、安全にメディアとともに生きていくことができる能力・態度を育成する教育のことである。単に、情報機器等のハードウエアの上手な操作方法を学習するということではなく、メディアと上手に共存していくことができる能力、態度を育成することが目標である。　　　　　　　　　　（杉本　信）

メディア・リテラシー

　メディア（media: 媒体）とリテラシー（literacy: 読み書き能力）を合わせた語で、情報の媒体を使いこなす能力をいう。本や新聞などの印刷媒体から情報を批判的に摂取すること、あるいは壁新聞や学校新聞などを用いて自ら情報を発信することなどは、従来から指導されてきている。また、テレビ・ビデオなどの放送・映像媒体の利用に関する指導も行われてきた。最近では、ビデオ映像の編集がコンピュータで容易にできるようになり、映像を用いた情報発信も行われている。1990年代の半ばからのインターネットの急速な普及に伴い、学校教育においてもインターネットを用いての（コンピュータの記憶媒体に記録された）情報の取得および発信に関する指導が重要になりつつある。マスメディアやインターネットからの情報を批判的に摂取することは、現代の教育課題であるとともに、社会全体の課題でもある。　　（大田邦郎）

メリトクラシー
meritocracy

　出身地や家系、あるいは財産によらない、個人を単位にした実力主義や能力主義を指す。イギリスの社会学者ヤング（Young, M. 1915～2002）の "The Rise Of The Meritocracy"（1958／邦題『メリトクラシーの法則』至誠堂、1965）において、社会の選抜・支配原理を「血の原理」（血統主義）や「財産の原理」（金権主義）に替わる、高い教育を受けた知的エリートが台頭する社会という物語を著したことから用いられるようになった。つまり、貴族による支配（aristocracy）や富裕層による支配（plutocracy）になぞらえて「メリットをもつ者」すなわち優秀な者による支配が強まる社会を提示したのである。そこでの実力や能力の根拠は、個人を測定しうる場である学校経験の長さや深さに求められる場合が多いことから学歴主義・学歴社会を支える原理とも解される。

　メリトクラシーは、個人のみで評価するという点で民主的な側面をもちつつ、経済的・文化的な階層に対応しがちな学校文化への適応力としても捉えられる点において、つまり、新しい世代間継承の道具である文化資本（cultural capital）が個人内能力として正当化されうる点で危険性も帯びている。この概念は、例えば「学力」の高い子どもとそうでない子どもはなぜ生じるのか、「実力は努力の結果」といってよいだろうかといった、授業の進め方や「不登校」あるいは進路相談等、学校への適応や児童生徒に対する評価の問題などと密接にかかわっている。
⇒文化資本学校保健安全法　　（榊原禎宏）

面接法

　実験法、質問紙法、観察法などと並ぶ心理学研究法の一つでありインタビューともいう。研究者が研究対象者と直接対面し、相互コミュニケーションを通して情報を収集する方法であり、質的研究に適している。面接法の種類には、事前に質問項目を準備し、研究者がそれを逐一質問し系統的にデータを収集していく「構造化面接」、あらかじめ質問項目を準備しておくが、会話の流れに応じて質問を変更し、あるいは追加してデータを集積する「半構造化面接」、質問項目をあらかじめ想定しておくものの、会話の流れに応じて自然な形で目標に関連した内容が語られるように面接を進めながらデータを収集する「非構造化面接」がある。面接法は、研究者と研究対象者の相互作用によって成立するため、お互いの影響がおよびやすく、研究者のかかわり方や研究対象者の不安や緊張などの要因で語られる内容が変わってくる可能性があるため、安心できる信頼関係の形成が図れるよう心がけるとともに、プライバシーの保護などに努めることが求められる。　（丹　明彦）

メンタルヘルス
mental health

　メンタルヘルスとは、文字通り「心の健康」に関する内容全般を指す幅の広い概念である。学校教育よりも、「職場のメンタルヘルス」などというように産業界で用いられることが多い。学校教育においては、もちろん児童・生徒のメンタルヘルスは重要な課題であるが、近年はむしろ、教職員のメンタルヘルスが大きな問題となっている。すなわち、うつ病を患う教師、バーンアウトする教師が決して少なくないのである。文部科学省の調査によれば、2017（平成29）年度の精神性疾患による病気休職者は5,077名であり、その人数は年々増加している。教師が良好なメンタルヘルスを保つためには、教師間の支え合いが何よりも求められているといえよう。⇒学校保健安全法　　（会沢信彦）

◆ も ◆

盲

「盲」とは視覚障害のうち視覚をもたない状態を指し、残存視力を有する「弱視」や視覚障害のない「晴眼者」の対語でもある。「盲」の定義は、学校教育や医学などの領域で多少異なっており、その内容も状況によって変わっている。改定学校教育法(2007[平成19]年4月施行)の特別支援教育にかかわる章において、第75条でほかの障害と同様に視覚障害の程度を政令で定めることになっている。学校教育法施行令第22条の3では盲者の障害の程度を「両眼の視力がおおむね0.3未満のもの又は視力以外の視機能障害が高度のもののうち、拡大鏡等の使用によっても通常の文字、図形等の視覚による認識が不可能又は著しく困難な程度のもの」と規定している。一方、世界保健機構(WHO)の基準では、「盲」は視力が0.05未満、弱視は0.05～0.3と区分されている。「盲」の原因には、先天素因による眼球全体の疾患や伝染性疾患によることが多い。なお、ここでいう視力は国式を基準とした視力表で眼鏡などを使用して測定した矯正視力であり、両眼の視力とは両眼の視力を別々に測った数値の和のことである。また、「盲」に聴覚障害が重複したヘレン・ケラーで知られる「盲聾[ろう]」にも留意する必要がある。 (矢島卓郎)

孟子

B.C.372?～B.C.289?

孟子(Meng zi)は、中国戦国時代の鄒(山東省鄒県)出身の儒家。名は軻。孟子の子は尊称。彼の言行録『孟子』は、儒教の経典『四書五経』の『四書』の一つ。彼は、孔子が明確に定義しなかった「仁」と「義」について、仁を「惻隠[そくいん](憐れむ)の心」、義を「羞悪[しゅうお](恥じる)の心」とした。この「惻隠の心」「羞悪の心」に「恭敬(慎む)の心」「是非(善悪を弁別する)の心」を加え、これらを仁・義・礼・智の四つの徳の発端として「四端」と呼び、この四端が万人に自然に備わっていることから人間の本性を善とする「性善説」を唱えた。性善説の拠り所である四端の拡充による修養が、彼の教育の目的であった。具体的には、教育を通じて人々に「父子の親、君臣の義、夫婦の別、長幼の序、朋友の信」の「五倫」に基づく人間関係を遵守させることであり、それによって彼は、当時覇権闘争で混乱していた政治や社会の秩序の回復を目指した。なお、熟語としての「教育」は『孟子』に由来する。また、彼の母親は「孟母三遷の教え」「孟母断機の教え」の故事により、伝説上の賢母として有名である。⇒孔子 (日暮トモ子)

盲導犬

盲導犬とは、視覚障害者を安全に快適に誘導する犬のことである。1世紀にイタリアのポンペイの壁画、6世紀にはフランス北部の記録からもその存在が知られている。現在のような盲導犬の訓練や福祉事業は、第一次世界大戦後のドイツにおいて失明した軍人の救済から始まった。その後、盲導犬育成事業は欧米で広がり、現在は20数ヶ国で行われている。日本の盲導犬事業は、1938(昭和13)年に盲導犬を連れたアメリカ青年が立ち寄ったことが契機で始まった。戦中は中断したが、1957年に国産第一号の盲導犬が誕生し、1967年に日本盲導犬協会が設立された。現在、日本には国家公安委員会から指定を受けた9法人10施設の盲導犬育成施設があり、1995(平成7)年に全

国盲導犬施設連合会も発足した。そこでは、盲導犬として適しているラブラドール・リトリーバーなどの中型犬を訓練し、計画的な繁殖や盲導犬の貸与を原則、無償で行っている。盲導犬は、1978年に道路交通法で規定され、2001年4月からは「社会福祉法」の改正により正式に第2種社会福祉事業として認められた。また、2003年10月からは身体障害者補助犬法が完全施行され、公的施設はもちろん民間の事業所でも、盲導犬の受け入れが進みつつある。現在は小中学校などの総合的な学習の時間で取り入れられるなど関心も高まっている。　　　　　（矢島卓郎）

▌模擬授業

　教師のキャリアーには「養成」「採用」「研修」という3段階がある。模擬授業は、そのいずれの段階においても試みられるが、とくに「養成」段階の事前指導において行われる場合が多い。学習者を対象とする普通の授業が学習者の教育・学習効果を目的としているのに対して、模擬授業は授業者の力量形成や評価、授業計画、教材や授業技術の妥当性の検証を目的としている。授業場面の一部を再現し検討するために行う場合には、マイクロ・ティーチングと呼ぶことがある。「養成段階」で最も採用される場面は、各教科教育法、教育実習研究（事前指導）などの時間である。「採用段階」では教員採用試験に模擬授業が導入される傾向が近年増加している。「研修」段階ではさらなる指導力向上、教材解釈や子どもとのコミュニケーションの改善等が検証される場として模擬授業は重視される。模擬授業が効果を挙げるためには、優れた指導者による評価と模擬授業参加者による研究協議が重要である。⇒マイクロ・ティーチング　　　　　（髙旗正人）

▌モジュール・システム

　モジュールとは、作業工程の一つのまとまりをもった小さな一単位を意味する。15分とか20分などの単位で一つのまとまった学習活動に細分化することによって進める授業の形を出発点としている。これまでの45分とか50分のように、大きな授業時間単位では、子どもの活動が途切れたり、逆に短すぎたりすることによって課題の作業との時間調整が適合しなかったりすることがある。それに対して、モジュールは15分の授業単位に細切れにするということではなく、15分の最低単位によって柔軟に授業時間を活動の内容に適合した形にすることを可能にしている。また、モジュールは、これまでの授業時間を柔軟にすることによって学習活動内容によっては、授業時間を60分にしたり、90分授業にすることも可能にする。モジュール・システムは、このように授業時間の柔軟化によって学習効率の向上を目指している　　（浅沼　茂）

▌本居宣長

もとおり・のりなが、1730〜1801

　江戸中期の国学者。伊勢松阪の商家に生まれた。医家への道を歩み、23歳のときに京都に遊学したが、同時に契沖（1640〜1701）の国学に傾倒した。帰郷後は医師として活動するとともに、国学の研鑽を積んだ。のちに賀茂真淵［かものまぶち］（1697〜1769）の門人となったことから、国学研究が本格化し、『古事記』の研究に着手。その成果は『古事記伝』として刊行され、国学の体系化に大きな影響を及ぼした。その総論というべき『直毘霊［なおびのみたま］』や随筆集の『玉勝間［たまがつま］』では、漢意［からごころ］から自由になり、日本固有の道というべき古代人の心を探究することが、国学の目的であると強調した。

一方、『源氏物語』研究からは、「もののあわれ」こそ、日本人の文学観の根幹と捉えた。医業のかたわら、研究活動を展開するとともに、門人への講義も熱心に行い、その際に、門人の自主性が重視されたことも大きな特徴であった。

（大戸安弘）

模倣
mimesis

模倣とは、モデルとなる対象のことば、振る舞い、行動、欲望を、意識的あるいは無意識的に受容して、それを再現する行為である。西洋では、「模倣」を意味することばの語源として、mimesis（ギリシャ語）と imitatio（ラテン語）の二つがある。プラトンは、人間の創作活動を、イデアの模倣（mimesis）として理解したが、模倣はオリジナルではなくコピーであるから、一段価値の低いものとみなした。これに対して、アリストテレスは、悲劇は行為の凝縮であるように、mimesis も、対象の本質的理解であるとして、より積極的に捉えた。

もう一つの imitatio は、imitation の語源であり、それは imitatione Christi（キリストに倣いて）ということばにもあるように、外部の手本の獲得という意味で用いられることが多い。18世紀以降の心理学においても、imitation は手本を学ぶ本能的行為として説明された。「学ぶ」とは「真似ぶ」行為に始まる、という考え方がそれである。それは、後に心理学、社会学における社会化の概念とも結びついて、学習の基本として説明されることが多い。しかし、現代の教育人間学では、再び mimesis の語に着目することで、人間の世界形成は、単なる手本の「真似び」に尽きるものではなく、世界の創造的解釈への契機として、mimesis を再評価する傾向にある。

（高橋　勝）

モラトリアム

英語の moratorium が「遅延」や「猶予」を意味するように、人間が社会人として成長するまで、一定期間、社会的な責任・義務を遂行することを猶予される期間を指す。エリクソン（Erikson, E.H.1902〜 1994）は、ライフサイクル理論の中で、青年期の特質を述べるために、「心理社会的モラトリアム」ということばを使用した。こうした社会的な責任・義務の遂行の猶予は、青年が育っていくために必要な時期だというのである。就職などのキャリア形成の時期は、一度決定すると、やり直すことが難しい。このため、青年たちの中には、自身の決断を先送りにする者たちも少なくない。とくに近年、社会的な責任・義務が免除され、一定の保護下で生活することが快適となり、そこから離れようとしない青年が目立つようになった。こうした兆候は、「モラトリアム症候群」と表現される。もっとも、子どもたちにとって夢をもちにくい昨今は、モラトリアム症候群を生じさせる原因にもなっている。　⇒エリクソン

（大沢　裕）

モラール
morale

モラールとは、勤労意欲や士気を意味するもので、道徳や倫理、道義を意味する「モラル」（moral）とは異なる。モラールの類似語として「モチベーション」があるが、モチベーションは個人のやる気や動機づけを意味するのに対し、モラールは集団のやる気や意欲を意味する。モラールは、単に労働者個人の感情をあらわすのではなく、職場での労働者集団の意欲をあらわすものであり、労働者の職務遂行や組織の成果を左右する大きな要因となるものである。つまり、労働者のモラールの高低は、組織の生産性の高低に大きな影

響を与える。そのため、組織の生産性を上げたり、よりよい結果を出したりするために、労働者のモラールを高く維持することが、経営者にとって重要な課題となる。モラールの状態は、職場の労働環境や人間関係、帰属意識などに影響される。そのため、モラールを高めるためには、給与や昇進などの個人報酬のコントロールだけでなく、職場の労働環境や人間関係を改善したり、組織目的に対する使命感、職務遂行の結果に対する達成感、自己充足感をもたせたりすることが求められる。

（臼井智美）

モラルジレンマ
moral dilemma

モラルジレンマとは、道徳的価値が衝突しあい、葛藤することを意味する。道徳的価値の衝突は、二つの道徳的価値が衝突しあう場合と、一つの道徳的価値の中で衝突しあう場合がある。例えば、ある場面において友情と規則遵守のどちらを選択すればよいのかと悩むことは、モラルジレンマの状態である。モラルジレンマの状態を解決する唯一の正解はない。3水準6段階の道徳性発達段階論を提案したコールバーグ（Kohlberg,L.1927～1987）は、そうしたジレンマ資料（ハインツのジレンマ）を用いて調査を行った。その際に重視したのは、どうすべきかという当為の問いとその行為を選択した理由である。コールバーグの道徳性発達段階論は、行為選択の理由によって分類され、より普遍的な価値を思考し判断することを高い段階に位置づけている。このような道徳的価値が葛藤を起こす場面に焦点をあて、子どもたちが判断の理由を出しあい議論することを中心にしたのが、モラルジレンマ授業である。　⇒コールバーグ、道徳的価値　　　　（藤井佳世）

森有礼
もり・ありのり、1847～1889

薩摩藩出身。藩校造士館、開成所で学び、1865（慶応元）年薩摩藩留学生の一員として渡英。イギリスで「国礎ノ学」（法制度）を学び、1867年キリスト教スウェーデンボルグ派のトーマス・レイク・ハリスの教団（アメリカ）に移る。1868（明治元）年帰国、主として外交官として活躍。1885年伊藤博文内閣で初代文部大臣に就任。1889年2月11日、刺殺される。1886（明治19）年、小学校令、中学校令、帝国大学令、師範学校令（全体を諸学校令と呼ぶ）を制定。従来の諸学校一括の教育令に対して、学校種別の目的と内容を明示した諸学校令によって、以後の学校制度の基本型を確立した。森は国民教育の目的を「愛国心の培養」とした。ただし、森が求めたのは自立した個人がもつ機能的な愛国心であり、特異な国体・国史に愛国心を求める教育勅語以後の国民教育論とは異なっていた。その方法として、兵式体操、学校儀式の導入を図った。⇒小学校令、中学校令、兵式体操

（森川輝紀）

モンスターペアレンツ
monster pearents

モンスターペアレントともいう。理不尽かつ非合理、高圧的かつ感情的な態度で「不当、不可欠な要求を、次々に担任、校長、学校につきつけ」ては教育現場をかき回し、教師たちを脅かし悩ませる保護者たちを指す。命名は、日本教育技術学会会長で教育雑誌『教室ツーウェイ』（明治図書）の編集長だった向山洋一氏とされる。NHKテレビ「クローズアップ現代」（2007［平成19］年2月）で深刻な教育現場の状況としてが報じられ、広く知られるようになった。理不尽な要求を当然のように突きつける保護者からの厳しいクレームに対処する中で、学校の秩

序は脅かされ、精神疾患により休職・離職・退職に追い込まれる教職員の激増や自死問題が大きな問題となった。

このような「モンスター化」をしないための保護者対応には、子どもたちの教育や成長を担う責任を大人同士がよりよく共有し、教師は保護者とのコミュニケーションをうまくとる必要がある。保護者への接し方を学び、子どもとの関わり同様に、保護者とも信頼関係を築くためのスキルを身につける保護者対応が急務である。　　　　　　　　　（中島朋紀）

問題解決学習

もともと経験主義の教育でとられていた教育方法。デューイ（Dewey, J. 1859～1952）の実験学校では子どもたちが人類の歴史をたどる上で、羊毛から糸をつむぎ、糸から布を織り、布から洋服をつくった。彼らはこの経験から自然と社会について多くを学んだという。問題を解決することも重要であるが、それよりも、問題を解決する過程で思考したり調べたりつくったりすることに意義がある。問題解決学習は経験主義の教育においてだけではなく、系統主義の教育においても用いることができる教育方法である。例えば「仮説実験授業」では、いくつかの問題を解決していく過程で一般的な概念・法則を獲得することができる。これは問題解決学習であると同時に系統学習でもある。子どもたちが解決したいと思うような「問題」を、認識を系統的に組織していくように配列する授業づくりが求められる。⇒仮説実験授業、デューイ
　　　　　　　　　　　　　　（大田邦郎）

問題行動
problem behavior

一般に子どもたちの問題行動は、神経症や家庭内暴力に代表される非社会的行動と、非行や校内暴力に代表される反社会的行動に分類される。

ただ、こうした問題行動の分類は、あくまでも一応の目安に過ぎない。どのような行動が問題行動であるかは、誰が問題とするか（人）、何をもって問題とするか（内容）、どのような視点から取り上げようとするか（立場）など、多様な要素をもっているからである。子どもたち一人ひとりの内面をみつめていくと、どの子も自分なりの問題をもち、それを克服しようと懸命に取り組んでいる様子がうかがえる。それぞれの問題の内容や程度の差はあるにしても、実際にはすべての子どもたちが何らかの問題を抱えて生活しているといえよう。生徒指導が、今日、いわゆる「問題児」というレッテルを貼られた一部の子どもに対象を限定することなく、そうした子どもも含めた「すべての生徒を対象としている」とされているのは、まさにこうした意味においてである。⇒家庭内暴力、校内暴力、非行
　　　　　　　　　　　　　　（犬塚文雄）

モンテッソーリ
Montessori, M. 1870～1952

イタリアの教育者で新教育運動の指導者の一人。ローマ大学で医学を修め、1896年、大学卒業と同時に、イタリア初の女性医学博士となる。卒業後は開業のかたわら、ローマ大学附属の精神病院や精神薄弱児施設で研究を続け、治療教育で成果を挙げた。医学と教育の協力の必要を痛感したモンテッソーリは、1900年にローマ大学哲学科に再入学し、教育学と心理学を学ぶ。1901年に精神薄弱児施設を辞しているが、この頃からモンテッソーリの関心は普通児の教育へと向かっていった。彼女は小学校を訪ね歩き、実際の教育現場を観察した。いずれの小学校にも暗い教室、長椅子、長机があり、子どもたちはそれらに拘束され

ている。そしてどの子どもも教師の説教と鞭による統制を受けている。モンテッソーリはそのような学校の在り方に疑問をもち、子どもの自由な活動こそが教育の中心になるべきだとする「自動教育」の着想を得るに至る。

1905 年、モンテッソーリは 3 歳から7 歳までのスラム街(ローマ)の子どもたちの保育施設の責任者となる。そして1907 年、ローマ優良建築協会の依頼を受け、彼女は貧民街に就学前教育施設「子どもの家」を開設する。モンテッソーリの教育法の特徴は、感覚の訓練を中心とする独創的な教具を用い、周到に整えられた環境の中で、幼児の感覚と筋肉、精神と身体の自由で自主的な活動にある。感覚運動教育を基礎にした、さらには、環境構成と多種多様な教具に工夫を凝らした「子どもの家」での独創的な教育法は、スラム街の乳幼児の教育に多大な成果をもたらしたのである。この「子どもの家」での実践と研究の成果は、1909 年『科学的教育学の方法』(別名『モンテッソーリ・メソッド』)に結実し、20 カ国以上で翻訳がなされ、各国の新教育運動にも、モンテッソーリ方式として影響を与えた。モンテッソーリの『科学的教育学の方法』は、わが国でも大正期に河野清丸らによって紹介されている。モンテッソーリは 1922 年、イタリア政府の視学官となり、教員養成に力を尽くした。その影響は、今もなお、幼児教育や障害児教育の分野において活かされている。モンテッソーリは、二つの世界大戦の間に、アメリカ、イギリス、オーストリア、スペイン、オランダの各国を訪れ、インドで没するまで自己の教育法の発展と普及に努めた。今日「子どもの家」は、フレーベルの幼稚園に次いで、世界の幼児教育施設の主要なタイプとなっている。

⇒新教育運動　　　　　　　(金田健司)

文部科学省

1871(明治4)年に旧文部省が設立され(初代文部卿は大木喬任)、1885 年の内閣制度の発足に伴い、森有礼が初代文部大臣となった。第二次世界大戦後、1949(昭和 24)年に文部省設置法が制定され、法的拘束力を伴わない指導・助言・援助を基軸とした行政機関として再出発した。その後、幾度もの機構改革を経たが、比較的規模が大きいのは、1954 年、1956 年、1984 年に実施されたものである。2001(平成13)年の中央省庁等の再編により、文部省と科学技術庁が統合されて、現在の文部科学省となった。

文部科学大臣は、文部科学省という行政機関の長であり、「主任の大臣として、行政事務を分担管理する」(内閣法第 3 条)。内閣法・国家行政組織法の改正により、従来の行政機関の権限規定は「任務」を軸として改正されている。文部科学省設置法には、文部科学省の任務が第 3 条に規定され、所掌事務が第 4 条に列挙されている。⇒教育行政、森有礼

(有働真太郎)

◆ や ◆

夜間中学校

何らかの事情により、義務教育である中学校を修了できなかった者を対象として、夜間に中学校教育を行う学校(「市町村が設置する中学校において、夜の時間帯に授業が行われる公立中学校の夜間学級のこと」[文部科学省 HP「夜間中学の設置推進・充実について」])。現在全国には 30 校余りの夜間中学校がある。

学校教育法において規定されている学校ではないが、二部授業として夜間に中学校教育を行うという形式を取ること

で、修了者には中学校卒業資格を与えている。夜間中学校は、戦後まもなく戦災や貧困のため義務教育を修了できなかった人々を対象として暫定的に始められた。復興や経済成長とともに経済的な理由で就学できなかった人の数は徐々に減少していったが、その後は在日外国人、中国からの帰国者、難民、結婚などによる日本在住の外国人などに日本語教育を行う場としても機能するようになった。また、不登校により中学校教育を受けられなかった人たちの再チャレンジの場としての利用も考えられるが、夜間中学校は中学校未修了を入学資格としている。そのため、不登校のまま中学校を修了しまった場合には入学資格がないといった問題が残されている。⇒不登校　　　（大谷　奨）

夜間保育

　午前 11 時から午後 10 時の 11 時間を保育時間とする保育のこと。ベビーホテルで死亡事故が起きたことが社会問題化したことで、夜間保育所が制度化された。2018（平成 303）年には全国で 81 ヶ所ほどりの保育所において夜間保育を実施している（厚生労働省 HP）が、いずれも民営である。

　保育時間は、朝型延長、深夜延長をそれぞれ 6 時間行うことで、最大朝 5 時から翌日朝 4 時までの 23 時間保育が可能となる。また、夜間保育のみを行う保育所において実施することが基本であるが、保育所の認可定員の範囲内で、通常保育と夜間保育を実施することもできる。実際にはこのように昼と夜の両方の保育を行う形の保育所が多い。就労の多様化や、医師、看護師、自営の飲食業などのように深夜に及ぶ職業の保護者からのニーズが多いが、睡眠時間が分散してしまう、食事や入浴を親子でできない、といった現状がある。今後、子どもの心身の発達

への影響や良好な環境設備を十分に検討していく必要がある。　　　（高橋弥生）

薬物乱用

　シンナー等有機溶剤、覚せい剤、大麻、MDMA 等、合成麻薬および違法ドラッグ（いわゆる「脱法ドラッグ」）を乱用している子どもの実態がある。暴力団との結びつきが懸念される覚せい剤は、中高校生のファッション感覚によって乱用急増となっており、現在、第三次乱用期といわれている。これらが、中学校・高校においては、年 1 回の薬物乱用防止教室の開催を努めるとされる背景である。喫煙、飲酒、そしてシンナーは、「ゲイトウェイドラッグ」（入門薬物）といわれ、初めの段階で予防する必要がある。

　薬物乱用防止の内容としては、①薬物乱用・依存の成り立ち、②薬物乱用の心身への影響、③薬物乱用関連の社会的問題（薬物関連の事件・事故など）、④薬物乱用防止の対策、⑤意志決定能力の育成がある。薬物乱用防止の教育は、法律で禁止されているからダメだという観点からのみ捉えるのではなく、生涯を通じて健康な生活を営むという観点からの指導が大切である。　　　　　（大谷尚子）

野生児

　何らかの理由で人間社会から隔絶されて成長した子ども。歴史上多数の事例が報告されているが、1799 年にフランス南部の森で孤立した生活をしているところを発見された「アヴェロンの野生児」（推定 11 歳）と 1920 年にインドで狼と一緒にいるところを発見された少女「アマラとカマラ」（推定 2 歳と 8 歳）が有名で、資料の信憑性も高いとされている。いずれの子どもも発見当時、精神年齢は 2 歳程度で、ことばを理解せず、さまざ

まな動物的特徴を示していたが、先天的な精神薄弱ではないと考えられ、人間的な諸能力を回復させるための訓練が施された。アヴェロンの野生児は、医師イタール（Itard, J. M.-G. 1774~1838）による感覚や言語の訓練を受け、書きことばをある程度理解するようになったが、聴覚と話しことばは獲得されなかった。カマラは訓練の結果、二足歩行を習得した。言語能力や二足歩行能力などは発達の初期に環境的な要因によって習得されるものであって、動物の本能のように遺伝的に形成されるものではないことなどが示唆される。　　　　　　　　　　（上原秀一）

山下清
やました・きよし、1922~1971

　東京市浅草区（現在の東京都台東区）で生まれた（大正11年）。父の死去、母親の再婚・離婚の中、小学生の頃、いじめに遭い、刃傷事件を起こし、東京府児童研究所・所長石井亮一の指示のもと、1934（昭和9）年、知的障害児施設八幡学園に入園した。入園後、貼り絵において特異な才能を示し、1939年、青樹社展において一躍有名になった。1940年、突然学園より姿を消し、鹿児島で発見される1954年まで、リュックを背負い放浪生活をした。放浪生活中の山下の生活は、時おり学園に戻って制作した貼り絵や日記によって知られることとなり、放浪生活中に描かれた作品は、国内外で評価され、「日本のゴッホ」「放浪の天才」と呼ばれるようになった。晩年には、山下の作品を愛する人々によってアトリエを建ててもらい、フェルトペンによる素描や陶器の絵付けなども試みている。しかし、この時代は描かされた時代であった。1971年の夏、このアトリエで突然脳出血で49歳の生涯を終えた。
　山下の示す行動特性や驚異的な記憶力を実証する作品は、自閉症やサヴァン症候群との関連が指摘され、障害児・者の教育や福祉の分野においても多大な影響を与えた。　　　　　　　　　　（大崎広行）

『山びこ学校』

　1950（昭和25）年、無着成恭［むちゃく・せいきょう］（1927~　）が編集した山形県山元中学校の生徒の作文集。無着が実践した生活綴方、社会科教育の実践記録でもある。1948年に山形師範学校を卒業し、新制の山元中学校に赴任した無着成恭は、貧しい農村で農作業の手伝いに忙しい生徒たちに、村の現実と向き合わせることを試みた。新教科の社会科がまだ定着していない戦後間もない時期に、無着は戦前の生活綴方運動に学んで、日々の生活を綴り、それに基づいて討議し、調査し、行動するといった問題解決のプロセスを生徒に経験させたのである。その記録として公刊された『山びこ学校』はベストセラーとなり、生活綴方、社会科教育における戦後の教育の実践の一つのモデルとなった。同書に収載された江口江一の作文「母の死とその後」が文部大臣賞を受賞したことも注目を集めたが、その教育に対しては教科学習の軽視などに対する批判もある。⇒生活綴方運動
　　　　　　　　　　（橋本美保）

◆ ゆ ◆

融合カリキュラム
fused curriculum

　教科の枠を取り外し、二つ以上の教科の中で相互に関連する内容を取り出して融合し、新たな教科あるいは領域を構成するカリキュラムの形態。融合の仕方は、一つの教科を中心としてほかの教科の関連ある内容を取り入れる場合や、ある学習課題を設定して、それに関連する

複数の教科を取り入れる場合など多様である。カリキュラムは、一般に、学問の体系を基礎として構成されるもの（教科カリキュラム、相関カリキュラム、融合カリキュラム、広［領］域カリキュラム）、児童生徒の活動を基礎として構成されるもの（コア・カリキュラム、経験カリキュラム）に類型化される。

　融合カリキュラムの場合、教科の枠を取り外して新たな教科を構成するが、あくまでも教科の区分は残されており、基本的には、教科カリキュラムと同一の基盤に立つとみなされている。融合カリキュラムの例としては、1947(昭和22)年版学習指導要領において戦前の「修身」「国史」「地理」が廃止されて「社会科」が、1989年(平成元)版学習指導要領において小学校第1、2学年の「社会」「理科」が廃止されて「生活科」が新設されたことが挙げられる。　　　（日暮トモ子）

ゆとり教育

　2002（平成14）年の完全学校週5日制の導入を前提として、1998年に改訂された学習指導要領では、ゆとりある学校生活の中で「生きる力」を育むことが理念に掲げられ、総合的な学習の時間が新たに設置されるとともに、授業時数の削減と各教科の教育内容の精選と削減が行われた。この改訂の特徴を、ジャーナリズムは「ゆとり教育」と称するようになり、社会に普及した。学術的、公的に意味づけられた用語ではないことに注意が必要である。また、「ゆとり教育」を受けた子どもたちを「ゆとり世代」と呼ぶ言葉も生み出された。2008年の改訂では「生きる力」の理念は継承され続けたものの、大学生の学力低下論やPISAやTIMSSといった各種調査での成績不振が問題視されたことにより、「確かな学力」の形成が掲げられ、教科の授業時数を増加

させ、総合的な学習の時間を削減するといった措置を行ったことで「脱ゆとり」と称されるようになった。なお、ゆとりある教育の理念自体は1990年代に突如登場したわけではない。1977年の学習指導要領改訂時にも「ゆとりのあるしかも充実した学校生活」を送ることが掲げられ、この改訂時には教科の指導を行わない「ゆとりの時間」も設置された。ゆとりの理念は1970年代より継承された傾向であり、1998年の学習指導要領下で学んだ子どものみを指して「ゆとり世代」と称するのは短絡的である。

　人間が生活を送る上で「ゆとり」が必要という価値観は一概に否定されるものではなく、心身ともに成長過程にあり多様で豊富な経験を積むことが求められる子どもを精神的に追い詰めず、ゆとりある学校生活を送らせることは誤った方向ではない。問われるべきは「ゆとり」の内実であり、単に授業内容や授業時数の削減といった量的な側面でのみとらえるのでは無く、むしろ学校で子どもに課される学習や活動の質といった側面でとらえてゆく必要があるだろう。⇒PISA

　　　　　　　　　　　（冨士原紀絵）

ユネスコ
UNESCO

　1946年、国際連合の機関の一つとして設立された。正式名称は、国連教育科学文化機関（United Nations Educational, Scientific, and Cultural Organization）。

　その目的は、人類史上未曾有の惨禍をもたらした第二次世界大戦を受けて、武力ではなく、教育、科学、文化の振興、あるいは普及を通して、世界平和を築こうとすることにあった。その設立文書ユネスコ憲章には、「戦争は人の心の中に生まれるものであるから、人の心に中に平和のとりでを築かねばならない」という有名なことばが記されており、その

理念を的確に示している。日本は 1951（昭和 26）年に加盟し、今日に至るまで、その活動に資金面でも、内容面でも重要な役割を果たしている。

ユネスコの活動は、その名称の通り多方面にわたり、国連児童基金（UNICEF）や国際労働機関（ILO）など、国連のほかの専門機関や国際機構とも関連が強いが、別項目の「ユネスコ協同学校」活動や人類共同の史跡・歴史遺産を登録し、保護しようとする「世界遺産」の指定など、この分野できわめて重要な役割を果たしている。　　　　　　　　（吉谷武志）

ユネスコ教育勧告
UNESCO Education Recommendations

教育、科学、文化の各分野における活動を通して平和な世界を実現することを使命とするユネスコは、各時代における教育、科学、文化の分野において、世界的な課題を審議し、加盟国への問題提起として、たびたび重要な勧告を発してきた。ユネスコ総会における勧告は、加盟国に遵守する義務を負わせる「条約」（convention）については、過半数で可決され、加盟各国に「努力義務」を負わせるものである。

教育分野における重要な勧告としては、世界における多様な言語的、宗教的、民族的な背景をもつ人々の間の相互理解のための教育としての国際理解教育の必要性を訴えた「国際理解、国際協力及び国際平和のための教育並びに人権及び基本的自由についての教育に関する勧告」（1974）がある。この勧告は、成立後 20 周年にあたる 1994 年に「平和・人権・民主主義のための教育に関する宣言、総合的行動要綱」としてその重要性が再確認され、その精神の実現が期されている。
⇒国際理解教育　　　　　　　　（吉谷武志）

ユネスコ協同学校
UNESCO Project Schools

ユネスコ協同学校は、教育、科学、文化の協力と交流を通じた国際平和と人類の福祉を促進するというユネスコの理念を、学校現場で実践することを目的として提案された「世界協同社会に生活するための教育協同実験活動」（1952）に基づいて設立されたものである。1953 年の発足時には世界 15 カ国、33 校で始まり、2018 年時点で 182 カ国、就学前教育から教員養成大学までを含む、11,500校以上に達している。1960 年からは「ユネスコ協同学校プロジェクト」（UNESCO Associated Schools Project Network, ASPnet）として実施されてきた。

現在は 2004 年〜2009 年を期間とするアクション・プランのもとで、ユネスコにより示された「21 世紀の学習」（learning to know, to do, to be and live together）と「ダカール行動枠組み」（Dakar Framework for Action）に基づいて、①世界的な問題と国連システムの役割、②人権、民主主義そして寛容、③異文化間学習（Intercultural learning）、④環境問題の学習課題のテーマ学習が取り組まれている。日本は、設立当初 6 校が参加したが、現在では 20校の小学校、中学校、高等学校が上記のテーマのいずれかに取り組んでいるが、それぞれの活動は学校の置かれた状況に拠っている。　　　　　　　　（吉谷武志）

ユネスコ国際教育会議

ユネスコの行動原則は国連憲章、ユネスコ憲章、そして、国連によりなされた世界人権宣言などに基づいている。しかし、こうした原則や精神のもとにつくり出される条約や勧告は、加盟国の合議体としての国際会議において議され、実現に向けての目標が発信される。教育に関する国際会議は、世界がその時々におい

て必要とされる重要な議題について、数多くの指針を示してきた。直近の課題としては、1990年、ジョムティエン（タイ）においてユネスコ、ユニセフ、世界銀行、国産開発計画の共催により開催された「万人のための教育（EFA）世界会議」があり、そこでは2015年を目標として、すべての人に初等教育を補償し、教育の場における男女の就学格差の是正を目標として掲げた「万人のための教育宣言」および「基礎的な学習ニーズを満たすための行動枠組み」が決議されている。その後、10年を経てこの目標の達成状況が検証されたダカール（セネガル）での「世界教育フォーラム」（2000）では、宣言の実現がほど遠いことが確認され、新たに「ダカール行動枠組み」が採択され、世界中のすべての人に識字の能力が保証される世界の実現が目指されている。　　　　　　　　　　（吉谷武志）

ユング
Jung, C. G. 1875～1961

スイスの精神医学者、心理学者で、分析心理学(ユング心理学)の創始者。宗教的な家庭に育ち、幼年期と学生時代をバーゼルで過ごした。バーゼル大学医学部に学び、精神科医としてチューリッヒ大学附属病院で精神分裂病者に対する心理療法経験を積んで、「早発性痴呆の心理」で脚光を浴びた。フロイトの精神分析学に共鳴し、国際精神分析学会の初代会長となるなど精神分析学の発展に寄与した。ユングは各国の神話や伝承を丹念に調べ、人間の精神世界にはフロイトのいう個人的無意識とともに、国や民族を超えて人類に共通した集合的無意識が存在することを提唱した。この集合的無意識や象徴を巡っての理論的対立によりフロイトと決別することになった。決別後、強い喪失感と精神病に匹敵する内的危機に襲われたが、この体験が後に分析心理学を確立するのに大きく役立ったとされる。臨床においては夢分析を重視し、コンプレックス、元型、共時性、自己、個性化などの概念を用いる。広い関心に基づくユングの心理学は、精神医学、心理学以外の領域にも影響を与えて高い評価を得ている。⇒コンプレックス、フロイト　　　　　　　　　　　　　　（原　裕視）

◆ よ ◆

養育態度

養育者が日常生活の中で子どもに対して行う接し方やしつけ方など、養育上の態度や行動の特徴をいう。養育態度は、子どもの年齢や性別、きょうだい順位などの家族関係や子どもの発達によって異なり、養育者が子育てに関してもつ価値観や子ども観にも影響されて形成される。また、子どものパーソナリティ形成やその後の対人関係・環境への適応方略などに大きな影響を与えるとされる。親子関係の特徴を知るための手がかりとなる養育態度の分類は、子どもからの要求の受容―拒否と子どもの要求の統制―放任の二次元の組み合わせでモデル化され、過干渉、過保護、支配、無関心の4タイプに大分類されることが多い。子どもが健全に育つためには、子どもの要求を適度に受容する母性的役割と子どもの要求を適度に統制する父性的役割のバランスがとれ、極端に偏ることのない接し方や、しつけ方が必要であるとされる。
⇒親子関係、過干渉　　　　（中野由美子）

要求水準

ある課題や事柄を達するために想定する主観的な目標水準を要求水準と呼ぶ。一般にある課題や事柄に対して、成

功体験があると要求水準が高くなり、失敗体験があると要求水準は低くなる。また、同じ結果であっても要求水準が低ければ満足や成功感が得られ、要求水準が高いと不満や失敗感を感じる。このように、ある課題や事柄に対する成功・失敗、満足・不満は課題の客観的水準ではなく、個人の要求水準に依存していると考えられる。ある個人の要求水準と他者がその人に対して設定する要求水準の齟齬がしばしば対人関係やコミュニケーションの問題の原因となることがある。例えば、子どもが 100 点満点のテストで努力し、自分の要求水準である 80 点を取り、成功感と満足を得たとしても、母親の子どもに対する要求水準が 90 点であると母親は失敗感と不満感から子どもを叱責したり、努力を認めない場合などがそうである。　　　　　　　　　（丹　明彦）

養護学校義務制

　学校教育法においては、制定時（1947）から、盲学校、聾学校および養護学校の小学部・中学部についても、小学校・中学校と同様に義務教育と位置づけたが、その義務制の実施はかなり遅れることとなった。盲学校と聾学校は、1948（昭和23）年度から、学年進行によって義務制が実施され、1956 年度には完全実施となった。養護学校については、1956 年に公立養護学校整備特別措置法が成立し、義務制未実施の養護学校でも義務制諸学校並みの国庫負担が受けられるようになり、各都道府県等における養護学校の設置促進が図られるようになった。
　1957 年には養護学校に就学させた場合にも就学義務の履行とみなす、学校教育法の改正も行われ、1960 年代後半から不就学・をなくす運動の中で、1973 年に義務化予告政令が出された。また、1974年度には、東京都の障害児希望者全員入学が試行的に実施され、1979 年度から養護学校教育の義務制が実施されることとなった。1947 年の学校教育法制定から32 年を経て、日本の義務教育法制は、ここにようやく完成することとなった。
　⇒特別支援教育　　　　　　　（大崎広行）

養護教諭

　養護教諭は 1941（昭和16）年国民学校令により、養護訓導として規定され、1947 年の学校教育法において「養護教諭」とされた。その役割は、児童・生徒の保健および環境衛生を把握し、心身の健康について生じた問題に対して指導を行い、さらには日常的な健康の増進にも力を注ぐことが求められる（1972 年保健体育審議会答申）。また、学校保健安全法では、学校保健および安全管理を行い、児童・生徒・職員などの健康の保持・増進をなすことが規定されている。同法では、学校保健安全計画や健康診断・相談が義務づけられており、これらの立案や実施を中心となって行うこと、また、児童・生徒への指導も養護教諭の重要な役割である。
　学校教育法第 37 条では、小学校に養護教諭を置くことが義務づけられ、児童の養護をつかさどるとされる（同法第 49条で中学校に、第 82 条で特別支援学校に準用）。また、高校での設置は任意とされる（同法第 60 条）。ただし、経過措置として小中学校の場合、当分の間置かなくてもよい（同法附則抄第 7 条）とされている。近年いじめ」などによって心のケアが必要とされる児童・生徒が急増し、教職員の精神疾病も増加している。そこで、養護教諭には身体面だけでなく心の問題への対処がとくに期待されている。
　⇒保健室　　　　　　　　　　（山田朋子）

幼児期

early childfood

幼児の時期。幼児とは、児童福祉法第4条によれば、「満1歳から、小学校就学の始期に達するまでの者」とあり、学校教育法第26条によれば、「幼稚園に入園することのできる者は、満3歳から、小学校就学の始期に達するまでの幼児とする」と規定されている。児童福祉法と学校教育法の規定には若干の違いがある。しかし、両法律とも「幼児」の上限を「小学校就学の始期に達するまで」としていることから、「幼児」は満1歳から就学するまでの期間の子どもとみてよい。

この時期の子どもは、身体的発育はもとより、思考や社会的行動面できわめて顕著な発達的変化をとげる。自我の芽生えがみられる。運動面では歩行が確立し、走る、跳ぶ、スキップなども完了する。手や指の細かな運動も可能になる。言語面では多語文が出現し、語い数も急増する。行動空間は、家庭から家庭近傍へ、さらに保育所・幼稚園へと拡大するが、自己中心的なため争いも多い。また、友だち関係が複雑になってくる。多様な遊びも展開されるようになり、社会的発達面から重要である。⇒児童福祉法

(谷田貝公昭)

幼児期運動指針

幼児期に必要な多様な動きの獲得や体力・運動能力の基礎を培うことを目的に、2012（平成24）年に文部科学省が策定した、幼児期の運動の在り方についての指針である。背景としては、生活全体が便利になったことで、歩いたりお手伝いをしたりといった体を動かす機会が減少したことや、都市化や少子化の進展により「三間」といわれる遊びの「空間・仲間・時間」が、子どもの生活から減少していることなどがある。このことは、その後

の児童期、青年期の運動能力の育成を阻害するだけでなく、意欲や気力の低下やコミュニケーション能力の低下にも影響を及ぼすと考えられる。

運動の行い方としては、さまざまな遊びを通して多様な動きを経験すること、としている。また、体を動かす時間は、室内を含めて1日合計60分以上を目安としている。ここにはお手伝い等も含まれる。さらに、個人差に配慮して幼児一人ひとりの発達に応じた運動ができるような環境を準備することが大切であるとしている。

(髙橋弥生)

幼児教育

early childfood education

文字通り幼児を対象とする教育を意味する。この場合6歳以後の児童に対して、幼児とは、0歳から小学校就学の始期に達するまでの期間に属するものをいう。また、ここでいう「教育」とは、小学校以上でいう、学校で取り上げる教育の機能とは、必ずしも同義ではない。教育の対象が幼児であることから、彼らにとって適切な環境を与えて、これを保護し養育するという営みが含められる。

幼児教育ということばと類似したものに、「保育」、「就学前教育」、「幼年期教育」などという用語がある。まず保育であるが、この用語は、心身ともに脆弱な幼児を対象に教育するには、特別な保護や世話を必要とするという意味で用いられたものであろう。換言すれば、保育とは幼児の発達的特質から保護と養育とが一体となった教育手的営みという意味である。この用語は、本来学校教育法の適用を受ける幼稚園で使われてきたのであるが、現在は児童福祉法の適用を受ける保育所などにおいて多く用いられている。このことは、保育所が幼稚園よりもより幼弱な子どもを扱っていることに一つの要因があるとも考えられる。就学前教育は、

幼児が誕生後小学校就学の始期に至るまでの、幼児教育の全体を意味するが、狭義には乳児期を除いて、家庭外における保育所ないし幼稚園の年齢幅における施設保育を示す用語である。幼年期教育という用語は、幼児後期から小学校低学年までを、心理学および生理学的に一つのまとまった発達段階をなしているという観点から、子どもの成長発達に適応した、より組織的な教育が可能であるとする考え方である。すなわち、幼児後期の幼児と小学校低学年児とを、一つのまとまった発達段階と捉えて教育しようとするところに、その最大の特色があるといえる。また、最も漠然とした用い方の場合には、幼児教育とほぼ同じ意味に用いられることもある。⇒就学前教育、保育　(谷田貝公昭)

幼児理解

　保育者が、幼児を多様な尺度・観点から把握し、幼児の外面および内面の特徴を知ること。それぞれの子どもの特徴を的確に把握しなければ、保育のねらいを達成し、保育を円滑に行うことができない。小学校教師にとってみれば、就学前の子どものあり方を把握することである。子どもの本質は変わらないとしても、時代・地域により、子どもの実態、現象形態は多様である。さらに地域と時代の色合いを持った環境と、幼児の素質が複雑に絡み合い、個性が発現する。幼児理解には、実際の幼児に触れながらその特徴を理解する実践的方向と、発達段階や幼児のあり方を概念的に把握していく理論的方向がある。理論的な幼児理解は、保育者の限られた経験の幅を拡張することに役立つ。また「幼児理解」は、保育者養成校の教科の名称の一つである。教職課程コアカリキュラムの中の教職に関する科目に該当する。　　　(大沢　裕)

幼稚園

　幼稚園は「義務教育及びその後の教育の基礎を培うものとして、幼児を保育し、幼児の健やかな成長のために適当な環境を与えて、その心身の発達を助長することを目的とする」(学校教育法第22条)学校である。同様の年齢を対象とした類似の施設として保育所があるが、こちらは児童福祉施設である。この両者の機能や役割についてはしばしば論議されており、両者をできるだけ結合させようとする幼保一元化論も主張されている。幼稚園就園率(5歳児)の全国平均は60パーセント前後で、これに保育所在籍率を加えると、小学校就学前までに9割以上の子どもが何らかの形で就学前教育を受けているといえる。なお、保育所と異なり幼稚園は満3歳から小学校入学の始期までと入園できる年齢が制限されているが、近年少子化による園児の減少や子育て支援の対策として、3歳未満の子どもの入園を可能にする早期入園の動きが盛んとなっている。現在この早期入園は学校教育法の改正ではなく、特区申請によって実施されている。⇒認定こども園、保育所
　　　　　　　　　　　　　　　(大谷　奨)

幼稚園教育要領

　学校教育法に基づいて文部科学省が示した幼稚園における教育内容に関する国家基準。同法の幼稚園の目的(第22条)、目標(第23条)を受けて、第25条には「幼稚園の教育課程その他の保育内容に関する事項は、第22条及び第23条の規定に従い、文部科学大臣が定める」とある。1947(昭和22)年の文部省(当時)による「保育要領─幼児教育の手引き」の公刊が幼稚園教育要領の前身。1956(昭和31)年には、幼稚園のみを対象にした「幼稚園教育要領」を刊行。以後ほ

ぼ 10 年ごとに改訂され、2017（平成 29）年の改訂では、幼稚園教育要領の構成は、第 1 章「総則」（幼稚園教育の基本、幼稚園教育において育みたい資質・能力及び「幼児期の終わりまでに育ってほしい姿」、教育課程の役割と編成等、指導計画の作成と幼児理解に基づいた評価、特別な配慮を必要とする幼児への指導他）、第 2 章「ねらい及び内容」（健康、人間関係、環境、言葉、表現の 5 領域）、第 3 章「教育課程に係る教育時間の終了後等に行う教育活動などの留意事項」となっている。この改訂では、「幼児期の終わりまでに育ってほしい姿」として 10 の姿が新たに示され、カリキュラム・マネジメントの考え方が導入された。

⇒学習指導要領、幼稚園 　　　（大沢　裕）

▋ 幼稚園教諭

　幼稚園の保育者を指す。学校教育法第 27 条第 1 項において「幼稚園には、園長、教頭及び教諭を置かなければならない」と示された教諭を指す。この教諭の職務は、学校教育法第 27 条第 9 項において、「教諭は、幼児の保育をつかさどる」とある。また、教育職員免許法による幼稚園教諭免許状を有する必要がある。幼稚園教諭は、幼児期の特性を踏まえ、環境を通して教育を行う。そのために、その業務は幼児との信頼関係を十分に築き、子どもに直接かかわるだけなく、登園してくる前の環境整備、構成や書類作成および記録、家庭との連携、翌日の保育の準備、日々の反省と改善、実施計画など多岐にわたる。また、保育活動以外にも、園務分掌、管理運営の実務なども担当する。また、2018（平成 30）年施行の幼稚園教育要領の改訂により、「小学校以降の教育や生涯にわたる学習とのつながりを見通すこと」が示され、「幼児期の終わりまでに育ってほしい姿」とし、10

項目挙げられた。五領域のねらい及び内容に基づく活動全体を通して資質・能力が育まれている幼児の幼稚園修了時の具体的な姿であり、教師が指導を行う際に考慮するものと明確に示された。加えて、カリキュラム・マネジメントの実施に関して、小学校教育との接続、体験の多様性・関連性と主体的・対話的で深い学びの実現のための幼稚園教諭の援助等が期待されている。また、2007（平成 19）年に改正された教育職員免許法により、2009 年より教員免許更新制が導入された。これは、教員としての必要な資質能力の保持と定期的に最新の知識技能を身につけることが目的とされた。免許状の有効期限は 10 年である。　　（谷田貝円）

▋ 幼稚園幼児指導要録

　幼児の学籍ならび指導の過程および結果の要約を記録したものである。幼児の指導、および幼稚園の外部に対する証明などをする際の原簿として使用されるものとして、指導と証明という二つの目的をもっている。しかし、主たる目的は前者に置かなければならない。学校教育法施行規則（第 24 条第 1 項）によれば、「校長は、その学校に在学する児童等の指導要録を作成しなければならない」と規定されている。したがって、園長は法規上指導要録を作成しなければならないことになっている。実際に記入したり記録をするのは教師があたることが多いが、作成の責任はあくまで園長にある。また、指導要録は幼稚園におけるただ一つの公式表簿であるから、取り扱いには慎重を期さなければならない。指導要録は、入園から卒園までの全在園期間にわたる幼児一人ひとりの成長発達の要点を、全体的かつ継続的に記録したものであり、学校教育法施行規則（第 28 条第 2 項）に基づいて、20 年間の保存が義務づけら

れている。また指導要録は、法定の表簿であるがゆえに、当該幼稚園関係者以外に対しては、秘密を遵守しなければならないことはもちろん、非常持ち出し書類の一つである。　　　　（谷田貝公昭）

幼稚園令

幼稚園に関する初めての独立した法令。1926（大正15）年に勅令第74号をもって公布された。それまで、幼稚園に関する規定は小学校令施行規則の中に収められていたが、幼稚園の普及に伴って、その独自性を発揮するために規定の独立分離を要望する声が高まり、幼稚園令の制定に至った。第1条では、幼稚園の目的を「幼児ヲ保育シテ其ノ心身ヲ健全ニ発達セシメ善良ナル性情ヲ涵養シ家庭教育ヲ補フ」こととしている。また、幼稚園の設置を市町村以外の私人にも認め、初めて保姆［ほぼ］免許状をもつ保姆の資格を定めた。同時に公布された同令施行規則では、従来の保育項目に観察を加えて遊戯・唱歌・観察・談話・手技とし、保姆一人の保育する幼児数を40人以下と定めた。この法令は、1941（昭和16）年に若干改正された後、1947年に学校教育法が制定されるまでの約20年間、わが国の幼稚園制度を規定した。⇒幼稚園
　　　　　　　　　　　　　（橋本美保）

幼保一元化

小学校入学以前の幼児が、保護者の社会的境遇・地位・立場によって幼稚園と保育所のどちらか二つのうちの一方の保育を受けることは、教育機会の差別をもたらすものであるから、幼稚園と保育所を制度的に一元的なものに改めるべきだとする主張。1947（昭和22）年の学校教育法と児童福祉法公布以前、託児所には何の基準もなく、教育的な内容で幼稚園

とは差別のあることが問題となっていた。この二つの法が公布された後も、所管は保育所が厚生省（当時）、幼稚園が文部省（当時）になっていたが、3歳児以上の教育内容については、幼稚園教育要領と保育所保育指針のそれぞれによってしだいに共通化されていった。近年の少子化が契機となり、2006（平成18）年に施行された「就学前の子どもに関する教育、保育等の総合的な提供の推進に関する法律」のもとで、就学前の教育・保育を一体とした「認定こども園制度」が実現し、わが国は幼保一元化に向かって、大きな一歩を踏み出すこととなった。
⇒認定子ども園、幼稚園　　　（大沢　裕）

幼・保・小の連携

幼稚園・保育所などの幼児教育・保育施設から教育施設である小学校への順調な移行と適応を目指して行われる幼稚園・保育所と小学校との相互の連携活動をいう。幼稚園・保育所では、幼児期にふさわしい保育・教育の観点から自由遊び・環境による教育が中心であるのに対し、学校は一斉授業・教科書による教科指導教育が中心で、その移行には大きな変化が伴う。1990年代には、入学後の児童が授業中に座っていられない、動き回って集中できないなどの「小1プロブレム」現象、学級崩壊などが社会問題となり、幼少期の家庭・園の保育と学校生活との連続性の見直しが迫られた。文部科学省は、2000（平成12）年に幼稚園と小学校教諭間の情報交換や交流活動の推進を、2001年には、幼小教員免許併用などの連携方策の検討を始めた。しかし、現代の子どもの育ちに即した遊びと教科教育の有効な連続性の検討にまでは至っていない。⇒学級崩壊　　　（中野由美子）

幼保連携型認定こども園教育・保育要領

　幼保連携型認定こども園の教育・保育のあり方を規定した国の方針。学校にとっての学習指導要領とも類似した関係である。内閣府、文部科学省、厚生労働省が連名で告示している。告示であることから、法的拘束力が発生する。3歳以上児の保育内容については、基本的に幼稚園や保育所と同一である。また3歳以下についても、保育所と基本的に同一である。しかしこども園の特徴として、幼稚園型で利用する子ども、保育所型で利用する子どもたちが同じ園に在園していることから、多様な子どもたち、多様な保護者たちに対する配慮、支援などの視点が盛り込まれている。2017（平成29）年に初めての改訂が行われ、保育内容に関して、幼稚園や保育所と足並みを揃えることになった。要領の構成は、教育・保育の基本と目標、教育・内容に関する全体的な計画の作成、こども園として特に配慮すべきこと、ねらい及び内容、指導計画作成にあたって配慮すべき事項とからなっている。　　　　　（大沢　裕）

余暇教育
education for leisure

　余暇教育の定義は、「余暇」をどのように捉えるかにかかわっている。つまり余暇を労働や拘束から解放された時間とみるかあるいは自由な活動そのものとみるかである。前者の場合には余暇時間をいかに有意義に活用するかが余暇教育となる。後者では、人間にとっての自由の意味や要求について考えを深め、自由な活動を創造することが余暇教育である。わが国では、これまで余暇をもつ余裕が少なかったので、余暇教育の必要性はあまり感じられず、余暇は単に「遊び」や「気晴らし」程度のものであった。高度経済成長期以後、豊かな社会の実現には働く生きがいの先に自己実現が目標とされ、そのための支援教育が余暇教育と考えられるようになった。さらに、臨時教育審議会答申（1987）で「生涯学習体系への移行」がこれからの社会の課題とされ、余暇の善用教育にとどまらない生涯学習の位置づけをもった余暇教育の必要性が提起された。今日平均寿命は延び、定年退職後の第二の人生をいかに充実した生き方にするかは、まさに国民的関心の大きい時代になってきた。生涯学習として余暇教育はますますその重要性が高まっている。　　　　　　　　（穂坂明徳）

欲求不満
frustration

　生活体の欲求が何らかの障害によって妨げられているときの不快な緊張状態をいう。フラストレーション、欲求阻止ともいう。欲求充足を妨げるものは外的現実の場合も、その個体の内在的なもの（願望、良心、目的など）である場合もある。欲求不満には3段階の過程がみられ、まず欲求充足が妨げられ（欲求阻止といわれる状況）、それによって情緒的な緊張状態に陥り（状態）、その状態を解消するために何らかの反応をすること（反応）などから成り立っている。

　欲求不満を引き起こす状況としては、欠乏（欲求を満たす対象が存在しない）、喪失（いままで欲求を満たしていた対象が失われる）、葛藤（乗り越え、選択、あきらめなど）の三つの状況が考えられる。また情緒的緊張、生理的不均衡から回復するためにさまざまな欲求不満反応が生じるが、以下の三つがその代表的なものである。①不満いっぱいの興奮が攻撃と結びつく「攻撃反応」、②行動面のまとまりが失われ、未成熟な行動があらわれる「退行反応」、③失敗や罰を伴う反応であるにもかかわらず、同じ反応を繰り返し固執する「固着反応」である。強い欲求

不満は心身に病的な影響を与えるが、適度の欲求不満状態は、現実に即した適応的行動の学習を促すといえる。⇒フラストレーション　　　　　　　　　（原　裕視）

予備校

　学校教育法の規定する各種学校に含まれる教育指導機関である。上級の学校への入学、資格試験の合格といった進路支援の実践的教育を目的としている。日本における予備校の歴史は、明治時代に始まる。大学進学のための予備校のほか、師範学校同窓会が師範学校入学志望者を対象とした予備校の設立もみられた。戦後は、進学率の上昇とともに予備校の需要が増大した。しかし、近年18歳人口の減少、大学数の増加、大学入学方法の多様化により、予備校生は減少傾向にある。したがって各予備校は、留学希望者、高等学校中退者、大学院進学希望者などに対応した多様なコースを用意し、生き残り戦略を展開している。さらには、各予備校が行った模擬試験のデータを大学に提供したり、大学のキャリアセンターとの共同主催として、公務員試験対策・教員採用試験対策用の講義計画を立案するなど、大学との連携をも視野に入れた展開を試みている。⇒各種学校（布村育子）

◆ ら ◆

ラインとスタッフ

　組織を権限関係に注目してみると、主に2種類の形態で描くことができる。一つは、ピラミッド型の階層組織に代表されるもので、階層の上位から下位に向けて権限が直線的につながっており、上位ほど大きな権限をもつタイプである。一般に、階層は経営層―管理層―作業層によって構成され、層の中にあっても、上（上司）と下（部下）との権限関係は明確である。このような組織にみられる、権限の明確な上下関係に基づく命令系統をラインという。一方、もう一つは、営業部、財務部、人事部などの部門別組織に代表されるもので、権限の上下関係によってではなく、職務の専門性に応じて組織を機能分化させているタイプである。専門分野の立場から全体組織の職務に対して支援や助言を行うため、これをスタッフという。スタッフ組織間では権限の上下関係が明確ではないため、命令系統の点では混乱が生じることもある。また、ラインとスタッフの機能を両立させた組織をライン・アンド・スタッフ組織という。1998（平成10）年以降の学校運営組織改革では、学校はライン・アンド・スタッフ組織としての機能の充実が求められている。　　　　　　　（臼井智美）

ラベリング
labeling

　「レッテルを貼る」という行為であり、ごく日常的に行われる。「変な人」「おかしな人」とか「外れた人」など、ある行為を「逸脱」や「異常」とみなす「合意」のメカニズムを解明する。「非行」を一つとってみると、一般に法規範からの逸脱と捉えがちだが、ではなぜ、どのような状況で誰によって特定の行為が逸脱＝非行とみなされるようになったかと考えると、そこには「相互作用」過程が存在する。「非行」に走った少年に対し周囲の人々や保護矯正機関、警察などが「非行少年」とラベル貼りをすることで、処遇の対象とし、スムーズな解決を目指す。「非行少年」というラベルが少年の自己概念を抱かせ、他方でラベル通りの「社会の期待」に応えるような行動をとることになるのである。これは「否定的アイデンティティ」の形成ということができ

る。ラベリングの効果が決定論的な説明に陥らないために「逸脱」の社会的過程に常に注目することが重要であるとラベリング理論は教えてくれる。　（望月重信）

ラポール

　ラポールとは、あたたかい情緒的な交流を含む信頼関係をあらわし、疎通性と訳される。英語読みのラポートも同義である。もともと rapport は、関係、つながり、一致などの意味をもつフランス語である。これを、フランスの医師、メスメル（Mesmer, F. A. 1734〜1815）が催眠者と被催眠者の関係をあらわすことばとして初めて用いた。現在では、意味が拡大され、カウンセリングや心理査定における面接者と被面接者との間の信頼関係をあらわすことばとして用いられている。ラポールは、その面接の主な目的が心理的援助、情報収集、査定のいずれであるかにかかわらず、また、その交流が言語的であるか非言語的であるかを問わず、すべての二者関係において必須であり、面接の成否を左右する重要な要因である。　（日高潤子）

ラングラン
Lengrand, P. 1910〜2003
　現在の「生涯学習」の概念は、1965年のユネスコ成人教育推進国際委員会における、フランス人のラングランの提言である "éducation permanente"（「永続する教育」）に始まるといわれている。いわば彼は「生涯学習の祖」ともいうべき存在である。それまで一般的に「教育」といえば未成熟の年齢時に受けるもの、すなわち生涯のうちの青少年期を想定し、学校という場で行われる、意図的、計画的な人間育成活動を指すという考え方が強かった。それに対してラングランは、教育・学習は生涯続くものであると

いう考え方を提唱したのである。同委員会はこの提言に基づいて、「ユネスコは、幼い子ども時代から死に至るまで、人間の一生を通して行われる教育の過程——それゆえに、全体として統合的な構造であることが必要な教育の過程——を創りあげ活動させる原理として、〈生涯教育〉という構想を承認すべきである」との勧告を行い、その後生涯学習の考え方は世界中に広まった。この提言は、教育パラダイムと教育政策の転換に大きな影響を及ぼした。⇒生涯学習　　（倉持伸江）

ランジュヴァン・ワロン改革案

　フランスの教育改革研究委員会（委員長ランジュヴァン［Langevin, P. 1872〜1946］、その死後ワロン［Wallon, H. 1879〜1962］）が、1947年に答申した初等教育から高等教育におよぶ教育改革案。この改革案の基本的理念は、①教育を受ける権利の平等と個性の多様性を主眼とする正義の原則、②青少年の発達権の保障、③仕事の価値の平等、④選抜ではなく進路指導の充実、⑤人間教育と職業人教育との調和、⑥学校後教育の拡充という民主主義的な6原則として提案されている。
　これらの原則を実現するための改革案として、①無償の義務教育年限の18歳への延長、②義務教育の3段階区分（共通教育期・進路指導期・進路決定期）による進路指導の充実、③選抜試験の撤廃、④大学前教育期（2年）の導入、⑤前賃金制の導入など斬新な提案が含まれている。この改革案は、その後のフランス国内の政治状況や窮迫する財政状況のため法制化されなかったが、1959年のベルトワン改革において一部実現された。フランス国内に限らず第二次世界大戦後の世界の教育改革に計り知れない刺激を与えた。⇒ベルトワン改革　　（川瀬邦臣）

◆ り ◆

理科教育

　理科という教科名称は公教育の最初からあったわけではない。啓蒙思想の影響を受けた1872（明治5）年の学制公布直後は自然科学の教育が重視され、小学校では物理学輪講、化学、博物という科目も置かれたが、教育の国家主義化に伴って、合理主義的世界観を形成する自然科学の教育は軽視される。1886年の学校令のもとで自然科学関係の科目は当時4年制の尋常小学校では教えられず、高等小学校で週2時間の「理科」が設置されるにとどまる。大正自由教育期の理科教育改革運動を経て低学年から理科を教えることになったのは、戦争遂行のために科学教育の振興が必要とされた1941（昭和16）年の国民学校発足時からであった。旧制中学では1931年の教授要目改定で「物理及化学」と「博物」の2教科が初めて「理科」に統一された。

　戦後の新制高校発足時から高校理科は物理、化学、生物、地学の4科目になったが、1970年版学習指導要領で「基礎理科」が加わって選択制となる。1978年版学習指導要領では「理科Ⅰ」の必修化を機に「未履修問題」が発生する。小学校では1989（平成元）年版学習指導要領から「生活科」が設置され、低学年理科は再び廃止されて3年生からとなった。小学校の理科ではさまざまな教材を用いるが、一般化して概念形成を図る志向が薄く、経験するだけに終わりがちである。また中学校・高校の理科では実験等はあってもそこから法則を一般化するという点で弱さがみられ、知識の詰め込みになりがちである。現実の世界に予測をもって働きかけ、概念や法則を一般化す

るプロセスを重視した教育内容・教材の編成が求められる。⇒**教授要目**（大田邦郎）

リカレント教育
recurrent education

　生涯教育の一形態で、フォーマルな学校教育を終えて社会の諸活動に従事した後、個人の必要に応じて教育機関に戻るなど交互に行き交う教育。リカレントの語義は、「繰り返す」や「還流する」の意で「回帰教育」「循環教育」とも訳されるが、現在は「リカレント教育」の用語が使用されている。スウェーデンの経済学者レーンが提唱し、OECDの教育政策会議（1970）で最初に取り上げられた。以後、OECDを通じて教育戦略構想として組織的に取り組まれ、今日では個人の生涯を通じて教育の機会を分散配置するリカレント・モデルとして構想される。これまでライフコースは、学校（教育）→社会（労働）→家庭（引退・余暇）という固定的な枠組みで考えられたが、この青少年期に人生の教育期を集約する考えから、生涯の各時期・段階に生活の必要に応じた教育機会を回帰的に配置しようとする生涯学習の新たな提唱である。IT技術革新や情報化、国際化は急速で、知識や技術の陳腐化も早い。大学院での社会人リフレッシュ教育や放送大学、各種生涯学習講座などの一層の拡充・整備とともに学歴社会の見直しも求められる。

　⇒**生涯教育**　　　　　　　　（穂坂明徳）

リサイクル教育

　児童・生徒が、環境問題に関心をもち、ごみを出さないでリサイクルを心がけたライフスタイルを身につけることを目指した教育。保育所・幼稚園・小・中・高等学校、社会教育等で実践されている。身の回りの生活用品を使い捨てるのではなく、再利用する循環型社会構築

への参加により、ごみが減量でき、また、限りある天然資源を節約でき、それが地球環境をよくすることにつながることを認識させ実践させることを目的とする。リサイクル教育の対象は、家庭のゴミから産業廃棄物、大気や水の汚染へと拡大し、また、実践活動は学校のみでなく、NPOや市町村単位での取り組みが行われてきている。20世紀の科学技術の進歩に伴う、天然資源の大量消費による家庭・産業廃棄物の発生により、物質循環システムが地域的にも世界規模でも失われ、深刻な環境問題となっている。ささやかな活動の集積が地球生命体を健全に戻すとの理念がリサイクル教育の背景にある。　　　　　　　　　　（多田孝志）

理数科

教育用語としての「理数科」には、各々別個の3ケースがある。第一に、高等学校の学科・教科としての理数科である。1968（昭和43）年に公立普通高校に新設、1970年代初頭から第一次石油輸出摩擦（いわゆるオイルショック、1973年）の頃に設置が続き、今日でも県によっては新たな設置がみられる。理工系の大学・学部への進学を経て産業界での活躍を期待された。ただ、理数という限定された専門教育に早くから集中させることの是非をめぐる議論が今日でもある。

第二に、学校週5日制の完全実施や学校スリム化論議の中で、小学校低学年などにおける合科の一つとして、記号科、表現科などとともに実施を模索する動きがあったが、進展はない。

第三に、第二次世界大戦下の国民学校初等科および高等科の教科課程において「国防ガ科学ノ進歩ニ負フ所大ナル所以［ゆえん］ヲ知ラシメ国防ニ関スル常識ヲ養フ」（国民学校令施行規則第7条）ためと称して「理数科」が置かれ、算数お

よび理科の緊密な連携・合科が志向された。　　　　　　　　　　（水内　宏）

リセ
lycée

フランスの中等教育機関を指す名称。リセは、1802年の「公教育一般法」によって国立の中等学校として創設された。指導者養成を目的としたリセは、ナポレオン学制期から第三共和政期にかけてめざましい発展を遂げ、フランス中等教育の中核として維持され続けた。第二次世界大戦後のベルトワン改革以降、コレージュ修了後の後期中等教育機関として改編され、今日に至っている。今日のリセには普通教育および技術教育を行うリセ（3年制）と職業教育を行う職業リセ（2〜4年制）とがあり、修了資格としてそれぞれ普通バカロレア、技術バカロレア、職業バカロレアを授与している。1990年代以降、リセの課程・コース間に学力格差が顕著にみられるようになり、この格差を是正するためにカリキュラム改革（教育内容の精選）、コースの統合・再編、バカロレアの改編、能力別学級編成指導（「モジュール」）の導入、少人数指導の強化などの諸改革が進行中である。
　⇒ベルトワン改革　　　　　（川瀬邦臣）

理性

理性とは、人間の認識や思考のための能力の一つであり、また真実や本質を求めたり捉えたりする性質の一つである。一般的に「理性」という場合には、論理的に物事を理解する能力や性質を指し、情念や感性に基づく理解や性質と対置される。より広い意味では、「理性的に行動する」といったように人間の活動全体の制御それ自体として捉えられ、知性や良識とほぼ同じ意味として使用される。いずれの場合でも、理性は精神領域の働

きとしてみなされることが多く、精神を身体の上位に据えてきた近代教育においては、理性の涵養こそが目的の一つとして捉えられてきた。

教育領域において「理性」の重要性が強調される場合には、教育の過程が単に情報としての知識の詰め込みではなく、知識を適切に積み重ねることによって「理性」の獲得に至る、という見方が示される。ここでの「理性」はさまざまな知識が内包する法則性を読み取ること、あるいはそれを自らが活用する能力である。それゆえに、「理性」は機械的な計算や暗記能力に還元することはできず、むしろ多様な人間関係や複雑さに対応する上で必須の能力・性質としてみなされる。

教育領域において「理性」の危険性が指摘される場合には、「理性と感性」「精神と身体」「理論と実践」といった二項対立的な人間の見方（人間観）や教育実践（教育観）がもつ弊害に警鐘がならされる。理性を育てようとした結果として、いわゆる「頭でっかち」「無味乾燥」「感情がない」ような人間育成に至ることの危険性は常に意識される必要がある。それゆえ、教職における理性は、むしろその涵養によって、真なるものや美なるもの、すなわち「善さ」を享受する力として、子どもたちに育成される必要がある。教育における「知」が読み・書き・計算のみならず芸術、体育、自然体験などの多様な活動を要するのは、人間の理性自体がもつ多様な側面に依拠するのである。
（尾崎博美）

リーダーシップ
leadership

リーダーシップとは、ある社会的関係を取り結んでいる者同士の間で、共通の目的を達成するために、ある成員が他の成員の意欲や行動に対して、コミュニケーション過程を通じて影響を与えよ

うとする行為や働きかけを指している。「リーダーシップを発揮する」ということは、相手の人をやる気にさせ、行動にかりたてるような働きかけを行うことを意味する。したがってそれは、上司があらかじめ委ねられた権限を命令によって行使するような強制行為そのものを意味するのではない。組織を権限・責任・職位というフォーマルな構造だけで捉えようとする考え方のもとでは、こうした概念は意味をもたない。相手が「その気」になろうがなるまいが、権限行使の行動をとることは可能だからである。しかし、生身の人間が組織を構成していて、その人間同士の間にはさまざまな関係性がありうると理解すると、人間同士の関係のインフォーマルな側面に注目することの重要性が明らかになる。そうして初めて、組織内部におけるリーダーシップの重要性が浮き彫りになる。近年、学校裁量権限が拡大されて、校長のリーダーシップがますます重要になっているといわれる。それは単に校内における一元的で一方的な指示・命令の強化を意味するものではない。むしろ、実践主体である個々の教員が内発的に「やる気」を引き起こし、教育活動の改善に本気で取り組むことができるように学校組織を導いていく働きかけこそが、校長に求められるリーダーシップの在り方だといえよう。

⇒組織マネジメント　　　　（浜田博文）

立身出世主義

社会的に高い地位について有名になることを志向する態度をいう。江戸時代は身分社会であり、階級移動は禁じられていたが、上昇移動志向はかなり強く、武士は知行の加増を立身、町人は家財を増やすことを出世とした。寛永年間に江戸幕府の試験制度（学問吟味）が成立してからは、中下級武士の間に学問を立身出

世の手段とする功利的学問観が普及した。明治新政府が教育理念を明示した「学制」の序文「被仰出書[おおせいだされしょ]」にみられる「学問ハ身ヲ立ルノ財本」であるという個人的功利主義の教育思想は、福沢諭吉が『学問のすゝめ』で説いた内容と共通のものであり、多くの人々に影響を与えた。立身出世主義は、日本において教育の急速な量的拡大をもたらし、近代化を促進する内的推進力の一つであったが、これによってもたらされた弊害も多い。現代では「豊かな社会」の出現によって財貨が得やすくなり、価値観の多様化もあって、「立身出世」は死後になったとの見方も出ている。

⇒被仰出書、福沢諭吉　　　　（橋本美保）

リテラシー

　ラテン語の literatus に由来する literate の名詞形。もともとは「読み書き能力」のことであり、高い教養があることや識字能力を意味する。口承文化としての「オーラリティ」に対する「書字文化」のことであるとともに、literature が「文学」を示すように、読書や文学を通した豊かな教養を指してもいる。英語では、3R′s（読み・書き・算を表す reading, writing, arithmetic）との関連で捉えられることもあり、19世紀末のアメリカでは、公教育の制度化にともない、学校で教えられる「共通教養」としての「読み書き能力」を意味するものとなった。現代では、伝統的に用いられてきた、「識字」や「読み書き能力」に加えて、知識や情報を実社会や実生活で直面するさまざまな場面で活用する能力を含める傾向がある。特に、知識を状況の中で捉えることや文化的道具として考えることが注目され、広く知識や情報の「活用能力」としても理解されている。したがって、今日では、メディア・リテラシー、コンピュータ・リテラシー、情報リテラシー、金融リテラシー、科学リテラシー、政治リテラシー、文化リテラシー、環境リテラシー、グローバルリテラシーなど、多方面のさまざまな分野でリテラシーという言葉が使用されている。教育の文脈では、OECD（経済協力開発機構）が2000年から開始した生徒の学習到達度調査（PISA）が、「読解力（リーディングリテラシー）」「科学リテラシー」「数学リテラシー」を調査することで、リテラシーの考え方が国際的な学力政策に大きな影響を及ぼした。⇒スリーアールズ(3R′s)

（上野正道）

リビドー
libido

　精神分析理論を確立したフロイト（Freud, S. 1856〜1939）によって仮定された性衝動の根底となるエネルギーのことをさし、『自我とエス』(1923)において初めて用いられたことばである。ラテン語で「欲望」を意味する。フロイトはリビドーについて二つの特徴があるとした。一つは質的なもので、一般的な心的エネルギーに帰するものではなく、性的な性質が強く保持されているという特徴である。もう一つは、増大、減少、配分など量的に変化する力であるという特徴である。つまり、量的な概念という特徴を有する。性の本能が精神と身体の境界に位置していると仮定すると、リビドーは精神面をあらわしているとされる。彼は、リビドーを発達とともに身体のある部分に局在するものと考え、口唇期、肛門期など身体的部分の名称を使って人の発達段階をあらわした。分析心理学の創始者ユング（Jung, C. G. 1875〜1961）によれば、リビドーは対象への傾向や希求まで含まれ、フロイトの概念よりも拡大されて捉えられている。⇒フロイト　　（村上凡子）

リフレッシュ教育
refresh education

　社会人が従事する職業を退職することなく、大学、大学院レベルの高等教育機関で継続的に学修ができ、高度で専門的な能力を備えた職業人を目指して再教育を受ける教育。高度情報化社会の到来で、進展の早いIT技術や知識を理解し獲得することは、職務の能率化や創造性の発揮に必須条件となっている。また、国際化や高齢化の進展とともに、生涯にわたりグローバルな最新かつ高度の知識・技術の習得が不断に要請される。社会の教育システムもこうした産業構造や社会構造の変化に伴い弾力化が求められ、例えば入学資格や修業年限を緩和したり、夜間大学院や昼夜開講制度など社会人が学修しやすい教育環境の整備が始まっている。リフレッシュ教育を一層推進するためには、今後大学等と産業界の連携が不可欠であり、再教育のための教育休暇制度の整備・普及、また衛星通信などの新しいメディアの活用や放送教育の開発研究などが重要な課題となる。　（穂坂明徳）

良妻賢母主義教育

　良妻賢母主義とは、近代日本における女子教育の指導理念であり、とくに女子中等教育において支配的な教育目標であった。日清戦争によって国民教育の重要性が強く認識されるようになると、家庭で国民の育成にあたる女子の教育が国家的見地から考慮されるようになった。堅実な中産階級家庭の育成と軍国主義国家を支える軍神の母をつくることをねらいとして、夫・舅・姑・子どもという家族関係に規定された良妻賢母像がつくり出された。良妻賢母主義は、江戸時代女子の教訓書「女大学」に示された封建思想下の理想的婦人像を受け継ぐと同時に、軍神の母としての愛国婦人像が強調されたものであった。良妻賢母主義教育を行っていた高等女学校の教育内容をみると、裁縫を中心とした結婚後の家庭生活や主婦の役割と結びついた授業に多くの時間が配されており、その目的が家事・芸事を授ける訓育としつけにあったことが如実に示されている。良き妻、賢い母になるための教育は男子の教育と異なることが基本であり、性差を固定的に捉え、女子の特性がことさらに強調されていた。⇒高等女学校　　　　　（橋本美保）

寮母

　戦後、児童福祉施設等でも「寮母」は用いられるが、学校教育では、かつて学校教育法で、盲・聾・養護学校の寄宿舎において児童生徒の養護に従事すると規定されていた。当初、1948（昭和23）年5月の学校教育法施行規則の中改正で、盲・聾学校への寄宿舎設置と寮母の配置が義務づけられ、1974年6月の学校教育法に規定された。1970年代後半以降、男性寮母の増加、職務内容への現場からの要望、実践の蓄積があり、男女共同参画社会形成促進の観点から、2001（平成13）年7月の改正で名称を「寄宿舎指導員」に、職務を「養育」から「日常生活上の世話及生活指導」に改めた（2002年4月施行）。盲・聾・養護学校（2007年4月以降、特別支援学校）の寄宿舎は、学校数が少ないゆえの通学困難からの宿泊場所の保障だけではなく、長期宿泊を伴う24時間の集団生活を通じた教育・生活指導の場としての取り組みを展開してきた。したがって、寮母は単に「母親代わり」ではなく、例えば、東京都では1957（昭和32）年4月に寮母を保母と区別して、児童生徒の世話および寄宿舎における生活指導その他の教育にあたる教育職と規定し、生活指導を中心とした教育実践を展開してきた。1979年養護

学校義務制実施以降学校数が増加し、ス
クールバスが整備され通学が可能になっ
た等を理由に、現在では寄宿舎の廃止が
進み、その教育的活動の意義が軽視され
つつある。なお、過疎地などの小・中・
高等学校には寄宿舎を置き寮母を配置し
ているところがあるが、法的規定は不明
確である。また戦時下には、疎開学園に
おいて訓導を補助し学童の世話にあたる
役割として寮母(または寮姆)を規定して
いた。⇒特別支援学校　　　　　(飯塚希世)

臨時教育会議

　内閣総理大臣の諮問に応じて教育に
関する重要事項を調査審議するために、
1917(大正6)年9月に設けられた審議会。
1919年5月まで活動した。第一次世界
大戦後の激変する国内外の状況に対応す
るために、明治初年に開始された近代教
育のシステムを全面的に見直そうとした。
そのため内閣総理大臣からの諮問は、小
学校教育、高等普通教育、大学教育およ
び専門教育、師範教育、視学制度、女子
教育、実業教育、学位制度の9件に及ん
だ。それぞれの諮問に対する答申はさし
て実施されずに終わったものも少なくな
かったが、1918年の市町村義務教育費
国庫負担法、高等学校令、大学令などと
して実施に移されたものもあった。また、
学校における兵式教練振興強化と、国民
精神の振興についてそれぞれ建議された。
　　　　　　　　　　　　　(船寄俊雄)

臨時教育審議会

　通称、臨教審。臨教審設置法(1984)に
基づき設置された、中曽根康弘内閣(当
時)直属の諮問機関(会長は岡本道雄元
京都大学総長)。設置期間は1984(昭和
59)年8月21日から3年間とされた。設
置の趣旨は、「社会の変化及び文化の発
展に対応する教育の実現の緊要性にかん
がみ、教育基本法の精神にのっとり、そ
の実現を期して各般にわたる施策につき
必要な改革を図ることにより、同法に規
定する教育の目的の達成に資する」こと
(同法第1条)。第一次答申では、受験戦
争の過熱、いじめ、登校拒否、校内暴力、
青少年非行など憂慮すべき事態が生じて
いるという現状認識が示された。主要課
題として、①21世紀に向けての教育の基
本的な在り方、②生涯学習の組織化・体
系化と学歴社会の弊害の是正、③高等教
育の高度化・個性化、④初等中等教育の
充実・多様化、⑤教員の資質向上、⑥国
際化への対応、⑦情報化への対応、⑧教
育行財政の見直し、が挙げられた。総括
である第四次答申(1987年8月7日)におい
て示された「生涯学習社会への移行」、「個
性重視の原則」、「変化への対応」といっ
た教育理念は、その後の教育改革の方向
性を決定づけるものとなった。(福島正行)

臨床教育学

　臨床とは、病を抱えた人間のそばに
いることである。そばにいるというのは、
ある人物が病気を治すために治療を施す
というより、病を抱えた人間に寄り添い、
苦しみや痛みを共有し時間を共に過ごす
ことを意味する。臨床教育学とは、その
ような受動的存在としての人間の生を明
らかにする学問である。とりわけ、大人
が被る苦しみや哀しみだけではなく、子
どもが大人になるプロセスで経験するの
が、人間形成に伴う身体を通した苦しみ
や痛みである。子どもや若者が生きる状
況の中で立ち現れてくる苦しみを共有し
寄り添うことを通して、問題の所在を新
たに解釈し直し語ることが、臨床教育学
の眼目である。その語りは、近代科学の
視点から把握された問題を解決するこ
とや改善することを目指した説明ではな

く、身体を通した経験にもとづく感覚を言語化しようとする試みであり、非言語の部分を常に内包している。子どもや若者一人ひとりの置かれた状況は、社会制度、他者との関係や生きる場所の意味によって構成されており、そうした意味を解きほぐすことによって、経験の意味が明らかになる。しかし、臨床の語りは、経験のすべてを明らかにするのではなく、ある語りは別の新たな非言語の部分を生み出す。臨床教育学は、そのような語りを丹念に練り上げ繰り返していくことによって、人間の受動的存在としての複雑な生を深く解明する。　　　（藤井佳世）

臨床心理士

　臨床心理士とは、臨床心理学の知識や技術を用いて心理的な問題を取り扱う専門職種であり、臨床心理士資格認定協会がその資格を認定するものである。1988（昭和63）年の同協会設立以来、すでに16,732名の臨床心理士が認定されている（2007年4月現在）。臨床心理士の質の維持と向上は、一定水準以上の教育・訓練システムを備えた大学院を指定大学院として同協会が認定する指定大学院制度、原則として指定大学院修了を条件とする資格審査（筆記および口述試験）、資格取得後の研修を義務づける資格の5年更新制度などによって図られている。職務内容は、①心理査定、②心理臨床、③臨床心理学的地域援助、④調査研究の四つにまとめられる。いずれにおいても、臨床心理士倫理綱領を遵守することが義務づけられている。臨床心理士は、教育、医療、福祉、司法、産業など、さまざまな領域で活動している。教育領域においては、スクールカウンセラーとして働く臨床心理士が比較的高い認知度を得ている。　　　（日髙潤子）

◆ る ◆

ルソー
Rousseau, J.-J. 1712～1778

　ジュネーブに生まれ、フランスで活動した思想家。社会思想や文学を中心に、広い領域で近代的人間の在り方についての鋭敏でユニークな議論を展開し、その後の思想史に大きな影響を与えた。

　教育論『エミール』（1762）は、近代教育思想の上で際立った位置にあるだけでなく、認識論や存在論、宗教、道徳、政治、さらに、女性論を含むルソーの全思想を総合する著作になっている。外在的な悪を拒否することによって人間の自然善を守り抜き、その基礎の上に近代社会に発生してくるエゴイズムと闘いながら自力によって生きていくための知的道徳的能力を形成するところに、教育本来の意味を捉えた。そのために子どもの発達過程を段階づけ、その自然の原理を大事にした。段階に先んじてなされる知的道徳的教育を回避するために「消極教育」を初期教育の方法原理とした。ルソーは、従来の教育論に子どもの発達の固有性についての認識がないと批判し、理性的能力が芽生える年齢（理性年齢）前の子ども期の感性的能力を十分に発達させることが、その後の確かな大人の理性的能力を得るために重要であるとした。こういった子ども期の発達の固有の意味を捉えたことは、教育史上、一般に「子どもの発見」といわれる。

　また、青年期を性として生きる第二の誕生と捉えると同時に、これを現実の社会における真の人生の始まりとし、この時期に避けがたく芽生えてくる利己的情念との闘いの中で、本格的な社会的、道徳的能力の形成に向かうことになる。「消極教育」はそのための準備の意味を

もっている。18世紀中葉の啓蒙思想とともに、旧体制を否定する立場にあったが、いつでもエゴイズムの道具として働いていく近代理性の在り方にも自由と幸福を損なう原理をみて、独自の道を歩む。⇒子どもの発見、消極教育　　（原　聡介）

◆ **れ** ◆

レヴィン
Lewin, K. 1890～1974

　ドイツ生まれの社会心理学者。ゲシュタルト心理学の影響を受けながらベルリン大学で心理学の研究をしていたが、1930年代にアメリカに亡命し、集団力学（Group Dynamics）を創始した。レヴィンは数学や力学の概念を用いた心理学理論を構築する一方で、多くの実証研究も行っている。例えば、専制的／民主的／放任的リーダーシップと集団パフォーマンスに関する実験研究は後のリーダーシップ研究に大きな影響を与え、また、産業現場に参加しながら研究を行うアクション・リサーチは社会工学の方法論として重要なものとなっている。
　⇒アクション・リサーチ　　（今野裕之）

レスポンデント条件づけ

　パブロフ（Pavlov, I. P. 1844～1936）は、犬に餌を与えるときにベルの音を鳴らすことを繰り返すと、ベルの音が鳴るだけで唾液が出てくるようになることを発見した。これは、唾液分泌という生理的反応（無条件反応）を生得的に引き起こす餌という刺激（無条件刺激）と本来その反応を引き起こすことのないベルの音という刺激（条件刺激）が随伴的に呈示されることによって、条件刺激のみで当該の反応を生起すること（条件反応）が可能になるということを示している。このような一連の学習過程をレスポンデント条件づけあるいは「古典的条件づけ」という。また、条件刺激を与えた直後に無条件刺激を与えることを「強化」という。条件反応が成立した後、条件刺激のみを与えて無条件刺激を与えないことを繰り返すと、条件反応が起こらなくなる。これを「消去」という。消去によって反応が起こらなくなった後、休憩をはさんでふたたび条件刺激を与えたとき、条件反応が起こることを「自発的回復」という。レスポンデント条件づけを基にして系統的脱感作などの行動療法の技法が開発されている。
　⇒行動療法、パブロフ　　（丹　明彦）

レディネス
readiness

　鉄棒の逆上がりを習得しようとする際、年齢が幼すぎて筋力が弱ければいくら練習しても習得はうまくいかない。このように、学習の準備状態すなわちレディネスが整っていない状態では学習は成立しない。レディネスは運動学習だけでなく言語学習や技能学習などあらゆる学習に関与し、レディネスが整うためには年齢や経験が必要である。　　（今野裕之）

レミニッセンス効果

　一般に、記憶されたことは、時間の経過とともに再生しにくくなり、再生できる量も低下していくが、条件によっては記憶学習直後よりも一定時間が経過した後のほうがよく再生されることがある。これを「レミニッセンス（reminiscence）効果」という。レミニッセンス効果には、詩・散文などの有意味材料を記憶した場合、2～3日後のほうが記憶保持成績が優れている「バラード＝ウィリアムズ現象」と、無意味綴りなどの無意味材料を記憶した場合、30秒～2分後のほうが成績が優れている「ワード＝ホヴランド現象」

がある。レミニッセンス効果は運動学習の場合にもみられる。レミニッセンス効果が生じやすいのは、学習程度が中程度のとき、学習の課題の提示速度が速いとき、時間間隔を置いて学習する分散学習よりも時間間隔を置かずに学習する集中学習のときである。レミニッセンス効果から、適当な時間間隔をおいて反復学習し、連続して同じことを繰り返さない方が記憶を定着させ、学習効果を高めることが示されている。⇒記憶　　（丹　明彦）

連合大学院

複数の大学の共同（連合）によってつくられる大学院のこと。大学院というと、一大学の学部の教育研究組織を母体とした研究科が想定されるが、近年、それ以外の多様な形態の大学院ができている。連合大学院はそのような大学院の一つであり、複数の大学の幅広い教員層を動員することにより、教育研究効果を高めることができるという利点をもつ。現在、連合大学院の研究科は、全国に10存在する。連合農学研究科が6、連合獣医学研究科が2、そして連合学校教育学研究科が2である。いずれも博士課程である。構成大学の数は3～4で、そのうちの一つの基幹大学に研究科を設置し、当該大学の名称をとっている。2006（平成18）年でみて、連合大学院の学生数は1,543人であり、博士課程全体の院生数の2%ほどである。今後、高度な人材養成に対する社会からの需要に応えるべく、大学院の形態も多様化していくであろう。連合大学院のほかに、大学と学外の研究所などが連携した連携大学院なども生まれている。　　　　　　　　　（舞田敏彦）

連絡帳

主として小学校において、学校の教師

と保護者との連絡・情報伝達のために使われているノート。小学校の低～中学年では、宿題や翌日の予定・持ち物などを児童が連絡帳に記入して家庭で保護者が確認するほか、学級担任教師から保護者への個人的な連絡事項、保護者から学級担任教師への連絡事項などを記入するなどのために用いられている。学校と家庭との間には、従来から多様なコミュニケーションチャンネルがある。授業参観や学級懇談会などはその例である。こうした中で連絡帳は、学級担任教師と一人ひとりの保護者との間で、毎日の具体的な出来事をめぐる地道なコミュニケーションの積み重ねをつくるものと理解できよう。　　（浜田博文）

◆ ろ ◆

聾

聴覚障害の一つで、音が全く聞こえないか、それに近い状態であることを指していう。学校教育法施行令第22条の3では、特別支援学校に就学させる「聴覚障害者」の定義として、「両耳の聴力レベルがおおむね60デシベル以上のもののうち、補聴器等の使用によっても通常の話声を解することが不可能又は著しく困難な程度のもの」とされている。音の大きさを示す単位、デシベル(dB)であらわすと、正常の耳に比べて閾値（限度）が90dB以上に上昇した場合を「聾」［ろう］という。聾となる原因にはいくつかあるが、遺伝や胎児期の母体への悪影響（風疹や睡眠薬など）、周産期の障害（仮死分娩など）、感染症（はしかなど）などがある。　　　　　　　　　（瀧口　綾）

労作教育

何かをつくり出すという生産的作業を

重視する教育。労作（Arbeit）は、作業といいかえることができる。代表的な論者として、ペスタロッチやフレーベル、ケルシェンシュタイナーを挙げることができる。とくに、ケルシェンシュタイナーは、作業学校を構想し、手作業における教育的意味を論じている。何かを生み出すという作業は、すでに獲得した知識を活性化させたり、新しい経験をもたらすという教育的効果が期待される。ケルシェンシュタイナーの場合、作業は社会に組み込まれた活動であることが前提とされる。したがって、労作教育における作業とは生活にかかわるものをつくり出すことであり、ただ活動することとは異なる。また、労作教育では手の作業を重視しており、身体的活動が精神的作業につながるとされる。労作教育の課題であった身体的活動と精神的活動の同時進行による生き生きとした生を作業によってどのように取り戻せるかが、現代の課題である。⇒ケルシェンシュタイナー

（藤井佳世）

労働基準法

1947（昭和22）年、使用者に対し労働条件の最低基準を示した。本法は、勤労の権利と義務・勤労条件の基準、児童の酷使の禁止を規定した憲法第27条の具体である。内容は、総則、労働契約、賃金、労働時間、休憩、休日及び年次有給休暇、安全及び衛生、年少者、女性、技能者の養成、災害補償、就業規則、寄宿舎、監督機関という章構成になっており、それぞれの基準について示している。本法は労働者保護法としての性格を有している。「労働条件は、労働者が人たるに値する生活を営むための必要を充たすものでなければならない」（労働基準法第1条第1項）という理念を示した上で、「この法律で定める労働条件の基準は最低のもの

であるから、労働関係の当事者は、この基準を理由として労働条件を低下させてはならないことはもとより、その向上を図るように努めなければならない」（同条第2項）ことを規定している。

なお労働者とは、「職業の種類を問わず、事業又は事務所に使用される者で、賃金を支払われる者」（同法第9条）とある。この定義は公立学校教職員を含む地方公務員にもあてはまり、本法は一部を除いて適用される。　　　　　　　　（福島正行）

ロジャーズ

Rogers, C. R. 1902～1987

心理臨床に革新的影響を与えたアメリカの心理学者である。ロジャーズは、コロンビア大学在学中より児童相談の仕事を始め、卒業後はロチェスター児童相談所にて本格的な臨床と研究を開始した。1942年に発表された『カウンセリングと心理療法』は、自らの臨床経験に基づいて援助の要件を著したものであり、注目を集めた。当時、彼の理論は、カウンセラーが助言しないことから非指示的療法と呼ばれたが、その後、彼自身が指示の有無よりも、クライエントを尊重するカウンセラーの態度を重視したことから、クライエント中心療法と呼ばれるようになった。さらに晩年、彼は個人の援助という枠組みを超えて人種問題などの解決を試み、その名称もパーソン・センタード・アプローチとした。自身の絶えざる変化・成長、科学的実証的な態度、生涯を通じての精力的な活動姿勢が、彼の特徴といえる。わが国には1948（昭和23）年に紹介され、心理臨床界のみならず、教育界にも多大な影響を及ぼしている。
⇒カウンセリング、心理療法　（日高潤子）

ロック

Locke, J. 1632～1704

イギリスの思想家。名誉革命の理論的

指導者として、革命後の新政府の顧問的役割を担うとともに、近代教育の発展に大きな影響を及ぼした。近代民主主義のテキストの一つとなる『政府二論』では人権の平等を説き、大人と人格的平等にある子どもに対する教育的支配の根拠が無条件な親の権利にではなく、子どもを一人前の市民にする義務に発すると述べ、近代親権の基礎をつくった。また、『人間知性論』で展開された認識論は、生得観念を否定するいわゆる白紙説によって教育可能性を大きく広げる働きをした。さらに『教育に関する考察』では、その可能性を前提にして、教育は早ければ早いほどよいこと、本書冒頭に掲げた「健全な身体に宿る健全な精神」の語句に従って、心身両面の育成を具体的に説いた。ただし、教育目標となる人間像を支配階層である紳士におき、貧民教育には別に労働学校案を用意していたことは、当時のイギリスにおける二つの国民に対応するものであったともいわれる。

（原　聡介）

■ ロールシャッハテスト

スイスの精神科医であるロールシャッハ（Rorschach, H. 1884～1922）が創案した投影法人格検査の一つである。検査法のテキストは1921年、『精神診断学』として出版された。ロールシャッハテストでは、インクの染みが印刷された10枚の図版を被検者に刺激として提示し、その染みが何にみえるかを問う。あいまいな刺激を人がどのように知覚するのか、その個人差から人格特徴を推測しようとするものである。分析の際は、被検者が何を（反応内容）、いくつ（反応数）、どこに（反応領域）、なぜ（反応決定因）みたのか、などを記号化、計量化し、解釈を加える。中でも重視されるのは、外的刺激と内的刺激のどちらに反応するタイプかをみる体験型である。ロールシャッハが早世したこともあり、このテストはヨーロッパよりもむしろアメリカで発展した。その中で、クロッパー法、ベック法などいくつかの流派が生まれ、現在に至っている。

（日高潤子）

■ ロールプレイング
role playing

ロールプレイングは、字句通り、役割（role）を演じる（playing）ものである。もともとは心理学の技法で、二人以上のグループであらかじめ設定された場面に基づき、それぞれが自分に割り当てられた役を演じて話を続けていく。役割を演じることによって、その役割ゆえの気持ちや、その役割における困難について考えることになる学習効果がある。また、場面を設定するため、予測しうるリスクの場面を設定して予防的に考えさせることも可能である。さらには役割を入れ換えて演じさせれば、相手側の気持ちに立つことの大切さを理解させることにもなる。したがってロールプレイングは、学校現場での応用範囲が広い技法である。児童・生徒・学生たちが教室にいながらにしてさまざまな体験をし、考え、他者への配慮と共感ができるようになることは、現代社会で必要とされる、自ら学び自ら考える力の育成につながる。ロールプレイングは場面の設定が重要なので、開始にあたってはその場面をしっかり頭に留めさせることがまず必要である。そして、必ず振り返りの時間をもって学習の総括を行わなければ、ただ演じただけになる危険性がある。⇒心理劇（サイコドラマ）

（池上　徹）

◆ わ ◆

若者組

　江戸時代に全国各地の村で男子青年によって構成された同年齢集団。若衆組、若連中、二歳組などと呼ぶ地域もある。15歳前後で加入して概ね結婚するまでの間、若者宿・若衆宿などと呼ぶ施設で年長の成員の指導のもとで共同生活を営んだ。そこで学ぶのは地域の治安や労働のこと、村の祭礼・行事のこと、家庭生活や性にかかわることなど、一人前の村人として求められる知識・技能・態度であった。掟[おきて]や指導に従わない者や非違行為をはたらく者には組による統制・制裁、さらには除名処分などを科した。地域によって存在した子供組や娘組などとの連携もあった。伝統社会を内側から支える集団として機能し続け、近代以降にも引き継がれて青年団などに影響を与えていたが、現代的な価値観と相容れない要素もあり戦後は衰退した。
　⇒青年団　　　　　　　　　　（橋本昭彦）

ワークブック

　学習ドリルや参考書をそのような名称によって編集した市販の問題集や参考書を指す。ワークとはその名の通り、何かの作業や活動からなる。ワークの内容は、単純にことばや用語を暗記するものから、高度な論理的な文章の読解、思考を促すものなど多様である。ワークブックは、通常、単純な暗記や計算問題で成り立っている場合が多い。したがって、単純反復の作業にとどまり、その単純作業に飽きてしまう場合が多い。このようなワークブックの問題点を克服するために、単純反復作業の問題だけではなく、自学自習によって自ら進めながら、興味や関心をもってさらに次の課題や発展を促すような編集をすることが望ましい。そのためには、できることだけを反復するような内容にとどまらず、自主的な学習や研究を促すような発展が必要である。
　　　　　　　　　　　　　　（浅沼　茂）

和算

　日本で独自に発達した数学をいう。飛鳥時代に隋・唐から伝わった数学は、江戸時代に大きな飛躍と普及をみた。戦国時代以来の築城・治水・新田開発などの土木工事の盛行、商取引高の増大などにより、実用数学が発展した。遊芸としての算術も、高次方程式の問題を作成・解答した算額を奉納する慣行が活発化した。1622（元和8）年の毛利重能『割算書』、1627（寛永4）年の吉田光由『塵劫記［じんこうき］』等の書物が出版され、数学を教えて旅をする遊歴算家も現れ、和算を普及・高度化させた。理論数学の分野でも、関孝和が微分積分や行列式に近い考えを発見し、円周率を11桁まで計算するなど当時の西洋数学と同レベルの発見もあった。和算は、高度な内容が流派内の秘伝という形で伝えられるので、大衆的な普及は遅れ、明治以降に西洋数学が浸透すると衰退した。　　　（橋本昭彦）

ワトソン
Watson, J. B. 1878～1958

　行動主義を提唱したアメリカの心理学者。20世紀初頭は、内観法によって意識の要素を探求するヴント流の心理学が主流であった。しかしワトソンは、外から観察可能な行動を研究対象とすべきであり、心理学は意識を直接取り扱うべきでないとした。行動の予測と制御を目的としたワトソンの行動主義は米国を中心に広く受け入れられ、今日も心理学にお

ける最も重要な考え方の一つである。

⇒行動主義　　　　　　　　　（今野裕之）

我－汝関係

我－汝［なんじ］（Ich und Du）関係は、ブーバー（Buber, M. 1878～1965）が提唱する世界に対する人間の根源的な態度の一つである。もう一つの根源的な態度は、我 - それ（Ich und Es）である。我 - 汝関係は、自然と交わる生活、人間と人間の交わる生活、精神的存在と交わる生活の三つの領域において、それ自体と出会い、汝の存在が同時に我の存在になるような相互的な関係である。また、全存在をかけた直接的関係である我 - 汝関係は、世界を創出させる関係でもある。それに対し、我 - それは、あるものや人を対象化する態度であり、相互性、直接性をもつ関係と呼ぶことはできない。（藤井佳世）

※「見出し項目」のページは**太字**で示した。

事項索引

◆あ◆

ILO　156
愛国心　**1**, 281
ICIDH　201
ICD−10　**4**, 195, 252
ICF　201
愛着　**1**, 5, 309, 434
愛着関係　1, 41
愛着行動　16
愛着欲求　16
IT 技術　460
アイデンティティ　**1**, 469
アヴェロンの野生児　16
『赤い鳥』　249, 308, 317,
451
アカウンタビリティ　**2**, 71,
86, 120, 227, 300, 326,
361
赤ちゃん返り　343
アカデメイア　7, 427
アガペー　35, 113
赤本　58, 153
アクション・リサーチ
2, 168, 488
アクセシビリティー　413
アクティブ・ラーニング　**3**
足利学校　**3**
預かり保育　**4**
アスペルガー障害　183, 195,
370
アスペルガー症候群　**4**, 173
遊び　**4**, 414, 419, 429, 442
アタッチメント　**5**
アダルト・チルドレン　**5**
アチーブメント・テスト　**6**
アーティキュレーション　**6**
アテナイの教育　**7**
アドミッション・オフィス　**7**

アナフィラキシーショック　**7**
アニミズム　**8**
アノミー　**8**
アビトゥア　**8**
アビリティ　218
安倍内閣　124
アマラとカマラ　469
アメリカ教員総同盟（AFT）　34
アメリカ精神遅滞学会　28
アメリカ精神遅滞研究　28
アルコール依存症　**5**
アレルギー　**9**
アレルギー対策　10, 446
アレルゲン　7, 10
安心の基地　183
安全学習　74
安全管理　74, 75, 81, 124
安全教育　**10**, 74, 360
安全指導　74
安全能力　10
アンドラゴジー　319
アンネ・フランク・ハウス　34

◆い◆

e-Japan 重点計画　127
e-Learning　**10**, 372
委員会活動　**11**
イエズス会　**11**
イエズス会学事通則　**11**
家制度　54
イエナ・プラン　**11**
医学的リハビリテーション　106
異学の禁　270
生きがい　111
生きる力　**12**
育児・介護休業法　**12**
育児休業法　12
育児ストレス　13
育児相談　**13**

育児ノイローゼ　13
育児不安　**13**
移行型バイリンガル教育　402
移行対象　434
意志　**14**
意識障害　**15**
意志の自律性　383
いじめ　**14**, 15, 122, 412, 425
いじめ防止対策推進法　**15**
異常行動　**15**
異常児　**16**
依存　**16**
依存行動　16
依存抑うつ　450
依存欲求　16
一教師一学校　351
一時的・緊急的　17
一時保育　**17**
一時保育推進基盤整備事業　17
一条校　**17**, 23, 60
一読総合法　**17**
一切衝動皆満足論　358
一身独立　422
一斉教授　100, 167, 414
一斉指導形態　183
一斉授業　**18**
一斉保育　**18**, 264
逸脱　**18**
1.57 ショック　186
一般（普通）教育　**19**
一般職と特別職　359
一般的人間陶冶　434
イデア　9, 35, 426
イデオ・サヴァン　**19**
遺伝と環境　**20**, 404
イニシエーション　**20**, 162
異年齢集団　241, 348, 435
異年齢保育　**21**
いのち　453
いのちの教育　**21**

索引

居場所	447
異文化間コミュニケーション	22
異文化との接触	94
異文化理解	22
イメージ	420
癒し	111
意欲	22
インクルージョン
（インクルーシブ教育）23, 204,
277, 380, 423
インターネット	10
インターナショナリズム	451
インターナショナル・スクール
23, 46, 201, 219
インタビュー	461
インターンシップ 24, 165,
222
インテグレーション 24, 380
インテリジェント・スクール 24
インドクトリネーション
25, 364
院内学級	25
インフォーマル・エデュケーション
25
インプリンティング 41, 312
インフルエンザ 72, 76, 98

◆う◆

ヴァージニア・プラン 26, 182
ウィネトカ・プラン	26
ウェクスラー式知能検査	27
上田自由大学	263
芸亭	27
運動会・体育祭	27
運動（機能）障害	401

◆え◆

AAMR	28
ALT	28
AO（Admissions Office）入試
28
英語が使える日本人	46
英語教育	29
英才児	29
エイズ	29
エイズ教育	29
営繕	89

ADHD	30
栄養教諭 30, 74, 78, 288
栄養士 30, 181
駅型保育（施設）	31
エコール・ポリテクニク	52
エコロジカル・リテラシー	31
S・R理論	31
SNS	32
エスニシティ	32
エスニック・アイデンティティ 32
エスノグラフィー	3
エスノメソドロジー	3
枝分かれプログラム	430
エッセンシャリズム	32
エディプス・コンプレックス
33, 366
NIE	33
NEA（全米教育協会）	33
NGO	34
NPO	34
エピソード記録	34
FD研修	222
絵本	34
エリート	401
エリート教育	167
LGBT	320
LD（学習障害）	35
エレメンターレ・ムジーク 44
エロス 35, 113
遠隔教育	123
演劇教育	36
嚥下困難	178
縁故（任意）疎開	61
演示（示範）	36
遠足・集団宿泊の行事	36
園長	36
延長保育	37
園内研修	37

◆お◆

往来物	38
OJT	38
OECD学習到達度調査	414
被仰出書 39, 60, 484
教え込み 18, 364
教える自由	105
オスウィーゴー運動 40, 50

オープン・エデュケーション 41
オープンスクール 40, 43
オープン・スペース	41
オペラント条件づけ 41,
60, 193, 306, 371
親子関係 41, 472
親の教育権	41
オリエンテーション	42
オルタナティブ・スクール
43, 427
オルフ楽器	44
音楽科教育 43, 377
音楽教育	44
女大学 50, 485
音標文字	376
恩物 44, 407, 429

◆か◆

海外学校	23
海外・帰国子女	94
海外・帰国児童生徒教育 202
改革教育運動	45
開化史的段階説	45
介護	47
介護休業法 12, 22
外国語教育 28, 45, 177
外国人学校	46
外国人児童生徒	47
外国人日本語能力試験 395
外国青年招致事業	28
介護体験	47
介護福祉士	47
外言	26
解釈学 318, 368, 372
解釈学的教育学	48
階層と教育	48
ガイダンス運動	452
概念獲得	49
概念くだき	49
概念形成 49, 367
開発教育	49
開発教授	40
開発教授法	50
開放制 55, 142, 341
カウンセラー 50, 75, 129,
149, 490
カウンセリング	51,
149, 245, 304, 306, 468

カウンセリング・マインド **51**	学習理論 **60**	学級集団づくり **71**
科学技術教育 **51**	各種学校 46, **60**, 328, 479	学級担任制 **71**, 148, 326
科学技術振興基本計画 **52**	学制 **60**, 137	学級通信 **71**
科学教育協議会 161	学生運動 **61**	学級福祉 52
科学研究費補助金 **52**	学籍 **61**, 249	学級閉鎖 **72**
科学者 395	学籍簿 272	学級編制 62, 72
係活動 **52**	学童期 242	学級編制基準 **72**
過干渉 **53**, 472	学童疎開 **61**	学級崩壊 **72**, 483
学位 **53**, 56	学童保育 **62**	学区 **73**
学位授与 339	学年 **62**	学校 17, **73**, 129
学位授与機構 339, 340, 399	学年会 **63**	学校安全 **74**
核家族 **54**	学年経営 **62**, 86	学校運営 139, 159, 164, 197
核家族化 **62**	学年主任 63, **63**	学校運営協議会 **74**, 76,
学業遅滞 **54**	学年制 62, 297, 459	215, 265, 354, 422
学業不振 **54**	学年別漢字配当表 118	学校運営組織 159, 479
学芸員 **54**, 417	学閥 **63**	学校運営への参画 74
学芸会・文化祭 **54**	学務委員 137	学校栄養職員 **74**
学芸大学 **55**	学問と教育 133	学校外教育 219
学芸の行事 54	学問の自由 118, 147, 152,	学校開放 **75**
格差社会 **55**	341, 342	学校カウンセリング **75**
学士 **56**, 93	学力 54, **63**	学校化された社会 **76**
学社融合 76, 174	学力向上フロンティアスクール **64**	学校・家庭・地域の連携 **76**
学習 **56**, 319	学力調査（学力テスト） 6,	学校間格差 116
学習意欲 14, 456	**64**, 65, 135	学校感染症 **76**
学習機器 125, 371	学力低下論争 64	学校管理 **77**, 79
学習曲線 **56**	学力テスト裁判 65, 207	学校管理規則 77, 176, 228,
学習権 **57**, 134	学力不振 87, 385	445
学習権宣言 **57**	学力偏差値 317, 358, 421	学校儀式 207, 465
学習効率 **56**	学力保障 449	学校規模 **77**
学習支援者 256	学力論争 **65**	学校給食 30, **77**
学習指導 **57**	学齢児童・生徒 **65**	学校給食法 74, 77
学習指導案 241	学歴 **65**	学校教育相談 129
学習指導要領 **58**, 244,	学歴社会 290	学校教育法 61, 75, **78**,
249,	家訓 **66**	144, 232, 240, 254, 435,
266, 280, 294, 304, 306, 314,	下構型学校系統 **66**	439, 473, 474, 476
322, 337, 357, 360, 380, 388,	家事・裁縫科 89	学校教育目標 **78**
430, 445, 453, 470	仮説実験授業 **67**, 266, 466	学校行事 **79**, 234
学習指導要領総則 93	家族関係 **67**	学校組合 83, 197
学習指導要領の法的拘束性 58	可塑性 **67**, 117	学校経営 **79**, 121
学習社会 **58**, 275	過疎地 351	学校劇 **80**
学習集団 59, **73**, 263, 284, 287	価値主義的道徳教育 **68**	学校コミュニティ 307
学習塾 **59**	価値相対主義 **68**	学校裁量の時間（ゆとりの時間）
学習障害（LD） 35, 54, 173,	価値判断 382	**80**, 262
368	学期 **68**	学校参加 **80**
学習する社会 408	学級 **69**, 71	学校支援地域本部 **81**
学習ドリル 492	学級王国 **69**	学校支援ボランティア 356
学習の個別化 **59**	学級会 **70**	学校事故 **81**
学習の集団化 **59**	学級活動 **70**	学校司書 234
学習法 107	学級経営 **70**	学校指導職 126

索引

学校事務	**82**
学校事務の共同実施	82
学校週5日制	75, 79, 80,
	82, 104, 470, 482
学校設置基準	**82**
学校設置義務	**83**
学校設置者	**83**
学校選択制	74, **83**, 280, 300
学校選択の自由化	233, 403
学校組織	158
学校備付表簿	272, 445
学校体育	353
学校体系	66
学校闘争	109
学校統廃合	**84**, 280, 351
学校と家庭との連携	448
学校図書館	**84**, 234, 386
学校図書館法	84
学校における働き方改革	**84**
学校に基礎をおく	
カリキュラム開発	**85**
学校の自律性	**85**
学校のスリム化	59
学校評価	**86**
学校評議員	**87**, 265
学校不適応	**87**
学校文化	**87**
学校法人	**88**, 197, 203
学校放送	**88**
学校保健安全法	**88**
学校向け	**88**
学校用務員	**89**
学校歴	63
活人物	349
葛藤	218
活動	398
活動主義	165, 344
活用	386
家庭科教育	**89**
家庭科の男女共修問題	89
家庭科の男女共修を進める会	
	90
家庭教育	**91**
家庭裁判所	284
家庭的保育	**90**, 442
家庭内暴力	**91**, 466
課程認定制度	**91**, 127
課程の修了	62
家庭訪問	**91**

カテキズム	**92**
金沢文庫	**92**
株式学習ゲーム	164
過保護	53
科目等履修生	**92**, 340
からだ	36
カリキュラム	13, 37, **93**
	198, 327, 457
カリキュラム改革	133
カリキュラム開発	117
カリキュラム・マネジメント	**93**
カルチャーショック	**94**
カルチャーセンター	**94**
カレンダー記憶	19
川口プラン	354
感音性難聴	393
感覚	397
感覚運動の段階（感覚運	
動期）	**94**
感覚統合法	**95**
環境	419
環境教育	**95**
環境・景観保護	431
環境構成	**95**
環境問題	31, 471
韓国学校	458
観察学習	60
観察課程	437
観察・参加・実習	**96**
観察法	**96**
漢字教育	**96**
感情	283
感情移入	**96**
官人	342
関心・意欲・態度	**97**, 98
感性	420
完成可能性	**97**, 173
完成した発達水準	408
完全習得学習	428
感染症	**97**, 489
完全性	97
観点別評価	**97**, 98
カンファレンス	**98**
緘黙（児）	**98**, 283
管理栄養士	**30**
管理主義教育	**99**
管理職	**99**

◆ き ◆

記憶	100, 443, 488
機会の平等	134, 157
机間指導	**100**
危機	35, 133, 408
利き足	418
利き腕	418
危機管理	**100**
聴方教授	104
企業内教育	**101**
危険行為	15
帰国子女	**101**
帰国児童生徒	**101**
キー・コンピテンシー	**102**
儀式的行事	**102**
器質性病変	301
寄宿舎	485
寄宿制教育	**102**
技術科教育	**102**
技術革新と教育	**103**
技術・家庭科	103
技術教育	**103**
技術・職業教育	103
規制改革会議	74
規制緩和	86
規制・拘束	161
基礎学力	**104**, 106
基礎・基本	**104**
帰属意識	465
規則の体系	383
基礎陶冶	**104**
ギゾー法	105
基礎理科	481
期待	416
期待される人間像	**105**
吃音	**106**, 177
気づき	468
技能	152
機能訓練	**106**
機能主義	**106**
機能性障害	301
機能不全家族	5
技能連携制度	371
規範意識	325
規範的教育学	**107**
基本的信頼	406
基本的生活習慣	**107**

事項索引

義務	217
義務教育	109, 185, 400, 459, 467
義務教育学校	**107**
義務教育諸学校施設費国庫負担法	108
義務教育制度	**108**
義務教育の無償	138
義務教育費国庫負担法	109, 124, 179
義務制	163
ギムナジウム	8, **109**
虐待	90, **109**, 241
客観テスト	**110**
キャリア教育	**110**, 289
ギャングエイジ	**110**
キュー	**112**
QOL	**111**
休業日	427
旧制高等学校	**111**
旧制専門学校	**111**
キュードスピーチ	**112**
教案	153
教育	**112**, 169
教育愛	**113**
教育委員会	77, **113**, 114, 119, 445
教育委員会制度	120, 354
教育委員会法	**114**
教育委員の公選制	**114**
教育改革	334
教育改革国民会議	**114**, 361
教育科学	**114**, 137
教育学	**115**
教育格差	**115**
教育学部	192
教育課程	145, 377, 420
教育課程審議会	58, 80, **116**, 377
教育課程内クラブ	166
教育課程の編成	**116**
教育(陶冶)可能性	68, **117**
教育関係	**117**
教育漢字	**118**
教育議	21
教育機会	**115**
教育基本法	42, 76, **118**, 261, 435

教育義務制	108
教育行政	79, **119**, 120, 128, 145
教育行政学	271
教育行政の自主性と民主性	119
教育行政の素人統制	**120**
教育議論争	145
教育空間	**120**
教育経営	**121**
教育計画	**121**
教育権	**122**
教育言説	**122**
教育制度検討委員会	333
教育工学	**123**
教育公務員	138, 434
教育公務員特例法	**123**, 141, 154
教育財政	**123**
教育再生会議	321, 361
教育再生実行会議	**124**
教育裁判	**124**
教育刷新委員会	**124**, 361, 435
教育産業	**125**
教育施設	400
教育思想	**125**
教育実習	96, **125**, 234
教育実践記録	**126**
教育指導者講習	**126**
教育社会学	**126**
教育情報	**127**
教育情報ナショナルセンター	127
教育職員検定	288
教育職員免許	125
教育職員免許法	91, **127**, 142, 144, 154
教育職員養成審議会	128
教育振興基本計画	**128**
教育政策	**128**, 259
教育制度	**129**
教育相談	50, 75, **129**
教育測定	**130**
教育測定運動	64, 337
教育長	**130**
教育勅語	21, **130**, 261
教育的教授	**131**
教育的タクト	**131**
教育的出会い	**132**

教育的雰囲気	**132**
教育投資論	121, **132**
教育内容	**132**
教育内容の系統性	183
教育内容の現代化	**133**
教育内容の精選	470
教育人間学	**133**
教育の機会均等	**133**
教育の規制緩和	**134**
教育の現代化運動	404, 428
教育の自由	**134**
教育の習俗	**135**
『教育の世紀』	247
教育の世紀社	247
教育の目的	78, 402
教育の論理（条理）	124
教育番組	88
教育万能論	117
教育費	**135**
教育評価	110, **135**, 267
教育扶助	**136**
教育法規	129, **136**
教育法令	136
教育目的	107
教育目標の分類学	428
教育遊具	44
教育理論	**137**
教育令	61, **137**, 348
『教育論』	307, 311
教育を受ける権利	**137**, 147, 201, 244, 293, 323, 480
共依存	5
教員	91, **138**
教員育成指標	**138**
教員給与	**139**
教員組合	**140**
教員研修	**139**
教員採用	**141**
教員団体	**140**
教員の組合運動	365
教員の人事評価	**140**
教員の選考	**140**
教員の地位に関する勧告	**141**, 156
教員の服務	**141**
教員免許	128
教員免許更新制度	**142**
教員免許状	**142**

索引

教員養成	128, 140, **142**, 251	
鏡映文字	143	
教化	24, 364	
境界人	322	
境界線児	**143**	
教科外活動	93	
教科学習	379	
教科課程	133	
教科・科目	**144**	
教科カリキュラム	**144**	
教科教育法	**144**	
教学聖旨	145	
教科経営	**145**, 148	
教科主任	**145**	
教科書	**145**, 148, 185	
教科書行政	147	
教科書検定	**146**, 244	
教科書採択制度	**146**	
教科書裁判〈家永裁判〉	**147**	
教科書使用義務	146	
教科書無償措置制度	**147**	
教科担任制	**148**	
教科の系統性	**148**	
教科部会	**148**	
教科用図書検定基準	58	
共感	97	
共感的理解	51, **149**	
競技スポーツ	312	
教義問答	92	
教具	**149**	
教護院	245	
教材	**149**	
教材解釈	150	
教材研究	**149**	
教材づくり	150	
教師教育	140	
〈教師—生徒〉関係	121	
教師の愛と権威	150	
教師の教育権	151	
教師の指導力	156	
教師のストレス	151	
教授	152	
教授会	152	
教授・学習過程	156, 265	
教授—学習理論	152	
教授組織	148	
教授段階説	438	
教授段階論	153	
教授法	287	

教授要目	**153**, 224, 481
教師用指導書	**153**
教職員	**154**
教職員団体	**154**
教職課程	91, **154**
教職課程コアカリキュラム	**155**
教職大学院	**155**, 331
教職調整額	**155**, 164
教職に関する科目	155
教職の専門性	**156**
教師論	**156**
強制移動	252
矯正視力	462
業績主義と属性主義	157
競争	157
競争的研究資金	52
郷土	158
教頭	**158**, 422
協働	**158**, 197
共同体の規範	381
郷土科	182
郷土学習	158
郷土教育	**158**
郷土教育運動	**158**
郷土教育連盟	159
興味	131, **159**
教務主任	159
教諭	**159**
教養	**160**, 256
極地方式	160
虚弱型	421
規律・訓練	161
儀礼	161
キレる子	162
近代家族	162
近代学校	163
近代教育	**163**, 367
近代教育思想	487
近代合理主義	173
近代的価値	450
勤勉	406
勤務時間	164
勤務評定	164
金融教育	164
勤労・生産的行事	165
勤労青年	321, 371
勤労体験学習	165
勤労生産・奉仕的行事	453

◆く◆

クインシー運動	**165**
クライエント中心療法	490
クラウザー報告	165
クラブ活動（部活動）	**166**, 386
グラマー・スクール	**167**, 373, 411
グランゼコール	167
グループアプローチ	168
グループカウンセリング	168
グループ学習	100, **167**
グループセラピー	168
グループ・ダイナミックス	**168**, 266
グローバリズム	451
グローバル教育	**169**, 202
グローバル公民性	169
訓育	**169**, 265
軍国主義教育	253
軍隊教育カリキュラム	93

◆け◆

ケア	453
ケアリング	**170**
経験	**170**, 427
経験主義	**171**
敬語教育	**171**
敬語の指針	171
経済的理由	258
形式陶冶・実質陶冶	**172**
芸術教育	36, **172**
芸術教育運動	307
形成的評価	98, 135, **172**, 428
形成としての教育	281
形態的異常	182
ゲイトウェイドラッグ	468
系統学習	**173**
軽度発達障害	87, **173**, 183
啓蒙思想	97, 422
啓蒙主義	**173**, 422
系列	333
ゲシュタルト心理学	**175**
ケースカンファレンス	98
ケーススタディ	295
ゲストティーチャー	**174**

事項索引

結果責任	2, 361	高機能障害	**183**	行動主義心理学	31
ゲーム脳	**174**	講義法	**183**	行動障害	**193**
権威と服従	118	公教育	**184**, 196, 207, 217	高等小学校	**193**
護園塾	39	公教育改革	233	高等女学校	**193**, 251, 363, 485
けんか	**175**	公教育制度	409	高等専修学校	328
研究	37	公教育の義務性	**184**	高等専門学校	**194**, 203, 423
研究授業	**175**, 241	公教育の中立性	**185**	高等中学校	191, 362
研究と修養	179	公教育の無償性	**185**	高等特別支援学校	**194**
原級留置	**176**, 350, 459	工業教育	**185**	行動様式	238
権限	467	工業高等専門学校	104	行動療法	**194**, 488
健康教育	**176**	公共的な性格	118	高度専門職業人	**195**
健康づくり	346	合計特殊出生率	**186**	校内研修会	176
言語活動	**176**, 200	攻撃行動	**186**	校内暴力	**195**, 466
言語教育	**178**	攻撃性	**186**	公の支配	227
言語ゲーム	**179**	攻撃反応	478	光背効果	413
言語事項	200	高校工業教育	185	広汎性発達障害	4, 183, **195**, 252
言語障害教育	**177**	高校三原則	334	皇民化教育	379
言語性知能	27	高校多様化	**186**	公民館	**196**, 256
言語聴覚士	**178**	皇国民練成	334	公民教育	**196**, 240
言語発達遅滞	**178**	工作	306	公民権運動	32
顕在的カリキュラム	**178**	講座制	**187**	公務災害	**197**
謙譲語	171	高次脳機能障害	183	校務掌理権	**197**
現職教育	**179**	工場法	39	校務分掌	**197**
現職研修	293	向性検査	**187**	項目	382
現地理解教育	**179**	構成主義	**188**	功利主義	39
検定済教科書	146	構成主義の学習理論	**188**	公立	397
県費負担教職員	**179**	向性理論	**187**	公立学校	**197**
		公選制	120	交流教育	**198**
◆こ◆		構造改革特区	134	広領域カリキュラム	**198**
		構造主義	456	効力感	218
コア・カリキュラム	26, **180**, 246, 331	校則・生徒心得	**188**, 316	高齢化	198, 282
コア・カリキュラム運動	180, 333	高大接続改革	**188**	高齢者	412
語彙爆発	**180**	構築主義	**189**	高齢社会	47, **198**
合意形成における民主主義	236	校長	99, **189**	高齢社会対策基本法	199
行為障害	**194**, 416	肯定否定	372	高齢者教育	**199**
公営	215	公的自己意識	229	口話	112
構音障害	178, **181**	高等学校	**190**	口話法	**199**
校外実習	**181**	高等学校新科目	**190**	語音聴力測定	366
公開授業	**181**	高等学校設置基準	**190**	語音聴取閾値検査	367
公開討論会	410	高等学校卒業程度認定試験		古義堂	20
公開図書館	27	（旧・大学入学資格検定）		刻印づけ	313
口蓋裂	**182**		**190**, 221	国学	463
合科教授・合科学習	107, **182**, 334	高等学校等就学支援金制度	**191**	国語科教育	**200**
郷学	**182**	高等学校標準法	**191**	国語教育	36, 177, **202**, 395
好奇心	**185**	高等学校令	111, **191**	国語能力育成	432
後期中等教育	165, 190, 482	高等教育	**192**	国際化	451
		高等教育の質	342	国際学校	23
		高等師範学校	**192**		
		行動主義	**192**, 306		

索引

国際教育到達度評価学会（IEA） 370
国際結婚 396
国際コミュニケーション能力 45
国際障害者年 **200**, 402
国際人権規約（国際連合、1966） **201**
国際数学・理科教育動向調査 370
国際生活機能分類 **201**
国際バカロレア **201**
国際理解教育 179, **202**, 471
国際理解の視点 29
国際連合憲章 204
告示 58
国定教科書 146
国定教科書制度 **202**
国民科 334
国民学校 334, 473
国民学校令 **203**
国民教育 282
国民精神作興ニ関スル詔書 131
国民の教育権 207
国立学校 **203**
国立大学法人 **203**
国立特別支援教育総合研究所 **204**
国連大学 204
後光効果 413
心の教育 21, **205**
心の健康 461
『こころのノート』 205
個人差 **205**, 262
個人情報 206
個人情報の保護に関する法律 **205**
個人情報保護 92, **205**
個人内評価 452
コース・オブ・スタディ 58
個性 205, **206**, 214
個性化 472
個性重視の原則 486
子育て 450
子育て支援 **206**
子育て支援基金 206
子育て支援センター 13
5段階相対評価 249, 324, 439
固着反応 479

国家 1
国家の教育権 **207**
『国家篇』 **426**
国家防衛教育法 310
国旗・国歌 **207**
ごっこあそび **207**
古典語学校 109
古典的条件づけ 60, 412, 488
子ども **8**, 242
子ども会 **208**
子どもから 297
子ども観 **208**
子ども・子育て支援新制度 **209**
子ども中心主義教育 298
こどもの家 467
子どもの意見表明権 **209**
子どもの居場所（づくり） **209**
子どものうつ病 **210**
子どもの権利 **210**, 246
子どもの権利条約 137, 166, 246
子どもの権利宣言 **210**
子どもの権利に関する条例 **210**
子どもの声 126
子どもの最善の利益 **210**
子どもの参加の権利 **209**
子どもの自殺 **210**
子どものストレス **211**
子どもの成育空間 **211**
子どもの知的発達 **211**
子どもの人間学 **212**
子どもの発見 **212**, 487
子どもの貧困 **213**
子ども文化 **213**
コナント報告 **214**
古文辞学 39
個別化 11, 27, 372
個別学習 429
個別指導計画 **214**
個別性 295
コミュニケーション 22, 106, 294, 489
コミュニケーション能力 297
コミュニケーションの障害 178
コミュニティ・カレッジ **214**
コミュニティ・スクール 74, 114, **215**
コメニウス **215**
コモン・スクール **215**

五領域 **216**
ゴール・フリー評価（目標にとらわれない評価） **217**
コレージュ **217**, 482
混合性難聴 393
コンパニオン協会 378
コンピテンス **218**
コンフリクト **218**
コンプリヘンシヴ・スクール **218**
コンプレックス **219**, 472

◆さ◆

在外教育施設 **219**
災害補償基金 197
在学青少年の社会教育 **219**
差異心理学 205
再生 488
在宅保育 436
在日ブラジル人 47
再任用職員 **220**
再任用制度 220
サイバネティックス **220**
サヴァン症候群 19
作業学習 **220**
作業学校 **220**
作業活動 374
作業検査法 314
作業工程 463
作業興奮 22
作業療法 106
作文集 126
作法 238
サポート校 **221**
サマーヒル・スクール 394, 427
参加型授業 **221**
産学連携 **222**
3学期制 69
産業教育 **222**
産業教育振興法 186
3歳児神話 **223**
3歳未満児保育 397
三者面談 **223**
算術 224
三水準六段階 216
算数障害 **223**
算数・数学科教育 **224**
山村留学 **224**, 435
山村留学センター 224

事項索引

サンドイッチ・システム	**224**
三読法	17
産婆術（助産術）	**225**
3分岐型制度	311

◆し◆

試案	58
CAI	**225**, 372
GHQ	435
ジェネリックスキル	**225**
シェマ	95, 211
ジェンダー	320
ジェンダーフリー	**226**
自我	**226**
私学	**227**
視学官制度	244
資格試験	190
資格社会	290
視覚障害	264
視覚障害教育	**227**
視覚障害児	427
私学助成	**227**
視覚性言語障害	385
シカゴ大学	408
自我同一性	35
時間調整	463
識字教室	**228**
指揮・命令	**228**
子宮外胎児期	397
事業所内保育施設	**228**
シークエンス	26
事故	**228**
自己意識	**229**
試行錯誤学習	337
自己概念	**229**
自己活動	**229**, 270
自己教育	**230**
自己決定（型）学習	226,319
自己実現	**231**, 379, 456
自己指導力	70
自己充足感	465
自己中心性	**231**
自己統制	294
自己の考え方	372
自己評価	86, **231**
自習（自学自習）	**231**
自主協同学習	167
自主協同学習論	268

私塾	**232**
事務主任	82
自主性	**232**
自主的な学習	39
司書	**232**
自傷	**233**
市場原理	**233**
司書教諭	84, **234**, 391
『四書五経』	187, 462
施設管理	89
施設病	450
自然権	41
事前・事後指導	125, **234**
自然主義教育	**234**
自然体験	219
自然の理性化	250
持続可能な開発のための教育（ESD）	**235**
持続可能な開発目標（SDGs）	**235**
自尊感情	**236**
肢体不自由教育	106, **236**
自治	270
自治的な能力	**236**
視聴覚教育	123, **237**, 444
市町村保健センター	**237**
実学主義	39, **237**
実業学校令	**238**
実業教育	21, **238**
実業専門学校	111
しつけ	**238**, 294
執行における民主主義	236
『実際的教育学』	221
実践教育活動	422
実践的指導力	141, 293
実存	**239**
実存主義	453
実存的教育学	**239**
実存哲学	239
失認	399
失敗体験	473
疾風怒濤の時代	322
実物教育	367
実物教授	40, **239**
質保証（CAP制）	**239**
質問	410
質問紙テスト	110
質問紙法	**240**, 313
シティズンシップ教育	**240**

私的自己意識	229
士道	424
児童	**240**
指導案	**240**
児童委員	**241**
児童会（生徒会）活動	11, **241**
自動学習	225
児童館	62, **242**
児童観	243
児童期	**242**
児童虐待	449
児童虐待の防止等に関する法律	109, **242**, 320
指導行政	**243**
指導教諭	265
指導計画案	258
児童言語研究会	17
児童憲章	**243**
児童権利宣言	**244**
児童厚生施設	242
指導主事	**244**
指導書（解説書）	**244**
指導助言機能	244
児童自立支援施設	**245**
児童心理	407
児童・生徒理解	**245**
児童・生徒指導	245
児童相談所	**245**, 248
児童中心主義	**246**, 344
児童の権利委員会	246
児童の権利条約	42, 209, 240, **246**, 407
『児童の世紀』	170
児童の村小学校	**247**, 344
児童発達支援センター	**247**
児童票	247
児童福祉司	**248**
児童福祉施設	245, **248**
児童福祉施設最低基準	31, 247, 258, 441
児童福祉法	242, 245, **248**, 249, 441, 448, 474
児童文化	**249**
児童養護施設	**249**
指導要録	61, 97, **249** 369, 445
指導力不足教員	249
自発性	**250**
師範学校	**251**

索引

師範学校規程	125	自由学芸（リベラル・アーツ）	
師範学校令	465		19, **259**
師範タイプ	**251**	自由教育論	374
自閉症	**251**, 407	就学困難	261
自閉症スペクトラム	**253**	就学奨励	**259**
死への準備教育	21	就学督促	**260**
シミュレーション	455	就学督励	**260**
社会移動	**253**	就学前教育	260, 400, 467
社会化	54, 112, 208,	就学免除	**260**
	253, 392	就学猶予	**261**
社会科	326, 469	修学旅行	36
社会階層（階級）	55, **253**	自由教育（リベラル・エデュケーション）	
社会科教育	**253**		**261**
社会学の父	375	宗教教育	261
社会技能	257	就業体験	23
社会教育	129, **254**, 255,	自由権規約	201
	275, 369	自由研究	**262**
社会教育関係団体	**254**	集合的無意識	472
社会教育施設	196, **255**,	修士課程修了レベル	328
	390, 403	自由時間	**262**
社会教育主事	**255**	自由主義	394
社会教育団体	414	習熟度別	372
社会教育法	**256**, 257	習熟度別指導	205, **262**
社会権規約	201	重症心身障害児	264
社会人学生	339	修身科	**262**
社会性	**256**	習俗	161
社会体育	**256**	自由大学	**263**
社会通信教育	257	集団思考	**263**
社会的学習	60	集団主義教育	**263**
社会的技能	257	集団精神療法	168
社会的公正	349	集団の意志と力	71
社会的スキル	**257**	集団保育	18
社会福祉法人	248	集団力学	3, 168, **488**
社会問題	191	重度・重複障害	**264**
弱視	**257**	自由保育	**264**
弱視学級	227	住民参加	**264**
若年無業者	394	住民自治	359
自由遊び	**258**	修養	37
週案	**258**	就労の多様化	468
自由ヶ丘学園	374	儒学	187
自由画教育（山本鼎）	**258**,	主幹	159, **265**
	332	主幹教諭	**265**
就学	**260**	儒教	462
自由学園	410	授業	**265**
就学援助	253	授業研究	**266**
就学援助義務	**258**	授業書	67, **266**
就学義務	108, **259**, 261	授業書方式	266
就学義務に違反	259	授業の一単位時間	**266**
就学義務を猶予・免除	259	授業日	427

授業評価	**267**
授業分析	**267**
授業妨害	271
授業方法	149
授業料	**267**
塾	**268**
宿題	**268**
綜芸種智院	**268**
主権者教育	**269**
受験浪人	**269**
手工教育	**270**
朱子学	187, **270**, 286, 412
受信技能	257
主体性	**270**
主体的な学習論	268
シュタイナー教育	**271**
出席停止	77, **271**
出席簿	**272**
主任	265, **272**, 320
ジュネーブ宣言	244
守秘義務	**272**
手話法	199, **273**
純音聴力測定	366
準学士	53
循環反応	94
准教授	187
準拠集団	**273**
純潔教育	322
準憲法的性格	118
純粋移動	252
準ずる教育	**274**
小1プロブレム	260, **274**, 477
昇華	443
障害	257
生涯	276
生涯学習	23, 57, 75, 74, 231,
	255, **275**, 276, 395, 480
生涯学習審議会	268, **275**,
	453
生涯学習振興法	**275**
生涯教育	94, 226, 275,
	276, 373, 481
障害児	**277**
障害児学級	**276**
障害児教育	**277**, 376
障害児教育対策事業	**277**
障害児保育	**277**
障害者	278, 402
障害者基本法	**278**

障害者自立支援法	**278**	常用漢字表	96	自立活動	**294**
障害者の権利宣言	402	諸学校令	465	視力検査	**294**
障害受容	**279**	初期社会科	171, 246	知る権利	286, **294**
生涯スポーツ	257, **279**, 311	助教法(ベル・ランカスター法)		事例研究法	**295**
奨学金制度	134, 259		**287**	素人支配	114
奨学生制度	279	助教諭	**288**	心学	**295**
小学校	**280**	食育	30, **288**	人格	**295**
小学校「英語」	**280**	食育基本法	74, 78, **288**	人格的特性	382
小学校教員心得	**280**	職員会議	**288**	進学適性検査	**296**
小学校祝日大祭日儀式規程	102	職親	**289**	進学率	479
小学校ノ学科及其程度	69	職親委託制度	289	新学力観	293, **296**
小学校令	**281**, 326	職業・家庭科	103	新カント派	250, 374
商業教育	**281**	職業教育	194, 222, **289**,	新奇な環境	183
消極教育	**281**, 487		330, 365	進級	**297**
消極的安全(教育)	10	職業訓練	**290**	進級制	69
条件附採用	**282**, 293	職業訓練法	**290**	新教育	170, 282, **297**
条件反射	412	職業資格	**290**	新教育運動	27, 45, 80,
上構型学校系統	**282**	職業指導	103, **290**		163, 170, **298**, 314, 392
少子化	206, **282**, 428	職業集団	63	信教の自由	261
少子化対策	186	職業選択	181	神経症	343, 466
小集団学習	167	職業適性	181	神経性大食症	324
小中一貫教育	**282**	職業適性検査	**291**	神経性無食欲症	324
情緒障害	**283**	職業能力開発	**290**	人権教育	**298**, 384
情緒障害児短期治療施設	283	職能	37	人権教育啓発推進法	384
情緒の発達	**283**	職能団体	140	新興教育運動	299
衝動説	186	職務	**290**	新興教育研究所	299
小児	**283**	職務専念義務	**291**	進行性筋ジストロフィー	**299**
小児保健	**283**	職務命令	**291**	新構想大学	**299**
少人数指導・少人数学級	284	女子教育	348, 485	人工知能(AI)	**300**
少年院	**284**	書字障害	**292**	人口の減少	282
少年院法	284	女子に対するあらゆる差別の		人材開発政策	214
少年鑑別所	**284**	撤廃に関する条約	90	人材確保法	138
少年義勇団	443	書写	**292**	新自由主義	55, 233, **300**
少年自然の家	318	書写書道教育	**292**	『尋常小学唱歌』	43
少年非行	**285**	助成としての教育	281	尋常中学校	362
少年法	**285**	書生寮	286	心身症	**300**
消費者教育	**285**	所属感・連帯感	162	心身障害者対策基本法	278
消費者保護基本法	286	所長	**36**	神性	45, 429
昌平坂学問所	**286**, 412	書道	292	新制高校	334
情報教育	**286**	初等教育	**292**	心性史	9
情報公開	273	初任者研修	139, **293**	新生児期	**301**
情報公開条例	287	処理技能	257	新制大学	193
情報公開制度	**286**	調べ学習	**293**	真正の学び・評価	**301**
情報社会	24	調べ読み	386	身体	**301**
情報セキュリティ	**287**	私立	390	身体言語	302
情報リテラシー	**287**	自立	278	身体障害者手帳	451
情報を正しく理解	460	自律	**293**, 408	身体障害者福祉法	438
情報を「読み解く」	**287**	私立学校	227	身体障害者補助犬法	463
称名寺	92	私立学校振興助成法	227	身体的離乳	**304**

索引

身体表現	**302**
診断的評価	428
心的外傷（PTSD）	**302**
人的資源開発政策	165
人的資本論	**302**
新入生	42
進歩	217
進歩主義（児童中心主義）	457
進歩主義教育	32, **303**
進歩主義教育運動	165
進歩主義教育協会	303
心理学	382
心理学研究	240, 461
心理劇（サイコドラマ）	303
心理的分離	449
心理的離乳	**304**, 322
心理療法	51, 194, **304**, 319, 490
進路指導	291, **304**
神話教材	**304**

◆ す ◆

随意選題主義	4
推薦入学	**305**
垂直的移動	252
水道方式	148, 161, **305**
水平的移動	252
数学教育改造運動	224
数学教育協議会	148, 160, **305**
数学教育の現代化	148
図画工作教育	**305**
スクーリング	368
スクールカウンセラー	50, 75, **306**, 487
スクールカウンセリング	306
スクールソーシャルワーカー	**307**
スクールリーダー	155
スコープ	26
スコラ哲学	**307**
スズキメソード	44
スタートカリキュラム	**308**
ストリート・チルドレン	**308**
ストレス	424
ストレス耐性	**308**
ストレスマネジメント	309
ストレスマネジメント教育	211
ストレス免疫療法	309
ストレッサー	151, 211, 308
ストレンジ・シチュエーション法	**309**
スーパー・イングリッシュ・ランゲージ・ハイスクール	309
スーパー・サイエンス・ハイスクール	**309**
スパルタの教育	310
スプートニク・ショック	133, **310**
すべての者に中等教育を	310
スポーツ	279, **311**
スポーツ心理学	311
スマートフォン	312
スリー・アールズ（3R's）	104, **312**, 457
刷り込み	**312**

◆ せ ◆

西欧中心主義	450
性格	169, **313**, 404
性格形成学院	38
性格検査	**313**
生活	314
生活科	314, 470, 481
生活科教育	**314**
生活学校運動	315
生活教育	**315**
生活共同体学校	11
生活経験学習	333
生活経験カリキュラム	315
生活指導と生徒指導	316
生活集団	69
生活主義	68
生活単元	352
生活単元学習	148, 315, **316**
生活綴方（的教育方法）	263, 314, **316**, 451
生活綴方運動	**317**, 469
生活綴方教育	4, 247, 317, 451
生活保護	136
正規分布	**317**, 439
性教育	30
制限機能	382
成功体験	473
性差別	226

政治教育	**317**
成熟	**318**, 319
成熟加速現象	318
成熟前傾現象	318, 406
成城小学校	40, 104, 221
性衝動	484
青少年学徒二賜ハリタル勅語	131
青少年教育	219
青少年交流の家	**318**
青少年団体	255
精神	33
精神科学的教育学	48, 273, **318**, 431, 454
精神型	421
成人教育	57, **318**
精神疾病	474
精神遅滞	28
精神年齢	357
精神分析	33, 226, **319**, 366, 430
精神療法	303
成長	**319**
成長加速現象	406
性的虐待	**320**
性同一性障害（LGBT／性的マイノリティ）	**320**
生徒会活動	11
生徒指導	51, 87, 195, **325**, 466
生徒指導主事	**320**
生徒の"参加"	237
生徒の懲戒	**321**
生徒の表現の自由	188
青年育成	318
青年学級	**321**
青年学級振興法	321
青年学校	**321**
青年期	**322**, 406
青年心理	407
青年団	**322**, 492
性の教育	**322**
正の転移	376
性別役割	226
生命倫理教育	**323**
西洋芸術	221
生理学的教育法	324
生理的早産	397
世界遺産	471

事項索引

世界教育フォーラム	472	
世界人権宣言		
（国際連合、1948年）	323	
『世界図絵』	237	
石門心学	295	
セクシュアル・ハラスメント		
	353	
セサミ・ストリート	436	
世代	433	
積極的安全	10	
セックス	320	
摂食障害（過食症・拒食症）	324	
絶対評価	249, **381**	
絶対評価と相対評価	**324**	
設置者管理主義	**325**	
設置者負担主義	123	
設定保育	18	
説明責任	2	
セツルメント	**325**	
セルフ・エスティーム	236	
ゼロトレランス	**325**	
善	381	
専科教員制	148	
専科担任	**326**	
全緘黙	99	
専攻科	**326**	
全校集会	**326**	
全国学力・学習状況調査		
	327	
全国教育研究所連盟調査	65	
全国保育士会倫理綱領	**327**	
潜在危険	229	
潜在的カリキュラム	**327**	
専修学校	**328**	
専修免許状	**328**	
染色体異常	346	
全人教育	40, 80, **328**	
全体的な計画	**329**	
全体の奉仕者	359	
選択性緘黙	99	
全日本教職員組合（全教）	154	
専門学校	328, **329**	
専門教育	**329**	
専門高校	**330**	
専門職学位	53, **330**	
専門職大学	**330**	
専門職大学院	**331**, 342	
専門職大学院設置基準	330	
専門的な力量	181	

◆そ◆

総額裁量制	180
総括的な評価	135
相関カリキュラム	**331**
早期教育	**331**
早教育	332
造形遊び	332
造形教育	**332**
総合学習	182, **332**
総合学科	**333**
総合技術教育（ポリテクニズム）	
	168, **333**
総合教育会議	**334**
綜合教授	182, **334**
総合制	174
総合制高等学校	**334**
総合制中等学校	217, 373
総合的な学習の時間	171,
	316, 323, **335**, 380
送信技能	257
創造教育	358
創造性の育成	417
創造的な能力	297
想像力	213
僧俗共学	268
相対評価	381
ソシオグラム	336
ソシオマトリックス	336
ソシオメトリー	**335**
ソシオメトリック・テスト	336
組織文化	**336**
組織マネジメント	114, **336**
ソーシャルサポート	151
ソーシャルスキル	162, 257
ソーシャルスキルトレーニング	
	257
疎通性	480
卒業	176, **337**
卒業証書	337
ソフィスト	**337**
村落	355

◆た◆

ダイアローグ	346
体育	337
体育科	338

体育科教育	**337**
体育心理学	311
第一次集団	392
第一反抗期	304, 413
第一米国教育使節団	124
退学	**338**, 364
大学	56, 61, 192, **338**
大学院	328, **339**
大学院修学休業	123
大学院設置基準	330
大学改革支援・学位授与機構	
	339
大学開放	**340**
大学経営	339
大学コンソーシアム	**340**
大学審議会	**340**
大学設置基準	330, 340
大学闘争	342
大学における教員養成	
	55, 142, **341**
大学入学資格	8, 201
大学入学者選抜制度	**341**
大学入試センター試験	341
大学の自主性	203
大学評価	**342**
大学評価・学位授与機構	
	53
大学紛争	**342**
大学寮	**342**
大学令	111, **343**
待機児童	**343**
『大教授学』	215
大検	190
体験学習	165, 234
退行現象	**343**
退行反応	478
大衆消費社会	285
大正自由教育	206, 258,
	298, 315, 328
大正新教育運動	2, 107,
	247, 296, **344**, 374, 404
胎生期	**344**
第二言語の習得	402
第二次性徴	**344**
第二の人生	478
第二反抗期	304, 322, 413
大日本青少年団	443
体罰	**345**
対面授業	444

索 引

タイラーの原理	**345**	地域子育て支援センター(事業)	
体力	345		**355**
体力・運動能力テスト	**345**	地域社会	75, **355**, 354
体力づくり	**346**	地域社会学校	42
対話	225, **346**	地域集団	208
対話術	335	地域総合型クラブ	166
ダウン症候群	**346**	地域の教育力	**355**
ダカール行動枠組み	471	地域保健	237
他者	**347**	知育	**356**
脱学校論	**347**	知育偏重	80, 356
脱中心化	414	知覚	399, 491
脱法ドラッグ	468	地球市民	356
縦割り集団	**348**	地球市民的資質	**356**
多動	**348**	知識	152, 172
楽しみ読み	386	知識基盤社会	**356**
WISC	358	知的障害	143, 385
WAIS	358	知的障害教育	**357**
WPPSI	358	知的優秀児	29
ダブルスクール	329, **349**	知・徳・体	80
ダブルバインド	**349**	知能	54, **357**
多文化教育	**349**	知能検査	27, 143, **357**, 419
多文化主義	32, 432	知能指数(IQ)	272, 419
玉川学園	40, 328	知能テスト	357
多様化	186	知能偏差値	**358**
TALIS[タリス]調査		地方教育行政の組織及び運営	
(国際教員指導環境調査)		に関する法律	113, 265, **358**
	350	地方公務員	197, **359**, 433
単位互換制度	340	地方公務員法	141, 273
単位制	297, 333	地方自治	359
単位制高等学校	**350**	地方分権	85, 119, **359**
短期記憶	350	地方分権一括法	359
短期大学	351	チームとしての学校	
単級学校	351	(チーム学校)	**360**
単元	**352**	着衣水泳	**360**
単元学習	430	チャーター・スクール	43, **360**
単式学級・複式学級	**352**	注意障害	399
男女共同参画社会	352	中央教育課程検討委員会	333
男女共同参画社会基本法	**352**	中央教育審議会	110, 116,
男女雇用機会均等法	**353**		128, 275, **361**
男女混合名簿	226	中華学校	458
男女平等	**353**	中学校	**361**, 363
ダンス	353	中学校(旧制)	251
単線型学校体系	**353**, 378,423	中学校令	111, **362**
団体自治	359	中堅技術者	330
		中堅教員等資質向上研修	**362**
◆ち◆		中高一貫教育	**362**, 363
		中国帰国者	101
地域学校協働活動	**354**	中心化	8
地域教育計画	43, **354**	中心統合法	24, 180, **363**

中退	364
中等教育	**363**
中等教育学校	364, **363**, 423
中途退学	338, **364**
注入教育	**364**
注入主義	343
昼夜間定時制	350
中立確保法	**365**
中立性	185
懲戒	345, 364, 370
聴覚障害	199, 273, 451, 489
聴覚障害教育	**365**
長期記憶	**365**
調査書(内申書)	**366**
超自我	**366**
朝鮮学校	458
聴方教授	104
聴力検査	**366**
著作権	**367**
著作権法	150
直観教授	237, **367**, 436
直観的思考	**367**

◆つ◆	
追体験	**368**
通学距離	84
通学区域	73, 83
通級指導	**368**
通信教育	257, **368**, 444
通信制高校	221
通信制高等学校	**369**
通俗教育	**369**
通知表	**369**

◆て◆	
TIMSS(国際教育到達度評価)	
	370
定員割れ	351
DSM−Ⅳ	30, 195, 223, 251
DSM−Ⅴ	**370**
停学	**370**
帝国大学	**371**
定時制高等学校	**371**
ディスレクシア	385
ティーチングマシン	123, **371**
定通併修制度	371
定年退職者	220

ディベート	**372**	洞察学習	175	独立行政法人日本学生支援機構		
ティーム・ティーチング		動作法	**380**		**389**	
	331, **372**	到達度評価	**380**	ドクロリー・メソッド	**390**	
適応・不適応	**372**	同等の価値	68	都市化	54	
適塾	39	道徳	**381**	途上国	308	
適性	291	道徳教育	205, 323, **381**	図書館	233, 255, **390**	
適正規模	84	道徳性	216, **382**, 414	図書館利用教育	**390**	
テクニカル・スクール	**373**	道徳的価値	68, **382**, 389	トータルコミュニケーション	365	
手作業	490	道徳的規範	**382**	特区	475	
デシベル (dB)	489	道徳的実践力	**383**	トップマネジメント	152, 203, **422**	
デジタル教材	**373**	道徳の科学	**383**	徒弟制	**391**	
デス・エデュケーション		道徳の指導資料	**383**	飛び級	297, **391**	
（死の教育）	**373**	陶冶	104, 169, 265, **384**	飛び入学	391	
丁稚奉公	374	陶冶可能性	**384**	ドメスティック・バイオレンス	91	
手習い	38	陶冶・訓育過程	265	トランスナショナリズム	451	
手習塾	375	陶冶性	67, 117	ドリル	**391**	
手習所	375	当用漢字表	96	ドルトン・プラン	2, **392**	
寺子屋	**375**	東洋道徳	221			
転移	**376**, 428	同和教育	**384**	**◆ な ◆**		
田園教育舎	45, 102, **376**	同和対策事業特別措置法				
伝音声難聴	393		**384**	内言	26	
転学	378	同和対策審議会答申	384	内発的動機づけ	379	
転換症状	301	同和問題	384	仲間集団	355, **392**	
点字	**376**	特異的言語障害	177	七自由科	160, 259, **393**	
電子黒板	**377**	特異的発達障害	173, 292	奈良女子高等師範学校		
電子メール	**377**	読字困難	385	附属小学校	107	
伝染病	72	読字障害	**385**	難聴	177, **393**	
伝統音楽の教育	**377**	特殊学級	25, 276, **385**	難聴学級	178	
転入学	**378**	特殊教育	277, **385**			
電話相談	13	特殊能力児	29	**◆ に ◆**		
		読書指導	234, **386**, 391			
◆ と ◆		独善的排他主義	1	2学期制	69	
		独創教育	358	日課表	80	
統一学校運動	298, **378**	特別活動	79, 304, **386**	ニート	110, **394**, 428	
同一性	406	特別教育活動	386	『二宮翁夜話』	394	
投影法	313, 491	特別支援学級	198, 277, **388**	日本育英会	279, **395**	
同化教育	**378**	特別支援学校	108, 194, 227,	日本学術会議	**395**	
動機づけ	22, 150, **379**		274, 293, **387**, 423, 485	日本学生支援機構	279	
討議法	**379**	特別支援学校教諭免許状		日本教育労働者組合	299	
道具的条件づけ	60		326, **387**	日本教職員組合（日教組）	154	
統計	240	特別支援教育	16, 87, 227,	日本語教育	**395**	
統合	23, 379		236, 274, 277, 294, 386, **388**	日本国憲法	118, **396**, 406	
統合学習	**379**	「特別の教科 道徳」	**388**	日本人会	396	
統合教育	**380**	特別非常勤講師	388	日本人学校	101, **396**	
登校拒否	283, 425	特別免許状	328	日本青年館	322	
『統合主義新教授法』	363	徳目主義	**389**	日本点字委員会	377	
統合保育	278	独立行政法人	192	日本盲導犬協会	462	
動作訓練	380	独立行政法人教職員支援機構		乳児期	**396**	
動作性知能	27		**389**	乳児保育	397	

索引

乳幼児期 95
乳幼児健康支援一時預かり
　事業 420
乳幼児突然死症候群 **397**
認可外保育施設 437
認可保育所 **397**
人間関係の指導 398
人間形成 **398**, 431
人間工学 398
認証評価 339, 399
認証評価機関 **399**
認証評価制度 399
認知 **399**
認知構造 56
認知障害 **399**
認定子ども園 260, **400**, 477
認定資格 436
任命制 113

◆ ね・の ◆

ネグレクト 109
年間授業時数 **400**
脳機能障害 401
農業教育 **400**
脳性麻痺 **401**
脳波 174
能力主義 457
能力主義教育 **401**
能力と人格 402
ノーマライゼーション
　380, **401**, 423
ノンフォーマル・エデュケーション
　25

◆ は ◆

バイリンガル教育 **402**
バウチャー・システム **403**
白紙説 491
博物館 54, 255, **403**, 417
白楊会 374
バズ学習 167, 379
バズ形式 379
パーソナリティ **404**
パーソン・センタード・
　アプローチ 490
八大教育主張
　40, 222, 358, 374, **404**

発見学習 **404**
発生的認識論 **405**
発達 319, **405**, 408
発達加速現象 **405**
発達課題 **406**
発達権 **406**
発達障害 236, 349, 407
発達障害者支援法 **407**
発達心理学 **407**
発達段階 **407**
発達特性 220
発達の最近接領域 26, **408**
発展途上国 308
発問 92, **409**
バトラー法 311, **409**
パニック障害 **410**
パネルディスカッション **410**
ハビトゥス **410**
パフォーマンス評価 **411**
パブリック・スクール
　102, 167, **411**
場面 491
ハラスメント **412**
バリアフリー **412**
ハロー効果 **413**
汎愛学舎 404
パンクラティオン 310
藩校 270, **413**
反抗期 **413**
反社会的行動 466
板書 **413**
判断力 131
万人のための教育宣言 472
反復 492
反復練習 118, 391

◆ ひ ◆

ピア・レビュー 52
PISA 6, **414**
PTA 76, **414**
PDCAサイクル **415**
鼻咽喉閉鎖機能不全 182
ひきこもり **415**
ピグマリオン効果
　（教師期待効果） **415**
非検定教科書 424
非行 **416**, 466
非行少年 285

庇護性 132
被差別部落 384
避止義務 108, **416**
ビジネススクール **417**
非社会的行動 466
非宗派 215
美術科教育 **417**
美術活動 417
美術館 **417**
美術教育 **417**
非正規学生 92
左利き **418**
必修教科と選択教科 **418**
必修クラブ活動 387
美的判断力 131
非認知能力 **419**
ビネー式知能検査 27, 419
百ます計算 391
評価 18
評価結果 399
病気休職者 461
表現 368
表現科 482
表現教育 **419**
表現・コミュニケーション能力
　419
表現指導 **420**
表現の自由 294
病後児保育 420
病児保育（所） **420**
病弱教育 **420**
病弱・虚弱 420
表出 420
標準学力検査 **421**
標準偏差 358
平等 491
開かれた学校 **421**
開かれた大学 299
品行的資質 280

◆ ふ ◆

フィッシャー法 310
フィードバック機能 369
『風姿花伝』 313
フォーマル・エデュケーション 25
副教本 424
副教本 **422**
副校長 248
福祉 248

事項索引

複式授業	231	分化	458	保育所保育指針	440, 441
福祉教育	**422**	文化遺産	144, 173, **431**	保育に欠ける	442
複数担任制	**423**	文化教育学	273, **431**	保育ママ	**442**
複線型学校制度	218, 322	文学教育	**431**	保育要領	258, 478
複線型学校体系	378, **423**	文化財保護法	431	保育を必要とする	442
輻輳説	20, 63, 272	文化資本	**432**, 461	ボーイスカウト	**442**
副担任	**423**	文化相対主義	**432**	防衛機制	**443**
副読本	150, 388, **424**	文化多元主義	**432**	放課後子供教室	**443**
武家家訓	66	文化段階説	45	忘却曲線	**443**
武士道	**424**	文化適応	107	放送教育	**444**
不就学	473	文化的再生産(論)	116, **432**	放送大学	300, **444**
不就学児童	260	文化伝達	**433**	放送大学学園法	444
『婦人の友』	410	分岐型学校体系	**433**	法定表簿	**445**
普段の学習	71	分限処分	**433**	報徳思想	394
普通教育	184, 223, 228, 293	分散実習	96	放任	53
普通教育としての音楽科教育	43	分析心理学	472	法の下の平等	323
普通免許状	328	『分団式動的教育法』	37	方法知	172
物質循環システム	482	文理大学	192	訪問教育	**445**
不適応	**424**	分離不安	**434**, 449	法律主義	**445**
武道	**424**			保健学習	176
不登校	163, 209, **425**, 447, 452, 468	◆ へ ◆		保健活動	283, 447
		米国教育使節団	124, 414	保健サービス	237
不当な支配	207	米国教育使節団報告書	**434**	保健室	**446**
負の転移	376	兵式体操	27, **435**, 465	保健室登校	**447**
普遍的な価値	68	併設型中・高校	363	保健指導	176
不本意入学	338	へき地学校	435	保健主事	**447**
舞踊	459	へき地教育	**435**	保健所	**447**
プライバシー権	295	ペスタロッチ主義	40	保護観察	**448**
プラウデン・レポート	40	ヘッド・スタート計画	**436**	保護監察官	**448**
プラグマティズム	171, **425**	ベビーシッター	**436**	保護司	**448**
ブラジル人学校	46, 458	ベビーホテル	**437**	保護者	260, 356
フラストレーション	106, **426**, 478	ヘルスプロモーション	176	保護者懇談会	**448**
		ベルトワン改革	217, **437**, 481, 482	保護ネット	381
フラストレーション耐性	426	ヘルバルト学派	115, 266, 352	母子生活支援施設	**448**
プラトー期	57			母子分離	449
ブランディズム	**427**	ベルリン大学の創設	434	補償教育	436, **449**
振替授業	**427**	偏差値	231, 304, **438**	補助教材	**449**
フリースクール	43, 209, 271, **427**	編入学	369, **439**	戊申詔書	131
フリーター	110, 394, **428**	◆ ほ ◆		ポストモダン	**450**
フレネ学校	**429**			ホスピタリズム	**450**
プレ法	105	保育	260, **439**, 475	母性神話	**450**
プログラミング教育	**430**	保育教諭	**440**	母性的な行動	**450**
プログラム	225	保育士	**440**	母性剥奪	446
プログラム学習	59, 123, 306, **430**	保育士試験	**440**	ボーダレス社会	**451**
		保育所	**441**, 475, 477	補聴器	**451**
プロジェクト・メソッド	161, **430**	保育所児童保育要録	**441**	北方性教育運動	317, **451**
				ポートフォリオ評価	**452**
プロパガンダ	364			保姆	477
				ホームスクーラー	**452**

索引

ホーム・スクーリング **452**
ホームルーム **452**
『ホモ・ルーデンス』 **4**
ボランティア 81
ボランティア活動・奉仕活動
　　453
ホリスティック教育 21, **453**
ホール・ランゲージ **454**
本郷プラン 354
本質主義 32, **454**

◆ま◆

マイクロ・ティーチング**455**, 463
マイノリティ 378
マグネットスクール 43
マスタリーラーニング
　（完全習得学習） **455**
マスメディア 25
学び合い 57, 263
学び方学習 **456**
「学び続ける教員」像 **456**
学びの共同体 **456**
マネジメント・サイクル 86
真似る 433
マルクス主義 168
漫画読書 386
マンパワー政策（人的能力政策）
　　457

◆み◆

未完の行為 174
右半球優位 418
未就学 473
三つ山問題 231
ミニマム・エッセンシャルズ
　104, 454, **457**
未分化性 **458**
明星学園 2
民間情報教育局 126
民間人校長 157, **458**
民衆自奮 348
民主主義 25
民生委員 241
民族 349, **459**
民族学校 **458**
民舞 **459**
民法 41

◆む◆

無意識 219, 319, 430
無学年制 350, **459**
無関心 472
無資格保育者 437
無償 215
無条件の信頼 132
無償制 191
結びつける力 383
無認可園 **459**
無認可保育所 459
無認可幼稚園 459

◆め◆

名誉革命 491
メタ認知 **460**
メディア教育 237, **460**
メディア・リテラシー **460**
メリットクラシー **461**
免疫反応 9
面接法 **461**
メンタルヘルス **461**

◆も◆

盲 277, **462**
盲学校 385
盲導犬 **462**
毛筆 292
盲聾 **462**
模擬授業 455, **463**
目標水準 473
モジュール・システム 267, **463**
モデル授業 181
モニトリアル・システム 69
モノローグ 346
模範 36
模倣 207, **464**
モラトリアム **464**
モラール **464**
モラルジレンマ **465**
モンスターペアレンツ **465**
問題解決学習 169, 256, **466**
問題行動 18, 231, 330, **466**
文部科学省 119, **467**
文部科学大臣 360

◆や◆

夜間大学院 485
夜間中学校 **467**
夜間保育 **468**
薬物乱用 **468**
役割 491
野生児 **468**
『山びこ学校』 **469**
八幡学園 469

◆ゆ◆

幽玄能 313
融合カリキュラム 200, **470**
誘導保育 166
有能感 218
ゆさぶり 49
ゆとり教育 80, **470**
ゆとりの時間 476
ユニセフ 308
ユネスコ 57, 141, **470**
ユネスコ教育勧告 471
ユネスコ協同学校 471
ユネスコ国際教育会議 471

◆よ◆

養育態度 **472**
要求水準 **472**
養護学校 385, 387
養護学校義務制 **473**
養護教諭 127, 154, 176,
　288, 446, 447, **473**
養護実習 125
幼児期 **474**
幼児期運動指針 **474**
幼児教育 **474**
幼児の視力検査 294
幼児理解 **475**
養成・採用・研修 139
幼稚園 **475**, 478, 482
幼稚園教育要領 37, 95, **475**
幼稚園教諭 **476**
幼稚園幼児指導要録 **476**
幼稚園令 **477**
幼年期教育 474
幼保一元化 **477**

要保護児童	241	リビドー	**484**
幼・保・小の連携	**477**	リフレッシュ教育	**485**
幼保連携型認定こども園教育・		リメディアル教育	449
保育要領	**478**	リュケイオン	7, 9, 427
余暇教育	**478**	妻賢母主義教育	**485**
予期せぬ出会い	131	両性の保護	353
抑圧	33, 219, 319, 430, 443	寮母	**485**
欲望	464	臨時教育会議	**486**
欲求階層	456	臨時教育審議会	59, 66, 74,
欲求階層理論	231		293, 296, 300, 340, 361,
欲求阻止	426, **478**		421, **486**
欲求不満	426, **478**	臨時免許状	288
予備校	**479**	臨床教育学	**486**
読み書き	96, 227, 228, 436	臨床心理士	**487**
		臨床心理士資格認定協会	487

◆ら◆

ライフプラン	199	ルーブリック	**411**
ラインとスタッフ	**479**		
ラテン語学校	109		
ラベリング	**479**		
ラポール（ラポート）	245, **480**		
ランキング	50		
ランジュヴァン・ワロン改革案			
	480		
ランドルト環	294		

◆れ・ろ◆

レスポンデント条件づけ	**488**	
レディネス	26, **488**	
レミニッセンス効果	**488**	
連携大学院	489	
連合大学院	**489**	
連絡帳	**489**	
聾	**489**	

◆り・る◆

理科Ｉ	481	聾学校	277, 385
理科教育	**481**	労作教育	**489**
理科教育及び		労働基準法	164, **490**
産業教育審議会答申	24	6年制中等学校	363
理学療法	106	ロールシャッハテスト	**491**
理科離れ	310	ロールプレイ	50, 303
リカレント教育	**481**	ロールプレイング	**491**
リカレント・モデル	**481**	『論語』	187
陸軍現役将校学校配属令	435		
リサイクル教育	**481**		

◆わ◆

理事会	88	和楽器の指導	377
理数科	**482**	若者組	322, **492**
リセ	217, **482**	ワクチン	97
理性	173, 217, **482**	ワークブック	**492**
離巣性	313	和算	**492**
リーダーシップ	**483**	『和俗童子訓』	50
立身出世主義	**483**	我-それ	486
リテラシー	287, **484**	我-汝関係	**493**
リハビリテーション	106,		
	111, 275		

索引

※「見出し項目」のページは**太字**で示した。

人名索引

◇**あ行**◇

アイゼンク	194
赤井米吉	2, 40
アクィナス	310
芦田恵之助	3, 320
アーノルド	411
アリエス	9, 208
アリストテレス	9
家永三郎	146
伊沢修二	**13**
石井亮一	**14**, 469
石田梅岩	295
石上宅嗣	27
板倉聖宣	67
イタール	**16**, 324, 469
伊藤仁斎	20
稲毛金七	404
井上毅	**21**, 238
イリッチ	**22**
ヴィーヴェス	237
ヴィクトール	16
ヴィゴツキー	**26**, 211, 408
ヴィトゲンシュタイン	177
ウィーナー	220
ウイング	252
上田敏	279
エアーズ	95
エビングハウス	443
エリアーデ	20
エリクソン	1, **35**, 322, 406, 464
エンゲルス	334
及川平治	**38**, 404
オーエン	**38**
緒方洪庵	**39**
荻生徂徠	**39**
小田内通敏	159
尾高豊作	159

小原國芳	**40**, 80, 329, 404
オルセン	42

◇**か行**◇

貝原益軒	**50**
片上伸	404
カレン	432
カント	**98**
木下竹次	**107**, 182
キルパトリック	**161**, 303, 430
空海	269
クーベ	222
倉橋惣三	**166**
クラパレード	106
クルプスカヤ	**167**, 210, 263
クレッチマー	**169**
ケイ	**170**
ゲーテ	160, 398
ケーラー	**175**
ケルシェンシュタイナー	**175**, 221, 297, 314, 490
孔子	**187**
河野清丸	404
国分一太郎	49
コダーイ	44
コナント	214
コメニウス	19, 34, 69, 152, **215**, 237, 239
ゴルギアス	337
コールバーグ	**216**, 465
コント	126, 375
コンドルセ	97, **217**

◇**さ行**◇

佐久間象山	**221**
小砂丘忠義	317
サリバン	438

澤柳政太郎	2, 40, **221**, 349, 392
ジェームズ	106
ジェルピ	**226**
重松鷹泰	267
篠原助市	**250**, 374
シュタイナー	172, 271
シュタイン	**271**
シュテルン	20, **272**
シュプランガー	67, **273**, 318, 372, 431
スキナー	41, 153, 193, **306**
鈴木三重吉	258, **307**, 451
スピッツ	449
スペルキ	212
スペンサー	**311**
世阿弥元清	313
セガン	324
ソクラテス	335
ソーンダイク	**337**, 413

◇**た行**◇

ダーウィン	405
高橋金三郎	160
高嶺秀夫	40, 50
田中耕太郎	232
田中不二麿	137, **348**
谷本富	**348**
千葉命吉	**358**, 404
ツィラー	24, 180, 363
土田杏村	263
ディルタイ	48, 273, 316, 368, **372**, 431
手塚岸衛	**374**, 404
デューイ	106, 115, 153, 159, 161, 170, 206, 230, 297, 319, 356, **374**, 426, 431, 466
デュルケーム	8, 115, 126, **375**, 383

人名索引

遠山啓	148, 305	プロタゴラス	337	レディ	376	
ドモラン	376	フンボルト	**434**	レーニン	167, 334	
		ペスタロッチ	13, 50, 69,	ロジャーズ	51, 150, **490**	

◇な行◇

			153, 238, 239, 315, **436**
ナトルプ	107, 126	ペーターゼン	11
成瀬悟策	380	ヘルバルト	67, 115, 131,

ローゼンタール 416
ローゼンツヴァイク 426
ロック **491**
ローレンツ 314

成瀬悟策 380
ニイル **393**, 427　132, 159, 206, 295, 349,
ニーチェ 45, 160　356, 363, 436, **437**
二宮尊徳 **394**　ヘレンケラー **438**
野村芳兵衛 247　ボアズ 432
ノールズ 319　ホイジンガ **442**
　　　　　　　　ボウルビー 223, **446**

◇わ行◇

ワトソン 31, 192, **492**

　　　　　　　　細谷純 160
◇は行◇
　　　　　　　　ボルノー 133, 239, **453**

ハウスクネヒト 153
パーカー 24, 161, 165, 182,
　　　　　363
◇ま行◇

パーカースト 392
バグリー 32　マカレンコ 263, **455**
バゼドウ **403**　マズロー 231, **455**
ハッチンス 58, **408**　マルクス 333
バーナード 158　ミード 226
塙保己一 **409**　峰地光重 104, 247
羽仁もと子 258, **410**　ミルトン 237
パブロフ **411**, 488　無着成恭 316, 469
林羅山 270, **412**　孟子 **462**
ピアジェ 8, 94, 211, 231,　本居宣長 **463**
　367, 382, 405, **414**　森有礼 111, 251, 362, **465**
樋口勘次郎 3, 363　モレノ 303, 335
樋口長市 404　モンテッソーリ **466**
ビネー 357, **419**　モンテーニュ 238
フェリエール 429
福沢諭吉 **422**, 484
◇や行◇

ブーバー 493
プラトン 7, 9, 35, 44, 113,　山下清 **469**
　160, 225, 301, 335, 337,　山下徳治 299
　426, 484　山本鼎 258, 332
フランシスコ・ザビエル 3　ユング **472**
ブリッジズ 283
フリードマン 403
◇ら行◇

ブルーナー 367, 404, **428**, 456
ブルーム 172, **428**　ライン 363
フレイレ **429**　ラトケ 238
ブレツィンカ 137　ラブレー 237
フレーベル 44, 209, 234,　ラングラン 279, **480**
　246, 281, 407, **429**, 436　ランゲフェルド 212
フロイト 33, 35, 186, 226,　リーツ 297
　343, 366, **430**　ルソー 19, 44, 97, 212, 281,
　　　　　　　　　　407, **487**
　　　　　　　　レヴィン **488**

装 丁 —— アトリエ・プラン

編集協力 —— 長谷川正和

【改訂版 編集委員】(五十音順)

遠座知恵（えんざ・ちえ）
東京学芸大学准教授

大沢　裕（おおさわ・ひろし）
松蔭大学教授

髙橋弥生（たかはし・やよい）
目白大学教授

橋本美保（はしもと・みほ）〔代表〕
東京学芸大学教授

浜田博文（はまだ・ひろふみ）
筑波大学教授

日暮トモ子（ひぐらし・ともこ）
目白大学准教授

谷田貝公昭（やたがい・まさあき）
目白大学名誉教授

改訂版　教職用語辞典

2008年4月20日　初版第1刷発行
2019年7月30日　改訂版第1刷発行

編集代表　橋本美保
発行者　　菊池公男

発行所　　株式会社 一 藝 社
〒160-0014 東京都新宿区内藤町1-6
Tel. 03-5312-8890　Fax. 03-5312-8895
E-mail : info@ichigeisha.co.jp
HP : http://www.ichigeisha.co.jp
振替　東京 00180-5-350802
印刷・製本　シナノ書籍印刷株式会社

©Miho Hashimoto 2019 Printed in Japan
ISBN 978-4-86359-185-1 C3537
乱丁・落丁本はお取り替えいたします